NTOA 32

Ferdinand Rohrhirsch

Wissenschaftstheorie und Qumran

NOVUM TESTAMENTUM ET ORBIS ANTIQUUS (NTOA)

Im Auftrag des Biblischen Instituts
der Universität Freiburg Schweiz
herausgegeben von Max Küchler
in Zusammenarbeit mit Gerd Theissen

Zum Autor:

Ferdinand Rohrhirsch, geb. 1957 in Offingen an der Donau, studierte
Theologie und Philosophie an der Katholischen Universität Eichstätt. Pro-
motion 1992 zum Dr. theol. Wissenschaftlicher Assistent am Lehrstuhl für
Praktische Philosophie und Geschichte der Philosophie an der Theologi-
schen Fakultät in Eichstätt. Habilitation im SS 1996 mit vorliegender
Arbeit.
Buchveröffentlichungen: Markus in Qumran?, 1990; Letztbegründung und
Transzendentalpragmatik, 1993. In der Series Archaeologica von NTOA:
Roland de Vaux, Die Ausgrabungen von Qumran und En Feschcha IA: Die
Grabungstagebücher. Deutsche Übersetzung und Informationsaufbereitung
durch F. Rohrhirsch und B. Hofmeir (NTOA.SA 1A) 1996.

NOVUM TESTAMENTUM ET ORBIS ANTIQUUS   32

Ferdinand Rohrhirsch

Wissenschaftstheorie und Qumran

Die Geltungsbegründungen von Aussagen in der
Biblischen Archäologie am Beispiel
von Chirbet Qumran und En Feschcha

UNIVERSITÄTSVERLAG FREIBURG SCHWEIZ
VANDENHOECK & RUPRECHT GÖTTINGEN
1996

Die Deutsche Bibliothek – CIP-Einheitsaufnahme

Rohrhirsch, Ferdinand:
Wissenschaftstheorie und Qumran: die Geltungsbegründungen von Aussagen
in der biblischen Archäologie am Beispiel von Chirbet Qumran und En Feschcha/
Ferdinand Rohrhirsch. –
Freiburg, Schweiz: Univ.-Verl.; Göttingen: Vandenhoeck und Ruprecht, 1996
    (Novum testamentum et orbis antiquus; 32)
    Zugl.: Eichstätt, Kirchliche Gesamthochsch., Habil.-Schr., 1996
    ISBN 3-525-53934-7 (Vandenhoeck & Ruprecht)
    ISBN 3-7278-1076-9 (Univ.-Verl.)
NE: GT

Diese Arbeit wurde im SS 96 von der Theologischen Fakultät der
Katholischen Universität Eichstätt als schriftliche Habilitationsleistung angenommen.
Für die Drucklegung wurde sie aktualisiert.

Veröffentlicht mit Unterstützung des Hochschulrates
der Universität Freiburg Schweiz,
der Katholischen Universität Eichstätt, der Diözese Eichstätt,
Herrn Wolf Dieter Schmid und Herrn Dipl.-Ökonom Stefan Offermann.

Die Druckvorlagen wurden vom Verfasser
als reprofertige Dokumente zur Verfügung gestellt

© 1996 by Universitätsverlag Freiburg Schweiz
Paulusdruckerei Freiburg Schweiz
ISBN 3-7278-1076-9 (Universitätsverlag)
ISBN 3-525-53934-7 (Vandenhoeck und Ruprecht)

Meinen Lehrern an der Staatlichen Fachoberschule Krumbach (1978-80), besonders Herrn StD Rainer Eckart und Herrn OStR Josef Osteried

Vielen bin ich zu Dank verpflichtet:

Herrn Prof. Dr. Alexius J. Bucher für die jahrelange Sensibilisierung auf das scheinbar Selbstverständliche und für die Freiheit, meine Forschungsinteressen selbst zu bestimmen;

Herrn Prof. Dr. Bernhard Mayer für die sachkritischen Rückfragen und die permanente Erinnerung daran, nur das zu schreiben, was man auch belegen kann;

Herrn Prof. Dr. Max Küchler für die vorbehaltlose Unterstützung dieser Arbeit;

Herrn Prof. Dr. Georg Daltrop und Herrn Prof. Dr. Hans Jürgen Tschiedel für zahlreiche Informationen und Hilfestellungen;

Herrn Dipl.-Psychl., Dipl.-Päd., Dipl.-Theol. Kurt Wedlich für die zahlreichen interdisziplinären 'Mensagespräche', welche viele Dinge aus dem gewohnten Licht rückten;

Herrn stud. phil. Christian Albert, der mit Kompetenz für korrekte Zeichensetzung und Satzbau diese Arbeit lesbar machte;

Frau Andrea Walter, Frau Michaela Czudnochowski und bes. Frau Edith Jehlitschke, Romanistin, für vielfältige Übersetzungsarbeiten;

Herrn Dipl.-Theol. Patrick Kummer für die Übernahme und zuverlässige Erledigung vieler zeitintensiver Lehrstuhlroutinen;

den Lehrstuhlsekretärinnen, Frau Hannelore Kröplin und Frau Raja Liedl, für die Schaffung und Erhaltung eines forschungsförderlichen Arbeitsklimas;

Frau Dipl.-Theol. Agnes Maier für die vielen guten Gespräche;

den Bibliotheksmitarbeitern vom 'Ulmer Hof', bes. Herrn Willibald Nieberler, für die entgegengebrachte Freundlichkeit;

den vielen Tf des Bw-Stgt und Bw-Ulm für das Hp1 bezüglich der 120 beim 2291;

der Katholischen Universität Eichstätt, der Diözese Eichstätt, Herrn Wolf Dieter Schmid und Herrn Dipl.-Ökonom Stefan Offermann für die finanzielle Unterstützung.

Inhaltsverzeichnis

VIII

Vorwort

Die vorliegende philosophische Untersuchung und die ihr zugrundeliegende Problematik lassen sich auf folgende wissenschaftsrelevante Frage fixieren: Wie stark hängen die Ergebnisse der Fachwissenschaften von philosophischen Prämissen ab?

Die Überprüfung dieser These geschieht an einem für das Selbstverständnis jeder Fachwissenschaft zentralen methodologischen Problembereich, nämlich an der Durchführung von Geltungsbegründungen fachwissenschaftlicher Propositionen. Mit welchen Argumenten wird auf die Notwendigkeit der Begründung von Sachverhaltsbehauptungen reagiert? Diese Aufgabe impliziert eine 1) methodische und 2) fachwissenschaftliche Auseinandersetzung, die sich 3), in material-konkreter Hinsicht, mit den vorliegenden Geltungsansprüchen zu den Ausgrabungen und Interpretationen der Ruinen von Qumran beschäftigt.

Aufgewiesen wird, daß sowohl abstrakt wissenschaftstheoretische wie auch binnenfachwissenschaftliche philosophische Prämissen wissenschaftliche Praxis ermöglichen und konfigurieren.

1) Damit philosophisch korrekte Methodenkritik betrieben werden kann, ist es in einem ersten Schritt nötig, die benutzten Untersuchungsmethoden hinreichend zu begründen, um ihren Gebrauch zu legitimieren. Dazu ist eine Wissenschaftstheorie auf kritisch-rationaler Basis geeignet. Die aus dieser Wissenschaftstheorie abgeleiteten Prüfungsmaßstäbe ermöglichen es, fachwissenschaftliche Methodologien zu bewerten. Dabei zeigt sich, daß eine widerspruchsfreie Selbstanwendbarkeit von Prüfkriterien einer Wissenschaftstheorie diese nicht vom Begründungsproblem dispensiert. Der Geltungsanspruch einer kritisch-rationalen Wissenschaftstheorie verdankt sich keiner formallogischen Begründung von Sätzen aus Sätzen, sondern bezieht seine Gültigkeit aus dem Primat praktischer Vernunft.

Eine Wissenschaftstheorie, die diese Begründungsprobleme methodologisch berücksichtigt und die sich auch in ihrer Selbstbegründung auf praktische Vernunft beruft, die also um die Begründungsprobleme geisteswissenschaftlicher Theorien 'weiß', ist die geeignete Wissenschaftstheorie zur Beurteilung natur- und geisteswissenschaftlicher Fachwissenschaften. Das gilt umso mehr, wenn mit ihrer Hilfe gezeigt werden kann, daß eine Einteilung in Geistes- und Naturwissenschaften methodisch nicht haltbar ist.

2) Die zunehmende Sensibilisierung von Fachwissenschaften hinsichtlich ihrer Fundamentierungen läßt sich in der Biblischen Archäologie an den Antworten auf die Frage der Zuordnung von Archäologie und Bibel demonstrieren. Ihre Wandlung von einer Hilfsdisziplin der Bibelwissenschaft zu einer Fachwissenschaft mit eigenen Methoden und Objektbereichen kann als Indiz dafür gelten. Die zunehmende Einsicht in die Vergeblichkeit, Ereignisse, von denen die biblischen Schriften berichten, mittels der Biblischen Archäologie historisch zu verifizieren, führte dazu, daß fundamentalmethodische Prinzipienprobleme in den fachwissenschaftlichen Diskurs aufgenommen wurden. Die Auseinandersetzung mit methodischen Fragen,

die das Selbstverständnis der Biblischen Archäologie betreffen, wurde noch verschärft durch die kritischen Anfragen der sogenannten 'New Archaeology', die der traditionellen Archäologie vorwarf, daß sie, solange sie sich als Geisteswissenschaft verstehe, im Grunde nichts anderes mache, als 'Geschichten zu erzählen'. Es sei an der Zeit, die Archäologie als Naturwissenschaft zu betreiben. Vertreter der New Archaeology beriefen sich auf die Wissenschaftsphilosophie des logischen Positivismus. Die Kritik am logischen Positivismus zeigt jedoch, daß die Maximalforderungen, die die New Archaeology an die Archäologie stellt, Wissenschaft unmöglich machen oder hinter den gegenwärtigen Erkenntnisstand zurückfallen, wenn z. B. einerseits das Induktionsprinzip als Prinzip einer Wissenschaft abgelehnt wird, andererseits aber über die Aufnahme statistischer Erklärungsformen wieder eingeführt wird.

Innerhalb der Biblischen Archäologie führte die Diskussion um Berechtigung und Grenzen der Kritik der 'New Archaeology' zu einer Überprüfung ihres Methodeninventars und zu einer korrigierten Zweckbestimmung. Die Grundlagensensibilität der Biblischen Archäologie ist kein Zufall. Die Schwierigkeiten ihrer Geltungsbegründung hängen mit der Eigenart archäologischer Forschung und ihrer Zielvorstellung zusammen, nämlich nachprüfbare Geltungsansprüche zu formulieren, die sich auf die *Vergangenheit* beziehen, aber eine Nachprüfung dieser Geltungsansprüche ausschließlich an Daten und Objekten durchführen zu können, die in der *Gegenwart* vorhanden sind.

In der Frage nach einer möglichen Beziehung zwischen Textinterpretation und Biblischer Archäologie wird jegliche Beziehung abgelehnt. Biblische Archäologie und Textwissenschaft lassen sich nicht unter den Bedingungen fachwissenschaftlicher Methodik in Beziehung setzen. Die Synthese entzieht sich jeder fachmethodischen Geltungsüberprüfung. Der Rekurs auf den Vermittlungsmaßstab der *einen* gemeinsamen Wirklichkeit ist unzulässig. Die Strukturen der Wirklichkeit sollen durch die Fachwissenschaften erarbeitet werden; insofern können sie nicht als Prüfbarkeitskriterium für Fachwissenschaften vorausgesetzt werden.

3) Mit den wissenschaftstheoretischen Überlegungen und den methodischen Erkenntnissen der Fachwissenschaft Biblische Archäologie werden die Geltungsbegründungen untersucht, die zu den Ausgrabungen und Interpretationen der Ruinen von Qumran vorliegen. Die Untersuchung zeigt, daß die Theorie des Ausgräbers, 'Die Anlage von Khirbet Qumran war Sitz einer religiösen Gemeinschaft', als 'bewährt' gelten kann, da sie die verfügbaren Daten widerspruchsfrei und kohärent einzubinden vermag. Das gelingt den vorliegenden Konkurrenztheorien nicht im selben Maße.

1 Wissenschaft *soll* sein. *Wie* soll Wissenschaft sein?

1.1 Wissenschaft als Form anthropologischer Praxis

"Ich [Gregory Bateson] habe an verschiedenen Schulen und Lehrkrankenhäusern verschiedene Zweige der biologischen Verhaltensforschung und der Kulturanthropologie gelehrt; meine amerikanischen Studenten reichten von College-Anfängern bis hin zu Angehörigen der Psychiatrie, und ich habe bei ihnen allen eine ganz eigenartige Kluft im Denken festgestellt, die von einem Fehlen gewisser *Denkwerkzeuge* herrührt. Dieser Mangel verteilt sich ziemlich gleichmäßig über alle Ebenen der Ausbildung, er betrifft Studenten beider Geschlechter und Geistes- wie auch Naturwissenschaftler. Genau gesagt handelt es sich um ein mangelndes Wissen um die Voraussetzungen nicht nur der Wissenschaft, sondern auch des täglichen Lebens.

Diese Kluft ist seltsamerweise bei zwei Studentengruppen weniger augenfällig, von denen man hätte annehmen können, daß zwischen ihnen ein starker Kontrast besteht: Katholiken und Marxisten. Beide Gruppen haben über die letzten zweitausendfünfhundert Jahre des menschlichen Denkens nachgedacht, ... und beide Gruppen haben eine gewisse Vorstellung von der Wichtigkeit philosophischer, wissenschaftlicher und erkenntnistheoretischer Voraussetzungen. Beide Gruppen sind schwer zu unterrichten, weil sie 'richtigen' Prämissen und Voraussetzungen eine so große Bedeutung beilegen, daß Ketzerei für sie zu einer Exkommunikationsdrohung wird. Natürlich wird sich jeder, der Ketzerei für eine Gefahr hält, sorgfältig darum bemühen, seiner oder ihrer eigenen Voraussetzungen bewußt zu sein, und eine Art Kennerschaft in diesen Dingen entwickeln.

Diejenigen, die überhaupt keine Vorstellung davon haben, daß es möglich ist zu irren, können nichts lernen außer *Know-how*."[1]

Diese Prämisse, das Bedenken der vorausgesetzten, immer schon in Anspruch genommenen Grundlagen, wirft sich in *der* Wissenschaft zur dezidierten Fragestellung auf, deren eigentlicher Gegenstand und Inhalt das Reflektieren auf die Grundlagen selber ist. Diese 'Wissenschaft' ist die Philosophie.[2] Bestimmt sich Philosophie als

---

[1] Bateson, G., Geist und Natur. Eine notwendige Einheit, Frankfurt am Main 1982, S. 34f. [Einfügung vom Autor].

[2] Mit M. Heidegger werden Wissenschaften als Arten und Weisen des Philosophierens verstanden. Vgl. Heidegger, M., Die Grundbegriffe der Metaphysik, (Gesamtausgabe, Bd. 29/30), Frankfurt am Main 1983, S. 48f. Mit diesem Verständnis wird unterstellt, daß die Philosphie keine Wissenschaft unter anderen ist. Philosophie ist etwas Eigenständiges. "Wir können sie weder als eine Wissenschaft unter anderen nehmen, noch aber als etwas, was wir nur finden, wenn wir etwa die Wissenschaften auf ihre Grundlagen befragen. Es gibt nicht Philosophie, weil es Wissenschaften gibt, sondern umgekehrt, es *kann* Wissenschaften geben, nur weil und nur wenn es Philosophie gibt. Aber die Begründung dieser, d. h. die Aufgabe, ihren Grund abzugeben, ist weder die einzige noch die vornehmlichste Aufgabe der Philosophie. Sie durchgreift vielmehr das Ganze des menschlichen Lebens (Daseins) auch dann, wenn es keine Wissenschaften gibt, und nicht nur so, daß sie das Leben (Dasein) als vorhandenes nachträglich lediglich begaffte

(Fortsetzung...)

formale Wissenschaft, dann ist sie in ihren Vollzügen Kriterien unterworfen, die auch allen Fachwissenschaften vorgegeben sind. Wird Wissenschaft mindestens als das Ganze eines Begründungszusammenhanges[1] von Sätzen, die beanspruchen wahr zu sein, verstanden, dann gilt dies auch für die Philosophie. Sie sucht nach methodisch gesicherter Erkenntnis, die sie, systematisch geordnet, in einen Begründungszusammenhang einzugliedern hat. Die Funktion der Philosophie besteht nicht darin, die Gebiete der jeweiligen Fachwissenschaft neu zu verteilen oder sich besserwisserisch an deren Stelle zu setzen. Der Philosophie könnte aber die Analyse des explosionsartig gewachsenen Informationsberges unserer Zeit gelingen. "Dazu sind Philosophen befragt, ... welche die neue Wissenslage in allen Bereichen nach allen Regeln der Kunst 'abarbeiten' können, in eigener Regie oder im Forschungsverbund mit anderen Disziplinen der Wissenswissenschaften und sonstigen Fachwissenschaften: in erster Linie *analytisch*, durch ein differenziertes Erfassen der gesamten 'Lage' vor Ort, auch außerhalb der Wissenschaften; desgleichen *logisch, ethisch, rechtlich, natur- und sozialphilosophisch*; natürlich auch *philosophisch* im ureigenen Sinne"[2]. Die Philosophie vermag in den Fachwissenschaften die unausgesprochenen Voraussetzungen zu analysieren, die von den konkreten Fachwissenschaften als unverzichtbare Möglichkeitsbedingung ihrer Konstitution und ihrer Vollzüge beansprucht werden. Diese Voraussetzungen sind den jeweiligen, konkret fachwissenschaftlichen Forschungsmethoden entzogen. Eine Korrektur fachwissenschaftlicher Methodik ist jedoch möglich. Die Philosophie als Grundlagenkrisenwissenschaft, wenn sie als professionalisierte Kritik an Voraussetzungen verstanden wird, kann bei methodischen Korrekturen innerhalb der Fachwissenschaften eingesetzt werden und wirksam Hilfe anbieten. Diese Korrekturmöglichkeit einer derart auf die Methodologie und Theorie von Wissenschaften spezialisierten Philosophie ist auf alle Fachwissenschaften anwendbar, gleichgültig welchen Objektbereich sie bearbeiten.

Archäologie als eine dieser Fachwissenschaften handelt von raum-zeitlich strukturierten Objekten, die jetzt (noch) sind. Übriggeblieben aus einem (schon unterstellten) ehemaligen Ganzen. Das in der Gegenwart als archäologisch bedeutsam Angesehene wird als Referenz einer archäologischen Theoriebildung benutzt.

Die jeweilig unterlegten Leitideen, die Leistungsfähigkeit, Grenzen und Funktion der Archäologie, wandelten sich seit Bestehen der Archäologie. Die Veränderungen der erkenntnisleitenden Interessen innerhalb der Archäologie spiegeln auch Stellenwert und Leistungsfähigkeit der Wissenschaft im 20. Jh. wider. Die Entstehung ei-

---

[2] (...Fortsetzung)
und nach allgemeinen Begriffen ordnete und bestimmte. Vielmehr ist Philosophieren selbst eine Grundart des Da-seins." Ebd., S. 33. Der Notwendigkeit der Philosophie wird die Nicht-Notwendigkeit der Wissenschaft gegenübergestellt. Die Wissenschaft wird bestimmt "als eine Existenzmöglichkeit des menschlichen Daseins, die für das Dasein des Menschen nicht notwendig, sondern eine freie Möglichkeit der Existenz ist." Ebd., S. 282.

[1] Vgl. Heidegger, M., Sein und Zeit, (Gesamtausgabe, Bd. 2), Frankfurt am Main 1977, S. 15.

[2] Spinner, H., Der Wandel der Wissensordnung und die neue Aufgabe der Philosophie im Informationszeitalter, in: Oelmüller, W. (Hg.), Philosophie und Wissenschaft, Paderborn 1988, S. 61-78, S. 69.

ner 'New Archaeology' aus der traditionelle Archäologie, die Abkehr der Biblischen Archäologie vom Selbstverständnis einer untergeordneten Hilfswissenschaft, die für die empirischen Beweise der in den Heiligen Schriften genannten Ereignisse zu sorgen hatte, hin zu einer 'Archäologie Palästinas', in deren Fragestellungen keine Rede mehr von Bibelstützungsversuchen ist, aber vermehrt anthropologisch-soziale Fragen zu finden sind, kann als fachwissenschaftliche Reaktion auf die Krise der Wissenschaften zu Problemen von Erkenntnisgewinnung und Erkenntnissicherung verstanden werden.

Inwieweit sich die Fachwissenschaft 'Biblische Archäologie' durch diese Fragestellungen ein neues, revidiertes Selbstverständnis erarbeitete, soll hier mit den sich daraus ergebenden Konsequenzen für die Interpretationen von archäologischen Objekten untersucht werden.

Die Frage nach und das Bemühen um Objektivität ist ein Grundproblem und eine Grundforderung jeder möglichen Wissenschaft. Das Stellen und Beantworten der Frage sowie das Vermögen, Kriterien zu erarbeiten, die Objektivität von Nicht-Objektivität unterscheidbar machen, kann nur von dem Glied des Gesamtbereichs Wissenschaft ausgehen, das um diese Fragen und Probleme weiß: vom Menschen, der Wissenschaft betreibt. Wenn Wissenschaft ein Produkt anthropologischer Subjektivität ist, und daran besteht kein Zweifel, wenn Wissenschaften also Verhaltungen[1] des Menschen sind, dann ist, so scheint es, zu allererst die Frage nach dem Menschen selbst zu stellen.

Doch die Frage nach dem Menschen ist zweifach fragwürdig geworden. Zum einen reicht es für eine Antwort nicht aus, auf eine bestimmte philosophische Anthropologie zu verweisen. Diese müßte ihrerseits von einer schon vorausgesetzten Philosophiekonzeption legitimiert werden, die zu zeigen hätte, warum gerade die gewählte Anthropologie als die geeignete erscheint. Doch selbst wenn diese Aufgabe gelöst werden könnte, können philosophische Antworten und Ergebnisse nicht die Suche nach erfahrungswissenschaftlichen Antworten ersetzen oder kompensieren. Die Ergebnisse der Erfahrungswissenschaften wirken auf die Fragestellungen philosophischer Anthropologien zurück.[2] Die Frage nach dem Menschen ist selbst eine Frage der Wissenschaft, d. h. eine wissenschaftliche Frage, geworden. "Die empirischen Einzelwissenschaften klären den handelnden Menschen auf über das, was er gemäß ihrer spezifischen einzelwissenschaftlichen Fragestellung und Methoden ist. ... Die Frage, was der Mensch ist, wird nicht mehr beantwortet mit dem Anspruch grundsätzlicher Wesensbestimmung im Bewußtsein eines überzeitlichen Weltbildes oder generalisierenden Metaphysik, sondern im Fragehorizont aus einzelwissenschaftlicher Perspektive. ... Der empirische Ansatzpunkt neuzeitlicher Anthropologien bringt es mit sich - trotz generalisierender Tendenzen verschiedenster Einzelwissenschaften -, daß es eine allgemeingültige und verbindliche Auffassung vom

---

[1] Vgl. Heidegger, M., (1977), S. 16.

[2] Vgl. Honnefelder, L. (Hg.), Die Einheit des Menschen. Zur Grundfrage der philosophischen Anthropologie, Paderborn u. a. 1994.

Menschen nicht mehr gibt, beziehungsweise keine wissenschaftliche Methodik, die empirische einzelwissenschaftliche Erkenntnisse in den Rang früherer metaphysischer Erkenntnisse heben könnte. ... Eine axiomatisch-deduktive Herleitung oder apriorische Festlegung dessen, was der Mensch sei, verbietet sich."[1]

Zum anderen muß berücksichtigt werden, daß eine Antwort auf die Frage nach dem Menschen, gleichgültig aus welchen Bereichen des Nachdenkens sie stammt, die sich als wissenschaftliche Antwort versteht, wissenschaftlich akzeptierten Prüfverfahren ausgesetzt werden kann.[2]

Das bedeutet: Wer die Frage nach dem Menschen stellt, weil er glaubt, daß sie beantwortet sein muß, damit Wissenschaft möglich ist, und die Antwort selbst wissenschaftlichen Kriterien unterstellt, betreibt schon wissenschaftliche Praxis.

---

[1] Bucher, A. J., Ethik - eine Hinführung, Bonn 1988, S. 30f.

[2] Ähnlich einem naturwissenschaftlichen Experiment, bei dem implizit immer auch die Meßgeräte mitgeprüft werden, befinden sich bei jeder Gültigkeitsprüfung von Erklärungen die Kriterien, mit denen Erklärungen beurteilt werden, mit auf dem Prüfstand.

1.2 Kennzeichen gegenwärtig akzeptierter Wissenschaftlichkeit

1.2.1 Formulierungen in Theorieform

Mit G. Radnitzky darf festgestellt werden, daß die Frage nach der Unterscheidung von 'Wissenschaft' und 'Nicht-Wissenschaft' einen Stellenwert erhalten hat, der über ihre methodologische Bedeutung weit hinausgeht.[1] Was aber unterscheidet ein nicht-wissenschaftliches Tun von einem wissenschaftlichen Tun?

Um diese Frage zu beantworten, wird versucht, mit Hilfe der Diskussion der Wissenschaftstheorie Karl Poppers Kriterien der Wissenschaftlichkeit zu sichern, die Fachwissenschaften erfüllen müssen, damit sie auf der Basis einer kritisch-rationalen Wissenschaftstheorie ihr Tun legitim als wissenschaftliches Tun qualifizieren können. Mittels der erarbeiteten Wissenschaftskriterien werden das Selbstverständnis einer Fachwissenschaft, hier der Biblischen Archäologie, und darin konkret die Ausgrabungen, Deutungen und Präsentationen des Ausgräbers von Chirbet Qumran[2], Roland de Vaux, geprüft. Dies geschieht, indem die erarbeiteten Wissenschaftskriterien mit den tatsächlich benutzten Argumentationsmethoden konfrontiert werden, die für die Geltungsbegründungen im Einzelfall eingesetzt wurden und werden.

Um die unverzichtbaren Charakteristika einer wissenschaftlichen Theorie aufzudecken, ist eine erste Annäherung an den Terminus Theorie notwendig. Eine vorläufige Bestimmung von 'Theorie' kann durch den umgangsprachlichen Gebrauch seines Gegenbegriffes, der 'Praxis', erreicht werden. Unter Praxis wird eine Einstellung des Menschen verstanden, die sich durch das Gebrauchen, Hantieren oder Verändern des Seienden auszeichnet. Im Gegensatz dazu wird 'Theorie' als Einstellung verstanden, die nicht durch Verändern und Hantieren, sondern durch bloßes, pures, die Dinge nicht veränderndes Hinschauen, gekennzeichnet ist.[3] Nach H. Seif-

---

[1] Vgl. Radnitzky, G., Wertfreiheitsthese. Wissenschaft, Ethik und Politik, in: ders.; Andersson, G. (Hg.), Voraussetzungen und Grenzen der Wissenschaft, Tübingen 1981, S. 47-126; ders., Art. Wissenschaftlichkeit, in: ders.; Seiffert, H. (Hg.), Handlexikon der Wissenschaftstheorie, München 1992, S. 399-405, bes. S. 399.

[2] Die Bezeichnung 'Chirbet Qumran' (Chirbet - arab. für Ruine) wird angewandt, wenn von den Ruinen auf der Mergelterrasse gesprochen wird, dagegen wird 'Qumran' als Sammelbezeichnung benutzt, die die Ruinen von Qumran, die Gräber und die Ruinen von En Feschcha einschließt.

[3] Vgl. Heidegger, M., (1977), S. 472f. "Das Entscheidende der 'Entstehung' des theoretischen Verhaltens läge dann im *Verschwinden* der Praxis. Gerade wenn man als primäre und vorherrschende Seinsart des faktischen Daseins das 'praktische' Besorgen ansetzt, wird die 'Theorie' ihre ontologische Möglichkeit dem *Fehlen* der Praxis, das heißt einer *Privation* verdanken. Allein das Aussetzen einer spezifischen Hantierung im besorgenden Umgang läßt sie keine leitende Umsicht nicht einfach als einen Rest zurück. Das Besorgen verlegt sich dann vielmehr eigens in ein Nur-sich-umsehen. Damit ist aber noch keineswegs die 'theoretische' Haltung der Wissenschaft erreicht. Im Gegenteil, das mit der Hantierung aussetzende Verweilen kann den Charakter einer verschärften Umsicht annehmen als 'Nachsehen', Überprüfen des Erreichten, als Überschau über den gerade 'still liegenden Betrieb'. Sich enthalten vom Zeuggebrauch ist so wenig schon 'Theorie', daß die verweilende, betrachtende Umsicht ganz dem besorgten, zuhandenen Zeug verhaftet bleibt. Der 'praktische' Umgang hat seine *eigenen* Weisen des Verweilens. Und wie der

(Fortsetzung...)

fert[1] kommt der wissenschaftliche Sprachgebrauch ohne das Wort 'Theorie' nicht aus. Neben einem weitgefaßten Sprachgebrauch, der das Wort 'Theorie' als praxisbezogene Anleitung gebraucht, sieht er auf der anderen Seite einen sehr eng gefaßten Theoriebegriff im logischen Empirismus, der mit 'Theorie' ein gesichertes Wissen versteht, das durch präzis vorgeschriebene Methoden erarbeitet und abgesichert wird. Als Beispiel dafür kann die Gravitationstheorie von Newton herangezogen werden. Theorie kann aber auch als wissenschaftliches Lehrgebäude verstanden werden, "ohne Rücksicht auf die Methode(n), mit denen es gewonnen wurde, oder auf seinen Gegenstand. ... Auch im Begriff der 'Wissenschaftstheorie' ... ist 'Theorie' in dieser Bedeutung enthalten."[2] Dieses gegenüber dem Theoriebegriff des logischen Empirismus etwas weitere Verständnis von Theorie wird von Seiffert vorgezogen, zumal es in der Abgrenzung gegenüber Beliebigkeit nach unten trotzdem die Bedeutung des Theoriebegriffes des logischen Empirismus einschließt.[3]

Unter 'Theorie' werden demnach ein in Aussagesätzen formuliertes, systematisches Lehrgebäude oder Teile davon verstanden, das einen Gegenstandsbereich betrifft. Ein weiteres entscheidendes Kriterium, das an eine Theorie zu stellen und mit der sie zu bewerten ist, betrifft ihr Erklärungspotential. "Das Ziel der Wissenschaft ist ... *Theorien als Erklärungssysteme herzustellen.*"[4] Die formale Struktur einer Theorie muß es ermöglichen, Phänomene wissenschaftsrelevant zu formulieren. Sie muß die Übersetzung von 'etwas' zu einem 'dokumentierten Phänomen' leisten können.[5] Mit K. Hübner und K. Popper wird damit angenommen, daß Theorien auch bei der Beobachtung von Phänomenen und den daraus formulierten Beobachtungssätzen eine bedeutende Rolle einnehmen. "Wir können keinen wissenschaftlichen Satz aussprechen, der nicht über das, was wir 'auf Grund unmittelbarer Erlebnisse' sicher wissen können, weit hinausgeht ('Transzendenz der Darstellung'); ... Unsere Sprache ist von Theorien durchsetzt: *es gibt keine reinen Beobachtungs-*

---

[3] (...Fortsetzung)
Praxis ihre spezifische Sicht ('Theorie') eignet, so ist die theoretische Forschung nicht ohne ihre eigene Praxis. ... Der ausdrückliche Hinweis darauf, daß wissenschaftliches Verhalten als Weise des In-der-Welt-seins nicht nur 'rein geistige Tätigkeit' ist, mag sich umständlich und überflüssig ausnehmen. Wenn nur nicht an dieser Trivialität deutlich würde, daß es keineswegs am Tag liegt, wo denn nun eigentlich die ontologische Grenze zwischen dem 'theoretischen' Verhalten und dem 'atheoretischen' verläuft!" Ebd., S. 473f.

[1] Vgl. Seiffert, H., Art. Theorie, in: ders., (1992), S. 368.

[2] Ebd.

[3] Vgl. ebd.

[4] Hübner, K., Die Wahrheit des Mythos, München 1985, S. 243.

[5] 'Dokumentierte Phänomene' implizieren nicht den Ausschluß unterschiedlicher Darstellungen innerhalb der Dokumentation. Schon auf der Beschreibungsebene ist mit unterschiedlichen Interpretationen eines Phänomens zu rechnen. Zwingend notwendig für Wissenschaft ist jedoch eine prinzipiell notwendige Übereinstimmung zwischen den (unter Umständen sehr unterschiedlichen) dokumentierten Phänomenbeschreibungen und dem Phänomen, auf das sich die Beschreibungen beziehen.

sätze.'[1] Sowohl die Naturwissenschaften wie auch die Geisteswissenschaften benutzen Theorien "und beide haben die gleiche logische Form"[2] Wissenschaftlich geht der Historiker nicht anders vor als der Naturwissenschaftler. "Hier wie dort handelt es sich darum, daß die einzelne Tatsache nur im Lichte einer Theorie gesehen wird. Sie ist 'theorieabhängig'. Und insofern ist also eine Theorie in der Tat 'Bedingung der Möglichkeit der Erfahrung'."[3] Auch "axiomatische[n] Grundsätze geschichtswissenschaftlicher Theorien sind nun, wie befremdlich dies auch auf den ersten Blick scheinen mag, genauso wie diejenigen naturwissenschaftlicher Theorien, Grundsätze a priori. Und zwar in dem Sinne, daß auch sie auf der einen Seite die Erkenntnis von Tatsachen überhaupt erst ermöglichen, auf der anderen Seite aber niemals unmittelbar durch Tatsachen verifiziert oder falsifiziert werden können."[4]

1.2.2 Problemsituation als Ausgangspunkt wissenschaftlicher Praxis

Das übergreifende Kennzeichen aller Formen von Wissenschaft - dabei spielt die Unterscheidung von empirischen und nicht-empirischen Wissenschaften, Geistes- und Naturwissenschaften noch keine Rolle - besteht nach Popper in einem gemeinsamen Problembewußtsein. Eine logisch-mathematische, empirisch-wissenschaftliche und philosophisch-metaphysische Theorie kommt darin überein, daß ein Problem oder eine Problemsituation ihren Ausgangspunkt bildet. "Meine These ist, daß jede wissenschaftliche Entwicklung nur so zu verstehen ist, daß ihr Ausgangspunkt ein *Problem* ist, oder eine *Problemsituation*, das heißt, das Auftauchen eines Problems in einer bestimmten Situation unseres Gesamtwissens. Dieser Punkt ist von größter Bedeutung. Die ältere Wissenschaftstheorie lehrte - und sie lehrt noch immer -, daß der Ausgangspunkt der Wissenschaft unsere Sinneswahrnehmung oder die sinnliche Beobachtung ist."[5] Dem hält Popper die These entgegen, daß es ohne Problem keine Beobachtung gibt. Beobachtungen sind die Hilfsmittel für die Lö-

---

[1] Popper, K., Logik der Forschung, Tübingen [10]1994, S. 61 u. 76; vgl. auch Anhang X, S. 374-396. "Fast jede unserer Aussagen transzendiert die Erfahrung. Es gibt keine scharfe Trennungslinie zwischen 'empirischer Sprache' und 'theoretischer Sprache': wir bewegen uns immer in Theorien, sogar dann, wenn wir die trivialsten singulären Sätze aussprechen. ... Denn selbst gewöhnliche singuläre Sätze sind stets *Interpretationen der 'Tatsachen' im Lichte von Theorien.* ... Und das gilt sogar für die jeweiligen 'Tatsachen'." Ebd., S. 377f.; vgl. ders., Vermutungen und Widerlegungen. Das Wachstum der wissenschaftlichen Erkenntnis, Teilband I, Vermutungen, Tübingen 1994b, S. 173f.

[2] Hübner, K., Kritik der wissenschaftlichen Vernunft, 3., verb. Aufl., Freiburg u. München [3]1978, S. 322.

[3] Ebd., S. 327.

[4] Ebd., S. 326. [Veränderung vom Autor]. Vgl. dazu kritisch Stegmüller, W., Neue Wege der Wissenschaftsphilosophie, Berlin u. a. 1980, bes. S. 116-120 u. 152f.; ders., Eine kombinierte Analyse der Theoriendynamik, in: Radnitzky, G.; Andersson, G. (Hg.), (1981), S. 277-317.

[5] Popper, K., Alles Leben ist Problemlösen. Über Erkenntnis, Geschichte und Politik, München u. Zürich [3]1995, S. 19.

sungsversuche von Problemen.[1] Nicht die Sinneswahrnehmung oder die sinnliche Beobachtung ist Ausgangspunkt der Wissenschaft, sondern ein Problem oder eine Problemsituation.[2] Die Beschreibung einer *Praxis von Wissenschaft* läßt sich dreifach unterteilen:

1. Problem,
2. Lösungsversuche und
3. Elimination.

"1. Der Ausgangspunkt ist immer ein *Problem* oder eine Problemsituation.
2. Dann folgen *Lösungsversuche*. Diese bestehen immer aus Theorien, und diese Theorien sind, da sie *Versuche* sind, sehr häufig irrig: Sie sind und bleiben immer Hypothesen oder Vermutungen.
3. Auch in der Wissenschaft lernen wir durch die *Elimination* unserer Irrtümer, durch die *Elimination* unserer falschen Theorien."[3]
Das Neue und Unterscheidende zwischen einer vor-wissenschaftlichen Einstellung und einer wissenschaftlichen Methode liegt in der bewußt kritischen Einstellung zu den angebotenen Lösungsversuchen. Es ist die "aktive Teilnahme an der Elimination, die aktiven Eliminationsversuche, die Versuche, zu kritisieren, das heißt, zu falsifizieren."[4] Insofern unterscheiden sich unterschiedliche logisch-mathematische, empirisch-wissenschaftliche und philosophisch-metaphysische Theorien nicht.

Aus dem obigen dreistufigen Modell einer wissenschaftlichen Praxis läßt sich nach Popper für die *Theorie einer Wissenschaft* ein vierstufiges Modell entwickeln. "Das vierstufige Schema kann aus unserem dreistufigen Schema ... dadurch gewonnen werden, daß wir die erste Stufe als 'das ältere Problem'[5] bezeichnen und als

---

[1] Vgl. ebd., S. 21. Popper illustriert dies mit folgender Überlegung: "So ist es selbstverständlich richtig, daß unsere Sinnesorgane uns über unsere Umwelt informieren und daß wir sie zu diesem Zweck dringend brauchen. Aber daraus dürfen wir nicht die Schlußfolgerung ziehen, daß unsere Erkenntnis mit der Sinneswahrnehmung beginnt. Im Gegenteil, unsere Sinne sind, entwicklungstheoretisch gesehen, Werkzeuge, die sich ausgebildet haben, um bestimmte biologische *Probleme* zu lösen. So haben sich die tierischen und menschlichen *Augen* anscheinend ausgebildet, um Lebewesen, die ihren Standort ändern und sich bewegen können, vor gefährlichen Zusammenstößen mit harten Körpern, an denen sie sich verletzen könnten, rechtzeitig zu warnen. Entwicklungstheoretisch gesehen sind unsere Sinnesorgane das Resultat von Problemen und Lösungsversuchen, genau wie unsere Mikroskope oder unsere Ferngläser. Und das zeigt, daß das Problem, biologisch gesehen, *vor* der Beobachtung oder Sinneswahrnehmung kommt". Ebd., S. 20f.; vgl. ders., Objektive Erkenntnis. Ein evolutionärer Entwurf, Hamburg 1993, S. 271.

[2] Vgl. Radnitzky, G., (1981), bes. S. 48-65.

[3] Popper, K., (1995), S. 21.

[4] Ebd., S. 27.

[5] 'Das ältere Problem' oder Ausgangsproblem kann in der Naturwissenschaft ein nicht erwartetes Phänomen eines Experiments sein; in der Biblischen Archäologie kann das ältere Problem die als nicht korrekt empfunde Interpretation der Ruinen von Qumran durch Roland de Vaux sein, oder in der Theologie kann das ältere Problem der Vernunftbegriff des I. Vat. sein. Diese inhaltlich völlig unterschiedlichen Ausgangsprobleme sind darin gleich, daß sie in allen drei Fachwissenschaften als *Problem* oder *Problemsituation* fungieren. Die jeweils unterschiedlichen Antworten bzw. Antwortversuche sind strukturell iden-
(Fortsetzung...)

vierte Stufe 'die neuen Probleme' hinzufügen. Wenn wir weiter noch die 'Lösungsversuche' durch 'versuchsweise Theorien' ersetzen und die 'Elimination' durch
'Eliminationsversuche durch kritische Diskussion', so kommen wir zu jenem vierstufigen Schema, das für die Wissenschaftstheorie charakteristisch ist. Es sieht also
folgendermaßen aus:

1. *Das ältere Problem,*
2. *versuchsweise Theorienbildungen;*
3. *Eliminationsversuche* durch kritische Diskussion
   einschließlich experimenteller Prüfung;
4. *die neuen Probleme,* die aus der kritischen Diskussion
   unserer Theorien entspringen."[1]

Probleme sind in der vorwissenschaftlichen und wissenschaftlichen Sicht vorwiegend praktischer Natur, "aber sie werden bald, durch den vierstufigen Zyklus, wenigstens teilweise von theoretischen Problemen ersetzt. Das heißt, die meisten der
neuen Probleme entstehen aus der *Kritik der Theorien*: Sie sind inner-theoretisch.
Das gilt schon für die Probleme in Hesiods Kosmogenie und noch mehr für die Probleme der vorsokratischen griechischen Philosophen; und es gilt für die meisten
Probleme der modernen Naturwissenschaften: Die Probleme sind selbst Produkte
der Theorien und der Schwierigkeiten, die die kritische Diskussion in den Theorien
aufdeckt."[2] Die zu den gestellten Problemen erarbeiteten Erklärungen sind Theorien. "Die versuchsweisen Antworten, die die Theorien liefern, sind eben *Erklärungsversuche.*"[3]

1.2.3 Rationalität und kritische Diskussion

Eine neue Fragestellung kommt hinzu, wenn zu einem Problem mehrere konkurrierende Erklärungsversuche (Theorien) vorgebracht werden. Ist es möglich, innerhalb
eines logisch-mathematischen, empirisch-wissenschaftlichen oder philosophisch-
metaphysischen Theoriesystems begründbare Theoriepräferenzen durchzuführen?
Dabei wird nach Entscheidungskriterien gefragt, die rationalen Standards genügen.
Was aber sind Kennzeichen von Rationalität bzw. wann wird eine Entscheidung als
rationale Entscheidung bewertet? Wissenschaftliche Kriterien dafür anzugeben,
setzt bereits einen Rationalitätsbegriff voraus. "Über 'Rationalität' schlechthin und

---

[5] (...Fortsetzung)
tisch. Sie sind in Theorien formulierte Erklärungsversuche, die in Sätzen oder Satzsystemen das Problem
zu erklären versuchen.

[1] Ebd., S. 31f.

[2] Ebd. Popper zählt zu den Problemen auch die 'Voraussagen': "Vom *intellektuellen* Standpunkt der *reinen Wissenschaft* gehören die Voraussagen zur Stufe 3, das heißt, zur *kritischen Diskussion, zur* Prüfung." Ebd.

[3] Ebd., S. 32.

allgemein lassen sich vermutlich wissenschaftlich kaum präzise Aussagen machen."[1] Als gemeinsame Merkmale unterschiedlicher Rationalitätstypen können
nach H. Lenk angeführt werden: "Folgerichtigkeit oder Formalität, Gesetzes- oder
Regelhaftigkeit, Verfahrensgemäßheit, Rechtfertigbarkeit oder Begründetheit, Rela-
tionalität oder Bedingtheit, Intersubjektivität und Objektivität, Verallgemeinerbar-
keit oder Allgemeingültigkeit, Einsehbarkeit, Prinzipien- oder Vernunftgemäßheit,
Zusammenhangsgebundenheit oder Systemhaftigkeit."[2] Nach K. Hübner verbindet
man mit Rationalität "*intuitiv* die Vorstellung von *Begreiflichkeit, Begründbarkeit,
Folgerichtigkeit, Klarheit* und *allgemein verbindlicher Einsichtigkeit.*"[3] Kategori-
sieren lassen sich unterschiedliche Artikulationen von Rationalität in Beziehung auf
Intersubjektivität fünffach, nämlich in: 1) semantische Intersubjektivität (Klarheit
und allgemeine Einsichtigkeit von Begriffen), 2) empirische Intersubjektivität (Aussagen, die sich auf empirische Tatsachen stützen), 3) logische Intersubjektivität
(Sätze, die aus logischen Schlußfolgerungen ableitbar sind), 4) operative Intersubjektivität (Anwendung von Kalkülen) und 5) normative Intersubjektivität (Rückfüh-
rung von Zwecken und Normen auf andere Zwecke und Normen).[4] 'Rational' kennzeichnet eine bestimmte Art und Weise des Denkens und Handelns. Hübner ist zu
folgen, wenn er sagt: "Rationalität ist also etwas *Formales.* Sie betätigt sich nur an
schon gesetzten Inhalten, zum Beispiel an denjenigen der Wissenschaft oder denjenigen des Mythos."[5]

---

[1] Lenk, H., Über Rationalitätstypen und Rationalitätskritik, in: ders., Zwischen Wissenschaftstheorie und
Sozialwissenschaft, Frankfurt am Main 1986, S. 104-130, S. 105. Eine von ihm präsentierte und ausdrücklich als nicht vollständig bezeichnete Liste von unterschiedlichen Bedeutungen von Rationalität enthält 21 Bedeutungsvarianten. Darunter: Formale Rationalität, semantische Folgerungsrationalität, instru-
mentelle Rationalität, Wertrationalität etc.; vgl. ebd., S. 106-113.

[2] Ebd., S. 114. Zu 'Rationalitätskriterien', ihrer Entwicklung und Kritik vgl. auch Vollmer, G., Wissenschaftstheorie im Einsatz. Beiträge zu einer selbstkritischen Wissenschaftsphilosophie, Stuttgart 1993, S.
141-160; Schwemmer, O., Die Philosophie und die Wissenschaften. Zur Kritik einer Abgrenzung, Frankfurt am Main 1990, Kap. 3: Die Rationalität des Menschen. Ein geistiges Ideal und seine empirische
Wirklichkeit, S. 69-102. Zur Diskussion um pragmatischen Rationalitätskonzeptionen vgl. A. Wüstehube
(Hg.), Pragmatische Rationalitätstheorien. Studies in Pragmatism, Idealism, and Philosophy of Mind,
Würzburg 1995. Vgl. dort bes. R. v. Schomberg, Rationale Argumentation in der Forschungspraxis, S.
165-188 und W. Kuhlmann, Rationalität und Reflexion, S. 65-84.

[3] Hübner, K., (1985), S. 239.

[4] Vgl. ebd., S. 243-286. Vgl. dazu Lenk, H., (1986), S. 114f.

[5] Hübner, K., Wie irrational sind Mythen und Götter?, in: Duerr, H. P. (Hg.), Der Wissenschaftler und
das Irrationale, 2 Bd., Frankfurt am Main 1981, S. 11-36, S. 35; ders., (1985), S. 267: "Wie sich zeigte,
besteht *formal* kein Unterschied zwischen dem ersten mythischen und dem wissenschaftlichen Erklä-
rungsmodell, wenn sie auch jeweils mit ganz anderen Inhalten, Erfahrungsbegriffen und Wahrheitsvor-
stellungen verbunden werden. Dasselbe gilt für die *Begründung* der jeweils verwendeten ontologischen
Voraussetzungen."
Die Anfängen einer methodisch-kritisch genutzten Rationalität mit einer erstmalig beginnenden Kritik an
den überlieferten Mythen legt Popper in die Zeit der Vorsokratiker. Vgl. Popper, K., (1994b), Kap. 5, S.
198-242. Entsprechend dazu sieht Bucher in den Zeiten beginnender Mythenkritik die Anfänge des Über-
gangs einer konventionellen zu einer nachkonventionellen Moral. "Der Schritt von einer konventionellen
Moral einer bestimmten gesellschaftlichen Ordnung zu einer nachkonventionellen Ethik, nämlich der Ori-

(Fortsetzung...)

Die Beurteilung von Theorien unter rationalen Bewertungskriterien impliziert, daß die Kriterien der Prüfung und das Ergebnis der Prüfung intersubjektiv akzeptierten Maßstäben genügen muß. Bei zwei oder mehreren konkurrierenden Theorien zum selben Problembereich, gleichgültig in welcher Wissenschaft, werden die Theorien Prüfungen ausgesetzt. "Wir tun das, indem wir einmal die eine und dann wieder die andere zu widerlegen versuchen, bis wir zu einer Entscheidung kommen. In der Mathematik - aber nur hier - sind solche Entscheidungen in der Regel *endgültig:* Beweisfehler, die nicht sofort bemerkt werden, sind sehr selten."[1] Die Kritik empirisch-wissenschaftlicher Theorien wird mit demselben Verfahren durchgeführt. Auch hier wird versucht, die Theorien zu widerlegen. Den einzigen Unterschied sieht Popper in der Benutzung von empirischen Gründen. "Aber diese empirischen Gründe treten nur im Zusammenhang mit anderen kritischen Überlegungen auf. Das kritische Denken als solches bleibt die Hauptsache."[2]

Die Kritik von philosophisch-metaphysischen Systemen verläuft wiederum mittels desselben Verfahrens. Kritisches Nachdenken soll zur Widerlegung von Theorien führen. Die Situation bei philosophisch-metaphysischen Theorien unterscheidet sich nun nach Popper darin, daß sie im Gegensatz zu empirisch-wissenschaftlichen Theorien relativ problemlos 'unwiderlegbar' formuliert werden können. Das Spezifikum philosophisch-metaphysischer Systeme sieht Popper in ihrer Unwiderlegbarkeit. Popper unterscheidet zwei Bedeutungen von Unwiderlegbarkeit: 1) Unwiderlegbarkeit im logischen Sinn. Das bedeutet soviel "wie 'mit rein logischen Mitteln nicht widerlegbar'; das bedeutet aber nicht mehr als 'widerspruchsfrei'. Daß wir aber aus der Widerspruchsfreiheit einer Theorie nicht auf ihre Wahrheit schließen dürfen, ist wohl klar."[3] 2) Unwiderlegbar kann aber auch als 'empirisch nicht widerlegbar' interpretiert werden. Mit der Konsequenz, daß es 1) für eine Theorie keinen möglichen Erfahrungssatz gibt, der ihr widerspricht, und, daß 2) jeder mögliche Erfahrungssatz mit der Theorie übereinstimmt.[4]

Logisch-mathematische, empirisch-wissenschaftliche und philosophisch-metaphysische Theorien kommen darin überein, daß sie als Reaktionen auf ein Problem verstanden werden können. "Mit anderen Worten, jede *vernünftige* Theorie, ob nun wissenschaftlich oder philosophisch [nicht-wissenschaftlich], ist insofern vernünf-

[5] (...Fortsetzung)
entierung an allgemeinen ethischen Grundsätzen, geschieht individualgeschichtlich dann, wenn der einzelne Mensch der Eigenverantwortung seines Denkens und Tuns sich bewußt wird. Es kennzeichnet dieser Schritt den Prozeß personaler Reife. In der Geschichte der Menschheit als ganzer ist dieser Schritt in jener Epoche dokumentiert, in der das konventionelle Für-wahr-Halten und Handeln aus der Selbstverständlichkeit des Mythos heraustritt in die 'keineswegs Selbstverständlichkeit', aufgeworfen durch kritische Fragen des seines Selbst bewußten und seines Selbst verantwortlichen Menschen." Bucher, A. J., (1988), S. 188.
[1] Popper, K., (1994b), S. 287.
[2] Ebd.
[3] Ebd., S. 284.
[4] Vgl. ebd. Als Beispiele für nicht widerlegbare Theorien nennt Popper die Theorien von Alfred Adler, Sigmund Freud und Karl Marx; vgl. ebd., S. 46-51.

tig, als sie versucht, *gewisse Probleme zu lösen*. Sie ist nur im Zusammenhang mit einer *Problemsituation* verständlich und vernünftig; und sie kann nur im Zusammenhang mit einer Problemsituation vernünftig, das heißt kritisch, diskutiert werden."[1] Eine kritische Diskussion auch unwiderlegbarer Theorien ist für Popper ausdrücklich möglich. Für eine *Theorie* der Wissenschaft zeigt sich die Konsequenz, daß eine kritische Diskutierbarkeit von Theorien damit ein notwendiges, aber noch kein hinreichendes Kriterium für Wissenschaft darstellt. Wissenschaftliche *Praxis* ist dagegen nach dem oben genannten Dreischritt 'Problem - Lösungsversuche - Elimination'[2] möglich und sinnvoll.

1.2.4 Der Gehalt einer Theorie

Worin liegt dann der Unterschied zwischen 'exakten' und 'nicht-exakten' Wissenschaften, wenn ihre Problemlösungsstruktur dieselbe ist und es auch innerhalb nicht-empirischer Wissenschaften möglich ist, Theorien widerlegbar zu formulieren? Im alltäglichen Sprachgebrauch wird zwischen unterschiedlichen Fachwissenschaften folgende Unterscheidung angeführt: Die Wissenschaften, die zur Deduktion und zur Erklärung auf gesetzesartige Prämissen, im Idealfall auf 'Naturgesetze', zurückgreifen können, die ihre Ergebnisse präzis angeben können und die ihre Ergebnisse durch präzise Prüfverfahren absichern und dokumentieren können, zählen zu den exakten Wissenschaften. Kontrollierbare Versuchsaufbauten, kontrollierbare Wiederholungen von Versuchsabläufen sind Indikatoren für eine 'exakte' Fachwissenschaft. Die Entfernung zwischen einem Wasserhahn und dem Boden eines Wasserbeckens ist innerhalb eines Versuchsaufbaus in nahezu beliebiger Genauigkeit zu messen. Ebenso die Zeit, die ein Tropfen benötigt, um diese Entfernung zu überwinden. Der Versuch ist prinzipiell beliebig wiederholbar.

Im Gegensatz dazu fehlt bei den nicht-exakten Wissenschaften die präzise Kontroll- und Wiederholungsmöglichkeit. So werden in der Archäologie Datierungsversuche von Ruinen mittels Münzfunden, Keramikdatierungen oder durch Radiocarbonuntersuchungen geeigneter Materialien durchgeführt. Die genannten Möglichkeiten ergeben jedoch nach gegenwärtigem Kenntnisstand einen datierbaren Zeit*raum* (Mehrdeutigkeit durch gleich mögliche Alternativen) und keinen gewünschten Zeit*punkt* (Eindeutigkeit durch Ausschluß von falschen Ergebnissen).[3] Noch unpräziser werden Erklärungen zu nicht vollständig determinierten Systemen, also Fachwissenschaften mit Gegenstandsbereichen, die teilweise oder ganz durch menschliche Verhaltungen charakterisiert sind. In der Biblischen Archäologie kann

---

[1] Popper, K., (1994b), S. 289. [Einfügung vom Autor].

[2] Das Verfahren der kritischen Diskussion ist auch für nicht-empirische und unwiderlegbare Theorien geeignet. "Denn wir können fragen: Löst die Theorie ihr Problem? Löst sie es besser als andere Theorien? Verschiebt sie es vielleicht nur? Ist die Lösung einfach? Ist sie fruchtbar? Widerspricht sie vielleicht anderen philosophischen Theorien, die wir zur Lösung anderer Probleme brauchen?" Ebd.

[3] Jeder experimentell festgelegte Zeit*punkt* ist aber im Prinzip nichts anderes als ein 'sehr kurzer' Zeit*raum*. Die jeweilige fachwissenschaftliche Konvention bestimmt die Einteilung.

dies z. B. die Frage nach der Funktion eines Gegenstandes oder die Bedeutung einer Ruine sein. Ein Krug an einem Brunnen und der gleiche Krugtyp in einem Tempelraum sind sowohl material wie formal ähnlich. Die Frage nach der Funktion der beiden Krüge, in Rücksicht auf ihren Fundort, kann voneinander abweichen und die Beantwortung dieser Frage wird - im Verhältnis zur 'naturwissenschaftlichen' Frage nach dem Material des Kruges - sehr 'unpräzise' Erklärungen anführen.

Theorien, Experimente und Erklärungen von Phänomenen der Pädagogik geben sich ähnlich mehrdeutig. Insofern wäre die Anwendung eines Exaktheitskriteriums zur qualitativen Unterscheidung einzelner Fachwissenschaften verständlich. Gleichwohl ist eine Trennung und unterschiedliche Gewichtung von exakten und nicht-exakten Wissenschaften aus diesem Grund nicht haltbar. Begründet wird die Behauptung an der Diskussion von 'Einfachheit' und 'Erkenntniswert' von Aussagen. Popper behauptet, daß der Erkenntniswert einer Erklärung im umgekehrten Verhältnis zu ihrer primären Wahrscheinlichkeit steht; "er steigt mit ihrer primären Unwahrscheinlichkeit."[1] Ein Beispiel soll die paradox klingende Aussage erläutern. Eine Reihe von Erklärungen über Wurfbahnen mit zunehmender Hypothesenwahrscheinlichkeit ergibt folgende Skala:

> 1) Alle Wurfbahnen sind Parabeln.
> 2) Alle Wurfbahnen sind Kegelschnitte.
> 3) Alle Wurfbahnen sind stetige Kurven.
> 4) Alle Wurfbahnen sind stetige oder unstetige,
> gebrochene oder ungebrochene Linien.

"Die letzte Hypothese (4) ist a priori auf alle Fälle wahr. Deshalb ist ihre primäre Hypothesenwahrscheinlichkeit gleich 1. Aber dafür ist sie auch *vollkommen nichtssagend.*"[2] Die Formulierung von Aussagen mit unterschiedlichen Erklärungswerten ist in jeder Wissenschaft möglich. In der Biblischen Archäologie können z. B. zu den entdeckten Gräbern in unmittelbarer Nähe der Ruinen von Qumran Erklärungen formuliert werden, die der oben genannten Skalierung in umgekehrter Reihenfolge entsprechen.

> 1) Die Gräber von Qumran sind Bestattungsorte für Leichen.
> 2) Die Gräber von Qumran sind Bestandteile eines Friedhofes.
> 3) Die Gräber von Qumran gehören zu einem Friedhof, in dem eine
> in Qumran ansässige Gemeinschaft ihre Toten begraben hat.

▸ Zu 1) Die erste Hypothese ist in jedem Fall wahr. Sie ist jedoch so allgemein formuliert, daß sie über das zu erklärende Problem hinaus gültig ist. Die Erklärung gilt nicht nur für die Gräber von Qumran, sondern auch für die Gräber von Jeru-

---

[1] Popper, K., Die beiden Grundprobleme der Erkenntnistheorie, hg. von Troels Eggers Hansen. Aufgrund von Manuskripten aus den Jahren 1930-1933, 2. verbesserte Auflage, Tübingen ²1994a, S. 147.

[2] Ebd., S. 146.

salem, Fribourg oder Eichstätt etc. Erklärungen dieser Form sind unwiderlegbar, aber auch trivial. Sie enthalten keinen Erkenntnisfortschritt und sind empirisch vollkommen nichtssagend.

▸ Zu 2) Die zweite Hypothese bringt gegenüber der ersten einen Erkenntnisfortschritt. Gräber allein ergeben noch keinen Friedhof. Die räumlich geordnete Plazierung von Gräbern kann als typisches Merkmal eines Friedhofes angesehen werden. Die zweite Hypothese bringt somit zwar noch keinen großen, aber im Gegensatz zur ersten Hypothese einen deutlich erkennbaren und prüfbaren Erkenntniszuwachs. Sie bleibt zwar noch auf eine Vielzahl von Sachverhalten anwendbar, die mit den Qumrangräbern in diesem Charakteristikum übereinstimmen, es reduziert sich jedoch die Zahl der Übereinstimmungen in Relation zur Hypothese 1) unter Umständen erheblich.

▸ Zu 3) Die dritte Hypothese der Gräber enthält gegenüber den vorhergehenden Erklärungen den größten Erkenntnisfortschritt, wenn sie wahr wäre. Wahr ist auf jeden Fall die erste Hypothese. Sie bringt jedoch keinen Erkenntnisfortschritt. Die äußerst unwahrscheinliche Hypothese 3) (sie würde nur hier zutreffen) hat a priori eine extrem niedrige Wahrscheinlichkeit. Sie hätte allerdings den größten Erkenntnisfortschritt zur Folge. "Man kann geradezu sagen: Je enger der Spielraum einer Aussage ist, je kleiner ist ihre primäre Wahrscheinlichkeit (oder je größer ihre primäre Unwahrscheinlichkeit), je präziser die Aussage ist, desto *größer* ist die Erkenntnis, die wir durch die Aussage gewinnen können (falls sie nämlich mit der Erfahrung in Einklang gebracht werden kann)."[1] "So wird es verständlich, weshalb wir, wenn wir erkennen wollen, immer in der Richtung auf eine Präzisionsaussage hin arbeiten. ... Ist diese Tendenz zur Präzisionsaussage einigermaßen befriedigend durchgeführt, so spricht man von 'exakten' Wissenschaften."[2]

Die Fachwissenschaften haben nach Popper, wenn es um Erkenntniserweiterung geht, dieselbe Aufgabe, nämlich ihre Erklärungen so zu formulieren, daß sie a priori möglichst unwahrscheinlich sind. Je reicher die erarbeitete Erklärung an Verboten ist, umso leichter ist sie durch Konkurrenzerklärungen und durch Einwände, die in der Erfahrung ihre Basis haben, zu widerlegen.

---

[1] Ebd. "Wenn wir $Ct(a)$ für den 'Gehalt von Satz a' (englisch '*content*') und $Ct(ab)$ für den 'Gehalt der Konjunktion a und b' nehmen, dann haben wir
1) $Ct(a) \leq Ct(ab) \geq Ct(b)$.
Dem steht das entsprechende Gesetz der Wahrscheinlichkeitsrechnung ('*calculus of probability*') im schärfsten Gegensatz gegenüber:
2) $p(a) \geq p(ab) \leq p(b)$,
wo die Ungleichheitszeichen von (1) umgekehrt sind. Zusammen behaupten diese beiden Gesetze, nämlich (1) und (2), *daß die Wahrscheinlichkeit mit wachsendem Gehalt sinkt* und umgekehrt, daß, wenn der Gehalt eines Satzes zunimmt, er unwahrscheinlicher wird." Ders., (1994b), S. 316.

[2] Popper, K., (1994a), S. 147. "'*Einfachheit*' im Sinne der '*Einfachheit eines Gesetzes*' ist nur ein anderes Wort für '*primäre Unwahrscheinlichkeit*', ist also wieder nichts anderes als der rein logische Begriff des (relativ) engen Spielraumes." Ebd., S. 148; vgl. ders., (1994), S. 97-105.

Wenn also akzeptiert wird, daß logisch-mathematische, empirische und philoso-phisch-metaphysische Wissenschaften sich artikulieren und dokumentieren in Theo-rien, die aus Systemen von Aussagesätzen[1] bestehen, daß Wissenschaften durch den Zweck 'Problemlösung', durch die Grundeinstellung 'kritische Rationalität' und durch ihr methodisches Vorgehen 'Problem - Lösungsversuche - Elimination' über-einstimmen, worin liegt dann der entscheidende Unterschied und Vorteil der empi-rischen Wissenschaften gegenüber nicht-empirischen Wissenschaften?

1.2.5 Kennzeichen wissenschaftlicher Erklärungen

Es darf unterstellt werden, daß die unterschiedlichen Fachwissenschaften verschie-dene Aufgaben als charakteristisch ansehen. Aber die empirischen Wissenschaften lassen sich nach Popper darin vereinheitlichen, daß "es das Ziel der empirischen Wissenschaft ist, *befriedigende Erklärungen* zu finden für alles, was uns einer Er-klärung zu bedürfen scheint."[2] Das ist aber nicht nur das Ziel einer empirischen Wissenschaft, sondern aller möglichen Wissenschaften, eine Erklärung des Erklä-rungsbedürftigen zu liefern.

"Mit einer (kausalen) *Erklärung* ist eine Klasse von Sätzen gemeint, von denen einer den Sachverhalt beschreibt, der erklärt werden soll (das *explicandum*), wäh-rend die anderen, die erklärenden Aussagen, die 'Erklärung' im engeren Sinne des Wortes bilden (das *explicans* des *explicandums*)."[3] Das Phänomen, das sich bei ei-nem Experiment zeigte, die Ruinen einer Ausgrabungsstätte oder ein tradierter Text können jeweils die Funktion eines *explicandums* übernehmen. Aufgabe und Ziel der jeweiligen Fachwissenschaften ist es, zu diesen unterschiedlichen Phänomenen Er-klärungen zu liefern. "Das *explicans* ..., das wir aufzufinden suchen, wird in der Re-gel nicht bekannt sein; es muß entdeckt werden. Daher wird die wissenschaftliche Erklärung, wenn immer sie eine Entdeckung ist, die *Erklärung des Bekannten durch das Unbekannte sein.*"[4] Die vorgelegten Erklärungen müssen Standards ge-nügen, damit sie als wissenschaftliche Erklärungen akzeptiert und gewertet werden

---

[1] Kockelmanns ist zuzustimmen, wenn er formuliert: "Man kann zeigen, daß Popper und Lakatos beide ihre Vorstellungen von wissenschaftlichen Theorien im Rahmen der Aussage-Auffassung formuliert ha-ben." Kockelmanns, J., Überlegungen zur Lakatosschen Methodologie der wissenschaftlichen For-schungsprogramme, in: Radnitzky, G.; Andersson, G. (Hg.), (1981), S. 319-338, S. 322.
Durch die Aufgabe der Aussagenauffassung von Theorien glaubt Stegmüller, die Praxis der Normalwis-senschaft präziser zu treffen. "Nur auf dem Wege über eine Preisgabe dieser Auffassung und durch die Einführung eines Begriffs von physikalischen Theorien, wonach eine derartige Theorie *keine* Satzklasse oder Klasse von Propositionen darstellt, dürfte Klarheit über diejenige Phänomen zu erzielen sein, wel-ches Kuhn als normale Wissenschaft bezeichnet." Stegmüller, W., Theoriendynamik und logisches Ver-ständnis, in: Diederich, W. (Hg.), Theorien der Wissenschaftsgeschichte. Beiträge zur diachronen Wis-senschaftstheorie, Frankfurt am Main 1974. S. 167-209, S. 172; vgl. ders., Eine kombinierte Analyse der Theoriendynamik, in: Radnitzky, G.; Andersson, G. (Hg.), (1981), S. 277-317.
[2] Popper, K., Objektive Erkenntnis. Ein evolutionärer Entwurf, Hamburg 1993, S. 198.
[3] Ebd., S. 198f.
[4] Ebd.

können.[1] Erstens muß das *explicandum* logisch aus der vorgelegten Erklärung folgen und zweitens "sollte das *explicans* wahr sein, obwohl es im allgemeinen nicht als wahr bekannt sein wird; auf jeden Fall darf es, selbst nach strengster kritischer Prüfung, nicht als falsch erkannt werden. Wenn es nicht als wahr erkannt ist (wie dies gewöhnlich der Fall sein wird), dann müssen *unabhängige* Zeugnisse zu seinen Gunsten sprechen, oder, in anderen Worten, es muß auf *unabhängige* Weise prüfbar sein; und es wird desto befriedigender sein, je unabhängiger und strenger die Prüfungen waren, denen es standgehalten hat."[2] Die Struktur dieser Erklärungsform wird von C. G. Hempel deduktiv-nomologische Erklärung genannt.[3] Erklärungen,

---

[1] Vgl. dazu auch Toulmin, S., Voraussicht und Verstehen. Ein Versuch über die Ziele der Wissenschaft, Frankfurt am Main 1981.

[2] Popper, K., (1993), S. 199.

[3] Die grundsätzliche Behauptung C. G. Hempels über die Struktur und Funktion wissenschaftlicher Erklärungen lautet: "Die zentrale These ... war, kurz gesagt, daß alle wissenschaftlichen Erklärungen explizit oder implizit eine Subsumption des jeweiligen Gegenstands unter allgemeine Gesetzmäßigkeiten bewirken; daß sie alle ein systematisches Verständnis empirischer Phänomene durch den Nachweis zu liefern suchen, daß die Geschehnisse sich in einen gesetzmäßigen Zusammenhang einfügen." Hempel, C. G., Aspekte wissenschaftlicher Erklärung, Berlin u. New York 1977, S. 224. Diese Form der Erklärung wird auch als 'covering-law'-Modell bezeichnet. Der Ausdruck selbst wurde von William Dray - vgl. Dray, W., Laws and Explanation in History, Oxford 1957, S. 1 - eingeführt und bezieht sich auf die Subsumption eines zu erklärenden Einzelphänomens unter allgemeine Gesetze oder gesetzesartige Sätze. Zur Unterscheidung von 'Gesetzen' und 'gesetzesartigen Sätzen' vgl. Hempel, C. G., (1977), S. 5-19.
Eine wissenschaftliche Antwort, die ein beobachtetes Phänomen (das *explanandum*) in der Form einer Erklärung zutreffend beschreiben will, muß zeigen können, daß das zu erklärende Phänomen durch schon bekannte Tatsachen oder Sachverhalte zu erwarten war. "Diese Tatsachen zerfallen in zwei Klassen: (i) in besondere, singuläre Sachverhalte und (ii) in Gesetzmäßigkeiten, die mittels allgemeiner Gesetze darstellbar sind ... Wenn wir uns die verschiedenen ausdrücklich angegebenen oder verschwiegenen Erklärungsannahmen vollständig formuliert vorstellen, dann läßt sich die Erklärung als ein deduktives Argument folgender Gestalt auffassen:

Deduktiv-nomologische Erklärung

$$(D\text{-}N)\ \text{Erklärung} \qquad \left. \begin{array}{c} A_1, A_2, ... A_k \\[2mm] G_1, G_2, ... G_r \end{array} \right\} \qquad \text{Explanans } S$$

$$\overline{ E } \qquad \text{Explanandum-Satz}$$

Hierbei sind A_1, A_2, ..., A_k Sätze, die die betroffenen speziellen Sachverhalte beschreiben und G_1, G_2, ..., G_r sind die allgemeinen Gesetze, auf denen die Erklärung beruht. Wir wollen sagen, daß diese Sätze zusammen das *Explanans S* bilden, wobei man sich S entweder als Menge der erklärenden Sätze oder als deren Konjunktion vorstellen kann. Die Konklusion E des Arguments ist ein Satz, der das Explanandum-Phänomen beschreibt". Ebd., S. 5f. Eine 'deduktiv-nomologische Erklärung', abgekürzt D-N-Erklärung, bewirkt eine deduktive Unterstellung des zu erklärenden Phänomens unter Prinzipien, die die Charakteristika allgemeiner Gesetze besitzen. "Eine D-N-Erklärung beantwortet die Frage 'Warum trat das Explanandum-Phänomen auf?' also durch den Nachweis, daß sich das Phänomen aufgrund gewisser besonderer Umstände, wie sie in A_1, A_2, ..., A_k spezifiziert werden, in Übereinstimmung mit den Gesetzen G_1, G_2, ..., G_r einstellte. Durch diesen Nachweis zeigt das Argument, daß unter der Voraussetzung der besonderen Umstände und der fraglichen Gesetze das Auftreten des Phänomens *zu erwarten war;* und genau in die-
(Fortsetzung...)

die wissenschaftlichen Standards entsprechen wollen, sind an diese Erklärungs-
struktur gebunden. Verboten sind zirkelförmige und bestimmte *ad-hoc*-Erklärungs-
formen.[1]

[3] (...Fortsetzung)
sem Sinne ermöglicht die Erklärung es uns, *zu verstehen, warum* das Phänomen eintrat." Ebd., S. 6.
Mit Recht unterscheidet Hempel mindestens zwei Intentionen, die einer Warum-Frage zugrunde liegen können und die wesentlich zu unterscheiden sind. Das deduktiv-nomologische Modell vermag auf Erklärung-verlangende Warum-Fragen zu antworten. Diese Fragen lassen sich verallgemeinern zu der Form:
'Warum ist es der Fall, daß *p*?'. P steht für eine empirische Aussage, die das zu erklärende Phänomen
beschreibt (Explanandum).
Eine davon unterschiedliche Art von Warum-Fragen sind die, die auf die Aussage 'Norm X gilt universal'
mit 'Warum gilt Norm x universal?' gestellt werden können. Diese Art von Fragen nennt Hempel *"Be-
gründung-verlangend* oder *epistemisch."* Ebd., S. 3. Eine Erklärung-verlangende Warum-Frage, setzt gewöhnlich voraus, daß es sich um eine wahre Aussage handelt, und man sucht nach einer Erklärung für
den Sachverhalt, das Ereignis oder die Tatsache, die von der Aussage repräsentiert wird. Eine epistemisch, Begründung-verlangende Warum-Frage setzt die Wahrheit der betreffenden Aussage nicht voraus,
"sondern verlangt statt dessen nach Gründen für die Annahme, daß sie wahr ist. Eine geeignete Antwort
auf Fragen der ersten Art bietet deshalb eine Erklärung für das mutmaßliche empirische Phänomen, während eine geeignete Antwort auf Fragen der zweiten Art bestätigende oder rechtfertigende Gründe zur
Stützung der Aussage liefert." Ebd.
Daß p ist, wird bei Erklärungen vorausgesetzt, und die Erklärung soll eine Antwort geben, wie es empirisch zu p kam. Warum p wahr ist oder sein soll, ist das Problem bei Begründungen, das hier in den Hintergrund gerückt werden kann, in der philosophischen Normenbegründung jedoch ein Zentralproblem bezeichnet. Vgl. Apel, K.-O., (1973), 358-435; Bucher, A. J., (1988); Kuhlmann, W., (1985); Rohrhirsch,
F., (1993).
"Trotz dieser Unterschiede bezüglich der Präsuppositionen und Ziele bestehen auch wichtige Verbindungen zwischen den beiden Frage-Arten; insbesondere muß ... eine adäquate Antwort auf eine Erklärung-
verlangende Frage 'Warum ist es der Fall, daß *p*?' auch eine potentielle Antwort auf die entsprechende
epistemische Frage geben 'Welche Gründe gibt es für die Annahme, daß *p*?'." Hempel, C. G., (1976), S.
3; vgl. dazu auch Popper, K., (1994), S. 31-46. Die Wissenschaftlichkeit der Astronomie und die Wissenschaftlichkeit der Theologie unterscheiden sich danach auch hinsichtlich ihrer Fragestrukturen.
Es geht jeweils um Behauptungen (formuliert in Sätzen) von Sachverhalten mit dem impliziten Anspruch,
daß diese Behauptungen prüfbar sind.
Zur Wissenschaftlichkeit und Falsifizierbarkeit von Aussagen in der Theologie vgl. Peukert, H., Wissenschaftstheorie. Handlungstheorie. Fundamentale Theologie, Düsseldorf 1976, bes. Teil II, Kap. C; Pannenberg, W., Wissenschaftstheorie und Theologie, Frankfurt am Main 1973, S. 329-348; Suchla, P., Religiöse Gewißheit contra wissenschaftliche Fallibilität? Der erkenntnistheoretische Status christlicher
Glaubensaussagen und Aussagen christlicher Theologie in kritisch-rationaler Prüfung, in: Sievering, U.
O. (Hg.), Kritischer Rationalismus heute, Frankfurt am Main 1988, S. 224-240. Vgl. auch Ph. Kaiser:
"Theologie versteht sich schließlich als Wissenschaft und unterliegt so den Gesetzen der wissenschaftli-
chen Forschung. Das heißt dann, daß es in ihr Theorien und Hypothesen gibt, die überholbar sind und
verbessert, aber auch eliminiert werden können. Sie kann in die Irre gehen, aber auch Fortschritte in der
Erkenntnis machen.'? Kaiser, Ph., Anspruch und Bedingtheit theologischer Aussagen, in: ders.; Peters, St.
D., Evolutionstheorie und ethische Fragestellungen, (Eichstätter Beiträge, Bd. 2), Regensburg 1981, S.
33-57, S. 49. Zum Philosophieverlust in der Theologie und seinen Konsequenzen *in* der Theologie und
für die Philosophie vgl. Bucher, A. J., 'Das Weltkind in der Mitten'. Vom theologischen Interesse an der
Philosophie, in: Müller, G. (Hg.), (1995), S. 55-74.
[1] Vgl. Popper, K., (1994). S. 49-51. Hilfshypothesen sind nicht generell ausgeschlossen. Kriterium für die
Beurteilung von *ad-hoc*-Hypothesen ist ihre Funktion. Wird eine Theorie durch neue Hilfshypothesen
immunisiert, bleibt die Einführung verboten. Wird aber durch die Einführung einer *ad- hoc*-Hypothese
der Falsifizierbarkeitsgrad der Theorie erhöht, ist die Hilfshypothese erlaubt. "Wir betrachten die
(Fortsetzung...)

In der Absicht, diese Erklärungsarten zu vermeiden, sieht Popper die hauptsächlichen Beweggründe für die Entwicklung einer empirischen Wissenschaft. "Nur wenn wir Erklärungen fordern, die universelle Aussagen oder Naturgesetze benutzen (ergänzt durch Anfangsbedingungen), können wir einen gewissen Fortschritt machen in Richtung auf eine Verwirklichung der Idee unabhängiger Erklärungen oder solcher Erklärungen, die nicht *ad hoc* sind. Denn universelle Naturgesetze können Aussagen mit einem reichen Gehalt sein, so daß sie überall und zu allen Zeiten *unabhängig geprüft* werden können. Wenn sie daher als Erklärungen benutzt werden, so ist es ganz gut möglich, daß sie nicht *ad hoc* sind; denn es ist möglich, daß sie uns gestatten, das *explicandum* als einen typischen Fall eines reproduzierbaren Effekts zu interpretieren. All dies trifft jedoch nur zu, wenn wir uns auf universelle Gesetze beschränken, die prüfbar, das heißt falsifizierbar sind."[1]

Mit diesem Zitat ist nun die Schranke erreicht, die nach Popper *empirische* Wissenschaft von *nicht-empirischer* Wissenschaft trennt. Darüber hinaus liefert es eine implizite Erklärung, warum naturwissenschaftlichen Erklärungen ein höherer Grad an Verbindlichkeit zugesprochen werden kann als Erklärungen von Geistes- oder Kulturwissenschaften. Naturwissenschaftliche Erklärungen sind zu bevorzugen, weil ihre Prüfbarkeit mittels Naturgesetze durchgeführt wird, d. h. der Prüfungsmaßstab der strengstmögliche überhaupt ist.

Auch die Geisteswissenschaften versuchen, Geltungsaussagen durch Sätze höherer Allgemeinheit zu begründen, aber diese 'Gesetze' sind im Vergleich zu den Gesetzen der Natur - so die selbstverständlich unterlegte Annahme - uneindeutig, nur oberflächlich prüfbar und alles andere als gesichert.

Doch auch die Naturgesetze sind keine wahren Theorien; sie sind Theorien, die, in Popperscher Terminologie, durch extreme Unwahrscheinlichkeit und hervorragende Prüfbarkeit ausgezeichnet sind. Auch sie sind falsifizierbar wie alle anderen Theorien, doch haben sie bis jetzt jedem Falsifizierungsversuch standgehalten. Sie gelten als 'bewährt'.[2]

Natur- u. Geisteswissenschaften können prinzipiell darin übereinkommen, daß sie

---

[1] (...Fortsetzung)
Einführung einer Hilfshypothese in jedem Fall als den Versuch eines Neubaues und müssen diesen dann daraufhin beurteilen, ob er einen Fortschritt darstellt." Ebd., S. 51; vgl. ders., Replies to my Critics, in: Schilpp, P. A. (Hg.), The Philosophy of Karl Popper, (The Library of Living Philosophers, Vol. XIV), Book 2, La Salle 1974a, S. 961-1197. S. 986f.

[1] Popper, K., (1993), S. 200f. Eine Unterscheidung von Erklärung und Voraussage sieht Popper nur im pragmatischen, nicht im logisch-strukturellen Bereich; vgl. Popper, K., Das Elend des Historizismus, Tübingen ⁵1979, S. 104f. G. Andersson beschränkt die strukturelle Gleichheit auf unbedingte Prognosen; vgl. Andersson, G., (1988), S. 19-23.

[2] Zur Bewährung vgl. Popper, K., (1994), Kap. X. (198-226) u. im neuen Anhang *IX, ders., (1994a), Absch. 16; Bar-Hillel, Y., Popper's Theory of Corroboration, in: Schilpp, P. A. (Hg.), (1974), S. 332-348; Putnam, H., The 'Corroboration' of Theories, in: Schilpp, P. A. (Hg.), (1974), S. 221-240; Grünbaum, A., Popper und der Induktivismus, in: Radnitzky, G.; Andersson, G. (Hg.), (1980), S. 129-156; Watkins, J. W. N., Die Bewährung und das Problem des Gehaltvergleichs, in: Radnitzky, G.; Andersson, G. (Hg.), (1980), S. 393-437.

mittels eines formalisierten Weges an ein Problem herangehen, indem sie 1. Erklärungen in Form von Theorien (in Sätze formuliert) anbieten, die Theorien 2. bestimmte Kriterien erfüllen und 3. die Geltungsansprüche der Erklärungen mittels ge-
eigneter Methode geprüft werden können.[1] Punkt 3 trennt die empirischen Wissenschaften von den übrigen Wissenschafts-
kandidaten. Das Unterscheidungskriterium von empirischen und nicht-empirischen
Wissenschaften läßt sich auf die Art der Überprüfbarkeit ihrer Geltungsansprüche
reduzieren. Nur die besondere Form der Prüfungsmöglichkeiten von Geltungsansprüchen qualifizieren eine Wissenschaft als empirische Wissenschaft. *"Ein empi-
risch-wissenschaftliches System muß an der Erfahrung scheitern können."*[2]

1.2.6 Erfahrung als Methode

Die Kriterien für 'echte' Wissenschaften sind nicht von den jeweiligen Gegenstandsbereichen abhängig, sie liegen allein in der Methode. Diejenigen Erklärungsversuche, die sich prinzipiell auf kritische Diskussionen einlassen, können als wissenschaftliche Theorien kandidieren. Aber nur diejenigen, die nach Popper 'empirisch' wenigstens teilentscheidbar[3] sind, kommen in den Rang wissenschaftlicher
Theorien. *"Nur die methodologischen Beschlüsse, nach denen die Wissenschaft im
Falle einer 'Krise' verfährt, kennzeichnen die 'empirische Methode'*, kennzeichnen
eine Auffassung der Wissenschaft, die sich von der Erfahrung belehren läßt. Nicht
durch ihre Ergebnisse ist also die Erfahrungswissenschaft bestimmt, nicht die Sätze
als solche haben Wissenschaftscharakter, sondern allein die *Methode."*[4] 'Empirisch'
ist also bei Popper gleichzusetzen mit der Anwendung einer bestimmten Methode.
Diese Methode ist ausgezeichnet durch die Anwendung des Fallibilismusprinzips.
Die prinzipielle Falsifizierbarkeit von Theorien ist das entscheidende Merkmal der
'empirischen' Methoden.

---

[1] Unverzichtbare Elemente einer Theorie sind: Zirkelfreiheit, innere und äußere Widerspruchsfreiheit, Er-
klärungswert, Prüfbarkeit und Testerfolg. Vgl. Vollmer, G., (1993), S. 20-22; Popper, K., (1994), S. 7f.

[2] Ebd., S. 15.

[3] Die Teilendscheidbarkeit ist Folge einer logischen Asymmetrie zwischen Verifizierbar- und Falsifizierbarkeit von allgemeinen Sätzen. Allgemeine Sätze sind nicht aus besonderen Sätzen ableitbar, sie können
aber mit diesen im Widerspruch stehen. "Durch rein deduktive Schlüsse (mit Hilfe des sogenannten 'modus tollens' der klassischen Logik) kann man daher von besonderen Sätzen auf die *'Falschheit'* allgemeiner Sätze schließen." Ebd., S. 16. Popper entgeht damit dem Grundproblem des Empirismus, der
Induktion. "Die Wurzel dieses Problems ist der scheinbare Widerspruch zwischen der 'Grundthese jedes
Empirismus' - der These, daß nur 'Erfahrung' über empirisch-wissenschaftliche Aussagen entscheiden
kann - und der Humeschen Einsicht in die Unzulässigkeit induktiver Beweisführungen. Dieser Widerspruch besteht nur dann, wenn man postuliert, daß alle empirisch-wissenschaftlichen Sätze 'vollentschei-
bar', d. h. verifizierbar *und* falsifizierbar sein müssen. Hebt man dieses Postulat auf, läßt man als empirisch auch 'teilentscheidbare', einseitig falsifizierbare Sätze zu, die durch methodische Falsifikationsver-
suche überprüft werden können, so verschwindet der Widerspruch: Die Methode der Falsifikation setzt
keine induktiven Schlüsse voraus, sondern nur die unproblematischen tautologischen Umformungen der
Deduktionslogik." Ebd., S. 16f.

[4] Popper, K., (1994a), S. 359f.

Generelle Falsifizierbarkeit ist deutlich zu unterscheiden von einer konkreten Falsifikation. Prinzipielle Falsifizierbarkeit bedeutet nicht, daß alle Theorien falsifiziert werden müssen, sondern 'nur', daß der Weg zu einer Theoriefalsifizierung logisch möglich ist. "Eine Theorie heißt 'empirisch' bzw. 'falsifizierbar', wenn sie die Klasse aller überhaupt möglichen Basissätze eindeutig in zwei nichtleere Teilklassen zerlegt: in die Klasse jener, mit denen sie in Widerspruch steht, die sie 'verbietet' - wir nennen sie die Klasse der *Falsifikationsmöglichkeiten* der Theorie -, und die Klasse jener, mit denen sie nicht im Widerspruch steht, die sie 'erlaubt'. Oder kürzer: Eine Theorie ist falsifizierbar, wenn die Klasse ihrer Falsifikationsmöglichkeiten nicht leer ist."[1] 'Falsifiziert' wird dagegen eine Theorie genannt, wenn anerkannte Basissätze der Theorie widersprechen.[2] Das ist deshalb möglich, weil wissenschaftliche Theorien die logische Form von allgemeinen Sätzen besitzen. Die allgemeinen Sätze können nach Popper in Form einer Negation ausgedrückt werden. Wissenschaftliche Theorien sind dann als wissenschaftliche Theorien zu interpretieren, die die Nichtexistenz eines Phänomens behaupten. "Gerade wegen dieser Form sind sie falsifizierbar ... Sie behaupten nicht, daß etwas existiert, sondern daß etwas nicht existiert."[3] Nur deshalb sind sie durch positive besondere Sätze falsifizierbar. Denn es genügt ein einziges 'verbotenes' Ereignis, um das vermeintliche Gesetz (das allgemeingültige Verbot) mit dem Geltungswert 'falsch' auszuzeichnen. Ein Basissatz kann als methodisch verfügbare 'Erfahrung' verstanden werden. An ihm kann die Ableitung einer Theorie kollidieren und mit-

---

[1] Popper, K., (1994), S. 53. Zur Kritik am Falsifikationsprinzip vgl. Lakatos, I., Falsifikation und die Methodologie wissenschaftlicher Forschungsprogramme, in: ders.; Musgrave, A. (Hg.), Kritik und Erkenntnisfortschritt, (Übers. v. P. K. Feyerabend und A. Szabô), Braunschweig 1974, S. 89-189; ders., (1974), S. 55-119. Stegmüller, W., Hauptströmungen der Gegenwartsphilosophie. Eine kritische Einführung, 2 Bände, 6. Aufl., 1976 u. 1979; ders., Probleme und Resultate der Wissenschaftstheorie und analytischen Philosophie, Bd. 1: Wissenschaftliche Erklärung und Begründung. Berlin u. a. 1969, Bd. 2: Theorie und Erfahrung, Halbbd. 2: Theorienstrukturen und Theoriendynamik, Berlin u. a. 1973; Kuhn, Th. S., Die Struktur wissenschaftlicher Revolutionen, Frankfurt am Main [2]1976; Feyerabend, P. F., Wider den Methodenzwang, Frankfurt am Main [2]1983. Zur Verteidigung des Falsifikationsprinzips vgl. Andersson, G., Kritik und Wissenschaftsgeschichte. Kuhns, Lakatos und Feyerabends Kritik des Kritischen Rationalismus, Tübingen 1988; ders., in: Salamun, K., (1989), S. 95-108; Seifert, J., Objektivismus in der Wissenschaft und die Grundlagen philosophischer Rationalität, in: Leser, N. u. a. (Hg.), (1991), S. 31-82, bes. S. 47ff.

[2] "In realistischer Ausdrucksweise kann man sagen, daß ein besonderer Satz (Basissatz) ein [*singuläres*] *Ereignis* darstellt oder beschreibt. Anstatt von den durch die Theorie verbotenen Basissätzen zu sprechen, können wir dann auch sagen, daß die Theorie gewisse Ereignisse verbietet, d. h. durch das Eintreffen solcher Ereignisse falsifiziert wird." Popper, K., (1994), S. 55. Basissätze sind Festsetzungen, sie werden nicht durch Erfahrungen begründet, sie sind "logisch betrachtet *willkürliche Festsetzungen*." Ebd., S. 74. Zur Kritik am Basisproblem vgl. Andersson, G., (1988), S. 94-133, der der Meinung ist, daß, mit geringen Modifikationen, das Basisproblem von Popper methodisch zufriedenstellend gelöst wurde. Vgl. dagegen die Kritik von Kuhn (1976) und Feyerabend (1983). Zur Kritik von I. Lakatos siehe unten.

[3] Popper, K., (1994), S. 39. Zur logischen Unterscheidung von wissenschaftlich falsifizierbaren 'Allsätzen' und nicht-falsifizierbaren 'metaphysischen' 'universellen Es-gibt-Sätzen' vgl. ebd.

tels des 'modus tollens'[1] die Falsifikation der Theorie vorgenommen werden. Die Einführung von Basissätzen ist eine Konsequenz aus dem Versagen einer Wissenschaftstheorie, die von der Vorstellung ausgeht, daß der Wissenschaftler ein System aus Hypothesen und Theorien entwirft und die Natur über die Wahrheit oder Falschheit entscheidet bzw. geprüft wird, ob die Theorie mit den Tatsachen übereinstimmt oder nicht.[2] Diese Vorstellung ist nach I. Lakatos nicht haltbar. Sie enthält im wesentlichen zwei falsche Annahmen:

▸ 1. Annahme: Die Unterscheidung wissenschaftlich - nicht-wissenschaftlich läßt sich durch eine Grenze festlegen, mit deren Hilfe eindeutig zwischen theoretischen Sätzen und Beobachtungssätzen unterschieden werden kann. Diese Annahme ist falsch, weil "*alle* Arten des Rechtfertigungsdenkens, die die Sinne als Quelle der Erkenntnis ansehen (gleichgültig, ob als *eine* oder als *die* Erkenntnisquelle schlechthin), auch eine *Psychologie der Beobachtung* enthalten. ... Aber aus dem Werke Kants und Poppers ... geht hervor, daß eine solche empiristische Psychotherapie nie zum Erfolg führen kann. Denn es gibt und kann keine Wahrnehmung geben, die nicht von Erwartung durchsetzt ist, und deshalb auch *keine natürliche (d. h. psychologische) Abgrenzung zwischen Beobachtungssätzen und theoretischen Sätzen.*"[3]

▸ 2. Annahme: "Die *zweite* Annahme besagt, daß ein Satz, der das psychologische Kriterium der Faktizität oder des Beobachtungscharakters (Basischarakters) befriedigt, auch wahr ist; man kann auch sagen, daß er durch Tatsachen *bewiesen* wurde."[4] Auch diese Annahme ist nach Lakatos nicht haltbar. "*Keine Tatsachenaussage kann jemals auf Grund eines Experiments bewiesen werden.* Sätze lassen sich nur aus anderen Sätzen herleiten, aus Tatsachen folgen sie nicht: Erfahrungen können einen Satz ebensowenig beweisen 'wie ein Faustschlag auf den Tisch'. Dies ist ein grundlegender Punkt der elementaren Logik, aber einer, der auch heute noch von nur wenigen Leuten verstanden wird."[5]

---

[1]   modus tollens   a → b
         in formalisierter Schreibweise: ¬ b
                                          ―――――――
                                              ¬ a

[2] Vgl. Lakatos, I., (1974), S. 95. Diese Methode wird von G. Vollmer zur Verteidigung eines Realismus benutzt. "[F]aktisch falsch sein können Aussagen nur im Hinblick auf ein reale Welt, die eben anders ist, als diese Aussagen behaupten. Das Scheitern deskriptiver Hypothesen ist also ein noch besseres Argument für den Realismus als deren Erfolg." Vollmer, G., Auf der Suche nach der Ordnung. Beiträge zu einem naturalistischen Menschenbild, Stuttgart 1995, S. 18. [Veränderung vom Autor].

[3] Lakatos, I., (1974), S. 96f.

[4] Ebd., S. 96.

[5] Ebd., S. 97. Popper ist derselben Meinung: "Und was schließlich die psychologistische Basis betrifft, so ist es sicher richtig, daß der Beschluß, einen Basissatz anzuerkennen, sich mit ihm zu begnügen, mit Erlebnissen zusammenhängt - etwa mit Wahrnehmungserlebnissen; aber der Basissatz wird durch diese Erlebnisse nicht begründet; Erlebnisse können Entschlüsse, also auch Festsetzungen *motivieren* [vielleicht (Fortsetzung...)

Wenn es also nach Lakatos logisch unmöglich ist, daß Tatsachen*aussagen* durch Tatsachen bewiesen werden können, dann ist es auch logisch unmöglich, daß Tatsachen*aussagen* durch Tatsachen widerlegt werden können. Jeder Zusammenstoß zwischen einer Theorie und der ihr widersprechenden 'Tatsachen' bzw. Tatsachen*aussage* kann somit nicht mehr als Falsifikation, sondern 'nur' noch als logischer Widerspruch zwischen Sätzen interpretiert werden. "Unsere Phantasie mag zwar bei der Formulierung von 'Theorien' eine größere Rolle spielen als bei der Formulierung von 'Tatsachenaussagen', aber sie sind *beide* fehlbar. *Also können wir Theorien weder beweisen noch widerlegen.* Die Abgrenzung zwischen den weichen, unbewiesenen 'Theorien' und der harten, bewiesenen 'empirischen Basis' existiert nicht: *alle* Sätze der Wissenschaft sind theoretisch und unheilbar fallibel."[1]

Die entscheidende Konsequenz, die schon Popper aus diesen unhaltbaren Annahmen gezogen hatte, war die Einsicht, daß die Falsifizierbarkeit eine logische Beziehung beschreibt und nicht mit einer empirischen Falsifikation verwechselt werden darf.[2] Insofern sind auch die Basissätze von Popper zu Recht als Festsetzungen zu verstehen, die nicht in Anspruch nehmen und nehmen können, daß sie 'Tatsachen' darstellen, d. h. qualitativ anderer Struktur wären als Theorien. "Die Festsetzung der Basissätze erfolgt anläßlich einer *Anwendung* der Theorie und ist ein Teil dieser Anwendung, durch die wir die Theorie *erproben*; wie die Anwendung überhaupt, so ist die Festsetzung ein durch theoretische Überlegungen geleitetes planmäßiges Handeln."[3]

Die von Lakatos hervorgehobene Struktur wissenschaftlicher Widerlegungen, die sich als logische Widersprüche zwischen Sätzen auffassen lassen, erzeugen Proble-

[5] (...Fortsetzung)
sogar entscheidend]; aber sie können einen Basis*satz* ebensowenig begründen wie ein Faustschlag auf den Tisch." Popper, (1994), S. 71.

[1] Lakatos, I., (1974), S. 97f. Lakatos führt noch eine 3. Annahme an: Die Wissenschaftlichkeit einer Theorie hängt davon ab, ob sie eine empirische Basis hat. Auch diese hält er für unhaltbar; vgl. ebd., S. 98-101. "Ob ein Satz im Zusammenhang einer Prüfungssituation eine *'Tatsache'* oder eine *'Theorie'* ist, hängt von unserer methodologischen Entscheidung ab. Die 'empirische Basis einer Theorie' ist ein monotheoretischer Begriff; sie ist *bezogen auf* eine monotheoretisch deduktive Struktur. Sie ist brauchbar als eine erste Annäherung; aber im Falle einer 'Berufung' von seiten des Theoretikers müssen wir ein *pluralistisches Modell* verwenden. Im pluralistischen Modell findet der Zusammenstoß nicht zwischen Theorien und Tatsachen statt, sondern zwischen zwei Theorien hoher Stufe: zwischen einer *interpretativen Theorie*, die dieTatsachen bietet, und einer *explanatorischen Theorie*, die sie erklärt; und die interpretative Theorie kann auf ebenso hoher Stufe stehen wie die explanatorische Theorie. Der Konflikt findet also nicht mehr statt zwischen einer Theorie von logisch höherer Stufe und einer falsifizierenden Hypothese von niederer Stufe. Das Problem sollte nicht in der Frage bestehen, ob eine *'Widerlegung'* real ist oder nicht. Das Problem ist, wie sich eine *Inkonsistenz* zwischen der geprüften 'explanatorischen Theorie' und den - expliziten oder verhüllten -'interpretativen' Theorien reparieren läßt." Ebd., S. 126.

[2] "Meine beiden Thesen - daß die Falsifizierbarkeit einer Theorie eine logische Angelegenheit ist und daher (fast immer) endgültig entscheidbar, während die empirische Falsifikation einer Theorie, wie jede empirische Angelegenheit, unsicher und nicht endgültig entscheidbar ist - widersprechen sich nicht; und sie sind beide geradezu trivial." Popper, K., (1994), Anhang XIV, S. 426. Der Anhang kann als direkte Antwort auf die Kritik von Lakatos angesehen werden.

[3] Ebd., S. 71.

me, wenn unterstellt wird, daß es in der wissenschaftlichen Auseinandersetzung über vorläufige Akzeptanz oder Verwerfung einer Theorie, nur um Falsifikationsbemühungen geht, die eine Theorie und den ihr widersprechenden Basissatz betreffen.

1.2.7 Möglichkeiten einer Theorienpräferenz

Nach I. Lakatos ist in Poppers Terminologie häufig von einer 'Theoriefalsifizierung' die Rede, die den Anschein erweckt, als ob es der Wissenschaftler nur mit klar voneinander abgegrenzten Einzeltheorien und Einzelhypothesen zu tun hat.[1] Darüber hinaus scheint die Orientierung kritisch-rationaler Wissenschaftstheorie auf die einseitige Widerlegung von Theorien ausgerichtet zu sein. Verifikationen spielen keine Rolle, obwohl diese in der Normalwissenschaft eine ausschlaggebende Stellung einnehmen. Diese zwei entscheidenden, von Popper nicht berücksichtigten Merkmale zeigen sich auch im Gang der Wissenschaftsgeschichte. Dem methodologischen Falsifikationismus[2] unterstellt Lakatos vornehmlich zwei gravierende Versäumnisse:

1) Die Prüfung einer Theorie entscheidet sich in der Auseinandersetzung zwischen dieser Theorie und einem Experiment und

2) Zweck und Ziel dieser Unternehmung ist die Widerlegung einer Theorie.

"Die Wissenschaftsgeschichte legt aber den Gedanken nahe, daß (1') Tests zumindest dreiseitige Kämpfe sind zwischen theoretischen Rivalen und dem Experiment; und daß (2') einige der interessantesten Experimente prima facie zu einer Bewährung und nicht zu einer Falsifikation führen."[3] Die geforderte, von Lakatos als raffinierte Form des Falsifikationismus benannte Verschiebung zielt auf eine Integrierung dieser zwei Merkmale, die zu einer Reformulierung 1) der Regeln des Akzeptierens (Abgrenzung zwischen wissenschaftlich und nicht-wissenschaftlich) und 2) der Regeln des Falsifizierens führen.

▸ Zu 1) Die Regeln des Akzeptierens einer neuen Theorie unterscheiden sich, - im Gegensatz zum naiven Falsifikationismus, der eine Theorie dann als 'wissenschaftlich' oder 'akzeptabel' interpretiert, wenn sie prinzipiell als falsifizierbar gelten kann, - darin, daß der raffinierte Falsifikationismus nur dann eine Theorie als 'wissenschaftlich' akzeptiert, "wenn sie einen bewährten empirischen Gehalts-

---

[1] H. Lenk ist derselben Meinung. Vgl. ders., (1986), S. 61.

[2] Lakatos glaubt, daß sich Popper von einem 'dogmatischen Falsifikationisten' zu einem 'naiven methodologischen Falsifikationisten' entwickelte und Elemente eines 'raffinierten Falsifikationismus' aufnahm. Vgl. Lakatos, I., (1974), S. 174-176. Zur Reaktion vgl. Popper, K., Realism and the Aim of Science, (From the Postscript to the Logic of Scientific Discovery. Edited by W. W. Bartley, III), Totowa 1983, S. xxiif.; ders., (1994), S. 426.

[3] Lakatos, I., (1974), S. 112.

überschuß über ihren Vorgänger (oder Rivalen) besitzt, d. h., wenn sie zur Entdeckung von neuen Tatsachen führt. Diese Bedingung läßt sich in zwei Klauseln aufspalten: die neue Theorie hat einen Überschuß an empirischem Gehalt (*'Akzeptabilität'₁*), und ein Teil dieses Überschusses ist verifiziert (*'Akzeptabilität'₂*). Die erste Klausel kann sofort durch eine a priori logische Analyse nachgeprüft werden; die zweite läßt sich nur empirisch prüfen, und dies kann eine unbestimmt lange Zeit in Anspruch nehmen"[1].

▸ Zu 2) Die Regeln des Falsifizierens werden vom raffinierten Falsifikationismus ebenfalls modifiziert. Gilt für den naiven Falsifikationisten, daß eine Theorie falsifiziert ist, wenn es einen *Beobachtungs*satz gibt, der der Theorie widerspricht (nicht zu verwechseln mit einem Basissatz), so ist für den raffinierten Falsifikationisten eine Theorie erst falsifiziert "dann, und nur dann, wenn eine andere Theorie *T'* mit den folgenden Merkmalen vorgeschlagen wurde: 1) *T'* besitzt einen Gehaltsüberschuß im Vergleich zu *T*, d. h. *T'* sagt *neuartige* Tatsachen voraus. Tatsachen, die im Lichte von *T* nicht wahrscheinlich, ja verboten waren; 2) *T'* erklärt den früheren Erfolg von *T*, d. h. der ganze nichtwiderlegte Gehalt von *T* ist (innerhalb der Grenzen des Beobachtungsirrtums) im Gehalt von *T'* enthalten; und 3) ein Teil des Gehaltsüberschusses von *T'* ist bewährt."[2]

Die Falsifizierung einer Theorie *T* durch eine Theorie *T'*, die sich unter Umständen durch die Aufnahme einer prüfbaren Hilfshypothese von *T* unterscheidet, zeigt für Lakatos, daß in einer Prüfung niemals nur die jeweilige Theorie auf dem Prüfstand steht, sondern mit ihr auch ihre Hilfshypothesen und Anfangsbedingungen beurteilt werden. Das heißt: "Der raffinierte Falsifikationismus verwandelt ... das Problem der Bewertung von *Theorien* in das Problem der Bewertung von *Theoriereihen*."[3]

Die Bedeutung von Verifikationen wird von Popper, gegen Lakatos, nicht ignoriert. Ausdrücklich wird ihre Rolle im Prüfablauf hervorgehoben. Als Reaktion auf die Kritik von Lakatos formulierte Popper in einem 1981 entstandenen Anhang (Nr. XV) in seiner 'Logik der Forschung' Falsifikations- *und* Verifikationskriterien, die logisch notwendig sind, um eine rationale Wahl zwischen konkurrierenden Theorien, z. B. einer etablierten Theorie t_0 und einer neuen Theorie t_1, zu ermöglichen. "Wir sollten verlangen, daß t_1 alle jene Probleme, die t_0 befriedigend gelöst hat ..., gleichfalls zumindest ebensogut lösen kann. Zweitens soll t_1 wenigstens einige der Fälle, mit denen t_0 Schwierigkeiten hatte, befriedigend erklären. Sollte t_0 falsifiziert sein, so sollten wenigstens einige der falsifizierenden Tatsachen mit Hilfe von t_1 erklärbar sein. Das kann aber nur der Fall sein, wenn t_0 und t_1 einander logisch wider-

---

[1] Ebd., S. 113.
[2] Ebd., S. 114.
[3] Ebd., S. 116.

sprechen."[1] In der Formulierung seiner 4 Punkte[2] einer deduktiven Überprüfungvon Theorien heißt es in Punkt 4 ('Prüfung durch 'empirische' Anwendung' der abgeleiteten Folgerungen'): "Aus dem System werden (unter Verwendung bereits anerkannter Sätze) empirisch möglichst leicht nachprüfbare bzw. anwendbare singuläre Folgerungen ('Prognosen') deduziert und aus diesen insbesondere jene ausgewählt, die aus bekannten Systemen nicht ableitbar sind bzw. mit ihnen in Widerspruch stehen. Über diese - und andere - Folgerungen wird nun im Zusammenhang mit der praktischen Anwendung, den Experimenten usw., entschieden. Fällt die Entscheidung positiv aus, werden die singulären Folgerungen anerkannt, *verifiziert*, so hat das System die Prüfung vorläufig bestanden."[3] Es ist also nicht so, daß Poppers Konzeption Verifikationsbemühungen ausschließt. Für die Bewährung von Theorien bleiben Verifikationen unerläßlich. Die Verifikationsforderung bleibt erhalten, sie enthält allerdings in der Popperschen Konzeption eine entscheidende Neubewertung: "Auch durch ihre verifizierten Folgerungen können Theorien niemals als 'wahr' oder auch nur als 'wahrscheinlich' erwiesen werden."[4]

Auch die Kritik einer Verengung der Methodologie auf streng separierte Theorien kann nicht aufrechterhalten werden. Es sind immer vollständige theoretische *Systeme* auf dem Prüfstand, die mit anderen theoretischen Systemen (Theorien oder Hypothesen) in Widerspruch geraten können. Der bloße Effekt eines Experimentes

---

[1] Popper, K., (1994), S. 429.

[2] Diese 4 Punkte sind 1) "der logische Vergleich der Folgerungen untereinander, durch den das System auf seine innere Widerspruchslosigkeit hin zu untersuchen ist; [2)] eine Untersuchung der logischen Form der Theorie mit dem Ziel, festzustellen, ob es den Charakter einer empirisch-wissenschaftlichen Theorie hat, also z. B. nicht tautologisch ist; [3)] der Vergleich mit anderen Theorien, um unter anderem festzustellen, ob die zu prüfende Theorie, falls sie sich in den verschiedenen Prüfungen bewähren sollte, als wissenschaftlicher Fortschritt zu bewerten wäre". Ebd., S. 7f. [Einfügungen vom Autor]. Zu Punkt 4 siehe oben.

[3] Ebd., S. 8. Eine ausführliche Kritik von Popper an Lakatos findet sich in Popper, K., (1974a), S. 999-1013 u. S. 1186-1188.

[4] Ebd. Das Problem der Theorienpräferenz ist gekoppelt mit dem Problem des Erkenntniswachstums. Zum Problem der Theorienpräferenz vgl. Radnitzky, G., Theorienbegründung oder begründete Theorienpräferenz, in: ders.; Andersson, G. (Hg.), (1980), S. 317-370, zur Wahrheitsähnlichkeit vgl. Andersson, G., Das Problem der Wahrheitsähnlichkeit, in: ebd., S. 287-308.
U. Druwe sieht hier die klassischen Fallstricke für die Vertreter von Theorien in Aussagesätzen gegenüber einem strukturalistischen Theoriekonzept mit einem mengentheoretischen Prädikat. Nach Druwe werden Theorien auf der Basis linguistischer Theoriekonzepte immer dann als fortschrittlicher bezeichnet, "wenn sie besser, wahrer oder rationaler waren als ihre Vorgänger. Empirische Untersuchungen der Wissenschaftsdynamik belegen solchen Fortschrittsbegriffe als sinnlos, wofür folgende Argumente angeführt werden: 1. Theorien können weder verifiziert noch falsifiziert werden. 2. Theorien werden verdrängt. 3. Es gibt keine neutrale Wissenschaftssprache, jede Sprache ist theorienbeladen." Mit einer Reihe weiterer Faktoren ergibt sich dadurch das Problem, daß von "Objektivität nur bedingt die Rede sein kann. Dieser Kontext verdeutlicht die Skepsis des modernen Holismus gegenüber der Position Poppers und dem gesamten logischen Empirismus, deren Grundlage eben Objektivität und sprachliche Neutralität ist." Druwe, U., Theoriendynamik und wissenschaftlicher Fortschritt in den Erfahrungswissenschaften, Freiburg und München 1985, S. 171f. Wenn Popper mit dem logischen Empirismus identifiziert wird, dann dürfte schon hierauf eine Antwort nicht leichtfallen, aber eine sachbezogene Antwort auf eine Kritik zu liefern, in der behauptet wird, Poppers Konzeption benötige Objektivität der Erfahrung und sprachliche Neutralität, ist nicht mehr zu leisten.

reicht nicht aus, um eine Theorie zu widerlegen. Erst wenn der Effekt mittels einer Theorie oder Hypothese systematisch erklärt werden kann, ist die Widerlegung der zu prüfenden Theorie möglich. "[W]idersprechen ... der Theorie nur einzelne Basissätze, so werden wir sie deshalb noch nicht als falsifiziert betrachten. Das tun wir vielmehr erst dann, wenn ein die Theorie widerlegender *Effekt* aufgefunden wird; anders ausgedrückt: wenn eine (diesen Effekt beschreibende) empirische Hypothese von niedriger Allgemeinheitsstufe, die der Theorie widerspricht aufgestellt wird und sich bewährt."[1]

Weil aber auch nach Popper nie eindeutig entscheidbar ist, welche Teile einer Theorie einer Widerlegung nicht widerstanden haben, ist vorläufig das gesamte System, die ganze Theorie als falsifiziert zu betrachten. *"If we falsify it, we falsify the whole system."*[2] "[A]ny attribution of falsity to any particular statement within such a system is always highly uncertain."[3] Die Veränderung der Theorie an einer bestimmten Stelle, die mit der Absicht durchgeführt wird, das System vor der Falsifikation zu retten, geschieht im Regelfall durch die Einführung einer ad-hoc-Hypothese.[4] Durch die Aufnahme einer ad-hoc-Hypothese wird die dadurch veränderte Theorie als neue Konkurrenztheorie gegenüber der alten Theorie bewertet. Worauf es ankommt, so Popper, ist die methodologische Sicherstellung einer prinzipiellen Falsifizierbarkeit der Konkurrenztheorie.[5] Das gilt für alle Fachwissenschaften und ist in allen Fachwissenschaften prinzipiell möglich. Entscheidend ist die Formulierung teilentscheidbarer Propositionen, verbunden mit einer prinzipiellen Kritisierbar-keit der vorgeschlagenen Problemlösung. Die Struktur einer Wissenschaftstheorie auf kritisch-rationaler Basis erlaubt es nicht mehr, eine Differenzierung von Natur- und Geisteswissenschaften aufrechtzuerhalten.

Ihre Anwendung zeigt, daß weder eine qualitative noch eine methodische Trennung zwischen Natur- und Geisteswissenschaften gerechtfertigt ist. "Der Kritische Rationalismus verabsolutiert ... nicht ... eine spezielle Erkenntnissituation, nämlich die in der Wissenschaft. Eher ist das Gegenteil der Fall: Auch die sog. wissenschaftliche Erkenntnis, die einst als besonders sicher galt, vollzieht sich, wie das menschliche Leben überhaupt, in einem 'Horizont prinzipieller Ungewißheit' (Dahrendorf)."[6]

---

[1] Popper, K., (1994), S. 54. [Veränderung vom Autor]. Gegen Lakatos Kritik an Popper vgl. Musgrave, A., Stützung durch Daten, Falsifikation, Heuristik und Anarchismus, in: Radnitzky, G.; Andersson, G. (Hg), (1980), S. 199-220, bes. S. 207-213.

[2] Popper, K., (1974a), S. 982.

[3] Popper, K., (1983), S. 187. [Veränderung vom Autor]. Vgl. Musgrave, A., in: Radnitzky, G.; Andersson, G. (Hg.), (1980), S. 207-213.

[4] Vgl. dazu S. 20 dieser Arbeit.

[5] Popper, K., (1974a), S. 982: "The attribuation or nonattribution of responsibility for failure is conjectural, like everything in science; and what matters is the proposal of a new alternative and competing conjectural system that is able to pass the falsifying test."

[6] Alt, J. A., Religion, Theologie und Ethik aus der Sicht des Kritischen Rationalismus. Einige Thesen, in: Sievering, U. (Hg.), (1988), S. 211-223, S. 220. Vgl. Jakowljewitsch, D., Die Frage nach dem methodo-

(Fortsetzung...)

1.3 Praktische Vernunft als Bedingung der Möglichkeit von Wissenschaft

1.3.1 Praktische Vernunft: Grund, aber nicht Grenze kritisch-rationaler Wissenschaftstheorie

Die Reduzierung wissenschaftlicher Gewißheitsansprüche verdankt sich der besonderen Stellung des Falsifikationsprinzips. Im Regelwerk der Popperschen Wissenschaftskonzeption übernimmt das Falsifikationsprinzip den Status einer Metaregel. Es geht nicht in jedem besonderen Fall um die bloße Falsifikation einer Theorie; es gilt aber bei allen Verifikationen der Grundsatz, Verifikationen methodisch so einzurichten, daß sie jederzeit falsifizierbar bleiben. Falsifikationen zählen mehr, sie sind stärker zu gewichten als Verifikationen. Sie geben den Ausschlag für die Verwerfung einer Theorie. "Wir haben ... den Begriff der empirischen Wissenschaft mit Hilfe des Kriteriums der Falsifizierbarkeit zu definieren versucht, mußten aber ... die Berechtigung gewisser Einwände anerkennen und eine methodologische Ergänzung dieser Definition versprechen. Wir werden also ... auch die Erfahrungswissenschaft durch methodologische Regeln definieren. Bei der Festsetzung dieser Regeln gehen wir systematisch vor: Wir stellen eine oberste Regel auf, eine Norm für die Beschlußfassung der übrigen methodologischen Regeln, also eine Regel von *höherem Typus*; nämlich die, die verschiedenen Regelungen des wissenschaftlichen Verfahrens so einzurichten, daß eine etwaige Falsifikation der in der Wissenschaft verwendeten Sätze nicht verhindert wird."[1]

Die Metaregel ist eine Festsetzung, nach der sich ein Wissenschaftler richten soll, wenn er, in K. Poppers Verständnis, wissenschaftlich arbeiten will. Diese Regel schreibt nicht vor, wie der Fachwissenschaftler im besonderen Fall zu arbeiten hat. Sie gibt aber den Rahmen vor, der in jedem besonderen Fall zu berücksichtigen ist. Ähnlich dem Kategorischen Imperativ Kants, der nie konkrete Handlungsanweisungen vorgibt, wie in welchem Fall zu handeln ist, sondern dem Subjekt, das sittlich handeln will, den Grundsatz vorgibt, der in jedem konkreten Fall zu verwirklichen ist, soll das Handeln des Subjekts ein sittlich gerechtfertigtes sein.

Die Metaregel einer prinzipiellen Falsifizierbarkeit und das dahinterliegende Wissenschaftsverständnis, dem sich diese Regel verdankt, nimmt Einfluß auf die konkrete Ausformungen von Fachwissenschaften und fällt zugleich nicht unter ihre Be-

---

[6] (...Fortsetzung)
logischen Dualismus der Natur- und Sozialwissenschaften und der Standpunkt kritischer Rationalisten, in: Salamun, K. (Hg.), (1989), S. 109-124. Zum Vergleich von Methodologien in Natur- und Geisteswissenschaften vgl. Howson, C., Die Methodologie in nichtempirischen Disziplinen, in: Radnitzky, G.; Andersson, G. (Hg.), (1981), S., 361-372.
[1] Popper, K., (1994), S. 26.

urteilungskompetenz.[1] *Die Metaregel einer prinzipiellen Falsifizierbarkeit kann an der Erfahrung nicht scheitern.* Sie fungiert als eine Festsetzung, die die Bedingung der Möglichkeit methodischer Überprüfbarkeit vorgibt. Insofern ist die von Popper entwickelte Wissenschaftstheorie nach seiner eigenen Ansicht keine empirisch über-prüfbare, sondern eine metaphysische Theorie.[2] Für eine Wissenschaftstheorie auf der Basis eines kritischen Rationalismus kann also nur plädiert werden, wissen-schaftsmethodisch kann sie nicht begründet werden. Die letzten Grundlagen und Voraussetzungen verdanken sich nach Popper einer Zielsetzung, die sich rationaler Suche und Begründung entzieht. "Es ist in anderer Form Kants Gedanke vom Pri-mat der praktischen Vernunft."[3] Popper wäre mißverstanden, würde man daraus ab-leiten, er würde der Konzeption Kants Rationalität absprechen. Kants Konzeption fehlt es nicht an Rationalität, sie ruht allerdings auf Prämissen und Vorentscheidun-gen, die rational nicht begründbar sind. 'Rational' bedeutet hier, daß eine geforderte Begründungsleistung sich den Überprüfbarkeitskriterien des Kritischen Rationalis-mus entzieht. Über andere rationale Begründungsmöglichkeiten ist damit bei K. Popper noch nicht vorentschieden; ganz im Gegensatz zum Radikalfallibilisten H. Albert, der von Begründungsversuchen und -verfahren, die sich einer Überprüfbar-keit mittels kritisch rationaler Geltungskriterien entziehen, auf die generelle Un-möglichkeit jeglicher Begründungsbemühung fehlschließt.[4]

Die Bedeutung der letzten 'metaphysischen Grundlagen' zeigt sich für Popper da-rin, daß sie die für die Geistes- wie auch Naturwissenschaften gleichermaßen ver-bindliche Einsicht liefern, daß das Kriterium des Fortschritts in der Wissenschaft (der Reichtum an Gehalt oder empirischer Information) *apriorischer* Natur ist. "Ich behaupte, daß wir *wissen*, wie sich eine gute wissenschaftliche Theorie verhalten soll, und daß wir *wissen*, - sogar bevor sie geprüft wurde - was für Theorien viel-leicht noch besser wären, falls sie gewissen schweren Prüfungen standhalten. Und gerade dieses (meta-wissenschaftliche) Wissen macht es möglich, daß wir von ei-nem Fortschritt in der Wissenschaft sprechen können, und von einer rationalen Ent-scheidung zwischen Theorien."[5]

Mit H. Weinheimer kann festgestellt werden: "Der kritische Rationalismus ist ... als eingebettet in einen 'fundamentalen Rationalismus', eine fundamentale rationale

---

[1] Insofern ist auch die Frage nach der Selbstanwendbarkeit des Fallibilismus für die Wissenschaftstheorie Poppers kein Problem. Vgl. Popper, K., (1974a), S. 1010.

[2] Weil *ad-hoc*-Hypothesen, die zu einer Theorieimmunisierung führen, keine zirkelförmige Erklärungen sein *sollen*, *sollen* wissenschaftliche Sätze widerlegbar formuliert werden.

[3] Popper, K., (1994a), S. 395.

[4] H. Albert versucht, die Unmöglichkeit einer Letztbegründung mittels des von ihm so genannten 'Münch-hausentrillemas' zu zeigen. Jede Begründungsabsicht läuft danach in ein unvermeidbares Trilemma eines 1) infiniten Regresses, 2) eines logischen Zirkels oder endet 3) beim Abbruch des Begründungsverfah-rens, den Albert 'Rekurs auf ein Dogma' nennt. Vgl. Albert, H., Traktat über kritische Vernunft. 5., ver-besserte und erweiterte Auflage, Tübingen [5]1991, S. 13-18. Zur Kritik am Münchhausentrilemma vgl. Bucher, A. J., (1988), S. 205-208; Kuhlmann, W., (1981), S. 5; ders., (1985), S. 357-374; Rohrhirsch, F., (1993), S. 35-48.

[5] Popper, K., (1994b), S. 315.

Struktur, zu betrachten."[1] Der Wille zur Rationalität ist Bedingung der Möglichkeit von Wissenschaft. Wissenschaft verdankt sich also einem Imperativ der Vernunft. "Alle Vernunft ist, sofern sie ist, immer schon praktische Vernunft."[2] Die Zuordnung von praktischer und theoretischer Vernunft ist nach H. M. Baumgartner mit dem Verhältnis Natur- und Geisteswissenschaften gekoppelt. Das Methodenproblem der Geisteswissenschaften läßt sich nach Baumgartner beschreiben als die "fortdauernde, weil immer wieder neu hervortretende Herausforderung, Methoden der Ermittlung theoretischen Wissens mit Methoden praktischer Sinnorientierung des handelnden Menschen in seiner Geschichte in einen widerspruchsfreien Begriffs- und Handlungszusammenhang zu bringen."[3] Die von Baumgartner zu recht geforderte Rückgründung der Geisteswissenschaft auf praktische Philosophie und die geforderte Auflösung des Methodenproblems "im Wesen des Menschen selbst als eines vernunftbegabten Naturwesens"[4] zu suchen, ergänzt das Bemühen K.-O. Apels, den Wissenschaften ihre ethischen Grundlagen aufzuzeigen. Es "kann behauptet werden, daß die Logik - und *mit ihr zugleich* alle Wissenschaften und Technologien - eine Ethik als Bedingung der Möglichkeit *voraussetzt*."[5] Die Bedeutung einer Ethik für die Wissenschaft zeigt sich aber nicht nur in ihrer fundamentallogischen Grundlegung; auch die benutzten methodologischen, epistemologischen etc. Wissenschaftsstandards, ohne die eine fachwissenschaftliche Praxis nicht durchführbar wäre, verdanken sich ethischen Grundentscheidungen. "Unter Positivisten wird allgemein anerkannt, daß wissenschaftliche Standards existieren ... Solche Standards werden jedoch oft 'anders' als ethische Standards betrachtet - in einer bestimmten Weise basierend auf oder abgeleitet von Fakten, wie es im Falle ethischer Standards unmöglich ist. ... Aber diese Ansichten, nach denen nicht-ethische Standards in der Wissenschaft von Fakten abgeleitet werden können, sind unbegründet ... Alle Standards in der Wissenschaft resultieren aus Entscheidungen, sie zu akzeptieren. ... Die Frage, welche Standards akzeptiert werden sollen, kann niemals schlüssig durch Bezugnahme auf die Fakten entschieden werden. Es ist richtig, daß die Konsequenzen verschiedener Standards wie auch in der Ethik untersucht und

---

[1] Weinheimer, H., Rationalität und Begründung. Das Grundlagenproblem in der Philosophie Karl Poppers, (Mainzer Philosophische Forschungen, Bd. 30), Bonn 1986, S. 131. Siehe auch Vollmer, G., (1993), bes. S. 145-147.

[2] Funke, G., Von der Einheit durch Begründung und vom 'Primat der Praktischen Vernunft', in: Gloy, K. (Hg.), Einheit als Grundfrage des Philosophierens, Darmstadt 1985, S. 287. "Die *Fallibilitätsthese* ist offenbar nur bei *Anlehnung* an die *Infallibilitätsstruktur* des grundlegenden eben diese These selbst entwickelnden Denkens ernstzunehmen." Ders., Homo Nonnescius, in: Heintel, E. (Hg.), Der philosophische Begriff des Menschen, Wien 1994, S. 33-57, S. 49.

[3] Baumgartner, H. M., Humanities und Sciences. Ein Beitrag der Philosophie zum Thema Philosophie und Wissenschaft, in: Oelmüller, W. (Hg.), Philosophie und Wissenschaft, Paderborn 1988, S. 33-39. S. 34.

[4] Ebd., S. 39.

[5] Apel, K.-O., Das Apriori der Kommunikationsgemeinschaft und die Grundlagen der Ethik, in: ders., Transformation der Philosophie, Bd. 2: Das Apriori der Kommunikationsgemeinschaft, Frankfurt am Main 1973, S. 358-435, S. 399.

kritisch diskutiert werden können. Aber die Entscheidung einen Standard anzunehmen, kann niemals logisch von diesen Konsequenzen abgeleitet werden. Diese gehören zum Bereich der Fakten. Weiterhin setzt jeder Standard, jede Entscheidung in der Wissenschaft einen Bewertungsmaßstab voraus, mit dem sowohl der Erfolg wie auch der Preis jedes instrumentellen wissenschaftlichen Standards bewertet werden kann. Und viele dieser Bewertungsmaßstäbe werden notwendigerweise in den Bereich der Ethik fallen."[1]

Die Konsequenz daraus ist, daß die Begründungsfrage in der praktischen Philosophie nicht nur eine akademische, und, wenn überhaupt, binnenethisch relevante Spielwiese einiger Letztbegründungs'idealisten' darstellt. Von der Begründungsfrage in der Philosophie kann nicht dispensiert werden, weder in der theoretischen noch in der praktischen Philosophie. Die Antworten auf die Begründungsfrage in der praktischen Philosophie entscheiden über die rational ausweisbaren Geltungsansprüche der theoretischen Vernunft und somit jeder Fachwissenschaft. "Hinter die Vernunft kann die Vernunft in ihrem rational strukturierten Verhalten nicht gehen; dies ist auch nicht nötig, weil sie als letzterkannte Anfänglichkeit faktisch selbst sich als letztbegründete autonome Instanz anerkennt und in diesem Anerkennen sich als letztbegründet in ihrem Vernunftverhalten erfährt. Sie ist selbst letztbegründet und mögliche Instanz für Letztbegründung rationaler Vernunfthandlungen."[2]

Der Aufweis der Unhintergehbarkeit der Vernunft kann nicht durch die Kriterien des Kritischen Rationalismus falsifiziert werden, weil Vernunft Bedingung der Möglichkeit des Kritischen Rationalismus ist. Auch der Kritische Rationalismus hat seinen Grund - nicht aber seine Grenze[3] - in der praktischen Vernunft. Die 'Maxime der Selbsterhaltung der Vernunft', die die Leitprinzipien der theoretischen Vernunft bei Kant zur Verfügung stellt, verweist auf die Tatsache, daß das theoretische Vernunftvermögen nicht ursprünglich autonom ist, sondern daß dem theoretischen Vernunftvermögen diese Autonomie geboten werden muß. Die praktische Vernunft, die unter dem Grundsatz der Selbsterhaltung der Vernunft steht, ist bei jeder konkreten Normbegründung diesem Grundsatz verpflichtet. *Wie* dieser in der konkreten Situation zu verwirklichen ist, kann von einer praktischen Vernunft nicht apodiktisch festgelegt werden. *Daß* dieser Grundsatz aber verwirklicht werden soll, ist unbedingt geboten, will Vernunft sein und bleiben.[4] Vernunft findet sich eben nicht als absolute, sondern als endliche Vernunft vor. Das enbindet sie nicht ihrer Selbstbestimmung. In ihren konkreten Vollzügen als Geltung überprüfende und sichernde Instanz hat die Vernunft somit keinen anderen Maßstab als sich selbst. Die Absolutheit ihrer Selbstbestimmung vollzieht sich im Wissen ihrer Faktizität und äußert sich konsequent im theoretischen Bereich in der Einsicht ihrer endlichen Erkennt-

---

[1] Eidlin, F., Poppers ethischer und metaphysischer Kognitivismus, in: Salamun, K. (Hg), (1989), S. 157-176, S. 176.

[2] Bucher, A. J., (1988), S. 244.

[3] Gegen Weinheimer, vgl. (1986), S. 148. Das Anwendungsfeld des Kritischen Rationalismus ist unbeschränkt.

[4] Vgl. Rohrhirsch, F., (1993), S. 161-165.

nis. Die Geltungsprüfung endlicher Erkenntnis wird methodisch durchgeführt, in dem Vernunft Erkenntnis nach dem Maßstab ihrer Selbsterhaltung überprüft. Der Grundsatz der Selbsterhaltung der Vernunft kann als letzter verbindlicher Orientierungsrahmen, als Meta-Kriterium für die Brauchbarkeit der höchsten Regel, des Falsifizierbarkeitskriteriums, einer kritisch-rationalen Wissenschaftstheorie interpretiert werden. Und im Bereich theoretischer Philosophie, dort im Sektor einer Erkenntnis, der es um Gültigkeit geht, ist das wissenschaftsmethodische Kriterium der Falsifizierbarkeit mit der Endlichkeit der Vernunft nicht nur vereinbar, sondern zeigt im Falsifizierbarkeitskriterium maximalen Vernunftgebrauch in Relation zu optimaler Absicherung bzw. Geltungskontrolle. Den letzten Maßstab für die Rationalitätskriterien von Wissenschaft, den letzten Maßstab einer rationalen Theorienpräferenz bildet - unter den Bedingungen einer durch Selbstbestimmung genötigten endlichen Vernunft - somit der Imperativ: Vernunft soll sein. "Allgemeine Maxime [ihrer] der Vernunft ist, nur solche Praemissen gelten zu lassen, welche den größten Gebrauch der Vernunft möglich machen (natura sui conservatrix). Einige Dinge lassen sich nur aus der Vernunft ... erkennen, nicht aus der Erfahrung, nemlich wenn man nicht wissen will, wie etwas ist, sondern seyn muß oder soll."[1]

---

[1] Kant, I., Kants gesammelte Schriften. Hg. v. d. Königlich Preußischen Akademie der Wissenschaften, Handschriftlicher Nachlaß, Band XV, Berlin und Leipzig 1923, Nr. 445, S. 184.

1.3.2 Praktische Konsequenzen für die Fachwissenschaften

Für die Beurteilung und Entwicklung konkreter fachwissenschaftlicher Methoden, hier der Biblischen Archäologie, ergeben sich - mit der Übernahme der von Popper entwickelten kritisch-rationalen Wissenschaftstheorie und der Berücksichtigung ihrer Fundierung in der praktischen Philosophie - folgende, die Fachwissenschaften konfigurierenden Strukturcharakteristika:

1. Die Fachwissenschaft 'Biblische Archäologie' wird als Wissenschaft verstanden, die sich die Aufgabe setzt, Erklärungen für Probleme zu erarbeiten. Die vorgelegten Erklärungen implizieren einen Geltungsanspruch. Eine empirische Fachwissenschaft ist dadurch gekennzeichnet, daß es ihre Methodologie logisch erlauben muß, Geltungsansprüche negativ zu entscheiden. Aus logischen Gründen erhält das Falsifikationsprinzip Vorrang gegenüber einem Verifikationsprinzip. Damit wird anerkannt, daß prinzipiell nie endgültig entschieden werden kann, ob eine Erklärung, die selbst durch zahlreiche qualitative Verifikationen ausgezeichnet ist, wahr ist. In Theorien formuliertes Wissen ist prinzipiell vorläufiges Wissen und kann sich jederzeit als falsch erweisen.

2. Biblische Archäologie wird als Fachwissenschaft verstanden, die die Mindestkriterien logisch-rationaler Systeme berücksichtigt. Das bedeutet, daß die Prüfung des Geltungsanspruches einer Theorie oder konkurrierender Theorien durch Maßstäbe geschehen muß, die durch intersubjektiv vermittelbare Kriterien ausgezeichnet sind. Das bedeutet nicht, daß diese Kriterien von allen Mitgliedern einer Forschungsgemeinschaft anerkannt sein müssen, sie müssen aber für Kritik offen bleiben. Theorien und Hypothesen müssen logisch widerspruchsfrei und prinzipiell widerlegbar formuliert werden.

3. Biblische Archäologie wird als empirische Fachwissenschaft verstanden. Die aus einer Theorie deduzierten Ableitungen müssen prinzipiell mit der Erfahrung, die methodisch durch Basissätze repräsentiert wird, in Widerspruch geraten können.

4. Liegen zu einem Problem innerhalb eines akzeptierten Bedeutungsrahmens zwei oder mehrere Konkurrenz-Theorien vor, die durch Prüfung mittels Erfahrung noch nicht falsifiziert wurden, so kann eine dreistufige Prüfung der Theoriekandidaten zu einer rational verantwortlichen Reduktion oder Präferenz der Theorien führen. Theorien können gegenüber Konkurrenztheorien dann bevorzugt werden, wenn sie:

    a) zumindest alle diejenigen Daten erklären, die konkurrierende Theorien auch erklären könnten,

b) darüber hinaus die Fehler und Inkonsistenzen der konkurrierenden Theorien vermeiden *und*

c) Sachverhalte erklären können, die in Form von Daten vorliegen, die von konkurrierenden Theorien nicht erklärt werden
können.[1]

Punkt c) spielt in der Auseinandersetzung um die Interpretationen der Ruinen von
Qumran eine besondere Rolle. Durch die Ausblendung bestimmter Datenbereiche
gelingt es einigen Theorien, ein konsistentes, subjektiv sehr überzeugend wirkendes
Erklärungssystem zu Qumran zu entwickeln. Wenn aber Stringenz nur durch Ausklammerung von verfügbaren Daten, zu erreichen ist, dann verliert 'gemachte Erfahrung' als entscheidendes Kriterium für Wissenschaft seine Bedeutung.

---

[1] Vgl. Popper, K., Auf der Suche nach einer besseren Welt. Vorträge und Aufsätze aus dreißig Jahren, (8.,
durchgesehene Auflage), München u. Zürich ⁸1995a, S. 51.

2 Kompetenzzuwachs durch Anspruchsreduzierung

2.1 Zur Semantik 'Biblischer Archäologie'

Das Handlungsfeld der 'Biblische Archäologie' wurde nach H. D. Lance von W. F. Albright[1] folgendermaßen umschrieben: "'Biblical archeology covers all the lands mentioned in the Bible, and is thus coextensive with the cradle of civilization. These region extends from the western Mediterranean to India, and from southern Russia to Ethiopia and the Indian Ocean ... Elsewhere he adds ... the chronological boundaries of the discipline: 'from about 10,000 B. C., or even earlier, to the present time.' Albright's definition is staggering in its catholicity ... the problem is ... who except perhaps Albright himself ... can possibly measure up as a biblical archeologist under such a job description?"[2]. Diese Nichtabgrenzung von Räumen und Zeiten wird nach H. D. Lance von Albright mit einer Stützungsaufgabe der Biblischen Archäologie gegenüber der biblischen Geschichte verbunden. "There can be no doubt, that archaeology has confirmed the substantial historicity of Old Testament tradition."[3]

Von W. G. Dever[4] wird neben Albright auch der Albrightschüler G. E. Wright als maßgeblicher Wegbereiter der Biblischen Archäologie angesehen. 1947 veröffentlichte Wright seine erste und einzige theoretische Definition von 'Biblischer Archäologie', die auch in der deutschen Ausgabe zu finden ist: "Biblische Archäologie ist eine besondere 'Schreibtisch'-Abart der allgemeinen Archäologie. Ob der biblische Archäologe selbst gräbt oder es anderen überläßt, bei der Auswertung der Grabungsbefunde geht es ihm darum, jede einzelne Tatsache festzuhalten, die ein direktes, indirektes oder diffuses Licht auf die Bibel wirft. Er muß sich daher intensiv mit Stratigraphie und Typologie befassen, auf denen die Methodik der modernen Archäologie beruht ... Aber sein Hauptanliegen sind weder Methoden noch Keramik, noch Waffen als solche. Was im Mittelpunkt seines Interesses steht und ihn ganz

---

[1] Zum persönlichen und wissenschaftlichen Werdegang vgl. das Schwerpunktheft des 'Biblical Archaeologist 56 (1993) 1' mit dem Titel: Celebrating and Examining W. F. Albright.
Vgl. auch Albright, W. F., The Archaeology of Palestine and the Bible, Baltimore 1935; ders., History, Archaeology and Christian Humanism, London 1964; ders., The Impact of Archaeology on Biblical Research, in: Freedman, D. N.; Greenfield, J. (Hg.), New Directions in Biblical Archaelogy, New York 1969, S. 1-14. Zur geschichtlichen Einordnung vgl. Davis, Th. W., Faith and Archaeology. A Brief History to the Present, in: Biblical Archaeological Review (1993) 2, S. 54-59.
Zur methodologischen Kritik an Albright vgl. Dever, W. G., What Remains of the House that Albright Built?, in: Biblical Archaeologist 56 (1993) 1, S. 25-35.

[2] Lance, H. D., American Biblical Archeology in Perspective, in: Biblical Archeologist 45 (1982) 2, S. 97-101, S. 99.

[3] Albright, W. F., Archaeology and the Religion of Israel, Baltimore ³1956, S. 176, zit. nach Noort, E., (1979), S. 6.

[4] Vgl. Dever, W. G., Biblical Theology and Biblical Archaeology. An Appreciation of G. Ernest Wright, in: Harvard Theological Review 73 (1980) 1-2, S. 1-15.

erfüllt, ist der Wunsch, die biblischen Schriften zu verstehen und zu erklären."[1] In ihren archäologischen Methoden steht die Biblische Archäologie der nicht-biblischen Archäologie in nichts nach, doch ihr ausschließliches Leitinteresse gilt dem Verstehen und der Erklärung der biblischen Schriften. "Biblische Theologie und biblische Archäologie müssen Hand in Hand arbeiten, wollen wir den Sinn der Bibel erfassen."[2]

Dever sieht bei Wright zwei vorentscheidende Prämissen am Werk: 1) Der Glaube hängt ab von oder wird erweitert durch die Ausweisung der Historizität biblischer Ereignisse; 2) die Archäologie handelt mit Realia. Das hat zur Folge, daß die Ergebnisse der Archäologie objektiv sind. Die Archäologie interpretiert nicht nur, sondern sie zeigt Geschichte und vermag sie deshalb auch besser zu erklären. Die Biblische Archäologie handelt von und mit wirklichen Dingen und nicht nur mit Ideen.

E. M. Meyers[3] will die Bezeichnung 'Biblische Archäologie' streichen. Und wenn Meyers neben den Aussagen von Wright auf den Welterfolg 'Und die Bibel hat doch recht'[4] von Werner Keller hinweist und auf Nelson Glueck, der auf einer Abbildung im orientalischen Gewand auf einem Kamel sitzend die Bibel liest und erklärt, daß sie der zuverlässigste Führer durch das alte Palästina sei,[5] dann läßt sich Meyers Anliegen nachvollziehen, daß die Bezeichnung 'Biblische Archäologie' revisionsbedürftig ist. Er unterscheidet in der 'Biblischen Archäologie' zwei Gruppen von Archäologen, die von jeweils unterschiedlichen Prämissen geleitet sind. Archäologen, "who place the biblical *word* as the primary corpus of evidence from which all history flows and those who place the biblical *world* in its material manifestation as the primary datum from which all interpretation of history emerges."[6] Die Archäologen, die das Wort in den Mittelpunkt stellen, werden, so Meyers, den Schwerpunkt ihrer Arbeit auf schriftliche Aufzeichnungen ausrichten und beharrlich versuchen, historische Vorgänge zu erklären und zu lokalisieren. "In the case of the latter, there is an absolute attention to the details of material culture and an attempt to isolate and identify various stages of culture without respect to specific historical time; historical interpretation is clearly secondary to the evidence. Whereas the old

---

[1] Wright, G. E., Biblische Archäologie, Göttingen 1958, S. 9. "To me, at least, biblical archaeology is a special 'armchair' variety of general archaeology, which studies the discoveries of the excavators and gleans form them every fact that throws a direct, indirect, or even diffused light upon the Bible. It must be intelligently concernd with stratigraphy and typology, upon which the method of modern archaeology rest; but its chief concern is not with strata or pots or methodology. Its central and absorbing interest is the understanding and exposition of the Scriptures." Ders., The Present State of Biblical Archaeology, in: Willoughby, H. R. (Hg.), The Study of the Bible Today and Tomorrow, Chicago 1947, S. 74. Hier zitiert nach Dever, W. G. (1980), S. 2.

[2] Wright, G. E., (1958), S. 10.

[3] Vgl. Meyers, E. M., The Bible and Archaeology, in: Biblical Archaeologist 47 (1984) 1, S. 36-40.

[4] Vgl., Keller, W., Und die Bibel hat doch recht, Düsseldorf 1956.

[5] Vgl. Meyers, E. M., (1984), S. 38.

[6] Ebd.

biblical archaeology dealt with specific events of unique interest to the biblical au-
dience, the new biblical archaeology deals with the totality of cultural factors in a
more direct fashion."[1]

Aus diesem Grund hält es Meyers für gerechtfertigt, die geschichtlich beladene
Bezeichnung 'Biblische' durch die Bezeichnung 'Near-Eastern' oder 'Syro-Palaestinian Archaeology' zu ersetzen. Da auch das Zentrum des biblischen Interesses im
syropalästinischen Raum zu finden ist, ließe sich auch vom archäologischen Ar-
beitsgebiet die Ersetzung des Terminus 'Biblischen Archäologie' durch 'Palästinische Archäologie' rechtfertigen.[2]

Gegen eine Ersetzung der Bezeichnung 'Biblische Archäologie' sperrt sich H. D.
Lance. "The term biblical archeology in the tradition of Albright is one that is fully
grounded in empirical study; it is as critical a discipline as modern biblical research
itself. ... The term biblical archeology is not only an honorable one, it is, as I shall
argue shortly, a necessary one."[3] Lance versucht dies an der Frage zu zeigen, ob die
Bezeichnungen 'Biblische Archäologie' und 'Palästinische Archäologie' bedeutungsgleich und somit austauschbar sind. Lance verneint diese Frage mit folgender
Begründung: "For *biblical* archeology, the center of interest is the Bible, its background and interpretation. Biblical archeology is a technique *for the study of the
Bible* just like form criticism or redaction criticism or any other exegetical point of
view. Biblical archeology is that subspecialty of biblical studies which seeks to
bring to bear on the interpretation of the Bible all of the information gained through
archeological research and discovery. Clearly much of that information comes from
Palestine; when the biblical archeologist steps into technical matters of Palestinian
archeology, he or she becomes a Palestinian archeologist whose work of excavation, analysis, and publication must go on with the same kind of critical rigor that
would be expected in any other aspect of critical biblical or historical study. ... But
he or she works in Palestinian archeology with a different *goal* in mind, namely the
elucidation of the biblical text. Others working in Palestinian archeology may have
other goals in mind - cultural history, the history of technology ... - it matters little.
... Being a biblical archeologist in itself says nothing about the critical care with
which one dones one's work."[4]

'Biblische Archäologie' trägt ihren Namen zu Recht, weil sie als Ausgangs- und
Zielpunkt die Bibel und deren Interpretation im Blick hat. Das ausschlaggebende
Problem für Lance ist nur, ob Biblische Archäologie naiv oder kritisch betrieben

---

[1] Ebd.

[2] Vgl. Dever, W. G., Archaeology and Biblical Studies. Retrospects and Prospects, Evanston 1974, S. 32-
35; vgl. auch Sauer, J. A., Syro-Palaestinian Archaeology, History, and Biblical Studies, in: Biblical
Archeologist 45 (1982) 4, S. 201-209, der sich ebenfalls für eine Reformulierung der Bezeichnung aus-
spricht. Vgl. dazu auch Dothan, M., Terminology for the Archaeology of the Biblical Periods, in: Amitai,
J., (1985), S. 136-141.

[3] Lance, H. D., (1982), S. 99.

[4] Ebd, S. 100.

wird. Würde der Vorschlag von Lance angenommen, dann wäre Biblische Archäologie nicht einmal eine eigenständige Hilfswissenschaft. Denn ihr 'center of interest', Hintergrund und Interpretationshilfe zur Bibel zu liefern, würde maßgeblich ihre Methoden und ihren Objektbereich determinieren.

G. W. Dever sieht in der Bezeichnung 'Syro-Palestinian Archaeology' die adäquate Bezeichnung für sein Selbstverständnis und akzeptiert sie als Ersatz für 'Biblische Archäologie'.[1] Zur Zeit scheint Dever die Bezeichnung 'New Biblical Archaeologie',[2] bzw. 'Biblical archaeology' und 'Syro-Palestinian archaeology', beide subsummiert unter dem Oberbegriff 'Middle eastern archaeology', wechselseitig zu gebrauchen.[3]

Bevor eine terminologische Festlegung für die eine oder andere Bezeichnung vorgenommen wird, muß die eigentliche Grundfrage geklärt werden, ob der von manchen Wissenschaftlern geglaubte Beitrag einer Archäologie Palästinas zum Beweis oder wenigstens zu einer Verständnishilfe der Bibel überhaupt möglich ist. Ist der Beitrag der Biblischen Archäologie zum Verstehen der biblischen Schriften geklärt, dann ist auch die Wahl der rechten Bezeichnung und der darin intendierte Bedeutungsumfang vermittelbar.[4]

---

[1] Vgl. dazu die Überschrift eines Aufsatzes von Dever mit dem Titel: The Impact of the 'New Archaeology' on Syro-Palestinian Archaeology, in: Dever (1981), oder ders., Syro-Palestinian and Biblical Archaeology, in: Knight, D. A. u. a. (Hg.), The Hebrews Bible and its Modern Interpreters, Chico 1985, S. 31-74, bes. S. 60.

[2] Vgl. Shanks, H., Dever's 'Sermon of the Mound', in: Biblical Archeology Review 13 (1987) 2, S. 54-57. Die 'New biblical archaeology' versucht Archäologie mit Elementen einer 'contextual archeology' zu verbinden. "Archaeology's fundamental concerns today are understanding the environment and man's relationship to it; elucidating both the material and ideological dimensons of culture; and grasping the meaning of the long trajectory of human experience. These two avenues of enquiry may be parallel paths to enlightenment. If that is so, then we stand at a critical juncture in the growth of archaeology as a discipline, as well as in its relation to biblical and religious studies. Let the new inquiry into the biblical world via texts and artifacts begin now, as we celebrate the centennial of Palestinian archaeology (sic.); and let it emanate from Jerusalem." (Dever, W. G., Biblical Archaeology. Death and Rebirth, in: Biran, A.; Aviram, J. (Hg.), Biblical Archaeology Today, 1990. Proceedings of the Second International Congress on Biblical Archaeology. Jerusalem, June-Juli 1990, Jerusalem 1993, S. 706-722, S. 719f.).

[3] Vgl. Dever, W. G., The Death of a Discipline, in: Biblical Archaeology Review 21 (1995), S. 50-55 u. S. 70, S. 51.

[4] Zur Auseinandersetzung um die Bezeichnung 'Biblische Archäologie' und 'Archäologie Palästinas' vgl. auch Conrad, D., Biblische Archäologie heute, in: Verkündigung und Forschung 40 (1995) 1, S. 51-74, bes. S. 58-60.

2.2 Forschungszweck und -objekt einer 'Biblischen Archäologie'

Der Wert der Biblischen Archäologie wurde von der amerikanischen Palestine Exploration Found ursprünglich darin gesehen, daß es durch ihre Hilfe möglich sein sollte, nicht nur, wie bei der älteren englischen Schwesterorganisation, 'to illustrate the bible', die Bibel zu verstehen, sondern darüber hinaus die Bibel zu verteidigen, 'to defend the Bible'.[1] Der Wunsch nach Sicherheit, der sich als Gegenreaktion auf die relativistisch eingestuften Ergebnisse einer historisch-kritischen Wissenschaft verstehen läßt, "leitete eine Forschungsrichtung ein, die durch ihre fundamentalistische, apologetische Grundhaltung weite Strecken der biblischen Archäologie belastet hat."[2] Archäologie sollte den überlieferten biblischen Texten zu wissenschaftlicher Absicherung verhelfen. Sie kann, so die damalige Intention, die historische Zuverlässigkeit der vor allem alttestamentlichen Traditionen sicherstellen, ganz "im Gegensatz zu einer ungläubigen, historisch-kritischen Wissenschaft, für die in der späteren Diskussion auch das Adjektiv 'nihilistisch' fällt. Archäologie als defensor fidei führt in dieser Verengung denn auch zu der Flut von belletristischen und popularwissenschaftlichen sogenannten Sachbüchern, denen man zu Gute halten kann, daß wenigstens die Abbildungen in den letzten Jahren erheblich an Qualität gewonnen haben."[3] Schon sehr bald wurde von führenden Archäologen erkannt, daß sich der Wunsch, mit Hilfe der Archäologie Ereignisse der Bibel beweisbar zu machen, als nicht erfüllbar zeigte. Meist wurde unter Archäologie eine mehr oder minder genaue Datierungshilfe verstanden, um Ereignisse, die in der 'Bibel' enthalten sind, historisch einzuordnen und sicherzustellen.[4] Unter der positiv gesetzten Prämisse,

---

[1] Vgl. Noort, E., Biblisch-archäologische Hermeneutik und alttestamentliche Exegese, Kampen 1979, S. 6f.

[2] Ebd., S. 6.

[3] Ebd.

[4] Anhand eines von Noort übernommenen, fiktiven Beispiels sollen die unreflektierten Prämissen eines derartigen Wissenschaftsverständnisses beleuchtet werden. Eine in der Bibel genannte Stadt ist erobert bzw. zerstört worden. Läßt sich dieses Ereignis durch die Archäologie belegen? Angenommen wird, daß die Identifizierung der Stadt sicher ist. Weiter wird angenommen, daß die Stratigraphie des Ortes eine durchgehende Brandschicht enthält. "Gerade dann fangen erst die Interpretationsschwierigkeiten an. Denn ob der Brand durch ein militärisches Eingreifen oder auch durch eine Naturkatastrophe oder schlicht durch Unachtsamkeit verursacht wurde, ist mit archäologischen Mitteln kaum zu sagen. Und gesetzt den Fall, wir könnten annehmen, es handle sich um ein militärisches Eingreifen, dann ist noch immer nicht zu sagen, wer der Angreifer gewesen ist. Mit rein archäologischen Mitteln ist dieser Angreifer nicht zu eruieren. Denn, wie würde das Modell aussehen, wenn mit innerarchäologischen Argumenten ein solcher Vorgang rekonstruiert werden müßte?
In diesem konstruierten Idealfall stößt der Ausgräber auf eine Schicht, die schwere Zerstörungsspuren aufweist: eingestürzte Mauern, verbrannte Architekturreste. In der gleichen Schicht findet er menschliche Überreste, die sich durch Skelettstruktur, Bewaffnung, Kleidungsreste, eventuell durch eine unterschiedliche Bestattungsform voneinander unterscheiden. In der direkt darauffolgenden Schicht findet er eine Architektur, die abweicht von der bisherigen; die Keramik zeigt andere Formen, andere Bemalung.
Erst dann ist er berechtigt, die Vermutung zu äußern, ein fremder Angreifer habe die Stadt erobert, an beiden Seiten seien Tote gefallen und diese ethnisch fremden Eroberer hätten sich nach ihrem Sieg in der

(Fortsetzung...)

die eine Bezugnahme zwischen Biblischer Archäologie und Bibel für möglich hält, zeigt Noort überzeugend, daß mit einer Bezugnahme nur auf einer sehr oberflächlichen Ebene und auch da nur mit Vorbehalt zu rechnen ist. "Zugepaßt auf unsere Fragestellung bedeutet dies, daß bei einer Weiterfassung der Inbeziehungsetzung der Begriffe 'Archäologie' und 'Bibel' interpretierte archäologische Aussagen nicht mehr mit historischen Einzelfakten, nicht mehr mit einem Einzelereignis, oder mit einem Vorgang, der in unserer Begrifflichkeit von Zeit und Raum meßbar und überprüfbar wäre, zu tun haben, sondern mit einer theologischen Behauptung, mit einem Bekenntnis konfrontiert werden. Und gerade hier ist die Versuchung groß, diese grundsätzlichen Gattungsunterschiede in der Aussage zu verwischen und die Unsicherheit und Ungeschütztheit des Bekenntnissatzes zu beseitigen mit der sogenannten objektiven Beweisführung der Archäologie."[1]

Überlegungen, die in die gleiche Richtung führen und die vehement von den damaligen konservativen Vertretern einer Biblischen Archäologie angegriffen wurden, finden sich schon bei M. Noth[2].

Noth begrüßte es, daß sich die Anfänge der "palästinischen Archäologie"[3] nach übereilten biblischen Deutungen bald zu einer Wissenschaft ausbildeten, "die auf eigenen Füßen steht und die Deutung ihrer Funde aus der vergleichenden Übersicht über das gesamte archäologische Material aus Palästina und seinen Nachbarländern gewinnt, zunächst ohne (sic.) Rücksicht auf das Vorhandensein oder Nichtvorhandensein literarischei (sic.) Überlieferungen. Und das ist gut so; denn wir besitzen

---

[4] (...Fortsetzung)
Stadt festgesetzt, wo neue Kultur, die die Eroberer mit sich brachten, sich auch materiell niedergeschlagen habe." Ebd., S. 8. Daß im Alltagsgeschäft der Archäologie ein derartiger Idealfall äußerst selten vorkommt, braucht nicht extra erwähnt werden. Doch auch der gestellte Idealfall gibt dem Ausgräber oder den Interpreten der Ausgrabungen bei Noort nur das Recht, von einer 'Vermutung' zu sprechen. Fehlen auch nur einige Indizien, die Eindeutigkeit ausschließen und damit unterschiedliche, aber archäologisch korrekte Interpretationen dieser Eroberung ermöglichen, heißt dies, "daß die Deutung eines Ereignisse, in diesem Fall einer Eroberung, feldarchäologisch gesehen, immer von 'außen' kommt! Archäologische Fakten in diesem Sektor sind immer interpretierte Fakten und Zuhilfenahme von Quellen aus anderen Disziplinen." Ebd.
Wird dagegen nicht bloß ein singuläres Ereignis Gegenstand der Untersuchung, sondern ein geschichtlich ausgedehnter Vorgang, wachsen die Probleme. Als Beispiel dient Noort die Landnahme Israels. Archäologisch ist die "Landnahme der Israeliten, trotz vielfacher anderweitiger Behauptung, nicht direkt greifbar. Zwar sind Kulturbrüche in den Siedlungsphasen nachweisbar, aber eine eindeutige innerarchäologische Beweisführung, die imstande wäre, die Kulturbrüche mit dieser ethnischen Gruppe zu verbinden, fehlt." Ebd., S. 9.
[1] Ebd., S. 9. Daß dies im Laufe der Kirchengeschichte immer wieder passierte und schon sehr früh seinen Anfang nahm, zeigt Noort an einigen Beispielen auf. Vgl. ebd., S. 10-12.
[2] Vgl. dazu Noth, M., Grundsätzliches zur geschichtlichen Deutung archäologischer Befunde auf dem Boden Palästinas, in: Palästinajahrbuch 34 (1938), S. 7-22; ders., Hat die Bibel doch recht?, in: (Festschrift für Günter Dehn), Neukirchen 1957, S. 7-22; ders., Der Beitrag der Archäologie zur Geschichte Israels, in: Vetus Testamentum Supplements 7 (1960), S. 262-282. Die Aufsätze werden zitiert und sind gesammelt zugänglich in: Hans Walter Wolff (Hg.), Martin Noth. Aufsätze zur biblischen Landes- und Altertumskunde. Band 1: Archäologische, exegetische und topographische Untersuchungen zur Geschichte Israels, Neukirchen-Vluyn 1971.
[3] Noth, M., (1971), S. 3.

auf diese Wese (sic.) zwei voneinander unabhängige Gruppen von Quellen für die Geschichte des Landes, die sich miteinander vergleichen und wechselseitig prüfen lassen und einander ergänzen. Von hier aus kann die Frage der geschichtlichen Deutung archäologischer Befunde, d. h. die Frage der sachgemäßen Beziehung der Angaben der literarischen Überlieferung auf die Ergebnisse der Ausgrabungsarbeit, von einer breiteren Basis aus und somit unter sehr viel besseren und günstigeren Voraussetzungen aufgenommen werden, als es früher der Fall war, solange noch die Archäologie nur die Rolle einer ergänzenden Hilfswissenschaft spielte."[1] In Akkord zu Noort und im Gegensatz zu Lance begrüßt es Noth, daß sich die Biblische Archäologie als eigenständige Wissenschaft entwickelte. Erst durch ihre Eigenständigkeit ergibt sich für Noth eine sachgemäße Möglichkeit, nach der Beziehung von Archäologie und Bibelwissenschaft zu fragen.

Noth geht von der Fragestellung aus, was Archäologie prinzipiell zu leisten vermag und welche archäologischen Funde geeignet sind, auf die literarisch überlieferte Geschichte bezogen zu werden. "Da epigraphische Funde in Palästina zu den seltenen Ausnahmen gehören, kann diese Frage in der Regel nur beantwortet werden auf der Basis der archäologischen Datierung; wenn ein archäologisch datierter Befund mit einer chronologisch und sachlich passenden literarischen Nachricht kombiniert werden kann, dann liegt in der Tat die Aufeinanderbeziehung beider sehr nahe."[2]

Die andere, ebenso wichtige und unmittelbar auf die obige bezogene Frage lautet: Welche literarisch überlieferten Ereignisse sind für eine Deutung durch archäologische Funde überhaupt geeignet? "Was ist vom Inhalt der Bibel überhaupt archäologisch beweisbar?"[3] Damit diese Frage zureichend beantwortet werden kann, muß zunächst Verständigung darüber erzielt werden, welchen Zweck Archäologie erfüllen soll. Noth umschreibt ihn folgendermaßen: "Archäologie im eigentlichen und engen Sinne hat es mit den materiellen Überresten vergangener geschichtlicher Zeiten zu tun, die sie sucht und auffindet und deutet und nach Möglichkeit datiert."[4] Im Gegensatz zu *der* Archäologie, die es mit Inschriften und Schriftdenkmälern zu tun hat, beschäftigt sich die 'stumme' Archäologie mit Bauwerken bzw. deren Überresten. Und da die israelitische Geschichte einen realen Boden hat, nämlich den Boden Palästinas, sind die Spuren der realen Geschichte erkennbar. Und aus den Spuren der Geschichte Palästinas lassen sich mit Hilfe archäologischer Kriterien diejenigen Spuren herauslesen, die aus israelitischer Zeit stammen. "Nur mit Hilfe der Archäologie läßt sich genau ermitteln, wo sie gelegen haben, wie groß sie etwa waren, wie man sich ihr Aussehen zu denken hat ... Die Archäologie erfüllt dabei nicht die Aufgabe einer 'Bestätigung' von Nachrichten, die einer 'Bestätigung' gar nicht bedürfen, sondern die sehr wichtige Aufgabe einer Verdeutlichung und einer

[1] Ebd.
[2] Ebd., S. 4.
[3] Ebd., S. 18.
[4] Ebd.

konkreten Interpretation."[1] Problematisch werden die Dinge da, wo mit Hilfe der Archäologie in der biblischen Überlieferung genannte Vorgänge bestätigt oder bewiesen werden sollen. Noth beschränkt diese Möglichkeit, Ereignisse anhand archäologisch feststellbarer Indizien zu prüfen, auf wenige geschichtliche Ereignisse. Vorrangig denkt er an die Errichtung und Zerstörung von Bauten. Wenn z. B. die Zerstörung zahlreicher judäischer Städte sich auf etwa 600 v. Chr. datieren läßt, dann kann man dies "so gut wie sicher"[2] mit den in 2 Kön 24,25 berichteten Ereignissen in Verbindung bringen. "In diesem Falle liefert die Archäologie eine historisch sehr willkommene Ergänzung zum biblischen Bericht."[3] Bemerkenswert bleibt die Zurückhaltung von Noth; auch hier spricht er von keiner Bestätigung, sondern lediglich von einer Ergänzung.

"Die eigentlichen Schwierigkeiten tauchen dort auf, wo die biblische Überlieferung selbst aus literarkritischen, formgeschichtlichen und traditionshistorischen Gründen in sich problematisch ist und wo daher eine von dieser Überlieferung unabhängige archäologische 'Bestätigung' bestimmter geschichtlicher Vorgänge erwünscht wäre und jedenfalls vielfach gesucht wird."[4] Noth nennt unter anderen Beispielen den geschichtlichen Vorgang der israelitischen Landnahme und kommt auch bei diesem zu dem Ergebnis, daß eine verallgemeinernde Aussage von der archäologischen Bestätigung der biblischen Überlieferung "nicht verantwortet werden kann, daß vielmehr das Verhältnis zwischen Ausgrabungsergebnissen und biblischen Nachrichten sehr verschieden und gegebenenfalls sehr kompliziert sein kann und in jedem einzelnen Fall sehr genau geprüft werden muß."[5]

Somit kann festgehalten werden:

▸ Noth spricht nicht von einer Biblischen Archäologie, sondern lediglich von einer Palästinischen Archäologie oder generell von Archäologie. Sein Artikel von 1938 ist überschrieben: 'Grundsätzliches zur geschichtlichen Deutung archäologischer Befunde auf dem Boden Palästinas', ein anderer: 'Der Beitrag der Archäologie zur Geschichte Israels'.

▸ Noth spricht von einer Archäologie des syro-palästinischen Raumes. Ihre zeitliche Ausdehnung erstreckt sich bis in das 3. und 4. Jahrtausend v. Chr.

▸ Noth postuliert Archäologie als eigenständige Wissenschaft. Das schließt eigene Forschungsobjekte, selbständige Methoden und Forschungsziele mit ein. Archäologie ist keine Hilfswissenschaft der Bibelwissenschaft.

---

[1] Ebd., S. 19.
[2] Ebd., S. 21.
[3] Ebd.
[4] Ebd.
[5] Ebd., S. 26.

▸ Nach Noth hat es Archäologie mit den materiellen Überresten vergangener geschichtlicher Zeiten zu tun, die sie entdecken und deuten will und nach Möglichkeit einer Datierung unterzieht.

G. E. Wright revidierte seinen anfänglich konservativen Standpunkt in späteren Jahren. 1971 veröffentlichte er einen Aufsatz mit dem Titel: 'What Archaeology Can and Cannot Do'[1], der teilweise die neuen Fragestellungen der 'New Archaeology' in die Diskussion aufnimmt. Sein Ausgangspunkt bleibt zwar die Zuordnung von Biblischer Archäologie und Bibel, doch wird nun die Leistungsfähigkeit der Archäologie neu bewertet. Nach Wright gilt es zu bedenken, daß archälogische Daten stumm und zufällig sind. "Fragmentary ruins, preserving only a tiny fraction of the full picture of ancient life, cannot speak without someone asking questions of them."[2] Und entscheidender noch: "And the kind of questions asked are part and parcel of the answers 'heard' because of predispositions on the part of the questioner."[3] Das Hineinschreiten in die Grundlagenprobleme der Fachwissenschaft Archäologie - von Biblischer Archäologie ist in der Überschrift nicht mehr die Rede - eröffnet Wright den Raum für ein methodisch grundsätzliches Problem der Archäologie: die Interpretation archäologischer Daten. "Archaeology can *prove* very little about anything without minds stored with a wide-ranging variety of information which carefully begin to ask questions of the mute remains in order to discover what they mean."[4] Eine Zerstörungsschicht liefert dem Archäologen eben nicht die Identität der darin involvierten Menschen, und aus einer Aschenschicht läßt sich nicht notwendig eine gewaltsame Zerstörung ableiten.[5] Die Restringierung archäologischer Beweismöglichkeiten hinsichtlich der Tatsächlichkeit von biblischen oder außerbiblischen Ereignissen bedeutet jedoch nicht, daß Archäologie für die Bibelwissenschaft nutzlos wäre. Sie meint für Wright lediglich, daß geschichtliche und politische Ereignisse und Folgen nur mehr durch Hypothesen rekonstruiert werden können, die sich auf die wenigen und zufällig tradierten Objekte und Daten stützen. "Yet in antiquity it is most important to recall that models and hypotheses are the primary means by which reconstruction is possible after the basic critical work is done. And, furthermore, it takes a great deal of humilty to say frankly what the physical sciences have had also to say; predisposition of minds at any one period frame the type of questions asked of the material and become a part of the 'answers' we suppose we have obtained from our investigations. Final *proof* of anything ancient must be confined to so such questions as how pottery was made, what rock was used, what food and fauna were present, etc. Certainly that proof does not extend to the validity of the religious claims the Bible would place upon us, and we must re-

---

[1] Vgl. Wright, G. E., What Archaeology Can and Cannot Do, in: The Biblical Archaeologist 34 (1971) 3, S. 70-76.

[2] Ebd., S. 73.

[3] Ebd.

[4] Ebd.

[5] Vgl. ebd.

member that the Bible is not a mine for scientifically grounded certainties about anything. It is instead a literature that places before us one of history's major religious options. What archaeology can do for Biblical study is to provide a physical context in time and place which was the environment of the people wo produced the Bible or are mentioned in it."[1]

Wright sieht zu Recht, daß zu den unverzichtbaren Aufgaben der Archäologie die Rekonstruktionen von Sachverhalten gehört und daß diese Rekonstruktionen immer Hypothesen- und Modellcharakter tragen. Er betont, daß jegliche Art von Voraussetzungen, die in der Fragestellung enthalten sind, in die Antwort miteinfließen und es bei "anything ancient"[2] letzte, also endgültig sichere Antworten -z. B. aus welcher Art von Ton etwas hergestellt wurde, aus welcher Art Stein ein Opferstein bestand etc. - nur da gibt, wo zur Begründung der Antwort auf naturwissenschafliche Analysen und auf naturwissenschaftliche Techniken zurückgegriffen werden kann. Weil es sich in der Bibel nicht um Naturgewißheiten, sondern um religiöse Inhalte handelt, kann die Archäologie diese Inhalte nicht erreichen. Sie kann lediglich für Wright die raum-zeitlichen, kulturellen, soziopolitischen und wirtschaftlichen Horizonte rekonstruieren, in denen die Bibel geschrieben wurde oder die von der Bibel erwähnt werden. Diese Rekonstruktionen sind nichts anderes als Hypothesen.

"These hypotheses will stand or be altered as a new information makes change necessary. Final and absolutely proven answers are impossible to provide. One generation's questions may not be another's, and in every case the questions asked are integral to the answers."[3] Das Problem der Interpretation von Daten bekommt nun bei Wright seinen ihm gebührenden Stellenwert. Doch ebenso wie bei Noth findet sich aber auch bei Wright kein Hinweis, der signalisieren könnte, daß das Problem der Gewinnung von Daten erkannt wäre. Die Daten, von denen die Archäologie ausgeht und mit denen sie handelt, sind noch keinem grundsätzlichen Hypothesencharakter unterstellt.

Bei der Zuordnungsbestimmung von Texten und Objekten schlägt Wright vor, daß der Text mit allen wissenschaftlich üblichen Mitteln der Sprachwissenschaften geprüft und interpretiert wird. "Then we must reconstruct the archaeological and ecological context as best we can both in the given area and in the widest possible context. Only then can we examine the question as to whether the one illumines the other, or whether a reasonable hypothesis can be reconstructed which best explains what we know at this time."[4]

---

[1] Ebd.
[2] Ebd.
[3] Ebd., S. 74.
[4] Ebd., S. 76.

Somit kann festgehalten werden:

▸ Wright gibt die Bezeichnung 'Biblische Archäologie' zugunsten der umfassenderen Bezeichnung 'Archäologie' auf.

▸ Wright macht die Methodenfrage zum Problem. Es wird anerkannt, daß die Antworten der Archäologie von ihren Fragestellungen abhängig sind.

▸ Wright bewertet die Interpretationen der Archäologie als Modelle und Hypothesen, die bei Erkenntniszuwachs jederzeit neu formuliert werden können und müssen.

▸ Wright sieht die Aufgabe der Archäologie im Versuch, einen historisch-kulturellen, sozialpolitischen Hintergrund zu den biblischen Texten zu rekonstruieren. Der erarbeitete Hintergrund zeigt sich als nie endgültig und muß deshalb stetig dem aktuellen Kenntnisstand angepaßt werden.

▸ Wright sieht trotz seiner Kritik an den Naturwissenschaften, die bei ihm durch die Endlichkeit des Forschungssubjekts begründet wird, in den Naturwissenschaften den Maßstab für Wissenschaftlichkeit. Diesem Maßstab kann die Archäologie nie gerecht werden, und insofern können ihre Resultate lediglich Hypothesenstatus beanspruchen.

Die bei Noth und Wright aufgewiesenen Präzisierungen und Korrekturen am Selbstverständnis Biblischer Archäologie sind exemplarische Belege einer allgemeinen Entwicklung.[1] Biblische Archäologie vollzog seit ihrer Gründung bis in die Gegenwart eine Entwicklung, die auf eine Relativierung der Beweisbarkeit von biblischen Ereignissen hinauslief, die mit einer geographischen und zeitlichen Beschränkung gekoppelt war.

Mit einer thematischen und sachlichen Beschränkung korrelierte eine zunehmende Sensibilisierung für Grundlagenfragen, die sich in Präzisierungsbemühungen ihres theoretischen Selbstverständnisses niederschlug. Der eindrücklichste Beleg für die Schärfung eines gewachsenen theoretischen Problembewußtseins findet sich bei F. Crüsemann, der nicht nur wie Wright auf die Interpretationsprobleme der Archäologie aufmerksam macht, sondern als einziger das Problem der Datengenerierung anspricht. "Nur die Interpretation der Ergebnisse, nicht aber die Art und Weise, wie die Archäologie zu ihnen gelangt, ist bisher als Teil des Grundproblems erkannt worden. In der gegenwärtigen Archäologie Palästinas selbst aber herrscht alles andere als Einmütigkeit darüber, wie diese Wissenschaft zu arbeiten hat. ... Wie immer bei methodologischen Auseinandersetzungen ist dabei das 'wie' nicht

---

[1] Vgl. Bunimovitz, S., (1995), S. 59-67 u. S. 96-100; Davis, Th. W., (1993), S. 54-58; Rose, G. D., (1987), S. 53-64; Dever, W. G., (1980), S. 41-48; ders., (1990), S. 52-58; Toombs, L., (1982), S. 89-91.

vom 'was' zu trennen, die Methode nicht von der Frage, was eigentlich erkannt werden soll, also nach dem Interesse, das Wissenschaft in Gang setzt."[1] Auch an den Definitionen deutschsprachiger Standardwerke kann die Sensibilisierung der Biblischen Archäologie angezeigt werden. Während es bei H. Haag noch heißt: "Die B[iblische] A[rchäologie] ist im weiteren Sinn die wissenschaftl. Darstellung der häusl., bürgerlich-sozialen, kulturellen u. rel. Verhältnisse u. Einrichtungen des israelitisch-jüd. Volkes auf Grund der literar. (Bibel, Mischna, Talmud, jüd., heid. u. christl. Schriftsteller) und dingl. (Bauten, Bilder, Gebrauchsgegenstände, Münzen, Inschriften) Quellen. Im modernen tech. Sinn versteht man aber unter B. A. die Kunde über die gesamte Welt der Bibel auf Grund der Überbleibsel, die meist in der Erde verborgen sind u. durch den Spaten zutage gefördert werden"[2], wird bei K. Galling die Forderung erhoben, die "durch die Ausgrabungen gewonnenen Erkenntnisse methodisch selbständig, ohne literarische Abhängigkeit zu einer Kulturgeschichte Israels zusammenzufassen. Es handelt sich also um eine archäologische Erhebung der Kulturgeschichte, die 'prinzipiell gegenüber einer solchen aus literarischen Urkunden selbständig ist'."[3] R. Wenning definiert im neuen 'Lexikon für Theologie und Kirche' Biblische Archäologie als eigenständige archäologische Disziplin. Sie ist die "wiss. Darstellung der antiken nichtliterar. Hinterlassenschaft des Raumes Palästina u. angrenzender Gebiete ... Die B. beschreibt Funde u. Befunde, versucht eine Klassifikation der Denkmäler im Kontext des 'Fruchtbaren Halbmonds' u. vermittelt Situationsskizzen der zeitgenöss. Lebensverhältnisse. In dieser Weise arbeitet die B. der Exegese zu. Ihr Ziel ist jedoch weder eine Verifizierung noch eine Illustrierung bibl. Texte. ... Es geht der B. nicht um die Welt der Bibel, sondern um die Welt, in der die Bibel entstand."[4]

---

[1] Crüsemann, F., Alttestamentliche Exegese und Archäologie, in: Zeitschrift für die Alttestamentliche Wissenschaft 91 (1979), S. 177-193, S. 179. Crüsemann zeigt überzeugend, daß unterschiedliche Grabungsmethoden durch unterschiedliche Ziele der Biblischen Archäologie bestimmt sind. Der Wheeler-Kenyon-Methode liegt die "Erkenntnis zugrunde, daß allein im vertikalen Schnitt die volle Komplexität der stratigraphischen Verhältnisse wirklich erkennbar ist." Ebd., S. 183. Die genaue Kenntnis der Schichtenfolge ist Primärziel. Die Loci-Methode oder Flächengrabung versucht dagegen das Erfassen geschlossener Einheiten zu erreichen. "Ist die Schichtengrabung auf diachrone Folgen, so die Flächengrabung auf synchrone Verhältnisse ausgerichtet." Ebd., S. 186.

[2] Haag, H., Stichw. Biblische Archäologie, in: Lexikon für Theologie und Kirche, Bd. II, Freiburg 1958, Sp. 419. [Einfügungen vom Autor]. Bei den Ergebnissen ist Haag noch optimistischer als Wright. "1) Die A. bestätigt die Angaben der Bibel in zahlr. Einzelheiten u. legt für das hohe Niveau der bibl. Geschichtsschreibung ein eindrucksvolles Zeugnis ab. 2) Sie ergänzt, präzisiert u. illustriert die Berichte der Bibel. 3) Ihre Hauptfunktion aber liegt darin, daß sie den allg. geschichtl. u. kulturellen Hintergrund der Bibel aufhellt, die bibl. Berichte in einen größeren Zusammenhang rückt u. den Exegeten den Blick geschärft hat für die Eigenheiten u. Freiheiten gewisser literar. Gattungen der Bibel. ... Es kann nicht nachdrücklich genug betont werden, daß es nicht die erste Aufgabe der A. sein kann, die Bibel in dem Sinn zu bestätigen, wie ein unbeschwerter apologet. Eifer es manchmal gerne haben möchte." Ebd., Sp. 420.

[3] Noort, E., S. 12f. Vgl. dazu Galling, K., Artikel. Biblische Archäologie, in: Die Religion in Geschichte und Gegenwart. Dritte, völlig neu bearbeitete Auflage, Bd. 1, Tübingen [3]1957, Sp. 582-585, bes. Sp. 582.

[4] Wenning, R., Artikel. Archäologie. I. Biblische Archäologie, in: Lexikon für Theologie und Kirche, Bd. 1, Freiburg u. a. 1994, Sp. 941-943, Sp. 941. Wenning scheint bei aller Selbständigkeit und Distanz von (Fortsetzung...)

Unter der Berücksichtigung der verfolgten Entwicklung kann die aufgeworfene Frage einer adäquaten Bezeichnung und die dieser Frage zugrundeliegende Zweck- und Zielvorstellung archäologischer Praxis im Nahen Osten vorläufig in 3 Punkten beantwortet werden:[1]

1) Die Bezeichnung 'Biblische Archäologie' ist im folgenden *terminus technicus* einer autonomen Fachwissenschaft, die dem Zweig vorderasiatischer Archäologie zuzuordnen ist.

2) Biblische Archäologie bestimmt als Forschungsgegenstand die nichtliterarischen zivilisatorischen und kulturellen Überreste vergangener Zeiten[2] in Syrien und Palästina und den daran anschließenden Gebieten.

3) Biblische Archäologie, vorläufig negativ formuliert, kann ihren Zweck nicht darin sehen, sich als, wenn auch selbständige Hilfswissenschaft einer Bibelwissenschaft zu bestimmen. Biblische Archäologie hat nicht das Ziel, Ereignisse der Bibel, die historisch interpretiert werden, archäologisch zu beweisen.[3]

---

[4] (...Fortsetzung)
Archäologie und Bibelwissenschaft eine Zuordnung für möglich zu halten. "Eine eigentlich bibl. Archäologie wird sie erst durch die integrierte Gesamtschau der jeweils fachspezifisch für sich gewonnenen exeget. u. archäolog. Ergebnisse." Ebd.

[1] Vgl. S. 39 dieser Arbeit.

[2] Vgl. Weippert, H., (1988), S. 2.

[3] Zur positiven Zweckbestimmung vgl. S. 72-73, die Punkte 5-8 in dieser Arbeit.

2.3 Methoden und Daten der Biblischen Archäologie

2.3.1 Die naturwissenschaftliche Methode als Vorbild

2.3.1.1 Neuformulierung von Methode und Erklärung durch die New Archaeology

Die allmähliche Sensibilisierung für die Bedeutung der Methoden in der Biblischen Archäologie läßt sich einerseits auf das Problem der Zuordnung von Archäologie und Bibel zurückführen, andererseits verdankt sich die Bedeutung der Zuordnungsfrage dem gestiegenen Stellenwert binnenfachwissenschaftlicher Grundlagenreflexionen. Während zwar schon bei Wright die Bedeutung der Methodologie Biblischer Archäologie als Problem der Interpretation nachgewiesen werden kann, stellt es nur für die wenigsten Archäologen ein Problem dar, wie der Archäologe seine Informationen unter gültigen Wissenschaftsstandards *als* archäologische Daten fixieren kann.

F. Crüsemann sieht in der Wheeler-Kenyon-Methode (Schichtengrabung) und in der Loci-Methode (Flächengrabung) zwei Arten, die Sicherung archäologischer Daten unter wissenschaftlich anerkannten Bedingungen durchzuführen. "Archäologie ist wohl die einzige Wissenschaft, bei der jede Forschung grundsätzlich die Zerstörung des Erforschten bedeutet. Die ausgegrabenen Teile eines Tells bestehen danach schlechthin nur noch in den Bildern, Aufzeichnungen und Erinnerungen der Archäologen. Jede literarische Analyse kann - und muß - von anderen überprüft, wiederholt und verbessert werden. In der Archäologie aber vernichtet jeder Spatenstich, jede Entfernung eines Steines unwiderruflich die in Jahrtausenden gewachsenen Zusammenhänge. Es ist der überragende wissenschaftstheoretische Grundsatz der Nachprüfbarkeit und Nachvollziehbarkeit des Vorgehens, der hier in Frage steht. Wie kann der an der Grabung Nichtbeteiligte die einzelnen Befunde und ihre Interpretation durch den Ausgräber so dokumentiert erhalten, daß er nicht auf bloße Versicherung vertrauen muß, daß also nicht die erste Interpretation die einzige überhaupt mögliche bleibt? Beide Methoden sind verschiedene Antworten auf dieses Grundproblem."[1]

Die Ansicht, die W. G. Dever zu diesem Problem äußert, schlägt den Wissenschaftsbemühungen der Biblischen Archäologie ins Gesicht: "Finally, the nature of archaeological interpretation is such that one *must* deal directly with the primary data, and preferably produce that data in the field and laboratory, in order to interpret it correctly."[2] Dieser Ansicht ist kategorisch zu widersprechen. Sie ist geltungstheoretisch falsch, aber genetisch erklärbar. Der unberechtigte 'Minderwertigkeitskomplex' der Archäologie kommt bei Dever besonders deutlich zum Ausdruck. Archäologie will sich als Wissenschaft verstehen, und gleichzeitig ist in ihrem Objekt-

---

[1] Crüsemann, F., (1979), S. 183.

[2] Dever, W. G., The Death of a Discipline, in: Biblical Archaeology Review 21 (1995), S. 50-55 u. S. 70, S. 52.

bereich eines der entscheidenden Wissenschaftskriterien nicht anwendbar, das der prinzipiellen Nachprüfbarkeit.

Archäologen, so könnte das Vorurteil formuliert werden, können eine Ausgrabung immer nur einmal durchführen, die 'harten' Wissenschaften können dagegen ein Experiment jederzeit wiederholen. Diese Ansicht ist nicht haltbar. Obwohl einer Zerstörung bei einer Ausgrabung nicht widersprochen werden kann, sind die materialen und methodischen Konsequenzen keineswegs so gravierend, daß z. B. der Wissenschaftsstatus der Archäologie dadurch beeinträchtigt wäre. Auch ein Naturwissenschaftler ist auf die schriftliche Dokumentation eines Experimentes und der Daten angewiesen, wenn er Theorien überprüfen will. Zweifelt er an den Ergebnissen und an den Deutungen der Ergebnisse, dann kann er nicht das ursprüngliche, dasselbe Experiment wiederholen. Er kann 'nur' ein neues Experiment mit nahezu gleichen Randbedingungen wie das ursprüngliche Experiment durchführen. Schon die unterschiedlichen Raum- und Zeitkoordinaten verbieten es, von einem identischen Experiment zu sprechen. Das gilt auch dann, wenn Experimentator und Kritiker personalidentisch sind. Das ist z. B. dann der Fall, wenn ein Forscher seine experimentell gewonnenen Daten überprüfen will.

Die zunehmende Einsicht in die Bedeutung methodologischer Grundlagenprobleme und deren Auswirkungen auf die Nachprüfbarkeit von archäologischen Geltungsansprüchen führte in den vergangenen 40 Jahren, vor allem in den angelsächsischen Ländern, zur Kritik an den traditionellen archäologischen Methoden und vereinzelt zur Entwicklung neuer Ansätze.[1] Unter wissenschaftstheoretischen Gesichtspunkten sind die Anfragen der sog. 'New Archaeology' besonders bedeutsam, da sie ihr Augenmerk auf die Grundvoraussetzungen der Archäologie, ihre Methoden und ihr Selbstverständnis lenkten. Die Anfragen der New Archaeology wurden auch von Vertretern der Biblischen Archäologie aufgenommen. Zu nennen sind: E. Noort[2], E. G. Wright[3], W. G. Dever[4] und L. E. Toombs.[5] Die Entstehung der New Archaeology verdankt sich nach Toombs dem empfundenen Ungenügen der traditionellen Archäologie. "Several major sources of dissatisfaction surfaced in the discussion. One of these was the almost completely descpritive nature of most archaeological reporting."[6] Vielen Ausgrabungsberichten genügte es, freigelegte Strukturen zu beschreiben und systematisch geordnete Listen der Fundobjekte zu präsentieren. Leit-

---

[1] Zur Entwicklung der Archäologie allgemein vgl. Trigger, B. C., A History of Archaeological Thought, Cambridge u. a. 1989. Zur Entwicklung und Diskussion der 'New Archaeology' vgl. S. 289-328.

[2] Vgl. Noort, E.; (1979), S. 20ff.

[3] Vgl. Wright, E. G., The 'New' Archaeology, in: The Biblical Archaeologist 38 (1975) 3-4, S. 104-115.

[4] Vgl. Dever, W. G., The Impact of the 'New Archaeology' on Syro-Palestinian Archaeology, in: Bulletin of the American Schools of Oriental Research 242 (1981) 1, S. 15-29.

[5] Vgl. Toombs, L. E., The Development of Palestinian Archaeology as a Discipline, in: Biblical Archaeologist 45 (1982) 2, S. 89-91; ders., A Perspective on the New Archaeology, in: ders.; Rose, D.; Perdue, L.; Johnson, G. (Hg.), (1987), S. 41-52.

[6] Toombs, L. E., (1987), S. 42.

linie dabei war die selbstverständliche Annahme der Ausgräber, daß sich die derartig repräsentierten Funde gewissermaßen durch sich selbst interpretieren. Der Frage, wie ein Archäologe von den gewonnenen Objekten zur Interpretation dieser Objekte und von dieser zu einer Rekonstruktion einer Gesellschaft gelangt, die diese Objekte herstellte, benutzte oder einem neuen Zweck unterstellte, wurde wenig Aufmerksamkeit geschenkt: "How the researcher could pass from organized lists of things to a knowledge of the societies which produced them was given little consideration."[1] Häufig konnten innerhalb der Ausgrabungsberichte nicht einmal die Grenzen zwischen Funddokumentation und Fundinterpretation erkannt werden. Dazu kam, daß, je nachdem welche fachwissenschaftliche Autorität die Interpretation lieferte, diese den Rang einer gültigen Verallgemeinerung erhielt oder gleich als Tatsache gewertet wurde.

Bedingt wurden die genannten Defizite, nach Toombs, durch zwei wissenschaftliche Versäumnisse. Zum einen wurde nie die Frage nach dem Selbstverständnis der Archäologie gestellt, zum anderen wurde es versäumt, die Frage nach der Natur der Gegenstände zu stellen, mit denen es die Archäologie zu tun hat.

"These and other deficiencies in traditional archaeology appeared to stem from a double epistemological failure: on the one hand, a failure of the discipline to understand itself and, on the other, a failure to comprehend the nature of the entities with wich it had to deal. ... The 'new archaeology' set out to deal with these two epistemological problems."[2]

Will Archäologie sich als Wissenschaft verstehen, dann muß sie wissenschaftlichen Standards entsprechen. Archäologie im Sinne der New Archaeology will jedoch nicht nur als eine unter den vielen vorkommenden Wissenschaften verstanden werden, sondern als 'harte' Wissenschaft, die ihren Platz im Kanon der Naturwissenschaften beanspruchen kann. Der Gedanke, daß die Archäologie eine besondere Form der Geschichtswissenschaft sei oder, subjektbezogen formuliert, Archäologen als die Verwandten eines Historikers beschrieben werden können, wird von L. R. Binford[3], einem der maßgeblichen Wegbereiter und Repräsentanten der New Archaeology, unmißverständlich zurückgewiesen. "Wer dieser Ansicht huldigt, sollte sich klarmachen, wie grundverschieden die Informationsquellen beider Wissenschaftszweige sind. Der Historiker arbeitet mit der einen oder anderen Form schriftlicher Aufzeichnungen: mit Chroniken, Briefen, Tagebüchern oder anderen Schriftstücken aus vergangener Zeit, die jeweils von irgend jemandem verfaßt wurden, um an jemand anderen irgendwelche Mitteilungen weiterzugeben."[4] Doch Briefe enthalten oft alles andere als objektive Darstellungen, Urkunden können manipuliert sein und selbst Mitteilungen, die unmittelbar von damaligen Augenzeugen schrift-

---

[1] Ebd.

[2] Ebd., S. 43.

[3] Vgl. dazu Binford, L. R., Archaeology as Anthropology, in: American Antiquity 28 (1962), S. 217-225; ders., Die Vorzeit war ganz anders. Methoden und Ergebnisse der neuen Archäologie. Aus dem Amerikanischen übersetzt von Joachim Rehork, (In Pursuit of the Past, London 1983), München 1984.

[4] Ebd., S. 13f.

lich dokumentiert wurden, sind vom Historiker nicht kritiklos zu übernehmen.[1] Dieser Gefahr sind die Archäologen nicht im selben Maße ausgesetzt. Die Manipulierung mit archäologischem Material dürfte geringer sein, da die Effizienz der Beeinflussung durch die Sprache unvergleichlich höher zu veranschlagen ist. "Der Archäologe hat es ... mit grundsätzlich anderem Material zu tun als der Historiker - zumindest vom Standpunkt der Systeme aus betrachtet, die den Menschen dazu dienen, anderen eine Mitteilung zukommen zu lassen."[2] Auch die Methoden der Historiker sind für Binford nicht geeignet, wenn es darum geht, Wissen über die Vergangenheit zu erarbeiten.[3] Phantasie, Kreativität und Wissen sind zwar zweifellos nötig, um Ideen zu einem Artefakt oder einer ausgegrabenen Anlage zu bekommen. Sehr viel wichtiger ist es aber, die Frage zu stellen, welchen Wert diese Ideen haben. "Wenn wir nicht Methoden finden, um das, was wir uns vorstellen, auf seinen Wahrheitsgehalt zu prüfen, steht es uns zwar frei, jede Menge von Geschichten über die Vergangenheit in die Welt zu setzen, doch überprüfen können wir nie, ob auch nur eine davon zutrifft oder nicht."[4]

Binford lehnt auch die Methoden der Sozialwissenschaften ab. Die Sozialwissenschaften wurden entwickelt, um dynamische Wechselprozesse zwischen lebenden und zusammenlebenden menschlichen Subjekten erkennen und beschreiben zu können. "Archäologen dagegen haben es nicht mit Gegebenheiten des menschlichen Zusammenlebens zu tun. Vielmehr untersuchen sie materielle Dinge, Gegenstände, die, so wie sie sich gegenwärtig dem Blick darbieten, mit ihrem heutigen Finder zeitgleich sind. Daher ist die Art und Weise, wie die Sozialwissenschaft vorgeht, auf die Archäologie unübertragbar. Nein - der Archäologe darf nie die Augen davor verschließen, mit welchem Material er es zu tun hat und welch besonderer Herausforderung er sich gegenübersieht: nämlich die Brücke vom Heute zum Gestern zu schlagen. Erforderlich ist daher eine *Wissenschaft vom archäologischen Befund*, die die ganz speziellen Probleme erfaßt, denen wir Archäologen uns gegenübersehen,

---

[1] Vgl. dazu exemplarisch Ohler, N., Sterben und Tod im Mittelalter, München 1992. Er gibt zu bedenken, daß es bei überlieferten Berichten vom Sterben einzelner schwer ist zu beantworten, was Zitat, Topos oder Versatzstück ist. Vgl. ebd. S. 51. Auch Ph. Ariès Studien über den Tod werden von N. Elias in dieser Hinsicht kritisiert. Die Probleme, aus mittelalterlichen Epen ein adäquates mittelalterliches Todesbild und -verständnis abzuleiten, geht bei Ariès fehl, da er Geschichte immer noch wesentlich als Beschreibung versteht und er ferner nicht darauf hinweist, daß mittelalterliche Epen Idealisierungen des Rittertums darstellen. Vgl. dazu: Elias, N., Über die Einsamkeit der Sterbenden in unseren Tagen, Frankfurt am Main 1982, S. 23f.; Ariès, P., Die Geschichte des Todes, München 1982. Nicht nur bei schriftlichen Quellen ist Vorsicht geboten, auch mittelalterliche Darstellungen können in der Forschung heftige Auseinandersetzungen provozieren. Vgl. dazu. Duerr, H. P, Der Mythos vom Zivilisationsprozeß, Bände 1-3, Frankfurt am Main 1988-1993, bes. Bd. 2, S. 270-339.

[2] Binford, L. R., (1984), S. 14.

[3] Ebd.

[4] Ebd., S. 14f. Vgl. dazu: Acham, K., Grundlagenprobleme der Geschichtswissenschaft, in: Thiel, M. (Hg.), Enzyklopädie der geisteswissenschaftlichen Arbeitsmethoden, 10. Lieferung: Methoden der Geschichtswissenschaft und der Archäologie, München u. Wien 1974, S. 3-76; Kaiser, Ph., Vom Sinn der Geschichte, in: Festgabe Heinz Hürten zum 60. Geburtstag, hg. v. H. Dickerhof, Frankfurt am Main u. a. 1988, S. 23-38.

wenn wir versuchen, uns Informationen über die Vergangenheit zu verschaffen."[1] Wenn Binfords Meinung übernommen wird, daß die Methoden[2] der 'weiche Wissenschaften' wie Geschichts- und Gesellschaftswissenschaften ungeeignet sind, dann kann nur die Methodik der 'harten' Naturwissenschaften die Anforderung erfüllen, und wäre dem so, dann ist auch der Frage, ob Archäologie überhaupt Wissenschaft (Maßstab Naturwissenschaft) sein kann, von vornherein der 'Wind aus den Segeln' genommen. Auch bei den Forschungsobjekten erkennt Binford Verwandtschaften. "Kein Physiker, Chemiker, Biologe und dergleichen bildet sich ein, die Bedeutung der von ihm beobachteten Beziehungen zwischen den Dingen läge auf der Hand. Vielmehr ist er unablässig damit beschäftigt, den Sinn dessen, was er beobachtet, zu finden, und anschließend zu überprüfen, wie tragfähig und stichhaltig die von ihm gefundene Sinngebung ist. Genau in derselben Lage befindet sich auch immer wieder der Archäologe: nach der Bedeutung des von ihm gefundenen archäologischen Materials zu suchen und prüfend abzuwägen, wie sehr sein Bild der Vergangenheit mit der Wirklichkeit übereinstimmen könnte. Aus diesem und keinem anderen Grunde habe ich immer wieder einer Übernahme naturwissenschaftlicher Verfahren in die archäologische Forschung das Wort geredet."[3] Nur diese Verfahren helfen dem Archäologen aus einem Dilemma, das darin besteht, Wissen über die Vergangenheit zu erwerben, obwohl der Archäologe lediglich Forschungen in der Gegenwart durchführen kann und - darauf verweist Binford mit allem Nachdruck - auch die Forschungsgegenstände aus der Gegenwart stammen und insofern eine unmittelbare Beobachtung der Vergangenheit unmöglich machen. "Was bedeutet dies für unser Vorhaben bei der Ausgrabung einer archäologischen Stätte? Müssen wir uns denn schon den Kopf zerbrechen, was archäologische Befunde möglicherweise bedeuten, bevor wir tatsächlich mit der Grabungsarbeit beginnen? Und wenn es so ist - beeinflußt dies die Grabungsergebnisse? Zweifellos muß sich jeder Archäologe, insofern er ja auch Entdecker ist, mit derartigen Fragen auseinandersetzen. Oft hört man Archäologen sagen, X sei ein 'Theoretiker', Y dagegen ein 'felderfahrener Praktiker'. Bisweilen wird auch kritisiert, Herr Z führe zwar äußerst saubere Ausgrabungen durch, sei aber außerstande, das, was er zutage fördere, zu interpretieren."[4]

So ist nach Binford eine zweifach-ausgewogene Entwicklung gefordert: sowohl die der archäologischen Untersuchung im Felde, die das Rohmaterial liefert, als auch die "der Techniken, die uns zu verläßlichen Erkenntnissen über die Vergangenheit verhelfen"[5]. Ausgrabungstechniken sind Mittel zu dem Zweck, Aufschlüsse über die Vergangenheit zu gewinnen. "Doch stellen uns die Ausgrabungstechniken vor im-

---

[1] Binford, L. R., (1984), S. 15.

[2] Über die Legitimität sozialwissenschaftlicher Forschungsinhalte ist damit noch nicht entschieden.

[3] Ebd. Vgl. ders., Archaelogical Perspectives, in: Binford, S. R.; Binford L. R. (Hg.), New Perspectives in Archaeology, Chicago 1968, S. 5-32; ders., Debating Archaeology, San Diego 1989, bes. S. 55-68.

[4] Binford, L. R., (1984), S. 15f.

[5] Ebd.

mer neue Probleme der Methodenforschung, weil wir immer wieder auf Dinge sto-
ßen, die wir nicht verstehen, die aber unsere Neugier erregen - Dinge, die weiteres
Nachforschen erforderlich machen, bis wir in der Lage sind, mit ihrer Hilfe unser
Wissen über die Vergangenheit zu erweitern."[1] Und so wird von Binford auch das
Ziel der Archäologie vorgestellt: es geht um die Erarbeitung von Wissen über die
Vergangenheit. Aber was wir von der Vergangenheit wissen wollen, "hat starken
Einfluß darauf, wie Ausgrabungen durchgeführt werden und wie man das archäologische Material untersucht. ... Was wir von der Vergangenheit halten und von ihr
erwarten, bestimmt die Richtung der archäologischen Forschung, ja die Entwicklung der Archäologie insgesamt."[2] Unter den Vertretern der New Archaeology ist
zwar die Forderung nach einem neuen Selbstverständnis der Archäologie unbestritten; ebenso wird aber von Kritikern festgestellt, daß es der New Archaeology nicht
gelungen ist, ein Alternativkonzept zur traditionellen Archäologie zu entwerfen. Die
bleibende Bedeutung der New Archaeology ist in ihren Anfragen und Beiträgen zur
archäologischen Grundlagendiskussion zu sehen.[3]

Eine Präformierung archäologischer Ergebnisse, die durch die jeweilig benutzten
erkenntnistheoretischen Prämissen und durch die Anwendung induktiver und deduktiver Erklärungsformen bedingt werden, sind Problembereiche archäologischer
Theoriebildung, die von Vertretern der New Archaeology in ihrer fundamentalen
Bedeutung erkannt werden. Denn wenn Archäologie als Wissenschaft interpretiert
wird, die, ähnlich der Naturwissenschaft, auf prinzipieller Intersubjektivität und
Nachprüfbarkeit beruht, dann ist sie zur Bildung von Aussagen in naturwissenschaftlichen Standards verpflichtet, und dann stellt sich die Frage: "How do we justify the use of our methods and confirm our conclusions?"[4] Watson, LeBlanc und
Redmann führen gleich zu Beginn zwei wissenschaftstheoretisch notwendige Prämissen ein, die es überhaupt ermöglichen, empirische Wissenschaft zu betreiben: 1)
eine prinzipielle Erkennbarkeit der Welt und 2) ihrer adäquate Beschreibungsmög-
lichkeit. "Two basic working assumptions of practicing scientists are that there is a
real, knowable world that can be empirically perceived and described and that the

---

[1] Ebd.

[2] Ebd., S. 20.

[3] Vgl. Toombs, L. E., S. 49. Vgl. auch Sabloff, J. A., When the Rhetoric Fades. A Brief Appraisal of Intellectual Trends in American Archaeology through the Past Two Decades, in: Bulletin of the American
Schools of Oriental Research 242 (1981), S. 1-6, bes. S. 2; Dyson, S. L., A Classical Archaeologist's Response to the 'New Archaeology', in: Bulletin of the American Schools of Oriental Research 242 (1981)
1, S. 7-14; ders., From New to New Age Archaeology. Archaeological Theory and Classical Archaeology
- A 1990s Perspektive, in: American Journal of Archaeology 97 (1993), S. 195-206.
Zur Entwicklung methodischer Konzepte vgl. Leone, M. P. (Hg.), Contemporary Archaeology. A Guide
to Theorie and Contributions, London u. Amsterdam 1972; darin bes. Fritz, J. M., Archaeological Systems for Indirect Observation of the Past, S. 135-157; Binford, L. R., A Consideration of Archaeological
Research Design, S. 158-177.

[4] Watson, P.; LeBlanc, St.; Redmann, Ch., Archeological Explanation. The Scientific Method in Archeology, New York 1984, S. 3.

empirically obserable behavior of the entities making up this real world is orderly."[1]
Empirisch wahrnehmbar und beschreibbar, das sind die zwei Grundbedingungen für
Wissenschaft im naturwissenschaftlichen Verständnis. Ein notwendig implizites Postulat der Beschreibbarkeit ist eine unterstellte Ordnung und Regelmäßigkeit des
empirisch beobachtbaren Seienden, das die reale Welt ausmacht. "The presence of
this ordered or patterned structure is confirmed by means of observations made to
test hypotheses that describe suspected relationships and regularities. Thus, hypothesis formulation leads to tests and the acceptance, alteration, or rejection of the
hypotheses."[2] Werden Beschreibbarkeit und damit implizit Regelmäßigkeit unterstellt, dann können Methoden entwickelt werden, die diese Regelmäßigkeiten und
Beziehungen bestätigen. Sobald diese fundamentalen Beziehungen verstanden sind,
so die Autoren weiter, sind Vorhersagen und Erklärungen der Phänomene möglich.
Mit einigem Wissen über Beziehungen und Klassen von Beziehungen, die den Forschungsgegenstand betreffen, wird es Wissenschaftlern möglich, Theorien zu formulieren, die es erlauben, "to subsume available data"[3]. Eine der wichtigsten Aufgaben des Wissenschaftlers besteht für die Autoren darin, die beobachteten und
beschriebenen Regelmäßigkeiten für die Erklärung und Vorhersage von beobachteten Phänomenen zu nutzen. "Whether all (or most) empirical phenomena *really are*
incorporated in a system of regularities that can be described in terms of universal
and/or statistical laws is a philosophical issue that has been debated - without reso-
lution - for a long time. This philosophical problem about the uniformity or regularity of nature and the status of knowledge claims about nature based on induction
from past experience was formally described more than two hundred years ago by
David Hume."[4] Mit D. Hume unterscheiden Watson, LeBlanc und Redmann streng
zwischen Induktion und Deduktion. "Deduction is nonampliative inference."[5] Die
Konklusion eines deduktiven Schlusses enthält nicht mehr Information als die Prämissen und die Konklusion folgt aus den Prämissen mit logischer Sicherheit. Wenn
die Prämissen wahr sind, dann sind auch die Schlüsse, die aus ihnen gezogen werden, wahr. Im Gegensatz dazu steht die Induktion. Sie ermöglicht erweiterndes
Schließen. Die Schlußfolgerung eines induktiven Schlusses enthält mehr Informa-

---

[1] Ebd., S. 3 und noch ausführlicher auf S. 62. "First, we are scientists not philosophers. We assume that
there is a real world that has existed in the past, exists now, and will exist in the future. This real world
provides us with the objects of our study. This world is knowable, and we are capable of understanding
it. This world is knowable because the elements of which its objects and events consist, and the objects
and events themselves, are related to one another in orderly patterns. We can know the world because we
are capable of abstracting and comprehending the patterns and regularities exhibited by the objects and
events in the world. And most importantly, this knowledge is public in the sense that any human being
can perceive the world, understand it, and improve knowledge of it through critical discussion and critical
comparison with the knowledge accumulated by other human beings. Our knowledge of the world is thus
empirical, and the world we know is objective. As scientists, we begin with these assumptions."

[2] Ebd., S. 3f.

[3] Ebd., S. 4.

[4] Ebd.

[5] Ebd., S. 5.

tion als deren Prämissen. Die Wahrheit eines induktiven Schlusses folgt nicht notwendig aus der Wahrheit der Prämissen. "Thus, it is possible for the premises of an inductive argument to be true and the conclusion to be false."[1] Die Auseinandersetzung um die Verbindlichkeit logischer Schlüsse, die aus Induktionen gewonnen werden, d. h. die Unmöglichkeit von wissenschaftlich einwandfreier Erkenntnis, die aus einem Induktionsschluß gezogen werden kann, zeigt Auswirkungen auf einen Wissenschaftszweig, in dem nur induktive Schlüsse möglich sind. "That is, philosophers of science are unable to provide a logical demonstration of why or how it is possible to apply the results of past observations to unobserved phenomena. There is no logical justification for the prediction that the sun will rise in the east tomorrow morning, or that an apple released from the bough will fall down and not up. Simply because similar events have followed these courses in every known instance in the past does not mean one can say with the force of logical certainty that similar events will continue to do so in the future. Hence, although plausible generalizations can be used to explain past events and to predict previously undetected or unsuspected phenomena, no matter how rigorously, extensively, and intensively we test, we cannot attain certainity about future, as yet unobserved, events. We leave this problem to the philosophers, after presenting it to indicate one fundamental reason why *we should not expect absolute certainty from scientific research*. Nevertheless, science *is* based on the working assumption or belief by scientists that past and present regularities *are* pertinent to future events and that under similar circumstances similar phenomena will behave in the future as they have in the past and do in the present. This practical assumption of the regularity or uniformity of nature is the necessary foundation for all scientific work. Scientific desprictions, explanations, and predictions all utilize lawlike generalizations hypothesized on the presumption that natural phenomena are orderly."[2]

Auch dies ist eine Möglichkeit, mit einem Problem umzugehen: es zu erkennen und in seinen Auswirkungen für seine Arbeit anschließend zu vernachlässigen, d. h. im konkreten Fall die Nichtlösbarkeit des Induktionsproblems anzuerkennen und gleichzeitig 'working' und 'practical' Annahmen und Voraussetzungen als Arbeitsgrundlage jeglicher Wissenschaft zu akzeptieren und somit das Induktionsprinzip, wenn auch im Mantel einer Wahrscheinlichkeitstheorie gekleidet, wieder in seine basierende Wissenschaftsfunktion einzusetzen.

Dabei wäre die Diskussion des Induktionsproblems die erste Weichenstellung für eine 'New Archaeology', die sie vor überzogenen Ansprüchen und Erwartungen schützen könnte und die sie aus der Tradition des Logischen Empirismus übernommen hat. Es wird sich nämlich zeigen, daß die Weichenstellung, die es der Archäologie ermöglichen soll, über den Fahrweg einer induktiv-statistischen Erklärungsform in den Fahrweg der Naturwissenschaften zu gelangen, in ein Stumpfgleis führt.

---

[1] Ebd.

[2] Ebd., S. 5f. *Kennzeichnung vom Autor.*

2.3.1.2 Das deduktiv-statistische Modell der Erklärung

Die unterschiedlichen Verstehensweisen von Archäologie zwischen einer traditionellen Archäologie und den Vorstellungen der New Archaelogy lassen sich an der unterschiedlichen Funktion von 'Erklärungen' und an der Frage über die Berechtigung von Induktionsschlüssen problematisieren. Empirische Wissenschaft läßt sich mit folgender Zielvorstellung zutreffend beschreiben: "Ich nehme an, daß es das Ziel der empirischen Wissenschaften ist, *befriedigende Erklärungen* zu finden für alles, was uns einer Erklärung zu bedürfen scheint."[1] Die Eigenart wissenschaftlicher Erklärungen gegenüber nicht-wissenschaftlichen Erklärungen besteht darin, daß die erarbeiteten Erklärungen systematisch geprüft werden. "Die Tätigkeit des wissenschaftlichen Forschens besteht darin, Sätze oder Systeme von Sätzen aufzustellen und systematisch zu überprüfen; in den empirischen Wissenschaften sind es insbesondere Hypothesen, Theoriensysteme, die aufgestellt und an der Erfahrung durch Beobachtung und Experiment überprüft werden."[2]

Will ein Archäologe im Verständnis der New Archaeology wissen, was er tut, wenn er Wissenschaft betreibt und Erklärungen zu Problemen erarbeitet, will ein Archäologe wissen, was er tut, wenn er interpretiert und warum er interpretieren muß, dann, so Watson, LeBlanc und Redmann, sind für einen Archäologen philosophische Grundlagen unverzichtbar.[3] Zentrale Bedeutung für eine archäologische Grundlagendiskussion sehen Watson, LeBlanc und Redmann in C. G. Hempels[4] Arbeiten zu Bedeutung, Funktion und Leistungsfähigkeit von Erklärungen.[5] Neben der von Hempel genannten deduktiv-nomologischen Erklärung messen die Autoren den statistischen Erklärungsformen besondere Bedeutung zu.[6] "The other form of explanation described by Hempel is *statistical explanation*, in which reference is made to one or more laws describing statistical probabilities, Radiocarbon dating, for example, makes use of statistical laws."[7] Der entscheidende Unterschied wird von den Autoren darin gesehen, daß deduktiv-nomologische[8] Gesetze eine bestimmte Eigenschaft allen Mitgliedern einer speziellen Klasse zuschreiben, statistische Gesetze hingegen eine bestimmte Eigenschaft nur einem bestimmten Prozentsatz der Mitglieder einer speziellen Klasse zuordnen. Eine statistische Erklärung liegt dann vor,

---

[1] Popper, K., (1993), S. 198.

[2] Popper, K., (1994), S. 3.

[3] Vgl. Watson, P.; LeBlanc, St.; Redmann, Ch., (1984), S. 5.

[4] Vgl. dazu: Hempel, C. G., Aspects of Scientific Explanation and other Essays in the Philosophy of Science, New York 1965; deutsch: Aspekte wissenschaftlicher Erklärung, Berlin u. New York 1977; ders., Philosophy of Natural Science, Englewood Cliffs 1966.

[5] Vgl. ebd. S. 15.

[6] Zur deduktiv-nomologischen Erklärung vgl. S. 18 dieser Arbeit.

[7] Watson, P.; LeBlanc, St.; Redmann, Ch., (1984), S. 18.

[8] Vgl. S. 18 dieser Arbeit.

wenn eine Erklärung "mindestens ein Gesetz oder theoretisches Prinzip statistischer Form wesentlich benützt."[1]

Das deduktiv-statistische Modell der Erklärung wird von Hempel mit einem Münzwurfbeispiel erläutert. Bei einer Reihe von Würfen wurde mit einer 'fairen' Münze mehrmals hintereinander die gleiche Seite (z. B. Wappen) gezeigt. Es ist nach Hempel eine zwar weitverbreitete, trotzdem aber nicht zutreffende Annahme, daß der nächste Wurf nun eher Zahl als Wappen bringt.[2] Mit Hilfe zweier Hypothesen erklärt Hempel seine Behauptung. Die erste Hypothese formuliert, daß bei einer 'fairen' Münze das Ergebnis 'Zahl' mit einer statistischen Wahrscheinlichkeit von 1/2 auftritt. "Die zweite Hypothese sagt, daß die Ergebnisse der verschiedenen Würfe mit der Münze statistisch unabhängig sind, so daß die Wahrscheinlichkeit für eine spezielle Ergebnisfolge ... gleich dem Produkt der Wahrscheinlichkeiten für die einzelnen Ergebnisse ist. Aus diesen beiden Hypothesen, die statistische Wahrscheinlichkeit benützen, folgt *deduktiv*, daß die Wahrscheinlichkeit für Wappen nach einer langen Folge, bei der stets Wappen auftrat, immer noch 1/2 ist."[3]

Die deduktiv-statistische Erklärung enthält die "Ableitung einer statistischen Gesetzesaussage aus einem Explanans, in dem mindestens ein Gesetz statistischer Art als unentbehrliche Prämisse auftritt. Die Ableitung wird durch die mathematische Theorie der statistischen Wahrscheinlichkeit bewerkstelligt, die es ermöglicht, gewisse abgeleitete Wahrscheinlichkeiten (auf die im Explanandum Bezug genommen wird) aus anderen Wahrscheinlichkeiten (die im Explanans angegeben werden) zu berechnen, wobei die letzteren empirisch ermittelt oder hypothetisch angenommen wurden. Mit einer D-S-Erklärung wird also immer eine Gesetzmäßigkeit statistischer Form erklärt. Letztendlich sollen statistische Gesetze jedoch auf spezielle Einzelereignisse angewendet werden und dort erklärende und vorhersagende Verknüpfungen aufstellen."[4]

2.3.1.3 Das induktiv-statistische Modell der Erklärung

Eine weitere Form einer statistischen Erklärung ist die sogenannten induktiv-statistische Erklärung. Die induktiv-statistische Erklärung unterscheidet sich von einer deduktiv-nomologischen und deduktiv-statistischen Erklärung dadurch, daß das induktiv-statistische *explanandum* nicht implizit in den induktiv-statistischen Prämissen enthalten ist. Es spricht lediglich eine gewisse Wahrscheinlichkeit für die Ableitung des Schlusses aus den Prämissen. Watson, LeBlanc und Redmann illustrieren den gemeinten Sachverhalt mit einem Beispiel: In einem Krug sind 999 schwarze Murmeln und 1 weiße Murmel. Eine Person, die blind in den Krug faßt, um eine Murmel zu ergreifen, wird mit einer Wahrscheinlichkeit die sehr nahe an 1 heran-

---

[1] Hempel, C. G., (1977), S. 59.

[2] Vgl. ebd.

[3] Ebd.

[4] Ebd., S. 60.

reicht, eine schwarze Murmel fassen. Die Wahrscheinlichkeit, daß die Versuchsperson eine weiße Murmel greift, ist nahe 0. "Nevertheless, a person reaching into the jar *could* get a white marble; hence, as stated above, the explanatory conclusion does not follow deductively from the premises but only with (in this case quite strong) inductive support."[1]

Obwohl diese Erklärungsmodelle[2] in den Wissenschaften benutzt werden und von Hempel widerspruchsfrei formalisiert werden können, zeigt eine widerspruchsfreie Formalisierung lediglich, daß diese Erklärungsmodelle formallogisch widerspruchsfrei darstellbar sind. Die Geltungsabsicherung der damit gewonnenen Schlußfolgerungen, die mit den Mitteln von Wahrscheinlichkeitsüberlegungen Erkenntnisfortschritt beanspruchen, ist weder damit noch mit der faktischen Anwendung dieser Erklärungsmodelle gesichert. Von Popper wird die Inanspruchnahme von Wahrscheinlichkeitsüberlegungen zur Geltungsabsicherung von Geltungswerten, die zwischen 'wahr' und 'falsch' angesiedelt sind, abgelehnt.

2.3.1.4 Die Kritik Poppers an der Wahrscheinlichkeit als Geltungswert

Die Charakteristika der Popperschen Konzeption von empirischer Wissenschaft (Aufstellen von Satzsystemen) und deren Kontrollinstanzen (einseitige Endscheidbarkeit durch methodische Erfahrung) können auf die Archäologie im Sinne der New Archaeology übertragen werden. Die Konsequenz daraus kann folgendermaßen formuliert werden: Wird Archäologie als das Aufstellen von propositionalen Sätzen oder Satzsysteme verstanden, über deren Geltungswert prinzipiell durch Rekurs auf Erfahrung entschieden werden kann, dann ist mit der Anwendung wahrscheinlichkeitstheoretischer Überlegungen nichts gewonnen, d. h. eine entscheidbare Geltungsbegründung nicht erreichbar.

Die Wahrscheinlichkeit, beim Murmelbeispiel mit 999 schwarzen Murmeln und 1 weißen Murmel eine schwarze Murmel zu greifen, liegt nahe bei 1. Wird die Zahl der schwarzen Murmeln auf 500 dezimiert und die der weißen auf 500 erhöht, fällt die Wahrscheinlichkeit, eine schwarze Murmel zu greifen, auf 1/2. Diese Veränderung könnte dazu Anlaß geben, zwischen einer sehr hohen, 'an Sicherheit grenzenden Wahrscheinlichkeit' und einer geringeren Wahrscheinlichkeiten wissenschaftlich zu unterscheiden und mathematisch gesicherten Präferenzwahlen zu legiti-

---

[1] Watson, P.; LeBlanc, St.; Redmann, Ch., (1984), S. 19.

[2] Neben kausalen treten auch teleologische Erklärungsmodelle auf. Diese lassen sich in 'funktionale', 'intentionale' und 'determinativ-teleologische' Erklärungen differenzieren. *Funktionale Erklärungen* geben Auskunft, wie etwas, ein Organ, eine Maschine, funktioniert, aber auch welche Funktion dieses Organ oder diese Maschine hat. Funktionale Erklärungen oder Funktionserklärungen sind Zweck-Erklärungen. Vgl. Kutschera, F. v., (1981), S. 107-109. *Intentionale Erklärungen* sind keine Zweck-Erklärungen, sondern Erklärungen von Absichten. Intentionale Erklärungen können die zugrundeliegenden Absichten einer Handlung erklären. Vgl. ebd., S. 109-113. "Als *determinativ-teleologische Erklärungen*, die nicht funktionale oder intentionale Erklärungen sind, kommen nur Beschreibungen von Beweggründen infrage, die jemand für eine Handlung oder Verhaltensweise hat." Ebd., S. 113. *Kennzeichnung vom Autor.*

mieren. "Die Frage der *Hypothesenwahrscheinlichkeit* könnte ja vielleicht auf die der *Ereigniswahrscheinlichkeit* zurückgeführt und damit der mathematisch-logischen Bearbeitung zugänglich gemacht werden."[1] Popper ist nun der Meinung, daß die Verfechter einer Hypothesenwahrscheinlichkeit psychologische mit logischen Fragestellungen verwechseln. "Gewiß sind unsere subjektiven Überzeugungserlebnisse von verschiedener Intensität, und der Grad der Zuversicht, mit der wir das Eintreffen einer Prognose und die weitere Bewährung einer Hypothese erwarten, wird wohl auch davon abhängen, wie weit sich die Hypothese bisher bewährt hat. Daß das aber keine erkenntnistheoretischen Fragen sind, wird auch von den Wahrscheinlichkeitstheoretikern [z. B. Reichenbach] mehr oder weniger anerkannt; doch diese meinen, daß man den *Hypothesen selbst* auf Grund von induktiven Entscheidungen eine Wahrscheinlichkeitswert zuschreiben und diesen Begriff auf den der Ereigniswahrscheinlichkeit zurückführen kann: Die Hypothesenwahrscheinlichkeit wird zumeist nur als ein Fall einer allgemeinen 'Aussagenwahrscheinlichkeit' angesehen, die ihrerseits nichts anderes als eine terminologische Umformung der Ereigniswahrscheinlichkeit ist."[2]

Den Versuch, mittels einer Ableitung aus einer Ereigniswahrscheinlichkeit über Ereignisfolgen über die Zwischenstufe einer Aussagenwahrscheinlichkeit zu einer Hypothesenwahrscheinlichkeit zu kommen, hält Popper für unmöglich. "Wir behaupten, daß die Fragen, die sich an den Begriff der Hypothesenwahrscheinlichkeit knüpfen, durch wahrscheinlichkeitslogische Überlegungen überhaupt nicht berührt werden: sagt man von einer Hypothese, sie sei nicht wahr, aber 'wahrscheinlich', so kann *diese* Aussage unter *keinen* Umständen in eine Aussage über eine Ereigniswahrscheinlichkeit umgeformt werden."[3]

"Der häufigste Fehler ist zweifellos der, daß den *Wahrscheinlichkeitshypothesen*, also den hypothetischen Häufigkeitssätzen, *Hypothesenwahrscheinlichkeit* zugeschrieben wird. Man versteht diesen Fehlschluß wohl am besten, wenn man sich daran erinnert ... , daß die Wahrscheinlichkeitshypothesen ihrer logischen Form nach, also ohne Berücksichtigung unserer methodologischen Falsifizierbarkeitsforderung, weder verifizierbar noch falsifizierbar sind: Verifizierbar sind sie nicht, weil sie allgemeine Sätze sind, und sie sind nicht streng falsifizierbar, weil sie nie in logischen Widerspruch zu irgendwelchen Basissätzen stehen können. Sie sind also ... 'völlig unentscheidbar'."[4]

Der gemeinte Sachverhalt läßt sich wieder mit dem oben eingeführten Murmelbeispiel zeigen. 'Die Wahrscheinlichkeit, eine schwarze Murmel zu greifen, beträgt

---

[1] Popper, K., (1994), S. 201.

[2] Ebd. "So lesen wir z. B. bei Reichenbach: 'Ob man die Wahrscheinlichkeit den Aussagen oder den Ereignissen zuschreibt, ist nur eine Angelegenheit der Terminologie. Wir haben es bisher als eine Ereigniswahrscheinlichkeit angesehen, wenn man dem Eintreffen der Würfelseite die Wahrscheinlichkeit 1/6 zuschreibt; wir könnten ebenso sagen, daß der Aussage, 'die Würfelseite I trifft ein' die Aussagenwahrscheinlichkeit 1/6 zukommt.'" Ebd.

[3] Ebd., S. 203.

[4] Ebd., S. 207.

999:1'. Das Ergebnis eines tatsächlich durchgeführten Versuches ist für die formulierte Hypothese völlig irrelevant, gleichgültig, ob eine schwarze oder - wider Erwarten - die weiße Murmel gezogen wird. Die Hypothese kann durch einen Versuch und durch den daraus gewonnenen besonderen Satz niemals falsifiziert werden. Umgekehrt bleibt auch die Verifikation der Hypothese im Popperschen Sinn unmöglich, denn auch viele besondere Sätze können einen allgemeinen Satz niemals bestätigen. "Nun können sie [die Wahrscheinlichkeitshypothesen] sich aber, wie wir gezeigt haben, *besser oder schlechter 'bestätigen', d. h., sie können mit anerkannten Basissätzen besser oder schlechter übereinstimmen.* Das ist die Situation, an die die Wahrscheinlichkeitslogik anknüpft: In Anlehnung an die klassisch-induktionslogische Symmetrie zwischen Verifizierbarkeit und Falsifizierbarkeit glaubt man, den unentscheidbaren Wahrscheinlichkeitsaussagen abgestufte Geltungswerte zuschreiben zu können, 'stetige Wahrscheinlichkeitsstufen, deren unerreichbare Grenzen nach oben und unten Wahrheit und Falschheit sind' ... Nach unserer Auffassung sind jedoch die Wahrscheinlichkeitsaussagen, wenn man sich nicht entschließt, sie durch Einführung einer methodologischen Regel falsifizierbar zu machen, eben wegen ihrer völligen Unentscheidbarkeit *metaphysisch.* Die Folge ihrer Nichtfalsifizierbarkeit ist dann nicht, daß sie sich etwa 'besser' oder 'schlechter' oder auch 'mittelgut' bewähren können, sondern sie können sich dann *überhaupt nicht empirisch bewähren".*[1] Wenn Poppers Prämisse akzeptiert wird, daß wissenschaftliche Sätze an der Erfahrung scheitern können müssen, dann sind unentscheidbare statistische Erklärungsmodelle nicht mit dem Kriterium der Falsifizierbarkeit vereinbar.[2] Nur deduktiv orientierte Methoden sollten in den Fachwissenschaften zur Geltungsüberprüfung eingesetzt werden.

2.3.1.5 Deduktion als Methodenprinzip der Biblischen Archäologie

Wenn es das Ziel der Wissenschaft ist, Wissen zu erarbeiten, das in Form von Theorien und Hypothesen formuliert wird, dann muß gleichrangiges Ziel jeder Wissenschaft auch sein, diese Wissensansprüche zu prüfen. Dazu ist eine Struktur von Wissenschaft erforderlich, die durch folgende Fixpunkt gekennzeichnet werden kann: Ausgangsproblem - Hypothesenformulierung - Testen der Hypothesen - vorläufige Akzeptierung oder Verwerfung der Problemlösung. "Traditional archaeology, however it defined its aims, usually stopped its interpretative activity at the point of hypothesis formation, leaving others to judge the degree of probability of the hypothesis and to accept or reject it on the basis of whatever criteria they chose to employ. The thrust of Binford's paper, the feature which he identified as the ele-

---

[1] Ebd., S. 207f. [Einfügung vom Autor]. Zur Auseinandersetzung um wahrscheinlichkeitstheoretische Überlegungen und die im Hintergrund virulente Frage nach der ausschließlichen Berechtigung einer zweiwertigen Logik vgl. Pähler, K., Artikel. Wahrscheinlichkeit, in: Seiffert, H.; Radnitzky, G. (Hg.), (1992), S. 376-380.
[2] Vgl. Settle, T., Induction and Probability Unfused, in: Schilpp, P. A. (Hg.), (1974), S. 697-749; Popper, K., ebd., S. 1117-1120.

ment of epistemological newness in the new archaeology, was its insistence that archaeological reasoning must go beyond induction and hypothesis formation to deduction and hypothesis testing ..."[1] Die New Archaeology versucht, den Haltepunkt der traditionellen Archäologie zu verlassen bzw., weil dieser als Ursache der Nicht-Wissenschaftlichkeit der Archäologie angesehen wird, zu revidieren. Auf ein induktives Verfahren zur Geltungsbegründung wird verzichtet und statt dessen werden in der New Archaeology die Geltungsansprüche von Hypothesen durch eine deduktive Methode getestet. "Deductive reasoning ... granted the truth of the premise, the conclusion is not a probability but a certainty."[2] Im Gegensatz zum induktiven Schließen garantiert ein deduktiver Schluß die Wahrheit der Konklusion, vorausgesetzt, die Wahrheit der Prämissen ist gegeben. Die Folgerung aus einer Hypothese kann als Kontrollfunktion gegenüber dieser Hypothese benutzt werden. "A research design can be established which will determine whether the results that were predicted deductively from the hypothesis do in fact occur."[3] Wird die Prognose nicht erfüllt, muß die Hypothese verworfen bzw. reformuliert werden. Wird die Hypothese verändert, muß sie wiederum getestet werden.

Der Vorwurf der New Archaeology an die 'alte' Archäologie, die Prüfbarkeit ihrer Aussagen methodisch vollkommen zu vernachlässigen, läßt sich jedoch nicht aufrechterhalten, auch wenn z. B. die sich teilweise völlig widersprechenden Gesamtinterpretationen oder Einzelaussagen zu einer Ausgrabung, wie sie in der Biblischen Archäologie z. B. für Qumran zu finden sind, auf den ersten Blick die Vorwürfe der New Archaeology zu bestätigen scheinen.

Das Anliegen, unter diesen Positionen intersubjektiv vermittelbare und rational ausweisbare Theoriepräferenzen zu erarbeiten, ist nicht nur aus der Sicht der New Archaeology wünschenswert, sondern ist als strukturimmanentes Teilziel Biblischer Archäologie zu fordern. Mit konkreten Prämissen und stark schematisierend kann eine rationale, methodisch deduktiv orientierte Theorienpräferenz für Qumran folgendermaßen durchgeführt werden:

Basissatz: Die Anlage von Chirbet Qumran und die Gräber stehen in Relation.

1)   Unter den vorgelegten Theorien wird untersucht, welche Funktion die Anlage einnimmt.

2)   Daraus werden Ableitungen gezogen, die Aussagen über die Funktion der Gräber in Qumran machen.

3)   Die Daten, die die Gräber in Qumran repräsentieren, werden mit den Ableitungen aus 2) konfrontiert.

4)   Vereinbarkeitsprüfung von 2) und 3).

---

[1] Toombs, L. E., (1987), S. 43f.
[2] Ebd., S. 44.
[3] Ebd.

Theorie A): Villentheorie

1) Basisannahme: Chirbet Qumran ist als villenartige Anlage[1] zu betrachten. Die Gräber gehören nicht zur Anlage.

2) Ableitung aus 1): Wenn die Gräber nicht in Verbindung zu Chirbet Qumran stehen, dann dürfen keine qumrantypischen Gegenstände in den Gräbern gefunden werden. Im Idealfall können Funde registriert werden, die eine zeitliche Trennung nahelegen.

3) Daten der Gräber: Es sind qumrantypische Tonwaren in den Gräbern gefunden worden. Die Datierung der Keramikobjekte und eines Holzfundes erlauben keine zeitliche Differenz zwischen Anlage und Gräber anzunehmen.

4) 3) steht in Widerspruch zu 2). Daraus folgt, daß 1) abgelehnt werden kann oder reformuliert werden muß (Entwicklung von A zu A').

Theorie B): Militärstützpunkt

1) Basisannahme: Chirbet Qumran ist als jüdischer Militärstützpunkt zu interpretieren. Die Gräber gehören zur Anlage bzw. sind Konsequenzen gewalttätiger Auseinandersetzungen.

2) Ableitung aus 1): Wenn die Gräber auf Anwohner zurückgehen, dann dürfen jüdische Beerdigungsriten erwartet werden. Werden die Gräber dagegen als Konsequenz gewalttätiger Auseinandersetzung gewertet, ist mit keiner besonderen Form der Gräber zu rechnen.

3) Daten der Gräber: Die Gräber sind außergewöhnlich regelmäßig angelegt und signifikant nicht-jüdisch in ihrem Typ.

4) 3) steht im Widerspruch zu 2). Daraus folgt, daß 1) abgelehnt werden kann oder reformuliert werden muß (Entwicklung von B zu B').

---

[1] Hier wie in den folgenden Beispielen ist der gegenwärtige Forschungsstand zu berücksichtigen. Im Beispiel: Ein Landsitz in unmittelbarer Nachbarschaft zu 1000 Gräbern ist im fraglichen Zeitraum in Palästina noch nicht nachgewiesen.

Theorie C): Religiöse Gemeinschaft

1) Basisannahme: Chirbet Qumran ist als Anlage einer religiösen Gemeinschaft zu interpretieren. Die Gräber gehören zur Anlage.

2) Ableitung aus 1): Wenn die Gräber auf die Anwohner zurückgehen, ist damit zu rechnen, daß die Gestaltung der Gräber durch den Glauben der religiösen Gemeinschaft beeinflußt wurde.

3) Daten der Gräber: Die Gräber gleichen sich in ihrem Äußeren. Die untersuchten Gräber zeigen signifikante Parallelen.

4) 3) steht nicht im Widerspruch zu 2). Daraus folgt, daß 1) vorläufig als bewährt gelten kann.

Aufgewiesene Widersprüche bedeuten nicht, daß eine vorgelegte Erklärung endgültig falsifiziert wäre. Die entstandenen Widersprüche und Bewährungen erlauben jedoch, eine rational ausweisbare Präferenz bzw. eine Reduzierung konkurrierender Theorien vorzunehmen.

Damit wenigstens prinzipiell deduktiv entschieden werden kann und die Erfahrung in Punkt 3) zu ihrer entscheidenden Richtfunktion kommt, ist noch eine Frage zu klären, nämlich wie eine Fachwissenschaft, hier die Biblische Archäologie, zu ihren Daten kommt. Wie kann die 'Erfahrung' (als Korrekturprinzip) in den methodischen Prüfablauf integriert werden? Was gilt als archäologische Erfahrung bzw. als intersubjektiv vermittelbares archäologisches Datum, an dem Hypothesen scheitern können? Die Probleme vergrößern sich, wenn dem bekannten Einwand Rechnung getragen wird, daß eine Stratigraphie des Fundortes und die Fundlage eines Gegenstandes einer wiederholten Überprüfbarkeit entzogen sind. Vorhanden sind die Aufzeichnungen, die Stratigraphie und Fundlage beschreiben, und womöglich die Funde selbst.

2.3.2 Zur 'Natur' archäologischer Daten

2.3.2.1 Das Problem der Gleichzeitigkeit

Gleichgültig, welchen Zeitraum oder welches Gebiet Archäologie erforscht, gleichgültig, mit welcher Methode: ausnahmslos jeder archäologische Forschungsprozeß beginnt, wird durchgeführt und endet in der Gegenwart. Das scheint so selbstverständlich, daß die bloße Feststellung überflüssig scheint. Eine weitere, scheinbar ebenso triviale Feststellung, kann formuliert werden: Archäologie wird von Menschen betrieben. Der Archäologe als Fachwissenschaftler mit seinen Methoden und Fragestellungen wendet sich dem gegenwärtigen relevanten Material zu. Das Material kann das Forschungsobjekt im Feld oder das Studium eines Ausgrabungsberichtes sein. Das zu erforschende gegenwärtige Forschungsobjekt wird mit einer Problemstellung konfrontiert, und dabei hofft man, daß das gestellte Problem durch die Untersuchung am Objekt beantwortet werden kann. Als Ziel wird eine Aussage erwartet, die das gestellte Problem hinreichend erklärt. Neben den reinen Faktenfragen - aus welchem Material besteht das Forschungsobjekt, welche Legierungen oder welche Beimischungen sind im gebrannten Ton enthalten, um welche Knochenpartien eines Tieres handelt es sich? - interessiert die Frage nach der Bedeutung eines Gegenstandes, mit dem er in der Vergangenheit verbunden war. Die Frage nach den Bedeutungen von Objekten in der Vergangenheit fragt in letzter Konsequenz nach den Bedeutungen von Objekten, die sie in den Augen der damaligen Menschen einnahmen. Scheint das nicht gerade bescheiden, so läßt sich noch eine weitere Steigerung vermuten: Es geht, so könnte die Behauptung der New Archaeology lauten, der traditionellen Archäologie letztlich überhaupt nicht um dieses Bauwerk als Bauwerk, sondern es dient als Mittel zum Zweck, das Selbst- und Weltverständnis ehemals existierender Menschen, einer menschlichen Gesellschaft, einer Kultur zu rekonstruieren.[1]

---

[1] Die *Umschreibung* von Archäologie bei Ernst Buschor - vgl. Buschor, E., Begriff und Methode der Archäologie, in: Otto, W. (Hg.), Handbuch der Archäologie. Im Rahmen des Handbuchs der Altertumswissenschaft. VI. Erster Textband, München 1939, S. 3-10 - könnte in diesem Verständnis gelesen werden. "Das Wort Archäologie bedeutet eigentlich die Kunde vom Anfänglichen, von den Wurzeln des Heutigen, also Geschichte schlechthin, aber es bedeutet heute nur einen Ausschnitt aus diesem Gebiet, wenn auch einen gewaltigen: den durchs Auge aufnehmbaren Teil der Menschheitsgeschichte. Es wird sofort deutlich, daß über das Wesen der Archäologie sprechen, nichts anderes bedeutet, als über das Wesen der Geschichte sprechen, das heißt: sich in die Reihe großen Deuter stellen wollen. Und wer hat den Mut, über ihre Methode etwas auszusagen, der einmal erkannt hat, daß ihr höchstes Ziel, Objektivität, nur von der großen Persönlichkeit erreicht werden kann? Und daß auch über dieser Methode und ihren Erkenntnissen das goethische Richtschwert schwebt: das Fruchtbare allein ist wahr?" Ebd., S. 3. Der Zweck der Archäologie besteht für Buschor darin, an der Aufgabe mitzuwirken, "die Geschichte zu überwinden". Ebd., S. 10.
Anstatt an einer geforderten Neuformulierung der Zweckbestimmung von Archäologie zu arbeiten, und die dieser Konzeption zugrundeliegenden wissenschaftstheoretischen Prämissen zu nutzen, wird eine Standortbestimmung mittels Abgrenzung versucht. "Besonders von der deutschen Archäologie, die ihre Herkunft aus der Philosophie des Idealismus nie völlig verleugnet hat, wird ... eine neue Standortbestim-
(Fortsetzung...)

Lewis R. Binford macht auf das Problem der 'Gleichzeitigkeit' aufmerksam. *"[D]as archäologische Belegmaterial befindet sich hier bei uns in der Gegenwart.* ... Es gehört ganz und gar zu unserer heutigen Welt, und was wir an ihm beobachten, beobachten wir hier und heute. Direkte Aussagen über die Vergangenheit (so wie etwa ein Historiker Aufzeichnungen aus dem 15. Jahrhundert benutzt, die Beobachtungen wiedergeben, die ihr Verfasser im 15. Jahrhundert machte) gibt es für die Archäologen nicht. Denn da alles, was man archäologischem Material entnehmen kann, der Gegenwart angehört, kann - zumindest zunächst - von einer unmittelbaren Information über die Vergangenheit keine Rede sein."[1]

Archäologisches Material sind nicht nur die materielle Gegenstände, sondern auch deren Anordnungsverhältnis zum Forscher und untereinander. Wenn man etwas von diesen Dingen erfahren will, dann ist es notwendig, in Erfahrung zu bringen, wie diese Dinge entstanden sind, "wie man ihre Form und Beschaffenheit veränderte und wie sie schließlich die Gestalt annahmen, in der wir sie heute erblicken. Dies setzt ebenso Kenntnis menschlichen Tuns (*dynamischer* Aspekt) als auch des Materials und der Spuren voraus, die Aktivitäten an diesem Material hinterließen (*statischer* Aspekt)."[2] Binford vergleicht dies mit einer uns noch unbekannten Sprache, die erst zu entschlüsseln ist, um von Aussagen über Material und Anordnung der Dinge zu "Aussagen über das Verhalten der Menschen vergangener Zeiten zu gelangen. Die Herausforderung der Archäologie besteht darin, Beobachtungen an statischen, materiellen Gegenständen durchzuführen und diese in Aussagen über die Dynamik früherer Lebensweisen umzusetzen, jener Gesellschaften, die all das schufen, was wir heute vor uns sehen."[3]

Die Kritik der New Archaeology konzentriert sich auf den bisher nicht problematisierten Ausgangspunkt, daß 1) mittels der Objekte ein Zugang zur Vergangenheit möglich ist und daß 2) die Objekte in ihrer postulierten Bedeutung keinen Wandel erfahren haben. "The assumption that the material remains recovered by the archaeologist are *direct* evidence for the culture which produced them will not bear scrutiny. What the archaeologist uncovers has passed through a long history from the time of original production to the time of discovery. ... At some point the structure and objects were items of use, functioning within the activity patterns of a human community. They have meaning in the context of those activities. They were deposited, presumably intentionally, in a particular context within the living space of that community, or they went out of use and were discarded. Many of the arti-

---

[1] (...Fortsetzung)
mung verlangt, die deshalb nicht so einfach ist, weil andere Nationen, vor allem Engländer und Amerikaner ... und andere sich längst zur Archaeology, d. h. einer nicht wertenden Bodendenkmalkunde mit soziologischem Interesse, bekannt haben und doch der deutschen Archäologie den Rang nicht ablaufen konnten." Andreae, B., Archäologie und Gesellschaft. Forschung und öffentliches Interesse, in: ders. (Hg.), Archäologie und Gesellschaft. Forschung und öffentliches Interesse, Stuttgart u. Frankfurt am Main 1981, S. 19-30, S. 27.

[1] Binford, L. R., (1984), S. 12. [Veränderung vom Autor].

[2] Ebd., S. 13.

[3] Ebd.

facts underwent changes caused by the activity of later settlers on the site. ... Finally, the sojourn of the material in the earth produces physical and chemical changes resulting in various degrees of modification or even in destruction. The end result of all these processes is the archaeological record as excavated."[1]

2.3.2.2 Die 'Tatsachen' der Archäologie

Gewöhnliche Archäologie wird im Verständnis der New Archaeology formuliert und funktional bestimmt als eine Wissenschaft, die Artefakte studiert, und zwar unter den Kategorien Form, Zeit und Raum. "This statement sounds next and concise, but when it actually comes down to doing archaeology we need a better understanding of process - of how we actually go about learning from archaelogical observations."[2] Dafür ist nach Binford die Frage nach der Bedeutung eines Faktums für einen Wissenschaftler zu stellen. "Whithin science the term *fact* refers to aspects of the actual occurrence of an event. More importantly, scientists generally attribute factual status to 'recognisable', singular events that occur at given times. While a *fact* exists in an event or part thereof that occurs once and is then gone forever, *data* are the representations of facts by some relatively permanent convention of documentation."[3]

Die Bezeichnung 'Faktum' bezieht sich innerhalb der Wissenschaft auf ein Ereignis oder einen Vorgang. Dieser Vorgang wird als grundsätzlich beobachtbar unterstellt. Ein empirisches 'Faktum' existiert in dem Moment, in dem es beobachtet wird. Es ist mit dem Beobachter gleichzeitig. Ein Faktum kann nicht vermittelt werden. Nur die Daten über das Faktum sind intersubjektiv vermittelbar. Sie sind die allgemeinen Repräsentanten eines individuellen Vorgangs. Wenn eine Mauer in Qumran vermessen wird, dann bildet die Mauer im Moment der Beobachtung ein Faktum. Wissenschaftlich verwertbar wird das Ereignis dann, wenn dem Individualereignis 'Mauerbeobachtung' allgemeine Kategorien zugeordnet werden können (z. B. Längenangaben, die Gesteinsart der Mauer etc.); diese sind die Daten des 'Faktums' Mauer; diese Daten repräsentieren die 'Mauer'. "They record the events of observation in which they participate. These observational events, occuring in the present, may be recorded in notes and laboratory attribute tabulations. These observational record, reported as the data of archaeology, refer to contemporary facts - contemporary observational events. No historical facts (past events) are available for archaeologists to observe. Archaeologists produce data from facts of contemporary observations on artefacts."[4] Die in schriftliche Form gebrachten Beobachtungen beziehen sich auf die gegenwärtigen Funde. Keine historischen Fakten der vergangenen Ereignisse sind zu haben. Diese Überlegung bekommt noch stärkeres Ge-

---

[1] Toombs, L. E., (1987), S. 44.

[2] Binford, L. R., Data, Relativism, and Archaeological Science, in: ders., Debating Archaeology, San Diego u. a. 1989, S. 55-68, S. 55.

[3] Ebd.

[4] Ebd., S. 56.

wicht, wenn die Kriterien beachtet werden, die in den Wissenschaften für die Beurteilung angewandt werden, ob und welche Daten für die wissenschaftliche Behandlung zulässig sind.

"*1. The event that is accepted as a scientific fact must be singular: Data are representations of singular events.*"[1] Nur diejenigen Ereignisse können Daten liefern, die voneinander abgrenzbar und insofern unterscheidbar werden. Damit ist auch die absolute Einzigartigkeit des jeweiligen Ereignisses gegenüber jedem anderen Folge- oder Vorgängerereignis beansprucht.

"*2. The event must, in principle, be available for public scrutiny. That is, it must be an event that could be sensed by more than one person.*"[2] Das heißt, daß prinzipiell jedes Ereignis einer öffentlichen Prüfung offenstehen muß. "Another way of stating this criterion is that the fact must be objectively observable. In modern science the word *objective* has a very specific meaning. It simply means that the rules for observation are made explicit so that another observer using the same rules for looking it would see the same fact if given the opportunity."[3]

"*3. The description of the event should be such that different individuals can know, as specifically as is reasonable, the nature of the event that is being described.*"[4] Das bedeutet, daß die Vorgaben und Regeln von `Objektivität' ebenso die Regeln und Vorgaben einschließen, die notwendig sind, daß ein Ereignis wahrgenommen werden kann. "This ... criterion ... implies that the rules for seeing an event are also specified by the investigator so that another person would be able to isolate an event in the same way as the scientist reporting factual events as data."[5]

Bei der Produktion von fachwissenschaftlichen Daten werden nur die Daten, die die Vorgaben und Bedingungen des Metarahmens Fachwissenschaft erfüllen, zu fachwissenschaftlich 'relevanten' Daten, die mit dem Siegel der 'Erfahrung' ausgezeichnet werden können.[6] Dann ist es nicht nur eine 'Erfahrungstatsache', daß in Qumran Knochenlager mit Schafsknochen gefunden wurden, sondern es gibt Daten, die

---

[1] Ebd.

[2] Ebd.

[3] Ebd.

[4] Ebd.

[5] Ebd.

[6] Bei den Grabungen in Chirbet Qumran wurde bei der Interpretation der gefundenen Knochendepots von keinem einzigen Wissenschaftler de Vaux vorgeworfen, daß er es unterlassen habe, den Geruch der Knochen zu beschreiben. Selbst wenn de Vaux diese Geruchsbeschreibung durchgeführt hätte, hätten diese Daten keine Rolle in der Interpretationsdiskussion eingenommen, weil 'Geruch', in dieser Hinsicht, kein fachmethodisch relevantes Datum darstellt. Ganz anders liegt der Fall bei der Differenzierung der Knochen zu verschiedenen Tierarten. Würde ein Wissenschaftler die Notwendigkeit einer Zuordnung der Knochen zu verschiedenen Tierarten in Abrede stellen, dann müßte er sofort damit rechnen, daß seine wissenschaftliche Kompetenz überprüft würde.

diese Tatsache begründen. Das Datum der 'Knochenlager mit Schafsknochen' ist unter anerkannten allgemeinen und fachwissenschaftlichen Wissenschaftskriterien zustandegekommen, und wird dadurch zur 'methodisch verfügbaren Erfahrung'. Das Datum 'Knochenlager mit Schafsknochen' ist eine Theorie auf niedriger Stufe. Die Theorie kann als Basissatz benutzt werden. Dieser ist im Moment unwiderlegbar, aber bleibt prinzipiell falsifizierbar. An ihm können höherwertige Theorien scheitern. Widersprüche zwischen einer Ableitung aus Theorie$_1$ (Bedeutung der Anlage von Qumran) und Basissatz (Theorie$_2$, Knochenlager) zwingen im Moment zur einer Falsifizierung oder Reformulierung von Theorie$_1$.[1]

---

[1] Problematisch ist eine Begründung von Geltungsansprüchen, die mit Hilfe von Daten durchgeführt wird, die noch nicht in den fachwissenschaftlichen Diskurs eingeführt sind. Vgl. dazu auch S. 313ff. dieser Arbeit.

2.3.3 Zweck und Ziel einer anspruchsreduzierten Biblischen Archäologie

Die Konsequenzen aus den aufgeworfenen Fragestellungen der New Archaeology zeigt E. Noort anhand eines Keramikbeispiels aus der Philisterzeit.[1] Obwohl im genannten Beispiel historisch und typologisch korrekte Klassifizierungen vorgenommen wurden, befinden sich die daraus gezogenen und zu ziehenden Schlüsse "in der biblischen Archäologie aber zumeist noch in einer methodischen Grauzone."[2] Und an dieser Stelle setzt die 'New Archaeology', mit einer neuen Ziel- und Methodenvorstellung ein:

"1. Archäologie soll keine historische, sondern eine sozialwissenschaftliche Disziplin sein.

2. Weil jeder archäologische Fund Niederschlag menschlichen Verhaltens ist, ist das Ziel der archäologischen Anthropologie, Gesetzmäßigkeiten, 'Patterns' dieses Verhaltens zu beschreiben. ...

3. In diesem Konzept wird unter Kultur verstanden: 'man's extrasomatic adaption to his sociological and ecological environment', deswegen muß der soziologische und ökologische Kontext einbezogen werden, um zu einer archäologischen Aussage kommen zu können. Dies bedeutet, daß nicht nur die Fundsituation beschrieben wird, sondern die Funktion der Siedlung innerhalb der regionalen ökologischen und ökonomischen Bedingungen. ...

4. Methodisch ist die NA dadurch gekennzeichnet, daß ein deduktives Vorgehen vorherrscht. Gerade für die biblische Archäologie, in der vielleicht noch stärker mit nicht-ausgesprochenen Voraussetzungen gearbeitet wird als sonst in der Regio, kann eine Bewußtmachung der Funderwartung und die Umsetzung in ein hypothetisches Modell etwas mehr methodische Sauberkeit zur Folge haben."[3] Ziel einer so verstandenen Archäologie ist es, "methodische Raster zu finden, die nicht nur die einzelnen Fundgegenstände beschreiben, sondern die Beziehungen, die zwischen Gegenständen bestehen: 'It has slowly emerged, that there is archaeological in-

---

[1] Noort bezieht sich auf die Spätbronzezeit in Palästina. An vielen Orten wurde die sog. Philisterkeramik angetroffen, die sich deutlich von der spätbronzezeitlichen und anfangenden eisenzeitlichen Keramik absetzt. Der Fundbestand wird in eine historische Aussage übersetzt, und man nimmt an, daß dort, wo Philisterkeramik angetroffen wird, eine Vormachtstellung der Philister bestand. Damit wird methodisch ein bestimmtes Fundmaterial ethnisch zurückgebunden. Das Problem ist nun, daß die Herrschaftsposition nicht vom Fundmaterial, sondern aus Texten (1 Sam, 2 Sam) abgeleitet wird. Mit dieser Ableitung wird gleichzeitig die Voraussetzung gemacht, daß die Philisterkeramik nur von diesen gebraucht wurde und daß sich diese tatsächlich überall in einer herrschenden Position befanden. "Hier wagt man anhand der Keramikfunde Aussagen, die zuvor hätten nachgewiesen werden müssen. Der Beweis müßte erbracht werden, daß tatsächlich nur diese Gruppe für den Gebrauch der Keramik in Frage käme und es müßte darüber hinaus gezeigt werden, daß keine anderen Erklärungen für die Ausnahmeposition der Ware gefunden werden können. Es ist zum Beispiel auffallend, daß längst nicht alle Keramikgattungen bei dieser Ware vertreten sind. Weil es sich meistens um Stücke 'gehobener' Klasse handelt, wäre zu fragen, inwieweit hier eine modische Erscheinung eine Rolle spielen kann, die sich nicht nur auf die militärische Oberschicht einer ethnischen Gruppe beschränken kann." Noort, E., (1979), S. 20.

[2] Ebd., S. 20.

[3] Ebd.

formation in the spatial relationships between things as well as in things themselves'."[1] Methodologisch dienen dazu verschiedene Beziehungsebenen, wobei die zuerst untersuchte eine sog. Mikro-Ebene des Raumes, Grabes etc. ist. Eine ausgedehntere Semi-Mikro-Ebene unstersucht dann die Beziehungen innerhalb eines Hauses oder Friedhofes. Die Makro-Ebene untersucht die Beziehungen zwischen den Siedlungssystemen unter den vorausgesetzten damaligen ökonomischen und ökologischen Faktoren. "Aufgrund der Bodenverhältnisse, der topographischen und ökonomischen Konditionen können Siedlungsstrukturen ... simuliert ... und am Grabungsbefund *verifiziert* werden. Theorie und Befund können so wechselseitig befragt werden."[2] Ob sich Theorie und Beobachtung auch korrelativ verhalten, ist damit nicht gesagt, wenigstens aber auch nicht ausgeschlossen. Ziele und Methoden der NA werden von Noort in den Gesamtbau Biblische Archäologie integriert.

"Im heutigen Stadium der Forschung soll sich die biblische Archäologie emanzipieren durch eine verstärkte Zuwendung zu sozialwissenschaftlichen Fragestellungen und naturwissenschaftlichen Methoden und Techniken ... Ziel soll sein, durch die Verstärkung des methodischen Apparates eigene, erweiterte Aussagen machen zu können. Mit Hilfe einer Reihe naturwissenschaftlicher Methoden, sowie durch eine äußerst sorgfältige Stratigraphie ihrer Grabungen, wird sie imstande sein, Architektur, Keramik und Kleinfunde, sowie weitere Denkmäler zu beschreiben, relativ und absolut zu datieren und historisch einzuordnen. Mit Hilfe einer Reihe sozialwissenschaftlicher Methoden wird sie imstande zu sein, auf verschiedenen Ebenen, nicht nur die Funde an sich, sondern auch die Beziehungen zwischen ihnen zu beschreiben. ... Idealiter wird sie dann versuchen, in einem Gesamtbild zu zeigen, welche ökonomische, ökologische und machtpolitische Bedingungen Siedlungstätigkeit und Kultur in einer bestimmten Periode beeinflußten. Dies bedeutet, daß die Fragestellung der biblischen Archäologie ein viel breiteres Spektrum umfaßt als die Feststellung eines historischen Tatbestandes. In ihr geht es um die Beschreibung von **Situation** und **Struktur** mit einem methodisch selbständigen Apparat."[3]

---

[1] Ebd.
[2] Ebd., S. 21. *Kennzeichnung vom Autor.*
[3] Ebd., S. 22f.

Mit Rückgriff auf die wissenschaftstheoretischen methodologischen Überlegungen und der aufgezeigten Anspruchsreduzierung Biblischer Archäologie, die mit einem geschärften Blick für Methodenfragen einhergeht, wie sie exemplarisch an den Konzeptionen von Wright und Noth nachweisbar sind, lassen sich mit den Anfragen der New Archaeology und ihrer kritischen Aufnahme bei E. Noort[1] folgende Bestimmungsmerkmale der Fachwissenschaft Biblische Archäologie angeben:

1. Die Fachwissenschaft 'Biblische Archäologie' wird als Wissenschaft verstanden, die sich die Aufgabe setzt, Erklärungen für Probleme zu erarbeiten. Die vorgelegten Erklärungen implizieren einen Geltungsanspruch. Eine empirische Fachwissenschaft ist dadurch gekennzeichnet, daß es ihre Methodologie logisch erlauben muß, Geltungsansprüche negativ zu entscheiden. Aus logischen Gründen erhält das Falsifikationsprinzip Vorrang gegenüber einem Verifikationsprinzip. Damit wird anerkannt, daß prinzipiell nie endgültig entschieden werden kann, ob eine Erklärung, die selbst durch zahlreiche qualitative Verifikationen ausgezeichnet ist, wahr ist. In Theorien formuliertes Wissen ist vorläufiges Wissen und kann sich jederzeit als falsch erweisen.

2. Biblische Archäologie wird als Fachwissenschaft verstanden, die die Mindestkriterien logisch-rationaler Systeme berücksichtigt. Das bedeutet, daß die Prüfung des Geltungsanspruches einer Theorie oder konkurrierender Theorien durch Maßstäbe geschehen muß, die durch intersubjektiv vermittelbare Kriterien ausgezeichnet sind. Das bedeutet nicht, daß diese Kriterien von allen Mitglieder einer Forschungsgemeinschaft anerkannt sein müssen; sie müssen aber für Kritik offen bleiben. Theorien und Hypothesen müssen logisch widerspruchsfrei und prinzipiell widerlegbar formuliert werden.

3. Biblische Archäologie wird als empirische Fachwissenschaft verstanden. Die aus einer Theorie deduzierten Ableitungen müssen prinzipiell mit der Erfahrung, die methodisch durch Basissätze repräsentiert wird, in Widerspruch geraten können.

4. Liegen zu einem Problem innerhalb eines akzeptierten Bedeutungsrahmens zwei oder mehrere Konkurrenz-Theorien vor, die durch Prüfung mittels Erfahrung noch nicht falsifiziert wurden, so kann eine dreistufige Prüfung der Theoriekandidaten zu einer rational verantwortlichen Reduktion oder Präferenz der Theorien führen. Theorien können gegenüber Konkurrenztheorien dann bevorzugt werden, wenn sie:

   a) zumindest alle diejenigen Daten erklären, die konkurrierende Theorien auch erklären könnten,

---

[1] Vgl. Noort, E., (1979), S. 30ff.

b)   darüber hinaus die Fehler und Inkonsistenzen der konkurrieren-
     den Theorien vermeiden *und*

c)   Sachverhalte erklären können, die in Form von Daten vorlie-
     gen, die von konkurrierenden Theorien nicht erklärt werden
     können.[1]

5.   'Biblische Archäologie' ist im folgenden *terminus technicus* einer autonomen
     Fachwissenschaft, die dem Zweig vorderasiatischer Archäologie zuzuordnen
     ist.

6.   Biblische Archäologie bestimmt als Forschungsgegenstand die nicht-literari-
     schen zivilisatorischen und kulturellen Überreste vergangener Zeiten[2] in Syri-
     en und Palästina und den daran anschließenden Gebieten.

7.   Primäres Forschungsobjekt Biblischer Archäologie ist die Regio.

8.   Zweck und Ziel einer Biblischen Archäologie ist nicht Historizität an sich,
     "sondern die ökologische, ökonomische, machtpolitische und soziale Situa-
     tion einer bestimmten Regio zu einem bestimmten Zeitpunkt."[3]

---

[1] Vgl. Popper, K., (1995a), S. 51.

[2] Vgl. Weippert, H., (1988), S. 2.

[3] Noort, E., (1979), S. 30. Vgl. dazu bei Noort die Punkte 6.2.2.3 - 6.2.2.7. "Nur eine über das historische
hinausgehende Sachaussage kann die biblische Archäologie befreien aus der Zwangsjacke der ihr auf-
erlegten Beweislast einer historistischen Theologie." Ebd., S. 31.

3 Von der Bibelwissenschaft zur Biblischen Archäologie führt kein Weg

3.1 Die Sozialstruktur des Landes als prüfbarer Weg vom Text zum Objekt?

V. Fritz sieht mehrere Gründe, warum im deutschen Sprachraum die Bedeutung der Biblischen Archäologie für die Bibelwissenschaft kaum Gegenstand wissenschaftlicher Diskussion ist.

1. "Die politische Entwicklung seit dem Ersten Weltkrieg hat zwar die deutsche Forschung nicht ausgeschaltet, aber auch nicht zu neuen Leistungen herausgefordert. Durch die lange Unterbrechung in der Feldarbeit erfolgte die Weiterentwicklung des Faches weitgehend unter Ausschluß deutscher Beteiligung.

2. Die in Deutschland betriebene Palästinakunde hatte zwar ein zeitlich und sachlich weit gestecktes Forschungsfeld, die Entwicklung der Einzelwissenchaften führte allerdings auch zu einer Isolierung, da die Ergebnisse nicht mehr in einfacher Aufnahme verwertbar waren.

3. In der Exegese standen redaktionsgeschichtliche und begriffsgeschichtliche Fragen stark im Vordergrund.

4. Der außerordentliche Erkenntnisfortschritt in den letzten Jahrzehnten macht die Aufnahme der archäologischen Forschung immer schwieriger. Dazu kommt, daß die Ergebnisse gelegentlich umstritten sind, so daß eine historische oder kulturgeschichtliche Einordnung nicht immer eindeutig vorgenommen werden kann."[1]

Nach Fritz sollte das Verhältnis, bedingt durch Zuwachs an Material und Erkenntnis, neu bedacht werden. Die Eigenständigkeit der Biblischen Archäologie, die sich in eigenen Methoden und Aufgabenstellungen zeigt, ist dabei unhintergehbarer Fixpunkt. Biblische Archäologie ist für Fritz kein Hilfsmittel der Bibelwissenschaft.[2] "Damit ist aber gleichzeitig vorausgesetzt, daß sich exegetische Arbeit zunächst unabhängig von der archäologischen Forschung vollzieht. Analyse und Erklärung der Texte mit den ausgebildeten Methoden der Literarkritik, Überlieferungsgeschichte, Redaktionsgeschichte und Begriffsexegese können und müssen ohne Rücksicht auf archäologische Ergebnisse vorangetrieben werden."[3] Fritz thematisiert das Verhältnis an für ihn drei entscheidenden Punkten:

---

[1] Fritz, V., Einführung in die Biblische Archäologie, Darmstadt 1985, S. 225.

[2] Vgl. ebd.: "Diese Selbständigkeit hat bereits Martin Noth in seinen grundsätzlichen Stellungnahmen betont und ist heute unumstritten."

[3] Ebd., S. 225f.

1. "Die durch die Biblische Archäologie ermittelten Denkmäler sind ein wesent-
    licher Beitrag zur Realienkunde, die ein unerläßlicher Bestandteil der Sach-
    exegese ist. Das Aussehen von Haus und Palast, die Form von Geräten und
    Waffen, die Art der Gebrauchskeramik und des Schmucks können durch zahl-
    reiche Funde dokumentiert werden; der Vergleich zu anderen Kulturen des
    Vorderen Orients zeigt dabei auch den jeweiligen Entwicklungsstand, wobei
    Gemeinsamkeiten wie Unterschiede in gleicher Weise deutlich werden. Mit
    der Realienkunde besteht ein unmittelbarer Bezug der Texte zu den Funden;
    zahlreiche Einzelheiten können so unstrittig geklärt werden.

2. Durch die Ermittlung der Siedlungsgeschichte trägt die Biblische Archäologie
    zur weiteren geschichtlichen Erkenntnis bei. Zunächst ist zwar der Grabungs-
    befund stumm, und Zerstörungsschichten können aus Mangel an Inschriften
    nur aufgrund der Keramik datiert werden. Das komplexe Bild der Siedlungs-
    folge, wie es bei den Ausgrabungen zutage tritt, zeigt aber, daß die histori-
    schen Vorgänge zumeist weitaus differenzierter gewesen sind, als es die
    schriftlichen Quellen erkennen lassen. Darum sollten archäologische Ergeb-
    nisse verstärkt in die Geschichte Israels einbezogen werden. Das gilt insbe-
    sondere für die vorstaatliche Zeit, wo die Texte spärlich und die Kenntnisse
    begrenzt sind. Die Geschichte Israels ist dann der Rahmen für Entstehung und
    Weitergabe sowohl der Literatur als auch der Kultur des alten Israel.

3. Die materielle Kultur, wie sie sich mit den Denkmälern darbietet, weist als
    konkrete Lebensäußerung oftmals weit über die in der schriftlichen Überliefe-
    rung belegten Vorstellungen hinaus. Bauformen und Siedlungsweisen, Ge-
    brauchsgegenstände und Kultgeräte zeigen einen gewissen Ausschnitt aus
    dem vollzogenen Leben. Dieser Einblick in die Lebensweise ist insofern be-
    schränkt, als nur ein Teil der einst vorhandenen Denkmäler erhalten ist und
    ganze Bereiche, wie zum Beispiel die Kleidung, fehlen. Die materielle Kultur
    vermittelt eine Anschauung von dem Lebensvollzug, wie die Kenntnis des
    Landes einen Eindruck von den Lebensbedingungen verschafft. Dieser Ein-
    blick in die Lebenswelt des alten Israel ist für eine angemessene Interpretation
    der Texte unerläßlich."[1]

V. Fritz sieht die Kenntnisse der damaligen Lebenswelt, die bei den Denkmälern
durch die Archäologie ermittelt und erweitert werden, als unerläßlich für die 'angemessene Interpretation' der Texte an. Fritz stellt fest, daß die Archäologie in jedem
Fall keine Einschränkung der Bibelwissenschaft darstellt, aber eine Ausweitung von
Kenntnis und Verständnis der Bibelwissenschaft hinsichtlich historischer und kulturgeschichtliche Gegebenheiten bedeuten kann.
Mit Fritz darf behauptet werden: "Beide Wissenschaften können sich nicht gegenseitig Thesen beweisen, sondern tragen die Wahrheit immer nur in sich, insofern

---

[1] Ebd., S. 226f.

ihre Ergebnisse mit Hilfe der jeweiligen Methoden kritisch gewonnen und ihre Belege überprüfbar sind. In ihrer Ermittlung der Kulturgeschichte dient die Biblische Archäologie der Erforschung der Geschichte Israels, wie es im Blick auf die literarische Überlieferung ebenfalls Aufgabe der Bibelwissenschaft ist."[1] Wenn V. Fritz der Meinung ist, daß Bibelwissenschaft und Biblische Archäologie durch jeweils eigene Methoden und Forschungsobjekte gekennzeichnet sind, dann muß er zeigen, wie eine gegenseitige Verwiesenheit von Archäologie und Bibelwissenschaft, die zur Erkenntniserweiterung *in* der Archäologie und *in* der Bibelwissenschaft beitragen soll, methodisch legitimiert werden kann. "Das Nebeneinander von Texten und Denkmälern war immer schon vorgegeben, so daß ein hinreichendes Verständnis der Texte ohne Kenntnis der materiellen Kultur ebenso ausgeschlossen ist wie eine angemessene Deutung archäologischer Befunde ohne die Kenntnis der sachgemäßen Auslegung der biblischen Schriften."[2] Dieser Satz wird in der Bedeutung genommen, daß ein Verstehen von Texten ohne Berücksichtigung archäologischer Ergebnisse nicht möglich ist. Ebenso wird in diesem Satz behauptet, daß eine adäquate Interpretation archäologischer Befunde ohne die Ergebnisse der Textauslegung nicht möglich ist.

Die entscheidende Frage ist nun: Welche methodologische Funktion innerhalb einer Fachwissenschaft schreibt Fritz diesen 'wechselseitigen Beziehungen'[3] von Text und Objekt zu? Unterlaufen diese wechselseitigen Beziehungen nicht die von Fritz akzeptierte formale und inhaltliche Eigenständigkeit beider Fachwissenschaften?[4]

Gezeigt wurde im vorherigen Kapitel, daß von der Biblischen Archäologie keine empirische Beweise zur Absicherung historisierender Textinterpretationen erwartet werden können. Dazu ist die Biblische Archäologie methodenbedingt nicht in der Lage. Inwieweit nun die von Fritz vorgeschlagene wechselseitige Verwiesenheit von Bibelwissenschaft und Archäologie, die zu einer Verständniserweiterung *in* beiden Fachwissenschaften führen soll, methodisch überhaupt möglich ist, läßt sich dann entscheiden, wenn das dahinter liegende Grundproblem gelöst wird. Dieses lautet: Können Ergebnisse einer Fachwissenschaft von anderen Fachwissenschaften benutzt werden, und wenn ja, ist es möglich, die aus einer Konjunktion von Ergebnissen unterschiedlicher Fachwissenschaften bestehenden Geltungsbegründungen fachwissenschaftlich zu überprüfen?[5]

---

[1] Ebd., S. 227f.

[2] Ebd., S. 226; vgl. ders., (1991), S. 159.

[3] Vgl. ders. (1985), S. 226.

[4] Nicht ausgeschlossen werden kann die Möglichkeit, daß der von Fritz und anderen maßgeblichen Bibelwissenschaftlern (siehe unten) für möglich gehaltene gegenseitige Bezug keine fachwissenschaftsmethodische, sondern eine anthropologische Voraussetzung formuliert.

[5] Vgl. dazu auch S. 86 dieser Arbeit.

Bevor auf diese Grundfrage eingegangen wird, ist zu untersuchen, wie eine Zuordnungbestimmung von archäologischen Ergebnissen und Textinterpretationen durchgeführt wird, wenn sie aus der Sicht der Bibelwissenschaft problematisiert wird. Subjektbezogen formuliert: Worin sehen Bibelwissenschaftler den Beitrag der Biblischen Archäologie bei der Auslegung des Alten und Neuen Testaments?

Mit F. Diedrich[1] wird unterstellt, daß der Zweck der Exegese die Erklärung von Texten ist. Ihr Ziel ist es, die Aussageabsicht des Verfassers herauszuarbeiten. Um diesem Ziel näherzukommen, sind die literarische Gattung des Textes zu berücksichtigen und die zur vermutlichen Abfassungszeit üblichen Artikulations- und Denkmuster zu erkennen. "Somit geht es bei jedem Text um:

1. Die Feststellung des Inhalts, also das Verständnis der Textbedeutung: dazu dienen Methoden der Philologie und Sprachwissenschaft;

2. die Feststellung der Aussageabsicht des damaligen Verfassers: dazu dienen Methoden der Geschichtswissenschaft und historischen Kritik, und

3. um den Aussagewillen und Inhalt des Textes im Kontex von Bibel und Glaubensüberlieferung der Gesamtkirche und Analogie des Glaubens, hier kommt das wissenschaftliche theologische Bedenken des Schriftwortes - geleitet von einer theologischen Hermeneutik - zum Zuge."[2]

Methodisch bedeutet dies, daß die Forschung am Alten wie am Neuen Testament "wissenschaftlich begründet und intersubjektiv (für jeden) überprüfbar, also methodisch korrekt und exakt, Texte der Bibel als Gegenüber zu uns/mir zur Sprache zu bringen."[3] Für die Erarbeitung eines methodisch grundsätzlichen Zuordnungsver-

---

[1] Vgl. Diedrich, F., Wissenschaftliche Exegese oder tiefenpsychologische Deutung der Bibel, in: Gläßer, A. (Hg.), (1994), S. 175-196.

[2] Ebd., S. 188.

[3] Ebd., S. 189. Was zur Erklärung und zum Verstehen von Texten beitragen kann, wird durch Hilfe ausgebildeter Arbeitsgänge für den Weg vom Text zum Inhalt bei Diedrich in folgenden Punkten geleistet:
"1.) Einleitend: Eine begründete Abgrenzung des zu behandelnden Textabschnittes.
2.) Textkritik: Frage nach dem kritisch gesicherten Urtext.
3.) Formkritik: Sprachliche Analyse (Syntax, Stil, Semantik, Pragmatik); Beschreibung der Form (Aufbau, Gliederung).
4.) Gattungskritik: Frage nach der literarischen Gattung bzw. Textsorte, nach dem 'Sitz im Leben'; nach der genauen Aussageabsicht des Verfassers.
5.) Frage nach der Entstehung des Textes: Zeit, Ort des/der Verfasser(s) und die jeweilige Lebenswelt.
6.) Überlieferungskritik: Frage nach den vorgegebenen Inhalten im Text, ggf. religionsgeschichtliche Vergleiche.
7.) Literarkritik: Frage nach der Einheitlichkeit des Textes, nach Quellen im Text.
8.) Kompositions- und Redaktionskritik, Traditionskritik: Frage nach Bearbeitungen des Textes, nach Veränderungen des Textes im Prozeß der Weitergabe (Tradition als Vorgang!).
9.) Einzelerklärungen und historische Interpretation.
10.) Darstellung theologisch bedeutsamer Aussagen des Textes im Horizont der gesamten Hl. Schrift, der Glaubensanalogie und des Textverständnisses im Raum der Kirche."
Ebd., S. 190.

(Fortsetzung...)

hältnisses von Exegese und Biblischer Archäologie ist eine Differenzierung des Bibeltextes in Altes und Neues Testament nicht notwendig.[1]

Nach E. Noort kann weder eine einseitige Reduzierung der Geschichtlichkeit des zum Text gewordenen Wort Gottes noch eine bloß historische Fixierung der Texte das *theologische* Ziel der Exegese sein, sondern nur die Zuwendung zu beiden Brennpunkte der Ellipse (Theologie und historische Wissenschaft) vermag einer Reduzierung entgegenzutreten. "Diese Spannung kann auch noch etwas anders beschrieben werden. Wenn die christliche Theologie bekennt, daß das Wort Gottes in Person in der Inkarnation tastbar wurde, daß wir aber diese Verkündigung der Menschlichkeit Gottes nicht anders denn in Gestalt der Schrift vor uns haben, dann muß auch theologisch von der radikalen Menschlichkeit der Schrift gesprochen werden. Diese theologisch von der Inkarnation implizierte Menschlichkeit der Schrift bedeutet, daß die Exegese ohne eine historische Methode nicht auskommt, zugleich aber, daß sie dabei nicht stehenbleiben kann."[2] Diese Bipolartität der Exegese erfordert nach Noort zu Recht, daß Biblische Archäologie als profanes Fach in einem theologischen Wissenschaftszweig betrieben wird. Wenn es den alt- und neutestamentlichen Exegesen um das "Ineinander von revelatio divina und conditio humana ... geht, dann fällt der biblischen Archäologie die Aufgabe zu, diese conditio humana im Raum und in der Zeit der Bibel zur Sprache zu bringen."[3] Crüsemann sieht das verbindende Dritte - parallel zu Noort -, in dem sich Exegese biblischer Texte und Grabungsbefunde treffen, in der Sozialgeschichte des Landes. An die Stelle des direkten Bezuges von Text und Grabungsbefund kann von der Archäologie grundsätzlich ein Beitrag zur Sozialgeschichte erwartet werden, und der Teil der Exegese, der Nutzen aus den archäologischen Beiträgen ziehen kann, ist eine Exegese, die sich der Fragen der Sozialstruktur des Landes und der Zeiten annimmt, in denen die zu untersuchenden Texte entstanden sind.[4]

---

[3] (...Fortsetzung)
Zur Exegese des AT vgl. auch Fohrer, G.; Hoffmann, H. W.; Huber, F. u. a., Exegese des Alten Testaments. Einführung in die Methodik, 6., durchgesehene Auflage, Heidelberg u. Wiesbaden [6]1993. Zum NT vgl. auch Berger, K., Exegese des Neuen Testaments, Heidelberg 1977. Vgl. exemplarisch Mayer, B., Beobachtungen zur Zeitangabe εν εκεινη τη ημερα in Mk 2,20, in: Studien zum Neuen Testament und seiner Umwelt (SNTU) 20 (1995), S. 5-21, der Kriterien kritisch-rationaler Wissenschaftstheorie berücksichtigt. Die Überschriften lauten '1) Zur Problemlage' und '2) Argumente gegen eine Deutung ... '. Vgl. ebd., S. 5 und 9.

[1] Gleichwohl wird mit Diedrich anerkannt, daß sich die Exegesen des NT und AT durch unterschiedliche Gewichtung der Arbeitsgänge unterscheiden können. Vgl. ebd. Zweck, Ziel und Methoden sind davon jedoch nicht berührt. H. K. Berg bringt in seiner Darstellung der historisch- kritischen Methode Beispiele aus beiden Testamenten. Vgl. Berg, H. K., Ein Wort wie Feuer. Wege lebendiger Bibelauslegung, München u. Stuttgart 1991, S. 41-93.

[2] Noort, E., (1979), S. 28.

[3] Ebd., S. 32.

[4] Vgl. Crüsemann, F., (1979), S. 187. Im Vergleich der Sozialstrukturen sieht auch F. R. Brandfon (Archaeology and the Biblical Text, in: Biblical Archaeology Review XIV (1988) 1, S. 54-59) eine legitime Beziehungsmöglichkeit zwischen Text und Archäologie.

3.2 Biblische Archäologie und die Zuordnung zu den 'Testamenten'

W. Klaiber thematisiert in einem Aufsatz das Verhältnis zwischen Archäologie und Neuem Testament.[1] Er schreibt: "Biblische Archäologie - das ist die selbstverständliche Voraussetzung - hat es mit Altem Testament und seiner Vorgeschichte zu tun. Frühjudentum und Neues Testament sind nicht berücksichtigt. Eine Begründung der Begrenzung auf den Zeitraum bis zum Ende der Perserherrschaft erfolgt nicht."[2] Der Gebrauch des Terminus 'Biblische Archäologie' wird von den jeweiligen Forschern unterschiedlich gebraucht und zeitlich eingeordnet.[3] Angesichts dieses Sachverhalts sieht sich Klaiber genötigt, "die methodische Frage nach der Bedeutung der archäologischen Forschung für die Auslegung des Neuen Testaments neu zu stellen"[4].

Wie seine alttestamentlichen Kollegen verweist Klaiber auf die methodologische und inhaltliche Selbständigkeit der archäologischen Wissenschaft. "In der Tat sollte man offen zugestehen, daß mit dem Begriff 'Biblische Archäologie' nicht die Tätigkeit des Ausgräbers und die unmittelbare Auswertung der Grabungsbefunde getroffen ist, sondern deren Interpretation im Blick auf die in der Bibel festgehaltene schriftliche Überlieferung Israels und der frühen Christenheit. Was die konkrete Feldarbeit anlangt, kann es wohl nur eine Archäologie Palästinas oder Kleinasiens geben, die ihrerseits wiederum Teil der vorderasiatischen, bzw. seit der hellenistischen Zeit der klassischen Archäologie sind. Das Programm einer Biblischen Archäologie bedeutet demgegenüber gleichzeitig eine Verengung und eine Ausweitung der Aufgabenstellung. Die *Verengung* besteht darin, daß die Grabungsergebnisse unter dem Gesichtspunkt ausgewertet werden, wieweit sie die biblische Überlieferung interpretieren, ergänzen, bestätigen oder auch korrigieren. Das darf aber zu keiner selektiven Benützung archäologischer Forschung führen, die deren Ergebnisse nur aufnimmt, wo sie biblische Ereignisse oder Aussagen illustrieren oder zu apologetischen Zwecken nützlich sind. Ziel ist vielmehr, ein möglichst deutliches und umfassendes Bild von der Zeit und der Welt zu gewinnen, in der die biblischen Schriften entstanden und ihre Verfasser und Adressaten lebten. Für die Biblische Archäologie des Alten Testaments scheint dieser Grundsatz weithin anerkannt, in den Darstellungen einer Archäologie des Neuen Testaments wird er weniger beachtet."[5] Die *Ausweitung* sieht Klaiber in der zusätzlichen Aufgabe der Archäologie - neben der üblichen Interpretation für die Funde Palästinas -, zusätzliche Kriterien für eine religionsgeschichtliche Untersuchung biblischer Texte zu schaffen. "Das Interesse der Exegeten bestimmt also nicht nur die Perspektive der Fragestellung,

---

[1] Klaiber, W., Archäologie und Neues Testament, in: Zeitschrift für Neutestamentliche Wissenschaft 72 (1981), S. 195-215.

[2] Ebd., S. 195.

[3] Vgl. ebd., S. 195-197.

[4] Ebd., S. 197.

[5] Ebd., S. 197f.

sondern auch den räumlichen und zeitlichen Horizont der Untersuchung."[1] Unter
Archäologie will Klaiber die "Suche nach dem materiellen Erbe vergangener Kul-
turen und die wissenschaftliche Auswertung entsprechender Funde"[2] verstanden
wissen.unter dem Leitbegriff einer umfassend verstandenen Geschichtswissenschaft
wird ein Historiker sein Augenmerk auf die schriftlichen Quellen richten und der
Archäologe die nicht-schriftlichen Quellen interpretieren.

"Daß Stadtpläne und Reste öffentlicher und privater Bauten, Kleinfunde wie Keramik, Schmuck, Werkzeuge, Waffen u. a. ... für sich selbst sprechen können und
auch ohne den Zwang der Identifikation der Befunde mit schriftlich überlieferten
Daten oder Ereignissen einer eigenständigen kultur- und sozialgeschichtlichen Interpretation fähig sind, ist eine wichtige Erkenntnis neuerer Archäologie. Aber nur
ein sektiererischer Purismus wird auf die Zusammenschau von Texten und Funden
verzichten wollen."[3] Klaiber hat dabei zwar die 'New Archaeology' im Visier, doch
unabhängig von den Intentionen der New Archaeology wird unten gezeigt, daß es
schon unter methodischer Rücksicht nicht möglich ist, die Geltungsansprüche einer
gewünschte Zusammenschau fachwissenschaftlich abzusichern.

Die Aufgabe der Biblischen Archäologie für das Neue Testament kann für Klaiber als 'Archäologie der Umwelt des Neuen Testaments und ihrer Geschichte' verstanden werden. "Das erklärt vielleicht das verhältnismäßig geringe Interesse, das
sie innerhalb der neutestamentlichen Wissenschaft findet, mindert aber keineswegs
ihre grundsätzliche Bedeutung. Es sollte ja keiner besonderen Begründung bedürfen, welche eminente Bedeutung eine möglichst genaue Kenntnis von Zeitgeschichte und Umwelt des Neuen Testaments für dessen Auslegung hat."[4]

Wenn etwas keiner besonderen Begründung mehr bedarf, weil es sich von selbst
versteht, dann ist grundsätzlicher nachzufragen: Bedeutet 'eminent', daß die Kenntnis der sozialen, wirtschaftlichen und kulturellen Umwelt, die Darstellung der Zeit,
in der die Verfasser lebten und in der sie ihre Texte schrieben, für das Verständnis
dieser Texte notwendig oder 'nur' förderlich ist? Klaiber, so scheint es, mißt den
Rang der Archäologie bzw. ihren Nutzen zur Auslegung der Bibeltexte an der Kategorie Hilfswissenschaft. Klaiber zeigt das an zwei Punkten:

1.   Die Ergebnisse der Archäologie können das Vertrauen in die Glaubwürdigkeit
      der Überlieferung festigen, ohne damit einer fundamentalistisch-apologeti-
      schen Bibelüberlieferung das Wort zu geben. Das ist deshalb nicht möglich,
      weil die "Bestätigung neutestamentlicher Berichte durch archäologische
      Funde ... in der Regel nur den allgemeinen Angaben über Örtlichkeiten, Bräu-
      che oder politische Gegebenheiten, nicht aber dem Einzelereignis gelten"[5]

---

[1] Ebd.
[2] Ebd., S. 199.
[3] Ebd., S. 200f.
[4] Ebd., S. 202.
[5] Ebd., S. 209.

kann. Die Ruinen von Masada beweisen die Rede Eleazars nicht, genauso
wenig wie die Entdeckung von Bethesda das Wunder aus Joh 5 belegt. Dem
Autor von Joh 5 kann dadurch noch nicht automatisch eine Ortskenntnis zugesprochen werden, denn er konnte sich auf einen ihm schon vorgelegenen
Text beziehen. Die Gültigkeit einer theologischen Aussage hängt nicht - weder positiv noch negativ - von der Gültigkeit ihres historisch-geographischen
Rahmens ab, in dem sie formuliert wurde.[1] Klaiber nimmt an, daß die "neutestamentlichen Schriftsteller ihren Lesern nichts erzählt haben, was jeder kun-
dige Zeitgenosse sofort als unzutreffend erkennen konnte. Gerade die Lektüre
von Arbeiten archäologisch orientierter Historiker läßt beobachten, daß heutige historische Forschungen nicht mehr den prinzipiellen methodischen Zweifel in den Vordergrund stellen, sondern zunächst einmal die Zuverlässigkeit
antiker Überlieferung voraussetzen. Der Unterschied zwischen historischer
Kritik und unkritischem Fundamentalismus bestünde dann nicht mehr in dem
Postulat, daß die biblischen Berichte erst auf Grund anderer Quellen oder eigenen Urteils verifiziert werden müssen, sondern in der Offenheit für eine
mögliche Falsifizierung ihrer Angaben, wobei bei der Gewichtung der Aussagen von vorneherein auch die unterschiedlichen historischen Aussageabsich-
ten verschiedener Gattungen in Rechnung gestellt werden muß. Hier scheiden
sich weiterhin die Geister, auch wenn für das Neue Testament an dieser Stelle
durch archäologische Befunde weniger Probleme entstehen als für das Alte.
Vielleicht wäre es darum leichter möglich, den Blick zu weiten, daß Verifizieren und Falsifizieren schriftlicher Überlieferung nur ein kleiner Teilaspekt
dessen ist, was Archäologie zu unserem Wissen von Geschichte beitragen
kann."[2]

2.   "Die Beschäftigung mit den Ergebnissen archäologischer Forschung kann
      dem Neutestamentler zu mehr Anschauung verhelfen."[3] Damit sind von Klai-
      ber nicht nur bildhafte Illustrationen geschichtlicher Ereignisse oder religiöser
      Bräuche gemeint. Eher geht es um eine mit Leben erfüllte Vorstellung der
      vergangenen Zeit, "die dem Historiker erst die Möglichkeit zur Darstellung
      ihrer Geschichte und ihrer Kultur und zum kritischen Urteil gibt."[4] Um diese
      Vorstellung möglichst sachgerecht zu ermöglichen, gehören zu ihr die umfas-
      sende Kenntnis antiker Quellen wie Briefe, Inschriften, Satiren, volkstümli-

---

[1] Damit soll nicht die psychologische Tendenz geleugnet werden, daß die Glaubwürdigkeit eines Autors,
die er durch gültige historisch-empirische Beschreibungen bestätigt, auch auf seine theologischen Aussagen übertragen wird.
Ein Fehlschluß einer Textinterpretation wäre es auch, aus der nachprüfbaren Annahme, daß das Dublin
des Jahres 1904 in James Joyces Roman 'Ulysses' adäquat beschrieben wird, den am 16. Juni 1904 an
einer Beerdigung in Dublin teilnehmenden L. Boom als historisches Individuum zu interpretieren.

[2] Ebd., S. 210f.

[3] Ebd., S. 211.

[4] Ebd., S. 212.

che Schriftsteller etc., um die Geschichte der frühen Kirche nicht völlig neben oder außerhalb des ganzen Geschichtsrahmens darzustellen und notwendig zu einer proportionslosen Geschichtserzählung zu kommen. "Innerhalb dieses Gesamtrahmens könnte uns gerade die archäologische Forschung sehr nachdrücklich daran erinnern, daß das Wort nicht nur Text wurde (und natürlich auch nicht Stein!), sondern Fleisch, d. h. daß die Botschaft von Jesus in einer bestimmten Zeit ihren Ursprung nahm und weitergetragen wurde, von der wir uns recht konkrete und plastische Vorstellungen machen können. Daß der 'Text' nicht zur blutleeren Abstraktion oder Hypostase wird, sondern als Zeugnis glaubender Menschen seinen Platz im Leben behält, scheint mir nicht nur für das Urteil des Exegeten, sondern vom allem für die Didaktik des akademischen Unterrichts von großer Bedeutung zu sein."[1]

Die Wirksamkeit des Glaubens hing und hängt in allererster Linie vom Wort ab. Dabei kann eine Biblische Archäologie keinen ebenbürtigen Platz einnehmen. "Aber ihre Kenntnis kann uns in dem Versuch helfen, das Evangelium mit den Ohren der Menschen seiner Zeit zu hören. Dies aber muß zumindest ein Teilziel neutestamentlicher Exegese bleiben"[2]. Der begrenzte Beitrag der Biblischen Archäologie zur Exegese wird von Klaiber in der Erhellung des sozialgeschichtlichen Hintergrundes einer Epoche gesehen, in der die Biblischen Texte entstanden. Obgleich Klaiber die methodische und methodologische Unterschiedlichkeit beider Fachwissenschaften anerkennt, hält er eine positive Zuordnung für möglich, ohne aber Kriterien oder Methoden anzugeben, die eine 'Zusammenschau' unter fachwissenschaftlich prüfbaren Geltungsansprüchen ermöglichen.

Grundsätzliche Überlegungen zum Verhältnis von Altem Testament und Archäologie finden sich bei F. Crüsemann in seinem Aufsatz 'Alttestamentliche Exegese und Archäologie'[3]. Crüsemann unterscheidet literarische Hinterlassenschaft und materielle Hinterlassenschaft und stellt eingangs die Frage: "Was haben diese beiden Realitäten miteinander zu tun? Wie verhalten sie die jeweils erforschenden Wissenschaften zueinander?"[4]

Für Crüsemann ist die einseitige Konzentration auf die historischen Aussagen bemerkenswert. Die kulturgeschichtlichen Aussagen der Archäologie werden als 'Illustration' der Texte benutzt. "Es hängt damit zusammen, daß die exegetische Zentralfrage nach der Intention der Texte nahezu nie mit archäologischen Problemen in Zusammenhang gebracht wird."[5] Nach Crüsemann ist zwar keine direkte Beziehung zwischen Text und Grabungsbefunden möglich; ein gemeinsamer Bezug wird je-

[1] Ebd., S. 212f.
[2] Ebd., S. 214.
[3] Vgl. Crüsemann, F., (1979).
[4] Ebd., S. 177.
[5] Ebd., S. 179.

doch über die Größe 'Gesellschaft des alten Israels' erreicht. "Zusammenfassend ergibt sich, daß Formgeschichte, Redaktions- und Tendenzkritik als wohl entscheidende exegetisch-theologische Methoden der Gegenwart eine Sozialgeschichte des alten Israel erfordern, daß eine solche aber ohne die Archäologie, und zwar die eines bestimmten Typus, kaum erstellt werden kann. Eine gemeinsame Orientierung von Archäologie und Exegese an der von beiden, von verschiedenen Seiten her angehbaren sozialen Gestalt des alten Israel und ihrer Wandlungen könnte auf eine ganz neue gegenseitige Befruchtung hinauslaufen."[1] Wie bei Klaiber wird von der grundsätzlichen Eigenständigkeit beider Fachwissenschaften ausgegangen; gleichwohl wird, unter definierten Bedingungen an Archäologie und Exegese, eine positive Zuordnung für möglich gehalten. Aber auch bei Crüsemann wird keine Methode angegeben, die es erlaubt, die Zuordnung zu überprüfen.[2]

[1] Ebd., S. 193. Den besten Beitrag zu einer Sozialgeschichte Israels bringen nach Crüsemann Flächengrabungen, die Gebäude- und Siedlungsstrukturen erkennen lassen. Sie bringen für "exegetische Fragestellungen wie Formgeschichte, Tendenzkritik u. a. erheblichen Gewinn." Ebd.

[2] Das kann auch bei der Diskussion von R. A. Horsley und E. M. Meyers festgestellt werden, die sich zwar gegenseitig versichern, daß nur die Zusammenarbeit von Textwissenschaftlern und Archäologen fähig macht, neue Wirtschaftsmodelle des antiken Palästina zu entwickeln, doch über die Methode, die dabei benutzt werden soll, ist nur soviel in Erfahrung zu bringen: sie wird benötigt. Horsley: "The point is to ask how archaeologists and historians in dialogue can now build on the archaeologists' results in moving toward a critical reconstruktion of the social world of Upper Galilee." Horsley, R. A., Archaeology and the Villages of Upper Galilee. A Dialogue with Archaeologists, in: Bulletin of the American Schools of Oriental Research (1995) 297, S. 5-16, S. 6. Oder, im Vorspann zum Beitrag von E. M. Meyers, der in seinem Kommentar die Möglichkeit der Zusammenarbeit nicht ganz so optimistisch wie Horsley bewertet : "In light of many changes in recent years, it is appropriate for both text-oriented scholars and field archaeologists to work together toward a common methodology that will enhance the research agendas of both fields." Meyers, E. M., An Archaeological Response to a New Testament Scholar, in: Bulletin of the American Schools of Oriental Research (1995) 297, S. 17-26.

3.3 Bezugsvariationen zwischen Bibelwissenschaft und Biblischer Archäologie

Von C. Frevel wird hervorgehoben, daß sich die Biblische Archäologie nicht mehr von der Bibel her, sondern zunehmend als Teil einer Altertumswissenschaft versteht. Die Biblische Archäologie ist nicht mehr nur an einzelnen geschichtlichen Ereignissen interessiert, sondern versucht die Erarbeitung einer Gesamtkultur- und Sozialgeschichte. Dies hatte in der Konsequenz des Ablösungsprozesses von Biblischer Archäologie von der Bibel eine intensive Ziel- und Methodendiskussion zur Folge.[1] Für die Frage nach dem Verhältnis von Archäologie und Bibel hatte diese Ablösung Folgen, die, je nachdem wie Biblische Archäologie verstanden wird, sich unterschiedlich darstellen. Die Bandbreite möglicher Zuordnungen lassen sich aus dem Blickpunkt der Bibelwissenschaft[2] in 4 abgestuften Modellen beschreiben: 1) das Affirmationsmodell, 2) das Ancilla-Modell, 3) das Kooperationsmodell und 4) das Distinktionsmodell.

1) Das Affirmationsmodell
Die Archäologie wird unsystematisch zur Bestätigung von Bibeltexten herangezogen. "Häufig divergieren dabei die beiden Grundkonstanten 'Raum und Zeit' der in Beziehung gesetzten biblischen und archäologischen Sachverhalte. Es wird eine deutliche Abstufung des Wahrheitsgehaltes beider Bereiche postuliert. Es existieren keine methodischen Grundsätze für die Relation: die Einbindung zielt auf eine Historisierung biblischer Informationen."[3]

2) Das Ancilla-Modell
Hier wird Archäologie als Zuträgerin der Bibelwissenschaften verstanden, "die für bestimmte Fragen 'antwortendes' Material zu liefern hat. Biblische Archäologie definiert sich ausschließlich von der Bibelwissenschaft her (das Attribut 'Biblisch' wird zum Bestimmenden). Archäologie ist im direkten Sinn eine Hilfswissenschaft ohne Eigenständigkeit und -wert"[4]. Forschungsinhalte sowie Untersuchungsraum und -zeit, mit denen es Biblische Archäologie zu tun hat, werden in diesem Modell fremdbestimmt.[5]

---

[1] Vgl. Frevel, C., "Dies ist der Ort, von dem geschrieben steht ...". Zum Verhältnis von Bibelwissenschaft und Palästinaarchäologie, in: Biblische Notizen (1989) 47, S. 35-89, S.37.

[2] "Aus archäologischer Sicht gibt es analoge Abstufungen, die sich leicht aus den folgenden Ausführungen übertragen lassen." Ebd., S. 41.

[3] Ebd. Vgl. dazu Oesch, J., Die fundamentalistische Versuchung im Spannungsfeld von Bibel und Archäologie, Bibel und Kirche 43 (1988), S. 119-122.

[4] Frevel, C., (1989), S. 41.

[5] Als geeignetes Beispiel für dieses Modell verweist Frevel auf A. R. Millard und seine Veröffentlichung 'Bibel und Archäologie', Gießen 1980. Vgl. dazu auch Oesch, J., (1988), S. 120.

3) Das Kooperationsmodell

"Archäologie wird hier als eigenständige Wissenschaft mit eigener Methodologie aufgefaßt. Palästinaarchäologie wird als Teilwissenschaft der Archäologie verstanden, die von ihrem Forschungsgegenstand in einem bestimmten räumlichen und zeitlichen Ausschnitt eine besondere Affinität zur Bibel aufweist".[1] Frevel sieht dieses Modell dadurch ausgezeichnet, daß in ihm methodische Grundsätze zur Verfügung stehen, mittels deren die Verhältnisbestimmung von Archäologie und Bibelwissenschaft erarbeitet werden kann. "Die Einbindung archäologischer Forschungsergebnisse erfolgt erst nach Einzelanalysen und Interpretationen auf beiden Seiten; sie versucht immer eine Rückbindung an das Gesamtbild, das die Archäologie nach ihren Maßstäben zur Verfügung stellt ... Dieses Modell beschreibt den Idealfall einer methodisch abgesicherten fruchtbaren Zusammenarbeit."[2]

4) Das Distinktionsmodell

Im Distiktionsmodell werden beide Wissenschaften selbständig und ohne Bezug zueinander betrieben. Fragestellungen, die Zuordnungsmöglichkeiten beider Wissenschaften thematisieren, d. h. "methodologische Überlegungen für den Zwischenbereich der Relation von Text und Archäologie[,] fehlen."[3]

Die genannten Beziehungsmodelle haben in je unterschiedlicher Weise die Zuordnungsfrage von Archäologie und Textwissenschaft entschieden. Mit Frevel ist zu fragen, welche Kriterien und methodischen Postulate erfüllt sein müssen, damit eine sachgemäße Zusammenarbeit zwischen Archäologie und Text möglich ist. "Inwieweit läßt sich der Bibeltext bei der Interpretation archäologischer Daten als bestimmender Faktor hinzuziehen? Und umgekehrt: Wann haben archäologische Daten welche Bedeutung bei der Auslegung der Texte? Die durchgängige Konjunktur dieser Fragestellung ist also verbunden mit der Umorientierung der Biblischen Archäologie; durch die 'Hinwendung' zur Altertumswissenschaft werden die Ziele anders definiert und *die Frage nach der Beziehung von literarischer und materieller Hinterlassenschaft* stellt sich neu. Die Problematik des Verhältnisses besteht nicht in der grundsätzlichen Verschiedenheit der Aussageweisen beider Disziplinen an sich, sondern darin, daß diese im Schnittbereich argumentative Kraft gewinnen und in ihrer Verschiedenheit denselben Gegenstand (geschichtliche Wirklichkeit) beurteilen. Da beide interpretierbare Daten einbringen, ist methodischer Rückhalt bei der Kombination beider Bereiche um so dringlicher."[4]

Festgestellt wurde bei Fritz, Noort, Klaiber und Crüsemann, daß eine positive Beziehung von Bibelwissenschaft und Biblischer Archäologie für möglich, sinnvoll und gelegentlich notwendig erachtet wird. In unterschiedlicher Intensität wird von

---

[1] Frevel. C., (1989), S. 42.

[2] Ebd.

[3] Ebd., S. 43. [Einfügung vom Autor].

[4] Ebd., S. 38. *Kennzeichnung vom Autor.*

ihnen das 'Kooperationsmodell' als Grundlage vorausgesetzt. Das Kooperationsmodell geht von der Grundannahme aus, daß eine Bezugnahme auf unterschiedliche Fachwissenschaften möglich ist. Das bedeutet, daß die Gültigkeit des Kooperationsmodell davon abhängt, ob das an anderer Stelle[1] formulierte Grundproblem positiv gelöst werden kann. Dieses lautete: Können Ergebnisse einer Fachwissenschaft von anderen Fachwissenschaften benutzt werden, und wenn ja, ist es möglich, die aus einer Konjunktion von Ergebnissen unterschiedlicher Fachwissenschaften bestehenden Geltungsbegründungen, fachwissenschaftlich zu überprüfen?

Zu Recht bemerkt Frevel, daß die Problematik von Biblischer Archäologie und Bibelwissenschaft, also von Archäologie und Textwissenschaft, nicht auf dieses Problempaar beschränkt bleibt. Diese Anfrage taucht "im Grunde bei allen 'Kontakten' zwischen Geisteswissenschaften im weitesten Sinne und empirisch/naturwissenschaftlich-historischen Disziplinen auf. Nicht eine in der Wurzel unversöhnliche Opposition, sondern der unterschiedliche Zugang zur Wirklichkeit schafft Probleme."[2]

Die Problematik des Abgleichs von Ergebnissen unterschiedlicher Fachwissenschaften kann anhand der Fachwissenschaften Exegese und Biblische Archäologie behandelt werden. Unwidersprochen kann formuliert werden, daß die von der Exegese entwickelten Methoden zur Untersuchung von Textenmethodisch haltbare Aussagen über den eigenen Objektbereich erlauben. Ob mit exegetischen Methoden eine historisierende Interpretation eines Textes überhaupt sachlich möglich ist, also eine Interpretation, die explizit behauptet, daß der Text von historischen Personen, Ereignissen oder Objekten[3] spricht, muß an dieser Stelle nicht entschieden werden. In jedem Falle wird unterstellt, daß die Geltungsbegründung einer derartigen Behauptung methodengerecht nur durch Texte durchführbar ist, die schon ihrerseits eine historisierende Interpretation des Textes voraussetzen. Eine intendierte Geltungsbegrüdung ist in jedem Falle nur durch Texte zu leisten.

Eine Geltungsabsicherung in der Biblischen Archäologie impliziert einen Methodenwechsel, der durch einen Wechsel des Objektbereichs bedingt wird. Datierungen archäologischer Objekte sind Interpretationen. Geltungsbegründungen werden hier durch archäologische Daten geleistet.

Eine Datierung wurde aus Texten gewonnen, die andere aus materiellen Objekten. Beide Datierungen sind Interpretationen, die auf der Grundlage unterschiedlicher Methoden entstanden sind. Soll die Übernahme einer Datierung, die sich archäologischer Provenienz verdankt, eine historisierende Interpretation, d. h. einen historischen Geltungsanspruch, der aus Texten gewonnen wurde, belegen, absichern, beweisen etc., dann stellt sich die Frage: Welche Methode kann dafür eingesetzt

---

[1] Vgl. S. 76 dieser Arbeit.

[2] Frevel, C., (1989), S. 38, Anm. 10.

[3] Historische Zuschreibungen beanspruchen objektivierbare Raum-Zeit-Koordinaten. Für eine 'historische' Person, Ereignis oder Objekt X gilt, daß es durch die Koordinaten (Datum y^d) und (Ort y^o) gekennzeichnet werden kann.

werden, die *Verknüpfung* der beiden Stränge zu beurteilen? Weder Biblische Archäologie noch Exegese sind fachmethodisch legitimiert, die Geltungsansprüche, die aus der Verknüpfung beider entstehen, zu beurteilen. Gleichwohl hält Frevel diese Inbeziehungsetzung für prinzipiell überprüfbar. Der Garant ist für ihn ein Drittes, das nicht nur die Entgegensetzung unterschiedlicher Fachwissenschaften, sondern auch die Entgegensetzung Naturwissenschaft - Geisteswissenschaft aufzuheben vermag, nämlich die Wirklichkeit selbst. Nach Frevel entstehen die Bezugsprobleme durch die unterschiedlichen Zugangsweisen zur einen Wirklichkeit.[1]

Wenn die Prämisse einer gemeinsam unterlegten Wirklichkeit akzeptiert wird, dann kann der kontrollierte Versuch unternommen werden, Ergebnisse einer Fachwissenschaft in eine andere zu übernehmen. Denn dann ist ein alle Fachwissenschaften verbindlicher und verbindender Maßstab, eine entscheidungsfähige Instanz vorhanden, nämlich die *eine* Wirklichkeit, auf die sich alle Fachwissenschaften beziehen und durch diese Wirklichkeit korrigiert werden können.

Die Prämisse der 'einen Wirklichkeit' wird von den Wissenschaftlern benutzt, die die methodische Eigenständigkeit und Unabhängigkeit beider Fachwissenschaften zwar hervorheben, aber trotzdem in der 'Sozialstruktur' des Landes, den gemeinsamen Zuordnungspunkt von Exegese und Biblischer Archäologie sehen. Die Absicht, Ergebnisse von Exegese und Biblischer Archäologie zu verbinden, scheitert aber aus zwei Gründen:

1. Aussagen mit Gültigkeitsanspruch, die sich einer Konjunktion von Ergebnissen zweier Fachwissenschaften verdanken, entziehen sich einer methodisch fachwissenschaftlichen Kontrolle. Der Geltungsanspruch dieser Aussagen ist deshalb nicht entscheidbar.

2. Die Verknüpfungsabsicht verdankt sich einer Theorie von Wissenschaft, die davon ausgeht, daß die Tätigkeit des Wissenschaftlers darin besteht, Hypothesen zu entwerfen und die Natur zu nötigen, über deren Wahrheit oder Falsch-

---

[1] Vgl. Frevel, C., (1989), S. 38. Auch R. Oberforcher unterlegt eine gemeinsame Basis, die der Archäologie kritische Korrektur gegenüber Textinterpretationen ermöglicht. R. Oberforcher muß zwar zugestimmt werden, daß der Mißbrauch der Archäologie durch die Unkenntnis logischer Beziehungen erklärbar wird, d. h. daß 1) Typologische Entsprechung nicht automatisch historische Abhängigkeiten zeigt, 2) Gleichzeitigkeit nicht automatisch sachliche Zusammengehörigkeit begründet, 3) historische Individualität oder Ereignis nicht mit Vorstellungsmilieu und Darstellungsinventar verwechselt werden dürfen und 4) das historisch Mögliche noch nicht das historisch Faktische ist. "Umgekehrt gilt jedoch sehr wohl: Was sich als archäologisch widersprüchlich und damit historisch unmöglich erweist, kann auch exegetisch nicht vertreten werden. ... In solchen Negativbestimmungen erhält die Archäologie eine unverzichtbare Korrektivfunktion" (Oberforcher, R., Bibel und Archäologie. Ein kritischer Literaturbericht, in: Zeitschrift für Katholische Theologie 101 (1979), S. 208-222, S. 211.). Andererseits muß aber auch darauf hingewiesen werden, daß - neben dem oben grundsätzlich formulierten Einwand - nur dann die Archäologie diese Korrektivfunktion leisten könnte, wenn a) die Aussagen der Archäologie 'sicher' wären und b) eine exegetische Aussage unbedingte historische Faktizität beanspruchen würde. Das eine ist von der Archäologie nicht zu leisten, das andere sollte eine Exegese nicht leisten wollen.

heit zu entscheiden.[1] Die Prämisse der 'einen' Wirklichkeit kann von den Fachwissenschaften nicht vorausgesetzt werden (im Sinne methodisch verfügbarer Erkenntnis, und Ergebniskorrektur), weil Aspekte der Wirklichkeit von den Fachwissenschaften zuerst erarbeitet werden. Der Rekurs auf die 'eine' Wirklichkeit ist der Rekurs auf eine Hypothese, die sich erfahrungswissenschaftlicher Prüfbarkeit entzieht.

Gleichzeitig muß aber gesagt werden: Es geht nicht darum, dem wissenschaftstreibenden Subjekt sein immer schon vorausgesetztes Bild der Welt, seine Interpretation der Wirklichkeit abzusprechen. Ohne vorausgesetzte Welt ist Wissenschaft nicht möglich. Das vorausgesetzte Bild entzieht sich auch nicht wissenschaftlicher Prüfbarkeit. Das im ersten Kapitel formulierte, kritisch-rationale Wissenschaftsverständnis ist in der Lage die Hypothese von der 'einen' Wirklichkeit mit den gleichen methodischen Maßstäben zu prüfen, die auch dann angewendet werden, wenn, in Poppers Terminologie, 'metaphysische' Systeme' überprüft werden. Im Zusammenhang mit der hier geführten Diskussion bedeutet das, daß auf der Stufe der 'Weltbilder' rationale Theoriepräferenzen möglich sind.[2]

Die Prüfung von Geltungsansprüchen, die an der 'Erfahrung' scheitern können, sind aber erst dann sinnvoll, d. h. im Bewußtsein ihrer Leistungsfähigkeit anwendbar, wenn die 'eine' Wirklichkeit soweit differenziert wird, daß den Fachwissenschaften ihr adäquater Objektbereich zur Verfügung gestellt wird. Die Synthese der Ergebnisse der Fachwissenschaften durch das anthropologische Subjekt ergibt ein korrigiertes Bild der Wirklichkeit, das wieder in den Prüfungskreislauf eingeht.

Das deduktive, kritisch-rationale Verfahren nimmt mit der Formulierung teilentscheidbarer Geltungsansprüche und der prinzipiellen Kritikoffenheit jeder vorgeschlagenen Geltungsbegründung die entscheidende Rolle in jedem Prüfungsdurchgang ein.

---

[1] Vgl. S. 23f. dieser Arbeit.

[2] Vgl. Gliederungspunkt 1.2 dieser Arbeit.

4 Roland de Vaux: Wissenschaft als Handwerkszeug

4.1 Mißbrauch (an) der Archäologie

Roland de Vaux, der Hauptverantwortliche der Ausgrabungen von Chirbet Qumran, äußerte sich in mehreren Artikeln zu Grundfragen der Archäologie, zu ihren Aufgaben, Zielen und Grenzen.[1] Archäologie wird gewöhnlich als Hilfswissenschaft einer umfassenderen Geschichtswissenschaft verstanden; "archaeology of the ancient Near East has become an auxiliary science indispensable for biblical studies."[2] Nach de Vaux kann Archäologie dreifach mißbraucht werden: 1) zur Schatzsuche, 2) zu politischen Zwecken und 3) als Glaubensgarant.

▸ Zu 1) Die einfachste Art, den Mißbrauch festzustellen, war bei den 'plunder operations' im 19. Jh. gegeben, die vorrangig Inschriften und Kunstobjekte im Visier hatten, "but ... they neglected the stratigraphic observations which would have made dating the monuments or objects possible and made them useful for the historian."[3]

▸ Zu 2) Mißbräuchlich eingesetzt wird Archäologie auch, wenn sie als Garant für politisches Prestige benutzt wurde und wird, so z. B. in der Mandatszeit oder im Nahen Osten.[4]

---

[1] Vgl. de Vaux, R., The Excavations at Tell El-Far'ah and the site of ancient Tirzah, in: Palestine Exploration Quarterly 88 (1956a), S. 125-140; ders., The Hebrew Patriarchs and History, in: Theology digest 12 (1964) 4, S. 227-240; ders., Method in the Study of Early Hebrew History, in: Hyatt, Ph. J. (Hg.), The Bible in Modern Scholarship, Abingdon 1965, S. 15-30; ders., Die Patriarchenerzählungen und die Geschichte, (Stuttgarter Bibelstudien 3), Stuttgart 1965; ders., Esseniens ou Zelotes? A propos d'un livre recent, in: Revue Biblique 73 (1966), S. 212-235, engl. Übersetzung: Essenes or Zealots, in: New Testament Studies 13 (1966), S. 89-104; Archaeology and the Dead Sea Scrolls, (The Schweich Lectures of the British Academy). Published in French 1961; reissued with revisions in an English translation in 1972 and reprinted 1977), Oxford 1973.
Besondere Aufmerksamkeit verdient sein Grundsatzartikel 'On Right and Wrong Uses of Archaeology', in: Sanders, J. A. (Hg.), Near Eastern Archaeology in the Twentieth Century. Essays in Honor of Nelson Glueck, New York 1970, S. 64-80.

[2] De Vaux, R., (1970), S. 65.

[3] Ebd., S. 66.

[4] "Today in all the countries of the Near East, in those which have maintained their independence as well as in those which have recently acquired or recovered it, in the most ancient states as in the youngest, archaeology serves nationalism everywhere. It is used to establish links, real or contrived, with the past and to legitimize, through alleged ancient rights, the possession or acquisition of certain territories." Ebd. Obwohl solche Einstellungen zur Archäologie alles andere als sachgerecht sind, bringen sie aus zwei Gründen doch einige brauchbare Resultate. Unternehmungen, die gänzlich ohne wissenschaftliche Methode arbeiten, bringen im allgemeinen nur sehr unbedeutende Funde, und viele Archäologen, die an diesen Kampagnen mitarbeiten, "have saveguarded their integrity as scholars. It must be stated, however, that the purpose of archaeology is neither to supply galleries of museums nor to serve political interests." Ebd.

▸ Zu 3) Ein weiterer Mißbrauch, der schwerer zu entdecken und zu bewerten ist, der aber in den vergangenen 100 Jahren dazu führte, daß die archäologischen Kenntnisse von Palästina außergewöhnlich stark anwuchsen, stärker als von anderen Gebieten im Nahen Osten, sieht de Vaux durch den Umstand begründet, daß "Palestine has been explored and excavated because it is the 'Land of the Bible'."[1] Apologetische Bemühungen führten zu Expeditionen, die die Bibel archäologisch bewahrheiten sollten. Die Unternehmung zur Suche nach Noahs Arche, die Unterwassererkundung des Toten Meeres, um Sodom und Gomorrha zu finden und das Grab Noahs zu entdecken, dienten dem Interesse nachzuweisen, daß die Bibel doch recht hat.[2]

Dagegen de Vaux: "It must be understood that archaeology cannot 'prove' the Bible."[3] Die Wahrheit der Bibel ist von anderer Art. Die geistige Wahrheit der Bibel kann von den Erkenntnissen der Archäologie weder bewiesen noch widerlegt werden.[4] Doch die Bibel ist auch ein Buch, in dem sich Zeitgeschichte spiegelt. "It is concerning this 'historical' truth of the Bible that one asks confirmation from archaeology. This matter is important for the Bible's 'religious' truth. ... What the Bible recounts is a 'sacred history'; it provides a religious interpretation of history, one that, again, archaeology can neither confirm nor invalidate. Archaeology can assist us only in establishing the facts that have been so interpreted."[5] Nur in den seltensten Fällen bemühten sich die Autoren, einen bloß historischen Sachverhalt mitzuteilen. Den Verfassern der Glaubenstexte ging es nicht primär darum, historische Begebenheiten möglichst objektiv und neutral zu nennen, sondern Glaubensaussagen zu formulieren. Wenn historische Begebenheiten in Glaubenstexten genannt werden, dann sind diese einer theologischen Absicht unterstellt und von dieser geprägt. "The first duty of the historian is to undertake a critique of these narratives and to determine, as far as possible, the amount of reality and the amount of interpretation which each contains. Whatever the result, he is obliged to acknowled-

---

[1] Ebd., S. 67. So hatte die amerikanische 'Palestine Exploration Society' (gegr. 1870) in ihrem 'First Statement' folgende Passage: "Its supreme importance is for the illustration and defense of the Bible. Mordern skepticism assails the Bible at the point of reality, the question of fact. Hence whatever goes to verify th bible history as real, in time, place and circumstances, is a refutaion of unbelief ... The Committee feels that they have in trust a sacred service for science and for religion." Zitiert nach de Vaux, R., ebd.

[2] Vgl. ebd., S. 68. Vgl. dazu auch Hoppe, L. J., What are they saying about biblical archaeology?, New York u. Ramsey 1984, S. 5-8.

[3] De Vaux, R., (1970), S. 68.

[4] "The truth of the Bible is of a religious order; it speaks of God and man and their mutual relations. This spiritual truth can neither be proven nor contradicted, nor can it be confirmed or invalidated by the material discoveries of archaeology." Ebd. Das gleiche Verständnis findet sich auch in einem Aufsatz über die hebräischen Patriarchen. "The question is *not*, any more here than anywhere else, to 'prove' the Bible or to 'prove' the faith; the question is to give to our assent of faith reasonable motives - to show how the historical framework in which the Bible puts God's revelation is justified in the eyes of a historian." Ders., (1964), S. 228.

[5] De Vaux, R., (1970), S. 68f.

ge that it is only his interpretation of a reality which he is not able to recover."[1] Sachgerechtes Arbeiten mit der Archäologie bedeutet also für de Vaux, keine Antworten auf Fragen zu erwarten, die die Archäologie prinzipiell nicht beantworten kann, und sachgerechtes Arbeiten bedeutet ferner, archäologische Ergebnisse richtig zu interpretieren.[2]

---

[1] Ebd., S. 69.

[2] Vgl. ebd., S. 66. Nach Meinung von R. Moorey (vgl. Moorey, R., A Century of Biblical Archaeology, Cambridge 1991, bes. S. 89-94.) ist de Vaux bei der Ausgrabung und Identifizierung des Tell El-Far'ah mit Tirzah, trotz gegenteiliger Einsicht, einem Bibelstützungsversuch erlegen. Zu dieser Ausgrabung bemerkt de Vaux: "Archaeology confirms this identification, and its possible to read in the different levels on the Tell all the history of Tirzah as told by the Bible." (De Vaux, R., (1956a), S. 137.)

4.2 Möglichkeit und Grenzen der Archäologie

"In modern usage, despite occasional confusion, the word [archaeology] properly designates the study of the material remains of an ancient civilization as opposed to written sources, even if the latter have been provided by 'archaelogical' excavations. Such written sources are studied by the independent sciences of epigraphy, papyrology, palaeography, and philology. Archaeology, therefore, is limited to the *realia*, but it studies all the *realia*, from the great classical monuments to the locations of prehistoric fire-places, from art works to small everyday utensils, to the most primitive remains of any industry whatsoever; in short, everything which exhibits a trace of the presence or activity of man. Archaeology seeks, describes, and classifies these materials. But it does not stop there: it attempts to explain them: it compares them with each other and with the remains of neighbouring civilizations; it arranges them in chronological order; and it places them in relation to texts and to history. Its final purpose is to reconstruct the conditions of life in antiquity, to trace the development and the circumstances of an extinct civilization. With reference to periods or peoples who have not known writing, archaeology takes the place of deficient history; where history based on written documents exists, archaeology verifies and completes the documents and puts them back into their living context. It is in this specific sense that the word is used here."[1] De Vauxs Umschreibung der Ziele und Aufgaben nimmt ihren Ausgang von der neuzeitlichen Bestimmung des Wortes Archäologie im Gegensatz zum Gebrauch des Wortes in der Antike, in der es mit 'alter Geschichte' bedeutungsgleich war. Archäologie bezeichnet im modernen Gebrauch das Studium der materiellen Überreste alter Zivilisationen im Gegensatz zum Studium literarischer Quellen, auch wenn diese durch archäologische Ausgrabungen gefunden wurden.[2] Archäologie ist ausgerichtet und begrenzt auf 'Realia'. Realia umfassen alles - vom klassischen Monument bis zur vorgeschichtlichen Feuerstelle -, was als Relikt und Indiz für die Anwesenheit und Aktivität von Menschen an einem geographisch bestimmbaren Ort spricht. Die Realia werden von der Archäologie gesucht, beschrieben und geordnet. Doch damit hört die Aufgabe der Archäologie im Verständnis de Vauxs nicht auf. Die Archäologie versucht darüber hinaus, ihre Gegenstände zu erklären; dazu gehören Vergleiche untereinander, Vergleiche mit benachbarten Zivilisationen und chronologische Einordnungen. Ferner versucht sie, ihre Materialien in Beziehung zu Texten und zur Geschichte zu bringen.

Endziel der Archäologie ist die Rekonstruktion der Lebensbedingungen eines vergangenen Zeitalters, das Nachzeichnen ihrer Entwicklung und die Erkundung der

---

[1] De Vaux, R., (1970), S. 65. [Einfügung vom Autor].

[2] Die schriftlichen Quellen werden von den dafür entwickelten Wissenschaften, wie Epigraphie, Papyrologie, Paläographie und Philologie, bearbeitet.

Lebensverhältnisse einer erloschenen Zivilisation.[1] In Zeiten, in denen Bewohner keine Schrift beherrschten, nimmt für de Vaux die Archäologie den Status einer defizitären Geschichtswissenschaft ein. Wo die Geschichtswissenschaft auf geschriebenen Quellen fußt, "archaeology verifies and completes the documents and puts them back into their living context."[2]

Die Objekte, mit denen es die Archäologie zu tun hat, sind, im Gegensatz zu Texten, stumm. Sie haben aber - so glaubt de Vaux - Texten gegenüber den Vorteil, mit den Ereignissen, von denen sie zeugen, gleichzeitig, 'contemporary'[3] zu sein. Sie sind darüber hinaus frei von allen Fehlermöglichkeiten, die bei der Tradierung von Texten möglich sind; aber: "It would be naive to think that, because archaeology occupies itself with *realia*, it is more objective and hence nearer to historical reality. Actually, its results cannot be appropriated by the historian until they first are interpreted."[4] Keineswegs ist durch die Beschäftigung mit 'gleichzeitigen' Objekten in der Archäologie ein höherer Objektivitätsgrad zu erreichen als z. B. in der Geschichtswissenschaft. Denn die archäologischen Objekte haben zwar Vorteile, "[b]ut they have the greater disadvantage of being mute, and thus they require interpretation. If they concern periods prior to writing they will never permit us to reach more than a sketchy and anonymus approximation of history. If they date from periods with written documents or with traditions which were later written down, it is the texts, whether historical works or short inscriptions, which explain the monuments, from palaces and temples down to the smallest objects. On the other hand, because of the advantages referred to, and also, paradoxically, because they are mute, the monuments of archaeology serve to illuminate, complement and control the written documents."[5] Die 'mute documents' sind durch ihre 'Sprachlosigkeit' auf Interpretationen angewiesen. Bei Funden aus Epochen, die vorschriftlicher Prägung sind, ist höchstens eine mehr oder minder wahrscheinliche Geschichtsschreibung möglich. Funde aus Perioden, die schriftliche Aufzeichnungen kannten oder die in späteren Aufzeichnungen erwähnt werden, können mit Hilfe der Texte erklärt werden. Andererseits, und das scheint paradox, sind die 'stummen' Zeugen ihrerseits in der Lage, die Texte zu erläutern, zu vervollständigen und zu prüfen.

Der Zweck der Unternehmung Archäologie ist für de Vaux Rekonstruktion der Geschichte und damit Rekonstruktion menschlichen Selbstverständnisses, eines Selbstverständnisses, das sich in Handlungen äußerte, denen wir Texte und materielle Objekte verdanken. Diese Objekte sind der Forschungsgegenstand der Archäologie. Eine sachgerechte historische Rekonstruktion verdankt sich einer Interpretation auf

---

[1] Die Meinung von E. Buschor, daß die Archäologie ihre letzte Bestimmung in der Überwindung der Geschichte sieht, ist auch bei de Vaux nicht fern. Vgl. S. 65 dieser Arbeit.

[2] De Vaux, R., (1970), S. 65.

[3] Vgl. ebd., S. 69.

[4] Ebd.

[5] Ebd., S. 69f. [Veränderung vom Autor].

zwei Ebenen, die, soll der Ansatz von de Vaux verstanden oder kritisiert werden, keinesfalls ignoriert, vertauscht oder nivelliert werden dürfen.

Ebene 1
Die Objekte der Archäologie werden 'gesucht, beschrieben und eingeordnet'. Hier ist der Ort der Funddokumentation, die z. B. die Fundorte der Keramik, die Keramik selbst und die Einteilung der Keramik in Krüge, Becher etc. beschreibt. Den Schwerpunkt bildet hier das Fundobjekt selbst. Es wird als an-sich betrachtet und problematisiert. Der Forschungsblick kreist um das problematisierte Objekt. Hilfen durch Textinterpretationen sind ausgeschlossen.

Ebene 2
Die zweite Stufe ist um die 'Erklärung' des Fundmaterials bemüht. Eine Erklärung kann durch den Vergleich mit schon gedeuteten Materialien, aber auch durch Beziehung der Fundgegenstände untereinander geschehen. Das Zentrum der Untersuchung bildet hier nicht mehr das Objekt an-sich, sondern hier lautet die Fragestellung: Welchen Platz im Ganzen eines schon bestehenden Forschungsrahmens und akzeptierten Hintergrundwissen nimmt das Objekt ein? Der Forschungsblick kommt vom schon Bekannten, schon Geregelten, und mit Hilfe von Regeln wird der betreffende Fund eingeordnet. Nach de Vaux wird das Hilfsmittel der Textinterpretation auf dieser Ebene legitim beansprucht.

Die erste Ebene der Tätigkeit eines Archäologen beeinflußt die Fachwissenschaft Archäologie in fundamentaler Hinsicht. Jede neue weitere Interpretation der Funde ist auf diese Basis angewiesen. Jede Kritik an der 'Erklärung' (Ebene 2) oder an den Einordnungen der betreffenden Objekte muß sich auf Ebene 1, auf die Funddokumentation des Ausgräbers verlassen. Jede kontroverse Auseinandersetzung von 2) fußt auf 1). Jede Kritik an den 'Erklärungen' von de Vaux muß sich auf de Vaux der Ebene 1 berufen. Insofern ist die Veröffentlichung einer 'endgültigen' Präsentation der Ausgrabungen von Chirbet Qumran und En Feschcha mit dem ersten Band von Grabungsphotos und den Grabungstagebüchern von de Vaux eine notwendige Verbreiterung der Materialbasis, die es erlaubt, *mit* de Vaux *gegen* de Vaux zu argumentieren. "Vu la qualité du rapport préliminaire et l'absence d'une présentation complète de Qumrân par le fouilleur lui-même, le mieux que nous pouvions faire était de fournir aux chercheurs les armes d'une critique positive, et de leur permettre de mieux apprécier les faiblesses et les qualités du dossier."[1]
    Die darunterliegende fundamentalmethodologische Problematik, die Fragen und Probleme, die die grundsätzlichen Deutungen und Festlegungen des Archäologen beim 'Suchen, Beschreiben und Einordnen' auf Ebene 1 betreffen und durch die Anfragen der New Archaeology in die archäologische Diskussion eingeführt wurden, wird bei de Vaux nicht berücksichtigt.

---

[1] Humbert, J.-B., Liminaire, in: de Vaux, R., (1994), S. IX-XI, S. X.

Zum Tragen kommt in diesem Archäologieverständnis, das sich als Teil- und Hilfs-wissenschaft einer Geschichtswissenschaft versteht, die Vernachlässigung sozial-anthropologischer Problemfelder sowie die schwerpunktmäßige Ausrichtung auf Forschungsinteressen und Interpretationen, die einer Geschichtswissenschaft dien-lich sein können. Problemstellungen, die Raum- und Zeitdatierungen betreffen, sind vorrangig.

De Vaux ist trotz seiner Einsicht in die methodische Eigenständigkeit der Archäo-logie der Meinung, daß eine Zuordnung bzw. eine gegenseitige Erkenntniserweite-rung zwischen Archäologie und Bibelwissenschaft möglich ist.

Die von R. de Vaux methodisch bedingte und *dokumentierte* Trennung und Abgren-zung zwischen Fundsuche, -beschreibung und -einordnung einerseits und Inter-pretation dieser Daten andererseits liefert methodisch angemessene und fachwissen-schaftlich limitierte Ergebnisse. So zeigen sich z. B. Fragen, ob es archäologisch er-wiesen werden kann, in den Ruinen von Qumran den ursprünglichen Sitz der Es-sener zu sehen, als prinzipiell unbeantwortbar. Die Frage ist legitim, aber wer eine Beantwortung durch die Anwendung archäologischer Methodologie zu bekommen glaubt, begeht einen Kategorienfehler. Biblische Archäologie kann mit Gültigkeits-anspruch zeigen, daß zu einem bestimmbaren Zeitraum die gegenwärtigen Ruinen in Chirbet Qumran

a)   als Sitz einer *Gemeinschaft* interpretiert werden können; präziser:

b)   Qumran als Sitz einer *hochentwickelten Gemeinschaft* interpretiert werden kann, und Archäologie erlaubt auch noch zu sagen, daß

c)   Qumran als Sitz einer *hochentwickelten religiösen Gemeinschaft* interpre-tiert werden kann.

"Archaeology has shown that a relatively numerous community lived in the settle-ments of Khirbet Qumran and Feshkha and in the caves or near the caves in the vicinity. ... The archaeological evidence suggest to us that this group was a religous community. It was organized, disciplined, and observed special rites."[1] Und selbst in diesen relativ bescheidenen Aussagen sind die archäologisch plausibel ausweis-baren Prämissen unterlegt, daß Chirbet Qumran, die Gräber, die Höhlen und die Ruinen bei En Feschcha als in sich differenzierte Teilsysteme eines Gesamtsystems zu interpretieren sind.

De Vaux ist dessen ungeachtet der Meinung, zeigen zu können, daß es sich bei dieser religiösen Gemeinschaft um Essener handelte. "Archaeology can proceed thus far without either failing in scientific method or overstepping its proper limits, even though it can be concerned only with material remains. But it still remains for

---

[1] De Vaux, R., (1973), S. 109f.; vgl. ebd., S. 86. Diese Deutung hält sich bis zur letzten, 1978 ver-öffentlichten Stellungnahme. Vgl. ders., (1978), S. 985f.

us to compare the conclusions arrived at so far with the written documents, and then attempt an historical interpretation."[1]

Die Argumentation, die de Vaux dafür anbietet, fällt methodisch in die zweite Ebene, die 'Erklärungsebene'. Die Berechtigung dafür leistet bei de Vaux jedoch nicht mehr die Archäologie, sondern die Begründung geschieht mit Hilfe der Interpretation von Texten. "Clearly archaeology cannot prove that the people of Qumran were Essenes or were related to them. That is a question of doctrine, and the answer to it is to be sought from the texts rather from the ruins."[2]

[1] De Vaux, R., (1973), S. 87.
[2] Ebd., S. 128.

4.3 Die Zuordnung von Textinterpretation und Archäologie

De Vaux räumt bei dem Versuch einer Rekonstruktion der Geschichte den Texten eine Vorrangstellung ein. Das bedeutet für ihn nicht, daß eine Textinterpretation die methodische Eigenständigkeit der Archäologie vernachlässigen darf. "Texts and monuments are the two means of recovering historical actuality. They must be conjoined, but they must not be confused. The study of each is a distinct discipline which follows different methods that must be applied with equal rigor in both cases."[1] Wenn aber mit de Vaux die Einsicht in die methodische Eigenständigkeit der beiden Fachwisschenschaften konzediert wird, dann ist eine Bezugnahme auf die Ergebnisse der jeweilig anderen Disziplin nur mittels eines Modells möglich, das mit C. Frevel als Kooperationsmodell[2] bezeichnet werden kann.

Aus den Äußerungen de Vauxs ist zu entnehmen, daß sich seiner Meinung nach archäologisches Objekt und Text aufeinander beziehen lassen und daß dieser Bezug hilfreich für beide Fachwissenschaften ist. "There should be no conflict between a well established archaeological fact and a critically examined text. One and the same archaeological fact or one and the same text may allow a choice among several historical interpretations: the proper interpretation is then the one in which both ancient witnesses are in accord."[3]

Die von de Vaux erhoffte Synthese kann nicht gelingen, denn auch hier wird als verbindendes Drittes der Rekurs auf die *eine* Wirklichkeit notwendig. Die Prämisse der *einen* Wirklichkeit, die auch dem Kooperationsmodell unterlegt werden muß, ist fachwissenschaftlich nicht überprüfbar. Und de Vaux zeigt auch bei seiner Antwort, daß er hier das Feld der archäologischen Fachwissenschaft schon lange für überstiegen hält. Die Inbeziehungsetzung von archäologischem Objekt und Text delegiert de Vaux in den Aufgabenbereich eines Historikers.[4]

Welchen 'Wahrheitsgrad' unterstellt de Vaux einem Geschichtsbild, das mit der historischen Interpretation von archäologischen Objekten und der historischen Interpretation von Texten übereinstimmt? An dieser Stelle ist nicht entscheidbar, ob de Vaux, der 'proper interpretation' die beide Bedingungen erfüllt, historische Faktizität unterstellt oder ob sie lediglich als methodisches Regulativ verstanden wird. Daß die Rekonstruktion des Historikers immer lückenhaft bleibt und dies von de Vaux

---

[1] De Vaux, R., (1970), S. 70.

[2] Vgl. S. 85 dieser Arbeit.

[3] De Vaux, R., (1970), S. 70.

[4] Vgl. ebd. "But the judgment of the historian may be influenced, and warped, by the preference which he gives either to archaeology or to texts. The temptation may be to minimize the witness of archaeology which conflicts with his criticism of the texts, or to neglect the witness of the texts which do not occur with his archaeological conclusions. He may also be tempted to produce an artificial harmony between them by giving to the archaeological facts or to the texts a meaning which they do not have, and even to do violence simultaneously both to archaeology and to the texts. Finally, one must remember that the witness which archaeology and the texts afford is and always will remain incomplete." Ebd.

mit der Zufälligkeit und Unvollständigkeit der Funde erklärt wird, könnte als Indiz dafür gewertet werden, daß er der Rekonstruktion historische Faktizität unterstellt.[1] Im selben Aufsatz hält de Vaux den Historiker an, bei der Untersuchung biblischer Erzählungen nie zu vergessen, daß seine Resultate immer nur die Interpretationen einer Wirklichkeit sind, die er niemals wiedererlangen kann.[2] Es gab zwar eine objektive Geschichte, doch diese kann der Wissenschaftler nicht mehr erreichen. "All History (with a capital) is a construction and an interpretation."[3]

Methodisch zeigt sich dasselbe Phänomen wie bei der Interpretation von archäologischen Fakten. Dort wurden die Interpretationsprobleme, die bei der Übernahme archäologischer Daten entstehen, als fachwissenschaftliches Problem anerkannt; andererseits wurden die Probleme bei den notwendigen Interpretationsleistungen auf Stufe 1 der archäologischen Forschung völlig übersehen.

Festgehalten werden muß, daß für de Vaux Archäologie niemals einen Text als solchen bestätigen oder widerlegen kann, sondern lediglich die Interpretation des Textes. "Archaeology does not confirm the text, which is what it is, it can only confirm the interpretation which we give it."[4] De Vaux sieht richtig, daß die Ergebnisse der Archäologie nicht ohne Interpretation vom Historiker oder vom historisch-kritischen Exegeten übernommen werden können. Ab Teil III seiner Synthese

---

[1] De Vaux, R., (1970), S. 70. "The earth's crust has preserved only a small portion of the monuments and objects of antiquity, and archaeology has recovered only a small proportion of these; also, those texts which we have represent only a very small part of that which was written, and even so would not represent everything necessary for the work of the historian. Thus archaeology can mitigate the silence of ancient texts to a certain degree, but one must be admit that lack of archaeological evidence would not be sufficent in itself to cast doubt on the affirmations of the written witnesses." Ebd.

[2] Vgl. ebd., S. 69: "Whatever the result, he is obliged to acknowledge that it is only his interpretation of a reality which he is not able to recover."

[3] De Vaux, R., Method in the Study of Early Hebrew History, in: Hyatt, J. Ph. (Hg.), (1965), S. 15-30, S. 15. Auch hier wird zwar die Notwendigkeit der Interpretation anerkannt, wenn es darum geht, historische Ereignisse, zu bewerten. "The event which appears once, in space and time, the naked fact, unique, isolated, has in itself no sense for the historian. It is as stone of the building which he is to build, but he will not know whether this stone is a foundation, a support, or the keystone until he has assembled many of these stones, of these facts, and has compared them and arranged them according to a certain order. The event does not become a part of History until it is interpreted." Ebd. Das bedeutet im Unterschied zum Religionswissenschaftler und Theologen, daß der Historiker Israel als eine der Volksgemeinschaften im alten Nahen Osten sieht, der er innerhalb der Weltgeschichte einen bestimmten Platz und eine bestimmte Rolle zuschreibt. "He reconstructs its political and economic history, studies its social, political, and religious institutions and its culture, as he does or would do for any other people. The Bible its for him a document of history which he critizes, and controls, and supplements by the information which he can obtain outside of the Bible. The result is a history of Israel." Ebd. Zu den unterschiedlichen Interessen an Geschichte durch den Theologen und Religionsgeschichtler vgl. ebd., S. 16. Als Bestätigunginstrument 'outside the Bibel' wurde vor allem die Archäologie angesehen, die aber von M. Noth als Bestätigungsinstrument komplett verworfen wurde, was de Vaux mit Einschränkungen begrüßt. Vgl. ebd., S. 26: "Martin Noth sees the limits of the evidence which archaeology can bring, and he protests against a sometimes abusive use of archaeology. This reaction is exaggerated but it is salutary."

[4] De Vaux, R., (1970), S. 78.

'Archaeology and the Dead Sea Scrolls'[1] ist die Argumentation von de Vaux nicht als Argumentation eines Archäologen zu verstehen, sondern als Argumentation eines Exegeten und, in letzter Konsequenz, als Argumentation eines Historikers. Das bedeutet, daß bei der Frage nach der Zuordnung von Archäologie und Text die Daten, die durch archäologische Forschung zu Qumran vorliegen, als Basis und Kontrollinstanz jeglicher Textzuordnung und historischer Gesamteinordnung in Rechnung zu stellen sind. Das gilt für alle Interpretationen, die zu Qumran vorgelegt werden.

Auf die Frage, ob in Qumran Essener gewohnt haben, antwortet de Vaux, wie oben angeführt: "That is a question of doctrine, and the answer to it is to be sought from the texts rather than from the ruins."[2] Die Berechtigung, die Ruinen in die Problemfrage einzubinden, sieht er durch die archäologisch fundierte Verknüpfung von Ruinen (Keramik) und Höhlenfunden (Keramik - Texte). "[I]n the writings of Qumran points of contact with, or resemblance to the beliefs and customs of, the Essenes have been brought to light. This being the case, we are justified in putting the question to the archaeologists whether the evidence in their field contradicts or corroborates this *rapprochement*."[3] Aus den Texten lassen sich hinsichtlich des Glaubens und der Gebräuche Berührungspunkte oder Ähnlichkeiten mit den Essenern zeigen. Weil dies der Fall ist, kann, so de Vaux, die Frage in den archäologischen Kontext übersetzt werden, um mittels archäologischer Indizien dieser Annäherung zu widersprechen oder sie zu bekräftigen.

Archäologie kann insofern nie einen Text bestätigen, sondern sie kann lediglich eine bestimmte Textinterpretation, die Elemente des Textes historisierend interpretieren, mit archäologischen Daten vergleichen und *diesen Vergleich* positiv oder negativ bewerten.

De Vauxs Verständnis von Archäologie läßt sich in 3 Punkten charakterisieren:

1) Ziel und Nutzen der Archäologie.
Archäologie wird als methodisch eigenständige Wissenschaft verstanden. Die Archäologie des alten Nahen Ostens ist unverzichtbare Hilfswissenschaft der Biblischen Wissenschaften. Archäologie handelt mit 'Realien'. Darunter wird alles subsummiert, was Spuren der Anwesenheit oder Aktivitäten von Menschen zeigt. Die Archäologie versucht, diese Spuren zu suchen, zu beschreiben und einzuordnen. Ihr Zweck ist es, die Bedingungen des vergangenen Lebens zu rekonstruieren und seine Entwicklung und Modalitäten aufzuzeigen.

2) Methoden der Archäologie.
Archäologie liefert keinen 'objektiveren' Zugang zur Vergangenheit als andere Fachwissenschaften. Die Bedeutung und der Einfluß der Interpretationsleistung des

---

[1] Vgl. de Vaux, R., (1973), S. 91-138.

[2] Ebd., S. 128.

[3] Ebd. [Veränderung vom Autor].

Archäologen auf seine Ergebnisse wird zwar anerkannt, aber nicht methodisch re-
flektiert. Tragfähigkeit, Grenzen und Bildung archäologischer Theorie- und Hypo-
thesenbildung und deren Rahmenbedingungen werden nicht problematisiert.

3) Bezüge zwischen Archäologie und Textwissenschaft.
Archäologie als Fachwissenschaft ist methodisch eigenständig. Sie ist keine Theologie. Ihr Blick ist immer ein archäologischer, nie ein theologischer. Unmöglich kann
deshalb Archäologie die Bibel 'beweisen'. Und selbst die historischen Passagen der
Bibel unterliegen verschiedenen historischen Veständnisweisen. Text und Archäologie haben ihre eigenen Rechte. In den Epochen, für die es sowohl schriftliche wie
materielle Traditionen bzw. Gegenstände gibt, vermag die Archäologie die Texte
noch etwas mehr zum Sprechen zu bringen; umgekehrt bedeutet aber ein Fehlen archäologischer Glaubwürdigkeit kein automatisches Zweifeln an der Aussage des
Textes. Die Zuordnung von Text- und archäologischer Interpretation hält de Vaux
auf der Ebene 2 für legitim und erkenntniserweiternd für beide Fachwissenschaften.
Ergebnisse der Archäologie können jedoch nie einen Text, sondern lediglich seine
Interpretation bestätigen.

4.4 Kritik an der wissenschaftlichen Praxis R. de Vauxs

Den Einsichten, die de Vaux in seinen Ausführungen zu einer Theorie von Archäologie formulierte, wurden in der Forschung in systematischer Hinsicht nicht widersprochen. Anders sieht es aus, wenn die wissenschaftliche Praxis de Vauxs beurteilt wird. Diese wird in systematischer und konkreter Hinsicht kritisiert.[1] Ph. R. Davies listet in einem vielzitierten Artikel eine Reihe von Unterlassungen und Mißinterpretationen bei den Ausgrabungen von Qumran auf, die er de Vaux zuschreibt. Diese lassen sich auf zwei Punkte zurückführen:

1. Die Zuordnungsproblematik zwischen literarischen und nicht-literarischen Daten.

2. Die Gefahr von Vorurteilen, von 'Preconceptions'.

Beide Vorwürfe zeigen sich als Artikulierung der Problematik erkenntnisleitender Präsuppositionen.

▸ Zu 1. Das Wechselverhältnis zwischen archäologischem Objekt und Text. "The goal of integrating literary and non-literary evidence lies, of course, at the heart of the discipline called *biblical archaeology*, which in its characteristic mode seeks to illuminate the biblical text through archaeology. In the case of Qumran however, the literature is not the Bible but the scrolls found in the caves. Once the ruins had come to be regarded as the place of origin of all the scrolls, integrating the results of the digging and the contents of the scrolls became an almost inevitable temptation."[2]

Davies wehrt sich gegen das Tun der Qumranarchäologen, die archäologische Ergebnisse und Interpretationen mit den Inhalten der bei Qumran gefundenen Schriftrollen abgleichen und Unsicherheiten und Vermutungen im archäologischen Diskurs durch Vergleich mit den Texten auflösen oder mildern wollen. Wenn de Vaux so verfahren ist, dann nicht nur gegen die Überzeugung von Davies, sondern auch gegen seine methodischen Einsichten selbst.[3]

Besonders gut läßt sich für Davies diese Vermischung und Rückinterpretation von archäologischen Daten und Textinterpretationen an de Vauxs Datierung der Besiedlungsphase Ia von Chirbet Qumran belegen.

Mit Hilfe der Münzfunde ist es möglich, den Beginn der ersten Hauptbesied-

---

[1] Vgl. Davies, Ph. R., How not to do Archaeology. The Story of Qumran, in: Biblical Archaeologist 51 (1988) 12, S. 203-207; Donceel, R.; Donceel-Voûte, P., (1994); Golb, N., (1994), S 29, 31ff.; Kapera, Z. J., (1993) u. (1994).

[2] Davies, Ph. R., (1988), S. 204.

[3] "Texts and monuments are the two means of recovering historical actuality. They must be conjoined, but they must not be confused.' De Vaux, R., (1970), S. 70.

lungsphase Ib zwischen 100-75 v. Chr. zu datieren.[1] "Now, de Vaux also discovered evidence of an earlier phase of occupation, which he called IA, and which,
in his words, was 'of short duration'. It is possible, he has posited, to push the
foundation of the settlement at Qumran to the time of one of Hyrcanus' predecessors, before 135 B. C. E., that is, somewhere between thirty and fifty years before
the main phase of occupation, IB. Thirty to fifty years is not a particularly short
duration. Why would de Vaux suggest going back so far? The answer lies not in
the soil but in the caves, where the literary evidence comes into play."[2] Denn
bevor de Vaux mit der Freilegung der Frühphase von Qumran begann, kannte er
die Texte, die in Höhle 1[3] gefunden wurden. Und aus einem dieser Texte kann
eine historische Reminiszenz an die Hasmonäer Jonathan und Simon interpretiert
und herausgelesen werden, deren Priestertum in die Jahre 152-135 v. Chr. zu
datieren ist und mit der Gründung der Qumrangemeinde zusammenhängt. "Thus,
when you read the Habakkuk midrash with a bent toward interpreting the archaeological data before you, you realize that you need a date before 135 B. C.
E. - hence, I suspect, de Vaux's otherwise inexplicable desire to push the time
frame back to the earliest possible date, or even earlier."[4] Weil also de Vaux, so
Davies, aus den Texten motiviert ein möglichst frühes Datum brauchte, wird,
selbst wenn der archäologische Befund dies nicht hergibt die Deutung der Gegenstände entsprechend beeinflußt.[5] "Literature and artifacts tend to relate to different worlds; only rarely can they be easily harmonized, as W. F. Albright, for
example, wish to do."[6]

De Vaux benutzt den Zeitrahmen der Phase Ib als Anknüpfungspunkt für die
Datierung von Ia. Diese zeitlichen Bestimmungen verdanken sich Interpretationen
archäologischer Daten. Daß unterschiedliche Beurteilungen zu unterschiedlichen
Datierungen von Phase Ib führen und diese Auswirkungen auf die vorlaufende
Phase Ia zeigen, muß nicht verwundern. Verwundern muß allerdings das Erklä-
rungsmuster, das Davies für die Kritik an dieser Datierung bringt. Wie ein Forscher psychologisch zu einer Idee kommt, die eine Frühdatierung wünschenswert
macht, ist wissenschaftsmethodisch gleichgültig. Die psychologische Motivation
ist von der Begründung dieser Idee zu unterscheiden. Das gilt umso mehr, wenn
sich die Begründung auf fachmethodisch prüfbare Argumente beziehen kann.

---

[1] Vgl. Davies, Ph. R., (1988), S. 204. "The date suggested by the archaeological data for the beginning of
Qumran is in the closing years of the second century B. C. E., this on the supposition that there was a
phase of occupation before 1B, although we are not entirely certain on this point. The date given by Laperrousaz is between 104 and 103 B. C. E, which, in my view, represents a sober judgment on the archaeological data." Ebd., S. 205.

[2] Ebd., S. 204.

[3] Die Textrollen sind 1QH (1=erste Höhle, Q=Qumran, H=Hymnensammlung Hodajot (Thema der
Rolle)), die Sektenregel 1QS, die Kriegsrolle 1QM und die Habakkukrolle 1QpHab.

[4] Ebd.

[5] Die Frühdatierung wird von de Vaux durch die Münzfunde legitimiert. An entsprechender Stelle wird
die Argumentation de Vauxs dargestellt. Vgl. S. 117 dieser Arbeit.

[6] Davies, Ph. R., (1988), S. 205.

Wenn mit Hilfe archäologischer Daten eine Frühdatierung von Ia plausibel gemacht werden kann, dann ist der geeignete Weg, diese Frühdatierung in Frage zu stellen, ein besseres Argument, mit dessen Hilfe die Theorie de Vauxs widerlegt werden kann.[1]

In der Diskussion der Ergebnisse, die de Vaux vorlegt, zeigt sich, daß er der 'unvermeidlichen Versuchung' einer Vermischung von Archäologie und Textinterpretation methodisch standgehalten hat. Was er methodisch über Aufgaben und Grenzen der Archäologie erarbeitet, zeigt sich in der Praxis seiner Interpretationen zur Ausgrabung von Qumran. Interpretation der Ruinen von Qumran, der Gräber, En Feschchas und der materialen Höhlenfunde verdanken und beziehen sich auf die archäologischen Daten. Die Interpretation der archäologischen Daten wird von de Vaux zu dem Gesamtresultat zusammengefaßt: 'Qumran war Sitz einer religiösen Gemeinschaft'. Diese Deutung, so das Selbstverständnis de Vauxs, kann archäologisch plausibel gemacht werden. Wird dieses Ergebnis als Basis weiterführender Schlüsse benutzt und ab hier mit Texten in Beziehung gesetzt, dann erlauben Interpretationen bestimmter Texte den Schluß, daß Qumran Sitz der Essener war. Diese Aussage ist aber nicht mehr durch archäologische Daten begründbar. Ausdrücklich werden archäologische Interpretation und weiterführende Textinterpretation von de Vaux getrennt abgehandelt.

▸ Zu 2. Die Beeinflussung durch vorgefaßte Meinungen.

Einige der ergebnisbeeinflussenden Vorurteile in der Biblischen Archäologie verdanken sich für Davies den biblischen Erzählungen. Im Fall der Ruinen von Qumran handelt es sich um keine biblischen Erzählungen, die die Ergebnisse in irgendeiner Weise beeinflussen könnten, sondern um Erwähnungen in den Schriften von Josephus und Plinius des Älteren über die jüdische Sekte der Essener. "Accounts by the historian Josephus and Pliny the Elder about the Jewish sect of the Essenes and the contents of the Community Rule (1QS) gave a prior testimony to the ancient inhabitants. In addition to these factors however, is the fact that the excavators were Christians ... and, perhaps most significant of all, that they were led by a Dominican monk. Both de Vaux and Milik as well as many other early commentators on Qumran, were Catholic priests. Otherwise, how could the site described as a *monastery*? For so it was. Had the scrolls not been found in the nearby caves, would the Qumran ruins have been interpreted as such?"[2]

Mit Davies ist anzuerkennen, daß die Kenntnisse historischer Berichte oder Erzählungen aus der entsprechenden Zeit Erwartungen produzieren, die bei der Sondierung des betreffenden Geländes und bei der Interpretation der archäologi-

---

[1] Wissenschaftlich vergeblich wäre es z. B. auch, die psychologischen Gründe für die Wendung von Ph. R. Davies (Mit folgender Widmung: "To Father Roland de Vaux remembered with respect and great affection"), (1982, S. 2) zu Ph. R. Davies (1988) 'How not to do Archaeology' zu eruieren. Wissenschaftlich relevant sind seine gegen die Theorie von de Vaux vorgebrachten Argumente; diese müssen berücksichtigt, geprüft und beurteilt werden.

[2] Ebd., S. 205.

schen Daten Auswirkungen zeigen. Zusätzlich verstärkt wird diese Beeinflussung
der Interpretation für Davies noch dadurch, daß die Ausgräber Christen, speziel-
ler noch Mönche waren und es dadurch alles andere als unerklärlich ist, warum
die Ruinen von Qumran als ursprüngliches 'Kloster' beschrieben wurden. Mit
Davies kann gefragt werden, ob die Ruinen auch als Klosterreste interpretiert
worden wären, hätte man in den nahegelegenen Höhlen keine Texte gefunden.
"The lesson I draw from this is that archaeology needs to work as far as possible without certain preconceptions. In particular, it should never set out to prove
a previously held theory, for my impression is that one can make archaeology
prove so many things. Preconceptions lead to overinterpretation, which is much
worse than underinterpretation. When observation and theory become mixed up
in the process of describing a site, the uninformed reader will likely be misled."[1]
Dieser Forderung ist ohne den geringsten Vorbehalt zu entsprechen. Erkenntnisleitende Prämissen sind auszuschließen. Der Begriff 'Kloster' verdankt sich
einer Interpretation, die archäologisch weder widerlegbar noch beweisbar ist. Nur
sagt das kein anderer als de Vaux selbst: "In the course of his discussion of my
conclusions, Driver often speaks of the 'monastery' of Qumran: thus in 'quotes'.
I am keeping the 'quotes', because I have never used the word when writing
about the excavations at Qumran, precisely because it represents an inference
which archaeology, taken alone, could not warrant."[2]
Ein weiteres Beispiel[3], das die Bestätigung von Vorurteilen bei de Vaux zeigen soll, wird von Davies angeführt: "One of my favorite memories of Roland de
Vaux is his being asked to justify why he designated a flat slab of limestone as a
laundry and respondig with an exhibition of the manner of washing practiced by

---

[1] Ebd., S. 206. "So, I conclude by summarizing the three main lessons in how *not* to do archaeology.
First, you must never make a publication of all the data a priority. Second, you must have a clear idea of
what you are discovering before you dig. Third, you must at all cost make sure that you can date everything, or nobody will be interested." Ebd., S. 207; vgl. dazu auch Fabry, H.-J., Chirbet Qumran - ein
Stiefkind der Archäologie, in: Bibel und Kirche 48 (1993) 1, S. 31-34.

[2] De Vaux, R., (1965), S. 99. Davies begrüßt den Zusammenbruch des Konsensus, der über Qumran lag.
"Controversy has returned." Davies, Ph. R., Sects and Scrolls. Essays on Qumran and Related Topics,
(South Florida Studies in the History of Judaism), Atlanta 1996, S. 1. Die Fundamentalfragen, so Davies,
sind wieder offen. Dazu gehört auch die Frage nach dem Charakter der Siedlung, "whether Khirbet Qumran was a monastery" (Ebd., S. 2). Mit Davies ist anzuerkennen, daß die Frage nach dem Zweck der Siedlung eine der Zentralfragen in der Qumranforschung ist. Gegen Davies muß aber betont werden, daß ein
'Kloster-Konsensus' - falls er überhaupt existierte - aus der Sicht de Vauxs archäologisch nicht herleitbar
ist.
Als 'Kloster' wird die Anlage z. B. im Lexikon zur Bibel genannt. Vgl. Maier, G. (Hg.), Lexikon zur Bibel, Wuppertal u. Zürich 1994, Tafeln 67 u. 29 und im Verz. der Tafelabbildungen. Der Text spricht nicht
von der Anlage als 'Kloster'.

[3] Die Deutung der Anlage als Kloster ist nur einer der Kritikpunkte von Davies. Weiter wird von ihm die
Funktion der Zisternen, die Rekonstruktion von Schreibtischen, die Vernachlässigung des verstärkten
Turms und die gleichzeitige Überinterpretation des postulierten Schreibraumes und des Speisesaales kri-
tisiert. Vgl. Davies, Ph. R., (1988), S. 205.

his mother in rural France in the early years of this century."[1] Unterstellt wird Davies, daß er mit diesem Beispiel zu zeigen versucht, wie der Hauptausgräber von Chirbet Qumran zu seinen Deutungen der Anlage kommt und auf welch 'tönernen Füßen', hier eine flache Kalkplatte als Waschplatz, diese Interpretationen stehen.

Die Verwunderung, die aus den Ausführungen Davies' durchscheint, daß ein Archäologe, der ein Objekt entdeckt und freilegt, zu diesem Fund eine Interpretation abgibt und sich diese 'nur' als eine unter möglichen Deutungen herausstellt, sagt mehr über das Wissenschaftsverständnis und die Autoritätsgläubigkeit der Kritiker als über die Kompetenz de Vauxs aus.[2]

Festgehalten werden kann, daß Davies die grundlegende Interpretation von de Vaux übernimmt. Die flache Kalkplatte wird von beiden als archäologisch relevantes Objekt interpretiert. Das Referenzobjekt, auf das sich die Funddokumentation bezieht, ist gemeinsamer Ausgangspunkt. Davies stimmt dagegen nicht mit der Funddeutung überein. Genau genommen zielt die Bemerkung von Davies nicht auf die Funddeutung von de Vaux, sondern auf die Rechtfertigung dieser Deutung. Es scheint, als ob Davies durch die Begründung der Erklärung die Erklärung selbst diskreditieren will. Doch die Kindheitserinnerung de Vauxs an seine wäschewaschende Mutter zeigt sich als Beispiel einer Horizontverschmelzung, die ein geschichtliches Weltverhalten zum Maßstab nimmt, um damit an 'gegenwärtigen' materiellen Resten vergangenes Weltverhalten zu postulieren. Andere Möglichkeiten sind dem forschungstreibenden Subjekt nicht gegeben. Unbestritten ist, daß die Begründung der Erklärung nichts über den Wahrheitsgehalt der Deutung aussagt. Das ist jedoch nicht nur mit dieser Begründung so, sondern jede hier vorgebrachte Begründung, gleichgültig welchem Ideal von Wissenschaft sie auch entsprechen würde, kann niemals beweisen, daß ihre Interpretation des Fundes die wahre ist.[3] Zur berechtigten Forderung von Davies nach Ausschluß von erkenntnisleitenden Prämissen ist anzumerken und mit Davies zu konzedieren, daß das Selbstverständnis eines Archäologen seine Forschungen

---

[1] Ebd. Vgl. dazu auf derselben Seite auch die Abbildung einer Photographie, die de Vaux an diesem Kalkstein zeigt.

[2] Niemand wird von Max Brod erwarten, daß er den 'Prozeß' von Franz Kafka deshalb authentisch interpretieren könnte, weil die Prozeßmanuskripte durch ihn vor der Vernichtung bewahrt und der Öffentlichkeit zugänglich gemacht wurden. Entscheidend wirkte Max Brod in der 'Funddokumentation', d. h. in der Frage der Kapitelanordnung. Vgl. Kafka F., Der Prozeß, hg. v. Max Brod, Frankfurt am Main 1950, Nachworte des Herausgebers; vgl. dazu auch Kafka, F., Der Proceß, hg. v. Pasley, Malcolm, Franz Kafka. Schriften Tagebücher Briefe. Kritische Ausgabe, (Bd. 1, Der Prozeß. Roman in der Fassung der Handschrift; Bd.2, Der Proceß. Apparatband), Frankfurt am Main 1990.

[3] Bei diesen Auseinandersetzungen zeigt sich die Brauchbarkeit einer kritisch-rationalen Wissenschaftskonzeption. Konkurrierende Theorien lassen sich auf einer ersten Stufe schon an ihren logischen Ableitungen beurteilen, z. B. mit der Überprüfung auf innere Widersprüche (Ist z. B. Wäschewaschen auf flachem Untergrund unmöglich? Ist das notwendige Wasser verfügbar?) oder mit einer Überprüfung der Vereinbarkeit der vorgelegten Theorie mit den akzeptierten Randbedingungen (Wo innerhalb der Anlage ist dieser Waschplatz angesiedelt? In einem Teil wo Wasserinstallationen rekonstruiert werden konnten, oder im Turm?).

beeinflußt. Wäre z. B. de Vaux nicht Christ, sondern Muslim gewesen, dann hätte er - falls er überhaupt in Qumran gegraben hätte - andere Forschungsschwerpunkte gesetzt. Wäre er Jude gewesen, hätte er vielleicht sein Augenmerk stärker auf die Spuren gelegt, die die Zweite Revolte hinterlassen hat. Wenn dem Anliegen von Davies entsprochen werden soll, die vorgefaßten Urteile und Meinungen aus der archäologischen Arbeit zu eliminieren, können zwei Problemslösungsstrategien verfolgt werden.

Lösungsstrategie 1

Kein Christ darf sich mehr als Archäologe betätigen, geschweige denn ein Mönch oder ein Priester. Selbstverständlich ist es auch keinem Juden oder Muslim oder einem Angehörigen einer anderen Glaubensgemeinschaft erlaubt, archäologisch tätig zu sein. Kein Archäologe darf antike Quellen lesen, da sie seine Prämissen beeinflussen könnten. Ferner darf kein Archäologe eine bestimmte archäologische Richtung vertreten, da auch sie objektive Erkenntnisse nicht mehr zuläßt. Kein Archäologe darf mehr Europäer, Afrikaner, Amerikaner sein oder einem anderen Kontinent, einem bestimmten Staat oder einer bestimmten Rasse angehören. Keineswegs ist ausgeschlossen, daß männliche Archäologen durch ihre biologische Determinanten und/oder Rollenfestlegung die archäologischen Objekte nicht neutral sehen. Dasselbe gilt auch für Archäologinnen. Ideal wäre eine neutrale Forschungsmaschine, ein Archäologieroboter. Hier müßte 'nur' noch das Problem gelöst werden, wer diesen programmieren soll und nach welchen Kriterien.

Lösungsstrategie 2

Jeder Archäologe sollte seinem Forschungsbericht prinzipiell ein Vorwort voranstellen, in dem er seine Standpunkte zu Zweck und Ziel der Archäologie, seine von ihm bevorzugte archäologische Richtung, seine benutzte Wissenschaftstheorie und seine erkenntnisleitenden Interessen nennt. Je besser ein Forscher seine wissenschaftstheoretischen Prämissen kennt, umso leichter kann er bei seiner Arbeit ihren Einfluß bewerten. Die Kontrolle einer Forschergemeinschaft bleibt dennoch unverzichtbar, weil die Präsuppositionen, die als solche überhaupt nicht mehr erkannt und selbstverständlich in Anspruch genommen werden, wissenschaftliche Praxis am nachhaltigsten prägen.

Weil es keine theoriefreie Beobachtung geben kann, ist es verfehlt bzw. unmöglich, erkenntnisleitende Prämissen vermeiden zu wollen. Primäre Aufgabe eines Archäologen ist es deshalb, diese Prämissen, die seiner Praxis zugrunde liegen, 'freizulegen' und sie in der Grabungsdokumentation als Teil der Ergebnisse mitanzuführen. Schon die Beurteilung von 'etwas' als[1] 'Fundgegenstand', als relevantes Objekt

---

[1] Zur als-Struktur des Verstehens in wissenschaftlich-theoretischer Hinsicht vgl. Heidegger, M., (1977), S. 475f.; zur Grundlegung der als-Struktur des Verstehens vgl. ebd., § 32. Verstehen und Auslegung. Zu gemeinsamen Voraussetzungen von philosophischer Hermeneutik und Kritischem Rationalismus in syste-
(Fortsetzung...)

für die Fachwissenschaft Archäologie verdankt sich erkenntnisleitenden und fachwissenschaftlichen Vorentscheidungen. "In times of increasingly narrow research designs, it is necessary for a reader to comprehend as precisely as possible what sort(s) of information were being sought in an excavation. It is no longer possible to assume that this is self-evident in terms of a general historical interest or comparative cultural analyses."[1] Von einer Abschluß- oder Gesamtpublikation ist zu erwarten, daß sie die archäologische Unternehmung möglichst vollständig repräsentiert. Funddokumentation und Fundinterpretation sollten so gut wie möglich getrennt werden. Die Publikation sollte durch ihren strukturellen Aufbau ermöglichen, daß 1) die vorgelegte Interpretation des Ausgräbers mittels seiner Dokumentation überprüft werden kann und daß 2) mit ihr eine Neuinterpretation der Grabung erarbeitet werden kann, die wissenschaftlichen Standards genügt. "Archaeologists must accept the tension between their desire to propose theories on the basis of available evidence and the need to control speculation that is based on limited data. Even tentative conclusions require a certain amount of evidence, but such proposals are valuable because they bring about a critical examination of excavated results. This delicate balance is, after all, the purpose of archaeological reports."[2]

Mit Davies ist zu fordern, daß die Publikation der Ausgrabungsberichte als ein Teil der Grabung interpretiert wird. Der Ausgrabungsbericht ist nicht nur als private Meinungsäußerung eines bestimmten Individuums zu interpretieren, sondern vielmehr als eine in Symbole (Sprache, Fotographien, Zeichnungen etc.) gefaßte Repräsentation eines nicht mehr zugänglichen und somit einer intersubjektiven Nachprüfbarkeit entzogenen Gegenstandbereiches. "I do want to take this opportunity to remark, a propos of what I have so far mentioned, that archaeology, at least the archaeology, of structures, involves two processes: destruction and reconstruction; it is vandalism, justified only when the evidence is accuratly and fully published. Any archaeologist or scholar who digs or finds a text but does not pass on what has been found deserves to be locked up as an enemy of science."[3] Solche Feinde der Wissenschaft scheinen in der Archäologie auf dem Vormarsch zu sein. Waren im Gra

[1] (...Fortsetzung)
matischer und individualgeschichtlicher Hinsicht (Gadamer, Popper) vgl. Grondin, J., Die Hermeneutik als die Konsequenz des kritischen Rationalismus, in: Philosophia Naturalis 32 (1995), S. 183-191.

[1] Boraas, R. S., Publication of Archaeological Reports, in: Drinkhard, J. F. ; Mattingly, G. L.; Miller M. J. (Hg.), Benchmarks in Time and Culture. An Introduction to Palestinian Archaeology, (Festschrift f. Joseph A. Callaway), Atlanta 1988, S. 325-333, S. 327.

[2] Ebd., S. 332.

[3] Davies, Ph. R., (1988), S. 203f. Übereinstimmend dazu: Müller-Wiener, W., Archäologische Ausgrabungsmethodik, in: Thiel, M. (Hg.), Enzyklopädie der Geisteswissenschaftlichen Arbeitsmethoden, 10. Lieferung: Methoden der Geschichtswissenschaft und der Archäologie, München und Wien 1974, S. 253-287. "Eine nicht adäquat publizierte Ausgrabung ist gleichbedeutend mit der willkürlichen Zerstörung historischer Dokumente und daher ... in höchstem Maße verantwortungslos gegenüber dem Dokument, - aber auch der das Unternehmen finanzierenden Allgemeinheit. ... im übrigen aber ist ... dieses Kapitel zweifellos eines der trübsten in der Geschichte der archäologischen Feldforschung". Ebd., S. 279f.

bungszeitraum 1960-1969 noch 39% der archäologischen Unternehmungen unveröffentlicht, stieg dieser Anteil im Zeitraum 1980-1989 auf über 85%.[1] Sobald Archäologen graben, sind sie verpflichtet zu veröffentlichen. Obwohl z. B. die Israel Antiquities Authority 1994 eine Grabung in Qumran durchführte, ist bis auf einen Artikel mit Interviewauszügen in der Jerusalem Post vom 21.05.1994 nichts von dieser Grabung veröffentlicht. Das ist deshalb besonders zu bedauern, da A. Drori und Y. Magen eine neue Theorie zu Chirbet Qumran proponieren, die im Ergebnis formuliert, daß Qumran wesentlich kürzer als Essener-Sitz fungierte, als es bisher angenommen wurde. Durch die Nichtveröffentlichung ihrer Daten und Argumente ist jedoch eine wissenschaftliche Würdigung ihrer Theorie nicht möglich.[2]

Die Geschichte der Grabungsdokumentation von Qumran spielt in der Auseinandersetzung um Qumran eine besondere Rolle. Qumran gehört vermutlich zu der Klasse von Grabungsorten der Biblischen Archäologie, über die häufig geschrieben wird. Qumran gehört sicherlich auch in das Publikationsvorderfeld bei der Frage nach der Deutung des Fundortes. Einen Spitzenplatz dürfte Qumran jedoch in der Kategorie der umstrittensten Dokumentationen einnehmen.[3]

Mit der Veröffentlichung des offiziellen Abschlußberichts, der auf 5 Bände angelegt ist, wurde über 40 Jahre nach Beendigung der Arbeit am Fundort begonnen. Unter wissenschaftsmethodischen Gesichtspunkten ist die Länge dieses Zeitraumes nicht zu rechtfertigen, da die Funddokumentation in der Archäologie nicht nur die Rolle der Ergebnispräsentierung spielt, sondern zugleich den Objektbereich enthält, mittels dessen die präsentierten Ergebnisse überprüft, kritisiert und weiterentwickelt werden können. Eine Publikation, verstanden als Repräsentation des Ausgrabungsortes und des systematischen Arbeitens und Nachdenkens über ihn, kann sich nicht darauf beschränken, lediglich die Interpretation des Ausgräbers methodisch abzusichern; sie muß auch die bedeutungslosen, die gegenläufigen und die nicht einordenbaren Daten enthalten. Sie müßte im Idealfall 'alle' relevanten Daten enthalten, damit sie nicht nur der Gesamtheit gegenwärtiger Forschungsinteressen, sondern auch zukünftigen Problemstellungen gerecht werden kann.

Das ist nie zu leisten, denn die Frage, was den Archäologen in 20 Jahren interessiert, läßt sich methodisch nicht berücksichtigen. Trotzdem enthält der Einwand der Donceels einen harten Kern. Sie merken zur Photodokumentation an: "[T]he choice of shots being selective according to what Fr. de Vaux considered important. As we were checking the prints for each locus, a certain number of lacunae appeared; 34 out of the total of 144 loci were never photographed by the excavation team.

[1] Vgl. dazu Shanks, H., Archaeology's Dirty Secret, in: Biblical Archaeology Review 20 (1994) 5, S. 63f.

[2] Vgl. Rabinovich, A., Operation Scroll, in: The Jerusalem Post International Edition, Week ending May 21, 1994, S. 9.12.14. Vgl. aber auch S. 321, Anm. 2; S. 322, Anm. 2 und S. 328, Anm. 1 dieser Arbeit.

[3] Vgl. neben Davies auch Fabry, H.-J., (1993), S. 31-34; Donceel, R., Reprise des Travaux de Publication des Fouilles au Khirbet Qumran, in: Revue Biblique 99 (1992) 3, S. 557-573; Donceel, R.; Donceel-Voûte, P., The Archaeology of Khirbet Qumran, in: Wise, O.; Golb, N. u. a. (Hg.), Methods of Investigation of the Dead Sea Scrolls and the Khirbet Qumran Site. Present Realities and Future Prospects, New York 1994, S. 1-38.

On the other hand the coverage was very dense for discoveries which might appear to us today of minor interest; they are, however, significant of the excavator's preconceptions"[1].

Daß de Vaux nicht alle loci photographierte, muß ihm zur Last gelegt werden.[2] Die häufig photographierten Szenarien und Objekte, die aus der Sicht der heutigen Forschung nicht mehr diese Aufmerksamkeit verdienen, zeigen seine Forschungsschwerpunkte und sind, negativ formuliert, Indikatoren seiner Vorurteile. Wer aber dadurch de Vaux seine Wissenschaftlichkeit absprechen würde, und das unterlassen Donceel und Donceel-Voûte mit guten Gründen, der würde vergessen, daß de Vaux 1) vor 40 Jahren gegraben hat und sich in dieser Zeit wissenschaftliche Standards verändert haben, und daß 2) de Vaux unmöglich wissen konnte, was die Qumranforschung in 40 Jahren interessiert. Es sollte ja keiner besonderen Erwähnung bedürfen, daß sich auch die Fragen und Antworten, die gegenwärtig zur Ausgrabung von Qumran gestellt und gegeben werden, von Prämissen vielfältiger Art geprägt sind.

Z. J. Kapera[3] dreht die 'Prämissenvorwurfschraube' eine Drehung weiter. Während auf die bei Ph. R. Davies und P. Donceel-Voûte, R. Donceel vorgetragene Kritik mit fachwissenschaftlichen Argumenten reagiert werden kann, ist es unmöglich mit den Methoden einer Fachwissenschaft auf eine Kritik zu antworten, die zum endgültigen Ergebnis kommt: "What started in 1987 at Mogiliany as a disput about archaeological aspects of the Jerusalem hypothesis of Norman Golb and continued with the publication of an accusing article by Ph. R. Davies ... on excavations in Chirbet Qumran, ended in New York with the definitive collapse of the interpretation of the Qumran site as a monastic center of the Essenes. We can possibly describe some of the ancient documents from the caves close to Qumran as sectarian, but in no way can we any more indentify the site as a sectarian center with a big library. *That has now ended once and for all and nobody is able to revive the official interpretation of Father R. de Vaux and his Scrollery team.*"[4] Unterstellt werden soll Kapera, daß er mit diesen Aussagen einen Gütigkeitsanspruch verbindet. Sind die Aussagen aber ernst gemeint, dann muß gefragt werden, auf welchem Ver-

---

[1] Donceel, R.; Donceel-Voûte, P., (1994), S. 17. [Veränderung vom Autor]. Müßig ist es, sich darüber zu beklagen, daß nicht alle Photos im Ausgrabungsband abgebildet wurden. Dieser Mangel könnte aber relativ schnell durch eine prozessor- und betriebssystemunabhängige CD-Rom Edition behoben werden. Zu bedauern ist, daß J.-B. Humbert, einer der Hg. des Grabungsbandes, in einer Neuinterpretation zu Qumran mit einer Abbildung argumentiert, die bei de Vaux (1973), Pl. IX, b zu finden ist, auf einen Neuabdruck im Ausgrabungsband jedoch verzichtet. Ein weiteres kleines Informationsdefizit hätte durch die Veröffentlichung der Photos, die für Grab 1 und Grab 2 existieren (vgl. de Vaux, R., (1994), S. 370), und für die keine schriftlichen Aufzeichnungen mehr vorhanden sind, vermieden werden können.

[2] Neben de Vaux photographierten zahlreiche andere Personen die Ausgrabung. Vgl. de Vaux, R., (1994), dort vor allem den Abbildungsnachweis. Die faktische Kompensation entschuldigt jedoch nicht de Vaux systematisches Versäumnis.

[3] Vgl., Kapera, Z. J., Khirbet Qumran no more a monastic settlement, in: The Qumran Chronicle 2 (1993) 2, S. 73-84.

[4] Ebd., S. 74. *Kennzeichnung vom Autor.*

ständnis von Wissenschaft solche Aussagen überhaupt formuliert werden können? Wird zu Recht unterstellt, daß auch die Theorie des Ausgräbers einer 'location' *eine* Theorie von vielen möglichen ist und bleibt, mit welchem Recht, mit welcher Logik vermögen dann Alternativinterpretationen grundsätzlich diesen Theorienstatus zu überspringen? Wie erreichen sie unmittelbare Gewißheit und Wahrheit? Auch die Theorien der Gegner der Essenerthese sind grundsätzlich hypothetisch.

Mindestens müßte von Kapera angegeben werden, welche Arbeit von de Vaux kritisiert wird. Die des Archäologen, der seine Funde dokumentiert, oder die des Interpreten, der ein möglichst widerspruchfreies Bild für die Funde entwirft, oder die des Historikers, der dieses Bild in einen Geschichtsverlauf eingliedern will?[1]

Obwohl de Vauxs Arbeit und Interpretation von fachmethodischen Voraussetzungen geprägt werden, zeigt sich, daß er die archäologische Basisarbeit ohne die Zuhilfenahme von Textinterpretation durchführt und auf der Basis seines Verständnisses der Fachwissenschaft Biblische Archäologie die Trennung von Dokumentation und Interpretation anerkennt. Von den ersten vorläufigen Ausgrabungsberichten bis zu seiner systematischen Zusammenfassung seiner Interpretationen in den Schweich Lectures und erneut in den veröffentlichten Grabungstagebüchern zu Chirbet Qumran und En Feschcha läßt sich diese Behauptung begründen.[2] Zur Beurteilung von de Vauxs Arbeit zu Qumran ist den Donceels voll und ganz zuzustimmen: "Actually when you compare Qumran to other old digs, the amount of information that is available from de Vaux seasons, notes, photographs, drawings, plans, etc., is really quite reasonable and very good for his time. [...] What de Vaux published is better than 90 % of the archaeologists of his time."[3]

---

[1] Zur Kritik an Kaperas Theorie vgl. S. 323f. dieser Arbeit und Kapitel 6: 'Was macht aus Gräbern einen Friedhof?', S. 235-260 dieser Arbeit.

[2] Vgl. de Vaux, R. (1994), S. 291-368.

[3] Donceel, R.; Donceel-Voûte, P., (1994), S. 38 und 35. [Einfügung vom Autor].

5 Rekonstruktion durch Interpretation. Die Deutungen der Ruinen von Chirbet Qumran

5.1 Die Israelitische Siedlungsperiode

5.1.1 Interpretation der Ruinen

Schon Mitte des vorigen Jahrhunderts wurden die Ruinen von Chirbet Qumran[1] untersucht, doch glaubten die Archäologen damals, daß es sich um ein römisches Kastell oder sogar um das untergegangene Gomorrha handeln könnte. Erst die in der Nähe gefundenen Schriftrollen lenkten den Blick wieder auf die Ruinen. Die Höhlen und die Ruinen von Qumran sowie die Oase En Feschcha wurden das Ziel mehrerer wissenschaftlicher Exkursionen.[2] Die Besiedlung der Ruinen von Qumran läßt sich nach Pater Roland de Vaux in mehrere zum Teil deutlich unterscheidbare Phasen einteilen. Rekonstruiert und unterschieden werden können eine sogenannte Israelitische Periode, eine Periode Ia, eine Periode Ib, eine Periode II und eine Periode III.[3]

---

[1] Zur Etymologie des Namens 'Qumran' vgl. Cross, F. M., The Ancient Library of Qumran. 3rd revised and extended edition, Minneapolis ³1995, S. 55f., Anmerkung 1.

[2] Die erste Suche wurde 1949 vom 15. Februar bis 5. März durchgeführt und betraf Höhle 1Q. Die zweite Exkursion bezog sich auf die Ruinen von Chirbet Qumran und dauerte vom 24. November bis 12. Dezember 1951. Vom 10. bis 29. März wurde eine Erkundung von Höhle 2Q und 3Q durchgeführt. Vom 22. bis 29. September 1952 wurden die Höhlen 4Q, 5Q und 6Q entdeckt und erforscht. Vom 9. Februar bis 24. April 1953 erstreckte sich die zweite Ausgrabung der Ruinen von Qumran. Die dritte Ausgrabung erfolgte 1954 und dauerte vom 13. Februar bis 14. April. Die vierte Ausgrabung erfolgte 1955, vom 2. Februar bis 6. April, mit der damit verbundenen Entdeckung der Höhlen 7Q bis 10Q. Die letzte Ausgrabung der Ruinen von Qumran fand 1956 statt, vom 18. Februar bis 28. März. In diese Zeit fällt auch die Entdeckung der Höhle 11Q. Im Jahr 1958 wurden vom 25. Januar bis 21. März die Überreste von En Feschcha ausgegraben. Vgl. Laperrousaz, E.-M., Qoumran. L'Établissement Essénien des Bords de la Mer Morte. Historie et archéologie du site, Paris 1976, S. 8-15.

[3] Obwohl in der Gliederung der Siedlungsperioden die Einteilung von de Vaux übernommen wird, impliziert dies nicht die selbstverständliche Akzeptanz seiner Datierung. Da die Arbeit jedoch in grundsätzlicher Hinsicht die de Vauxsche Interpretation zu Qumran überprüft, muß seine Datierung präsentiert werden, um sie der Prüfung auf interne Konsistenz und der Kritik durch Konkurrenztheorien aussetzen zu können. Ebenso lehnt sich die Beschreibung der Ruinen eng an die Beschreibungen de Vauxs (1973) an. Bei der Diskussion zu den Rekonstruktionsversuchen der einzelnen Siedlungsperioden wird die Bezeichnung des jeweiligen Fundortes, in dem das betreffende Fundobjekt gefunden wurde oder dieses repräsentiert, von de Vaux übernommen. 'Location x' (loc. x) kann also für einen räumlich ausgedehnten Ort stehen, in dem verschiedene, archäologisch relevante Funde entdeckt wurden, wie z. B. loc. 130, in dem einige Behältnisse mit Tierknochen gefunden wurden; im Gegensatz dazu wird 'loc. 110' als Bezeichnung für eine große Rundzisterne benutzt. Die von de Vaux festgelegte Bezeichnung der loci wurde beibehalten. Eine von de Vaux abweichende Benennung der loci bringt keine Vorteile, sondern erschwert lediglich die Zuordnung. Eigene Kennzeichnungen führen H. Bardtke (Die Handschriftenfunde am Toten Meer. Die Sekte von Qumran, Berlin 1958, ²1961. Zitiert wird grundsätzlich aus der 1. Auflage, da die 2. Auflage text- und seitenidentisch ist), A. Strobel (Die Wasseranlagen der Hirbet Qumran. Versuch einer Deutung, in: Zeitschrift des Deutschen Palästina-Vereins 88 (1972), S. 55-86) und Ph. R. Davies (1982) ein.

(Fortsetzung...)

Die Behandlung der sogenannten Israelitischen Siedlungsperiode ist für die Darstellung der Geschichte der Anlage notwendig, weil die nachfolgenden Siedlungsperioden zum Teil auf Fundamenten oder Gebäuderesten der Israelitischen Periode ruhen.

Als Israelitische Periode wird die erste überhaupt nachweisbare menschliche Niederlassung bezeichnet, die an diesem Ort ihre Spuren hinterlassen hat. Gefunden wurden Tonscherben zwischen loc. 68 und loc. 80, unterhalb von loc. 68, außerhalb von loc. 6 und loc. 40, nördlich von loc. 38 und an den Fundamenten der östlichen Mauer von loc. 38. "They are again to be found *against* the north wall of loc. 77, the foundations of which are very deep, and *beneath* the south wall of the same locus, which has much shallower foundations and has been superimposed on a thin layer of ash containing Isrealite sherds only."[1] Dieselbe Aschenschicht erschien wieder unter loc. 86 und loc. 88. Ein Henkelgefäß, das dort gefunden wurde und auf dem der Schriftzug 'dem König gehörend' (lammelek) eingeritzt war, fügt sich in die Reihe schon bekannter Gefäße aus diesem Zeitraum ein. Eine Tonscherbe mit eingeritzten althebräischen Buchstaben vervollständigt die Funde.

Die Verteilung der Scherben und die Höhe der Fundamente ermöglichten den Ausgräbern ein Rekonstruktion der ursprünglichen Anlage. Sie dürfte einen großen Hofraum, ein Reihe von Räumen, sog. Kasematten entlang der Ostmauer und einen nach außen gebauten Raum in der nordöstlichen Ecke enthalten haben. Die Rekonstruktion stimmt mit einigen anderen Ausgrabungen überein, wie sie z. B. auch in der Negev Wüste gemacht wurden.[2]

Beherrscht wurde die Anlage in Qumran zu dieser Zeit durch eine Zisterne im Westen des Anwesens, loc. 110. Sie diente zur Speicherung des Oberflächenwassers. Sie war, im Vergleich zu den später erbauten Zisternen, die tiefste und als einzige rund. Obwohl in ihr keine Keramik gefunden wurde, vermutlich deshalb, weil sie regelmäßig gereinigt und benutzt wurde, besteht für die Archäologen kein Zweifel, daß sie in die Israelitische Periode zu datieren ist. Erwähnenswert scheint den Ausgräbern eine ebenfalls in diese Siedlungsperiode zu datierende Mauer, die im Südosten bei loc. 78 begann und bis an den Steilabfall des Wadi Qumran reichte. Dadurch entstand ein abgeschlossenes Gelände, das bei einer unterstellten Tierhaltung gut bewacht werden konnte. Spuren eines Turms werden vom Ausgräber nicht erwähnt.[3] Eine Besiedlung dürfte nicht früher als in das 8. Jh. v. Chr. und spätestens am Ende des 7. Jh. v. Chr. anzusetzen sein.[4] Die Datierung der Tonscherben und die Inschrift 'dem König gehörend' lassen auf die letzte Periode des Königtums schlie-

---

[3] (...Fortsetzung)
Als Referenz wird der in der erweiterten englischen Ausgabe abgebildete Plan für alle Lociangaben zugrundegelegt. Vgl. de Vaux, R., (1973), pl. XXXIX.

[1] De Vaux, R., (1973), S. 2.

[2] Vgl. Haiman, M., The Iron Age II Sites of the Western Negev Highlands, in: Israel Exploration Journal 44 (1994) 1-2, S. 36-61; bes. S. 54f. mit Literatur.

[3] Vgl. auch den Plan zur Israelitischen Periode, de Vaux, R., (1973), Pl. III.

[4] Vgl. Bardtke, H., (1958), S. 61f.

ßen. Daneben wurden Scherben gefunden, die noch früher zu datieren sind. "[T]he pottery from the first Israelite settlement at the foot of the plateau of Qumran is a little earlier, probably belonging to the ninth century B. C., and hence could go back to the reign of Jehoshaphat."[1] Alles deutet darauf hin, daß die Siedlung den Niedergang des Königtums von Judäa nicht überstand. Die Aschenschicht, die die gefundenen Scherben konstant begleitete, legt für de Vaux eine gewaltsame Zerstörung nahe.

5.1.2 Die Ortsbezeichung in der Israelitischen Periode

J. T. Milik meint, aus dem Alten Testament, aus Josua Kap. 15, in dem eine Liste von Ortsnamen enthalten ist, den alten israelitischen Namen von Chirbet Qumran rekonstruieren zu können. In Josua 15,61f. werden im Gebiet, das die Bezeichnung 'die Steppe' oder 'die Wüste' trägt, 6 Siedlungen erwähnt: Beth-Araba, Middin, Sechacha (oder Sekaka), Nibschan, Ir-Melach und En Gedi (oder Engedi). Beth-Araba glaubte man bei Jericho lokalisieren zu können und En Gedi im Süden. Wird angenommen, daß die Liste geographisch geordnet ist, dann können zwischen Bet-Araba und En Gedi die restlichen Siedlungen vermutet werden. Eine davon wurde Ir-Melach (oder Ir Hammelah), die Stadt des Salzes (oder des Salzsees) genannt. Milik ist nun der Meinung, daß die Ruinen von Qumran und diese Ortsbezeichnung miteinander identifiziert werden können. Für die Plausibilität dieser Zuordnung sprechen seiner Meinung die gefundenen Tonscherben, die sich in die Regierungszeit und Tätigkeit des Königs Usia datieren lassen. In 2. Chronik 26,10 heißt es, daß König Usia in der Steppe (Wüste) Türme bauen und viele Zisternen graben lies.[2]. M. Noth hat sich in einem Aufsatz zur Besiedlungsliste von Jos 15 geäußert. Es dürfte, so Noth, "trotz aller Schwierigkeit der Überlieferungsverhältnisse mit hoher Wahr-scheinlichkeit damit zu rechnen sein, daß die in Jos 15 61.62 aufgeführte Gruppe von Orten zum judäischen Stammesgebiet gehörte und daß eine leidliche räumliche Anordnung in dieser Gruppe vorliegt. Die mit Jos 15 61.62 begründete Ansetzung von Ir-Hammelah auf *chirbet kumran* ist also gegen mögliche Einwände gesichert, wenn auch gewisse Unsicherheiten, wie das in einem solchen Falle nicht anders sein kann, bestehen bleiben."[3]

---

[1] De Vaux, R., (1973), S. 94. [Veränderung vom Autor].

[2] Vgl. Cross, F. M.; Milik, J. T., Explorations in the Judaean Buqe-ah, in: Bulletin of the American Schools of Oriental Research 142 (1956) 2, S. 5-17, bes. S. 15f.

[3] Noth, M., 'Der alttestamentliche Name der Siedlung auf chirbet kumran', in: ders., Aufsätze zur biblischen Landes- und Altertumskunde, Band 1, hg. v. Hans Walter Wolff, Neukirchen-Vluyn 1971, S. 332-343, S. 342. Zur gleichen Identifikation kommt L. Cansdale, (1993), S. 117-125. Sekaka wird von Noth mit Chirbet es-Samara in der Buqe'a identifiziert. R. de Vaux übernahm nach Eshel zunächst diese Deutung; vgl. ders., (1956), S. 535-537. Später, so Eshel, wurde sie von ihm teilweise revidiert; vgl. ders., (1973), S. 91-94. Meiner Meinung nach de Vaux an dieser Stelle die möglichen Zuordnungen ausführlich, ohne sich jedoch verbindlich zu entscheiden. Noch de Vaux (1978), S. 978, formuliert: "It is probably to be identified [Khirbet Qumran] with Ir ha-Melah ('City of Salt')". [Einfügung vom Autor]. Vgl. Eshel, H., A Note on Joshua 15:61-62 and the Identification of the City of

(Fortsetzung...)

Unbefriedigend und auffällig bleibt für Strobel an diesem Lösungsvorschlag, daß der vorletzte Siedlungsname so weit im Norden lokalisiert werden muß. In Frage gestellt wird die von Noth und de Vaux vertretene Zuordnung außerdem durch die Interpretation der Ortsangaben in der sog. Kupferrolle,[1] "die eine Siedlung Sekaka nennen und sie mit Örtlichkeiten in Verbindung bringt, die eine Deutung auf *Qumran* wahrscheinlicher sein lassen. ... Geht man die einzelnen aufgezählten Lokalitäten durch, so drängt sich die Identifikation von *Qumran* mit Sekaka (skk' Jos 15,61) mit Nachdruck auf. It. (Disc. III:22) nennt die 'Schlucht' (gy) von Sekaka', lokalisiert die Siedlung demnach in unmittelbarer Nähe des Gebirgsabfalls, wahrscheinlich am Unterlauf des Wadis zum Toten Meer hin. It. 22 (Disc. III:23f) handelt vom Wasserkanal ('mt hmym), der die Stätte Sekaka 'vom Norden her' durchläuft. It. 23 (Disc. III:24) rechnet mit einem größeren Riß oder Spalt (sdq) im Reservoir ('swh oder syh) des 'Salomo', wobei offenbar eine ganz charakteristische Beschädigung gemeint ist, die durch Gewalteinwirkung entstand.[2] Erwähnt wird überdies ein Wasserbecken, das man als bauliches Objekt auf Salomo zurückgeführt hat. Darauf deutet auch It. 24 (Disc. III 25), wo vom 'Kanal' oder 'Graben des Salomo' ... die Rede ist, um (mit seiner Hilfe) eine Entfernung anzugeben. Daraus geht wohl hervor, daß man die Wasseranlage des Ortes mit einem älteren Werk, wohl weil ruinöse Reste vorlagen, in Zusammenhang brachte. Aufschlußreich könnte endlich auch It. 25 (Disc. III:26) sein. Beschrieben wird darin ein Grab, das seine Lage bei einem Wadi an der Straße von 'Jericho nach Sekaka' hatte ... Damit wird ziemlich offen angezeigt, daß die Siedlung in der Tat im nördlichen oder nordöstlichen Gebiet des Toten Meeres gelegen war. ... Obwohl offenbleiben muß, daß eine Reihe weiterer Stätten ebenfalls auf Sekaka zielen könnte, reichen die erwähnten ausdrücklichen Angaben aus, um der Identifikation von Sekaka mit der *Hirbet Qumran* den Vorzug zu geben. Ging bisher die Neigung dahin, Sekaka in der *Buqe'a* zu suchen, so spricht das vielfältige Zeugnis der Kupferrolle, die einen noch in spätjüdischer Zeit von Essenern bewohnten Ort behauptet, klar dagegen."[3] H. Eshel kommt zum gleichen Ergebnis durch die Untersuchung der Ortslisten im Buch Josua. "Those lists assembled, group by group, the names of the settlements, each of which occupies a specific subregion. Moreover, in Joshua 15 there is a ample evidence that the cities are

---

[3] (...Fortsetzung)
Salt, in: Israel Exploration Journal 45 (1995) 1, S, 37-40.

[1] Vgl. Baillet, M.; Milik, J. T. u. a., Les 'Petites Grottes' de Qumran, Discoveries in the Judaean Desert, Vol. III, Oxford 1962, bes. S. 263f und S. 288-289. [Wird abgekürzt mit *DJD III*].

[2] Strobel ist nicht Miliks Meinung, daß 'syb' mit Zisterne übersetzt werden sollte. Die Bezeichnung 'bor' würde mit Zisterne korrespondieren. "Tatsächlich dürfte syh ... ein 'Grube' [bezeichnen], bzw. das 'gegrabene und bearbeitete Bassin', wobei der Begriff vielsagenderweise immer auch für das Tauchbad gebraucht wird." Strobel, A., (1972), S. 83.

[3] Ebd., S. 84f.; vgl. ders., (1975), S. 98. Für die Identifizierung von Sekaka mit Qumran spricht sich auch B. Pixner aus; vgl., ders. (1990), S. 1418; ders., (1991), S. 154; vgl. dazu auch Bardtke, H., (1958), S. 6-12 und S. 193. Eine Verbindung der Wasseranlage von Qumran und den Schatzorten von Sekaka wird laut Eshel auch von Z. Ilan und D. Amit gezogen. Vgl. Amit, D., (1989), S. 283-288. Für die Identifizierung von Qumran mit Sekaka vgl. auch Ofer, A., (1993), S. 43-44.

listed in a circular sequence within the subunits. ... We may identify the three cities of v. 61 as follows ...: Beth-arabah north of the Dead Sea, Middin with Kh. Mazin as the southermost of this group an Secacah with Qumran in the middle."[1] De Vaux gibt zu bedenken, daß die Sekaka-These "leave the most notable site in the Buqei`a unnamed, for surely the two settlements of Chirbet es-Samara and Chirbet Qumran, separated as they are by a distance of seven or eight kilometres, would each have had their own name even if they were linked by the same wadi. And it is normal practice in such a situation for the site near the beginning of the wadi to bear the same name as the wadi itself."[2]

P. Bar-Adon deutet auf die Unabgeschlossenheit der Überlegungen. "The Copper Scroll discovered near Qumran could possibly permit us to identify the settlement of Qumran with Secacah, and not, as was first thought, with the City of Salt. In any case, the idea of identifying Secacah, Middin and Nibshan with Israelite sites in the Buqe`a cannot be substantiated. ... Mazar has conveyed to me orally that he is now inclined to accept Allegro's suggestion and identify Qumran with Secacah. ... At present, however, all attemps at identification are premature, until the investigation planned on the shores of the Dead Sea between Beth-arabah and En-gedi are completed."[3] Mit Bar-Adon kann auf die prinzipiellen Schwierigkeiten bei der Zuordnung von Namen aufmerksam gemacht werden. Die Zuordnung von tradierten Namen mit gegenwärtig bekannten archäologischen Ausgrabungsstätten wird spätestens bei der nächsten Ausgrabung zu neuen Zuweisungsmöglichkeiten führen. Niemand kann unterstellen, daß alle Örtlichkeiten, in denen archäologisch relevante Funde möglich sind, schon entdeckt worden sind. "We should bear in mind that particularly during the second Iron Age and the Roman period the west bank of the Dead Sea was more thickly populated than we have been accustomed to imagine."[4]

---

[1] Eshel, H., (1995), S. 38. Die Salzstadt wird von Eshel südlich von En Gedi lokalisiert. "The site best suited for the City of Salt is Masad Gozal, because of its proximity to Mount Sodom. If our understanding of the structure of the list of cities in the wilderness of Joshua 15: 61-62 is correct, we may assume that Secacah (Qumran) was the major site of the northern district (v. 61) on the west shore of the Dead Sea during the Iron Age II, while En-gedi was the central city of the southern district (v.62)." Ebd., S. 40.

[2] De Vaux, R., (1973), S. 93.

[3] Bar-Adon, P., Another Settlement of the Judean Desert Sect at `En el-Ghuweir on the Shores of the Dead Sea, in: Bulletin of the American Schools of Oriental Research 227 (1977), S. 1-25, S. 22f. Ähnlich vorsichtig Davies, Ph. R., Qumran, Guilford 1982, S. 38-40.

[4] De Vaux, R., (1973), S. 89f.

5.2 Die Siedlungsperiode Ia

5.2.1 Interpretation der Ruinen

Bedingt durch die Zerstörung, Vertreibung und das sich anschließende Exil, waren die Bauten bzw. Überreste der 'Israelitischen Periode' lange Zeit verlassen. Spuren einer Besiedlung haben sich jedenfalls nicht erhalten. Die zweite feststellbare Besiedlungsphase ist erst einige Jahrhunderte später anzusetzen und begann bescheiden. Die Ruinen aus der Israelitischen Periode wurden als Fundament für den Neubau benutzt. "A channel was built to collect the water which drained on to the esplanade to the north of the ruins and to provide more effective means of supplying water to the round cistern."[1] Zwei rechtwinklige Zisternen und ein kleines Klärbecken wurden neu errichtet. "Der Ausgräber hat das dadurch bewiesen, daß er einen anderen Wasserleitungskanal fand, der später wieder aufgegeben worden ist. In dieser Zeit schuf man auch einen Ablaufkanal aus der runden Zisterne nach Südwesten zum Westabfall der Mittelterrasse. Auch dieser ist mit der Erweiterung des Wasserleitungssystems aufgegeben worden."[2] "From this we can learn that the new inhabitants required more water than their predecessors, and we shall have reason to suspect that this was not simply because of increased numbers. The water continued to be collected simply by drainage from the terrace"[3].

Im Norden der erhaltenen Mauer, die die alte Rundzisterne einschloß, wurden einige Räume hinzugefügt (loc. 115, loc. 116, loc. 125, loc. 126 und loc. 127). Weiter nordwärts wurden einige kleine Bauten gefunden, die ebenfalls dieser Periode zugesprochen werden können (loc. 129, loc. 133, loc. 140 und loc. 141). Diese Räume wurden in der nachfolgenden Siedlungsperiode für einen neugelegten Wasserlauf zum Teil wieder durchbrochen.[4] Der östliche Teil der Anlage für Periode Ia ist, bedingt durch die Undeutlichkeit der Ruinen, weit schwieriger zu rekonstruieren. Sicher scheint nur, daß die östlichen und südlichen Fundamente der Israelitischen Periode beibehalten wurden. "Precisely what constructions were put up inside this enclosure at this time it is not easy to say."[5]

Möglich scheint, daß einige Räume an der Ostseite der Anlage restauriert wurden. Die Räume in der südwestlichen Ecke wurden nicht wieder aufgebaut. An deren Stelle wurden zwei Tonöfen nebeneinander gebaut. "There is nothing to indicate that these kilns were already in service during the Israelite period."[6]

---

[1] De Vaux, R., (1973), S. 4.

[2] Bardtke, H., (1958), S. 63f.

[3] Davies, Ph. R., (1982), S. 40.

[4] Vgl. de Vaux, R., (1973), S. 4.

[5] Ebd.

[6] Ebd. S. 4f. "In the following period one of these [kiln] was destroyed while the other was partly obliterated when some steps were built leading down to a cistern, loc. 66." Ebd. S. 4. [Einfügung vom Autor].

5.2.2 Datierung der Siedlungsperiode Ia

"It is difficult to determine with any precision the time at which this installation took place."[1] Nur einige Scherben und einige wenige Töpferwaren im Südteil des Hauptgebäudes können zur Periode Ia gerechnet werden. Die Art der Keramik ist ununterscheidbar zu Periode Ib[2]. Auch die gefundenen Münzen erlauben keine Differenzierung zwischen Ia und Ib.[3] Eine zeitliche Bestimmung ist deshalb nur annäherungsweise und nur in Beziehung zur besser dokumentierten Siedlungsphase Ib möglich. "As we shall see, the coins indicate that the buildings of Period Ib were certainly occupied under Alexander Jannaeus, 103-76 B. C., and that they may have been constructed under John Hyrcanus, 135-104 B. C. This construction marks the concluding date of Period Ia."[4] "Es muß betont werden, daß nach Beendigung der umfangreichen späteren Bauanlagen Spuren der früheren Besiedlung nahezu getilgt waren. Es ist daher verständlich, daß kaum irgendwelche kleineren datierbaren Objekte dieser Phase zugeschrieben werden können. Es ist eine archäologische Erfahrungstatsache, daß von den frühesten Besiedlungsphasen fast keine Objekte übrig bleiben. Selbst die Tonscherben aus einer solchen Periode werden aufgelesen und klein gemahlen, um neues Geschirr daraus zu machen. Jedoch einige Silbermünzen der seleukidischen Könige aus der Zeit um 130 v. Chr. und ein paar Bronzemünzen, die Johannes Hyrkanus prägen ließ, insgesamt fünfzehn Stück, könnten während dieser Zeit verlorengegangen sein."[5] De Vaux nimmt an, daß die Gebäude in Periode Ib, in der Regierungszeit von Alexander Jannäus, 103-76 v. Chr., bewohnt waren. Errichtet wurden die Gebäude unter Johannes Hyrkan 135-104 v. Chr. "It is possible that this would have commenced under one of the predecessors of John Hyrcanus, but we cannot push it back very far because the modest nature of the buildings and the scarcity of archaeological material attest the fact that this first installation was of short duration."[6] "Ob nun diese Periode zehn, zwanzig oder vierzig Jahre dauerte, sicher ist, daß irgendwann in der Regierungszeit Hyrkans (135-104

---

[1] Ebd., S. 5.

[2] Vgl. Lapp, P. W., Palestinian Ceramic Chronology. 200 B.C. - A.D. 70, New Haven 1961, S. 11, Fn. 20.

[3] Vgl. de Vaux, R., (1978), S. 978.

[4] De Vaux, R., (1973), S. 5. Vgl. dazu auch Callaway, Ph. R., The History of the Qumran community. An investigation of the problem, Ann Arbor 1986, S. 47f. u. S. 68.

[5] Milik, J. T., Die Geschichte der Essener, in: Grözinger, K. E. u. a. (Hg.), Qumran, (Wege der Forschung, Bd. 410), Darmstadt 1981, S. 58-120, S. 67. Mit großen Vorbehalten können einige wenige Silbermünzen zu dieser Periode gerechnet werden. In die Regierungszeit Demetrius' II. kann 1 Silbermünze datiert werden. Von Antiochus VII. (138-129 v. Chr.) wurden 6 Silbermünzen gefunden, bei 3 von ihnen ist das Prägedatum erkennbar: 132/131, 131/130, 130/129, eine stammt aus Tyrus 131/130, bei einer Münze ist das Datum nicht mehr erkennbar und bei der anderen ist die Zuordnung unsicher. "Arguments might be drawn from the Seleucid coins, which continued to circulate during his reign, but these coins could have survived from Period Ia". De Vaux, R., (1973), S. 19.

[6] De Vaux, R., (1973), S. 5.

v. Chr.) der Ort in sein blühendstes Stadium eintrat."[1] Auch Davies nimmt an, "that this small settlement did not last for more than a few decades at most"[2] und daß die Zahl der Bewohner in Periode Ia nicht sehr umfangreich war, "perhaps a few dozen or so."[3]

---

[1] Milik, J. T., (1981), S. 67.

[2] Davies, Ph. R., (1982), S. 42.

[3] Ebd.

5.3 Die Siedlungsperiode Ib

5.3.1 Interpretation der Ruinen

5.3.1.1 Hauptgebäude mit Turm

Die unmittelbar folgende Besiedlungsphase in ihrer wahrscheinlich endgültigen Form wird von de Vaux Ib genannt. "The main entrance was at the centre of the north front at the foot of a solidly built tower, locs. 9-11."[1] Neben dem Haupteingang im Norden befand sich der große Hofinnenraum, in dem die Überreste der Gebäude standen, die zur Periode Ia gehörten. "There was only one means of access to this complex of constructions: a gateway which has almost entirely disappeared between the two buildings at loc. 128."[2] An der Nordwestecke des Hauptgebäudes stand der schon genannte Turm (loc. 9 - loc. 11), der nach de Vaux zwei Stockwerke besaß. Milik spricht dem Turm drei Stockwerke zu.[3] Die Räume im untersten Turmgeschoß hatten untereinander Verbindung. Eine Außentür wurde im Erdgeschoß nicht entdeckt. Nur zwei schmale vertikale Öffnungen an der Nordseite des Turmes konnten nachgewiesen werden. Es fehlten fensterähnliche Öffnungen. Pater de Vaux glaubt, daß dieses Untergeschoß als Lagerraum gedient haben könnte.

Der Zugang zu diesen Räumen im Untergeschoß wurde durch eine Wendeltreppe ermöglicht, die vom Obergeschoß nach unten führte (loc. 8). Teile der Holzkonstruktion konnten noch ausgegraben werden. In den Räumen des Turmes wurden unter anderem zahlreiche Nägel, Schalen, Becher, Bronzeteile, Schlüsselteile und Schlüssel gefunden.[4] Im Obergeschoß, getrennt von der abwärtsführenden Treppe, befanden sich drei Räume mit einer im Süden liegenden Türöffnung. Der Zugang zu dieser Türöffnung im ersten Stock wurde wahrscheinlich über eine hölzerne Balustrade ermöglicht, die über loc. 12 und loc. 13 führte. Mit dieser Treppe war vermutlich eine Terrasse zu erreichen, die im Südwesten den Gebäudekomplex überdachte.[5] Daß die Gemeinschaft, die hier lebte, sich Gedanken über eine eventuelle Verteidigung machte, läßt sich nach de Vaux daraus ersehen, daß der Turm

---

[1] De Vaux, R., (1973), S. 5. De Vaux spricht von 3 Eingängen. Neben dem Haupteingang, "[a]nother and smaller gateway was set on the north-western side, loc. 139, from which it was possible either to proceed along the foot of the cliffs or to ascend to the plain of the Buqei`a and so to Jerusalem by a path which was ancient and perhaps already in existence in the Israelite period. This path climbs up the rocky formation by a series of hairpin bends just to the north of Wadi Qumran. There was also a third entrance, probably on the eastern side, near the potter's kiln at loc. 84." Ebd., S. 6. [Veränderung vom Autor].

[2] Ebd.

[3] Vgl. Milik, J. T., Ten Years of Discovery in the Wilderness of Judaea, (Studies in Biblical Theology, No. 26), London ²1963, S. 48. Dort heißt es: "This tower had three floors, the third being built of bricks." Vgl. dazu auch S. 63 in Milik, J. T., (1981), S. 63.

[4] Vgl. Bardtke, H., (1958), S. 69.

[5] Vgl. de Vaux, R., (1973), S. 6.

eine etwas isolierte Position einnimmt.[1] Am südlichen Fuß des Turmes befand sich ein Durchgang (loc.12 und loc. 17), der einen Zutritt zum Gebäudekomplex im Osten ermöglichte. Ein paralleler Durchgang zu loc. 12 und loc. 13 führte zu einem kleinen Vorhof, durch den man in den süd-westlichen Teil der Anlage gelangen konnte. Einer von diesen Räumen, in dem an den Wänden entlang eine Bank führte (loc. 4), wird von de Vaux als Versammlungssaal bezeichnet. Von loc. 13 führte, wie schon erwähnt, eine Treppe nach oben, vermutlich zu einer Terrasse, die über loc. 4 lag, und zum Stockwerk, das sich über den Räumen loc. 1, loc. 2 und loc. 30 befand.

---

[1] In der Auseinandersetzung um den Zweck der Anlage wird von den Vertretern einer Festungshypothese immer wieder der beschriebene Turm als ein Garant ihrer Argumentation in Anspruch genommen. Auch H. Bardtke geht dieser Frage nach. "Alle Beobachtungen deuten darauf hin, daß der Turm Verteidigungszwecken dienen sollte. Er war offenbar als letzte Zufluchtsmöglichkeit gedacht, falls ein Kampf um die Siedlungsstätte im Gange war. Hier konnten sich schon eine Anzahl von Verteidiger eine begrenzte Zeit halten. Wie hoch der Turm in seinem ursprünglichen Zustand gewesen ist, läßt sich nicht mehr sagen. Er wird sicher so hoch gewesen sein, daß er das Obergeschoß der anderen Baulichkeiten überragte, was nach allen Seiten freien Blick gewährleistete. ... Solche Beobachtungstürme in einer Stadtanlage sind schon im AT genannt. Auch der Wächter auf ihm fehlt nicht: 2.Könige 9, 17. Doch wird es sich bei diesen Türmen um eine Art Festung oder Burg für den Stadtkönig gehandelt haben, die freilich auch in Belagerungsfällen als letzte Zuflucht diente. Anschaulicher für den Verwendungszweck unseres Qumranturmes ist wohl die Schilderung einer Turmanlage in einem ägyptischen Kloster, die in einer sehr alten Reisebeschreibung aus dem Jahr 1664 entnehme. Es handelt sich dort um das Kloster St. Anton bei Kairo in der Wüste Gebel Araba. Es heißt dort: 'In der Mitte des Klosters liegt ein viereckiger Turm, dessen Mauern von Steinen und sehr stark sind. Vom Fuße des Thurms an bis zur Thüre, welches ohngefähr drey Klafter ausmacht, ist er ganz massiv, und man steigt auf die Terrasse eines gegenüberstehenden Hauses, um auf die Zugbrücke zu kommen, die zu dieser Thüre führt. In diesem Thurm bewahren die Geistlichen ihren Munitionsvorrat und Mundvorrath und ihre besten Sachen auf und begeben sich selbst dahin, wenn die arabischen Räuber sie bedrohen. Sie ziehen alsdann die Zugbrücke auf und treiben sie mit Steinwürfen zurück.' [Joh. Mich. Wansleb's bisher ungedruckte Beschreibung von Ägypten im Jahr 1664, herausgegeben von H. E. G. Paulus, 3. Teil, 1794, S. 298]." Bardtke, H., (1958), S. 49f. Auch eine Beschreibung eines koptischen Klosters wird von Bardtke angeführt: "'Der ... Thurm ist immer durch eine in Ketten hängende Zugbrücke in eine gewisse Isolierung vom Körper des Klosters gebracht, um selbst noch gegen die ins Kloster eingedrungenen Feinde ein Asyl zu bieten. Übrigens beherrscht der Thurm gerade den Eingang zum Kloster.' [zit. Tischendorf, C. von, Reise in den Orient I, 1846, S. 118.]". Ebd. [Einfügungen vom Autor]. Nach J. Magness hat E. Damati (Damati, E., Hilkiah's Palace, in: Broshi, M., (Hg.), Between Hermon and Sinai, Memorial to Amnon, Jerusalem 1977, S. 93-113 (Hebräisch)) 1969 die Überreste einer Villa (Hilkiah's palace) aus der herodianischen Epoche ausgegraben. Auf die Frage, ob Qumran eine Villa war, antwortet sie: "If the settlement at Qumran was a villa, then Hilkiah's palace should be its closest analogue, as a private rural villa of the Herodian period, albeit in Idumaea." Magness, J., (1994), S. 397-419, S. 408. "The villa sat within a fortified enclosure with a square tower on its western side ... The tower is constructed of large stones, and its walls slope out towards the base." Ebd. Durch diese Beispiele kann zumindest gezeigt werden, daß nicht jede Schutzmauer und jeder Turm sofort einen Militärkomplex impliziert. H.-P. Kuhnen - vgl. ders., Palästina in Griechisch-Römischer Zeit, in: Handbuch der Archäologie. Vorderasien II. Band 2, München 1990 - hält die ursprüngliche Anlage für eine "kompakt gebaute, isoliert liegende landwirtschaftliche Ansiedlung." Ebd., S. 66, vgl. zur weiteren Charakterisierung auch S. 64. Zur häufigen Mißinterpretation von landwirtschaftlichen Anwesen als Militäranlagen vgl. ebd., S. 240-243, bes. S. 241.

Im Osten des Zentralgebäudes befand sich ein Hofraum (loc. 24, loc. 25, loc. 37). An diesen schloß sich im Norden ein rechteckiger Raum an.[1] Er enthielt einen gepflasterten Boden (loc. 38 und loc. 41). Die Funktion dieses Raumes ist für Periode Ib nicht eindeutig bestimmbar.[2] "Probably it was already being used as a kitchen as it was in the following period, when several fireplaces were installed there."[3] Im südlichen Teil des großen Hofes wurden einige Räume und Bauten lokalisiert, die in Anwendung und Absicht unsicher bleiben, besonders einige schmale Bassins. Etwas östlich vom Hof und durch eine Mauer von ihm getrennt befanden sich zwei ehemals nicht überdachte Zisternen (loc. 49, loc. 50). In die größere von beiden (loc. 49) führten Stufen, die über einen Töpferofen aus der Siedlungsperiode Ia gebaut wurden. "At the side was a washingplace with a stone basin and a large sump, loc. 52, followed by a store-room where a quantity of iron tools was found, loc. 53."[4] In diesem Raum der Anlage "tauchte ein Gegenstand aus Bronze auf, von P. de Vaux als 'situle de bronze' bezeichnet, versehen mit einem eisernen Henkel, ferner eine Hacke und mehrere eiserne Sicheln und Messer."[5] Die genannten Einrichtungen befinden sich im Rücken der östlichen Mauer, deren Fundamente schon in der Israelitischen Periode errichtet worden waren. Außerhalb dieser Mauer konnte eine Erweiterung festgestellt werden. Diese Erweiterung wurde in spitzem Winkel an die Außenmauer der Ostseite angebaut. Das so entstandene Dreieck beherbergte ein kleines Lager oder Arbeitsplätze, die durch Ziegelsteine unterteilt wurden (loc. 44, loc. 45, loc. 59-61). In diesem Bereich befand sich auch die Töpferwerkstatt.

Im Süden des Hauptgebäudes wurde ein große Zisterne mit massigen Stufen ausgegraben (loc. 56, loc. 58). Auf der anderen Seite der Zisterne wurde, außerhalb der Südmauer der Israelitischen Periode, ein großer Raum angebaut (loc. 77). "During Period Ib a less important building was added on the western side. It comprised a courtyard, loc. 111, and two long elements, loc. 120 and 121, divided by partitions."[6] Pater de Vaux ist der Meinung, daß diese Räume als Lager gedient haben.[7] Im Süden der Besiedlung befand sich eine große Zisterne (loc. 91). Im Westen, fast am Abgrund, verlief eine Mauer, die zusammen mit der Zisterne einen Teil einer

---

[1] Vgl. Bardtke, H., (1958), S. 51f.

[2] Vgl. de Vaux, R., (1973), S. 7.

[3] Ebd.

[4] Ebd.

[5] Bardtke, H., (1958), S. 69. Vgl. dazu die Abbildung der situla in de Vaux, R., (1954), S. 232, Pl. XII.

[6] De Vaux, R., (1973), S. 8.

[7] Vgl. ebd. Stegemann, H., Die Essener, Qumran, Johannes der Täufer und Jesus. Ein Sachbuch, 4., überarbeitete Auflage, Freiburg u. a. [4]1994, interpretiert diesen Raum als 'Handelsraum': "Auch in Qumran hat man mit Außenstehenden gehandelt, hatte dafür sogar eine spezielle Einrichtung; denn selbstverständlich durfte kein Fremder denn inneren Siedlungsbereich betreten. Dem dennoch erwünschten Handelskontakt dienten zwei schießschartenähnliche, gemauerten Öffnungen in der Außenwand eines der Wirtschaftsgebäude. Der Raum, in dem sie sich befinden, liegt an einer Stelle der Westwand der Siedlung, an die man von außen her noch zu Fuß gelangen konnte, bevor die Westwand die Oberkante der Mergelterrasse erreicht und ein Weitergehen außerhalb der Mauer damals nicht mehr möglich war. Später wurde der Außenzugang vermauert." S. 64f.; vgl. dazu auch Skizze 4 auf S. 368.

Hofbegrenzung bildete (loc. 96). An dieser Mauer könnte sich ein Stall für die Lasttiere befunden haben (loc. 97). Diese Rekonstruktionsversuche sind jedoch mit Vorsicht zu bewerten, da besonders im Südwesten nur noch wenige archäologisch relevante Elemente vorhanden sind.[1]

5.3.1.2 Das Wassersystem

5.3.1.2.1 Das Wassersystem außerhalb der Anlage

Schon bei oberflächlicher Betrachtung des Planes des Gebäudekomplexes fällt die hohe Anzahl von Wasserbecken auf, die durch ein kompliziertes und sorgsam konstruiertes Wasserleitungssystem miteinander verbunden waren. Ob dabei das Wasser nur für die lebenserhaltenden Bedürfnisse eingesetzt oder ob es auch zu kultischen Zwecken benötigt wurde, ist seit den vorliegenden Ausgrabungsberichten von de Vaux - der nur wenige Becken als Badebecken bezeichnet und die übrigen als Zisternen interpretiert - immer wieder diskutiert worden.[2]

Auf jeden Fall, soviel scheint für Ausgräber und Forscher sicher, wurde in der fraglichen Zeit ein Aquädukt angelegt, das die Winterregen, die ins Wadi abliefen, sammeln und in die Besiedlung leiten sollte. Der Lauf des Aquädukts und seine Bauweise lassen sich noch heute aus den vorhandenen Resten verfolgen und überprüfen. S. Schulz[3] hatte 1959 in einer Exkursion die Ruinen von Qumran besucht und dabei besonders die Überreste des Aquädukts untersucht und vermessen.

Das große Absetzbecken (loc. 132) dient als Ausgangspunkt für die Verfolgung und Beschreibung des Verlaufs des Wasserkanals. Vom Klärbecken aus verlief der Kanal ein kurzes Stück in nordwestlicher Richtung zu einem runden Auffangbekken, das etwa einen Durchmesser von 1,13 m hatte. Von dort aus wendete er sich nach Südwesten. Bildlich läßt sich der Verlauf des Aquädukts an dieser Stelle mit dem Zeichen eines 'A' vergleichen. An der Spitze befindet sich das Auffangbecken. Es sollte das Überfließen bei starkem Richtungswechsel verhindern. Durch die Rundung, so Schulz, wurde der Wasserdruck abgefangen oder zumindest gemildert. Das Aquädukt wandte sich dann weiter nach Westen. Der Verlauf des Kanals ließ sich hier immer noch an einer Reihe paralleler Steine nachweisen.[4] Die Rinne des Aquädukts war mit flachen Steinen ausgelegt und verputzt. Die Breite schwankte zwi-

---

[1] Vgl. de Vaux, R., (1973), S. 8.

[2] Vgl. dazu Gliederungspunkt '5.3.3.2 Das Wassersystem der Anlage'.

[3] Vgl. Schulz, S., Chirbet kumran, en feschcha und die buke`a. Zugleich ein archäologischer Beitrag zum Felsenaquädukt und zur Straße durch das wadi kumran, in: Zeitschrift des Deutschen Palästina-Vereins 76 (1960), S. 53-58.

[4] Vgl. Mastermann, E. W. G., Notes on some Ruins and a rock-cut Aqueduct in the Wâdy Kumrân, in: Palestine Exploration Fund (1903), S. 264-267. Dort heißt es: "What appears on the surface is but a parallel row of stones, the water channel having silted up to the level of the surrounding ground." S. 266.

schen 1,08 m bis 1,23 m, die Tiefe verringerte sich von 0,5 m bis 0,35 m.[1] Nach der Ausrichtung in Richtung Westen zog sich der Kanal leicht nach Nordwesten und wurde dann aufgrund des Steilabfalls der Felsen gezwungen, etwa 100 m lang nach Süden auszuweichen. Hier wurden kaum noch Spuren des Kanals entdeckt doch zahlreiche Verputzspuren bis zu 0,02 m Dicke lassen darauf schließen, daß der Kanal an der steil abfallenden Wand angelegt wurde. Mit einer starken Biegung in nordwestliche Richtung führte die Wasserleitung in ein Nebental des Wadi Qumran. Etwa 20 m verlief der Kanal, der hier mit einer Breite von ca. 0,40 m gemessen wurde, wieder an einem Felsabhang entlang. Auch hier konnten noch bis zu 0,02 m dicke Putzspuren registriert werden. An dieser Stelle fiel das Felsmassiv so stark ab, daß die Erbauer des Aquädukts gezwungen waren, das Kanalbett in den Felsen hineinzuschlagen. Anschließend, der Verlauf nähert sich dem Ende, wurden die Konstrukteure vor ein Problem gestellt, das den Bau des ganzen Wasserkanals in Frage stellte. Die Felsabhänge waren an dieser Stelle so steil, daß es nicht mehr möglich war, den Kanal in den Fels einzuschlagen. Die Architekten der Wasserleitung entschlossen sich zu einer Untertunnelung der Felsen. Das Resultat war ein ca. 12 m langer Tunnel, durch den die Wasserleitung führte. Der östliche Eingang des Tunnels hatte eine mittlere Breite von ca. 0,64 m und eine durchschnittliche Höhe von 1,1 m.[2] Ein Mensch konnte also hineinkriechen. Die Innenseiten des Tunnels wurden nicht bearbeitet, aber der Boden ist, wo nötig, aufgeschüttet, geebnet und überall verputzt worden. Das Gefälle ist gering, auf 12 m Länge ungefähr 1 m. Die Westöffnung des Wassertunnels hatte ähnliche Maße wie die Ostseite.[3] Nachdem die Wasserleitung den Tunnel durchquert hatte, umrundete sie in einer nicht sehr starken Biegung einen Felsenhügel. Nach ca. 30 m Entfernung vom Felsentunnel endete das Aquädukt in einem Sammelbecken, das Schulz mit Länge und Breite von ca. 1,10 x 1 m angibt.[4] Schulz erwähnt zwar den Bericht und die Beobachtungen von Mastermann, die er im großen und ganzen bestätigt, doch auf den von Mastermann genannten zweiten Tunnel, der zwischen Beginn des Kanals und dem genannten Tunnel liegen soll, kommt er nicht zu sprechen.[5] Nach Schulz gingen vom Sam-

---

[1] Vgl. Schulz, S., (1960), S. 54.

[2] Vgl. ebd., S. 55. Mastermann gibt 1903 folgende Maße an: "On reaching this point the aqueduct passes through the rock once more. This tunnel, which can be traversed throughout, is 3 feet high, 2 feet wide, and 43 feet long." S. 267.

[3] Vgl. Schulz, S., (1960), S. 54f. Das 'Fenster' im Tunnel wurde auch schon von E. G. Mastermann entdeckt und kommentiert; vgl. Mastermann, E. G. (1903), S. 267; vgl. auch Strobel, A., (1972), S. 66.

[4] Vgl. Schulz, S., (1960), S. 55.

[5] "The aqueduct commences at the food of one of these cascades -not the central great one but a smaller one to the north. From the natural, somewhat tunnel-shaped beginning the aqueduct runs for 60 feet as an open rock-cut channel, it then traverses for about 40 feet *a rock-cut tunnel* now blocked up at both ends; thence it runs about 30 feet along the side of the rock by what must have been a half built-up channel, one side being of natural rock, the other built up; this latter, the south side, has been almost entirely broken away, but the course is quite evident by the plaster along the rocks." Mastermann, E. W. G., (1903), S. 267. *[Kennzeichnung vom Autor].* Auch Strobel spricht von einem zusätzlichen Tunnel im Wadi Qumran. "Bemerkenswerterweise findet sich auf der südlichen Seite des Hauptdurchbruchs des Wadis über dem

(Fortsetzung...)

melbecken zwei Kanäle aus. Der größere Kanal gelangte in starker Steigung zu einer "amphitheaterähnlichen Auffangstelle"[1], direkt am Fuße von steilen Felswänden, über die die Winterregen in Form von Wasserfällen herabstürzten. Daß dieses Auffangbecken einen natürlichen Ursprung hatte, wurde daraus geschlossen, daß keine Reste von Baumaterial, Putz oder bearbeiteten Steinen gefunden wurden. Das Auffangbecken war nicht mehr vorhanden, nur noch Umrisse waren erkennbar. Der zweite Kanal verlief als kleiner Zusatzkanal vom Sammelbecken ausgehend in nordöstliche Richtung zu Felswänden. Vieles am Aquädukt war nur noch in Resten vorhanden, Details waren nicht mehr erkennbar. Das Aquädukt besaß nach Schulz eine Gesamtlänge von etwa 700 m. "The total length from the source to the *birket* among the ruins must be about half a mile."[2]

Der Bau des Aquädukts dürfte spätestens in Periode Ib fallen, da eine Wasserversorgung bei der Ausdehnung der Gebäude und Zunahme der Mitglieder, die für diese Periode vermutet wird, unter allen Umständen gesichert sein mußte. Milik sieht in Anlage, Bau und Konstruktion des qumranischen Wasserversorgungssystems deutliche Parallelen zum sog. 'Hyrcanion', einer Verteidigungsanlage, die unter Hyrkanus I. erbaut wurde.[3] Zu einem der beiden Wasserleitungskanäle des Hyrkanions bemerkt G. Garbrecht: "Die nur 1950 m lange nördliche Leitung aus dem Wadi Abu Schaala gehört wahrscheinlich zur hasmonäischen Phase der Festung. Der 1 m breite Kanal beginnt mit einem 17,5 m langen und 4 bis 5 m breiten Wehr ... oberhalb eines 8 m hohen Wasserfalles und vereinigt sich 750 m vor der Festung

---

[5] (...Fortsetzung)
genannten größeren Becken noch ein weiterer Tunnel von ca. 3 m Länge ..., der schwerlich als ein Werk der Natur ausgegeben werden kann (ca. 50 cm x 90 cm). Sein Wassereinzugsgebiet lag auf der SO-Seite, wo der Fels gleichfalls nicht sofort senkrecht zum tiefergelegenen Becken abfällt, sondern einen Damm bildet, so daß das Wasser heute noch nördlich zum Kanal abgedrängt wird." Strobel, A., (1972), S. 66. Strobel vermutet im hintersten Teil des Wadi ein Schöpfwerk oder Wasserhebevorrichtung, die es erlaubte, den Hauptkanal wiederholt zu füllen. Ein großes Naturbecken ergab ein ideales Wasserreservoir und die Schatten im Wadi verringerten die Verdunstung des Wassers. "Die Bauweise des Kanals deutet überdies darauf hin, daß die Füllung der Becken im Gebäudekomplex keineswegs nur einmalig und schlagartig im Frühjahr vorgenommen wurde, sondern - soweit möglich - auch in laufender Ergänzung der Wasserverluste." Ebd., S. 68.

[1] Schulz, S., (1960), S. 56. Bei E. G. Mastermann (1903) heißt es: "in the kind of amphitheatre formed" S. 266. Mastermann verweist in einer Fußnote auf de Saulcy, der diese Stelle als "a circular cavity, resembling a crater" beschreibt. Ebd. Vgl. dazu auch Bardtke H., (1958), S. 17-27, der ebenfalls auf de Saulcy Bezug nimmt.

[2] Mastermann, E. W. G., (1903), S. 267. Strobel, A., (1972), S. 65 und Anm. 15, gibt eine Länge von ca. 400 m an.

[3] "Ich hatte jüngst die Gelegenheit, seine frühen Bauabschnitte im Wadi Ennâr (nahe des Klosters von Mar Saba) zu untersuchen. Er ist am Nordabhang des tiefen Taleinschnitts gebaut worden, so daß alles erreichbare Regenwasser aufgefangen werden konnte. Die Art und Weise, in der Kanal in und durch den Fels geschlagen worden war, die Steinauffüllungen, mit denen er an jenen Stellen, an denen der Fels abfiel, unterbaut war, um das Gefälle zu erhalten, die Maße des Aquädukts selbst, die Zusammensetzung des Verputzes - alle diese Einzelheiten sind bei den Aquädukten der Hyrkania und von Qumran identisch." Milik, J. T., (1981), Anmerkung 12, S. 67f.

mit der südlichen Leitung."[1] Parallele Baustrukturen finden sich bei weiteren hasmonäischen Bauten, so z. B. für Dok: "Für die Wasserversorgung von Dok wurde aus dem nördlich des Berges gelegenen Wadi während der sporadischen Regen Wasser abgeleitet und insgesamt 9 Zisternen zugeführt. ... Der Zuleitungskanal wurde mit Hilfe eines gemauerten kleinen Wehres oberhalb einer Felsstufe des Wadis abgeleitet. ... Mauerspuren zeugen noch heute von der früheren Existenz dieses Bauwerkes. Der bis zu den ersten Zisternen 500 m lange Kanal ist 0,50 bis 0,70 m breit, teilweise aus dem Felsen herausgearbeitet und teilweise mit Natursteinen aufgemauert."[2] Bei Zisternen aus hasmonäischer Zeit lassen sich mehrschichtige Putzbeläge nachweisen. Für die Zisternen des Alexandreions gilt dasselbe: "Der Verputz an den Wänden ist dreischichtig, wie auch bei vielen anderen hasmonäischen Wasserbauten. Auf einer Ausgleichs- und einer Zwischenschicht liegt außen als dichtende Schicht ein sehr fester, hellgrauer (fast weißer) Putz."[3] Zur Konsistenz des Mörtels der Wasserkanäle bemerkt Netzer: "The contemporary main channel are plastered with a white plaster based on lime and sand only."[4]

---

[1] Garbrecht, G., (1989), S. 16.

[2] Ebd., S. 12.

[3] Ebd., S. 10f. Zu den Aufgaben der hasmonäischen und herodianischen Befestigungsanlagen in Judäa vgl. Tsafrir, Y., The Desert Fortresses of Judaea in the Second Temple Period, in: Jerusalem Cathedra 2 (1982), S. 120-145. Weder Tsafrir, Garbrecht noch Peleg sehen Chirbet Qumran als hasmonäische oder herodianische Befestigungsanlage. Vgl. dagegen Bar-Adon, P., The Hasmonean Fortresses and the Status of Khirbet Qumran, in: Eretz-Israel, Vol. XV, Jerusalem 1981, Engl. Summary, S. 86. Vgl. dazu auch S. 258 dieser Arbeit.

[4] Netzer, E., (1986), S. 7. Im Gegensatz zu den Wasserkanälen sind die Schwimmbecken "plastered with a mixture of lime, sand and ash (grey in colour) - common in water installation in Palestine since this period." Ebd. Zum Bau von Wasserleitungen vgl. ders. (1984), S. 1-15, bes. Fig. 7. Die Analyse des Kalkmörtels wird von Y. Porath als Hilfsmittel zur Datierung benutzt. Er unterscheidet zwischen *Zubereitung* (formula) und *Verwendung* des Mörtels.

Porath unterscheidet verschiedene *Zubereitung*sweisen von Mörtel:

1)   In der einfachsten Form besteht der Mörtel nur aus Kalk und ist entsprechend weiß gefärbt.
2)   Eine weitere Herstellungsart ist durch eine Beimischung von verbranntem organischem Material (Asche, zerriebene Holzkohle) erkennbar. Die Farbe des Mörtels ist grau.
3)   Dem Mörtel wird stark zerkleinerter gebrannter Ton hinzugefügt, dessen Partikel nicht größer sind als 3 mm. Der Mörtel erhält dadurch eine rötliche Färbung.
4)   Dem Mörtel wird zerkleinerter Ton hinzugefügt, wobei das Mahlgut bis zu 1 cm groß sein kann. Der Mörtel erhält dadurch eine rötliche Färbung.

Die *Verwendung* des Mörtels läßt sich 3-fach differenzieren:

A)   Die sog. Ein-Lagen-Methode: Nur eine Zubereitungsart wird für die Herstellung des Mörtels benutzt und nur eine Schicht wird hergestellt. Nur 1) und 2) werden in der Ein-Lagen-Methode benutzt.
B)   Die Zwei-Lagen-Methode: Mörtel wird in zwei Lagen aufgetragen. Jede Lage verwendet eine andere Herstellungsart. Die unterste Lage ist durch Herstellungsmethode 2) gekennzeichnet. Die darüberliegende Schicht variiert zwischen 1), 3) und 4).
C)   Die Drei-Lagen-Methode: Mörtel wird in drei Lagen aufgetragen. Die unterste Lage wird mit-
(Fortsetzung...)

5.3.1.2.2 Das Wassersystem innerhalb der Anlage

Eingang erhielt das Wasser durch eine Art Schleusentor, das in der nordwestlichen Ecke der Anlage zu finden war. Der Wasserfluß wurde durch eine Steinreihe unterbrochen (loc. 137). Die neben dem Wassereinlaß gefundenen Baureste wurden als kleine Eingangspforte interpretiert.[1] Daran anschließend verteilte sich das Wasser in ein weites und flaches Absetzbecken (loc. 132 und loc. 137).

In Nachbarschaft dazu befand sich ein Becken, das von de Vaux eindeu-
loc. 138   tig als Bad (loc. 138) eingestuft wird. Außer diesem locus wurde von
ihm nur noch loc. 68 als Bad bezeichnet. Über den Verwendungszweck und die Bedeutung der Bäder lassen sich mit archäologischen Methoden keine haltbaren Aussagen machen. "They were certainly baths, but archaeology is powerless to determine whether the baths taken in them had ritual significance."[2] Das Bad in loc. 138 war sowohl über einen Weg von Norden zugänglich (loc. 139), nahe der Eintrittstelle des Aquädukts in die Qumrananlage, als auch von einem von Osten stammenden Weg, der mit dem großen Hof (loc. 135) durch einen aus Steinplatten gebildeten Steg verbunden war. Von Osten und Süden führten jeweils 4 Stufen direkt zur Haupttreppe des Bades. Zweimal drei und einmal zwei Stufen leiteten weiter zur untersten Ebene des Bades, das sich in den Maßen 0,93 m Länge, 2,17 m Breite und 0,34 m Tiefe präsentierte. "Die Gliederung der Treppe läßt an einen je verschiedenen Wasserspiegel denken (etwa 0,3 m, 0,6 m, 1,6 m und 1,8 m h). Auf den beiden Längsseiten ist in ca. 1,8 m Höhe ein Absatz angebracht, der breit genug ist, um als Ablage zu dienen oder begangen zu werden (= ca. 0,4 m). Die Anlage läßt kaum Zweifel daran, daß das Becken für Waschungen oder Taufhandlungen benutzt wurde, wofür vor allem auch der doppelte Zugang spricht. ... Der zum Teil

---

[4] (...Fortsetzung)
   tels 2) hergestellt, die mittlere Schicht durch 1) und die oberste Schicht durch 3).

"The earliest plaster used for aqueducts in the Holy Land was A.1) ... This type is typical in aqueducts built during the Hasmonean period. During the Herodian period, masons began to employ plaster of formula 2) for coating aqueducts. The addition of burnt organic material apparently improved the waterproof quality and also reduced its cost. ... During the early centuries of Roman sovereignity in this area of the Empire, only formula 1) was used for toplayer-type B.1)-2)." Porath, Y., Lime Plaster in Aqueducts. A New Chronological Indikator, in: Leichtweiss-Institut für Wasserbau der Technischen Universität Braunschweig 82 (1984), S. 1-16, S. 16.

[1] Vgl. Strobel, A., (1972), S. 55-86, S. 58. Die Aufzeichnungen zu den Wasseranlagen von August Strobel sind unverzichtbar, da die von de Vaux erstellten vorläufigen Grabungsberichte sehr wenige Zahlenangaben enthalten. Das gilt für die Publikationen von de Vaux in der Revue Biblique LXIII (1956), bes. S. 538-540, und für seine publizierte englischsprachige Vorlesung, die in zweite überarbeiteter Auflage 1973 erschien, bes. S. 2-4, 7-10, 16, 20, 23, 27f, 43, 45, 76-79, 81f, 131f. Auch bei E.-M. Laperrousaz, (1976), finden sich keine exakten Angaben. Die von Strobel vorgenommene Untersuchung wurde nach seinen Angaben 1965 durchgeführt, *noch bevor* die jordanische Altertumsverwaltung notwendige Konservierungsarbeiten an der Qumrananlage durchführte. Zur Interpretation des archäologischen Befundes zieht Strobel literarische Quellen zu den Essenern und literarische Quellen zu jüdischen Reinigungsriten heran.

[2] De Vaux, R., (1973), S. 132.

abgeblätterte Verputz deutet auf mehrere (mindestens 4) starke Schichten hin. Offenbar hat man die porösen Wände immer wieder sorgfältig mit einem (gipshaltigen?) Kalkverputz ausgebessert und glattgestrichen. Die Gesamttiefe der Anlage beträgt ungefähr 3,4 m."[1] Der Wassereinlaß befand sich an der Südwestecke in Form einer runden Röhre (Breite 0,26 m, Höhe 0,2 m), am oberen Ende der Haupttreppe. Von dort aus floß das Wasser über die Treppen in das Becken. Diese Konstruktion konnte auch bei anderen Becken beobachtet werden. Der Verputz des Beckens war bis zu einer Höhe von ca. 3 m erhalten. "Die Maße deuten auf die Verwendung einer Grundeinheit von ca. 0,3 m (= 1 Fuß)."[2] Das gereinigte Wasser floß vom schon genannten Reinigungsbecken (loc. 132, loc. 137) in einen Kanal, der durch einen Mauerdurchbruch (loc. 115, loc. 116) aus Periode Ia geführt wurde und an der östlichen Seite der großen Rundzisterne (loc. 110) entlangführte. Nördlich der Rundzisterne wurde während Periode Ib ein Verteilerbecken[3] (loc. 119) eingerichtet, das die in unmittelbarer Nachbarschaft liegenden Zisteren (loc. 117, loc. 118) mit Wasser versorgte. Ferner wurden einige Ausgleichskanäle angelegt, um den Lauf des Wasser bei den drei Zisternen regulieren zu können.

loc. 110   Die Rundzisterne[4], loc. 110, hatte eine ungefähre Tiefe von 5,10 m und denselben Durchmesser. Das entspricht nach Strobel ungefähr 11,5 Ellen zu 0,44 m. "Sie besaß entgegen dem von den Ausgräbern hinterlassenen Zustand ursprünglich keine Stufen."[5] Das überfließende Wasser und das Brauchwasser, das für manche Tätigkeiten benötigt wurde, wurde mit Hilfe eines nach Norden führenden Abfluße wieder aus der Siedlung ausgeleitet.

---

[1] Strobel, A., (1972), S. 57.

[2] Ebd., S. 58. Die Deutung Strobels: "Die auffallend exponierte Lage läßt vielleicht darauf schließen, daß das Bad von jenen Sektenmitgliedern benutzt werden mußte, die von außen kamen, um das Innere des Gebäudekomplexes aufzusuchen. Dafür spricht auch die unmittelbar neben dem Wassereinlaß festgestellte kleine Pforte (loc. 139)." Ebd. Maßangaben zu den einzelnen Becken finden sich im Aufsatz von R. North S.J. mit dem Titel: The Qumran Reservoirs, in: McKenzie, John L. (Hg.), The Bible in Current Catholic Thought, New York 1962, S. 100-132, der in sorgfältiger Abwägung alternative Verwendungsmöglichkeiten der Wasseranlage von Qumran diskutiert und zu dem Ergebnis kommt, daß sich mit der Präsupposition einer kultischen Bedeutung die Charakteristika der Reste widerspruchslos interpretieren lassen. Zu seinen Maßangaben bemerkt er: "No published figures are available on the depth or volume of the reservoirs. Those given here are merely an educated guess with a view to representing the situation more concretely." S. 108. North gibt für loc. 138 folgende Maße an: Länge 1,7 m, Breite 1 m und Tiefe 1,3 m. Vgl. ebd., S. 108.

[3] Die Maße: 1,8 m l, 1,8 m b, 1,2 m t. Vgl. ebd., S. 59. North, R., (1962), S. 108, gibt für loc. 119 eine Länge von 2 m, eine Breite von 0,7 m und eine Tiefe von 0,2 m an.

[4] In Periode Ia wurde das gesammelte Oberflächenwasser der unmittelbaren nördlichen Umgebung direkt der Rundzisterne zugeführt. Der Einlaß mündete in einer Öffnung, die auf der Innenseite der Zisterne mit 0,3 m Höhe und 0,4 m Breite gemessen wurde. "Sie liegt ca. 1 m tiefer als der heutige Zisternenrand und weist einen mehrfachen Verputz auf (ca. 5 Schichten). Offenbar diente sie ehedem der raschen Füllung des großen Reservoirs. Die Wassermassen stürzten dabei von N her direkt ein. ... Man wird nicht fehlgehen in der Vermutung, daß dieses umfangreiche Reservoir vor allem als Wasserspeicher diente." Strobel, A., (1972), S. 58.

[5] Ebd.

Die Außenmaße des Beckens in loc. 118, das von de Vaux als Zisterne
loc. 117   interpretiert wurde, betragen nach Strobel ca. 4,86 m Länge, das ent-
loc. 118   spricht 11 Ellen zu 0,44 m, 3,12 m Tiefe, das entspricht ca. 7 Ellen, und
loc. 119   2,73 m Breite, die etwa 6 Ellen entsprechen.[1] Es führten 7 Stufen zu
einer Wanne von etwa 0,9 m Tiefe und 1,9 m Länge hinab. "Der untere
Absatz ist länger als die Stufen (ca. 25-30 cm), nämlich 0,6 m, ein oberer sogar
1,32 m (= 3 Ellen), wodurch beidemal bequemes Stehen ermöglicht wurde. Über
drei weitere Stufen gelangt man dorthin."[2] Die Wasserspeisung erfolgte über das
genannte Verteilerbecken (loc. 119). Das zweite große rechteckige Becken in unmittelbarer Nähe der großen Rundzisterne war von der Baustruktur ähnlich zu
Becken 118.

Strobel bezeichnet das Becken (loc. 117) als Zwillingsbecken. Es war durch eine
dreifache Wasserzufuhr charakterisiert. Ein Wasserzulauf erfolgte von Norden über
die Treppen des Beckens, zwei weitere Zuläufe befanden sich an der Westseite,
wobei einer der Zuläufe 0,2 m über dem anderen angebracht wurde. "Vielleicht war
auch zusätzlich das Regenwasser der Dachtraufe, worauf eine angeschlossene flache
Grube deutet, gesammelt worden."[3] Die Breite des Beckens betrug 2,25 m. Die
Wanne hatte eine Länge von 1,82 m und eine Tiefe von 0,76 m. "Über einen untersten Stein (0,45 m x 0,45 m) erreicht man einen größeren ersten Absatz (0,55 m
l). Sieben Stufen (ca. 0,25 m h, 0,3 m l) führen hinauf zu einem zweiten (0,85 m l).
Über weitere sechs Stufen gelangte man nach oben. Die Tiefe des Beckens bis zum
zweiten Absatz betrug ca. 2,3 m, die Länge bis dahin 4,9 m. Eine ca. 60 cm breite
Rinne leitete das Wasser von der erwähnten Grube her über die obersten 6 Stufen."[4]
7 Putzschichten waren an den Wänden feststellbar, und auch die Treppe wurde
"mehrfach mit einem neuen Glattstrich versehen."[5] Der Überlaufkanal des Regulie-
rungssystems in loc. 119 verließ die Anlage Richtung Norden unter den Räumen
von loc. 125, 127, 133, 134, 141 und 140. Der Hauptkanal wendete sich anschließend, nachdem er die 3 Wasserbecken (loc. 110, loc. 117, loc. 118) passiert hatte,
nach Südosten und mündete in ein kleines Becken (loc. 83).

---

[1] Vgl. de Vaux, R., (1973), S. 9. Ebenso loc. 117. "The water thus purified flowed out of the basin by a
channel leading out of its south-eastern corner and was conducted into the buildings through a breach in
the wall of Period Ia. It first filled the round cistern 110 and the two neighbouring cisterns 117, 118,
which were already in existence through the preceding period." Ebd. Prinzipiell sieht de Vaux vor jeder
Zisterne ein Absetzbecken vorgebaut, das die Sauberkeit des einfließenden Wassers gewährleisten sollte.
Vgl. ebd., S. 8. North gibt für das Becken in loc. 118 folgende Angaben: 6,2 m Länge, 2,5 m Breite und
2,5 m Tiefe. Vgl. North, R., (1962), S. 108.

[2] Strobel, A., (1972), S. 59.

[3] Ebd.

[4] Ebd. North gibt für das Becken in loc. 117 eine Länge von 7,4 m, eine Breite von 2,5 m und einer Tiefe
von 2,5 m an. Vgl. North, R., (1962), S. 108.

[5] Strobel, A., (1972), S. 60.

loc. 83 Die Maße von loc. 83, bei de Vaux ein 'decantation basin'[1], betragen nach Strobel 2,52 m Länge, 1,85 m Breite und 1,85/2,06 m Tiefe (bis zur Einfassungsmauer ca. 1,9 m). Die Stufen waren 0,6 m breit, also ca. 2 Fuß, und je 0,20/25 m hoch. Die Länge der Stufen betrug zweimal 0,2 m und einmal 0,35 m. "Die NO-Ecke des Beckens stellt sich gerundet dar. Der Schritt hinab zur obersten Stufe muß einige Schwierigkeiten bereitet haben. Offenbar war im Unterschied zu F [loc. 85] ein häufiges Betreten nicht die Regel. Die Putzschicht ist etwa 5-6 cm stark und besteht aus einem kiesigen Mörtel. Ein weißer (gipshaltiger?) Glattstrich verleiht ihm die erwünschte Dichte. Man wird annehmen, daß mit diesem Becken ein Sammelreservoir vorliegt. Es diente kaum für Waschungen, denn hierfür stand F [loc. 85] als günstigere Anlage zu Verfügung."[2]

loc. 91 Das große Becken (loc. 91) wird von de Vaux[3] und Strobel als Zisterne interpretiert. Ihre Ausmaße waren beträchtlich: "Die Länge beträgt ca. 12,60 m, die Breite 4,82 m, die Tiefe 4,82 m (= ca. 42 x 16 x 15 Fuß). Der Verputz ist ca. 10 cm dick, wobei bis zu 4 Schichten unterschieden werden können. Seine südliche Schmalseite besitzt eine Abflußrinne (ca. 30 cm b, 50 cm t eingelassen) ... Ihr Abstand von der O-Ecke mißt 1,6 m, von der W-Ecke 2,35 m. Das mächtige Becken, das die Funktion eines Wasserspeichers gehabt haben dürfte, wurde in der sogen. Periode III aus dem Hauptsystem ausgeklammert."[4] Neben dem schon genannten Becken loc. 83 war an der Stirnseite von loc 91 noch ein weiteres Wasserbecken, loc. 85, vorgelagert. Beide Becken waren durch eine Öffnung miteinander verbunden.

loc. 85 Der zweite Vorbau zu loc. 91, loc. 85, von de Vaux als Zisterne gedeutet[5], konnte über 4 Stufen betreten werden. Für das tiefste Niveau des Beckens wurde eine Länge von 2,32 m, eine Breite von 1,73 m und eine Höhe, bis zur ersten Stufe von unten, von 0,2 m Höhe angegeben. Die Stufen hatten eine Trittbreite von ca. 0,3 m und eine Höhe von ca. 0,20/22 m. Die Gesamtlänge betrug ca. 3,66 m und die Tiefe ca. 1 m. Strobel interpretiert loc. 85 als Bad.[6] Die Wasserzufuhr in Periode III geschah von Westen von einem später angelegten Seitenkanal. Er zog sich bis zur Südseite des Versammlungsraumes, und zu seiner Errichtung mußte ein großer Teil der Zisterne (loc. 91) zugeschüttet werden. "Daraus folgt, daß die Wasserzufuhr für Raum loc. 86 nicht ursprünglich gewesen sein kann.

---

[1] Vgl. de Vaux, R., (1973), S. 9.

[2] Strobel, A., (1972), S. 60. [Einfügungen vom Autor]. North gibt die Maße des Beckens von loc. 83 mit 2,2 m Länge, 1,6 m Breite und eine Tiefe von 1 m an. Vgl. North, R., (1962), S. 108.

[3] Vgl. de Vaux, R., (1973), S. 9.

[4] Strobel, A., (1972), S. 60f. "Man darf annehmen, daß das Becken ursprünglich auch Wasser für die beiden Badebecken [(loc. 85, 83)] ... speichern sollte. Letztere ermöglichten vermutlich die vorgeschriebenen häufigen Waschungen für jene Sektenmitglieder, die die Versammlungshalle betraten." Ebd. [Einfügung vom Autor]. North gibt die Maße von loc 91 mit einer Länge von 12 m, eine Breite von 4,5 m und einer Tiefe von 3 m an. Vgl. North, R., (1962), S. 108.

[5] Vgl. de Vaux, R., (1973), S. 9.

[6] Vgl. Strobel, A., (1972), S. 60. North gibt die Maße von loc. 85 mit einer Länge von 3,8 m, einer Breite von 2 m und einer Tiefe von 1,5 m an. Vgl. North, R., (1962), S. 108.

Wir entnehmen dieser baulichen Veränderung, daß man später einmal auf die große Zisterne verzichten mußte, offenbar weil diese in der geplanten Weise nicht mehr mit Wasser gefüllt werden konnte. Die Putzschicht ist ca. 5-6 cm stark. ... Vielfach wird die Meinung vertreten, das Becken F [loc. 85] mit seiner Treppe sollte den Zugang zur großen Zisterne H [loc. 91] bilden, etwa so, daß von der letzten Stufe aus geschöpft werden konnte."[1] Doch diese Erklärungsmöglichkeit überzeugt Strobel nicht, da der ursprüngliche Wasserzufluß über die drei Stufen von loc. 83 stattfand, und von dort wendete sich auch der Kanal in östliche Richtung zu einer acht Meter entfernten, wiederum großzügig dimensionierten Anlage, zu loc. 56/58.

loc. 56/58   Loc. 56 und loc. 58, von de Vaux als "long cistern"[2] eingestuft, befanden sich entlang der Nordseite des großen Versammlungssaales (loc. 77). Die Gesamtlänge der beiden Wasserbehälter betrug 17,05 m, die Breite 3,5 bis 3,7 m und die Tiefe 4,35 m. Zu einem ersten größeren Absatz führten 4 Stufen mit einer jeweiligen Höhe von 0,2 m hinab. "Die Länge beläuft sich je auf 0,45 m. Der Absatz besitzt eine solche von 0,98 m. Eine Rinne von ca. 0,4 m Breite, gebildet durch zwei 0,15 m starke wulstartige Fassungen, leitete hierher das Wasser, das unmittelbar aus dem Hauptkanal kam. Über 4 weitere Stufen (je 0,2 m h) erreicht man einen zweiten Absatz von 0,94 m Länge. Liegt der erste vom Beckenboden aus gemessen ca. 2,6 m hoch, so dieser 1,5 m. Die Länge der Stufen zwischen dem ersten und dem zweiten Absatz beträgt ca. 0,30/35 m. Weitere 4 Stufen führen zu einem dritten und letzten Absatz (1,2 m l). Bis zum Boden des Beckens sind es schließlich noch 0,45 m. Eine merkwürdigerweise an die S-Wand angefügte Halbstufe von ca. 10 cm Höhe, 1,36 m Breite und 0,42 m Länge erleichtert den Abstieg zur Sohle, stellt aber ein gewisses Problem dar, worauf wir noch zurückkommen. Man hat den Eindruck, daß sie einmal sekundär eingebaut wurde."[3] Vier bis fünf Putzschichten wurden unterschieden, die insgesamt ca. 8-10 cm dick waren. Als sekundäre Veränderung wurde die Trennmauer zwischen loc. 56 und loc. 58 betrachtet, die sich in den Maßen von 1,7 m Höhe und 0,8 m Breite erhalten hatte. Die Trennmauer stand vom untersten Absatz 1,82 m ab. Daraus ergab sich ein vorderes Becken mit derselben Länge wie loc. 117 und loc. 118. Das hintere Becken hatte noch eine Länge von 7,34 m. "Vermutlich besaß es später die Funktion des zusätzlichen Wasserspeichers. Darin findet sich ein zweites Mauerstück, das ebenfalls nicht ursprünglich ist."[4] Die baulichen Veränderungen sind für Strobel ein Indiz dafür, daß in Periode II die ursprüngliche Großzügigkeit der Anlage aus Wassermangel nicht durchgehalten werden konnte.

---

[1] Strobel, A., (1972), S. 60. [Einfügungen vom Autor].

[2] De Vaux, R., (1973), S. 9.

[3] Strobel, A., (1972), S. 61. North gibt für loc. 56 und loc. 58 getrennte Maßangaben. Loc. 56 wird von ihm als 'steps' mit einer Ausdehnung von 8,8 m Länge, 4,5 m Breite und einer Tiefe von 2,5 m angegeben. Die Ausdehnung von loc. 58 beträgt in der Länge 8 m, Höhe und Tiefe entspricht den Maßen von loc. 56. Vgl. North, R., (1962), S. 108.

[4] Strobel, A., (1972), S. 61. Vgl. de Vaux, R., (1973), S. 27.

Der schmale Raum zwischen Versammlungssaal (loc. 77) und loc. 56/58 wurde von zwei länglich geformten Becken eingenommen (loc. 55 und loc. 57).[1] Nach Ansicht Strobels können sie als Ausgleichreservoir für das Badebecken gedient haben. Der Hauptkanal wurde entlang der Nordseite des großen Beckens verlegt loc. 67 (loc. 42) wo er ein quadratisches Becken (loc. 67) zu durchlaufen hatte. De Vaux bezeichnet es als "small square basin"[2]. Dieses Becken besaß eine Seitenlänge von ca. 1,58 m und eine Tiefe von 1,45 m. "Das Wasser lief an der SW-Ecke ein, wo sich auch ein sogen. Trittstein befindet (0,22 l x 0,41 b x 0, 26 m h). Der Verputz ist ca. 5 cm stark. Das Becken dürfte, da beiderseits von Mauern eingeschlossen, nicht unmittelbar zugänglich gewesen sein. Als Badebassin kommt es jedenfalls in keiner Weise in Betracht."[3] Anschließend bog der Hauptkanal, nachdem er die östlichen Ecke von loc. 58 passiert hatte, wieder nach Süden.

    Ein vom Hauptkanal an dieser Stelle ausgehender Seitenkanal führte loc. 48/49 nach Norden und gelangte nach ca. 2 m zu einem weiteren Becken (loc. 48 und 49). Dieses und das Becken in loc. 50 werden von de Vaux als Zisternen interpretiert: "At this corner a side channel led off to feed the two cisterns on the eastern side, 49, 50."[4] Das Becken (loc. 49) beeindruckt durch seine große Treppenanlage (loc. 48), im Gegensatz zum relativ kleinen untersten Hauptbecken. Die nord-südlich ausgerichtete Konstruktion wird durch einen Riß geteilt, den de Vaux dem Erdbeben des Jahres 31 v. Chr. zuschreibt. Der östliche Teil lag bei der Ausgrabung infolge der tektonischen Verschiebungen um ca. 40 bis 50 cm tiefer.[5] Die Maße für das Becken loc. 48/49 wurden von Strobel mit 7,25 m Länge, 2,75 m Breite, und 4,05 m Tiefe angegeben. Das unterste Becken war 1,04 m lang, 2,75 m breit und 0,2 m tief.[6] Es konnte (von unten nach oben) von einem ersten Absatz aus betreten werden, der 0,87 m lang ist. "Es folgen dann dreimal drei Stufen (ca. 22/25 cm h, 25 cm l), die je durch einen Absatz voneinander getrennt sind (2. Absatz: 0,69 m l, in 1,1 m Höhe; 3. Absatz in 1,85 m Höhe: 0,6 m l; 4. Absatz in 2, 65 m Höhe: 0,68 m l). Vom vierten Absatz aus führen weitere 4 Stufen nach oben, die in einer Breite von ca. 0,9 m auf der W-Seite von der Wasserrinne eingenommen werden. Sie bestehen aus hochgestellten flachen Platten, die mit einem Mörtelüberwurf und mit einem Glattstrich versehen sind. Der Wasserzulauf erfolgte von der SW-Seite her, wo ein schalenförmiges Flachbecken vorgebaut ist.

---

[1] Strobel gibt für sie eine durchschnittliche Tiefe von 1,8 m an. Vgl. Strobel, A., (1972), S. 62. North verzichtet auf Maßangaben zu loc. 55 und loc. 57.

[2] De Vaux, R., (1973), S. 9.

[3] Strobel, A., (1972), S. 62. North gibt die Maße von loc. 67 mit einer Länge von 1,5 m, einer Breite von 1,2 m und einer Tiefe von 1 m an. Vgl. North, R., (1962), S. 108.

[4] De Vaux, R., (1973), S. 9f.

[5] Vgl. Strobel, A., (1972), S. 62.

[6] North interpretiert loc. 48/49 als 'earthquake cistern' mit folgenden Gesamtverhältnissen: 6 m Länge, 2,3 m Breite und 2,8 m Tiefe. Vgl. North, R., (1962), S. 108.

Man kann fragen, ob es zugleich einmal das Wasser einer Dachtraufe aufnehmen sollte. Der Glattstrich der Treppen zeigt mindestens 10 Lagen."[1]

Loc. 43, ein kleines quadratförmiges Becken, war an der Südostseite von loc. 43   loc. 48 angebaut. Die offene Westseite von loc. 43 betrug 1,24 m, die Nordseite 1,25 m und die Ostseite 1,30 m Länge. Zum Beckengrund führten 4 Stufen. Die Höhe bis zur 4. Stufe betrug 0,9 m. "Das Becken ist nach W hin zu dem größeren Becken K [loc. 48] voll geöffnet, wobei seine Sohle ungefähr auf der Höhe der vierten Stufe von oben (vor dessen 4. Absatz) liegt. ... Einige Schwierigkeiten macht die Bestimmung der Wasserzufuhr. Sehen wir recht, dann zweigte an der SW-Ecke noch ein zweiter Seitenkanal ab, der zu diesen Anbaubekken führte und zugleich weiter an der O-Wand von K [loc. 48/49] entlang zu dem noch zu nennenden hinteren Bassin M [loc. 50]. Die Wasserrinne, deren anfängliche Partie im heutigen Zustand nicht ganz zweifelsfrei ist, dürfte an dieser Stelle, obwohl sehr schmal gebaut (15-20 cm), ziemlich tief gewesen sein (0,55 m)."[2]

Das quadratische Becken (loc. 50), das von der genannten Wasserrinne loc. 50   versorgt wurde, war nach Osten zu einer Viertelkreisform ausgeweitet. Die Westlänge betrug 2,24 m, die Nord- und Südwandlänge 2,12 m. "Hier führen 3 schmale Stufen (je ca. 0,2 m h) zu einem eingebuchteten Absatz von 0,9 m Länge hinab, der wieder 0,54 m über dem Boden des Beckens liegt ... Die Gesamttiefe beträgt vom Treppenbeginn an gerechnet ca. 1,4/5 m, von der Sohle aus ca. 1,6 m. Die Erdbebenspalte hatte auch dieses Becken in N-S zerrissen. Erkennbar sind 2 dicke Mörtellagen und mehr als 6 Glattstriche."[3] Ein Stein von 0,77 m Breite, 0,51 m Länge, und 0,15 m Höhe ermöglichte in der SO-Ecke einen Abstieg zum Beckenboden.

Der Hauptkanal verlief entlang der Ostseite von loc. 58 weiter nach Süden bis zur südöstlichen Ecke des großen Versammlungssaales (loc. 77). Die südliche Mauer des ehemaligen 'Israelitischen Gebäudes' wurde für den Kanalbau durchbrochen. Danach verlief der Kanal nach Südosten und versorgte dort eine Reihe kleinerer Becken (loc. 72, 68, 70, 69).

Das erste Becken, loc. 72, wurde von Strobel als Zisterne betrachtet, da keine Stufen nachweisbar waren. "Wahrscheinlich diente es dem Wasserausgleich für das ostwärts anschließende Becken ... (loc. 68), das auch de Vaux mit hoher Gewißheit als Badebassin einstuft."[4]

Die Maße von loc. 68 betrugen nach Strobel 2,92 m Länge, 2,15 m Breiloc. 68   te und 1,5 m Höhe. Zugänglich war das Becken von Osten und Westen durch Stufen. Die Stufenanlage gruppierte sich um die unterste Wanne, die eine Länge von 0,53 m, eine Breite von 1,21 m und eine Höhe von 0,10-0,20 m

[1] Strobel, A., (1972), S. 62.

[2] Ebd., S. 62f. [Einfügungen vom Autor]. R. North verzichtet auf Maßangaben.

[3] Ebd. S. 63. North gibt für loc. 50 eine Länge von 2 m, eine Breite von 1,8 m und eine Tiefe von 1,5 m an. Vgl. North, R., (1962), S. 108.

[4] Strobel, A., (1972), S. 63. Vgl. dazu de Vaux, R., (1956), S. 68, ders., (1973), S. 10, North verzichtet auf Maßangaben.

aufwies. "Von W führen 2 Stufen (von 0,22 m Höhe) zu einem Absatz von 0,52 m Länge (0,8 m b). Er liegt 0,9 m über der Beckensohle. Von O führen 5 Stufen (0,5 m, 0,24 m, 0,17 m, 0,2 m und 0,15 m h) zu der erwähnten Wanne, die hier ca. 10 cm tief ist. Die vorletzte Stufe erweitert sich auf der S-Seite zu einem geräumigen Absatz (0,65 m b). Im N und S bildet ein Sims (0,22/24 m b) den Rand. Die seltsam verschachtelte Ausführung ähnelt einer Sitzbadewanne."[1] Das Becken war mit 2 bis 3 sichtbaren Schichten verputzt. Das Wasser floß aus einem nördlich vorbeiziehenden kleinen Seitenkanal über die Nordseite in das Becken ein. Der Zugang zum Becken erfolgte nach Strobel über die Südseite; dafür spricht auch die 5-stufige Treppe im südöstlichen Teil des Beckens.

Ein weiteres schmales Wasserbecken (loc. 70) befand sich zwischen Bad (loc. 68) und loc. 69. Seine Länge betrug 2,72 m, seine Breite 1,1 m und seine Tiefe ca. 1,2 m. An seiner Nordseite schloß sich unmittelbar ein flaches mit Wülsten eingesäumtes gutverputztes Flachbecken (3,7 m Länge und 1,75 m Breite an) an.[2]

Loc. 75 war ebenfalls an den Hauptkanal angeschlossen. Das Becken könnte als Reifebecken für Ton benutzt worden sein.[3]

loc. 69   Der Hauptkanal mündet in loc. 69, ein rechteckiges Becken mit 2,72 m Länge, 2,5 m Breite und einer Tiefe von 1,9 m. Die Einlaßöffnung befand sich an der südwestlichen Ecke. An der südöstlichen Seite des Beckens waren zwei Stufen angebracht mit jeweils 0,6 m Breite, 0,12 m Länge und 0,21 m Höhe. "Man erreicht über sie einen länglichen, schmalen (ersten) Absatz, zu dem von SO her 4 (0,5 m breite und 0,30/38 m lange) Stufen führen (Höhe ca. 0,25 m). Ein weiterer Absatz (0,5 m x 0,53 m) befindet sich an der NO-Ecke (ca. 0,4 m über dem beschriebenen ersten Absatz, dazu 1,2 m über dem Boden). Ohne Zweifel geschah der Zugang aber von S her auf der beschriebenen mehrstufigen Treppe. Man erkennt im heutigen Zustand noch mindestens zwei dicke Mörtelschichten (von ca. 7 cm Dicke)."[4] De Vaux sah in loc. 69 ein "decantation basin"[5].

---

[1] Strobel, A., (1972), S. 63f. "Möglicherweise diente das Becken für die Arbeitskräfte des SO-Traktes zur Reinigung oder noch wahrscheinlicher für rituelle Waschungen." Ebd. North gibt für loc. 68 folgende Maßangaben: Länge 2,2 m, Breite 2 m und Tiefe 0,6 m. Vgl. North, R., (1962), S. 108. Zu Bädern mit zweifachem Zugang vgl. Netzer, E., (1982), S. 116f.

[2] Strobel nimmt an, daß loc. 70 als Schöpfreservoir diente; das Flachbecken könnte zu Fußwaschungen oder Arbeitszwecken gedient haben. Vgl. Strobel, A., (1972), S. 64. North gibt folgende Maße: Länge 2 m, Breite 1 m und durchschnittliche Tiefe 0,8 m. Vgl. North, R., (1962), S. 108.

[3] Strobel gibt keine Maße. North gibt für loc. 75 eine Länge von 3 m, eine Breite von 3 m und einer Tiefe von 0,2 m an. Vgl. North, R., (1962), S. 108.

[4] Strobel, A., (1972), S. 64. Das Becken hatte nach Strobel Badezwecke zu erfüllen oder dem Wasserausgleich zu dienen. North gibt folgende Maße: 2 m Länge, 1,5 m Breite und eine Tiefe von 0,8 m. Vgl. North, R., (1962), S. 108.

[5] De Vaux, R., (1973), S. 10.

Eine gewaltige Zisterne[1] (loc. 71) schließt sich an und vollendete den
loc. 71   Wasserlauf in der Anlage von Qumran. Die Maße von loc. 71 sind beträchtlich: 17,55 m Länge, 5,6 m Breite und 4,8 m Tiefe.[2] Die großdi-
mensionierte Treppenanlage zeigte von unten nach oben folgende Gliederung: 3
Stufen (0,33 m, 0,24 m, 0,77 m l, je 0,20/24 m h), 1 Absatz (1,10 m l, 0,21 m h), 2
Stufen (0,5 m, 0,38 m l und 0,17 m, 0,26 m h), 1 Absatz (1,29 m l, 0,26 m h), 2
Stufen (0,34 m, 0,31 m l und 0,24 m und 0,27 m h), 1 Absatz (1,01 m l, 0,25 m h),
2 Stufen (0,27 m 0,34 m l und 0,19 m, 0,22 m h), 1 Absatz (1,28 m l, 0,28 m h), 5
Stufen (0,77 m, 0,35 m, 0,51 m, 0,47 m l und 0,23 m, 0,37 m, 0,25 m, 0,25 m, 0,17
m h). Von der untersten Stufe bis zum südlichen Beckenende betrug die Distanz
6,65 m. Die Treppe hatte demnach eine Gesamtlänge von über 11 m. "Ihr vorgebaut
ist ein flaches rechteckiges Becken (1,44 m l, 5,3 m b), in das sich über P [loc. 69]
oder Q [loc. 70] das Wasser des Kanals ergießen konnte. Es nimmt als loc. 65 die
gesamte Breite der Anlage ein, nämlich ca. 1,44 m. Von hier aus floß das Wasser
die zunächst (ca. 5 Stufen) dreigeteilte Treppe hinunter."[3] Das Becken besaß am
südlichen Beckenende einen Überlauf. Für Strobel war es, im Gegensatz zu de
Vaux, keine Frage, daß das Becken als Badebecken zu interpretieren ist: "Da sich
hier entlang der Ostmauer des Gebäudekomplexes der Friedhof der Siedlung erstreckte, möchte man fragen, ob die Notwendigkeit dieses Beckens nicht auch von
daher erklärt werden muß. Seine Größe läßt jedenfalls in erster Linie an rituelle
Ganzbäder denken."[4]

Dieses hochentwickelte und sorgfältig konstruierte Wasserleitungs- und Wasser-
deponierungssystem ist eines der auffälligen Charakteristika der Qumranruine. Daneben finden sich allerdings noch eine Reihe weiterer Besonderheiten.

---

[1] De Vaux interpretiert loc. 71 als Zisterne, vgl. (1956), S. 539 und (1973), S. 10.

[2] North maß eine Länge von 17,4 m, eine Breite von 4,5 m und eine Tiefe von 3 m. Vgl. North, R.,
(1962), S. 108.

[3] Strobel, A., (1972), S. 64. [Einfügungen vom Autor].

[4] Ebd., S. 64f.

5.3.1.3 Besondere Räume der Anlage

5.3.1.3.1 Der Versammlungsraum

Die Anlage von Qumran war kein Dorf oder eine Ansammlung von Häusern. "Khirbet Qumran is not a village or a group of houses; it is the establishment of a community. We must be still more precise: this establishment was not designed as a community residence but rather for the carrying on of certain communal activities."[1] Die Zahl der theoretisch rekonstruierbaren Räume, die als Wohnraum dienen konnten, ist begrenzt. Die Gebäude, die im Westen hinzugefügt wurden, bestehen aus einigen Räumen, die um einen Hof arrangiert wurden. Das untere Stockwerk des Turmes wurde als Lagerraum benutzt. Es gab nach de Vaux nur eine große Küche, einen großen Waschplatz und einen Stall. Darüber hinaus sind von de Vaux einige Räume mit Werkstätten und Versammlungsräumen identifiziert worden.

Einer dieser Versammlungsräume (loc. 4) enthielt ab Periode Ib eine niedrige Bank, welche, die Südwand ausgeschlossen, entlang des Raumes verlief. An einer Wand wurden zwei Becherablagen einvertieft. Nahe der Tür wurde ein kleines Bekken angebracht, das von außen gefüllt werden konnte. "This feature gives the appearance of having been designed for closed sessions in which those taking part did not wish to be disturbed, and thus as a kind of council chamber."[2] Diese Merkmale erlauben de Vaux die Vermutung, daß dieser Raum für geschlossene Veranstaltungen ge-dacht war, bei denen Störungen unerwünscht waren. Im nördlichen Raum dieser Zweiergruppe "hat man noch den Abdruck eines Balkens bzw. einer Säule aus Palmholz gefunden."[3] Der Abdruck beweist für Bardtke, daß die Deckenkonstruktion dieses Raumes durch einen Tragebalken oder eine Säule abgestützt war. Zu diesen zwei Räumen, die, abgesehen von der Öffnung in loc. 4, völlig von der Umgebung abgeschottet sind, werden von Stegemann zwei bauliche Besonderheiten genannt, die nach seinen Angaben in keinem vorläufigen Ausgrabungsbericht erwähnt sind. "Links vom Eingang zum Leseraum befindet sich nämlich in der Wand eine mauselochgroße Öffnung"[4], die im Innenraum zu einer napfförmigen Kuhle ausgebildet ist. Die zweite Besonderheit befand sich in den Räumen loc 1 und loc. 2 unterhalb einer Art Durchreiche "ein wenig abgesenkt - eine etwa einen halben Meter breite und fast drei Meter lange gemauerte Plattform mit einer aus Mörtel gegossenen, ganz ebenen und einst durch lange Benutzung blank polierten Oberfläche."[5] Östlich von loc. 4 befand sich ein größerer Raum (loc. 30), der mit einem breiteren Eingang versehen war. De Vaux hält es für denkbar, daß dieser Raum für Versammlungen mit einer größeren Anzahl von Mitgliedern gedacht war.

---

[1] De Vaux, R., (1973), S. 10.

[2] Ebd., S. 10f.

[3] Bardtke, H., (1958), S. 51.

[4] Stegemann, H., (1994), S. 60. Vgl. dazu auch S. 214ff. dieser Arbeit.

[5] Ebd., S. 61f.

5.3.1.3.2 Der große Saal

Eine weitere Besonderheit, die im südlichen Anschluß an das Hauptgebäude gefunden wurde, sind die Dimensionen eines Raumes. Loc. 77 hat eine Länge von 22 m und eine Breite von 4,5 m. Der Raum wird vom Ausgräber als Saal bezeichnet. Es ist west-östlich ausgerichtet und besaß zwei Türen, eine im nordwestlichen Teil (loc. 54), die andere im südöstlichen Teil, (loc. 98). Die letztere führte auf die große Esplanade. De Vaux ist sich sicher, daß dieser Saal, der größte Raum der ganzen Siedlung, der eigentliche Gemeinschaftsraum war. Im Westteil des Saales befand sich im verputzten Boden eine kreisrunde Bepflasterung. "This seems to mark the place where the president of the assembly would have taken his stand."[1] Der Boden des Saales war geneigt, eine leichte Schräge führt von der westlichen zur östlichen Tür. Von dort stieg der Boden wieder sanft bis zur östlichen Mauer an. Durch eine leicht verschließbare Abzweigung des Haupkanals unmittelbar vor loc. 56 konnte durch eine Öffnung nahe der nordwestlichen Tür der ganze Raum geflutet werden. Durch die Neigung des Raumes und durch den kontrollierten Wasserzufluß wurde eine Reinigung des Saales wesentlich erleichtert. Ob die Konstruktion zur Reinigung des Saales oder zur Reinigung der Mahlteilnehmer[2] benutzt wurde, muß offen bleiben. Aus der Existenz der Anlage darf jedoch auf ihre wiederkehrende Notwendigkeit geschlossen werden. Für de Vaux liegt der Gedanke nahe, daß dieser Saal nicht nur als Gemeinschafts- oder Versammlungsraum, sondern auch als Speisesaal gedient haben kann.

5.3.1.3.3 Der südliche Saalanbau

Es findet sich ein weiterer archäologischer Hinweis, der die Vermutung eines Speisesaals verstärkt: Nahe am Platz des Vorsitzenden schloß sich im Süden eine kleine Räumlichkeit an (loc. 86, loc. 89). Dieser Raum wurde bei einem Erdbeben (ca. 31 v. Chr.) erheblich zerstört.[3] In den Trümmern des Raumes fanden die Ausgräber ein Lager von mehr als tausend Geschirrteilen; darunter waren 21 kleine Töpfe, 38 Schüsseln und 11 Krüge. Im östlichen Teil wurden 708 Schalen gefunden, die in Gruppen zu einem Dutzend angeordnet waren und ein Rechteck bildeten. Davor befanden sich 75 Becher. Einige andere Töpferteile des gleichen Typs lagen über den Boden zerstreut. De Vaux ist der Meinung, daß dieser Raum nicht als allgemeiner Keramiklagerraum angesehen werden kann. "This was not the community's storeroom for pottery in general since many of the forms in current use, frequently found

---

[1] De Vaux, R., (1973), S. 11.

[2] Vgl. ebd., S. 11. Strobel ist der Meinung, daß die Einrichtung zur Reinigung der Füße der Mahlteilnehmer gedient haben könnte. Vgl. Strobel, A., (1972), S. 62.

[3] Vgl. de Vaux, R., (1973), S. 11. Die Zuordnung der Töpferwaren in diesem Raum zur Periode Ib wird von J. T. Milik in 'Dix ans de découvertes dans le Désert de Juda' (1957) und in 'Revue Biblique 61 (1957), S. 635' und in der englischen Ausgabe seines Buches 'Ten Years of Discovery in the Wilderness of Judaea' (1959) kritisiert. Vgl. dazu S. 186 dieser Arbeit.

elsewhere in the ruins, are missing here, such as the large jars, the lids, the pots, the juglets, the lamps, etc. It was not in any ordinary sense an annexe to the potter's workshop since that is situated in another area."[1] Wenn dieser Raum in Verbindung mit dem großen Speisesaal gebracht wird, der unmittelbar an ihn anschließt, dann decken die enthaltenen Gefäße den ganzen Servierbedarf ab, der nötig war, um Mahlzeiten einzunehmen: Krüge für die Getränke, Becher zum Trinken, Platten und Schüsseln zum Servieren und Teller zum Essen. Wenn also das ganze Geschirr in diesem Raum zu finden ist, dann, so die Schlußfolgerung de Vauxs, erhält die geäußerte Vermutung, daß der große Saal als Speisesaal gedient hat, eine Verstärkung.[2]

---

[1] De Vaux, R., (1973), S. 12.

[2] Vgl. de Vaux, R., (1973), S. 11. Vgl. dagegen Humbert, J.-B., (1994), S. 198. Vgl. dazu auch S. 310f. dieser Arbeit.

5.3.1.4 Tierknochenfunde in Chirbet Qumran

Eine möglicher Hinweis, daß in diesem Saal tatsächlich Mahlzeiten eingenommen wurden, kann aus dem Sachverhalt erschlossen werden, daß in freien Räumen, zwischen den einzelnen Gebäuden oder um diese herum, blanke Tierknochen vergraben waren. Die Tierknochen waren zwischen großen Krug- und Topfscherben deponiert. Vereinzelt wurden die Tierknochen auch in noch intakten und verschlossenen Krügen gefunden. In einem Fall wurden die Knochen einfach von einem Teller bedeckt. Häufig waren eingegrabene Behältnisse mit Erde der betreffenden Erdschicht bedeckt. Das bedeutet, daß die mit Knochen gefüllten Töpferwaren fast ebenerdig eingegraben wurden. "To the north of the secondary building in loc. 130 two pots containing bones were uncovered by the flood which overflowed from the large decantation basin after the earthquake. They were carried along in this flood and were covered by the sediment which it left behind."[1]

Plätze, an denen die Knochen gefunden wurden, variieren. Aber alle bis jetzt bekannten Funde wurden auf nichtbebautem Gebiet entdeckt. Die meisten Knochenfunde, etwa 30 Belegfunde, wurden vor der Nordmauer im westlichen Teil der Anlage (loc. 130) registriert. 13 weitere Funde wurden während einer Testgrabung entdeckt, bei der ein ca. 2 m breiter Graben entlang der Mauer ausgehoben wurde, die an der Südseite der großen Esplande beginnt. "Briefly, the appear with varying frequency in almost all the open spaces of the Khirbeh."[2] Und Pater de Vaux ist sich sicher, "that if the whole of this space were cleared many others would be found."[3] "Es ist wichtig, darauf hinzuweisen, daß auch Schädel gefunden worden sind. Zeuner erwähnt den Fund des Schädels eines Ziegenbocks. Der Schädel war aufgeschnitten.[4] ... Ebenso wurde ein Widderschädel gefunden, auf dem die Ansatzstellen der Hörner zu erkennen waren. ... Beide Schädelfunde stammen aus den Depositorien längs der Ostmauer der Siedlung."[5]

5.3.1.4.1 Datierung der Knochendepots

Bevor an anderer Stelle eine Interpretation dieser Funde versucht wird, muß auf die Datierung der Knochenfunde eingegangen werden. Dafür nimmt de Vaux neben der Stratigraphie Töpferwaren und Münzfunde, die in unmittelbarer Nähe der Knochenbehältnisse gefunden wurden, als Datierungshilfen in Anspruch. "The majority belong to Period Ib".[6] De Vaux gibt für Periode Ib folgende Fundorte an: loc. 23, 80, 92, 130 und 135. Die Funde in loc. 130 waren mit den Ablagerungen bedeckt, die

---

[1] De Vaux, R., (1973), S. 13.

[2] Ebd.

[3] Ebd.

[4] Vgl. Zeuner, F. E., (1960), S. 28.

[5] Bardtke, H, Die Tierknochenfunde auf chirbet Qumran, in: Harig, G. (Hg.), Lehre, Forschung, Praxis (FS), Leipzig 1963, S. 328-349, S. 334.

[6] De Vaux, R., (1973), S. 13.

sich während der Siedlungspause dort ansammelten. Die Töpferwaren, in und bei denen Knochen gefunden wurden, sind "characteristic of Period Ib"[1]. Ferner wurden Münzen entdeckt, die unter Alexander Jannäus geprägt wurden. Die Deponierung wurde auch in der folgenden Siedlungsperiode II durchgeführt.[2] So konnten Knochen über der Ablagerungsschicht in loc. 130 entdeckt werden, ebenso in loc. 132, dem großen Absetzbecken, das in Periode II nicht mehr in Gebrauch war. Die dort gefundenen Knochen waren mit Scherben bedeckt, die Pater de Vaux zur Periode II zählt "and associated with coins of Agrippa I and the Procurators."[3] Insgesamt wurden für Periode II Knochenlager in loc. 73, 80, 130 und 132 entdeckt.[4]

Zuordnung der Tierknochenfunde zu den Siedlungsperioden Ib und II.

loc.[5]	loc.[6]	Anzahl[7]	Zuordnung zu Per.Ib	Per.II
22	-			
23	23	1	X	-
65	-	-		
73	73	2	-	X
80	80	6	X	X
92	92	1	X	-
130	130	20	X	X
132	132	8		X
135	135	2-3	X	-
143	-	-		
Graben	Graben			
Süd	Süd	13	X	
Total:		53(4)		

---

[1] Ebd.

[2] Vgl. ebd. Diese Feststellung erlaubt die Folgerung, daß die Bewohner von Periode Ib und II gleiche Praktiken ausgeführt haben. Die Gleichartigkeit der Praxis garantiert jedoch noch keinen identischen Intentionalitätsrahmen.

[3] Ebd. Agrippa I. regierte von 37/41-44 n. Chr. Die römischen Statthalter mit ihrer ungefähren Amtszeit waren: Coponius (6-9 n. Chr.), Ambibulus (9-12 n. Chr.), Annius Rufus (12-15 n. Chr.), Valerius Gratus (15-26 n. Chr.), Pontius Pilatus (26-36 n. Chr.), Marcellus (36-41 n. Chr.), Cuspius Fadus (44-46 n. Chr.), Tiberius Alexander (46-48 n. Chr.), Venditus Cumanus (48-52 n. Chr.), Antonius Felix (52-59 n. Chr.), Festus (59-62 n. Chr.), Albinus (62-64 n. Chr.), Gessius Florus (64-66 n. Chr.). Vgl. dazu Meshorer, Y., Ancient Jewish Coinage, Vol. II, New York 1982, S. 174.

[4] Vgl. de Vaux, R., (1973), S. 13.

[5] Fundorte von Knochen nach de Vaux, R., (1994). Vgl. auch Rohrhirsch, F.; Hofmeir, B., (1996), S. 154.

[6] Tierknochenfunde mit ritueller Relevanz nach de Vaux, R., (1973), S. 12-16.

[7] Die Angaben finden sich in de Vaux, R., (1956), S. 549. Vgl. dazu auch L.-Duhaime, J., Remarques sur les depots d'ossements d'animaux a Qumrân, in: Revue de Qumran 34 (1977), S. 245-251 und Bardtke, H., (1963), S. 329.

5.3.1.4.2 Zuordnung der Tierknochen zu Tierarten

39 dieser Knochenfunde wurden im 'London Institute of Archeology' von F. E.
Zeuner untersucht.[1] Festgestellt wurde, daß kein Knochenfund ein komplettes Tier-
skelett enthielt. Die Tiere wurden zer- und verteilt. Nachdem das Fleisch im Mahl
von den Knochen abgenagt worden war, wurden die Knochen wieder eingesammelt.
26 der untersuchten Funde enthielten Knochen eines Tieres, 9 Funde Knochen von
zwei Tieren, 3 Funde Knochen von drei Tieren und ein Fund enthielt Knochen von
4 verschiedenen Tieren. Es lassen sich verschiedene Tierarten unterscheiden, wobei
Unsicherheiten nicht ausgeschlossen werden können.[2]

Ausgewachsene Schafe	5
Ausgewachsene Ziegen	5
Ununterscheidbare Knochen, entweder von Schafen oder Ziegen	26
Lämmer oder Jungtiere	10
Kälber	6
Kühe oder Ochsen	4
Unidentifizierbares Tier, Größe einer kleinen Kuh	1

"These bones are certainly the remnants of meals."[3] Die meisten Knochen sind völlig vom Fleisch gesäubert. Das zeigt, nach Meinung de Vauxs, daß das Fleisch im
allgemeinen gekocht und manchmal gebraten wurde. Die Knochen stellen nur einen
Teil der Überreste dar, die sich im Speisesaal oder in der Küche angesammelt haben. "Some of the bones showed traces of charring, which is not surprising if one
remembers that much of the meat would have been roasted on the spit. It is noteworthy, however, that several calcined bones were found which must have been
laying in the fire itself and have been subsequently collected from it and put into a
jar. They cannot have been part of the dish as eaten, and suggest that all the remains
of the meal, both from the table and from the kitchen had to be collected and put in
a jar."[4] Zeuner macht weiter darauf aufmerksam, daß auch sog. 'metapodials' gefunden wurden; das sind Knochen, an denen sich kein Fleisch befindet. Sie wurden
während der Zubereitung nicht fortgeworfen, sondern zusammen mit den Knochen

---

[1] Vgl. Zeuner, F. E., (1960), S. 27-36.

[2] Vgl. de Vaux, R., (1973), S. 14.

[3] Ebd.

[4] Zeuner, F. E., (1960), S. 30.

einer Mahlzeit vergraben[1]. Den Sinn der Handlungen, die zu diesen Überresten führten, glaubt de Vaux erklären zu können: "The care with which the bones were set apart after the flesh had been cooked and eaten reveals a religous preoccupation. It is possible that these are the remnants of sacrifices in which the victim, or some part of ist, was eaten by the faithful, though this has not been proved. For sacrifice of any kind an altar is necessary and the excavations have not brought to light any altar or any place adapted to the ritual sacrifice of victims. On the other hand, these deposits do constitute clear evidence of the fact that certain of the meals eaten in the main chamber which we have described had a religious significance."[2]

5.3.1.5 Tonwarenproduktion

5.3.1.5.1 Töpferwerkstatt und Ton

Drei Werkstattbereiche können nach Pater de Vaux einhellig in Periode Ib[3] datiert werden: die kleine Beckenanlage im südlichen Teil des Hofes des Zentralgebäudes (loc. 34), bei der sich der Zweck nicht mehr eindeutig bestimmen läßt, der Waschplatz an der Ostmauer des Hauptgebäudes (loc. 52) und schließlich die Töpferwerkstatt im südöstlichen Teil des Areals (bei und um loc. 64). "This workshop was set up in the south-eastern area in place of the ovens of Period Ia and is in an exceptionally complete state of preservation."[4] Die oder der Töpfer wuschen den Lehm in einem niedrigen und sorgfältig verputzten Becken (loc. 75). Das benötigte Wasser wurde durch einen Leitung, die vom Hauptkanal gezogen wurde, in ein kleines Wasservorratsbecken geleitet. Nachdem der Lehm gereinigt war, wurde er für den Reifungsprozeß in einer kleinen Grube abgelegt (loc 70). Die endgültige Lehmmischung wurde vor der unmittelbaren Verarbeitung in einem danebenliegenden Becken (loc. 69) zwischengelagert.[5]

Wird angenommen, daß das gesamte gefundene Geschirr und sämtliche Töpferwaren mit den in Qumran gefundenen Brennöfen hergestellt wurde, dann wird die Frage nach dem Ursprung des Lehms virulent.

Die erste, naheliegendste Möglichkeit wäre, an eine Lehmversorgung mittels Aquädukt zu denken. Das heißt, mit dem Wasser könnte auch Lehm in die Zisternen und Absetzbecken gelangt sein. Doch die gefundenen Ablagerungen bestehen zum überwiegenden Teil aus Mergelablagerungen, die sich hervorragend zur Herstellung

---

[1] Vgl. ebd.

[2] De Vaux, R., (1973), S. 14. Vgl. auch Laperrousaz, E.-M., (1976), S. 211-221 u. ders., (1978), S. 569-573.

[3] Vgl. de Vaux, R., (1973), S. 16. "Another aspect of the communal life at Qumran is illustrated by the presence of several workshops. Those set up between the two buildings have been preserved only in the form they acquired in Period II." Ebd. S. 15f.

[4] Ebd. Vgl. dazu de Vaux, R., (1956), S. 543-544; ders. (1959), S. 97.

[5] Zu Aufbereitung und Bearbeitung von Ton vgl., Hachmann, R. (Hg.), Vademecum der Grabung Kamid-el-Loz, Bonn 1969, S. 149-159.

von Ziegeln eignen. Als Töpferlehm sind diese Ablagerungen hingegen ungeeignet, da ihr Kalkgehalt zu hoch ist.[1] Nach de Vaux gibt auch keine geeigneten Lehmschichten in unmittelbarer Umgebung. "I can only point out that the engineers of the new Arab Potash Company have discovered an excellent layer of clay to the north

[1] Vgl. Zeuner, F. E., (1960), S. 27-36, bes. S. 30-33. 5 Sedimentproben wurden zu Untersuchungen entnommen:
1. Eine Probe aus den Sedimenten vom Töpferbecken (loc. 75),
2. eine Probe aus den Sedimenten vom Töpferbecken (loc. 75) (andere Stelle),
3. eine Probe aus loc. 70? "basin de décantation B2" Ebd. S.30. Vgl. de Vaux, R., 1956, S. 539,
4. eine Probe aus Zisterne in loc. 58 und als Vergleich
5. eine Probe des Lisan-Mergels "as the most readily available argillaceous deposit in the area." (S. 30). Zeuner bemerkt zur Qualität des Mergels: "No experienced potter would think of using this material unleached. In the leached condition, half of it consists of carbonates, a composition which would make a very bad pottery clay." (S. 31).
Zu den Proben 3 und 4:
"Samples 3 and 4 turn out to consist mainly of very fine limestone and dolomite dust. This is in agreement with their derivation from the mountains, and, having been brought by fresh water, salts have been largely washed out, and the remainder of gypsum is small. But these sediments are, with over 70 per cent. of carbonates, useless as pottery clays. Sample 4 comes from one of the large cisterns; it disposes of the suggestion that cistern sediments were used to make pottery. Sample 3 comes from the potters' well, however, and since its composition resembles that of sample 4, it is evident that this small well acted as a sump to clean the water used by the potter, when preparing the clay in loc. 75, of its content of suspended carbonates." Ebd., S. 32.
Zu den Proben 1 und 2:
"Sample 1 and 2 both come from the place where the potter was preparing the paste. Whilst they are chemically much the same (and very different from samples 3 and 4, being low in carbonates as befits good potter's clay!), sample 1 is considerably coarser than 2 as shown by the mechanical analysis. This suggest that specially selected materials, coarser and finer ones, were mixed in loc. 75." (S. 32f.).
Die These von Stephen Pfann 'The Wine Press (and Miqveh) at Kh. Qumran' (loc. 75 and 69) als Nachtrag zum Aufsatz von Humbert, J.-B., L'espace sacré à Qumrân. Propostions pour l'archéologie, in: Revue Biblique (1994) 2, S. 161-214, S. 212-214 bestreitet nicht die Verwendung von loc. 75 als Präparationsstätte für Ton. "However, the function for which this installation was originally constructed must have been quite different. Based upon comparisons with installations of similar description from this period in Judaea and Samaria, it seems clear to me that *locus* 75 in its original use was a wine press. The close association of this press with a ritual immersion pool [locus 69 sic.] is not by accident. In fact, there is a growing list of both wine and oil presses of the early and late Roman periods, in which the ritual immersion pool and the press were built as a unified complex. The purpose was to keep ritual impurity from being transferred by workers to any product potentially use in a context demanding ritual purity." Ebd., S. 212f. [Einfügung vom Autor]. Pfann bezieht sich auf die Speisevorschriften in 1QS 6:4,5,6 und 1QSa 2:17,18,20, die seine Deutung unterstützen, wenn die Prämisse zugrunde gelegt wird, daß es sich hier um einen Sitz der Essener handelte. Aber genau das ist archäologisch überhaupt nicht zu belegen und kann deshalb auch nicht als Prämisse vorausgesetzt werden. Eine weitere Schwierigkeit liegt in der Behauptung, daß die betreffenden locations zwar als Zubereitungsort für Ton gedient haben, "perhaps during the final period of the site's occupation" (ebd. S. 212), aber ursprünglich als Weinpresse gebaut wurden. In welche Zeit sollte diese Weinpresse datiert werden? Im Plan der 'Israelitischen Besiedlung' oder in der Siedlungsperiode Ia wird loc. 75 noch nicht aufgeführt. Loc. 75 wird erstmals von de Vaux in Periode Ib erwähnt, gleichzeitig mit der Installierung von zwei Brennöfen (loc. 64 u. loc. 84). Die Einordnung von Pfann ist nur möglich, wenn die Datierung von Humbert übernommen wird. Die Interpretation von loc. 69 als Reinigungsbecken läuft - ohne Begründung - gegen die gesamte Qumranforschung.
Aber auch eine Dattelpresse zur Honigerzeugung wird bei loc. 75 angesiedelt. "A garbage dump ... contained masses of dates ... A few meters from the dump, is a cavity that de Vaux identified as a pool. Drori and Magen found it to have a date press". Rabinovich, A., (1994), S. 12 u. 14.

of the Dead Sea. This is not too far from Khirbet Qumran."[1] Auch 20 Jahre später ist die Frage nach der Herkunft des Lehms immer noch nicht entschieden. "For the origin of the Qumran pottery clay we surveyed North, West and South and a few very useful clay strata have been found, especially upstream on the Wadi Qumran. We must however have Qumran pottery sherds similarly analyzed before we come to conclusions."[2]

Gegenüber den Lehmbehandlungsplätzen befand sich der Platz des Töpferrades (loc. 65). Es war kreisförmig ausgehöhlt und bestand aus Steinen. Der Töpfer saß und benützte seine Füße, um das Rad in Bewegung zu halten. Die flache Oberfläche des Rades befand sich auf der gleichen Höhe wie seine Hände. Noch heute, so de Vaux, arbeiten die Töpfer von Hebron nach exakt dem gleichen Muster. Zwei Brennöfen schließen sich an. Der erste Ofen (loc. 64) war für die größeren Teile gedacht. Die geformten Teile wurden auf eine bankförmige Ablage gestellt, die durch eine Öffnung im oberen Teil des Ofens zu erreichen war. Feuer konnte durch eine Öffnung im unteren Teil des Ofens gelegt werden. Zu dieser unteren Öffnung führten einige Stufen (loc. 84). Im selben locus und gegenüber dem ersten großen Ofens befindet sich ein zweiter, kleinerer Brennofen. Er besteht aus zwei übereinander angelegten Kammern, die durch einen Boden getrennt sind. Kleine Röhren in diesem Boden ermöglichen den Aufstieg der heißen Luft in die obere Kammer. Nach de Vaux kann diese Bauart bis zum Anfang des dritten Jahrtausends nachgewiesen werden.[3] Der Kamin des großen Brennofens war nach Norden und der Kamin des kleinen Brennofens nach Süden ausgerichtet. Die Lage korrespondiert mit den vorherrschenden Windströme am Toten Meer. Damit konnte sichergestellt werden, daß immer ein Ofen genutzt werden konnte. "This workshop was the source of most of the large number of vessels discovered at Khirbet Qumran, and the fact of local manufacture explains both the monotony of the pottery and at the same time its unique charakter as compared with other sites of the same epoch"[4].

5.3.1.5.2 Keramikcharakteristika

Durch die Herstellung und nahezu vollständige Bedarfsdeckung von Geschirr jeglicher Art in Qumran wird der Nachweis einer Zuordnung und Verbindung von Fundobjekten aus den Höhlen und der Anlage auf der Mergelterrasse vereinfacht. Allerdings erschweren die relative Monotonie und Ähnlichkeit der Formen die Un-

[1] De Vaux, (1973), S. 16.

[2] Donceel, R.; Donceel-Voûte, P., (1994), S. 35.

[3] Fragmente dieses Ofentyps wurden in Palästina am Tell el-Far`ah gefunden. Vgl. de Vaux, R., (1973), S. 17. "For instances which, although outside Palestine, are closer in date to these examples compare the kilns of Tell el-Farâ'în in Egypt, which belong to the Ptolemaic epoch and the beginning of the Roman epoch, D. Charlesworth, Journal of Egyptian Archeology, LIII (1967), 150-2; LV (1969), 23-6, and the kiln at Volubilis in Morocco from the second century A. D.; C. Domergue, Bulletin d'archéologie marocaine, IV (1960), 491-505." (Ebd.)

[4] De Vaux, R., (1973), S. 17. Vgl. ders., (1956), S. 551-563.

terscheidung einzelner Siedlungsperioden. Trotzdem ist de Vaux der Meinung: "Many of the forms are common to both periods, yet there are certain differences."[1] So ist eine Pithosform nur auf Periode Ib begrenzt. Der Pithos ist eiförmig und besitzt einen nach außen gezogenen Hals. Zu ihm gibt es nur ein exaktes Gegenstück, und dieses "was found in the excavations of the Citadel of Jerusalem at a level belonging to the third century B.C and long before the reign of Herod."[2] Die flachen Töpferwaren, wie z. B. Schüsseln oder Teller, die zur Periode Ib gehören, können durch ein einfaches Profil charakterisiert werden "and [they] never have the moulded edge exhibited by some of the plates of Period II."[3] Die Unterscheidungsmerkmale der Becher sind eindeutiger. Die Becher von Periode Ib sind größer, nach außen gewölbt und zeichnen sich durch feine Wände aus. Die Becher aus Periode II sind kleiner, dick und im allgemeinen geritzt.[4] Am einfachsten ist die Unterscheidung bei den Lampen. Die Lampen, die Periode Ib zugeordnet werden, können dem Ende der hellenistischen Periode zugerechnet werden. Die Lampen, die für Periode II charakteristisch sind, gehören dagegen zum Anfang der römischen Periode. In dieser Reihe finden sich viele Lampen, die dem sog. `herodianischen' Typ zugesprochen werden, während andere Lampen zu Formen gezählt werden dürfen, die für das 1. Jh. n. Chr. typisch und aus anderen Funden schon gut bekannt sind.[5]

---

[1] De Vaux, R., (1973), S. 17.

[2] Ebd., S. 17f. Vgl. ebd. pl. XV b rechts.

[3] Ebd., S. 18. [Einfügung vom Autor].

[4] Ritzungen können als Kannelierung, Rillung, Wellenriefelung und Bogenriefelung ausgeführt werden. Vgl. Hachmann, R., (1969), S. 154.

[5] Vgl. de Vaux, R., (1973), S. 18.

5.3.2 Datierung der Siedlungsperiode Ib

5.3.2.1 Der Anfang von Periode Ib

Der Vergleich der Töpferwaren von Qumran mit Funden aus anderen Gebieten erlaubt nach de Vaux das Urteil, daß Periode Ib etwa in das Ende der hellenistischen Epoche zu datieren ist. Eine weitere Hilfe zur Präzisierung sieht de Vaux in den Münzen, die in Qumran gefunden wurden. "They have been found in considerable numbers but are much oxidized, and it is only after prolonged treatment and close study that it has been possible to identify some four-fifths of the whole collection."[1] Im vorläufigen Grabungsbericht von 1956 wurden schon Münzfunde genannt. Die Aufstellung wurde von de Vaux 1973 korrigiert, revidiert und erweitert.[2]

Münzfunde in Chirbet Qumran, die von de Vaux (1973) zur Periode Ib gezählt werden:

Demetrius II.	
145-140 v. Chr.	
129-126 v. Chr.	1 Silbermünze
Antiochus VII.	
138-129 v. Chr.	5 Silbermünzen[3]
Antiochus III.	6 Bronze-
223-187 v. Chr.	
Antiochus IV.	münzen ohne
175-164 v. Chr.	
Antiochus VII.	Datum
138-129 v. Chr.	
Johannes Hyrkan I.	
134-104 v. Chr.	1 Münze

---

[1] Ebd.

[2] In einer Fußnote gibt de Vaux an, daß diese Angaben von 1956 vereinzelt revidiert werden müssen. "In the course of preparing the definitive list Fr. A. Spijkerman, O.F.M., has made notable additions to these lists and has changed a certain number of the ascriptions either as a result of better readings or by reference to the most recent studies which have appeared on Hasmonean coins. At this point I quote the actual results of his work. The few identifications which still remain to be made will not seriously affect the general picture which can now be presented." De Vaux, R., (1973), S. 18. Zu den Schwierigkeiten mit Registrierung und Nachprüfung der Qumranmünzen vgl. Donceel, R., (1992) und Donceel, R.; Donceel-Voûte, P., (1994), S. 3-6. Zu allen Münzangaben vgl. Rohrhirsch, F.; Hofmeir, B., (1996), S. 119-131.

[3] Bei 3 Silbermünzen ist das Prägedatum erkennbar. 132/131, 131/130, 130/129. Bei 1 Münze ist das Datum nicht mehr erkennbar. Bei 1 Münze ist die Zuordnung unsicher.

Judas Aristobulos
104-103 v. Chr.   1 Münze

Alexander Jannäus
103-76 v. Chr.   143 Münzen

Salome Alexandra +
Hyrkan II.   1 Münze
76-67 v. Chr.

Hyrkan II.
67/63-40 v. Chr.   5 Münzen

Antigonus Mattathias
40-37 v. Chr.   4 Münzen

De Vaux schränkt die Plausibilität von Datierungsversuchen durch Silbermünzen ein, da ihr Umlauf, bedingt durch ihren hohen Materialwert, wesentlich länger veranschlagt werden muß, als dies z. B. bei Bronzemünzen der Fall war. "It must be remembered that the silver coins remained in circulation over a long period, and are of little use for dating an archaeological level apart from providing a vague *terminus post quem.*"[1]

Als verläßliches, weil logisch sicheres Kriterium ist nur der sog. 'terminus post quem' anzuerkennen, der Zeitpunkt, ab dem der Umlauf der Münze möglich war. Das denkbar früheste Datum, an dem die Münzen nach Qumran gekommen sein könnten, ist folglich das Jahr 132/131 v. Chr. Vom bloßen Silbermünzenbefund aus besehen ist damit die Existenz der Anlage bzw. deren Besiedlung für diesen Zeitpunkt weder beleg- noch bestreitbar. De Vaux macht darauf aufmerksam, daß nicht sofort beim Regierungsantritt von Johannes Hyrkan I. (135-104 v. Chr.) die seleukidische Währung in Palästina durch eine jüdische Währung ersetzt wurde. Johannes Hyrkan I. begann relativ spät, eigene Münzen prägen zu lassen, und selbst danach waren die seleukidischen Münzen noch im Umlauf. In die Regierungszeit des Johannes Hyrkan I. läßt sich nur eine Münze eindeutig einordnen. "It may be remarked that coins from his reign rarely appear in sales of antiquities."[2] Ferner fand sich eine Münze aus der Zeit des Judas Aristobulos (104-103 v. Chr.). Dagegen wurden 143 Münzen von Alexander Jannäus (103-76 v. Chr.) gefunden. Für den Hasmonäer wurden die meisten Münzen geprägt. Erwähnenswert sind 10 Münzen, die aus der Regierungszeit Herodes' des Großen stammen; diese sind nach de Vaux für Periode II relevant.

Nicht zu widersprechen wird de Vaux sein, wenn er sagt: "The interpretation of the coin evidence is a delicate matter. It is certain that the buildings of Period Ib

---

[1] De Vaux, R., (1973), S. 18f.
[2] Ebd., S. 19.

were occupied under Alexander Jannaeus. It is possible that they were already built under John Hyrcanus."[1] Hinweise dafür geben die seleukidischen Münzen, die, wie schon erwähnt, auch während seiner Regierungszeit weiterhin im Umlauf waren. Ebensogut könnten diese Münzen aber auch zur Periode Ia gehören; so sieht sich de Vaux nicht im Stande sie in Phase Ib zu terminieren. "In any case the fact that there are so few Seleucid bronzes makes it very difficult to regard Period Ib as beginning before John Hyrcanus."[2]

5.3.2.2 Das Ende von Periode Ib

In der Forschung ist das Ende der Siedlungsperiode Ib ebenso umstritten wie ihr Anfang. R. de Vaux verdankt seine Datierungsversuche zwei 'pieces of evidence'[3]: Erdbeben- und Feuerspuren. Die Folgen des von ihm postulierten Erdbebens sind bei den zwei Zisternen, die im östlichen Teil des Hauptgebäudes liegen, offensichtlich. Der Boden und die Stufen der größeren Zisterne wurden in zwei Teile gerissen, wobei der östliche Teil um ca. 0,5 m absank. "The crack was prolongned into the neighbouring cistern, loc. 50, the floor of which was clearly torn away, and the track of it can be traced right across the ruins of this period to the north and south of the two cisterns."[4] Andere Teile der Anlage wurden gleichermaßen vom Erdbeben berührt. Der Turm wurde erschüttert, seine Ostmauer bekam Risse. Der Fenstersturz und die Decke des unteren Turmraumes fielen ein. "The north-west corner of the secondary building was likewise damaged, and was in danger of collapsing into the ravine immediately below it. In the southern region the signs are less clear, except in the annexe of the large room, the back of which fell in, burying the pottery store"[5]. Einige Indizien, die von Flavius Josephus[6] geliefert werden, ermöglichen de Vaux, das von ihm postulierte Erdbeben zeitlich zu fixieren. Das von Josephus geschilderte Erdbeben "is the same as that which damaged the tower and cisterns of Khirbet Qumran, and its date has been recorded by the Jewish historian: the spring of the year of the Battle of Actium, the seventh year of Herod's reign that is the spring of 31 B. C."[7] Ein Ende von Periode Ib durch Feuer legitimiert de Vaux durch

---

[1] Ebd

[2] Ebd.

[3] Ebd., S. 20.

[4] Ebd.

[5] Ebd.

[6] Vgl. Ant. XV. V. 121-147; Bell. I. XIX. 370f: Darin heißt es: "Während er [Herodes der Große] seinen Feinden zusetzte, traf ihn im siebenten Jahr seiner Regierung ..., als der Krieg von Aktion seinen Höhepunkt erreicht hatte, ein anderes Unglück. Zu Beginn des Frühlings wurden bei einem Erdbeben unzähliges Vieh und 30 000 Menschen getötet; nur das Heer blieb unversehrt, weil es unter freiem Himmel lagerte." Zitiert nach der Übersetzung von H. Clementz, Flavius Josephus. Geschichte des Judäischen Krieges, Leipzig ⁵1990, S. 84.

[7] De Vaux, R., (1973), S. 21. Vgl. dazu auch Schalit, A., König Herodes. Der Mann und sein Werk, Berlin 1969, bes. S. 122-123. In Anmerkung 98 heißt es: "Es könnten dies in der Tat Spuren des großen
(Fortsetzung...)

den Nachweis von Aschenschichten. "In the covered areas, which were cleaned out at the time when they were reoccupied, few traces of this can be discerned. Nevertheless there are some. The embrasure of the communicating door between the two elements in the south-east corner of the main building, locs. 1 and 4, had been burned at some point earlier than that at which it was blocked up in Period II."[1] Noch gewichtiger wird vom Ausgräber eine unterschiedlich dicke Aschenschicht bewertet, die sich bis über die freien Plätze in der Nähe der Gebäude ausdehnt. Möglicherweise brannten Schilfrohrdächer ab, und die Asche wurde vom Wind zerstreut. "The question may be asked whether the earthquake and the fire were simultaneous."[2] In dieser Frage modifizierte de Vaux seine ursprüngliche These, die davon ausging, daß das Erdbeben eine Anlage traf, die schon durch Feuer zerstört und verlassen worden war.[3] Später gab de Vaux[4] diese Meinung auf, die jedoch von anderen Forschern beibehalten wurde. Dazu gehören J. T. Milik[5] und E. M. Laperrousaz[6], die nach wie vor dafür plädieren, diese beiden Ereignisse nicht in ein Kausalverhältnis zu setzen. Sie sind vielmehr der Meinung, Qumran sei von den Parthern (vermutlich 40-39 v. Chr.) niedergebrannt oder durch ihren Gegenspieler, dem Hasmonäer Antigonus, der von 40-37 v. Chr. regierte, zerstört worden. Nachdem die Anlage zerstört und verlassen war, ereignete sich einige Jahre später das Erdbeben.

De Vaux räumt selbst ein: "It is difficult to make any assured judgement."[7] Doch der Nachweis von 4 Münzen des Antigonus, und Münzen aus seiner Regierungszeit sind selten, bewertet de Vaux als Indiz für die Vermutung, daß das Feuer und die Aufgabe der Anlage erst nach Beginn der Regierungszeit des Antigonus anzusetzen sind. "In that case one might attribute the cause of this destruction to the insurrections which were resisted by Herod and Antigonus, certain episodes of which are to be located at Masada and Jericho. Against this, however, the movements of the two

---

[7] (...Fortsetzung)
Erdbebens des Jahres 31 v. Chr. sein, von dem Josephus berichtet. Aber es läßt sich nicht mit Sicherheit ausmachen. Wir haben bereits ... auf eine talmudische Nachricht aufmerksam gemacht, die auf die Belagerung des Aristobulos auf dem Tempelberg im Jahre 64 v. Chr. Bezug nimmt und auf eine großeErderschütterung in Judäa anzuspielen scheint. Aus demselben Jahr meldet auch Dio Cassius [Römische Geschichte XXXVII,11] ein großes Erdbeben aus Asien ... Vielleicht sind die in Qumrân festgestellten Erdbebenschäden nicht aus dem Jahre 31 v. Chr., sondern über dreißig Jahre älter?" [Einfügung vom Autor]. Nach de Vaux schließt der Fund von 4 Münzen des Antigonus diese Möglichkeit aus.

[1] De Vaux, R., (1973), S. 21.

[2] Ebd.

[3] Vgl. de Vaux, R., (1954), S. 235f.

[4] Vgl. de Vaux, R., (1956), S. 544f.

[5] Vgl. dazu Milik, J. T., (1959), S. 59.

[6] Vgl. Laperrousaz, E.-M., Le problème de l'origine des manuscrits découverts près de la mer Morte, à propos d'un livre récent in: Numen VII (1960) 1, S. 26-76 und ders., Étude de quelques problèmes concernant l'archéologie et les manuscrits de la mer Morte, à propos d'un livre récent, in: Semitica XII (1962), S. 67-104, bes. S. 75-86.

[7] De Vaux, R., (1973), S. 22.

opposing parties do not seem to have affected the actual area of Qumran itself."[1]
Wenn Chirbet Qumran aber bis 31 v. Chr. besiedelt war und wenn diverse Feuerstellen dort unterhalten wurden, wäre es nachvollziehbar, daß ein Erdbeben einen unkontrollierbaren Feuerausbruch verursachen konnte. "None of the archaeological evidence runs counter to this solution."[2] Allerdings, so de Vaux, ist es aber nicht möglich, diese von ihm favorisierte Auffassung zu beweisen. Die vereinzelten Münzen helfen zur zeitlichen Determinierung nicht viel.[3] Es wurden 10 Münzen Herodes' des Großen (37-4 v. Chr.) identifiziert, aber mit diesen Münzen kann kein Nachweis geführt werden, daß die Gebäude am Beginn seiner Regierungszeit besiedelt waren. Obwohl die quantitativ geringe Anzahl von 10 Münzen auf den ersten Blick eindeutig gegen eine Besiedlung in der Herodeszeit zu sprechen scheint, wäre dieses Urteil vorschnell. Zu Recht betont de Vaux die Seltenheit herodianischer Münzen.[4] In einem Artikel von D. Ariel[5] wird diese Einschätzung noch einmal bestätigt. Auf dieses Ergebnis nimmt auch M. Broshi Bezug. Er schreibt: "Herod minted relatively few coins, a fact that can be deduced from a study carried out by Donald Ariel on numismatic finds in Jerusalem. This study examines 13,629 coins, an impressive figure that gives conclusions a high statistical credence. From the coins found in Jerusalem, it can be learned that in comparison with the intensive Hasmonean minting (an avergage of 49 coins for every regnal year) Herod's production was quite poor (13,5 coins per year). In Jerusalem 462 coins were found dating to Herod's reign, while 463 were from the time of Agrippa I. However, it must be remembered that Herod reigned for 34 years and Agrippa for less than 7!"[6] Zwei Gründe sprechen jedoch für Pater de Vaux eindeutig gegen die Münzen als Beweis für eine durchgehende Besiedlung in herodianischer Zeit:

1.   "First, the place where they were found: they came from mixed levels, where they were associated with later coins."[7] Eine Münze von Herodes dem Großen wurde zusammen mit 4 Münzen des Alexander Jannäus gefunden, und eine Münze des Antigonus war zusammenoxydiert mit einer Gruppe von 8 Münzen des Alexander Jannäus. Und nahe bei diesem Münzhaufen wurde eine Prokuratorenmünze gefunden.

2.   Der zweite Einwand ist das fehlende Datum der Münzen. Die Münzen gehören zur Regierungszeit Herodes des Großen. Lediglich Münzen aus seinem

---

[1] Ebd.

[2] Ebd.

[3] Im Gegensatz zu de Vaux von (1956), S. 566.

[4] De Vaux verweist auf Kanael, B., Some Observations on the Chronology of Khirbet Qumran (hebräisch), in: Erez-Israel, V (1958), S. 167.

[5] Ariel, D. T., A Survey of Coin Find in Jerusalem, in: Liber Annus 32 (1982) S. 273-326, bes. S. 287 u. S. 322.

[6] Broshi, M., (1992), S. 107.

[7] De Vaux, R., (1973), S. 23.

dritten Regierungsjahr sind datiert, und solche Münzen sind in Qumran nicht gefunden worden. Im Gegensatz dazu wurde eine Münze Herodes' des Großen in En Feschcha, locf. 5, aus dem Jahr III (entspr. 37 v. Chr.) gefunden. J. Meyshan[1] versucht eine Chronologie auf Grund verschiedener Münztypen zu erstellen. Die Münzen würden, in diese Chronologie gestellt, einen Umlauf nur nach 30 v. Chr. ergeben. Dieses Datum, so de Vaux, ist nicht mehr und nicht weniger als eine Vermutung, aber, wenn sie akzeptiert wird, dann folgt daraus, daß die in Qumran gefundenen herodianischen Münzen nicht zur Periode Ib gehören.

De Vaux faßt zusammen: "The question remains open, therefore, and my real reason for believing that the fire may have coincident with the earthquake of 31 B. C. is that this solution is the simplest and that there is no positive argument to contradict it."[2] Ein starkes Argument für de Vauxs Hypothese hängt mit En Feschcha zusammen. Auch für En Feschcha lassen sich zwei verschiedene Besiedlungszeiträume nachweisen. Die Unterbrechungsdauer von En Feschcha verläuft nach de Vaux parallel zur Unterbrechung in Qumran. "If Khirbet Qumran was indeed destroyed by enemies, then it would be astonishing for them to have spared the dependent settlement of Feshkha. Yet at Feshkha there was neither a fire nor any destruction at the end of Period I. On the other hand if the coin referred to above, from the third year of Herod's reign, does indeed belong to Period I, it is evidence of the fact that Feshkha was still being occupied in 37 B. C., at a time when, on the alternative hypothesis, Khirbet Qumran would already have been abandoned."[3]

---

[1] Vgl. Meyshan, J., The Coins of the Herodian Dynasty. The Dating and Meaning of Ancient Jewish Coins and Symbols, (Numismatic Studies and Researches. II. Publications of the Israel Numismatic Society), Jerusalem 1958. Vgl. auch zur herodianischen Münzprägung Meshorer, Y., (1982), Bd. II, S. 5-30.

[2] De Vaux, (1973), S. 23.

[3] Ebd., S. 70.

5.3.2.3 Datierung der Besiedlungspause zwischen Periode Ib und II

Durch das von de Vaux postulierte Erdbeben und die dadurch verursachten Zerstörungen wurde auch das Wasserleitungssystem in Mitleidenschaft gezogen, das für
einige Zeit in funktionsuntüchtigem Zustand blieb. Die Folge war, daß das vom
Wadi herabströmende Wasser die Nordseite der Anlage umspülte. Die Ablagerungen des überfließenden Wassers sammelten sich nur im großen Absetzbecken (loc.
132), sondern breiteten sich über loc. 130 bis zu den Nordmauern der Räume von
loc. 123, loc. 120 und loc. 116 aus. Diese Ablagerungsschicht liegt oberhalb der
feststellbaren Aschenschicht und erreicht an der Nordwestecke des Anbaus (bei loc.
123) eine Stärke von 0,75 m. Nach Osten zu nimmt die Dicke dieser Sedimentschicht kontinuierlich ab. Diese Sedimentschicht bildet in Periode II die Basis des
Verstärkungswalls an der Nordwestseite (loc. 123). "In the same way the additional
supports which were put up at this time round the annexe and the assembly room,
loc. 89, were not based directly on the level which was in use in Period Ib. All this
implies a period of abandonment, for it is highly improbable that, as has been
suggested, some of the settlers would have continued to live at Khirbet Qumran
camping in the ruins. They would at least have put the water system in working
order, for it was this that made life there possible. There are admittedly the ten
coins of Herod, which, as we have seen, are very probably later than the destruction. But they do no prove that there would have been an uninterrupted habitation
of the site, for they could have been brought there at the time when it was reoccupied."[1] De Vaux sieht mit diesen Überlegungen seinen Schluß gerechtfertigt, daß
die Gebäude abgebrannt und zerstört und auf längere Zeit verlassen wurden.

---

[1] Ebd, S. 24. Bedeutsam sind in diesem Zusammenhang die Vergleiche mit Masada: "This palace-for-
tress, built by Herod, has yielded a rich harvest of objects characteristic of his reign, which is unrepresen-
ted at Qumran, while the correspondence between the two sites can be clearly established for the
following epoch, that which is the counterpart of our Period II." Ebd.

5.3.3 Überprüfung der Geltungsbegründungen zu Periode Ib

5.3.3.1 Zum postulierten Erdbeben im Jahre 31 v. Chr.

5.3.3.1.1 Die Nachweisbarkeit von Erdbebenspuren

S. H. Steckoll bringt in einer Reihe von Veröffentlichungen alternative Interpretationen zu den Ausgrabungen von de Vaux.[1] Steckoll ist mit dem Architekten Tom
Zavislock - "an architect with wide experience, inter alia, in reconstructing buildings destroyed or damaged by earthquakes in Far East, was in charge of the actual
reconstruction work at Qumran"[2] - der Meinung, daß keinerlei Indizien in Qumran
feststellbar sind, die für ein Erdbeben sprechen. Die Risse in den Zisternen können
durch zu hohen Wasserdruck und unsachgemäße Ausführungen beim Bau oder bei
der Ausbesserung der Zisternen entstanden sein. "An explanation for the cracks in
the cisterns (loci 48, 49, 50) ... is that the building or repair of these cisterns was
faulty and that the cracks were caused by the weight of water introduced, upon the
first use after the building or repair of these cisterns, after which they were abandoned with no further attempts by the Community to use them for storing water ... It
should be added that an examination of numerous photographs in the files of the
Jordanian Government Department of Antiquities in Amman, who together with P.
de Vaux and others conducted the major excavations at Qumran, taken during these
excavations, failed to produce any sign of a fissure supposedly caused by an earthquake running throughout the length of the building from north to south, as shown
in the map accompanying the excavation report of P. de Vaux."[3]

Die zweite kritische Anfrage betrifft die von de Vaux festgestellte Spalte, die
durch die ganze Anlage in nördlicher Richtung verlaufen soll. Diese Spalte ist auf
den Photos nicht zu erkennen oder zu sehen, obwohl der durchgehende Riß in Plate
XXXIX bei de Vaux (1973) eingetragen ist. Die Spaltung verläuft außer in den Zisternen durch loc.72, 73, 51, 39, 40 und 46.[4] Zu beachten bleibt, daß der Anlagen-
plan für die Siedlungsperioden Ib und II gilt. Und, so die Schlußfolgerung von
Steckoll, wenn die Risse in den Zisternen wie oben erklärt werden können und auf
Photos keine Erbebenspalte zu erkennen ist, dann ist auch die Ableitung von de
Vaux alles andere als überzeugend, der davon ausgeht, daß die Anlage im Jahre 31
v. Chr. zerstört und verlassen wurde. "There is therefore no evidence of any inter-

---

[1] Vgl. dazu Steckoll, S. H., The Qumran Sect in Relation to the Temple of Leontopolis, in: Revue de
Qumran 21 (1967), S. 55-69; ders., Preliminary Excavation Report in the Qumran Cemetery 23 (1968),
S. 323-344; ders., Marginal Notes on the Qumran Excavations, in: Revue de Qumran 25 (1969), S. 33-45.

[2] Steckoll, S. H., (1969), S. 33f.

[3] Ebd., S. 34.

[4] Vgl. dazu Callaway, P. R., The History of the Qumran Community. An Investigation of the Problem,
(Diss. 1986), Ann Arbor (Michigan) 1987, S. 52-55.

ruption of occupancy by the Community of Scrolls in Qumran."[1] Das wäre eine schwerwiegende Infragestellung der Interpretationen von de Vaux. Dieser nennt zwar Artikel und Tendenz von Steckoll/Zavislock, doch würdigt er deren Bedenken lediglich in einer Fußnote, die er eindeutig bewertet: "In any case this explanation cannot be accepted."[2]

P. R. Callaway hält zwar die Erklärung von Steckoll für möglich, nach der es auch aufgrund nicht sachgerechter Konstruktion der Zisternen zur Spaltenbildung gekommen sein kann; doch die weiterführenden Zerstörungen, die nach Callaway im Ostteil der Anlage nicht bezweifelt werden können, wertet er als Relativierung der Steckollschen These. "This view cannot be ruled out as a possibility but it would not seem to account for the more extensive damage found along the entire eastern side of the runis."[3] Auch die Zerstörungen im Turm und die beschädigten Gebäude im Westteil der Anlage können durch die Erdbebenthese de Vauxs erklärt werden. Für diese Zerstörungen reicht das Erklärungspotential der Konstruktionsthese nicht aus.

Ph. R. Davies widmet sich ebenfalls dieser Frage. Er ist der Meinung, daß es eindeutige Anzeichen von Feuer und Erdbeben gibt. Die Erdbebenspuren lassen sich eindeutig nachweisen. "The whole of the eastern edge of the Qumran outcrop in fact dropped by nearly two feet ... From the reconstruction work which commenced period II we know also that there was damage to the tower (and perhaps also to part of the western wall, although we know that over the years the Qumran outcrop has actually been shrinking due to the crumbling away of the edges). Now, we are very probably able to date the earthquake which caused the damage at Qumran. ... We can say, then, that Qumran Ib ended either in 31 BC or before it."[4] Davies sieht in dem durchgehenden Riß, der sich im Ostteil durch die ganze Anlage zieht und der für ihn außer Frage steht, eine Folge des Erdbebens, das bei Josephus erwähnt wird.

Der gleichen Meinung ist J. T. Milik. Für ihn ist das Erdbeben keine zu diskutierende Frage. "Die Schlußjahre dieser Besiedlungsphase wurden durch zwei Katastrophen gekennzeichnet: einem Feuer ... und einem Erdbeben. ... Noch eindrucksvoller sind die Spuren des Erdbebens. Das Mergel-Plateau wurde erschüttert und der östliche Rand sank etwa 50 Zentimeter. Die Verwerfung durchzieht der Länge nach die ganze Ansiedlung und zerreißt dabei Zisternen und spaltet die Mauern, die in ihrem Verlauf liegen."[5]

Auch Callaway sieht keinen Grund, die durchlaufende Bodenspalte zu bestreiten. Das Problem für ihn besteht darin, ob damit das Erdbeben gesichert werden kann, d. h. ob sich diese Erdbewegungen *nur* durch ein Erdbeben erklären lassen. Calla-

---

[1] Steckoll, S. H., (1969), S. 34.

[2] De Vaux, R., (1973), S. 20, Anmerkung 1. Vgl. dazu auch die 'Erdbebenbemerkungen' zu den verschiedenen loci im Grabungstagebuch de Vauxs zu Chirbet Qumran. Vgl. dazu den 'Sachindex' in Rohrhirsch, F.; Hofmeir, B., (1996), S. 112.

[3] Callaway, P. R., (1987), S. 70.

[4] Davies, Ph. R., (1982), S. 54-56.

[5] Milik, J. T., (1981), S. 68, vgl. dort auch S. 114.

way bezieht sich dabei auf eine Arbeit von Karcz und Kafri[1], die sich mit den Nachweisproblemen von postulierten Erdbeben beschäftigt. Dabei sind für Karcz und Kafri vor allem drei Einschränkungen zu beachten, die bei der Verwendung von archäologischen Daten als Beweis für Erdbebenaktivitäten in Rechnung gestellt werden sollten: "First, the decision of an individual archaeologist to assign features of destruction to seismic causes may well be affected by his awareness (or lack thereof) of historic references to establish a chronological reference horizon for the site in question. Second, in some cases, an earthquake may provide a *deus ex machina* explanation of otherwise inexplicable desertion or decay of a prosperous township in peacetime, adding a touch of drama to the site history. Finally, in restricted excavations and isolated ruins, features of seismic damage are difficult to distinguish from those due to poor construction or adverse geotechnical effects."[2]

Die Entscheidung eines Archäologen, Zerstörungsspuren seismischen Ursachen zuzuordnen, hängt natürlich auch von dessen Prämissen ab, ob und inwieweit er historische Erwähnungen mit in Betracht zieht. Manchmal, und darin ist Karcz und Kafri mit Recht zu folgen, kann ein postuliertes Erdbeben eine 'deus ex machina - Erklärung' abgeben, z. B. bei einer unerwarteten Verödung oder beim Verfall einer wohlhabenden Besiedelung in Friedenszeiten. Schließlich ist besonders für begrenzte und isolierte Gebiete bei Zerstörungsspuren der Nachweis besonders schwer zu erbringen, ob es sich dabei um Konstruktionsfehler gehandelt hat oder tatsächlich Erdbewegungen den Ausschlag gegeben haben. Mit Karcz und Kafri ist Callaway der Meinung, daß das von de Vaux postulierte Erdbeben schwer als alleinige Verursachungsmöglichkeit nachweisbar ist. "Karcz and Kafri point out that the earthquake thesis is at best inconclusive and that the situation at Qumran can be explained in another way."[3]

Von Karcz und Kafri wird der Grund, auf dem Chirbet Qumran steht, als Lisan Mergel bezeichnet. "The settlement is located in Lisan Marl, a late Pleistocene formation which consists of alternating calcareous and clayey layers. This substratum in unstable and is prone to differential swelling, desiccation and compaction which result in cracks, rills and landslides. Furthermore, a small sediment-settling basin is located just behind the damaged staircase, so that its collapse may have been caused by seepage, percolation or piping ... The non-tectonic explanation of the Qumran displacement was orginally offered by Zavistock, who supervised the excavations, but was subsequently rejected (de Vaux, 1961). Joints und Fissures, subject to similar reservations occur also in several other buildings and structures at Khirbet Qumran."[4] Das heißt, auch hier wird eine Erklärung angeboten, die zwar für die betreffenden Zisternen, aber nicht für die Verwerfungen und Risse in den anderen loci akzeptiert werden kann.

---

[1] Vgl. Karcz, I.; Kafri, U., Evaluation of Supposed Archeoseismic Damage in Israel, in: Journal of Archeological Science 5 (1978), S. 237-253.

[2] Ebd., S. 251.

[3] Callaway, P. R., (1987), S. 71.

[4] Karcz, I.; Kafri, U., (1978), S. 241f.

Wenn trotz anderer Erklärungsmöglichkeiten mit der Erdbebenthese argumentiert wird, dann gibt es nach Callaway mehrere 'geeignete' Erdbeben im fraglichen Zeitraum, und zwar: 64 v. Chr., 31 v. Chr., 24 v. Chr., 19 n. Chr., 30 n. Chr. und 33 n. Chr.[1] Er registriert, daß zwar der mögliche Zeitpunkt 64 v. durch A. Schalit in seinem Herodes-Buch diskutiert wird, aber "[n]o one seems to have argued for the earthquake of 24 BCE, although it could account for the ceramic and numismatic evidence just as well as the earthquake of 31 BCE would. In fact, seismic activity in the area of Qumran in the year 24 BCE could account the presence of coins of Herod the Great that may have been issued after 31 BCE but which would also belong to stratum Ib. Nevertheless, there is no hard evidence that would favor one earthquake over the other."[2] In dem von Callaway erwähnten und benutzen Aufsatz von D. H. K. Amiran lassen sich gegen Callaway einige Erdbeben, die im fraglichen Zeitraum registriert wurden, unterschiedlich gewichten. Bei Amiran sind 17 Erdbeben im Zeitraum 1 Jh. v. Chr. bis 1951 verzeichnet, bei denen Stärke 9 oder darüber erreicht werden. Unter ihnen erscheint das Erdbeben aus dem Jahre 31 v. Chr., und erst im 5 Jh. n. Chr. folgt das zweite schwere Erdbeben mit Stärke 9.[3] Ein Erdbeben aus dem Jahre 64 v. Chr. wird von Amiran in die Kategorie 'Strong Earthquakes' aufgenommen. Diese werden als Beben mit einer Stärke zwischen 7 und 8 auf der Mercalli Skala interpretiert.[4] Das Erdbeben im Jahr 24 v. Chr. wird zwar erwähnt, jedoch nicht kommentiert.[5] In einer aktualisierten Version seiner Untersuchung erhöht er die Stärke des Erdbebens von 31 v. Chr. von 9 auf 10. Der Mercalliwert 10 entspricht auf der 'Richterskala' einem Wert von 7,1 - 7,6.[6]

L. Picard hatte schon 1931 in einer Untersuchung auf die geologischen Unregelmäßigkeiten des betreffenden Gebietes aufmerksam gemacht und vom 'Feschkha-Kumran crescentic fault'[7] gesprochen; zum schweren Erdbeben vom Juli 1927 bemerkt er: "This must have given rise to a cleavage on the southern flank of the hill of Khirbet Kumran more or less from N to S, which could be seen ... at the time of

---

[1] Vgl. dazu: Amiran, D. H. Kallner-, A Revised Earthquake Catalogue of Palestine I u. II, in: Israel Exploration Journal 4 (1950/51), S. 223-46, u. 1 (1952), S. 48-65.

[2] Callaway, P. R., (1987), S. 70. [Veränderung vom Autor].

[3] Vgl. Amiran, D. H. Kallner-, (1952), S. 51, Table 2.

[4] Vgl. ebd., Table 3: "No damages is caused normally by earthquakes of grades 4-6 of this scale; grade 7-8 are strong, generally causing material damage, whilst shocks of grade 9 and above are severe and cause severe damage." Ebd., S. 49.

[5] Vgl. Amiran, D. H. Kallner-, (1950/51), S. 225.

[6] Vgl. Amiran, D. H. Kallner-; Arieh, E.; Turcotte, E., Earthquakes in Israel and Adjacent Areas. Macroseismic Observations since 100 B.C.E., in: Israel Exploration Journal 44 (1994) 3-4, S. 260-305. '10' auf der Mercalli-Skala bedeutet: "Some well-built wooden structures are destroyed; most masonry and frame structures are destroyed, along with their foundations; the ground is badly cracked. Rails are bent. There are considerable landslides from river banks and steep slopes. Sand and mud is shifted. Water is splashed (slopped) over banks." Ebd., S. 292f. Vgl. im Aufsatz auch die Anmerkungen Nr. 5 bis 13 und die zahlreichen Literaturverweise.

[7] Vgl. Picard, L., Geological Researches in the Judean Desert, Jerusalem 1931, S. 99f.

our survey."[1] Die angeführte Ursache 'Erdbeben' bleibt für die Zisternenspalte und die anderweitigen Risse und Verwerfungen der Anlage eine plausible Erklärungsmöglichkeit. Und wenn unterstellt werden kann, daß das Ende von Periode Ib ein Erdbeben einleitete, und die Stärke des Erdbebens als mitentscheidendes Kriterium benutzt wird, dann verdient das Erdbeben aus dem Jahre 31 v. Chr. den 'Vorzug' gegenüber dem Erdbeben aus dem Jahre 24 v. Chr. Wenn darüber hinaus zur Datierung die Münzfunde hinzugezogen werden, dann ist de Vauxs Urteil logisch möglich, kontextuell vereinbar und intersubjektiv vermittelbar.[2]

5.3.3.1.2 Kausalität zwischen Erdbeben und Zerstörungsschicht?

De Vauxs Argumentation wurde ausführlich dargestellt. Er ist der Meinung, daß das von ihm postulierte Erdbeben in kausalem Verhältnis zu einer von den Ausgräbern entdeckten Aschenschicht des betreffenden Stratums steht.

P. R. Davies sieht, ähnlich wie de Vaux, weitverstreute Spuren eines Feuers. "There is an extensive layer of ash, mostly the remains of palm-thatch roofing, probably scattered by the wind since it lies both inside and well outside the buildings. Against the interpretation of de Vaux, some members of the team of excavators were inclined to believe that this conflagration could hardly have been caused by accident or by earthquake, but only by a deliberate and systematic burning such as might follow a succesful military attack."[3] Auch die Mitausgräber de Vauxs hielten die Aschenspuren für zu stark, als daß sie einem zufälligen Ereignis, sei es einem Unfall oder einem Erdbeben, zu verdanken seien.

J. T. Milik bezweifelt die Synchronizität von Erdbeben und Feuer. Er hält es zwar für möglich, daß die einstürzenden Dächer Feuer fingen, aber es gab nur relativ wenige Feuerstellen in der Siedlung, "und auch diese haben wohl während der Tageszeit, in der das Erdbeben nach Josephus sich ereignet haben soll, nicht gebrannt. Die dicken Aschenschichten lassen vielmehr auf eine heftige Feuersbrunst schließen, die besser erklärt werden kann als ein bewußter Versuch, die ganze Anlage niederzubrennen. So weisen diese Aschenspuren vielleicht auf eine absichtliche Zerstörung Qumrans hin."[4] Geeignete historische Umstände sieht Milik in der Zeit um 40 v. Chr. gegeben, die eine systematische Zerstörung denkbar machen. Gegen 40 v. Chr. wurde Herodes der Große von den Parthern bedrängt. Sie hielten in dieser Zeit Syrien und Palästina besetzt. Der Hasmonäerkönig Antigonus Mattathias verbündete sich mit den Parthern. Herodes floh von Masada über Zwischenstationen nach Rom. Währenddessen werden die Anhänger des Herodes verfolgt

---

[1] Ebd., S. 3.

[2] Vereinzelt lassen sich zirkuläre Argumentationsabsicherungsstrategien feststellen. Für das Erdbeben im Jahr 31 v. Chr. beruft sich Amiran z. B. auf Josephus und auf eine Reihe moderner Autoren, darunter auch auf R. de Vaux und seinen Ausgrabungen und Interpretationen. De Vaux benutzt zur Argumentationsabsicherung seinerseits die Schilderungen von Josephus.

[3] Davies, Ph. R., (1982), S. 56.

[4] Milik, J. T., (1981), S. 69.

und die Zentren der Sympathisanten zerstört. Milik hält es für denkbar, daß auch Qumran dazugehörte. "Die wenigen Münzen des Mattathias lassen darauf schließen, daß die Zerstörung ziemlich spät in dieser Zeit der Unterdrückung stattfand. Die Anhänger der Sekte müssen den Ort fluchtartig verlassen haben, und die parthischen Reiter mußten sich mit dem Niederbrennen der Ansiedlung begnügen. Ehe sie verschwanden, versteckten die Sektierer ihre Manuskripte in den Höhlen. Eine solche Vorsichtsmaßnahme muß einmal im ersten Jahrhundert v. Chr. stattgefunden haben; wie kann man sonst das Auffinden von Lampen des hellenistischen Typs in Höhlen erklären, die 67 n. Chr. (z. B. Höhle I) endgültig verschlossen wurden? In den Resten der Ansiedlung wurden solche Lampen nur in den Schichten der ersten Besiedlungszeit gefunden. Es ist jedenfalls möglich, daß eine kleine essenische Gruppe dort wohnen blieb und in den Klosterruinen[1] ein unsicheres Dasein fristete; ihre Anwesenheit würde eine Erklärung dafür sein, daß einige Münzen des Herodes in den Ruinen gefunden wurden."[2] In der Partherinvasion sieht auch J. Charlesworth einen möglichen Fixpunkt, an dem die Zerstörung der Anlage von Qumran festgemacht werden könnte. "The monastery [sic.] could have been burned by the Parthians. Excavations at Ein Gedi and at Ein el-Ghuweir suggest that there was a Partian invasion of the Dead Sea littorial in the year 40 B.C. or shortly thereafter. B. Mazar[3] and others have observed a 'decline in the population and economy of Ein Gedi and of the other oases on the western shore of the Dead Sea' beginning in the years 40-37 before the Christian Era."[4] Eine große Ansammlung von Bronzemünzen von Antigonus wurde in der Nähe des herodianischen Jericho gefunden. Und diese scheinen mit der gewaltsamen Zerstörung von Jericho und dessen Umgebung zu

---

[1] In der englischen Fassung des Buches ist 'in the ruins of the monastery' zu lesen. Vgl. Milik, J. T., (1959), S. 94. Im Vorwort der erweiterten englischen Fassung des französischen Originals heißt es: "I am greatly indebted to J. Strugnell, my colleague in the study of Cave IV fragments, who offerd to translate my work. Beyond the normal responsiblities of a translator he discussed the revision sentence by sentence with me, and these discussions often led to more extensive changes in the book." Ebd., S. 7. Die Bezeichnung *Kloster* oder *monastery* ist also, so darf geschlossen werden, weder zufällig noch durch Versehen benutzt worden.

[2] Milik, J. T., (1981), S. 115. Das Argument mit den Lampen aus herodianischer Zeit aus Stratum Ib ist nur dann gültig, wenn gesichert werden kann, daß diese Lampen in Qumran hergestellt wurden. Darüber hinaus ist eine eindeutige Zuordnung der Lampen zu einzelnen Besiedlungsperioden nach de Vaux nicht so leicht möglich. "The lamps of Period Ib are to be assigned to the end of the Hellenistic period, those of Period II belong to the beginning of the Roman period. In this latter series there are many lamps of the type known as 'Herodian', while others may be assigned to types already known to belong to the first century A.D." De Vaux, R., (1973), S. 18. Zur Entwicklung des herodianischen Lampentyps vgl. auch Smith, R. H., The 'Herodion' Lamp of Palestine. Types and Dates, in: Bertys 14 (1969) 1, S. 53-65. Zur Datierung der Keramik vgl. Magness, J., The Chronology of the Settlement at Qumran in the Herodian Period, in: Dead Sea Discoveries 1 (1995) 2, S. 58-65. Vgl. dazu auch S. 221ff. und S. 310 dieser Arbeit.

[3] Vgl. Mazar, B.; Dothan, T.; Dunayevsky, I., En-Gedi. The First and Second Seasons of Excavations 1961-1962 ('Atiqot English Ser. 5), Jerusalem 1966, S. 5.

[4] Charlesworth, J. H., The Origin and Subsequent History of the Authors of the Dead Sea Scrolls. Four Transitional Phases among the Qumran Essenes, in: Revue de Qumran 38 (1980), S. 213-233, S. 225. [Einfügung vom Autor].

korrelieren.[1] "Mazar relates the abandonment of Qumran, Ein Feshkhah and Ein
Gedi with Josephus' account of the Parthian invasion; ... he clearly rejects de Vaux's
explanation that ties the abandonment of the Qumran community with the earthquake in 31. B.C."[2]

Mit Bardtke kann dagegen gefragt werden, warum, wenn die Qumranbewohner
tatsächlich so gut mit Herodes gestellt waren, dann die Anlage nicht schon viel früher wieder aufgebaut wurde, "da nach Milik offenbar das Qumrankloster weiterhin
der Mittelpunkt der Sekte geblieben ist."[3] Auch E.-M. Laperrousaz[4] sieht keine
Kausalität zwischen Erdbeben und Zerstörung der Anlage durch Feuer. Er versucht
zu zeigen, daß mit Rücksicht auf die Ergebnisse von de Vaux eine vorübergehende
Auflösung der Qumrangemeinde eher in die Zeit von 67-63 v. Chr. zu veranschlagen ist. Für Laperrousaz markiert diese Datum das Ende von Periode Ib.[5]

---

[1] Vgl. Charlesworth, J. H., (1980), S. 226.

[2] Ebd.

[3] Bardtke, H., (1958), S. 197. Gegen Milik bringt Bardtke in die Diskussion, daß eine funktionierende
Oasenwirtschaft zwar unter Gewalt aufgegeben wird, aber sicher nicht jahrzehntelang. Spätestens wenn
die unmittelbare Gefahr vorüber ist, wird die 'Produktion' wieder aufgenommen. Auch die Quellenlage
spricht nach Bardkte nicht für Milik. "Sie [die Parther] sollen zwar in der Umgebung von Jerusalem ge-
plündert und zerstört haben, aber die genannte Stadt Marissa (Jüd. Altertümer XIV, 13, 9) ist in der Sche-
phela südwestlich von Jerusalem zu suchen. Qumran muß stets mit Recht als abgelegen empfunden worden sein, und nur ein planmäßiger Feldzug konnte seine Eroberung mit einbeziehen, wie es Vespasian getan hatte. Daß die Parther so planmäßig vorgingen, ist wohl mit Recht zu bezweifeln. Dann aber bleibt die
Frage übrig, ob die Verbundenheit zwischen Essenern und Herodes einmal überhaupt so groß gewesen
ist, und zum anderen, ob mit einer solchen engen Verbindung, die Qumran als 'herodianisches Zentrum'
erscheinen ließ, schon um 40 v. Chr. gerechnet werden konnte." Ebd., S. 198. [Einfügung vom Autor].

[4] Vgl. Laperrousaz, E.-M., (1976), S. 38-58.

[5] Laperrousaz differenziert darüber hinaus Periode II in IIa und IIb. "According to Laperrousaz, Ia did not
begin until ca. 104/3 B.C. and developed shortly into Ib which was violently terminated by a Hasmonean
attack between 67 and 63 B.C. After being abandoned of a time, the site was reinhabited *during* Herod's
reign (ca. 20 B.C.); this period, which ended shortly after Judea became a procuratorial province in A.D.
6, is called IIa. A second abandonment of the site followed, only to be succeeded by period IIb which
ended in A.D. 68." VanderKam, J. Rezension zu E.-M. Laperrousaz, Qoumrân, in: Journal of Biblical
Literature 97 (1978), S. 311.
M. Broshi bezweifelt diese Unterteilung von Periode II, wie sie von Laperrousaz vorgenommen wird,
doch hält er den Zeitraum, den de Vaux zwischen den Perioden Ib und II ansetzt, in der die Anlage verlassen gewesen sein soll, für zu lange und aus der Interpretation des archäologischen Materials für nicht
gerechtfertigt. "It seems that Laperrousaz' contention is incorrect. ... He considers that the site had been
laid waste by one of the Hasmonean sons of Jannaeus - Aristobulus II or Hyrcanus II - during the years
67-63 B.C.E. ... His reconstruction can be refuted by the archeological evidence - four coins dating to the
period of Mattathias Antigonus (40-37 B.C.E.) found at Qumran cast grave doubts upon it." Broshi, M.,
(1992), S. 103-115, S. 106. Für Broshi sprechen nicht nur die genannten archäologischen Gründe dagegen; auch historische Überlegungen machen die These von Laperrousaz höchst unwahrscheinlich:
"Josephus mentions Judah, an Essene sage, who prophesied in the year 103 B.C.E. (War 1,78; Antiquities
13,311-313). It is difficult to imagine that Judah, already an old man at the end of the second century
B.C.E., lived some two generations before the Teacher of Righteousness. Even if he was not the founder
of the sect (as many scholars believe), Judah must have been one of the main organizers and a pioneering
ideologist. Laperrousaz ignores the entire issue of Judah in his work." Dieses Argument muß Laperrousaz
nicht berücksichtigen. Der Archäologe Broshi 'argumentiert' hier mit einer Textinterpretation. Vgl. ebd.

(Fortsetzung...)

Die vorgelegten Theorien, die die Zerstörung Qumrans nicht natürlichen Ursachen zuschreiben, sondern mittels organisierter und zielgerichteter Gewalt erklären wollen, gleichgültig welches Datum sie im einzelnen bevorzugen, sind vor die Frage gestellt, wie das völlige Fehlen von Gewaltspuren in En Feschcha zu diesem Zeitraum erklärt werden kann.

---

[5] (...Fortsetzung)
Zu den Münzfunden des Antigonus Mattathias vgl. Laperrousaz, E.-M., (1986), S. 199-212, bes. S. 204.

5.3.3.2 Das Wassersystem der Anlage

5.3.3.2.1 Die Einzelbecken

Seit der Entdeckung und Ausgrabung der Ruinen von Qumran sind die freigelegten Reste eines aufwendigen Wassersystems Kristallisationspunkt für die unterschiedlichsten Interpretationsmöglichkeiten sowohl für die Gesamtanlage wie auch für die jeweiligen Einzelbecken. Für de Vaux dienen fast alle Becken zur bloßen Wasserspeicherung, also als Zisternen. Bestimmungen einzelner Becken als Bad oder als rituelles Bad oder Taufbecken finden sich in seinen Veröffentlichungen nur sehr selten, und wenn doch, dann mit Vorbehalt und dem Verweis auf die prinzipielle Unbestimmbarkeit mittels der Archäologie.[1]

Von de Vaux werden die Objekte in loc. 138 und loc. 68 als Bäder in-
loc. 138   terpretiert. Ob sie als Ritualbäder gedient haben, ist nicht entscheidbar.
loc. 68   "They were certainly baths, but archaeology is powerless to determine whether the baths taken in them had a ritual significance."[2] Eine geringfügig modifizierte Beurteilung kann aus einer seiner letzten Stellungnahmen zum Qumrankomplex herausgelesen werden. "This system was designed to fill the needs of a large community living in an arid region. However, the care taken in con-structing these installations may suggest that they were intended for the ceremony of ritual immersion."[3] Stegemann interpretiert loc. 138 als Reinigungsbad[4], und auch Laperrousaz[5] sieht mit Strobel[6] in loc. 138 nur ein Bad. Von B. G. Wood werden dagegen loc. 138 und loc. 68 als Ritualbad gedeutet.[7]

loc. 110   Bei allen beteiligten Forschern ist unbestritten, daß für die Interpretation von loc. 110 an nichts anderes als an eine Zisterne zu denken ist. Sie ist eines der ältesten Objekte in Qumran. Unwidersprochen wird die Rundzisterne von de Vaux in die Israelitische Periode datiert.

---

[1] Vgl. De Vaux, R., (1956), bes. S. 538-540; (1973), S. 2, 4, 7-10, 16, 20, 23, 27f., 43, 45, 76-79, 81f., 131f.

[2] Ebd., S. 132.

[3] De Vaux, R., (1978), S. 983.

[4] Vgl. Stegemann, H., (1994), S. 368.

[5] Vgl. Laperrousaz, E.-M., (1976), S. 34.

[6] Vgl. Strobel, A., (1972), S. 57 u. S. 75. Beide Male wird der Terminus 'Badebecken' gebraucht.

[7] "Similar installations have been found in a number of recent excavations and have been identified as *mikvaot*, constructed in accordance with Jewish law (Masada: Yadin 1965: 91, 1966: 164-67 [fig. 9]; Jerusalem : Mazar 1975: 146-47, Shanks 1977; Jericho: Netzer 1977: figs. 3, 6, 7, 1978). Other examples have been found at Samaria (Crowfoot, Kenyon, and Sukenik 1942: 122, 132, 134-35) and Herodium (Corbo 1967: figs. 7, 18, 19, and Foerster 1970: pl. 16b)." Wood, B. G., To Dip or Sprinkle? The Qumran Cisterns in Perspective, in: Bulletin of the American Schools of Oriental Research 256 (1984), S. 45-60, S. 51.

Die beiden Becken loc. 117 und loc. 118 die schon in Periode Ia zusätz-
loc. 117   lich zur schon bestehenden Rundzisterne loc. 110 gebaut wurden, erhö-
loc. 118   hen den Wasservorrat für die betreffende Siedlungsperiode um ca. 72 %.
Wenn es aber nur um die bloße Sicherung von lebensnotwendiger Flüssigkeit gegangen wäre, dann ist zu fragen, warum beim Bau so ausladend breite
Treppen für notwendig gehalten wurden, die fast die Hälfte des gesamten möglichen Wasserspeichervolumens besetzen. "One peculiar feature of the system has
been emphasized by certain authors as an indication that they had a religious use.
Apart from the round cistern, loc. 110, which is Israelite, and the large cistern to the
south-west, loc. 91, which is a reservoir, all the cisterns (not counting the basins
attached to them) are equipped with a large flight of steps descending into them and
taking up at least half of their total length. Almost throughout, and perhaps actually
so in their original state, the upper steps are divided by low partitions so as to form
several parallel descents ... These features have suggested that the cisterns were
meant for ritual baths. However, we should not be too hasty in arriving at such a
conclusion, for similar cisterns belonging to the same period are found especially in
the neighbourhood of Jerusalem, having wide flights of steps leading down, and
sometimes partitions on the steps, and in these cases it cannot be said that they had
any ritual function. It is even doubtful whether they were intended for bathing in the
secular sense. More probably they were simple cisterns. The steps made it easier to
draw water from them whatever the level of the water, and the partitions served to
break and guide the flow while keeping one part of the steps dry."[1] Auch für Bardtke sind Treppenwülste noch kein eindeutiger Beleg für eine kultische Bedeutung
der entsprechenden Zisterne. "Da sowohl Treppen als auch Wülste an anderen Zisternen aus der gleichen Zeit, besonders in Bethanien, nachgewiesen sind, wird man
auch in Qumran mit dem Rückschluß auf eine kultische Bedeutung dieser Zisternen
vorsichtig sein müssen. ... Man wird also im Auge behalten müssen, daß alle großen
Zisternen einfache Wasserbehälter gewesen sein können."[2] Die Interpretationen von
loc. 117 und loc. 118 als Zisternen bestehen also nach Bardtke zu Recht. Zum gleichen Urteil kommen Laperrousaz[3] und Stegemann, der im Rahmen seiner Theorie
einer "Feinledergerberei" die beiden Wasserbehälter als Zisternen interpretiert.[4]
Unterstützt wird die Plausibilität der Überlegung de Vauxs durch das Fehlen der
Trennhöcker bei beiden Zisternen. Nach Ansicht von G. R. Driver sind die Treppenanlagen in beiden Zisternen notwendig, um Reinigung, Unterhalt und notwendige Instandsetzungsarbeiten zu erleichtern.[5]
Der Stimmigkeit der Argumentation de Vauxs, Bardtkes und Drivers würde es
allerdings genügen, wenn die Zisternen mit einer engeren Treppenanlage an nur

---

[1] De Vaux, R., (1973), S. 131f.

[2] Bardtke, H., (1958), S. 52.

[3] Vgl. Laperrousaz, E.-M., (1976), S. 34.

[4] Vgl. Stegemann, H., (1994), S. 66 u. S. 368.

[5] Vgl. Driver, G. R., The Judean Scrolls, Oxford 1965, S. 44.

einer Seite des Beckens ausgestattet worden wäre. Es würde derselbe Effekt ein-
treten, und trotzdem wäre das Lagervolumen für Wasser wesentlich höher als mit
der breiten Treppenanlage.

Das Argument der Zugänglichkeit etc. würde gerade bei der tiefsten der Qumran-
zisternen (loc. 110) ins Gewicht fallen, aber dort läßt sich keine Treppenanlage für
diese Periode nachweisen. Eine Zisterne konnte auch ohne Treppe ihren Zweck erfüllen. Das zeigt die große Zisterne (loc. 91) in unmittelbarer Nähe. Diese wurde in
Periode Ib angelegt und in ihr finden sich keine Treppen.[1] A. Strobel sieht in loc.
117 und loc. 118 zwei Badebecken: "Man wird fragen, ob wir es bei dieser Anlage
[loc. 118] nicht ... mit einem Badebecken zu tun haben. Oder soll man eher an eine
weitere Zisterne denken? U. E. spricht dagegen das erwähnte kleine Reservoir C
[loc. 119], wohl zunächst ein Klärbecken (loc. 119) ...; es diente aber vermutlich
überdies dem Wasserausgleich der beiden Becken B [loc. 118] und D [loc. 117],
die in diesem Fall Badefunktion besaßen. Auch die Treppe (mit 7 Stufen) deutet auf
eine solche Verwendung hin. Die unterste Wanne (bis 0,9 m h) erlaubt zumindest
ein Kniebad. War das Becken bis zum oberen Absatz gefüllt (=3,1 m h), konnte
man sogar vollständig untertauchen. Im untersten Teil erkennen wir 6 Putzschichten. Nicht ganz klar ist, wie man zur Treppe gelangte, da beide Becken durch Mauern eingeschlossen sind. Die Annahme dürfte berechtigt sein, daß der Zugang von
O her geschah, wo sich auch der Haupteingang befindet (s. die Räume loc. 125 und
108). Offenbar diente die Anlage der Reinigung jener Besucher, die das Innere des
Komplexes, vor allem das Hauptgebäude, betreten wollten. Der Eingang befindet
sich genau gegenüber."[2]

	Einmütigkeit herrscht bei loc. 91. Von allen Forschern, die sich zur Was-
loc. 91	seranlage geäußert haben, wird das Becken in loc. 91 als Wasservorrats-
	behälter, d. h. als Zisterne, eingestuft.
	Loc. 56 und loc. 58 werden von de Vaux als eine Zisterne angesehen, die
loc. 56	erst in Periode II abgeteilt wurde. Stegemann bezeichnet es als 'Ritual-
loc. 58	bad'[3], und Strobel sieht in der Anlage ein rituelles Becken, in dem Ganz-
	taufen vorgenommen wurden.[4]

---

[1] Zur Entwicklung der Zisternen vgl. Evenari, M.; Shanan, L.; Tadmor, N., The Negev. The Challenge of
a Desert, Cambridge 1971, bes. S. 156-172. Drei Stadien lassen sich in der Entwicklung der Negev-Zi-
sternen unterscheiden: Zuerst wurden natürliche Felslöcher als Wasserspeicher benutzt, später wurden
offene Zisternen bevorzugt, ähnlich denen, die in Qumran ausgegraben wurden, und schließlich wurden
überdachte, in Fels geschlagene Zisternen erbaut.

[2] Strobel, A., (1972), S. 59. [Einfügungen vom Autor]. Zur Interpretation von loc. 117 als Badebecken
vgl. ebd., S. 58-60.

[3] Vgl. Stegemann, H., (1994), S. 68 u. S. 368.

[4] Vgl. Strobel, A., (1972), S. 61. Übereinstimmend dazu Wood, B. G., (1984), S. 52.

loc. 48
loc. 49
loc. 50

Strobel schwankt bei der Bestimmung von loc. 48 - loc. 50: "Der Verwendungszweck des Bassins M [loc. 50] ... ist nicht eindeutig zu bestimmen. Gegen die Benützung als Ersatzreservoir für K [loc. 49] spricht die Treppe mit dem vorgebauten Absatz und dem erwähnten Stein. Andererseits ist auch der Gebrauch als Badebecken nicht ohne weiteres einsichtig, da der Abstieg über die schmalen Stufen im Rahmen eines Rituals schwer vorstellbar ist ... Vielleicht diente das Becken für Reinigungen bei gewissen Arbeiten, wobei daran erinnert sei, daß man in diesen hinteren Räumen des Gebäudekomplexes Latrine (loc. 51) und Wäscherei lokalisieren konnte."[1] Auch de Vaux vermag keine eindeutige Interpretation von loc. 48 und loc. 49 sowie loc. 50 abzugeben.[2] Bardtke bestimmt die Latrine in loc. 51 als Abfallgrube, die er im Zusammenhang mit der Küche und den Lagerräumen erwähnt.[3] Den Nachweis einer Latrine, wenn darunter eine Fäkaliengrube verstanden wird, muß mit der Aussage Stegemanns kollidieren, die lautet: "Toilettenanlagen hingegen hat es in Qumran grundsätzlich nicht gegeben. Bei entsprechenden Bedürfnissen mußte man die Siedlung verlassen und ein erhebliches Stück weit in die Landschaft hinausgehen, dort ein Loch graben, sich unentblößt hinhocken und schließlich das Loch wieder zuscharren. Eine der hölzernen Hacken, die hierfür verwendet wurden, ist noch bestens erhalten in einer der Qumran-Höhlen aufgefunden worden."[4] Ob die Annahme einer Essenersiedlung jedoch gerechtfertigt ist - mit dem daraus folgenden Problem der 'Latrineninterpretation' -, ist mit den Methoden der Archäologie nicht entscheidbar und deshalb kein gültiger Einwand gegen eine archäologische Deutung von loc. 51 im Sinne Strobels. Im Grabungsbericht gibt es für de Vaux keinen Zweifel, daß es sich um eine Abortgrube handelt. "Aucun doute, c'est une fosse d'aisance en puits perdu."[5] Stegemann bestimmt die betreffenden Becken jedenfalls als gewöhnliche Rei-

---

[1] Strobel, A., (1972), S. 63. "Möglicherweise empfängt von dieser Überlegung her allein die ganze Anlage einen Sinn. Der Zweck des großen Beckens mag ähnlich erklärt werden. Man möchte annehmen, daß der Ort eines Badebeckens im Gesamten der Anlage in erster Linie über dessen Verwendung etwas aussagt." Ebd.

[2] Vgl. de Vaux, R., (1956), S. 540. "Mais il y a, à Chirbet Qumrân, deux bassins plus petits es plus soignés, munis de plusieurs escaliers de descente, qui sont certainement des bains: le bassin 138, près de l'entrée du nord-ouest ... et le bassin 68 au sud-est ... Peut-être faut-il leur ajouter le bassin 50, annexe à la citerne 49." Später wurden loc. 49 und loc. 50, von de Vaux als Zisternen interpretiert. "The two cisterns on the eastern side, which had been split by the earthquake, locs. 49, 50, were abandoned..." (1973), S. 27.

[3] Vgl. Bardtke, H., (1958), S. 52.

[4] Stegemann, H., (1994), S. 63f.

[5] De Vaux, R., (1994), S. 309. Den Plänen im Ausgrabungsband ist zu entnehmen, daß der Gebrauch auf Periode Ib beschränkt war. Auch J. M. Allegro erkennt im Norden des Südostecke der Anlage eine Latrine, "die nach dem bewährten Prinzip der Jauchegrube gebaut war. Durch eine umpflasterte Brille aus gebranntem Ton führte eine Öffnung in ein großes Becken aus rohem, in Steine gebettetem Lehm und von dort hinunter zu den Mergelschichten der Terrasse, wo eine kleine Jauchegrube angelegt war." Allegro, J. M., Die Botschaft vom Toten Meer, Frankfurt am Main 1957, S. 77.

nigungsbäder.[1] Auch Bardtke nimmt an, daß es sich in loc. 48, loc. 49 und loc. 50 weniger um Zisternen oder Kultbäder, sondern eher um Reinigunsbäder handeln dürfte.[2] Laperrousaz spricht nur von "deux citernes de l'est 48/49 et 50"[3].

Das riesige letzte Becken, loc. 71, wurde von de Vaux, Laperrousaz[4],
loc. 71   Stegemann[5] und Bardtke[6] als Zisterne bestimmt. Für Strobel ist es dagegen keine Frage, daß loc. 71 als Ritualbad zu interpretieren ist: "Die große Anlage läßt keinen Zweifel daran, daß wir es mit einem Badebecken zu tun haben. Da sich hier entlang der Ostmauer des Gebäudekomplexes der Friedhof der Siedlung erstreckte, möchte man fragen, ob die Notwendigkeit dieses Beckens nicht auch von daher erklärt werden muß. Seine Größe läßt jedenfalls in erster Linie an rituelle Ganzbäder denken."[7]

5.3.3.2.2 Das Gesamtsystem

Die Interpretation von R. North

Die Überlegungen von R. North gehen von fünf möglichen Hauptalternativen zu den vorgeschlagenen 'Zisternen' und 'Bäder' und 'Ritualbäder' aus:
a) Filterung, b) Gerberei, c) Industrie, d) Fischzucht und e) Vorratsbehälter für feste Güter.

Filterung   Dafür könnte man die Konstruktion der Reservoirs in Anschlag bringen. Manche sind flach und weit. "Most of the water available must have come not from the rains but from Wadi Qumran, and wadi water would naturally have all kinds of deposits, some of which were still showing in the white streaks on the wadi cliff."[8]

---

[1] Stegemann, H. (1994), S. 368. Insgesamt ergibt sich aus der Interpretation der Gesamtanlage als geplanter Zweckbau einer Feinledergerberei für die einzelnen Wasserbehälter folgende Deutung: loc. 138 Reinigungsbad, loc. 110, 117, 118 Zisternen, loc. 91 Zisterne, loc. 56/58 Ritualbad, loc. 48/49 Reinigungsbad, loc. 71 Zisterne.

[2] Vgl. Bardtke, H., (1958), S. 52f.

[3] Laperrousaz, E.-M., (1976), S. 34.

[4] Vgl. ebd.

[5] Vgl. Stegemann, H., (1994), S. 54 u. S. 368.

[6] Vgl. Bardtke, H., (1958) S. 55.

[7] Strobel, A., (1972), S. 64f.

[8] North, R., (1962), S. 122.

Gerberei	Auch die Möglichkeit, daß die Wasseranlage in Qumran für Gerbezwecke gedient haben konnte, muß als Möglichkeit in Erwägung gezogen werden. Aber als 1959 En Feschcha ausgegraben wurden und auch dort Waserbecken entdeckt wurden, deren Konstruktion diesem Zweck besser entsprechen, und in diesen auch Kalziumkarbonat nachgewiesen werden konnte, wurde diese These wieder verworfen. Wieder neu zur Diskussion gestellt wird sie gegenwärtig durch H. Stegemann.
Industrie	Auch unter diesem Stichpunkt ist am ehesten an eine Gerberei zu denken. Salz- oder Bitumengewinnung sind nicht sehr wahrscheinlich.[1]
Fischzucht	Fischzucht wird zwar in En Feschcha für möglich gehalten, und North sieht in Festbräuchen jüdischer Familien, die oft zum Fest Fisch wählen, mögliche Verbindungen; die Eigenheiten der Treppen bzw. die Aufwendigkeit der Treppenanlagen der einzelnen Zisternen ist damit aber nicht zu erklären.
Vorratsbehälter für feste Güter	"All the reservoires are connected by the elaborate conduitsystem and therefore seem to have been intended for waterstorage. Still we cannot exclude the possibility that the water was at times closed off from one or several reservoires in order to use them for the storage of dry commodities or for other purposes."[2]

Theoretische Verbindungen der Qumranreservoire können nach North auch zu a) Hygiene und Geschmack, b) zu Trockenheit im betreffenden Gebiet, c) zur Nähe des Jordans und nach En Feschcha sowie d) zu rituellen Mählern gezogen werden.

Hygiene und Geschmack   Selbstverständlich geht der moderne Westeuropäer davon aus, daß das Wasser, das getrunken wird, nicht durch Baden verunreinigt werden soll. Das gilt umso mehr, je kleiner die betreffende Wassermenge ist. Doch sollte nach North mit Ausnahmen gerechnet werden: "Like Dr. Cross, we too find it far more palatable that the votaries should not immerse themselves in their drinking water. But let us take incidental note of some Palestine usages of our hygienic twentieth century. All Jerusalem pilgrims know the tunnel of Ezechia and its Gihon and Siloam extremities, with their boys sproting and women laundering, not to speak of archeologists prowling. The water there is *flowing*, it is true; but those who come to draw it for domestic use show no great concern for how recently the boys have been dispersed. Again, most larger Jerusalem establishments contain built-in cisterns, in which the inhabitants on occasion immerse themselves for repairs or scrutiny; and which I know to have contained a

---

[1] Vgl. auch Farmer, W. R., The Economic Basis of the Qumran Community, in: Theologische Zeitschrift 11 (1955) 4, S. 295-308; ders., Miszelle. A Postscript to 'The Economic Basis of the Qumran Community', in: Theologische Zeitschrift 12 (1956) 1, S. 56-58.

[2] North, R., (1962), S. 124f.

sediment of pure filth inches thick in cases where local healt-department analysis pronounced the water superior to the chlorined hydrant-supply."[1]

Konträr wird diese Möglichkeit von W. Eckschmitt beurteilt: "Das Hauptproblem aber bildet die Überlieferung, daß die Essener regelmäßig Reinigungsbäder vorzunehmen hatten. Haben dazu die Zisternen gedient? Das ist absolut ausgeschlossen. Die satirische Bemerkung, die Qumraner würden dann ja in ihrem Trinkwasser gebadet oder würden ihr Badewasser getrunken haben, ist eher verharmlosend. Wenn in einer Zisterne auch nur einige Male gebadet würde, so wäre nicht nur das Wasser, sondern die ganze Zisterne unbrauchbar. Für Bäder kommen in Qumran nur die beiden schon genannten Stellen in Frage, die große Anlage neben dem Stadttor im NW (E1) [loc. 138] und die kleine quadratische Anlage südlich vom Komplex A6. Damit hat die Theorie von den vielen Reinigungszeremonien für Qumran ein definitives Ende."[2]

Wenn davon ausgegangen wird, daß alle Wasserreservoires als Trockenheit im Zisternen gedacht waren, müssen zwei Probleme gelöst werden. betreffenden Erstens: "On the one hand it seems unlikely that the arid desert Gebiet *could* have provided enough water to keep *this type* of reservoir filled and protected from evaporation during any notable part of the year."[3] Er schließt dies aus dem loc. 110, der einzigen Rundzisterne, die, vom Typ aus betrachtet, optimal gegen Verdunstung geeignet ist. Zu bezweifeln ist North' Überlegung, daß die Erbauer sich wenig Gedanken um Effektivität und Wirtschaftlichkeit der Wasserreservoirs gemacht haben. "They seem to have positively rejected this local cylindric pattern, and chosen instead to multiply on a large scale the shallow-rectangular patter of their Jerusalem contemporaries, but without the subterranean or vaulted-roof protection needful here more than there against evaporation."[4] Wenn jedoch das konstruktiv schwierige Aquädukt, das die Anlage mit Wasser versorgte, in die Überlegung mitaufgenommen wird, und das ist bei North nicht der Fall, dann wird hinreichend deutlich, daß hier konstruktive und handwerkliche Kompetenz vorhanden waren. Werden die Wasserbehälter anders konzipiert als die frühere Rundzisterne, dann werden andere Überlegungen gegenüber der optimalen Wasserlagerung den Vorzug bekommen haben.

North sieht die Vielzahl der Zisternen im Zusammenhang mit den Regenfällen, die in diesem Landstrich nur kurze Zeit anhalten. "The shorter these periods are, the more practical it would be to have a large number of 'simple' reservoirs available to fill up all at once."[5] Darüber hinaus rechnet North nicht mit einem kontinuierlichen Wasserzufluß durch das Aquädukt.

Diese Möglichkeit kann jedoch nicht ausgeschlossen werden, denn mit Hilfe eines

---

[1] Ebd., S. 125.

[2] Eckschmitt, W., Ugarit - Qumran - Nag Hammadi. Die großen Schriftfunde zur Bibel, (Kulturgeschichte der Antiken Welt. Sonderband), Mainz 1993, S. 154. [Einfügungen vom Autor].

[3] North, R., (1962), S. 125.

[4] Ebd., S. 126.

[5] Ebd.

Auffangbeckens im Felsmassiv und einer von Strobel möglich gehaltenen Schöpf-
vorrichtung könnte sehr viel länger mit einer permanenten Wasserversorgung in
Qumran gerechnet werden.[1]

Als theoretisch mögliche Wasserquellen rund um Qumran sind
Nähe zum Toten   neben dem Wasser des Aquädukts das Tote Meer, die Oase von
Meer, Jordan   En Feschcha und der Jordan zu nennen. Das Wasser des Toten
und En Feschcha Meeres hinterläßt nach dem Bad am Körper einen Film, der nur
nach ausgiebigem Waschen mit heißem Seifenwasser abzulösen
ist. "The Dead Sea is less than a mile east of Qumran. Still, no one has seriously
invoked this possibility."[2] Die Oase von En Feschcha ist nicht mehr als zwei Kilometer entfernt. "Water could have been procured from Fashkha for daily use; the
distance is no greater than the maidens of Jericho traverse daily with heavy water-
jars on their heads. But it would not be feasible to fill even the smallest of the Qumran reservoirs with water carried in this way from Fashkha. The water is slightly
brackish and discounseled for human drinking, put pure and refreshing for bathing
and for flocks."[3] Der Jordan ist ungefähr 7 km von Qumran entfernt. "It is well
known to have been favored for the ritual lustration of various sects contemporary
and akin to Qumran. Despite its dirty-brown color and mud-bed wich many pilgrim
bathers find repellent, the Jordan is 'living water', fresh and flowing in accord with
the highest Jewish ritual requirements. ... We may well imagine the Qumran reclu-
ses trekking as far as Jordan for baths of refreshment or ritual, but not for getting
water to fill their cisterns with."[4]

Ob die rituellen Mahlzeiten, die aus den gefundenen Tierknochen
Rituelle   erschlossen werden können, mit rituellen Bädern in Zusammen-
Mahlzeiten   hang gesehen werden können, hängt auch davon ab, wie die ge-
meinsamen Mahlzeiten interpretiert werden. Wie auch immer die
Mahlzeiten gedeutet werden, so kann damit, so North, noch nichts über den Charak-
ter der Bäder ausgesagt werden. Auch wenn die Mahlzeiten keinen rituellen Cha-
rakter gehabt haben sollten, kann das Bad vor dem Mahl eine rituell unerläßliche
Handlung darstellen.[5]

North faßt seine Überlegungen in 5 Punkten zusammen, die ihre Stärke und damit
auch ihre Bedingtheit nicht nur aus den archäologischen Überresten, sondern auch
aus den in der Umgebung der Ruine gefundenen Schriftrollen sowie aus der Gleich-
stellung von Essenern und Qumranbewohnern und dem Vergleich mit anderen
Zisternen beziehen:

▸ "1. Qumran writings inculcate repeated and important ritual bathing ...

---

[1] Vgl. den Gliederungspunkt 5.3.1.2.1 'Das Wassersystem außerhalb der Anlage', S. 122ff. dieser Arbeit.

[2] North, R., S. 126.

[3] Ebd.

[4] Ebd., S. 127.

[5] Vgl. ebd.

▸ 2. The Essenes, recognized to be at least closely linked in spirit to the Qumran movement, are portrayed as requiring a ritual bath twice daily in proximity to their dining hall ...

▸ 3. These requirements seem obviously reflected in the noticeable multiplicity and structure of the Qumran reservoirs...

▸ 4. Step-cisterns of similar structure, even taken singly, yield only ambigous evidence of being either contemporary or non-cultic; and they in no way parallel the precise anomaly of multiplicity within a building complex ...

▸ 5. No non-cultic explanation of the reservoires, including that of storage or private-bath exclusively ..., gives full satisfaction."[1]

Der Aufweis von R. North hängt von den in 1.-3. genannten Prämissen ab. Werden diese nicht als Ausgangspunkt anerkannt, dann hängt der vorsichtig gezogene - negativ formulierte - Schluß nur noch von den archäologisch feststellbaren Charakteristika der ausgegrabenen Ruinen ab. Das bedeutet: Eine Theorie, die die Wasseranlagen nur aufgrund der gegenwärtig feststellbaren Überreste interpretiert, kann die Überlegung von North wirkungsvoll in Frage stellen.

Die Interpretation von H. Stegemann

Der Hauptausgräber von Chirbet Qumran, R. de Vaux, läßt sich bei der Deutung der einzelnen Teile des Wassersystem von einer vorsichtigen und skeptischen Einstellung leiten. Nur sehr selten werden eindeutige Klassifizierungen abgegeben. Diese Einstellung verdankt sich der methodischen Konsequenz, archäologische Objekte mit den Methoden der Archäologie zu bestimmen, die er in seinen prinzipiellen Ausführungen: 'On right and wrong uses of archaeology'[2] explizierte. Daher ist es einsichtig, daß de Vaux zu keinen endgültigen und eindeutigen Aussagen kommt. Dies erscheint subjektiv sehr unbefriedigend, läßt sich aber durch die Qualität der konkreten Untersuchungsobjekte, die sich als 'mute documents' zeigen, rechtfertigen.[3]
H. Stegemann versucht die Funktion der Überreste des Wassersystems mit den in den Höhlen von Qumran gefundenen Rollen und Rollenfragmenten in Beziehung zu setzen. Stegemann geht von der für ihn feststehenden Tatsache aus, daß die gefundenen Schriftrollen und Fragmente unbezweifelbar mit der Ruine in Verbindung gesehen werden müssen: Es "kann überhaupt kein Zweifel daran bestehen, daß alle

---

[1] Ebd., S. 132. Zu 1. vgl. S. 100-104, zu 2. vgl. S. 104-106, zu 3. vgl. S. 106-116, zu 4. vgl. S. 116-122 und zu 5. vgl. S. 122-128.

[2] De Vaux, R., (1970), S. 64-80.

[3] Vgl. ebd., S. 69f.

diese Fundstätten [der Schriftrollen] auf das engste mit der Besiedlung Qumrans von etwa 100 v. Chr. bis zum Jahre 68 n. Chr. verbunden sind."[1] Die Schriftrollen werden von ihm hier als archäologische Objekte und als Interpretationsmittel zur Bestimmung der archäologischen Objekte benutzt.

Folgerichtig ist Stegemanns Ansatz, wenn er die Rollen als archäologischen Gegenstand mit Hilfe der Methoden der Archäologie untersucht.[2] Die Konsequenzen zeigen sich in der daraus folgenden Deutung der Wasserbehälter. Die Frage wird zur Problemfrage, die der Interpretation der Rollentexte schon zugrunde liegt bzw. gelöst sein muß: Woher kamen diese Rollen und, -vorausgesetzt- sie wurden in Qumran gefertigt, welche Bedingungen müssen erfüllt sein, damit eine Rollenproduktion erfolgen kann? Durch die von ihm als Rahmenthese vorausgesetzte quasiindustrielle Gewinnung und Verarbeitung von Leder zum Zweck der Herstellung von 'Hl. Schriften' interpretiert er die meisten der Wasservorratsbehälter als zweckgebundene Zisternen. "Die Qumran-Siedlung und die Wirtschaftseinrichtungen bei En Feschcha haben sich offenkundig nicht aus kleinen Anfängen langsam entwickelt. Sondern für die Gesamtanlage gab es von vornherein ein umfassendes Baukonzept, das planmäßig abgeschlossen wurde, bevor die künftigen Bewohner einzogen. Dieses Baukonzept zeigt eine klare Schwerpunktsetzung. Es ging um die *Herstellung von Schriftrollen* samt allen Vorstadien der Ledergewinnung und der weiteren Lederbearbeitung. Nur in zweiter Linie ging es auch um das *Studium* dieser Schriftrollen im Rahmen des religiösen Lebens der Beteiligten. Aber auch das Studium diente in Qumran nicht zuletzt dem Vertrautwerden der Schriftrollenkopisten mit den Texten, die sie berufsmäßig übertragen mußten."[3] Stegemann gibt eine Reihe von Gründen an, die sich auf die Daten der Ausgrabung stützen können.[4]

Doch zwei unterschiedlich zu gewichtende Probleme machen die Theorie von Stegemann auf archäologisch-materieller Basis anfällig:

1. Gibt es eine hinreichende Erklärung, die die Aufwendigkeit der Treppenanlagen erklärt, besonders auch in den Zisternen, die von Stegemann als bloße Wasservorratsbehälter bestimmt werden?

2. Der gewichtigere Einwand gegen die Theorie von Stegemann ist folgende von ihm unterstellte ad-hoc-Annahme: Weil kein Nachweis von Substanzen gelang, die bei den klassischen Gerbeverfahren eingesetzt wurden, wie z. B. Tannin, postuliert Stegemann, daß es den Essenern offensichtlich gelungen war, "anstelle der herkömmlichen Verfahren zur Lederherstellung eine Technik zu entwickeln, die gleiche oder bessere Effekte durch Einsatz von *Mineralien* erzielte, die sich aus dem Toten Meer gewinnen ließen, beispielsweise

---

[1] Stegemann, H., (1994), S. 15. [Einfügung vom Autor].

[2] Zu Stegemanns Bestimmung der Anlage durch die Interpretation der Rolltentexte vgl. S. 303ff. dieser Arbeit.

[3] Stegemann, H., (1994), S. 78.

[4] Vgl. ebd., S. 53-85.

Pottasche. Die chemischen Analysen des Bodensatzes in den Becken der Gerberei bei En Feschcha haben jedenfalls keine Spuren von Tannin nachweisen können, das ansonsten in der Lederherstellung unentbehrlich war, sondern im wesentlichen Kalziumkarbonat. Das bei En Feschcha angewendete Gerberei verfahren war offenkundig völlig anderer Art als das ansonsten übliche. Wahrscheinlich ließen sich damit auch bessere Qualitäten von Handschriftenleder erzielen als mit den herkömmlichen Prozeduren. Sicherlich verursachte das neue Verfahren auch nicht den penetranten Geruch anderer Gerbereien. Denn sonst wäre das zweistöckige Wirtschafts- oder Wohngebäude bei En Feschcha bestimmt nicht nur zehn Meter von den Becken der Gerberei entfernt errichtet worden."[1]

Das in sich kohärente Theoriekonzept würde die Ausdehnung der Wasseranlage erklären. Aber auch die Anfrage nach den 1200 in Qumran festgestellten Gräbern in unmittelbarer Nähe zum Industriekomplex ist für die Theorie Stegemanns kein unlösbares Problem.[2] Problematisch an Stegemanns Theorie scheint eher ihre Be-

---

[1] Ebd., S. 79. Weiter heißt es: "Die Möglichkeiten der kapazitätsstarken Anwendung dieses neuen Verfahrens setzten offenbar voraus, daß es an Ort und Stelle dicht am Toten Meer praktiziert werden mußte. Vermutlich ließen sich die - in großen Mengen erforderlichen - Chemikalien aus dem Toten Meer damals nicht so aufbereiten, daß ein Transport in das Landesinnere möglich gewesen wäre. Das dürfte der Grund gewesen sein, daß die Essener ihre Herstellung und Feinverarbeitung von Handschriftenleder ganz gezielt in die Einöde am Toten Meer verlegt haben. Die Rohlederherstellung, die besonders viel Wasser aus dem Toten Meer, zum Ausspülen aber zugleich auch viel Süßwasser erforderte, kam fast unmittelbar an das damalige Ufer des Toten Meers bei En Feschcha, die Weiterverarbeitung, die vergleichsweise weniger Rohstoffe, aber höheren Personaleinsatz verlangte, nach Qumran, das ... klimatisch erheblich günstiger lag. ... In der Qumran-Siedlung dienten nicht weniger als vier verschiedene Räumlichkeiten den Zwecken der Schriftrollenfertigung, nämlich die Feingerberei in den Wirtschaftsgebäuden, der Rollenanfertigungsraum im Erdgeschoß des Hauptgebäudes, die dortige Bibliothek mit Musterhandschriften und schließlich der große Schreibraum im Obergeschoß. ... Sogar die aufwendige Wasserzuleitung vom Gebirge her dürfte primär für den Betrieb der Feingerberei angelegt worden sein. ... Nur für den hohen Wasserverbrauch der Feingerberei während aller Jahreszeiten war das große Staubecken im Gebirge zusätzlich erforderlich. ... Die archäologischen Befunde in Qumran und En Feschcha zeigen ... , daß die hier installierte aufwendige Schriftrollenmanufaktur nur zum geringsten Teil lokalem Eingenbedarf gedient haben kann. Schwerpunktmäßig war sie offenkundig von vornherein dafür gedacht, die zahlreichen essenischen Ortsgemeinden im ganzen Land mit den für Studium, religiöse Praxis und fromme Erbauung erforderlichen Handschriften zu versorgen." Ebd., S. 80f.

[2] Stegemann rechnet mit einer Besiedlung von Qumran von 100 v. Chr bis 68 n. Chr. Das sind ca. 170 Jahre. "Geht man davon aus, daß die Anzahl von etwa 1000 Gräbern auf dem Hauptfriedhof in etwa der Anzahl der während dieses Zeitraums hier verstorbenen Vollmitglieder entspricht, so wären von diesen durchschnittlich etwa sechs pro Jahr zu Tode gekommen. ... Ein durchschnittliches Aufnahmealter von etwa 22 Jahren ist ... einigermaßen realistisch. Andererseits sind die auf dem Friedhof Bestatteten meist nur 25-35, im Durchschnitt etwa 30 Jahre alt geworden, wie es sich bei der Untersuchung der Skelette herausgestellt hat." Ebd., S. 71. Aus einer durchschnittlichen Verweildauer von 8 Jahren und durchschnittlich 6 Todesfällen pro Jahr errechnet sich eine Vollmitgliederzahl von 48 Personen.
Das Erdbeben von 31 v. Chr. wird von Stegemann nicht bestritten. Er bezweifelt jedoch, daß es eine langanhaltende Unterbrechung der Besiedlung gab. Durch Zerstörung und Aufbau wurde die Herstellung lediglich unterbrochen, der Handel fiel aus. Damit läßt sich auch das Fehlen der Münzen in En Feschcha und Qumran erklären. Vgl. ebd., S. 83. Den Grund, den Stegemann für seine Behauptung angeben kann,

(Fortsetzung...)

gründung, d. h. der Ausgangspunkt ihrer Begründung. Dieser liegt in En Feschcha. Weil in En Feschcha ein völlig neues, anderweitig unbekanntes Verfahren in Gebrauch war, darf vermutet werden, daß dieses Verfahren auch in Qumran Verwendung fand. Doch ob in En Feschcha überhaupt gegerbt wurde, ist eine Frage, deren positive Antwort alles andere als gesichert ist.

Im Vorgriff auf die Diskussion der Ausgrabungen von En Feschcha müssen hier zwei Untersuchungen von F. E. Zeuner[1] bzw. J. B. Poole und R. Reed[2] genannt werden. Zeuner hält eine Gerberei in En Feschcha für wenig wahrscheinlich, da in seinen chemischen Analysen keine Spuren von gerbtypischen Substanzen gefunden wurden. "In the writer's opinion the suggestion that they [gemeint sind die Wasseranlagen von En Feschcha] used for raising fish for the table has much in its favour."[3] Stegemann könnte dagegen einwenden, daß ein solcher Nachweis auch nicht gelingen kann, da durch das postulierte neue Verfahren eben keine Substanzen nachweisbar sind, die bei einer üblichen Gerbmethode anfallen, aber das nachgewiesene Kalziumkarbonat zeigt, daß neuartige Verfahren angewendet wurden.

Mit den Untersuchungsergebnissen von Poole und Reed läßt sich das Problem präziser fassen. Wenn es zutrifft, daß die gefundenen Schriftrollen in En Feschcha und Qumran hergestellt wurden, dann könnte erwartet werden, daß bestimmte chemische Elemente sowohl in den Becken wie in den Rollen nachweisbar sind. Weiterhin darf erwartet werden, daß die Rollen signifikant homogene Eigenschaften aufweisen. Denn sie haben der Theorie zufolge denselben völlig andersartigen Fertigungsprozeß durchlaufen.

Dazu wurden zwei Untersuchungen vorgenommen. "I. The attempt was made to identify distinguishing trace elements both in the installation residues and in some fragments of scrolls from Cave 4 at Qumran. II. The `Ain Feshkha residues were examined for tanning agents."[4] Die erste Untersuchung führt zu einer Ausgrenzung von chemischen Elementen, die nichts mit dem Produktionsprozeß sondern mit der jahrtausendelangen Aufbewahrung der Rollen und Fragmente in den Höhlen zu tun haben; methodisch müssen die Elemente ausgegrenzt werden, die während der Lagerung des Rollenmaterial von der Umwelt aufgenommen werden konnten. Die 'Umwelt' bestand in diesem Fall aus dem Höhlengestein. Ein Stein aus Höhle 4 wurde in diesem Zusammenhang analysiert. "[I]t is clear that any trace element detected in both the stone and the fragments could not be used in pin-pointing the

---

[2] (...Fortsetzung)
daß Qumran in dieser Zeit bewohnt war, ist folgender: "Zahlreiche Schriftrollen aus den Qumran-Höhlen zeigen aber eindeutig, daß sie gerade während der weiteren Regierungszeit des Königs Herodes angefertigt worden sind, kaum irgendwo anders als in der Qumran-Siedlung." Ebd., S. 84.

[1] Vgl. Zeuner, F. E., Notes on Qumran, in: Palestine Exploration Quarterly 92 (1960) 1, S. 27-36.

[2] Vgl. Poole, J. B.; Reed, R., The 'Tannery' of `Ain Feshkha, in: Palestine Exploration Quarterly 93 (1961) 2, S. 114-123.

[3] Zeuner, F. E., (1960), S. 35f. [Einfügung vom Autor].

[4] Poole, J. B.; Reed, R., (1961), S. 117. In der zugehörigen Fußnote wird vermerkt: "This was legitimate since amongst the Cave 4 Fragments in our possession it was possible to recognize both leathers *and* parchments." Ebd.

place of manufacture of the scrolls. The Judaean hills, in which all the manuscript caves are situated, consist of Cenomanian limestone, generally capped by a stratum of flintrock. The limestone is light in colour, soft and porous in texture and locally characterized by a wealth of gypsum, phosphates and bitumen."[1]

Ebenfalls wurde 'arc-emission spectroscopy'[2] wurde durchgeführt. "32 samples

---

[1] Ebd. [Veränderung vom Autor]. Die verschiedenen Proben wurden mit unterschiedlichen Methoden behandelt. Der Stein aus Höhle 4 enthielt Kalzium, Natrium, Kalium und Eisen. Bei der Analyse der Asche eines Fragments konnten Natrium und Kalium nachgewiesen werden.

[2]   Ergebnisse der Spektralanalyse

Probe	No.	Na	K	Mg	Ca	Fe	Sr	Al	Ag	Cu	Mn
Fragment	1	4	3	3	3	2	1	2	1	2	1
"	2	4	2	4	5	5	3	3	2	2	2
"	3	3	2	4	4	3	3	3	1	2	2
"	4	5	2	3	3	1	1	2	1	2	1
"	5	4	2	5	4	4	2	3	1	2	2
"	6	5	5	4	3	3	2	3	-	2	1
"	7	5	-	5	5	5	3	3	2	2	3
"	8	5	2	3	3	-	2	2	1	2	-
"	9	6	3	4	4	4	3	3	1	2	1
"	10	4	2	5	4	3	2	3	1	2	2
"	11	6	3	4	4	3	2	3	2	2	1
"	12	6	3	4	4	3	2	3	2	2	2
Qumran-	1	5	3	4	5	4	3	3	2	2	2
Leder	2	6	3	4	4	4	3	3	1	2	1
Wadi-Murabat Leder		5	4	3	3.	1	2	3	1	1	-
Mod.Leder	1	4	-	4	6	2	3	3	2	2	1
	2	4	-	4	6	3	3	3	2	2	2
Modernes Sohlen-Leder		4	-	4	3	1	3	3	2	2	1
Stein aus Höhle 4	**1**	**3**	**2**	**4**	**4**	**4**	**2**	**3**	**1**	**2**	**2**
En Feschcha Kanal		4	2	3	2	5	-	2	1	2	2
loc. 24		3	1	5	6	3	3	3	-	2	2
loc. 25		4	3	6	6	3	3	3	-	2	2
unten loc. 26		3	3	3	4	3	2	2	1	2	2
oben loc. 26		4	3	4	6	4	3	3	1	2	2
unten loc. 27		4	2	5	6	4	3	3	1	2	2
oben loc. 27		4	2	4	5	5	3	3	2	2	2
Wasser vom Toten Meer		6	5	5	3	-	2	-	-	-	-
Wasser von En Feschcha		6	5	3	3	-	2	-	-	-	-
Qumran Wasser loc. 52		6	5	4	5	-	3	-	1	1	-
loc. 56		6	6	3	3	-	2	-	-	-	-
'Ain es-Sult. Wasser		4	-	5	6	1	3	2	2	2	-
Siloam Wasser		6	5	4	5	-	3	-	1	1	-

(Fortsetzung...)

were examined, comprising 14 ashed scroll fragments (including two leathers, possibly the remains of phylactery cases or labelling tags for the scrolls), one Wadi Murabba`at fragment, two modern parchments, one modern sole leather, Cave 4 stone, seven deposits from the `Ain Feshkha installation (channel I, *loci* 24 and 25, upper and lower samples from *loci* 26 and 27) and water residues from the Dead Sea, `Ain Feshkha, Qumran *loci* 52 und 56, `Ain es-Sultan (Elisha's spring, Jericho) and the Pool of Siloam, Jerusalem."[1] "The Table clearly shows that there are not great differences between the scroll ashes and the Cave 4 stone. Also, there are few significant differences between the Cave 4 material and the Feshkha deposits. The presence of large amounts of calcium in *loci* 24, 25, 26 (top) and 27 (bottom) may be due to broken plaster from the pit linings since, as has been stated above, there is no evidence that unhairing of skins by the use of lime was practised by the Jews at this period. Indeed, the spectroscopic data provide some slight confirmation of this point, since none of the scroll fragments or the samples of Qumran leather contains as much calcium as the modern parchments."[2]

Der Nachweis von Kalzium erlaubt also nicht ein strenges Kausalschema zwischen Schriftrollen und ihrer Herstellung in Qumran und En Feschcha anzunehmen.

Bei einer alternativen Untersuchung durch 'paper chromatography'[3] wurden Spuren von Magnesium und Chrom in den Fragmenten nachgewiesen.[4]

Bemerkenswert hoch in den Proben sind jedoch die Natriumrückstände, "and this would strongly support the view that the solutions of common salt were used in the preparation of the scroll skins as, indeed, Maimonides states in his description of the preparation of skins for scroll purposes."[5] Der Gebrauch von Salzlösungen für die Herstellung von Rollenmaterial spricht aber für die übliche, d. h. geruchsintensive Variante der Lederherstellung und -bearbeitung, und somit gegen Stegemanns These eines neuartigen Gerbverfahrens.

Wird damit die Plausibilität der Lederherstellung für Chirbet Qumran weiter reduziert, ist eine eventuelle Lederbearbeitung für En Feschcha noch nicht ausgeschlossen, obwohl Poole und Reed anderer Meinung sind. "In the water residues they are virtually the only metals present and hence the freedom of the `Ain Feshkha water from the rarer elements effectively rules out any attempt to link this supply with the site of preparations of the scroll skins. The varying amounts of the ele-

---

[2] (...Fortsetzung)
Vgl. ebd., S. 123.

[1] Ebd., S. 119. "A rough subjective rating was given to the intensity of the spectral lines of each element in order that the results should have some quantitative signinificance. ... The numbers 1 to 6 represent the increasing relative intensities of the spectral lines." Ebd.

[2] Ebd., S. 119.

[3] Vgl. ebd., S. 118.

[4] "Chromium however, is commonly present in most modern chemical laboratories and its detection in the scroll ashes is probably a result of laboratory contamination. Hence it would hardly serve as a basis for a theory of the place of manufacture of the scroll material." Ebd.

[5] Ebd., S. 120.

ments in the scroll materials, even allowing for the subjective assessments of the spectral intensities, are most striking. *If we assume a common origin and mode of preparation, together with storage under similar conditions, a greater uniformity might have been expected.* It may well be that the scroll materials were processed at quite different places and that later they were brought together at Qumran."[1]

Gegen dieses relativ eindeutige Urteil könnte ein Befürworter der Gerbtheorie folgenden Einwand aufführen: Gegen die Untersuchungsergebnissen von Poole und Reed ist nichts einzuwenden, nur treffen sie die Gerbtheorie überhaupt nicht. Ausdrücklich wird nämlich Höhle 4, aus der die Fragmente von Poole und Reed stammen, als Höhle verstanden, in der auch "stärker beschädigte Musterhandschriften landeten"[2]. Für die Aufrechterhaltung der Gerbtheorie ist es keineswegs zwingend notwendig, daß die Musterhandschriften selbst in Chirbet Qumran hergestellt wurden. Es ist eher an das Gegenteil zu denken, denn Musterhandschriften kommen im Regelfall von außen.

Eine mögliche Ablehnung dieser Zusatzerklärung durch den Verweis auf die geringe Plausibilität dieser Überlegung ist zwar subjektiv nachvollziehbar - (alle 12 Fragmente von Poole und Reed müssen, um die Gerbtheorie zu retten, von 12 unterschiedlichen Musterhandschriften stammen, da die Fragmente keine identischen Werte aufweisen) -, argumentationstheoretisch ist die Ablehnung jedoch unzulässig.

Im Rahmen der hier favorisierten Wissenschaftstheorie und der daraus entwikkelten Methodologie handelt es bei dieser Zusatzerklärung um eine ad-hoc-Hypothese. Die Einführung einer ad-hoc-Hypothese ist dann erlaubt bzw. von Nutzen, wenn durch sie die Theorie einen höheren Falisfizierbarkeitsgrad erhält.[3]

Mit Hilfe der folgenden Überlegung ist es nun möglich den Geltunganspruch der modifizierten Gerbtheorie mindestens negativ zu entscheiden. Das vorgeschlagene Prüfexperiment hat dabei den Vorteil, daß weder die Ergebnisse von Poole und Reed berücksichtigt werden müssen, noch der Rekurs auf eine bestimmte Höhle von Bedeutung ist.

Das zu lösende Problem des Versuches besteht primär in der möglichst eindeutigen Unterscheidung und Auswahl von Rollenmaterial, das unter die Gerbthese fällt, von solchem, das von außen gekommen ist. Die gesuchte Klasse der Rollen und Rollenfragmente, die diese Bedingung erfüllt, bilden die 'mehrfach vorhandenen Handschriften'. Die mehrfach vorhandenen Handschriften haben nach Stegemann zum Studium der Mitglieder in der Bibliothek gedient. "Hierzu gehören vor allem die meisten der 33 Exemplare des Psalters, der 27 des Buches Deuteronomium, der 20 des Jesaja-Buches und der 16 Exemplare des Jubiläen-Buches. ... Die Anzahl der Exemplare eines bestimmten Werkes mag deshalb einen Hinweis geben, mit welcher Teilnehmerzahl dort bei dem gemeinsamen Studium dieser Schriften zu rechnen war ... Schriftrollen dieser ... Kategorie sind in allen Fundhöhlen von 1Q bis 6Q sowie in Höhle 11Q gefunden worden, also in den eigentlichen Versteckhöh-

---

[1] Ebd. [*Kennzeichnung vom Autor*].

[2] Stegemann, H., (1994), S. 117; vgl. ebd., S. 91-92 und S. 119-123.

[3] Vgl. S. 19f. dieser Arbeit.

len."[1] Werden auch im Rollenmaterial der 'mehrfach vorhandenen Handschriften' keine homogenen Werte festgestellt, ohne daß dafür eine plausible Erklärung angeboten wird, dann gilt im Rahmen der hier unterlegten Wissenschaftstheorie die Gerbtheorie als falsifiziert.[2]

Bis zur Durchführung dieser Überpüfung und unter gleichzeitiger Vernachlässigung der methodologischen Anfragen der Gerbtheorie kann die Interpretation: 'Qumran war eine Feinledergerberei' als Arbeitshypothese beurteilt werden, die nicht unmöglich ist, aber nur einem Teil der zur Verfügung stehenden archäologischen Daten gerecht wird. Die Frage einer Deutung der Wasseranlagen stellt sich somit neu. Es ist zu prüfen, ob die materiellen Überreste, die als Ausgangspunkt einer Interpretation dienen, noch eine Stufe grundsätzlicher, d. h. objektnäher, erklärt werden können.

Die Interpretation von A. Strobel

Die Absicht, die materiellen Hinterlassenschaften als Auslegungsmaßstab zu benutzen, kann auch bei A. Strobel festgestellt werden. Obwohl auch er zur Interpretation schriftliche Quellen hinzuzieht, ist die stärkere Berücksichtigung der jeweiligen archäologischen Reste, d. h. der betreffenden Wasserbehälter, nachweisbar. Strobel interpretiert die Ruinen von Qumran aus einer präsupponierten Arbeitsthese einer religiös-motivierten Gründungsidee. Dafür sprechen für ihn die signifikant feststellbaren Parallelen zu den Reinigungsvorschriften der Mischna und Tosefta.[3] "Ohne Zweifel haben wir es im Falle der Baulichkeiten von *Qumran* mit einem essenischen Gebäudekomplex zu tun, wobei sich das ausgeprägte Reinheitsdenken dieser jüdischen Gruppe in der beschriebenen und untersuchten Anlage eines Systems von Tauchbädern eindrucksvoll widerspiegelt."[4] Strobel ist dezidiert der Meinung, daß "auch die großen Becken B, D, I, K und R [entspricht loc. 118, loc 117, loc 56/58, loc 48/49 und loc. 71] der rituellen Reinigung dienten und somit nicht entgegen einer fast allgemeinen Annahme als 'Zisternen' ausgegeben werden dürfen. Nicht nur die Bauweise (mit den typischen Wasserrinnen und den großzügigen Treppenabsätzen) ist ein Argument von nicht zu unterschätzendem Gewicht, hinzu kommt auch die Tatsache, daß die Bassins durch die Kanalführung direkt miteinander verbunden sind, woraus folgt, daß sie nach mischnischer Betrachtungsweise

---

[1] Ebd., S. 117.

[2] Zu den methodologischen Problemen des Ansatzes Stegemanns vgl. Kap. 9.2 dieser Arbeit.

[3] Vgl. Strobel, A., Rezension zu Roland de Vauxs 'Archaeology and the Dead Sea Scrolls.', in: Zeitschrift des Deutschen Palästina-Vereins 91 (1975), S. 98-104.

[4] Strobel, A., (1972), S. 76. Die Essenergemeinde wird noch einmal abgegrenzt. "Sehen wir auf Grund dieser allgemeinen Überlegungen richtig, dann sollte die für *Qumran* anzunehmende Essenergemeinde nicht einseitig von einem monastischen Konventikeltum her erklärt und dürfen die Baulichkeiten schon gar nicht von daher gedeutet werden. Vielmehr verdient die Annahme den Vorzug, daß es sich um den religiösen Mittelpunkt einer frommen Gemeinschaft handelte, deren ganzes Streben auf Armut, Heiligung und levitische Reinheit gerichtet war." Ebd., S. 82.

doch wohl von gleicher Zweckbestimmung gewesen sein müssen"[1]. Die Unterschiede von 'gesammeltem' und 'geschöpftem' Wasser sind in den Baulichkeiten von Qumran berücksichtigt, ebenso fallen Parallelen mit der Bäderanlage in Masada auf.[2] Als stärkstes Argument wertet Strobel die an den einzelnen Wasserbehältern festgestellten Maße.

Für die als Ritualbad bezeichneten Wasserbehälter loc. 118 und loc. 117, von Strobel als B und D bezeichnet, wird zur Begründung dieser Klassifizierung folgende Erklärung geboten: "Für die Zwillingskonstruktion B und D, die der frühen Siedlungsperiode Ia zugehört, ist die unmittelbare Lage neben der großen runden Zisterne aufschlußreich, wodurch ihre ständige Füllung mit Wasser sichergestellt war. Womöglich erweisen sich dabei auch jene Bestimmungen als bedeutungsvoll, die besagen, daß man ein Tauchbad durch das andere tauglich machen kann; etwa dergestalt: 'Sind im oberen vierzig Sea (= Reinheit gewährendes Mindestmaß) und im unteren nicht, so kann man Wasser auf der Schulter herbeibringen und in das obere solange gießen, bis vierzig Sea in das untere geflossen sind.' (M. Miqw. VI, 8). ... Vielleicht ist es nicht zufällig, daß das Sammel- (bzw. Klär-)becken C [loc. 119] zwischen B und D dem genannten Mindestmaß von 40 Sea voll zu entsprechen vermag"[3].

40 Sea entsprechen für Strobel etwa 525 Liter.[4] Als Frage bleibt, ob dieses Mindestquantum systematisch in Qumran berücksichtigt wurde. Konnte bei Grenzfällen, die für den Laien nicht bloßen Auges entscheidbar waren, mit Hilfe einer sichtbaren Maßeinheit festgestellt werden, ob das Bad zur Reinlichkeit tauglich war?

---

[1] Ebd., S. 69f. [Einfügung vom Autor].

[2] Vgl. ebd., S. 69-72. Zu den Zisternen von Masada vgl. Yadin, Y., Art. Masada, in: Avi-Yonah, M.; Stern, Eph. (Hg.), Encyclopedia of Archaeological Excavations in the Holy Land, Vol. III, Jerusalem 1977, S. 793-816. Vgl. bes. Abbildung S. 805.

[3] Ebd., S. 72.

[4] 40 Sea werden in der Forschung mit unterschiedlichen Literangaben angegeben.

300 l.	Adamtwhaite, M.,	The Miqveh in Intertestament Judaism. A Background to early Christianity?, in: Buried History 28 (1992), S. 40-50, S. 41.
750 l.	Avigad, N.	Discovering Jerusalem, Oxford 1984, S. 139.
620 l.	Milik, J. T.	([2]1963), Additionals Notes, S. 151, Nr. 1.
500 l.	Netzer, E.	(1982), S. 117.
500-1000 l.	Reich, R.	(1984), S. 5.
300 l.	La Sor, W. A.	Discovering What Jewish Miqva'ot Can Tell Us About Christian Baptism, in: Biblical Archaeology Review 13 (1987) 1, S. 52-59, bes. S. 54.
525 l.	Strobel, A.	siehe oben.

Strobel versucht zu zeigen, daß dies tatsächlich in Qumran positiv nachgewiesen werden kann. Ausgangspunkt für Strobels Argumentation ist das Badebecken in loc. 138. "Seine Proportionen deuten in ziemlicher Eindeutigkeit auf ein zugrundegelegtes Maß von 0,3 m hin (= 2/3 Elle = 1 Fuß). Das gilt sowohl für die oben mitgeteilten Zahlen als auch für die Maße der beiden Vortreppen mit je 4 Stufen (0,3 m l; dazu 2,4 m bzw. 1,2 m b). Interessanterweise beträgt der Kubikinhalt der untersten Wanne (3x7x1 Fuß) gleich 567 Liter, was den geforderten 40 Sea bis auf 1/10 Genauigkeit entspricht. Wie sehr die Rechnung Beachtung verdient, vermag auch die analoge Rechnung für das südliche Badebassin von Masada unterstreichen. 1,5 m (5 F) x 1,20 m (4 F) x 0,3 m (1 F) (als Grundeinheit) ergeben ebenfalls 540 Liter (geschätzt: ziemlich genau 40 Sea). In Abzug zu bringen wäre freilich im letzteren Fall die unterste Stufe bzw. immer - soweit vorhanden - der sogen. Trittstein, falls es sich um einen solchen handelt. Möglicherweise sind diese typischen Baukörper nämlich zugleich als eine Art Maßstein gesetzt worden; ist doch - näher betrachtet - ihre Aufgabe als Stufe nicht immer ganz einsichtig (s. z.B. bei I, J, M und Q) [loc. 56, loc. 67, loc. 50 und loc. 69]. Die Überlegung ist wichtig genug um im einzelnen näher geprüft zu werden. ... Der Unterteil des Beckens B [loc. 118] richtet sich in den Maßen ohne Zweifel nach einem Vielfachen von A [loc. 138] (bzw. der Grundeinheit) (= ca. das sechsfache seines Kubikinhaltes). Die Wanne von Bassin D [loc. 117] die einen Stein von 0,15 m enthält, der an die Mitte der untersten Stufe angesetzt ist, berechnet sich bis zu dessen Höhe auf ca. 1,8 m x 2,2 m x 0,15 m gleich ca. 594 Liter. Für G [loc. 83] findet sich: 2,5 m x 1,8 m x 0,2 m gleich ca. 900 Liter (minus unterste Stufe), für F: [loc. 85] 1,7 m x 2,3 m x 0,2 m gleich ca. 780 Liter, Ia [sic.]: 1,8 m x 3,5 m x 0,1 m gleich ca. 630 Liter (minus Stein = ca. 54 Liter), für J: [loc. 67] 1,5 m x 1,5 m x 0,25 m gleich ca. 560 Liter (minus Stein = ca. 20 Liter!), für K: [loc 48/49] 1,0 m x 2,75 m x 0,2 m gleich ca. 550 Liter, für M: [loc. 50] 2,1 m x 2,2 m x 0,12 m gleich ca. 555 Liter (minus Stein = ca. 35 Liter; doch plus zusätzlich Ausbuchtung!), und schließlich für Q: [loc. 69] 2,7 m x 2,5 m x 0,1 m gleich ca. 675 Liter (minus Stufe = ca. 30 Liter). Da das Becken R [loc. 71] zum größeren Teil nicht ausgegraben ist, bleibt es in diesem Zusammenhang außer Betracht. Somit läßt sich ingesamt gesehen ein Urteil fällen, dem mehr als nur Wahrscheinlichkeit eignen dürfte. Die rechnerische Überprüfung spricht offenbar mit Nachdruck für die geäußerte Vermutung, denn fast alle Kubikinhalte liegen zwischen 520 und 750 Liter, was auffällig genug ist. Besonders bemerkenswert sind die auch sonst interessantesten Beispiele J [loc. 67] und M [loc. 50]. Beim ersten Becken hat man einen Stein eingemauert, der eindeutig nicht die Funktion einer Stufe gehabt haben kann. Das ergibt sich sowohl aus den Größenverhältnissen als auch aus der exponierten Lage in der SW-Ecke des Bassins. Im Falle von M [loc. 50] bietet sich für die rätselhafte Ausbuchtung ... im ersten Absatz womöglich die Erklärungsmöglichkeit an, daß der ohne Zweifel gegebene 'kritische' Rauminhalt zur Erlangung einiger ritueller Sicherheit vergrößert werden mußte. Offenbar verdichtet sich der Eindruck eines aus peinlichen Reinheitsdenken heraus entworfenen Systems von rituellen Bädern. Man war an seiner Tauglichkeit und Funktionsfähigkeit allem Anschein nach elementar interessiert, worauf auch die Ausbesserungen und Veränderungen der Siedlungsperiode II hinweisen."[1]

Strobels Interpretation der Becken von Qumran wird durch die von E. Netzer in Jericho freigelegten Ritualbäder aus hasmonäischer Zeit bekräftigt. "Variations among the *miqvaot* appear in the stairs descending to the floor of the immersion pool, and in the relationship between the immersion pool and the storage pool. In some, the stairs are narrow and hug the side of the pool; in others they extend the entire width of the pool; yet others have stairs on both side of the pool. In some cases, the area of the two pools is identical, while in others they differ in size; generally, the storage pool is smaller of the two. Nevertheless, the storage pools in all the Jericho *miqvaot* hold more than the required minimum of forty *se'a* of water. ... The great depth of most of the *miqvaot* at Jericho is surprising. ... All the *miqvaot* described here were supplied with water directly from the aqueducts. In some of the ritual baths, the water entered the storage pool first. In others, the water entered both pools simultaneously."[2] Auch die Kriterien, die von R. Reich[3] als Unterschei-

---

[1] Ebd., S. 75f. [Einfügungen vom Autor].

[2] Netzer, E., (1982), S. 117f.

[3] "The *miqva'ot* of the "Upper City" of Jerusalem are built as follows: Similarly to the fore-room and washing-room, the lower part of the *miqveh* is always hewn in bedrock while the upper part is built and roofed over with a barrel-shaped vault ... The steps occupy the entire width of the room, have a convenient rise of 0.25-0.30 m save for the lowest step which rises to 0.60-0.70 m. This step fall is overcome by one or two small auxiliary steps which were occasionally left at the centre or corner of the floor. The stairs and walls, excluding the vault, were coverd with several thick coatings of greyish plaster. In addition to these characteristics, which may be found, in part, in other water installations as well, we may point to elements, which emphasize the singularity of these installations as *miqva'ot*. The mention of these elements can even be traced in contemporary Rabbinic writings.

a. In some *miqva'ot* a low (0.10-0.20 m high) central partition was either built on or left when cutting the steps ... This "balustrade" runs from the top step down several steps. It could not possibly have served as a handrail and was probably meant to mark two separate lanes on the staircase.

b. Often, two adjacent openings, with a common doorjamb, led from the fore-room into the *miqveh* ... These have no constructional meaning and seem to have served two different functions: one was the entrance and the second - exit. These two elements eased acces and enabled the purified person to avoid accidentally touching an impure person entering the installation.

c. According to Jewish religious law a *miqveh* should be filled with pure water, i.e. water which had not been interfered with human hand meaning rain water, spring water or ground water. These requirements raised difficult problems during the long rainless summer season especially in the mountain and desert regions. Water drawn from a cistern or well would not qualify for refilling a *miqveh* in which the waters had turned brackish. Apparently the regulations of pre-washing did not suffice to prevent the dirtying of the *miqveh* water and occasionaly the water had to be changed.

One solution, probably the most common in Jerusalem was to provide each private house with several *miqva'ot* and use them consecutively throughout the year. In house "P" in the Jewish Quarter, at least five miqva'ot were discoverd ...

Another solution, based on the principle that pure water, in a capacity exeeding 40 s'ah (estimation vary between 0.5 and 1.0 m[3]) could purify drawn water. Accordingly two adjacent *miqva'ot* interconnected near the rims by a channel or perforation provided this solution. One installation served for ritual immersion while the water in the other installation, which was kept as an *osar* (lit. "treasure") of pure water - had the power to pure the drawn water in the adjacent installation. When the water in the first installation became brackish, it was manually emptied, and refilled with drawn water from a nearby cistern.

(Fortsetzung...)

dungskriterium von Mikvaot zu gewöhnlichen Reinigungsbädern angeführt werden (Trennhöcker, doppelter Zugang, Ersatzreservoir), können in den Qumranbecken registriert werden. Den doppelten Zugang besitzen loc. 138 und loc. 68; dafür haben sie keine Trennhöcker. Die Becken, die wiederum Trennhöcker aufweisen, besitzen keinen doppelten Zugang.

B. Schwank[1] hat in seiner Erwiderung zu den Überlegungen B. Pixners[2], der in Jerusalem eine Essenergemeinde lokalisiert und entsprechend dazu die Reste eines zugehörigen essenischen Ritualbades ausgegraben haben will, deutlich gemacht, daß die von Pixner als typisch essenisch interpretierten Trennhöcker archäologisch sehr häufig nachweisbar sind. Aus der Häufigkeit schließt er auf einen kultischen Reinigungsvollzug Juden und nicht nur der Essener.[3] Daraus kann gefolgert werden, daß die Interpretation 'Ritualbad' auch für die Becken mit Trennhöcker in Qumran gilt und lediglich der Umkehrschluß - alle Becken mit Trennhöcker sind typisch essenisch - vermieden werden muß. Die Theorie von Strobel zeigt sich somit als

---

[3] (...Fortsetzung)
The purification of the new amount of water was done by momentarily opening the interconnecting channel. The waters in both installations were regarded to create, even for a short instant, one body of water and the pure water purified the drawn water. After this act, the interconnecting channel or hole was closed. The waters of the *osar* were kept for additional actions of this kind untill the next winter. This device was used mainly in *miqva'ot* of the desert (Masada, Herodium) and has been only once found in the Jerusalem private house ..." Reich, R., (1982), S. 4f. Zur Unterscheidung von *balneum* und Miqweh vgl. ders., The Hot Bath-House (balneum), the Miqweh and the Jewish Community in the Second Temple Period, in: Journal of Jewish Studies 39 (1988) 1, S. 102-107.

[1] Schwank, B., Gab es zur Zeit der öffentlichen Tätigkeit Jesu Qumran-Essener in Jerusalem?, in : Mayer B. (Hg.), (1992), S. 115-130.

[2] Pixner, B., Archäologische Beobachtungen zum Jerusalemer Essener-Viertel und zur Urgemeinde, in: Mayer, B. (Hg.), (1992), S. 89-114.

[3] "Was die *'symbolischen Trennhöcker'* (so Pixner) betrifft, so wäre höchstens ein dreifacher Trennhöcker, wie in der Zisterne 49 von Qumran ... , etwas Singuläres. Doch gerade so etwas wurde in Jerusalem nicht gefunden. Gefunden wurde nur ein Badebecken mit *einem* Trennhöcker. Pixner zitiert dann ein Papyrus-Fragment, in dem davon die Rede ist, daß jemand 'auf der einen Treppe hinab-, auf der anderen hinaufgestiegen' ist; doch der, der das sagt, ist 'ein pharisäischer Oberpriester', also kein Essener. Wieder fällt das spezifisch essenische Element weg. Schließlich teilt Pixner selbst mit, daß auch beim Robinson-Bogen ein Bad mit einem solchen 'Trennhöcker' ... freigelegt wurde; doch niemand denkt daran, dort ein Essener-Quartier zu lokalisieren. Überdies wurde auch im Jüdischen Viertel, im Ausgrabungsfeld J, ein Bad mit einem solchen 'symbolischen Trennhöcker' ausgegraben ... Aber da denkt niemand an ein Essener-Quartier. Und der Ausgräber, Nahman Avigad, bemerkt dazu, manche Bäder seien so eingerichtet, daß der Badende auf der einen Seite einstieg und auf der anderen herausstieg. 'Das kann man sehen in zwei besonders großen Bädern in der Palastwohnung (Palatial Mansion), jedes von ihnen hat zwei getrennte Eingänge ... Abtrennungen (partitions, nach Pixner 'Trennhöcker') zwischen dem Weg zum Einsteigen und dem Weg zu Aussteigen wurden auch in anderen Ritualbädern in Jerusalem und auch in Hirbet Qumran am Toten Meer gefunden. Unsere archäologischen Funde ... belegen also die Bedeutung des Ritualbades im täglichen Leben der Juden von Jerusalem z. Zt. des Zweiten Tempels'." Schwank, B., S. 124. Vgl. dazu auch Avigad, N., (1984), S. 139-143; Riesner, J., Das Jerusalemer Essenerviertel und die Urgemeinde. Josephus, Bellum Judaicum V 145; 11QMiqdasch 46,13-16; Apostelgeschichte 1-6 und die Archäologie, in: Haase, W.; Temporini, H. (Hg.), Aufstieg und Niedergang der Römischen Welt (ANRW), Teil II. Principat, Band 26.2, Berlin u. New York 1995, S. 1775-1922, S. 1814ff.

eine Deutung, die sich am engsten an die archäologischen Überreste anlehnt und die feststellbaren Daten vollständig und kohärent integrieren kann.

Aber auch Strobels Theorie kann noch nicht vorbehaltlos akzeptiert werden, bevor nicht eine Frage gestellt und hinreichend positiv beantwortet wurde, die bis jetzt methodisch vernachlässigt wurde, in existentieller Hinsicht aber die ausschlaggebende Rolle spielt. Vor aller Einteilung, ob das jeweilige Wasserreservoir als Reinigungsbad, Ritualbad oder als Brauchwasserspender für Industriezwecke zu interpretieren ist, muß die Frage beantwortet werden, ob die Sicherung einer ausreichend großen Menge an Trinkwasser für Menschen und eventuell Tiere gewährleistet werden kann, wenn die von Strobel gemachte Einteilung unterstellt wird Um diese Frage beantworten zu können, ist es erforderlich, die Frage nach der Anzahl der Benutzer zu stellen. Unbestritten darf eine Korrelation Personenanzahl' - 'Höhe des Wasserverbrauchs' angenommen werden. Die Prüfung der jeweiligen Interpretationen der Forscher lassen sich methodisch am einfachsten bei Strobel durchführen, da er in seiner Interpretation der jeweiligen Wasserbehälter zu sehr dezidierten Interpretationen kommt im Gegensatz zu de Vaux, der alle Wasserbehälter, außer loc. 138 und loc. 68, als Zisternen bezeichnet.

Die Möglichkeit der Falsifizierung der Strobelschen Hypothese ist sehr hoch. Kann sie nicht falsifiziert werden, dann ist ihr Erklärungsgehalt höher als z. B. der der Hypothese de Vauxs, weil dessen Hypothese eine geringere Falisifzierungsmöglichkeit enthält; denn jede Wasserspeichermöglichkeit in Qumran kann als Zisterne interpretiert werden. Strobels Interpretation bietet sich dagegen als Kontrollhypothese an. Sie ist vom entgegengesetzten Standpunkt formuliert und bezeichnet fast alle Wasserbauten als Bäder (die Unterscheidung zwischen Ritual- und Reinigungsbad wird nachfolgend methodisch vernachlässigt) außer der treppenlosen Rundzisterne loc. 110 und der großen rechteckigen, ebenfalls treppenlosen Zisterne loc. 91.

Die Ausführungen Strobels werden mit einer Veröffentlichung B. G. Woods[1] konfrontiert, die sich mit derselben Frage beschäftigt und hierfür Überlegungen zum Wasserverbrauch miteinbezieht. Zeigt sich, daß die Deutung von Strobel und die Überlegungen zum Wasserverbrauch von Wood logisch miteinander vereinbar sind, dann ist die These der vielen Bäder insofern bewährt, als sie durch die Konkurrenzthese eines unzureichenden Trinkwasservorrates nicht falsifiziert werden kann.

---

[1] Wood, B. G., To Dip or Sprinkle? The Qumran Cisterns in Perspective, in: Bulletin of the American Schools of Oriental Research 256 (1984), S. 45-60.

5.3.3.2.3 Trinkwasserverbrauch der Bewohner

Populationsdichte

Die Berechnung eines Trinkwasserverbrauchs kann nichts anderes als ein sehr ungefähres, alles andere als Gewißheit erreichendes Unternehmen sein. Ein entscheidender Faktor ist dabei die Bewohnerzahl. Die Durchführung einer Schätzung ist mit zahlreichen Variablen und Unbekannten versehen. "For a period of almost two centuries, therefore, a community lived in this abandoned region. Its importance in terms of numbers is difficult to establish. However, we must take into account the duration of this occupation, the number of the tombs, and the average life-span as determined from the skeletons which have been brought to light. From all these factors it can be estimated that even at the period of its greatest prosperity the group would not have numbered many more than 200 members."[1]

Davon abweichende Schätzungen bieten Stegemann, Humbert und Laperrousaz. Laperrousaz: "Ainsi, alors que 300 à 350 personnes pourraient avoir vécu à Qoumrân pendant la Période Ib, peut-être 350 à 400 occupèrent-elles le site de Qoumrân-Feshkha pendant les Périodes IIa et IIb de Qoumrân."[2]

Entschieden gegen diese Berechnung stellt sich M. Broshi[3] "He [Laperrousaz] believes that there was an average of 10 burials each year and if the proportion of deaths was similar to that in Israel in 1970 (7 ‰, for males), the community must have numbered 1428 members. Laperrousaz was aware of the complications arising from such a reckoning and tried to reduce the figure to a certain extent. In our opinion, Laperrousaz' method of calculation is baseless. There are so many variables about which we have no information, such as, for example, the ratio of outsiders of members of the local community buried in the cemetery ..., or the death rate (the analogy to 1970 Israel is absurd for several reason: the different life expectancy, the abnormal population pyramid of the Qumran community which was divergent from ancient societies as well as from modern ones)."[4]

Auf der anderen Seite geht Stegemann von einer durchschnittlichen Vollmitgliederzahl von 55 Personen aus: "Allzu selbstverständlich wird noch immer von der Vermutung ausgegangen, es habe in Qumran 150-300 Essener gegeben, die hauptsächlich von En Feschcha im Süden bis zur Höhle 3Q im Norden in Felshöhlen entlang des Gebirgsabhangs oder in Hütten bei diesen Höhlen gewohnt hätten. Die Reduktion dieser viel zu hoch gegriffenen Zahl - durch den Nachweis der tatsächlichen

---

[1] De Vaux, R., (1973), S. 86; vgl. ders., (1978) S. 984. "The number of people who lived in or near the caves and who assembled in the buildings of Khirbet Qumran during the village's most populous period probably reached some two hundred." Farmer, W. R., (1955), S. 304 rechnet ebenfalls mit "no more than a few hundred *regular* members at Qumran." Ähnlich Milik, J. T. (1959), S. 97, der mit 150-200 Bewohnern rechnet.

[2] Laperrousaz, E.-M., (1976), S. 109.

[3] Vgl. Broshi, M., (1992), S. 103-115. [Einfügung vom Autor].

[4] Ebd., S. 114f.

Nutzungsmöglichkeiten der Versammlungshalle und durch die statistische Auswertung der Friedhofsbefunde - auf durchschnittlich nur etwa 55 in Qumran weilende Vollmitglieder und Anwärter der Essener eröffnet aber neue Perspektiven für die Wohnraumfrage."[1] Noch weniger Bewohner nimmt J.-B. Humbert an, der nur von 10-15 ständig in Chirbet Qumran lebenden Personen ausgeht. "Avec les espaces cultuels, les citernes, les ateliers, etc., il ne reste que peu de place pour le logement des hommes. Une dizaine ou une quinzaine des personnes au mieux, peuvent habiter Qumrân. Il n'y a de place que pour des desservants ou des 'gardiens'; les ouvriers attachés au lieu peuvent habiter à l'extérieur."[2]

B. G. Wood geht von der Zahl der Gräber im Friedhof aus, doch zusätzlich dazu schließt er die Zahl der Gefäße im Geschirraum (loc. 86, loc. 89), der sich an den großen Versammlungssaal (loc. 77) anschließt, in seine Berechnung mit ein. "The most numerous vessels were small bowls (720), plates (204), and goblets (76) .... Assuming that each member would have needed a plate at the main meal of the day, there must have been about 200 members in the community. The small bowls could have served a number of functions, including use a drinking of cup; therefore several per member would have been required. Bades on both the cemetery and the crockery it appears that no more than 200 persons were living in the compound during Period Ib."[3]

Durchschnittlicher Wasserverbrauch pro Person

E.-M. Laperrousaz gibt an, daß der durchschnittliche Wasserverbrauch der Teilnehmer bei der 1954 durchgeführten Ausgrabungskampagne bei 7,5 Liter pro Tag und Person lag.[4] Wood nimmt diesen Wert als Grundlage seiner Berechnungen und verweist darauf, daß die Bedingungen für die Höhe des Wasserverbrauchs die harte körperliche Arbeit war, die zur damaligen Zeit in ähnlicher Härte nur in En Feschcha ausgeführt wurde. "Considering that only light physical work would have been done at the compound, and that many members would have been occupied at Ain Feshkha, let us assume that 3 liters per member per day would have been used in the winter months, and 5 liters per members per day would have been required during the remainder of the year, including cooking and washing requirements. Industrial

---

[1] Stegemann, H., (1994), S. 74. Zu gleichen Zahlen kommt J. Patrich, der die Dimensionen der Anlage von Qumran mit vergleichbaren Anlagen in Beziehung setzt. "The dwelling quarters should be sought inside the wall of Khirbet Qumran, mainly on the upper story. ... The dimensions of the Monastery of Martyrius in the Judean desert are similar, and its population was estimated by the excavaters to be between 100 and 120 ...members ... This seems to be a reasonable figure if the members of the community shared room, or slept in dormitories, as was the practice in many Byzantine monasteries. But since this is doubtful with regards to the Dead Sea Sect, the population should be reduced, in my opinion, to only 50-70." Patrich, J., (1994), S. 93f.

[2] Humbert, J.-B., (1994), S. 14f; vgl. ders., (1994), S. 175.

[3] Wood, B. G., (1984), S. 55.

[4] Vgl. Laperrousaz, E.-M., (1976), S. 107. Ausgangspunkt für die Berechnung war der Trinkwasserverbrauch des Ausgrabungsteams. Darunter waren 6 Europäer und 50 Beduinen bzw. Anwohner.

requirements are not included in our calculations, since we have assumed that tanks 50, 55, 57, 67, 70, 72 and 75 were sufficent for that purpose."[1] Wood nimmt zu seiner Berechnung noch ein Dutzend Esel hinzu, wobei er pro Tier einen durchschnittlichen Wasserverbrauch von 1-2 Liter im Winter und 4-5 Liter im Sommer unterstellt.[2]

Berechnung der Verdunstungsmenge

Die Verdunstungsmenge von Wasser in Wasserbecken, die ungeschützt der Sonnenstrahlung ausgesetzt sind, gibt Wood für Qumran mit ca 2,1 m pro Jahr an.[3] Diese Verdunstungsmenge kann durch die Abdeckung der Wassermassen wirkungsvoll reduziert werden. "Undoubtedly, the Qumran engineers made provision for covering the cisterns with wooden or skin covers... Coverings would have been necessary for cleanliness, as well as to reduce evaporation losses. A cover lowers the rate of evaporation by reducing the air circulation above the surface of the water. If an airtight seal ist maintained, the air above the water is soon saturated and evaporation ceases altogether. The covers at Qumran would not have been airtight, however, and in addition a section would have been lifted occasionally to gain access to the water. Since we do not know the exact conditions, a precise determination of the evaporation losses from the Qumran cisterns is not possible. To obtain a conservative estimate of the evaporation losses, we shall assume that covers were not used and that 80 percent of the yearly evaporation occurred through the eight-months period under consideration, or ca. 1.7 m."[4] Wenn nicht abgedeckt wurde, ergeben sich also für die Zisternen in loc. 110 und loc. 91 folgende Verhältnisse:

Locus	Brutto-Kapazität[5]	Verdunstung	Netto-Kapazität[6]
110	125.000 Liter	33.300 Liter	091.700 Liter
91	260.000 Liter	95.600 Liter	167.400 Liter
		Summe:	259.100 Liter

---

[1] Wood, B. G., (1984), S. 54.

[2] Vgl. ebd., S. 54f. Vgl. dazu auch Evenari, M.; Shanan, L.; Tadmor, N., The Negev. The Challenge of a Desert, Cambridge 1971.

[3] Vgl. Wood, B. G., (1984), S. 57.

[4] Ebd., S. 57f.

[5] Vgl. Wood, B. G., (1984), S. 57. Mit ständigem Verweis auf Laperrousaz werden weitere Bruttokapazitäten für die einzelnen Wasserbecken angegeben: loc. 117 50.000 Liter, loc. 118 40.000 Liter, loc. 83 5.500 Liter, loc. 85 3.000 Liter, loc. 91 260.000 Liter, loc. 56 53.000 Liter, loc. 58 140.000 Liter, loc. 55 10.500 Liter, loc. 57 11.500 Liter, loc. 67 4.000 Liter, loc.48 loc. 49 56.000 Liter, loc. 50 3.000 Liter, loc. 68 9.000 Liter, loc. 69 10.000 Liter, loc. 70 6.000 Liter, loc. 70' 8.500 Liter, loc. 71 332.500 Liter.

[6] Weitere Nettovolumena (Bruttovolumen in Liter abzüglich Vedunstungsquantum in Liter) werden bei Wood genannt: loc. 117 19.800 Liter, loc. 118 10.800 Liter, loc. 56 3.000 Liter, loc. 58 96.000 Liter, loc. 48 loc. 49 10.900 Liter, loc. 71 178.200 Liter. Vgl. ebd.

"If we assume that there were approximately 200 members of the sect during Period Ib and that each required an average of 5 liters of water per day from the cisterns between mid-March and mid-November, we arrive at a value of 243,300 liters total water required for subsistence during the eight-month period. To this we must add 14,600 liters for the donkeys, giving a total needed of ca 257,900 liters. Comparing this to the conservative total avilable water volume of 577,800 liters for the stepped and unstepped cisterns in Period Ib ..., we see that more than twice the required amount was available. On the other hand, the estimated required capacity of 257,900 liters compares favorably with the consvervative total available water volume of the unstepped cisterns 110 and 91 of 259.100 liters."[1]

Daraus kann geschlossen werden, daß für ca. 200 Personen ein ausreichendes Wasserquantum vorhanden war, unter den Bedingungen, daß die Zisternen nicht bedeckt waren und ein durchschnittlicher Wasserverbrauch von 5 Litern zugrunde gelegt wird. Auf der Basis dieser Berechnung und unter der Annahme, daß nur die Zisternen ohne Treppen als Wasserreservoir betrachtet werden, versucht Wood für die verschiedenen Besiedlungsphasen eine approximative Bestimmung der Bevölkerungszahl von Qumran. Die vorher genannten Kriterien wurden beibehalten mit einer Änderung: "In addition, we shall reduce the evaporation losses ... by 25 percent to allow for covers on the cisterns."[2] Daraus ergeben sich folgende Bevölkerungszahlen:

Periode	Zisternen	Kapazität	Personen
Israel.P.	110	100.000 Liter	78
Ia	110	100.000 Liter	78
Ib	110, 9	291.300 Liter	228
II	110, 91, 58	398.300 Liter	312
III	71	216.800 Liter	170[3]

Interpretiert werden sollten die Berechnungen als theoretisch maximale Bewohnerzahl. Das legen auch durch die Geschirrteile nahe, besonders die von Wood genannten 204 Teller. Unterstellt wird dabei, daß im Normalfall immer mehr Geschirr vorhanden ist, als tatsächlich gebraucht wird. Damit würde auch der Überlegung von M. Broshi Rechnung getragen, der zwar die Überlegungen von Wood nicht verwirft, aber auf die vielen Unbekannten in Woods Berechnung hinweist.[4] Broshi nimmt loc. 77, den großen Versammlungssaal, als Fixpunkt seiner Überlegung. Die umbaute Fläche beträgt ca. 99 qm. "The members of the community dined here

---

[1] Ebd., S. 58.

[2] Ebd.

[3] Vgl. ebd.

[4] "The truth is that the average per capita consumption of water is unknown, nor the capacity of the cisterns (the rate of evaporation is not known). It should be remembered that the Qumran community could have augmented its water supply from the nearby springs of Ein Feshkha." Broshi, M., (1992), S. 114.

while sitting on the ground (most probably in rows parallel to the longitudinal walls). It can be estimated that four to five rows (each 0.7 m deep) could be placed in such a hall and each row could seat 30 men (each place 0,7 m wide). Thus the hall could accomodate 120 to 150 men. We believe this to have been the maximum number of members of this community. To this number should be added a further three age groups constituting about 10% to 15% of the community, i. e. 12 to 20 men. In all, the community could not have been bigger than 150 to 200 members."[1]

Die Ausgangsfrage für diese Überlegung lautete: Läßt sich die Trinkwassersicherung von Chirbet Qumran aufrechterhalten, wenn die Interpretation von Strobel (nur loc. 110 und loc. 91 sind Zisternen) als gültig unterstellt wird? Durch Schätzungen über Wasserverbrauch, Verdunstung und Mitgliederzahl, die als Basisannahmen für Berechnungen benutzt werden, läßt sich immerhin zeigen, daß sich bei einer postulierten Anzahl von 100-200 Personen die theoretisch benötigte Trinkwassermenge durch die beiden Zisternen sichern läßt. Die Berechnung kann aber nicht als 'Beweis' dafür genommen werden, daß 100-200 Personen in der Anlage von Chirbet Qumran gewohnt haben. Die Bedeutungsdifferenz zwischen 'Bewohner' und 'Benutzer' muß berücksichtigt bleiben.

---

[1] Ebd. Die jüngst von M. Broshi und H. Eshel entdeckten Objekte und Benutzungsspuren zu den Höhlen 1, 2, 3 und 11 [vgl. dazu auch S. 297 dieser Arbeit] unterstützen Broshis Ansicht. "Our finding reinforces the theory that the religous community here was most probably Essene and that it must have numbered 150-200 people. All the other theories are meaningless when we see that the residents of Qum-ran were anchorites ... living in caves." Broshi, M., zitiert nach Rabinovich, A., New evidence nails down Qumran theory, in: The Jerusalem Post, 05. 04. 1996. Vorlage zitiert nach Orion Center for the Study of the Dead Sea Scrolls, http: //unixware.mscc.huji.ac.il/~orion/pub/pub.html, S. 8-10, S. 10; vgl. dazu auch: Rabinovich, A., Residential quarter found in Qumran dig, in: The Jerusalem Post, 05. 01. 1996. Vorlage zitiert nach: Electric Library, http://www.elibrary.com/cgi-bin/hhweb/hhfetch?38672355x0y817:Q 0001:D014, S. 1.

5.3.3.3 Die Funktion des südlichen Saalanbaus

Der südliche Anbau (loc. 86, loc. 89) an loc. 77 wird von J. T. Milik in seiner Interpretation nicht als Geschirraum diskutiert; vielmehr wird die zeitliche Einordnung,
die de Vaux vorgenommen hatte, korrigiert. De Vaux sieht den Raum durch das
Erdbeben aus dem Jahre 31 v. Chr. in Mitleidenschaft gezogen. Die Bedachung fiel
ein und begrub mehr als eintausend Geschirrteile, die für Periode Ib charakteristisch
sind. Nach der Wiederbesiedlung in Periode II wurde das zerbrochene Geschirr in
den hinteren Teil des Raumes loc. 89 eingemauert, der Raum durch eine Mauer geteilt und das Gebäude an Süd- und Südostseite verstärkt. Milik ist nun der Meinung,
daß die in einer Schale entdeckten eingeritzten Schriftzeichen typisch für das erste
Jahrhundert *nach* Chr. sind. "Dies Argument, das aber nur auf fünf Buchstaben ge-
gründet ist, ist für sich genommen, nicht beweiskräftig. Aber die Stratigraphie kann
hier zu Hilfe kommen. ... Zuerst war die ganze Vorratskammer in Gebrauch, und
diese wurde durch das Erdbeben 31 v. Chr. zerstört ... In der zweiten Phase war nur
der Vorderteil der Vorratskammer in Gebrauch. Die zerbrochenen Gefäße wurden
hinter einer kleinen Mauer in der Mitte des Raumes aufgeschichtet. Auf den Ruinen
dieser Phase bauten die Römer einige kleine Räume. Wie wir uns jedoch erinnern,
müssen die drei Phasen der Geschichte dieses Raumes in einer anderen Weise erklärt werden. Obwohl das Erdbeben von 31 v. Chr. die Vorratskammer beschädigte,
wurde beim Wiederaufbau der südöstliche Teil des Raumes durch eine zusätzliche
Mauer außen verstärkt, obwohl dieser nach de Vaux' Theorie aber der unbenutzte
Teil war. Die Existenz einer Teilwand in der Mitte des Raumes ist nicht klar erkennbar ... In der Tat sind die wenigen Steine, die man gefunden hat, kaum ausreichend genug, um eine Mauer zu bilden. Nachdem nun die 'Mauer' abgetan ist,
wird deutlich, daß die Vorratskammer bis zum Ende der zweiten Phase benutzt worden ist."[1] De Vaux ist der Meinung, daß die Mauer von Milik gar nicht wahrge-
nommen wurde. "[H]e has failed to recognize that this is not the thin line of stones
to which he refers, but rather a solid wall which was built at that time on either side
of the central pillar. This wall cannot possibly belong to Period III."[2]

F. M. Cross ist mit de Vaux das archäologische Material, besonders die Keramikformen, durchgegangen und folgte grundsätzlich der Argumentation de Vauxs. Er
sieht die Hauptschwierigkeit für de Vauxs Theorie in der erwähnten Schale, die mit
"einer ziemlich entwickelten Halbkursive"[3] ausgestattet ist. "Sie scheint mir, rein
paläographisch geurteilt, doch mit Milik in frühherodianische Zeit (30 v. Chr. - 20
n. Chr.) zu gehören, d. h. zu Periode II."[4] In der neuesten Ausgabe seines Werkes
(3. Auflage 1995) verstärkt Cross die Anlehnung an Miliks Theorie: "... and an
inscribed bowl from 86/89 seems clearly to be dated paleographically to the first

---

[1] Milik, J. T., (1981), S. 71f.

[2] De Vaux, R., (1973), S. 12. [Veränderung vom Autor].

[3] Cross, F. M., Die Antike Bibliothek von Qumran und die Moderne Biblische Wissenschaft, Neukirchen-
Vluyn 1967, S. 73.

[4] Ebd., S. 73f.

century AD."[1] "In this room, sealed in by the debris of the Roman destruction, more than 1080 pieces of pottery were uncovered by the excavators"[2].

De Vaux sieht dagegen seine Einordnung des Geschirrs zu Periode Ib durch P. Lapp bestätigt.[3] Die Schale allein, d. h. die Datierung ihrer Schriftzeichen, ist meiner Meinung nach kein hinreichender Einwand gegen die ausschließliche Benutzung von loc. 89 in Periode Ib. Mit der Mauereinfügung innerhalb des Raumes braucht nicht vor Beginn von Periode II gerechnet werden. Damit wird aber die Annahme möglich, daß die Schale erst zu dieser Zeit miteingemauert wurde. Die Kenntnis der Fundlage der betreffenden Schale innerhalb des gestapelten Geschirrs könnte helfen, die Frage weiter zu klären.

Die Bedenken hinsichtlich der Mauer, an der Milik zweifelt, können seit der Veröffentlichung des ersten Ausgrabungsbandes von 'Qumran und En Feschcha' nicht mehr aufrechterhalten werden. Die Abbildungen 330 und bes. 332 zeigen die Mauer eindeutig.[4]

---

[1] Cross, F. M., (1995), S. 62, Anmerkung 3.

[2] Ebd., S. 65.

[3] Vgl. Lapp, P. W., Palestinian Ceramic Chronology. 200 B.C. - A.D. 70, New Haven 1961, bes. S. 50f.

[4] Vgl. de Vaux, R., (1994), S. 161f. und den Plan auf S. 156.

5.3.3.4 Interpretation der Tierknochen

De Vaux sah in den vergrabenen Tierknochen Indizien für sakrale Handlungen, ver-
mißte aber als überzeugenden Beweis einen Altar. "For sacrifice of any kind an altar is necessary and the excavations have not brought to light any altar or any place
adapted to the ritual sacrifice of victims."[1] S. H. Steckoll glaubt diesen Altar in
Qumran gefunden zu haben und wirft die Frage nach der Bedeutung der vergrabenen Tierknochen erneut auf.[2] Für ihn ist die Beantwortung der Frage gekoppelt an
die Frage nach den Ursprüngen der Qumransekte. "The remarkable parallels between certain peculiar aspects of the Temple and city of Onias at Leontopolis and
the finds made at the centre of the Qumran sect lead inevitably to a conclusion
which assumes a direct connection between the separatist Jewish Temple in Egypt,
which was established around 154 B.C.E., and the Qumran centre, which was
established circa 137 B.C.E."[3]

Ein Vergleich der archäologischen Funde zwischen den beiden Orten ermöglicht
es, die religiösen Spezifika der Qumranbewohner neu zu gewichten und zu bewerten. So zeigt sich im Vergleich mit Leontopolis für Steckoll, daß die Bewohner von
Qumran ihre Baulichkeiten in der 'Wüste' nicht nur als adäquaten Ersatz eines spi-
rituellen Tempels betrachteten, sondern ihr Tempel sollte ein 'richtiger' Tempel
sein, "where they carried out the customary functions of the Temple, including the
offering of live sacrifices."[4] In den vergrabenen Tierknochen findet Steckoll den
Beweis für diese Behauptung. Diese Eigenheit findet sich nicht in Jerusalem "re-
garding the remnant bones of sacrificial animals, one yet finds that an identical
practice was in vogue at the Leontopolis Temple where animal bones, some burnt,
some partially burnt, were also buried in jars. Flinders Petrie reported on his excavations at Leontopolis that 'in the base of the mount are found cylinders of pottery
containing burnt offerings ... I cleared out of some of the cylinders and always
found a bed of white ashes of wood one to three inches thick; bones of lambs lay
upon the ashes, usually burnt, sometimes unburnt ... in some cases the cylinder had
been sunk in the ground before the fire was burnt in it, as the earth touching the outside was reddended by heat for an inch or so in thickness'."[5] Zusätzliches Gewicht
gewinnt seine Interpretation durch einen Fund in Qumran, den er als kleinen Altar
in der Größe von ca. 26 x 26 x 26 (31) cm (l x b x h) interpretiert.[6] Auch ein Vergleich der Maße zwischen dem Tempel in Leontopolis und dem Hauptgebäude in

---

[1] De Vaux, R., (1973), S. 14.

[2] Vgl. dazu Steckoll, S. H., The Qumran sect in relation to the temple of Leontopolis, in: Revue de Qumran 21 (1967), S. 55-69; ders., Marginal notes of the Qumran excavations, in: Revue de Qumran 25
(1969), S. 33-45.

[3] Steckoll, S. H., (1967), S. 55.

[4] Ebd.

[5] Ebd., S. 56.

[6] Vgl. ebd., S. 57, Fig. 1 und Abbildung auf S. 65.

Qumran unterstreicht für Steckoll die Evidenz seiner Behauptung.[1] De Vaux reagierte 1968 auf die Interpretationen von Steckoll.[2] Der von Steckoll veranschlagte und angeblich erst bei einer neueren Erforschung des Geländes gefundene Altar ist schon von de Vaux bemerkt worden. "Ce n'est pas une 'récente découverte': cet objet était visible, sur place, depuis notre fouille de 1955. C'est un cube de pierre de 26 à 27 cm de côté, dont une face a un creux rectangulaire profond de quelques centimètres. La pierre gisait dans le locus 100, au nieveau Ib, lorsque cette pièce servait d'atelier ou de magasin; un moulin y fut installé à la période II. Cette pierre n'est sûrement pas un autel."[3] Der Stein wurde also schon von de Vaux 1955 registriert. Er fand ihn in loc. 100, in dem Stratum, das die Siedlungsperiode Ib bildet. De Vaux zählt den Stein eher zur Werkstatt oder zum Lager. In Periode II wurde an diesem Platz eine Mühle errichtet. Daß dieser Steinblock ein Altarstein sein soll, ist für de Vaux ausgeschlossen. Auch die Ansicht, daß das Hauptgebäude von Qumran Ähnlichkeiten mit den räumlichen Verhältnissen des Tempels von Leontopolis aufweist, bestreitet de Vaux.[4]

Zu den von Steckoll gezogenen Schlüssen, angeleitet durch die vergrabenen Tierknochen, argumentiert de Vaux, daß diese Funde nicht miteinander vergleichbar sind. "A Qumrân, les ossement animaux n'étaient que rarement dans des marmites (non des 'jarres', comme il est dit p. 55); ils étaient ordinairement groupés sous de

---

[1] Vgl. ebd., S. 58-60. Durch zahlreiche Schriftverweise aus dem Alten Testament und in den gefundenen qumranischen Schriftrollen versucht Steckoll seiner Behauptung weiter Gewicht zu verschaffen. Auch F. M. Cross verbindet den Qumranbrauch mit Leontopolis. "Die essenische Praxis wäre nicht ohne eine Art von zeitgenössischer Parallele. Onias, der rechtmäßige Erbe des Hohenpriesteramtes in der Makkabäerzeit, errichtete in Leontopolis einen Tempel mit einem Opferkult (Bel. I, 31. 33; VII, 422-435)." Cross, F. M., (1967), S. 106, Anm. 130.

[2] Vgl. de Vaux, Post-Scriptum - Le temple d'Onias en Égypte par M. Delcor, in: Revue Biblique 85 (1968), S. 204f, ders., (1973), S. 15f.

[3] De Vaux, R., (1968), S. 204.

[4] Locus 100 gehört zu einem anderen Teil der Anlage als locus 77. Die runde Plattform im östlichen Teil des großen Versammlungssaales und Refektoriums wurde von de Vaux als der Platz erklärt, an dem der Vorsteher der Versammlung oder Mahlgemeinschaft stand. Steckoll sieht nach de Vaux diesen Platz als symbolische Repräsentation des Hinterraumes des Tempels (Debir) von Jerusalem, und die 12 Steine der Plattform erinnern noch einmal an die 12 Priester der Gemeinschaft. "Je ne vois pas comment ce pavement circulaire, qui n'est pas isolé du reste du locus et qui est devant la porte d'accès à la pièce annexe, pourrait symboliser le Debir, dont les caractéristiques étaient d'etre carre, fermé et obscur; d'autre part, la plate-form n'est pas composée de douze pierres, mais de sept grandes dalles et de deux plus petites, avec quelques cailloux pour boucher les interstices et arrondir le cercle." S. 204f. Zusätzlich verweist er auf die nicht exakte Zeichnung, auf die fehlerhafte Belegstelle und ferner auf die Inkommensurabilität zwischen den innenarchitektonsichen Gegebenheiten vom Onias-Tempel und der Anlage von Qumran. Alles in allem: "Les comparaisons que S. H. Steckoll fait entre la salle de Qumrân et le 'temple' d'Onias qui aurait été retrouvé à Tell el-Yahudiyeh sont illusoires." S. 205.
Die Antwort von Steckoll 1969: "P. de Vaux repeats that the circle of stones in locus 77, which I suggested may have been the place for the Debir was 'la place où se tenait celui qui présidait l'assemblée'. I don't know on what facts P. de Vaux bases this conclusion as I am unaware of any evidence whatsoever that refers to a special place being marked off, or reserved, for the head of the Community ... and in any event it is difficult to conceive that so large a circle of paving, with a diameter of around a meter, would be laid for such a purpose." S. 38f.

grands tessons de poterie, il n`y avait pas de cendres ni jamais de traces de feu."[1]
Damit ist der Hauptunterschied zwischen den beiden Tierknochenfunden formuliert. Es wird von de Vaux nie erwähnt - in Akkord mit den beteiligten Qumranausgräbern -, daß die gefundenen Tierknochen ganz oder teilweise verbrannt waren. Ganz im Gegensatz zu Flinders Petrie, der dezidiert im angeführten Zitat bemerkt, daß die Zylinder (in Qumran Töpfe oder Scherben) immer eine Schicht weißer Holzasche enthielt. Auf dieser Schicht lagen die angebrannten Knochen. Vereinzelt waren die Knochen vom Feuer unberührt geblieben. 39 Tierknochenfunde wurden von F. E. Zeuner untersucht und in keinem Fall wurde im Forschungsbericht erwähnt, daß die Knochen verbrannt worden wären.[2]

Steckoll räumt ein, daß es möglich ist, daß de Vaux den quadratischen Stein schon 1955 entdeckt haben könnte. "However, no report that I know of was made on this so that when it was uncovered by workers during reconstruction work, in my presence, I could not but refer to this as a `recent discovery'. This also raises the general question of discoveries made during excavations but not published for over a decade."[3]

Die kritische Anfrage enthält einen harten Kern, der die generelle Abhängigkeit von Forschern gegenüber den Ausgrabungsberichten der Archäologen deutlich zum Vorschein bringt. Wie sollte auch ein homogenes möglichst widerspruchfreies Interpretationsmodell oder eine Kritik an ihm durchgeführt werden, solange die Grabungsdokumentation nicht veröffentlicht ist?

Steckolls Ansicht bleibt nachvollziehbar, wenn er der unterschiedlichen 'Bestattungsart' kein zu großes Gewicht beimessen will und zusätzlich auf die zeitliche Parallele aufmerksam macht. Nicht mehr recht zu geben ist Steckoll, wenn er von einer 'identical practice' spricht, wo im besten Fall von ähnlichen Funden gesprochen werden sollte. Denn selbst wenn die Funde gleich wären - und das sind sie nicht, hier nur Knochen, dort verbranntes Holz mit angebrannten oder verbrannten Knochen -, ist damit noch nichts über die Gleichheit der Handlungen gesagt, die diesen Funden zugrunde liegen und schon gar nichts über die Intention, die zu diesen 'Tierknochenbestattungen' geführt hat.

H. Bardtke widmet den Knochenfunden in Qumran einen eigenen Aufsatz.[4] Zu Beginn seiner Ausführungen behandelt er die Interpretationen von van der Ploeg[5]. Van der Ploeg spricht sich gegen die Vermutung de Vauxs aus, daß keine religiöse Intention notwendig ist, um die Knochenfunde adäquat zu deuten. "Da er den religiösen Charakter der essenischen Mahle mit guten Gründen bestreitet, glaubt er, daß nur die Tatsache der Beisetzung der Knochen in Krügen oder deren Scherben eine

---

[1] De Vaux, R., (1968), S. 204.

[2] Vgl. Zeuner, F. E., (1960), S. 28-30.

[3] Steckoll, S. H., (1969), S. 37.

[4] Vgl. Bardtke, H., (1963), S. 328-34; ders., Qumran und seine Funde, in: Theologische Rundschau 29 (1963) 1/2, S. 261-292, bes. 276-280.

[5] Vgl. van der Ploeg, J., The Meals of the Essens, in: Journal of Semitic Studies 2 (1957), S. 163-175, bes. 172f; ders., Funde in der Wüste Juda, Köln 1960, bes. S. 99f.

Erklärung verlange. Diese versucht er in Anlehnung an Lev 11,39 und Mischna-traktat Hullin 9,5. Die essenische Gruppe habe die *Tierknochen als unrein* angese-hen, und um die von ihnen ausgehende Möglichkeit des Unreinwerdens abzuwen-den, hab man diese Knochendepositorien angelegt und durch Gefäße oder deren Scherben geschützt. *Van der Ploeg* betrachtet seinen Erklärungsversuch als reine Vermutung und einen reinen Vorschlag, weil es keinerlei Beweis dafür gäbe, daß die Qumrangruppe Knochen als unrein ansah. ... Gegen diese eben gemachte These lassen sich die schon oben gemachten Beobachtungen geltend machen, die einfache Abstellung, die flache Eingrabung, und daß überhaupt die Anlage der Depositorien auf der Mittelterrasse an den Rändern der Siedlung keinen wirksamen Schutz gegen eine von den Knochen ausgehende Unreinheitt geboten haben würde. Könnte eine solche vermutet werden, würde die Qumrangemeinde in ganz anderer Weise mit diesen Überresten umgegangen sein."[1]

Nach K. Schubert[2] hat man bei den gemeinsamen Mahlzeiten, "über welche der Segen gesprochen wurde ... - zumindest zu gewissen Zeiten - auch Fleisch zu sich genommen und die ungenießbaren Reste nicht achtlos weggeworfen, da ja auch über sie der Segen gesprochen war."[3] Diese Interpretation würde jedoch nicht er-klären, warum dann die Reste der Knochen, die höchstwahrscheinlich aus der Herd-asche stammen, gesammelt und mit den anderen Knochen vergraben wurden. Das, so schließt Bardkte meiner Meinung nach zu recht, müßte implizieren, daß der Se-gen schon vor der Schlachtung vollzogen wurde.[4]

E.-M. Laperrousaz[5] entwarf zu den Knochenfunden ein Szenario, das davon aus

---

[1] Bardtke, H., (1963), S. 336f.

[2] Vgl. Schubert, K., Die Gemeinde vom Toten Meer. Ihre Entstehung und ihre Lehren, München 1958, S. 27 u. 50f.; Maier, J.; Schubert, K., Die Qumran-Essener, 3., unv. Auflage, München u. Basel 1992, S. 27 u. 50f.

[3] Ebd., S. 27.

[4] Vgl. Bardtke, H., (1963), S. 337. De Vaux (1973), S. 15: "This solution is reasonable and may be re-tained in default of any text giving the true explanation of this rite."

[5] Vgl. Laperrousaz, E.-M., Le problème de l'origine des manuscrits découverts près de la mer Morte, à propos d'un livre récent, in: Numen 7 (1960) 1, S. 26-76, bes. S. 60-68 u. 75f.; ders., Remarques sur l'origine des dépots d'ossements d'animaux trouvés à Qumrân, in: Revue de l'Histoire des Religions 70 (1961) 2, S. 1-9; ders., Étude de quelques problèmes concernant lárchéologie et les manuscrits de la mer Morte, á propos d'un livre récent, in: Semitica 12 (1962), S. 67-104, bes. S. 98-104; ders., (1976), bes. S. 211-212; ders., A propos des dépôts d' ssements d'animaux trouvés a Qoumrân, in: Revue de Qumran 9 (1978) 4, S. 569-573. Die Argumentation von Laperrousaz richtet ihren Blick auf die scheinbar regel-lose Deponierungsstrategie. Dieser Sachverhalt, so sein Argument, wird bei einer freiwilligen und regel-mäßigen Ausübung über zwei Siedlungsperioden noch rätselhafter. Es wäre überraschend, so Laperrou-saz, wenn die Menschen an dieser verlassenen Stätte keine günstigere Stelle gefunden hätte, um etwas zu vergraben. "Il paraîtrait surprenant que les gens retirés en ce lieu désert n'aient pas trouvé d'endroit plus propice, pour enterrer quoi que ce fût, que 'les espaces laissés libres entre les bâtiments ou autour d'eux'. Mais, il ne nous semble pas qu'en fait ces dépôts aient été volontairement enterrés". Ebd. S. 571. Das heißt: Die Erklärung sollte von zwei einmaligen Ereignissen ausgehen; damit würde die Regellosigkeit der Funde besser erklärt. Bedingt durch die Eindeutigkeit der Stratigraphie, die von Laperrousaz an dieser Stelle auch anerkannt wird, müssen die zwei Einzelereignisse in zwei verschiedene Siedlungsperioden

(Fortsetzung...)

geht, daß sämtliche Knochenfunde aus zwei verschiedenen Festmahlzeiten hervorgehen, die in Qumran 63 v. Chr und 68 n. Chr gefeiert wurden. "So hat man die Krüge einfach abgestellt, als sie noch die Fleischstücke enthielten. Gegen diese Auffassung sprechen die verschiedenen Fundorte und die verschiedenen Scherben. In dem einen Fall müßte der betreffende Essener einfach seine Fleischschüssel umgekippt und über das Fleisch gedeckt haben. Die verbrannten Knochen müßten also mitserviert worden sein. Ein absurder Gedanke!"[1] Zur Deutung von Laperrousaz bemerkt de Vaux: "Laperrousaz ... suggests that the pots and bones were not deliberately buried, but rather abandoned on the spot when a festal banquet was tragically interrupted by an enemy attack. This would have taken place on two occasions, a little before 63 B.C. and in A.D. 68. There are no real grounds to support this hypothesis."[2]

Bei einem Friedhof in der Nähe von Tel Aviv, der in die Zeit zwischen dem 4. und 1. vorchristlichen Jahrhundert datiert wird, wurden von J. Kaplan[3] bei einer Kontrollgrabung in Nähe der Gräber die Knochen von Rindern und Schafen entdeckt, die mit Tonscherben vermischt waren. Eine ähnliche Form von Tierbegräbnissen wurde von ihm auf einen alten jüdischen Friedhof am Tell Qasileh in der Nähe von Jaffa freigelegt. Kaplan entwickelte daraus die Theorie, daß das Erstgeborene von 'reinen' Tieren in der gefundenen Form bestattet wurde. Dieser Brauch hielt sich in einigen jüdischen Gemeinden in Europa und Nordafrika. "He has suggested to me in a private letter that the people of Qumran were seeking to remain faithful to the law of Deut. 15: 19-20 by eating the firstborn as communion sacrifices. Being unable to fulfil the ritual at Jerusalem as was prescribed, they would have preserved the bones. It may be objected that, in contrast to these other

---

[5] (...Fortsetzung)
datiert werden - nach de Vauxs Einteilung in Ib und II. Anhaltspunkte, die diese These bestätigen, findet Laperrousaz in Texten, die in der Nähe der Ruine gefunden wurden: "Certes, cette coïncidence paraît étonnante; mais elle n'est pas illogique, répétons-le, comme le sont plusieurs des arguments sur lesquels repose l'hypothèse que nous combattons. Selon certains textes trouvés dans les grottes, il semble bien, plus précisément, que la fête da la Pentecôte a été, dans cette communauté, la grand fête annuelle du renouvellement de l'Alliance, au cours de laquelle, probablement, étaient admis les nouveaux adeptes, et classés par ordre de mérite les anciens membres. Cette fête joyeuse devait rassembler beaucoup de personnes à Qoumrân, et être l'occasion, s'il en était pour ces ascètes, de repas moins frugaux qu'à l'ordinaire." Ebd., S. 573. Laperrousaz bezieht sich auf 1QS VI, 20-21. Wie bei anderen Forschern auch, kann bei Laperrousaz beobachtet werden, daß die Problematik der Zuordnung von archälogischem Datum und dessen Interpretation mittels Textdeutung nicht genügend beachtet wird. Auch wenn die oben aufgezeigte methodische Unmöglichkeit (vgl. Gliederungspunkt 3.3 in dieser Arbeit) ignoriert wird, müßte ein Wissenschaftler dann immer noch berücksichtigen, daß der Schluß von einer Textinterpretation auf das archälogische Material nur dann vollziehbar ist, wenn der Nachweis gegeben ist, daß der betreffende (historisch interpretierte) Text sich auf diese Ruinen beziehen läßt. Diese Verbindung kann das Ziel eines Forschungsvorhabens bilden, auf keinen Fall kann die Verbindung als 'Faktum' vorausgesetzt werden.

[1] Bardtke, H., (1963), S. 337.

[2] De Vaux, R., (1973), S. 15.

[3] Vgl. Kaplan, J., The Excavation of an Ancient Cemetery Near Tel Baruch, in: Bulletin of the Israel Exploration Society 18 (1954), S. 163-167; ders., Chronique archéologique. Tell-Aviv - Jaffa, in: Revue Biblique, 65 (1958), S. 411-414, bes. S. 412-413.

discoveries, all the deposits at Qumran are outside the cemetery. Against the hypothesis that they would have been the remains of sacrifices of firstborn animals, the reservations which we are about to make with regard to sacrifices at Qumran in general apply here too."[1] Auch Bardkte sieht einen entscheidenden Unterschied in dem Umstand, daß die von Kaplan gemachten Funde auf einen menschlichen Begräbnisplatz bezogen sind, im Gegensatz dazu in Qumran aber der Grabplatz für Leichen und der Platz für die Depositorien der Tierknochen streng getrennt sind.

F. M. Cross und J. M. Allegro nehmen ebenfalls an, daß eine Opferintention die Knochenfunde erklären könnte. Ähnlich wie im Tempel in Jerusalem will Cross auch in Qumran Opfer dargebracht sehen. "Certainly the bones are the remains of the sacral feasts of the community."[2] Allegro: "Es war ganz offensichtlich, daß es sich nicht um die Reste täglicher Mahlzeiten handelte ...Die Reste eines jährlichen heiligen Mahles konnten es jedoch sein, und man denkt sofort an das Passahfest"[3].

"Ein großer Teil der Forscher bringt die Sammlung und Deponierung der Knochen in Zusammenhang mit dem alljährlichen *Bundeserneuerungsfest* in Qumran. Aber welche Gründe diese Sammlung verursachten, kann auch nicht gesagt werden. Die jährliche Passahfeier, bei der das Passahlamm gegessen werden mußte, scheidet für den größeren Teil der Funde aus, da keineswegs nur Lämmerknochen gefunden worden sind. Immerhin muß die Möglichkeit einer Passahfeier in Anschlag gebracht werden, aber dann widersprechen die Knochendepositorien dem alttestamentlichen Passahgesetz, das nach Ex 12,10 die Verbrennung aller Mahlzeitenreste erforderte."[4]

Zur Zeit wird die Tempel-These von J.-B. Humbert von der École Biblique et Archéologique Française de Jérusalem vertreten.[5] In seinen Artikeln vertritt er die Meinung, daß die ganze Anlage von Qumran als Tempelersatz zu interpretieren ist. "Qumran: Le substitut du temple de Jérusalem."[6] Dafür sprechen seiner Meinung nach neben den Baulichkeiten in besonderem Maße die vergrabenen Tierknochen. Aus der relativen Häufigkeit der deponierten Knochen in loc. 130 nimmt Humbert an, daß neben dem großen Versammlungssaal (loc. 77) auch der ganze Westteil der Anlage, loc. 111, loc. 120, loc. 121 und loc. 122, als Kultstätte gedient hat.[7]

Stegemann äußert sich in seinem Buch[8] nicht zu den vergrabenen Knochen, obwohl diese Funde seine Interpretation der Anlage von Qumran, die von ihm als Feinledergerberei bestimmt wird, hoch falsifizierbar macht. Will er den Gültigkeits-

---

[1] De Vaux, R., (1973), S. 15.

[2] Cross, F. M., (1995), S. 65. "There is evidence also that in this room [loc. 77] the Essenes gathered to celebrate their sacred common meals." Ebd. [Einfügung vom Autor].

[3] Allegro, J. M., (1957), S. 101f.

[4] Bardtke, H. (1963), S. 339.

[5] Vgl. Humbert, J.-B., (1994), S. 12-21; ders., (1994), S. 161-214.

[6] Ebd., S. 15.

[7] Vgl. ebd., S. 19.

[8] Weder in der Erstauflage (1993) noch in der überarbeiteten Auflage von 1994.

anspruch seiner Theorie nicht durch die Ignorierung archäologischer Daten unterlaufen, dann muß er für die Knochenfunde eine Erklärung anbieten.

Mit Bardkte ist darauf aufmerksam zu machen, daß nach der Sichtung unterschiedlichster Interpretationen über die Bedeutung der Tierknochenfunde deutlich zwischen der Interpretation der Knochenverwahrung und der Interpretation der daraus abgeleiteten Mahlzeiten unterschieden werden sollte. "Methodisch am besten ist der Ansatz von *van der Ploeg*, der von den Knochen an sich ausgeht und in ihnen selbst die Ursache der Deponierung im Sinn einer *Vorsichtsmaßnahme gegen Verunreinigung* erblickt."[1]

---

[1] Bardtke, H., (1963), S. 339. Bardkte nennt und diskutiert ethnologische Lösungsvorschläge (Literatur S. 347f.) und kommt zu dem Ergebnis: "Der Ausgräber hat also recht, wenn er von einem religiösen Brauch spricht, denn sicher sind starke religiöse und magische Triebkräfte dabei wirksam gewesen. Die Frage eines *Opfervollzugs* ist in unserer Untersuchung unberührt geblieben. Es sei nicht verkannt, daß das ethnologische Material, auf das verwiesen wurde, die Phänomene der Knochenbestattung mit einem Opfer zusammenbringt. Auch die Parallelen aus dem semitischen Bereich, die *Henninger* beigebracht hat, stehen mit einem solchen in Verbindung, insbesondere bei den arabischen Totenopfern." Ebd., S. 344.

5.4 Die Siedlungsperiode II

5.4.1 Interpretation der Ruinen

5.4.1.1 Instandsetzung der Ruinen

"The period of abandonment was in fact of short duration, and the community which came to re-settle Khirbet Qumran was the same as that which had left it."[1] Für die Identität der beiden Besiedlungsruppen von Ib und II sprechen nach de Vaux die Ruinen selbst. In bautechnischer und baugestalterischer Hinsicht lassen sich keine gravierenden Unterschiede zwischen Siedlungsperiode I und II aufweisen. Die zerstörte Anlage wurde gereinigt und wieder instandgesetzt, "but only secondary modifications were introduced to the buildings. This is Period II"[2].

Einige Räume wurden nur von Schutt und Asche gesäubert; sehr verständlich aus der Sicht der ehemaligen Bewohner, nicht so ganz gut aus der Sicht der Archäologen. Viel vom Schutt wurde im Norden der Ansiedlung einfach über die Abhänge geschüttet. Dieser Schutt, der zur Periode Ib gehört, wurde untersucht.[3] Es wurden Tonwaren und einige Münzen gefunden, die allesamt, bis auf eine Ausnahme, zur Periode Ib zu zählen sind. Teilweise wurde der Bauschutt einfach außerhalb der betreffenden Räume abgelagert. In loc. 130 wurde Bauschutt gefunden, ebenso an der Westseite von loc. 123.

Räume, die zu stark zerstört waren, wurden nicht mehr instandgesetzt und auch nicht gesäubert. Das Gleiche galt auch für Räume, die nicht mehr gebraucht wurden, z. B. für den Nordraum im unteren Stockwerk des Turmes (loc. 10), bei dem die Decke eingebrochen war. Die Verbindungstür zwischen diesem Raum und dem angrenzenden südlichen Raum wurde kurzerhand versperrt.[4]

Auch der ehemalige Vorratsraum (loc. 86, loc. 89) beim Hauptversammlungssaal wurde durch eine Mauer auf der Höhe des Zentralpfeilers geteilt. Damit die Mauer sachgerecht gebaut werden konnte, so nimmt de Vaux an, wurde quer durch den Schutt im hinteren Teil des Raumes, in dem das ganze zerbrochene Geschirr belassen wurde, eine kleine Stützmauer eingezogen.[5] Eine Verstärkung erfuhr auch die östliche und südliche Mauer (loc. 90) des kleinen Geschirraumes. Oberhalb der durch die Verstärkung entstandenen südlichen Doppelmauer (loc. 90) wurde eine Türöffnung eingefügt, die in einen neuen Raum (loc. 89) führte. Der Boden dieses

---

[1] De Vaux, R., (1973), S. 24.

[2] Ebd.

[3] "Some of the debris was carried out to the north of the ruins and left on the slopes of a ravine where it has been brought back to light by one of our excavation trenches, Trench A." Ebd. S. 25.

[4] Vgl. ebd., S. 25.

[5] Vgl. ebd. Vgl. auch S. 186 dieser Arbeit.

Raumes lag über der Schutt- und Geschirrschicht, die noch von der Zerstörung des Gebäudes am Ende von Periode Ib herrührte.[1]

Baustrukturen, deren Funktionen notwendig waren und Spuren starker Beschädigung aufwiesen, wurden verstärkt. Der große Turm wurde an der Basis mit einem Steingürtel umgeben. Besonders stark ist dieser Steingürtel an der Nord- und Westseite des Turms, schwächer im Inneren der Anlage, an der Süd- und Ostseite.[2] Obgleich der Turm nur verstärkt wurde, um die Schäden und den Stabilitätsverlust auszugleichen, die durch das Erdbeben entstanden, verstärkte der Steingürtel, der wie ein Wall wirkte, die potentielle passive Verteidigungsfähigkeit. Die Gebäude bei loc. 123 an der Nordwestecke des Gebäudekomplexes drohten allmählich von der Mergelterrasse in die Schlucht abzugleiten. Aus diesem Grund wurden sie mit einer Brüstung verstärkt. Zwei Räume im Nordosten des Hauptgebäudes (loc. 6 und loc. 47) wurden von innen verstärkt. Im Nordwestteil der Anlage wurde der Hof (loc. 111) überdacht und der daran angrenzende ehemalige große Nordraum[3] (loc. 120) wurde in zwei kleine Räume unterteilt (loc. 122 u. loc. 123). In den beiden kleineren Räumen, loc. 115 und loc. 116, so vermutet Bardtke, wurden Silos angelegt, "in Gestalt großer aus der Erde aufragender Röhren, die zum Teil noch erhalten sind."[4]

Zwischen den freien Flächen, etwas entfernt von den Handwerksräumen, wurden zwei neue Anbauten (loc. 107, loc. 105) festgestellt, die, so empfindet es Pater de Vaux, die Harmonie des Originalplanes stören:[5] "Loc. 105 contained the community's baking oven."[6]

Im Hauptgebäude wurde der Raum auf der südwestlichen Seite (loc. 1, loc. 2) geteilt. Die Verbindungstür zwischen loc. 1 und dem kleinen Versammlungssaal (loc. 4) wurde verschlossen. In diesem Raum, in dem schon in Periode Ib eine Bank entlang der Wände verlief, wurde nun auch an der neu entstandenen Südwand die Bank verlängert.

Im angrenzenden Raum (loc. 30) wurde der Nordausgang verschlossen, und ein neuer Raum wurde im großen Innenhof errichtet (loc. 33). Doch die größte Anfügung war, darüber gibt es für de Vaux keinen Zweifel, ein dreiteiliger Lagerraum (loc. 46). "This was added on at the north-east corner and attached to the buttressing of the tower by means of a wall so as to form a courtyard, loc. 27, with a doorway near the corner of the tower, loc. 19."[7]

---

[1] Vgl. ebd., S. 25f.

[2] "This entailed the destruction of one room which had been built against the west wall of the tower, and the blocking up of the two light slits in the north wall." Ebd., S. 25.

[3] Bei Stegemann wird er als 'Handelsraum' bezeichnet. Vgl. Stegemann, H., (1994), S. 64f.

[4] Bardtke, H., (1958), S. 67.

[5] Vgl. de Vaux, R., (1973), S. 26.

[6] Ebd.

[7] Ebd.

5.4.1.2 Größere bauliche Veränderungen

5.4.1.2.1 Der Westteil der Anlage

Periode II markiert die letzte ausgedehnte Besiedlungsphase. "Since Period II was the last significant period of occupation, more information as to how the buildings were equipped and used on it can be obtained than on the preceding period."[1] Der große Raum (loc. 38, loc. 41) östlich vom Turm wurde wie bisher als Küche genutzt. Fünf Feuerstellen konnte de Vaux in diesen Räumen lokalisieren. Das kleine Wasserbecken (loc. 34) im Hof wurde aufgegeben und übermauert, da die Ableitung des Brauchwassers durch das postulierte Erdbeben stark in Mitleidenschaft gezogen worden war. Der Waschplatz (loc. 52), der sich im Osten befand, wurde weiter benutzt und das benötigte Wasser vom nahegelegenen Kanal bezogen.[2] Die Töpferwerkstatt wurde wieder in Betrieb genommen, und die einzige kleine Veränderung, die dort festgestellt werden kann, ist die kleine Abwasserrinne nahe Bekken 75, der ein geringfügig anderer Verlauf gegeben wurde.

Von besonderer Bedeutung sind die neuen und zum Teil neugestalteten Räume im Westteil der Anlage. So gab es im früheren Durchgang, der Ost- und Westteil relativ eindeutig trennt, einen Neubau (loc. 125). In diesem Handwerksraum konnte eine größere Feuerstelle entdeckt werden, die auf einem gepflasterten Boden stand, zu dem ein kleiner Wasserkanal mit Ablaufvorrichtung führte. Die Einrichtung läßt darauf schließen, daß hier etwas hergestellt oder bearbeitet wurde, bei dem ein sehr starkes Feuer bzw. dessen Hitze und gleichzeitig reichlich Wasser gebraucht wurden.[3]

Südlich der großen Rundzisterne wurde loc. 101 mit einem gepflasterten Boden versehen. In ihm wurde ein großer Feuerofen auf kleinen hitzebeständigen Backsteinen errichtet. Gleich daneben befand sich ein kleiner Backofen. Auf dem Boden stand ein Holzzylinder, dessen Oberfläche verputzt war und der Substanzen auffangen sollte, die mit Hilfe einer Steinplatte ausgepreßt wurden. Der ganze Raum war überdacht, und eine Treppe führte auf eine Terrasse oder in ein Obergeschoß. Es wurde nichts gefunden, was irgendeinen Hinweis oder eine Vermutung stützen könnte, welches Handwerk hier ausgeführt wurde oder zu welchem Zweck die Einrichtungsgegenstände dienten.[4]

---

[1] Ebd., S. 27.

[2] Vgl. ebd. In der Rekonstruktion, pl. XVII, im Anhang, findet sich keine Spur dieses Waschplatzes.

[3] "In loc. 125 there was a workshop comprising a furnace above which was a plastered area with a drainage conduit (Pl. XIX b). The installation implies that the kind of work carried on there required a large fire as well as an abundant supply of water. I do not venture to define its purpose any more precisely than that." Ebd., S. 28. Zu den verschiedene Metallfunden, die zu Periode II gezählt werden können, vgl. de Vaux, R., (1956), S. 564. Bis auf die Funde in loc. 101 und loc. 109 zählt de Vaux alle Metallfunde zur Periode II.

[4] "To the south of the round cistern, loc. 101 (Pl. XIXa) was furnished at this time with a solidly built pavement. A large furnace was built of small bricks which were exposed to fierce fire, with a smaller

(Fortsetzung...)

5.4.1.2.2 Der große Saal

Ganz im Süden hatte schon der Geschirraum (loc. 89) einige bauliche Veränderungen erfahren; auch der daran angrenzende große Versammlungsraum (loc. 77), der
starke Zerstörungen aufwies, wurde renoviert und mit einem neuen Dach versehen.
Drei Säulen, die als Dachstützen dienten, wurde in den Ostteil des Raumes auf den
ehemaligen Fußboden von Periode Ib gesetzt. Ein Pilaster war gegen die Ostmauer
gesetzt. Für den Bau der Säulen, so vermutet de Vaux, können wirtschaftliche
Gründe geltend gemacht werden. Große, lange Holzbalken waren knapp und teuer,
die finanziellen Mittel der Qumranleute waren in der Aufbauphase besonders
knapp.[1] Durch die Verwendung der Pfeiler konnten kleinere Balken zur Dachbedek-
kung benutzt werden, die von einer Mauer bis zum Pfeiler und vom selben Pfeiler
bis zur gegenüberliegenden Mauer gelegt werden.[2]

Der große Versammlungssaal konnte durch die Schräge des Bodens und die zwei
Türen im Norden und Süden und mit Hilfe des Wasserlaufes in Periode Ib relativ
leicht und gründlich gereinigt werden. Beim Wiederaufbau in Periode II wurde die
südliche Türöffnung von Raum 77 verschlossen und zugemauert. Dadurch war es
nicht mehr möglich, den Raum wie früher zu reinigen. Durch die Schließung der
südlichen Türöffnung verlor auch die leichte Neigung des Fußbodens seinen Sinn,
und konsequent wurde der neue Fußboden ohne Neigung angelegt. "The new floor
was flat apart from one step in the eastern section."[3] Bedingt durch die genannten
Veränderungen war auch die ehemalige Wasseröffnung an der Nordmauer des Versammlungsraumes überflüssig, ebenso die Zuleitung, die vom Kanal herführte.

Folgerichtig bleibt zu fragen, ob denn auch die Funktion des Raumes eine andere
wurde. Doch das glaubt Pater de Vaux nicht: "These modifications and those to the
annex do not imply that the function of the room had changed."[4] Dafür spricht nach
de Vaux der Sachverhalt, daß die rundgefließte Stelle im großen Saal nicht vom
neuen Fußboden überdeckt, sondern beibehalten wurde. Daraus könnte auch eine
Begründungsmöglichkeit erschlossen werden, die die Dachträger am östlichen Ende
des Saales erklären. Zu fragen ist mit de Vaux ja nicht, warum sie überhaupt einge-

---

[4] (...Fortsetzung)
oven by the side. Set up on the pavement was a wooden cylinder coated with plaster, the purpose of
which was to preserve some substance kept pressed down by a stone disc. The workplace as a whole was
covered in and a flight of steps gave access to a terrace or rather an upper storey through which the mouth
of the furnace chimney projected. No object has been found giving any clue to the meaning of all this, and
I do not know what craft was practised there." De Vaux, R., (1973), S. 28.

[1] Ein Hinweis für den allmählichen Aufbau der Anlage? Würde nämlich unterstellt, daß Qumran nicht
sukzessive aufgebaut worden ist, dann wäre das Argument mit dem teuren Holz eher nachvollziehbar, als
wenn man annehmen würde, die Anlage wurde vollständig verlassen und anschließend konzentriert in
einem Zug wieder aufgebaut und bewohnt worden. Loc. 77 war vermutlich einer der bedeutungsvollsten
Räume in Qumran, und eher hätte man an anderer Stelle als gerade hier gespart.

[2] Vgl. ebd.

[3] Ebd., S. 26.

[4] Ebd., S. 27.

baut wurden, denn das scheint klar; zu fragen ist, warum sie nur am Ende des Saales eingebaut wurden. Wahrscheinlich sollte der Blick für möglichst alle Versammlungsmitglieder auf den Vorsteher der Versammlung, der auf der runden Erhebung stand, freigehalten werden.[1] "In the same way the room continued to be used as a refectory. Some of the crockery has been found on the floor, being especially plentiful in the south-western corner, and some stands for jars were found scattered here and there. As in the earlier period, the meals which were eaten here had a religious significance and the same rituals were observed: deposits of animal bones similar to those of Period Ib, but covered with sherds form Period II and associated with coins from the same period, have been brought to light either in the same areas as those of the earlier period or elsewhere, as for example in the large decantation basin, loc. 132, which had lost its former purpose."[2]

De Vaux ist der Meinung, daß der Saal auch weiterhin als Speisesaal benutzt wurde. Geschirr wurde auf dem Boden gefunden, besonders reichlich in der Südwestecke des Raumes. Halterungen für Pithoi lagen verstreut im ganzen Raum. Wie in früheren Zeiten waren die Mahlzeiten, die im Saal eingenommen wurden, kultisch geprägt, denn es können die gleichen bemerkenswerten Sachverhalte wie in Periode Ib registriert werden. Tongefäße bzw. deren Scherben mit gesammelten Tierknochen wurden in den entsprechenden Erdschichten der Periode II gefunden, die mit Münzfunden aus gleicher Schicht harmonieren. Auch die Stellen, an denen die Tierknochen vergraben wurden überschneiden sich. Die Funde auf dem Boden des Saales erlauben die Ableitung, daß der Saal auch für Mahlzeiten genutzt wurde.

Ob allerdings die Mahlzeiten in Periode II tatsächlich kultisch geprägt waren - die gleiche Frage gilt für Periode Ib -, läßt sich daraus nicht unwiderlegbar zeigen. Die Gleichbehandlung der Knochenfunde zeigt lediglich, daß die Intention, mit der diese Knochen vergraben wurden, dieselbe sein kann, aber nicht notwendig sein muß. Von der Gleichartigkeit der Knochenfunde kann de Vaux nicht mit Gültigkeit auf die Gleichartigkeit der Intention zurückschliesen.[3]

5.4.1.3 Veränderungen am Wassersystem

Das Wassersystem wurde in Periode II kleineren Veränderungen unterworfen, die zum Teil als Reaktion auf die Zerstörungen des Erdbebens, zum Teil duch neue handwerkliche Tätigkeiten erklärbar sind. Das Aquädukt wurde instandgesetzt und gereinigt, wahrscheinlich eine der ersten Aufgaben, da die Wasserversorgung der Qumranansiedlung in jedem Fall gewährleistet sein mußte. Anstelle des großen Absetzbeckens, das von seinen Ablagerungen nicht mehr gereinigt wurde, wurde durch einen Umbau ein kleineres Becken (loc. 137) für dieselbe Aufgabe benutzt. Es befindet sich in der Nähe der 'Eingangsschleuse'. Das Wasser wurde von loc. 137 durch einen neu angelegten Kanal geführt, dessen eine Seitenmauer die ehemalige

---

[1] Vgl. ebd.

[2] Ebd.

[3] Vgl. dazu auch S. 188 dieser Arbeit.

Ostbefestigung des großen Absetzbeckens bildete. Die große Zisterne nördlich des Versammlungssaales wurde unterteilt (loc. 56, loc. 58). Die Zisternen im Osten der Anlage (loc. 49, loc. 50), die durch die vermutlichen Erdbebenrisse zerstört wurden, wurden vom restlichen Kanalsystem getrennt und die Zuleitungen wurden entfernt.

5.4.1.4 Der Mühlenplatz

Auf dem freien Platz (loc. 100) entlang des Wasserkanals wurde ein Mühlenplatz eingerichtet. Auf einer Plattform, die aus großen gepflasterten Steinen bestand, stand der eigentliche Mühlstein. Die Plattform konnte freigelegt werden, und auch die entsprechenden Mühlsteine fanden sich in einer südlich der Örtlichkeit gelegenen Grube (loc. 104), die wahrscheinlich während Periode III angelegt wurde.[1] Zwei beschädigte und zerbrochene Mühlsteine konnten darin entdeckt werden. In diesem Teil der Qumranbauten befanden sich wahrscheinlich auch die Lagerräume für das Korn. "An installation of this kind would seem to indicate that the people of Qumran cultivated corn or barley, for it would have been easier to buy flour than grain which they would then have had to grind themselves. Corn-growing of this kind is not possible on the shore of the Dead Sea, but it can be practised in the plain of the Buqei`a which overhangs Khirbet Qumran to the west, and up to which, as we have said, an ancient pahtway led."[2]

---

[1] Vgl. de Vaux, R., (1973), S. 27.

[2] Ebd., S. 28f. Vgl. auch Schulz, S., (1960), S. 67. Er hält es für möglich, daß die Bukea von Qumran aus landwirtschaftlich genutzt wurde, obwohl er eingesteht, daß es für diese Annahme keine archäologischen Indizien gibt. Schulz verweist mit anderen Forschern auf die Etymologie des Wortes *bukea*: "Nach Kuschke meint nun *bukea* 'ein ebenes, anbaufähiges Land zwischen Bergen', eine `rings von Bergen umgebene, tellerflache, wasserreiche und fruchtbare Ebene'." Ebd. Die *bukea* ist heute eine etwa 7 km lange und 3 km breite trockene und lebensfeindliche Einöde. Allerdings muß immer mit der Möglichkeit gerechnet werden, daß vor 2000 Jahren in diesem Gebiet ganz andere klimatische Verhältnisse geherrscht haben. "Noth weist mit Recht auf die Erzählung eines Arabers hin, daß es früher in der *bukea* Weingärten gegeben habe. Auch Cross und Milik berichten davon, daß in guten Jahren die Beduinen Getreide in der *kurum* anpflanzen, d. h. in den 'Weingärten', da die antiken noch heute z. T. sichtbaren Irrigierungssysteme die Feuchtigkeit in den wadi-Betten noch Wochen nach den Regenfällen halten." Ebd. [Einfügung vom Autor]. Mit der Möglichkeit einer landwirtschaftlichen Bearbeitung der *bukea* kann also gerechnet werden. "Es ist durchaus mit der Möglichkeit zu rechnen, daß die *kumran*-Essener in der *bukea* Land bebaut haben. Schon die Straße durch das *wadi kumran* in die *bukea* legt das nahe." Ebd., S. 68f. Die Entfernung zu Qumran ist erträglich. Auf dem Pfad, der von Qumran in die *bukea* führt, ist man nach Schulz zu Fuß etwa eine Stunde unterwegs.

5.4.1.5 Das 'Scriptorium'

5.4.1.5.1 Die Tische

Während der Periode II wurde der Nordeingang des Raumes, der mit loc. 30 bezeichnet wird, verschlossen. Als der Raum wieder ausgegraben wurde, war er gefüllt mit Schutt und Überresten vom Obergeschoß, das den gleichen Grundriß hatte. Im Schutt wurden Teile aus verputzten Schlammziegeln gefunden, die zur Rekonstruktion nach Jerusalem gebracht wurden. Dort wurden die Teile in mühevoller Arbeit wieder zusammengestellt. Es zeigte sich, daß die Teile zu einem Tisch gehören, der 5 m lang, 0,4 m breit und etwa 0,5 m hoch war. Weitere Teile ergaben zwei ähnlich geformte Tische, die aber kleiner waren. Alles spricht dafür, daß diese Tische vom Obergeschoß herunterfielen, wo der lange Tisch parallel zur Ostseite stand. Zu ihnen passen auch kleine Bänke, deren Reste ebenfalls hier gefunden wurden.[1]

Ein Speiseraum wäre eine Möglichkeit, obwohl schon der große Versammlungssaal (loc. 77), der aber keine Tische enthielt auch als Speiseraum identifiziert wurde. Und für Pater de Vaux wäre es überraschend, wenn ein Speiseraum in einem Obergeschoß lokalisiert würde. Diese Ansicht wurde von de Vaux zurückgenommen,[2] doch die gefundenen und rekonstruierten Tische, da ist sich Pater de Vaux sicher, sind auf keinen Fall für einen Speiseraum geeignet.

5.4.1.5.2 Die Tintenfässer

In Schutt des oberen Stockwerks wurden Tintenfässer gefunden: "Furthermore two inkwells were found among the debris, one bronze and the other earthenware, of a type known, from discoveries made in Egypt and Italy, to belong to the Roman period."[3] 1954 formulierte de Vaux: "Mais on a recueilli, avec ces débris, deux encriers, l'un en bronze et l'autre en terre cuite"[4]. Ein drittes Tintenfaß wird in einer Fußnote erwähnt. "Un troisième encrier, en terre cuite, a été trouvé dans le l. 31 [loc. 31]."[5] Eines der gefundenen Tintenfäßchen aus loc. 30 enthielt noch eingetrocknete Tinte. "De Vaux excavated three inkwells at the site. Far from being common, this is quite remarkable. Indeed, this appears to be unparalleled at such a small site in ancient Palestine."[6]

Der Fund eines vierten Tintenfaßes wird von S. H. Steckoll erwähnt. "The discovery of a complete inkwell with a residue of dried ink during reconstruction work

---

[1] Vgl. de Vaux, R., (1973), S. 29.

[2] Vgl. ebd.

[3] Ebd., S. 29f.; vgl. ders., (1978), S. 982.

[4] De Vaux, R., (1954), S. 212, vgl. dort auch S. 229.

[5] Ebd., S. 212. [Einfügung vom Autor].

[6] Goranson, S., Qumran - The Evidence of the Inkwells, in: Biblical Archaeology Review 19 (1993) 6, S. 67.

at Qumran aided the renewed study of the composition of the inks used to write the Dead Sea Scrolls."[1] Untersuchungen ergaben, daß die Tinte auf einer Kohlenstoffverbindung basierte.[2] Der locus, in der der Fund geortet wurde, ist in der Veröffentlichung nicht vermerkt. Da Steckoll zwischenzeitlich verstorben ist, bleibt der Fundort wohl auf Dauer unbekannt. Das Tintenfaß befindet sich im 'Hecht Museum' der Universität Haifa. Die Höhe beträgt ca. 5,5 cm, der Durchmesser 3,9 cm und der Durchmesser der Öffnung für die Tinte ca. 1,7 cm.[3] "A fifth inkwell also very likely came from Qumran. It was purchased in 1967 from Kando (Khalil Eskander Shahin), the antiquities dealer who was the middleman for many of the Dead Sea Scrolls. According to Kando, this inkwell came from Qumran. It is now in the Archaeological Research Collection of the University of Southern California, a gift of Gerald LaRue. Whether four or five, the number of inkwells from a site like this is extraordinary."[4] Die Höhe wird von Goranson mit 53 mm angegeben.[5] Doch das

---

[1] Steckoll, S. H., (1969), S. 35.

[2] Vgl. Steckoll, S. H., Investigation of the inks used in writing the Dead Sea Scrolls, in: Nature 220 (1968), S. 91-92. Die Tinte eines Fragmentes aus Höhle 1 wurde von H. J. Plenderleith untersucht; auch er kommt zum selben Ergebnis. "Incidentally, the latter observation showed that the writing was not in an iron ink and that the basis was carbon. This was confirmed by microchemical tests applied to a series of fragments of different writings which gave not a single positive test for iron." Plenderleith, H. J., Technical Note on Unwrapping of Dead Sea Scroll Fragments, in: Barthelemy, H. J.; Milik, J. T., (1964) [=DJD I], S. 39-40, S. 39.

[3] Vgl. Steckoll, S. H., The Community of the Dead Sea Scrolls, in: Atti del Convegno internazionale sui metodi di studio della antica, 1973, Centro di studi e documentazione sull'Italia Romana, Atti, vol. 5, 1973-74, S. 199-244, bes. S. 241f.; dort auch Abbildung und Maßstab; vgl. auch Goranson, St., An Inkwell from Qumran, in: Michmanim 6 (1992), S. 37-40, bes. S. 38, Fig. 1. 'Inkwell (No.K-68) from Qumran'.

[4] Goranson, St., (1993), S. 67. Er fährt fort: "None has been found, for example, at Sepphoris, a major Galilean site, extensively excavated, where the Mishnah ... was completed. In short, it is difficult to avoid the conclusion that considerable writing took place at Qumran." Ebd. In einer der Folgeausgaben des Biblical Archaeology Review wird Goranson gefragt, ob die Zahl von 3 bis 5 Tintefässern für eine 'Schreiberfabrik' ausreichend sei. "In a scriptorium seating a number of scribes, a large number of inkwells, say one for each scribe, would be reasonable. Yet only four inkwells were found at a site where one can assume ink was flowing. Inkwells from the fourth century B.C.E. onward are common small finds. ... Particularly in the Roman period, inkwells are not a rarity. Inkwells have been recoverd at most excavations of the Roman period in Israel and Jordan." Levi, A. H., Not Many Inkwells at Qumran, in: Biblical Archaelogy Review 20 (1994) 3, S. 76. Die Antwort Goransons: "The majority of the inkwells mentioned are from Europe, and many of them are of different types than those at Qumran. Of course scribes used inkwells in Italy and Corinth as well as in Jerusalem and Qumran. But inkwells are not found in 'most' excavations. In particular, it is not typical for sites the size of Qumran to preserve four or more inkwells. The publications confirm this fact. And there is good reason to think that Qumran originally held more than the four or five inkwells noted in my article. I am aware of two additional inkwells in private collections which may be from Qumran. Certainly it is preferable when an artifact is found in its archaelogical context. But should we ignore the Qumran Temple Scroll because it was obtained from Kando?" Goranson, St., Ebd.
Unterscheiden sollte Goranson bei seinem Beispiel mit der Tempelrolle die jeweils unterlegte Forschungsabsicht. Wird die Tempelrolle exegetisch erforscht, dann spielt der Fundort eine sekundäre Rolle. Wird die Tempelrolle jedoch als archäologisches Objekt gesehen und die Frage nach dem Fundort gestellt, dann ist die Angabe eines Fundortes durch einen Mittelsmann mit Recht kritisch zu bewerten.

(Fortsetzung...)

sind immer noch nicht alle Tintenfässer, die im Gebiet von Qumran gefunden wurden. De Vaux erwähnt einen Tintenfaßfund in En Feschcha, im Stratum der Periode II.[1]

Tintenfaßfunde:

Nr.:	Fundort:	Anzahl:	Entdecker:
1	loc. 30	2 (1 Ton, 1 Bronze)	De Vaux
2	loc. 31	1 (Ton)	De Vaux
3	loc. ?	1 (Ton)	Steckoll
4	Qumran?	1 (Ton)	Beduine/Kando[2]
5	En Feschcha loc.f 3	1 (Ton)	De Vaux
6	Qumran?	1 (Bronze)	Beduine/Kando[3]

Ein weiterer Fund, der sorgfältig zusammengesetzt und aus dem gleichen Raum stammen dürfte, ist ein niedriges rechteckiges Gebilde. Es hat einen umlaufenden erhöhten Rand. In der Mitte wird es durch eine kleine Erhöhung geteilt. Jede Seite enthält eine kleine runde Vertiefung. "We put forward the hypothesis that this would have been used for subsidiary acts of purification entailed in the copying or handling of sacred books, for according to the Mishnah these 'soil the hands'."[4] De

---

[4] (...Fortsetzung)
Keramiktintenfässer ähnlichen Typs wurden in Meiron (vgl. Meyers, E. M.; Strange, J. F.; Meyers, C. L., Excavations at Ancient Meiron, Upper Galilee, Israel 1971-72, 1974-75, 1977, Cambridge 1981, S. 109 und S. 118-119), in Jerusalem (vgl. Avigad, N., Discovering Jerusalem, Oxford 1984, S. 127) und in Abila (vgl. Ma'ayeh, F. S., Recent Archaeological Discoveries in Jordan. Quailba (Irbid District), in: Annual of the Department of Antiquities of Jordan 4 & 5, S. 116 u. pl. 5) gefunden.

[5] Vgl. Goranson, St., (1991), S. 111.

[1] Vgl. de Vaux, R., (1956), S. 576f. und (1959), S. 227 Anm. 1. Nach dieser Angabe wurde das Tintenfaß in loc.f 3 gefunden. Vgl. auch die Aufzeichnung eines Grabungstagebuches von de Vaux. "En descendant dans le locus, on ramasse beaucoup de poterie très brisée mais cette fois caractéristique de Qumrân, dont un encrier." De Vaux, R., (1994), S. 353.

[2] Das Tintenfaß wurde laut Goranson Kando angeboten. Vgl. Goranson, St., (1991), S. 111.

[3] Vgl. dazu Goranson, S., (1994), S. 36-39. Das Tintenfaß wurde nach Angaben des Besitzers von einem Beduinen des Ta`amireh Stammes, nachdem die Höhle 1 entdeckt worden war, aber bevor de Vaux mit den Ausgrabungen 1951 begann, in Qumran gefunden. Das Tintenfaß wurde zu Kando gebracht. Von diesem wurde der Sachverhalt, laut Goranson, 1993 bestätigt. Vgl. ebd., S. 39. Das betreffende töpfchenförmige Tintenfaß unterscheidet sich vollständig von den schon bekannten zylinderförmigen Tintenfässern. "With a rounded pot, pedestal base and folding, basket-type handles, the inkwell, measuring about 3 inches (8 cm) high by 3 inches (8 cm) in diameter". Ebd., S. 37; vgl. auch die großformatige Abbildung auf S. 36.

[4] De Vaux, R., (1973), S. 31. "There was water in that room, too. Even had a basin not been discovered in the debris, one would have postulated its existence. It is usually explained that the scribes would have washed their hands before writing the Holy Name; and this may well true. But it is also certain that the mixing of ink and paste, and the necessity for frequently cleansing the hands before touching writing

(Fortsetzung...)

Vaux ist der Meinung, daß dieses archäologische Objekt zu rituellen Reinigungs-
zwecken bei Kopie und Behandlung der Heiligen Bücher gedient hatte. Bevor die
Bücher angefaßt wurden, wurden die Finger gereinigt. Die zwei kleineren Tische
könnten, wenn die Schreiberthese aufrechterhalten wird, zu Schreibzwecken gedient haben und der lange Tisch für das Ausrollen der Schriftrollen oder zum Ein-
fetten der Rollen, um sie geschmeidig zu halten, oder zum Reparieren der Rollen.
Keinen Zweifel gibt es für die Archäologen, daß das Obergeschoß, das mit Ziegeln
erbaut worden war, die mit anderem Schutt über den 'Tischfragmenten' in loc. 30
entdeckt wurden, mit großen, nach Osten gerichteten Erkern ausgestattet war.[1]
Tische, Tintenfässer und Reinigungswerkzeuge veranlassen de Vaux zur Frage: "Is
it not reasonable to regard these tables and inkwells as the furniture of a room
where writing was carried on, a *scriptorium* in the sense in which this term later
came to be applied to similar rooms in monasteries of the Middle Ages?"[2]

5.4.1.6 Keramikcharakteristika

Töpferwaren, die zur Periode II gezählt werden können, sind quantitativ zahlreich
nachweisbar, aber beschränkt auf bestimmte Formen. Die Formen sind zu Periode
Ib unterschiedlich, im ganzen aber unverkennbar verwandt.[3] Die Töpferei, die sowohl in Periode Ib wie in Periode II in Qumran betrieben wurde, stellte wahrscheinlich alle Töpferwaren her, die in der Anlage gebraucht wurden. Obwohl die
Strukturen ein gewisses Lokalkolorit aufweisen, stimmen die großen Formen mit
der zeitgenössischen Formgebung überein. Jüdische Gräber, die aus dem 1. Jh. n.
Chr. stammen, enthielten ähnlich geformte Töpferwaren. Nach R. North gibt jedoch
die Untersuchung von P. W. Lapp[4] für den Zeitraum von 200 v. Chr. bis 70 n. Chr
insgesamt 59 unterschiedliche, nicht verzierte, Gefäßtypen an. "Of these 20 are represented *only* at Qumran. 25 others are represented at Qumran, chiefly by forms
distinct from those represented elsewhere. And 14 are *not* represented at Qumran."[5]

---

[4] (...Fortsetzung)
materials, would demand plenty of water." Pedley, G., S. 36.

[1] Vgl. de Vaux, R., (1973), S. 33.

[2] Ebd., S. 30.

[3] Vgl. dazu de Vaux, R. (1953), S. 94-101; ders. (1953), S. 543-553 u. pl. xxi, xxii; ders. (1954), S. 214f.,
218-228; ders. (1956), S. 237-244; ders. (1956), S. 543, 551-563; ders. (1973), S. 2f., 5, 11-14, 17f., 20,
25, 33, 44, 47, 49-65, 88, 92-94, 101f., 107, 115, 125f., pl. x, xv, xxii, xxix, xxxiv, xlii; ders. (1978), S.
982.

[4] Lapp, P. W., Palestinian Ceramic Chronology. 200 B.C.-A.D. 70, New Haven 1961.

[5] North, R., Palestinian Ceramic Chronology 200 B.C.-A.D. 70, (P. W. Lapp), in: The Catholic Biblical
Quarterly 24 (1962) 3, S. 309-313. Ebd., S. 310.

5.4.2 Datierung der Siedlungsperiode II

5.4.2.1 Der Anfang von Periode II

In der Anlage wurden insgesamt 10 Münzen aus der Zeit Herodes' des Großen, der von 37-4 v. Chr. regierte, gefunden. Pater de Vaux spricht sich aber gegen die Vermutung aus, daß die Anfänge der Besiedlungsphase II notwendig vor dem Ende der Regierungszeit Herodes' des Großen anzusetzen sind; denn die Münzen können auch noch Jahre nach dessen Tod im Umlauf gewesen sein und die Neubesiedlung kann während der ersten Regierungsjahre eines Sohnes Herodes' des Großen, Herodes Archelaus, durchgeführt worden sein. Herodes Archelaus regierte von 4 v. Chr. bis 6 n. Chr. Von ihm wurden 16 Münzen gefunden. Die Münzfunde verlaufen von hier aus für Periode II regelmäßig weiter über die Prokuratoren, Agrippa I. bis zu einigen wichtigen Münzen, die zur sog. 'Ersten Revolte' gehören. Folgende Münzfunde[1] in Chirbet Qumran werden von de Vaux (1973) zur Periode II gezählt:

Herodes d. Große 37-4 v. Chr.	10 Silbermünzen[2]
Herodes Archelaus 4 v.-6 n. Chr.	16 Münze
Herodes Agrippa I. 37/41-44 n. Chr.	78 Münzen
Prokuratoren, davon:	gesamt 91 Münzen
unter Claudius	1 Münze
unter Nero	33 Münzen
Erste Revolte, davon:	94 Bronzemünzen[3]
II. Jahr 67/68	83 Münzen
III. Jahr 68/69	5 Münzen
II. oder III. Jahr	6 Münzen

---

[1] Zu den Münzfunden vgl. Rohrhirsch, F.; Hofmeir, B., (1996), S. 119-131.

[2] "[T]hey came from mixed levels, where they were associated with later coins. ... a coin of Herod was found together with four coins of Alexander Jannaeus, and one of Antigonus associated with a group of eight coins of Alexander Jannaeus but also close to a coin of the Procurators." De Vaux (1973), S. 23. [Veränderung vom Autor].

[3] Davon wurden 39 Münzen, die durch Oxydation miteinander verbunden wurden, außerhalb der Anlage "against the western containing wall, loc. 103" gefunden. De Vaux, (1973), S. 37. In loc. 83, einem von de Vaux bezeichneten 'decantation basin', wurden weitere 33 Münzen, die zur Ersten Revolte zählen, entdeckt.

Der Beginn der Besiedlungsphase und auch die umstrittene Zwischenphase, für die Pater de Vaux annimmt, daß die Anlage verlassen worden sei, kann seiner Meinung nach durch einen Fund, der im Westteil der Anlage (loc. 120) gemacht wurde, weiter präzisiert werden. Es handelt sich dabei um einen kleinen Schatz[1] mit 561 Silberstücken, der aufgeteilt in 3 Töpfe A, B und C - die Inventarnummern lauten 2543, 2545 und 2547 - mit jeweils 223, 185 und 153 Stücken entdeckt wurde. "Two of these vessels are of a type which is foreign to those found at Qumran."[2] Es handelt sich um kleine Töpfe mit großem Ausguß, ohne Henkel, die völlständig mit Münzen angefüllt waren. Der Ausguß war mit einem Stöpsel aus Palmenfasern verstopft. "By contrast the third vessel was one of the juglets in common use at Khirbet Qumran"[3]. Da der Hals des Keramikobjekts zu eng war, wurde in den Bauch des Topfes ein kleines Loch geschlagen, damit der Topf mit Münzen gefüllt werden konnte. "These three pots were buried beneath the level of Period II and above that of Period Ib."[4] Die drei Töpfe, die unter dem relevanten Stratum von Periode II und oberhalb dem von Periode Ib entdeckt wurden, würden der These der kurzzeitigen Besiedlungsaufgabe entsprechen.[5] "Each of these three collections is identical in composition, and the treasure can be considered as comprising a single hoard."[6]

Die Silbermünzen stammen aus Tyrus. Bei den Silberstücken handelt es sich um sogenannte Tetradrachmen: Einige Stücke gehen auf die letzten Seleukidenkönige zurück, die Tyrus regierten. Die größte Zahl der Münzen stammt aber aus der autonomen Phase von Tyrus, die um 126 v. Chr. begann. "The most recent coin in the

---

[1] Vgl. dazu de Vaux, R., (1956), S. 567-569; ders. (1973), S. 34; ders., (1994), loc. 120.

[2] Ebd.

[3] Ebd.

[4] Ebd.

[5] "An analysis of the hoard, therefore, can provide one piece of evidence by which the two periods can be chronologically distinguished." De Vaux, R., (1973), S. 34.

[6] Ebd. Nach der Entdeckung wurden die Münzen der drei Gefäße miteinander vermischt "and what the original hoards contained can only be determined according to the preliminary list compiled by the late H. Seyrig. Furthermore, the hoards were divided between the Archaeological Museum of Amman and the then Palestine Archaeological Museum in Jerusalem, with 153 coins remaining in Jerusalem and 408 coins being transferred to Amman. In 1960, the late Father A. Spikerman [sic.] studied the 402 coins he found in Amman and the 153 coins in Jerusalem. A comparison with Seyrig's list shows that most of the shekels and half-shekels in Jerusalem belong to Hoard A, while the rest of the Hoard A, which contained 13 Tetradrachms and 20 didrachms of Antiochus VII and Demetrius II, covering the years 176-187 [sic.] (137/6-126/5 BCE) (the last year of minting under the Seleucids in Tyre), six Roman dinars, the earliest from the year 85/4 BCE and the latest 41 BCE, was transferred to Amman." Sharabani, M., Monnaies de Qumrân au Musée Rockefeller de Jérusalem, in: Revue Biblique 87 (1980), S. 274-284, S. 275. Die 153 Münzen in Jerusalem enthalten 102 Scheckel, 48 Halb-Scheckel, 1 Seleukidische Tetradrachme und 2 Seleukidische Didrachmen. Vgl. ebd.
"The bulk of the hoard represents the autonomous continuation of the Seleucid mint: the well-known series of Tyrian *shekalim* and half-*shekalim*, minted from 126/125 B.C.E. onward. These are the same coins that were prescribed in the Temple for the poll tax and other payments (Tosefta. *Ketubot* 13,20)." Ariel, D. T., 13. Hoard of Coins, in: Scrolls from the Dead Sea: an exhibition of scrolls and archaeological artifacts from the collections of the Israel Antiquities Authority, hg. v. A. Sussmann and Ruth Peled, Washington 1993, S. 86.

hoard is a tetradrachm from the year 118 of Tyre (9/8 B.C.) and several earlier pieces have been countermarked in this same year. But this date provides only a *terminus post quem* for the burial of the hoard, because in the currency of Tyre a relative lacuna in the issues of new coins follows after the year 118, and it is not until the year 126 (1 B.C./A.D. 1) that new issues reappear in any quantity. Now in a hoard as representative as this the new issues would certainly have been included had it been amassed after that date. The treasure was therefore buried between 9/8 B.C and 1 B.C./A.D. I."[1]

Die Prägezeit der Münzen ergibt für die Deponierung des Schatzes einen sogenannten 'terminus post quem', einen 'Zeitpunkt nach dem'. Mit einem 'terminus post quem' kann eine Grenze angegeben werden, hinter der das gesuchte Datum liegen muß. Hier, im Falle der geprägten Münzen, ist das Jahr 9/8 v. Chr. der 'terminus post quem'. Logisch ist das nicht anders möglich, denn solange die Münzen nicht geprägt waren, konnten sie nicht vergraben worden sein. Der 'terminus post quem' wäre also der theoretisch frühest mögliche Zeitpunkt für die Hinterlegung des Schatzes.

Das Gegenstück zum 'terminus post quem' ist der 'terminus ante quem', der Zeitpunkt, vor dem das Ereignis stattgefunden haben muß. Die Münzprägungen von Tyrus enthält nach de Vaux eine Lücke, die bis zum Jahr 1 v./1 n. Chr. reicht.[2] Erst danach wurden wieder Münzen geprägt. Von diesen finden sich aber keine mehr im Silberschatz. Diese Datierungsversuche geben Arbeitsgrundlagen, die für weiterführende Thesen genutzt werden können. Das eigentliche Interesse konzentriert sich aber nicht auf die Frage, wann die Silberstücke vergraben wurden, sondern wann mit der Neubesiedlung von Qumran wieder begonnen wurde.

Auf die Frage, wann der Schatz in Qumran vergraben worden sei, lassen sich nur zwei Möglichkeit angeben. "As for its origin, two hypotheses may be put forward: either it was hidden in the ruins during the time when the site was abandoned between Periods Ib and II, or else it was brought in and put in a safe place at the beginning of Period II. If the first hypothesis is correct, then this would imply that the building remained in a ruined condition at least up to 9/8 B.C. If the second is correct then this would mean that the building had been reoccupied, or was in process of being so, in 1 B.C/A.D. 1 at the latest."[3] Daß der Schatz noch Periode Ib zugeordnet werden kann, läßt sich durch die Fundlage ausschließen. Er wurde nach de Vaux unterhalb der relevanten Schicht von Periode II, aber oberhalb der Aschenschicht gefunden, die für de Vaux das Ende von Periode Ib markiert.

Wenn Hypothese 1 zutrifft, würde das bedeuten, daß die Ruinen von Qumran bis mindesten 9/8 v. Chr. verlassen gewesen sein müssen (weil die Prägung der Münzen die Zeit von 31 v. Chr. bis 9 v. Chr logisch sicher ausschließt). Würde die zweite Möglichkeit zutreffen, könnte mit dem Wiederaufbau der Anlage frühestens 9/8 v. Chr. und spätestens 1 v./1 n. Chr. gerechnet werden. Es könnte also mit einigen gu-

---

[1] De Vaux, R., (1973), S. 34f.

[2] Vgl. dagegen S. 225 dieser Arbeit.

[3] De Vaux, R., (1973), S. 35.

ten Indizien die Folgerung gezogen werden, daß der Beginn der Periode II zwischen 9 v. und 1 n. Chr. stattfand. "A final discovery of coins may perhaps allow us to establish the date still more precisely."[1]

Der anfallende Bauschutt, Überreste der Einrichtung und Geschirrfragmente wurden beim Wiederaufbau und der Reinigung der Anlage entweder direkt außerhalb der Nordmauern abgelagert oder über den Abhang geschüttet. In diesem Bauschutt[2], der über den Abhang abgelassen wurde und der zur Periode Ib gehört, fanden sich unter anderem eine Reihe von Münzen: 1 Silbermünze aus der Zeit Antiochus' VII., ca. 131/130 v. Chr., die in Tyrus geprägt wurde. 1 Münze aus Tyrus, die nicht mehr zu entziffern war, 1 undatierte Bronzemünze aus der Zeit Antiochus' III., 1 undatierte Münze aus der Zeit Antiochus' IV., 19 Münzen aus der Zeit des Alexander Jannäus ,103-76 v. Chr., 1 Münze aus der Zeit Hyrkans II., 67 und 63-40 v. Chr., und 1 Münze aus der Zeit des Herodes Archelaus, 4 v. bis 6 n. Chr. Zur letztgenannten Münze bemerkt de Vaux: "There is only one coin which does not fit into this hypothesis: it is a coin of Herod Archelaus. It is reasonable to suppose that this was lost during the work of clearance."[3] Auffällig ist, daß sich im Graben A keine Münzen Herodes' des Großen (37-4 v. Chr) finden liesen.[4]

"Herod Archelaus reigned from 4 B.C. to A.D.6. If the reoccupation took place during the first years of his reign this date would fit in well with the hoard of silver coins which was buried at latest in 1 B.C./A.D. 1, and would justify us in assigning to Period II certain coins of Herod the Great which are more recent, and which would have been brought in by those who reoccupied the settlement."[5] Die Deponierung der Silbermünzen, für die das späteste Datum etwa mit 1 v./1 n. Chr. erschlossen wurde, und die Münze des Herodes Archelaus, die frühestens im Jahre 4 v. Chr. nach Qumran gelangen konnte, lassen auf einen Beginn der Siedlungsperiode II zwischen 4 v. Chr und 1 n. Chr. schließen. "The probable conclusion is, therefore, that the beginning of Period II falls at the outset of the reign of Herod Archelaus, between 4 and 1 B.C."[6]

---

[1] De Vaux, R., (1973), S. 35.

[2] Die Prüfgrabung wird von de Vaux als 'Trench A' (Graben A) bezeichnet. Vgl. (1973), S. 25, 35; ders., (1954), S. 214.

[3] De Vaux, R., (1973), S. 36.

[4] Im Grabungsband von 1994 wird eine Münze als mögliche Herodesmünze für Graben A angegeben, wobei für diese Münze ausdrücklich auf die Fragwürdigkeit der Zuordnung hingewiesen wird. "160 *(surface)*, AE, Hérode le Grand (?) 31-30 av. J.C., mais douteuse." De Vaux, R., (1994), S. 340.

[5] De Vaux, R., (1973), S. 36.

[6] Ebd.

5.4.2.2 Das Ende von Periode II

Das Ende von Periode II ist von gewalttätigen Zerstörungen gekennzeichnet. In der Hauptanlage widerstand der Turm, verstärkt durch seine Steinrampe, den Zerstörungsaktionen besser als der Rest der Anlage. Alle Räume im Südwesten und Nordwesten waren mit Schutt und Überresten von eingestürzten Decken und Obergeschoßteilen bis zu einer Höhe von 1,10-1,50 m gefüllt.[1] Im Zentrum der Anlage und um den Hof im Südosten können die Beschädigungen nicht mehr so gut festgestellt werden, da der Gebäudeteil wieder aufgebaut wurde. "Iron-arrow-heads have been recovered, and almost everywhere a layer of a powdery black substance gives evidence of the burning of the roofs."[2] Nichts spricht dagegen, daß die Anlage durch eine militärische Aktion zerstört wurde. Die Frage ist nur, wann? Die letzten Münzen, die in der beteiligten Erdschicht gefunden wurden, sind jüdische Münzen aus der sogenannten Ersten Revolte. Die Folgerung, daß die Anlage in der Zeit des Jüdischen Krieges ca. 66-70 n. Chr. zerstört wurde, liegt nahe. Spätestens aber 73 n. Chr., mit dem Fall von Masada, ist auch mit der Zerstörung von Qumran zu rechnen.

Der Versuch einer präziseren Datierung innerhalb dieses Zeitraumes führt de Vaux mit Hilfe von Münzfunden durch. Insgesamt 94 Bronzemünzen können zur 'Ersten Revolte' gezählt werden. 83 der Münzen gehören in das zweite Jahr der Revolte, 5 Münzen gehören in das dritte Jahr, und 6 Münzen sind so stark oxydiert, daß nicht entschieden werden kann, zu welchem Jahr sie gehören.[3] "Most of them were discovered in two groups. Outside the building, against the western containing wall, loc. 103, there was a collection of 39 coins which had become stuck together through the process of oxidization."[4] Von den 39 Münzen waren 37 aus dem zweiten Jahr (66/67 n. Chr.) des jüdischen Aufstandes gegen die Römer und nur 2 Münzen aus dem dritten Jahr (67/68 n. Chr.).

Im kleinen Absetzbecken (loc. 83) wurden 33 Münzen aus der Ersten Revolte entdeckt, dazu 1 Münze aus der Prokuratorenzeit, 1 Münze aus der Zeit Agrippas I. und 1 Silbermünze, die 62/63 n. Chr. in Antiochien unter der Herrschaft Neros geprägt wurde. Die Münzen waren im Becken mit Schutt und Scherben vermischt. Pater de Vaux nimmt an, daß die Besetzer und Neubewohner der Periode III Teile der zerstörten Anlage wieder bewohnbar machten und Überreste aus der zerstörten Periode II auch in das Absetzbecken warfen.

Weiter vermerkt der Ausgräber, daß die Bronzemünzen aus dem dritten Jahr der Ersten Revolte im Vergleich zum zweiten Jahr sehr wenige waren, "but one of the types of the fourth year is particularly common. These bronzes from the fourth year would certainly have been represented at Qumran if the occupation had been pro-

---

[1] Vgl. ebd.
[2] Ebd.
[3] Vgl. ebd., S. 37.
[4] Ebd., S. 38.

longed up to the date when they were struck. It seems, then, that the destruction must have taken place in the third year of the rebellion, A.D. 68/69. This conclusion seems to be confirmed by the coins belonging to the following period. They have been discovered in the level of reconstruction extending above the ruins of Period II, which show a very clear alteration in the plan und function of the buildings. This is Period III. Now the earliest coins to which a precise date can be assigned, and which certainly derive from this Period III, are 9 of Caesarea from the reign of Nero dated A.D. 67/68, and 4 from the same year struck at Dora, near Caesarea."[1] Diese Münzen stellen mehr als die Hälfte der Münzen dar, die schon zur Periode III gezählt werden müssen. "Now let us return to the two groups of coins belonging to the First Revolt. The first contains 37 pieces from the second year, A.D. 67/68, and two pieces from the third year, A.D. 68/69. The other contains 31 pieces from the second year and 2 pieces from the third year."[2] Das dritte Jahr begann, wenn die jüdische Zählung als Fundament gewählt wird, mit dem Monat Nisan (etwa März-April unserer Jahreseinteilung) des Jahres 68.[3] Die Münzverteilung entspricht für de

---

[1] Ebd., S. 37f.

[2] Ebd.

[3] "Now a little after this date the Roman armies were active in the region of Jericho. We know of the dispositions of the troops from Josephus' *Jewish War*. Caesarea remained the principal base right up to the siege of Jerusalem (apart from the references which follow, cf. *Bell.* III. ix. 409, 443, 446; IV. iii. 130; VII. 419; XI. 663; V. i. 40). During the year 67 Vespasian left the Fifth and Tenth legions at Caesarea to take up their winter quarters there, and sent the Fifteenth of Scythopolis, III. ix. 412. Shortly afterwards the legions at Caesarea were summoned to Scythopolis, and the three legions marched upon Taricheae, which they forced to surrender; III. ix. 446-61. After this the three legions took part in the siege of Gamala in October-November 67, IV. i. 13, 83. After the fall of this city Vespasian summoned the Tenth legion to Scythopolis and brought back the other two to Caesarea, IV. ii. 87-8. At the beginning of the spring of 68 Vespasian transferred the greater part of his troops from Caesarea to Antipatris, reduced the region to submission, and established the Fifth legion at Emmaus, IV. viii. 443-5. With the remainder of his troops he campaigned as far as Idumaea and returned to Emmaus. From there he passed near Nablus and descended by Wadi Far`ah to Coreae in the Jordan valley, arriving there in the second fortnight of June. One day later he was at Jericho. The majority of the inhabitants had fled. The rest were massacred. At Jericho Vespasian was joined by Trajan who brought him the troops stationed at Perea, IV. viii. 446-51. This Trajan, the father of the future emperor, was the legate of the Tenth legion, III. vii. 289. It is likely, therefore, that the troops which had been campaigning in the Perea from March 68 onwards under the orders of the tribune Placidus, IV. vii. 414, 419, and which Trajan brought to Jericho, belonged to this Tenth legion. Vespasian set up a permanent camp at Jericho, IV. ix. 486, and we may conjecture that this was occupied by the Tenth legion, for it was from Jericho that Titus brought it up in the year 70 for the siege of Jerusalem. After the occupation of Jericho Vespasian remained in the city only a short time, for he was back again at Caesarea when he learned of the death of Nero, IV. ix. 491. This event took place on 9 June 68 and the news would not have taken very long to reach Palestine. During this brief stay at Jericho Vespasian advanced to the shores of the Dead Sea, and in order to verify the report that it was difficult to sink in it he had some men thrown into it who could not swim and who had their hands tied behind their backs. All of them floated, IV. viii. 477. It is true that Josephus does not mention any military action to the south of Jericho, but no argument can be adduced from his silence on this point, for it is conceivable that a minor episode, such as the destruction of Khirbet Qumran would have been, was not recorded in the sources upon which he drew. Whatever the particular movements of each legion, and whatever the nature of Vespasian's expedition to the shores of the Dead Sea, whether for war or sight-seeing, the fact remains that in June 68 some Roman troops which had been staying at Caesarea in the course of

(Fortsetzung...)

Vaux dem aus den Quellen rekonstruierbaren Geschichtsverlauf. "It is also true that the numismatic sequence emerging from an excavation may have, and in fact generally does have, certain lacunae. Thus the Jewish coins, the last of which were put into circulation in Nisan A.D. 68, do not prove *per se* that the Jews must have left Khirbet Qumran in 68. The Roman coins which begin in A.D. 67/68 do not *per se* prove that the Romans installed themselves at Khirbet Qumran in this same year, 68. But since these two groups of coins are distributed precisely between two successive levels, the Jewish coins certainly belonging to the lower level, that of the destruction, and the Roman coins certainly belonging to the level above this, the level of the reconstruction, it is reasonable to put forward the hypothesis that the year 68, at which the two numismatic sequences meet, marks the destruction of the lower level and the initiation of the higher one. And, since this explanation is in accordance with the historical data, it acquires that degree of certainty with which a historian of antiquity often has to be content. It is in this sense that I consider it certain that Khirbet Qumran was destroyed by the Romans in June 68 of our era."[1]

---

[3] (...Fortsetzung)
the preceding year occupied Jericho, that in the same month their leader came to the shores of the Dead Sea, and that from this date onwards the region remained in subjection to the Romans. Thereafter it ceased to be the scene of any military operation. After the fall of Jerusalem only three strongholds remained in the hands of the insurgents: the Herodium and Machaerus which were taken by Lucilius Bassus, and Masada which fell in A.D. 73 after a bitter siege under the leadership of Flavius Silva. To link the destruction of Chirbet Qumran with one or other of these remote and restricted actions is a conjecture without any basis either in archaeology or in the literary sources." Ebd. S. 38-41.

[1] Ebd., S. 41.

5.4.3 Überprüfung der Geltungsbegründungen zu Periode II

5.4.3.1 Der Westteil der Anlage

Loc. 101 wurde von de Vaux als Handwerksraum bestimmt. Über einen möglichen Verwendungszweck dieses Raumes gibt de Vaux keine Auskunft. Anders bei Stegemann, der für diesen Raum oder diese Räume eine eindeutige Zweckzuordnung anführt. "Im Rahmen der Wirtschaftsgebäude gibt es weiter südlich von diesem Außenhandels-Doppelraum [loc. 120, loc. 122] mit anschließenden Lagerräumen [loc. 111, loc. 121] einen Komplex, dessen einstige Zweckbestimmung den Ausgräbern Qumrans zunächst rätselhaft geblieben ist. Père de Vaux hat sich in seinem vorläufigen Ausgrabungsbericht - der endgültige ist bis heute nicht fertiggestellt worden - auf die Feststellung beschränkt, hier müßten Unmassen von Wasser verbraucht worden sein; außerdem war eine mächtige Feuerstelle vorhanden.[1] Doch wozu sollten einst Feuer und Wasser gemeinsam gedient haben? Des Rätsels Lösung legt sich nahe, wenn man die besonderen Installationen dieser Räumlichkeiten betrachtet. Es gibt hier zwei große Becken. ... Das eine Becken ist lang und flach in den Boden eingelassen mit einem Wassereinlauf. Das andere Becken liegt reichlich kniehoch über dem Boden aufgemauert; Wasser mußte in diesem Fall mit Eimern geschöpft und hineingegossen werden."[2]

Leider verzichtet Stegemann auf einen Abgleich mit den von de Vaux benutzten Locinummern. Es kann also nur vermutet werden, daß die zwei genannten Becken von Stegemann in loc. 101 angesiedelt werden dürfen. Zur Stützung dieser Vermutung kann auf Skizze 4, S. 368 von Stegemanns Buch verwiesen werden, in der der Ort, der von de Vaux mit loc. 101 bezeichnet wird, als 'Feinledergerberei' ausgewiesen wird. "Das flache Becken ist wie geschaffen für das Einweichen des Rohleders und für seine weitergehende Präparierung mit geeigneten Substanzen. Das erhöhte Becken wurde schließlich benötigt, um die künftige Schreibseite des Leders mit Bimsstein zu glätten und die Gegenseite so weit abzureiben, daß sich die gewünschte, oft fast hauchdünne Lederqualität ergab. Hierzu verwendete man wieder andere Hilfsmittel, die nicht ungenutzt abfließen durften, so daß ein hinreichend hoher Beckenrand aufgemauert worden ist. Vor allem braucht man für diese Prozeduren auch heißes Wasser, um das Leder geschmeidig zu machen. Diesem Zwecke diente ein großer Metallkessel, der einst über der Feuerstelle hing."[3] Von loc. 101, der Feinledergerberei bei Stegemann, wird von de Vaux der Eindruck vermittelt, als habe dieser Raum auch eine Presse und ein großes zylinderförmiges Sammelgefäß enthalten. "To the south of the round cistern, loc. 101 (Pl. XIXa) was furnished at this time with a solidly built pavement. A large furnace was built of small bricks which were exposed to fierce fire, with a smaller oven by the side. Set up on the

---

[1] De Vaux spricht hier von loc. 125. "The installation implies that the kind of work carried on there requiered a large fire as well as an abundant supply of water." De Vaux, R., (1973), S. 28.

[2] Stegemann, H., (1994), S. 65f. [Einfügungen vom Autor].

[3] Ebd., S. 66.

pavement was a wooden cylinder coated with plaster, the purpose of which was to preserve some substance kept pressed down by a stone disc. The workplace as a whole was covered in and a flight of steps gave access to a terrace or rather an upper storey through which the mouth of the furnace chimney projected. No object has been found giving any clue to the meaning of all this, and I do not know what craft was practised there."[1] Bardkte sieht in den Überbleibseln von loc. 101 Hilfsmittel einer ursprünglichen 'Drogenaufbereitungsstätte'[2].

Ein Widerspruch für Stegemanns Theorie entsteht, wenn sie mit ihrer Entstehungsprämisse für Qumran konfrontiert wird. Wenn Qumran nicht als langsame Entwicklung aus kleinen Anfängen, sondern als industrieller Zweckbau angesehen wird, der "planmäßig abgeschlossen wurde, bevor die künftigen Bewohner einzogen"[3], dann ist von der Theorie Stegemanns eine Antwort gefordert, die erklärt, daß de Vaux erst für Periode II das Inventar nachweisen kann, das die Gerbtheorie auch schon für Ib benötigt.[4]

5.4.3.2 Zur Wasseranlage

Strobel interpretiert das Becken loc. 56/58, das von de Vaux als 'long cistern'[5] bezeichnet wird, als Badebecken, in dem Ganztaufen vorgenommen wurden.[6] Dieser Interpretation gibt auch Wood den Vorzug. "If cistern 56/58 had a purely practial function, the addition of a wall across the middle would be a very strange procedure. The only purpose that comes to mind would be to reduce the capacity of the cistern. This hardly makes sense, especially since cisterns 48/49 and 50 were no longer functioning. On the other hand, if stepped cistern 56/58 was originally for ritualistic purposes, then the addition of a wall becomes plausible."[7]

---

[1] De Vaux, R., (1973), S. 28.

[2] Bardtke, H., (1958), S. 67.

[3] Stegemann, H., (1994), S. 78.

[4] Vgl. dazu auch de Vaux, R., (1973) pl. VI u. pl. XVII; (1994), S. 132-144. Vgl. dort auch die unterschiedliche Pflasterung des Raumes in den Abbildungen 282 und 288.

[5] Vgl. de Vaux, R., (1973), S. 9 u. 27.

[6] Vgl. Strobel, A., S. 61. "Der Treppenabstieg mit seinen 3 mal 4 Stufen weist auf einen bedeutsamen Teil des Gebäudekomplexes hin, zumal sich in unmittelbarer Nähe die Versammlungshalle (loc. 77) erstreckt." Ebd.

[7] Wood, B. G., (1984), S. 52.

5.4.3.3 Interpretation der 'Bibliothek'

Die festgestellten baulichen Veränderungen in Periode II, z. B. die Unterteilung von loc. 1 und loc. 2, führen zu der Frage, ob die Nutzung der Räume ebenfalls eine Veränderung erfahren hat. De Vaux geht zwar in der Auseinandersetzung mit G. Pedley[1] der Frage nach, ob loc. 4 als Bibliothek benutzt worden sein könnte, doch werden in seinen Überlegungen loc. 1 und loc. 2 nicht erwähnt und die Überlegung von Pedley verworfen. Wäre loc. 4 ein Ort, an dem Schriftrollen gelagert wurden, so der Einwand von de Vaux, dann müßte die darin umlaufende Bank als Basis der Regale interpretiert werden. Doch scheint das nicht gut möglich, da der Raum bei der Erforschung der Anlage in einem relativ guten Zustand war und keine Spuren von Regalen oder Gestellen zu finden waren. Wenn hier wirklich Schriftrollen gelagert wurden, dann eher in den zwei Nischen in der südlichen Mauer des Raumes. In der gleichen Mauer, auf der Nordostseite von loc. 2, ist eine Nische, die dem gleichen Zweck gedient haben könnte. Aber das sind für de Vaux alles Vermutungen. Alle drei Nischen könnten genausogut als gewöhnliche Ablageflächen benutzt worden sein. "We do not know, therefore, where the bookstore was, but our ignorance on this point makes no difference to the interpretation which can be given of the room containing the table and the inkwells."[2]

H. Stegemann sieht in den drei zusammenhängenden Räumen einen Leseraum mit dazugehöriger Bibliothek. Unter dieser Prämisse interpretiert er loc. 4 als Leseraum, loc. 1 als Rollenlager und loc. 2 als Aus- und Rückgabestelle der Rollen. "Hier [im Zentraltrakt der Anlage] gibt es drei Räume, die nach außen hin ansonsten völlig abgeschottet sind. Der erste Raum mit niedrigen, gemauerten Sitzbänken an den Wänden entlang war der Leseraum. Er war ohne Tageslicht, ein Vorteil für die hellen Schriftrollen, die auch heute noch rasch dunkel werden, wenn sie längere Zeit hindurch grellem Licht ausgesetzt werden."[3] "In diesem Leseraum be-

---

[1] Vgl. Pedley, G. K., The Library at Qumran, in: Revue de Qumran, 2 (1959) 5, S. 21-41.

[2] De Vaux, R., (1973), S. 32f. "Once we admit the hypothesis that the room was a *scriptorium* we can look for the place where the books were stacked, and for this the librarian suggests loc.4, which is situated in the same block but on the ground floor, and which we have interpreted as a council chamber. On the alternative hypothesis the bench running along the walls would have served to support the wooden racks in which the scrolls were stored. This does not seem very probable, for despite the fact that this bench and the plaster covering the walls are in a relatively good state of preservation they show no trace whatever of any shelves or racks of this kind having been fixed to them. Furthermore, the bench and the walls have been replastered on several occasions, which implies that they were not covered up. If books were kept in this room it is more probable that they would have been piled in the two niches in the south wall. In this same wall, but on the side nearest to loc. 2, there is another niche which could have served the same purpose, and between this niche and the north-eastern corner of the room a high bench was built which could have served better than that in loc. 4 as a support for shelving." Ebd., S. 32.

[3] Stegemann, H., (1994), S. 59f. [Einfügung vom Autor]. "In den Schriftrollen gelesen hat man vor allem mit Hilfe von Öllampen, die auf Lampenständern oder in Wandhalterungen befestigt wurden. Ein Drittel aller Nächte des Jahres - oder ein Drittel jeder einzelnen Nacht - mußten Mitglieder dieser Siedlung ohnehin damit verbringen, 'im Buch' - nämlich in der Tora, den fünf Büchern des Mose -'zu lesen und das

(Fortsetzung...)

findet sich schräg rechts gegenüber der Eingangstür der Zugang zu der eigentlichen Bibliothek, wo die etwa 1000 später in Höhlen verbrachten Schriftrollen und Dokumente ursprünglich in Regalen und Tongefäßen aufbewahrt wurden. Links liegt der Hauptraum der Bibliothek, rechts eine Kammer, in der man weniger gefragte, beschädigte und ausrangierte Schriftrollen, Archivmaterialien und was immer sich in solch einer Bibliothek im Laufe der Zeiten anzusammeln pflegt, aufbewahrte."[1] Die Berechtigung seiner Interpretation bezieht er von den zwei schon genannten Besonderheiten: 1) eine "mauselochgroße Öffnung"[2] und 2) eine gemauerte Plattform in loc. 2[3].

1. "Wer in die Bibliotheksräume eingelassen werden wollte, mußte hier einen fingerkuppenförmigen Stein einwerfen, auf dem der Eigenname eingraviert war. Ein solcher Stein, dessen Besitzer 'Joseph' hieß, ist bei der Ausgrabung Qumran noch gefunden worden. Innen in diesem Leseraum fiel der Stein in eine napfförmige Kuhle, die in die Wand eingelassen ist. Die Bibliotheksaufsicht hatte dann zu entscheiden, ob dem Einlaßbegehren stattgegeben werden durfte oder nicht."[4]

2. Die Erklärung einer auffälligen Einrichtung, einer polierten, einen halben Meter breiten und fast drei Meter langen gemauerte Plattform, "ergibt sich aus den unumgänglichen Erfordernissen einer Schriftrollenbibliothek."[5]

---

[3] (...Fortsetzung)
Recht zu erforschen und gemeinsam Gott zu lobpreisen' (1QS VI, 7-8). Das ging ja gar nicht anders als bei Lampenschein." Ebd., S. 60.

[1] Ebd. [Einfügung vom Autor]. Die Richtungsangaben im Zitat von Stegemann müssen so interpretiert werden, daß der als Bezugspunkt fungierende Beobachter in den Leseraum (loc. 4) eingetreten ist. Bei den nach Nord-Süd ausgerichteten Plänen zu Qumran bedeuten die Angaben Stegemanns rechts - West und links - Ost.

[2] Ebd.

[3] Vgl. ebd., S. 61f.

[4] Ebd., S. 60. Zu fragen ist, ob de Vaux (1973), S. 10, mit seiner Bemerkung - "In another wall near to the door a small basin had been carved out which could be filled from the outside." - nicht diese Besonderheit beschrieben hat. Eingezeichnet findet sie sich im Plan von Periode Ib (pl. VI) und Periode II (pl. XVII). Stegemann illustriert seine Argumentation mit den Gründen, die eine Zugangskontrolle ratsam erscheinen lassen. "Zum einen mußten solche Mitglieder der Siedlung draußen vor bleiben, die wegen eines Fehlverhaltens temporär von allen gemeinschaftlichen Dingen ausgeschlossen waren, auch etwaige Gäste, die noch keine Zugangsberechtigung erhalten hatten. Zum anderen war es damals so, daß kaum jemand zu lesen vermochte, ohne das Gelesene zugleich auch auszusprechen. Von daher kommt die Redensart, daß es irgendwo zugeht, 'wie in einer Judenschule'." Stegemann, H., (1994), S. 61.

[5] Ebd., S. 62. Stegemann führt weiter aus: "Verlangte ein Leser ein bestimmtes Werk aus den Bibliotheksbeständen, dann suchte der Bibliothekar es heraus und reichte es ihm durch dieses Fenster in den Leseraum. Manche dieser Schriftrollen waren nur anderthalb bis drei Meter lang, viele aber bis zu zehn Metern, eine komplette Handschrift der Tora - mindestens ein Exemplar solcher Art ist fragmentarisch in Höhle 4Q entdeckt worden - etwa fünfundzwanzig Meter. Der Interessent erhielt solch eine lange ... Rolle nur dann ungeöffnet, wenn er sie von Anfang an lesen wollte. Andernfalls rollte der Bibliothekar sie ihm
(Fortsetzung...)

Stegemann dehnt die Benutzung der Räume über beide Siedlungsperioden aus. Den feststellbaren Umbau zwischen Ib und II erklärt die Theorie Stegemanns durch das Erdbeben von 31 v. Chr. "Im Leseraum der Bibliothek wurde ein früherer Zugang vermauert und die dortige Sitzbank verlängert."[1] Die Interpretation Stegemanns entspricht zum Teil auch den Interpretationen Greenleaf-Pedleys, die loc. 1, loc. 2, loc 4 und loc. 30 dem Bibliotheksbereich zuordnet.. Allerdings schlägt sie als Leseraum nicht loc. 4, sondern das Erdgeschoß von loc. 30 vor. Darüber befand sich ihrer Meinung nach ein *Scriptorium*. "It is easy to see in this complex the ancient library of Qumran, consisting of reading room, offices and bookstacks downstairs, and a workroom above."[2]

[5] (...Fortsetzung)
auf seiner Plattform bis zu derjenigen Textpartie auf, um deren Lektüre es ging. Was von außen abgewikkelt wurde, wurde zugleich mit der rechten Hand wieder aufgerollt. Wollte der Leser also beispielsweise das Kapitel Jesaja 40 studieren, dann empfing er praktisch eine Art von Doppelrolle, deren beide Teile durch denjenigen Lederbogen miteinander verbunden waren, auf dem Jesaja 40 stand. Hätte der Leser diese Rollprozedur im Leseraum hockend auf seinem Schoße vorgenommen, wäre die kostbare Schriftrolle allzuleicht beschädigt worden. Auch das Zurückrollen der gelesenen Handschrift erledigte der Bibliothekar auf seiner speziellen Plattform. Denn die langen Schriftrollen mußten schön gleichmäßig und fest gewickelt werden, wenn sie haltbar bleiben sollten. ... In der Antike hatten die Schriftrollen noch nicht so, wie es heute in Synagogen üblich ist, am Anfang und Ende einen Stab mit Handgriff, der das Auf- und Abrollen erleichtert." Ebd.

[1] Ebd., S. 83. Vgl. de Vaux (1973), pl. VI u. pl. XVII; ders.; (1994), S. 48.

[2] Pedley, K. G., (1959), S. 33. Pedley geht von der Grundannahme aus, daß die Grundeinteilung von Bibliotheken sich durch viertausend Jahre wenig verändert haben. "Here is the large public reading room, with windows or a cloistered walk on a long side to provide illumination; and opening from this are several smaller rooms which are almost certainly offices, work-rooms and bookstacks." Ebd., S. 23. "The main reading room would be a handsome hall of noble proportions relative to the smaller rooms connected with it. The room was typically rectangular in shape, undoubtedly because a narrow room is more easily lighted if daylight must be the main source of illumination. It is usually opened on a courtyard, and often had a porch or cloister running along the side wall, where books could be taken outside for reading in better light. .... VITRUVIUS ... has set it down as a prescription that libraries and sleeping chambers should face towards the east, so that the morning sun might warm the rooms, dry out the dampness that had accumulated during the night, and provide good working light. In the afternoon when the heat became oppressive the room would be on the cool side of the house. ... It is interested to note that the room at Qumran which has been identified as the *scriptorium* conforms to this specifiaction; and if the room immediately below it should prove to have been the library reading room, one would only have to postulate the high windows, opening to the courtyard, to have a typical library plan." Ebd., S. 25f. Bemerkenswert ist das erwünschte Tageslicht im postulierten Leseraum (loc. 30 unten), während Stegemann eher lichtarme Verhältnisse bei der Lektüre in seinem Leseraum (loc. 4) wünscht.

5.4.3.4 Interpretation der 'Schreibtische'

Der technische Name *'Skriptorium'* bezeichnet im Mittelalter Räume in Klöstern, in denen Mönche die Schriften der Bibel abschrieben. Alte Darstellungen sprechen aber gegen die These von einem *Skriptorium* im Obergeschoß. In diesen sitzen die Schreiber und Kopisten nicht an einem Tisch. Sie sitzen auf dem Boden oder auf einer Bank, manchmal haben sie ihre Füße auf einem kleinen Gestell und schreiben, wobei sie ihre Oberschenkel als Unterlage benutzen. Durch die Verjüngung nach unten konnte die Bank, auf denen die Schreiber saßen, nahe an den Tisch herangerückt werden. Es gibt jedoch bis jetzt keinen Nachweis, daß in so früher Zeit - erst im 8./9. Jh. n. Chr. finden sich Zeugen - Schreibtische existierten. Zeugen, die älter sind als die bisher genannten, sieht de Vaux auf einen Sarkophag des 5. Jh.s, der einen Mann zeigt, der an einem Tisch sitzt und schreibt. Auch ein Mosaik aus Nordafrika, ebenfalls aus dem 5. Jh. n. Chr., zeigt eine schreibende menschliche Gestalt, die an einem Tisch arbeitet. Ein Relief aus dem 3./4. Jh. n. Chr. von Ostia zeigt zwei Schreiber, die an niedrigen Tischen sitzen und auf Wachstafeln schreiben.[1] B. M. Metzger spricht sich gegen die Möglichkeit aus, daß in so früher Zeit an Tischen geschrieben wurde. Er vermutet, daß der Tisch von den Schreibern als Bank und die Bank als Fußstütze benutzt wurde.[2]

Geprüft wurden die unterschiedlichen Thesen von W. Clark[3], der mit einer anatomisch orientierten Untersuchung das Zusammenspiel zwischen Mensch - Tisch - Bank untersuchte. Ausgeschlossen wird von ihm die Möglichkeit, daß der Schreiber auf der Bank saß und auf dem Tisch schrieb, ebenso die von Metzger favorisierte Möglichkeit, daß der Schreiber auf dem Tisch saß und die Bank als Fußstütze benutzte. "We propose here a third interpretation, which is a modification of the first. The bench along the wall is truly a bench on which the scribes sat while writing on the lap. The table is truly a table but the scribes did not use it for writing. This interpretation avoids most of the difficulties inherent in the other two. It also finds confirmation in the fact, which the preponderant evidence supports, that ancient scribes did not use a table for writing. ... We may see the scribe seated on the concave bench along the eastern wall. His bench is low (compared with ours), only 7 1/2 inches [ca. 0,16 m] in height. His feet rest 71/2 inches lower, probably on the floor itself or possibly on a low platform. The relationship of his knees to the table, and the distance to the table, are of little consequence since he does not try to write on the table. The knees rise to form a slope of one in three, which is quite suitable for lap-writing, as the leather sheet lies about 14 inches [ca. 0,35 m] from the eye (although this is adjustable by the movement of the head). Perhaps there were windows in back of the scribe above the low bench since the *scriptorium* apparently

---

[1] Vgl. ebd., S. 30.

[2] Vgl. Metzger, B. M., The Furniture in the Scriptorium at Qumran, in: Revue de Qumran 1 (1958-1959), S. 509-515.

[3] Vgl. Clark, K. W., The Posture of the Ancient Scribe, in: The Biblical Archaeologist 26 (1963) 2, S. 63-72.

stood alone on the upper level, but we can only conjecture this, since the wall was not preserved. Our scribe could sit back against the wall for support, which would compensate for the shallow seat of 12 3/4 inches [ca. 0,32 m] (compared with our usual chair seat of 15 inches [ca. 0,38 m]). He was free to move his feet on the floor or a platform (wider than the museum frame shows) and so rise or lower his knees since the table need not be so near to him. His knees are not an obstruction to overcome, but are a necessary part of equipment. His body can thus be relaxed and reasonably comfortable. Such a posture and such an operation are fully in accord with scribal practice as abundantly portrayed through early Christian centuries."[1]

Wird diese Interpretation für möglich gehalten, dann bleibt nach dem Zweck der langen 'Tische' zu fragen. "Der Tisch diente zur Aufnahme der Schreibgeräte wie Tintenfaß, Federn, Messer zum Schneiden des Schreibrohres, alles vielleicht vereint in einem Schreibergerät. Auf dem Tisch lag wohl auch die Vorlage des Schreibers, nach der er die Abschrift anfertigte. Diese Rolle könnte auf einem besonderen, auf die Tischplatte gesetzten Holzgestell gelegen haben, diese schrägen Holzgestelle könnten jene basisijot gewesen sein, die de Vaux herangezogen hat."[2] G. Pedley ist der Meinung, daß die langen Tische auch für den Herstellungsprozeß oder zur Reparatur der Rollen dienten.[3] Wenn tatsächlich die Herstellung der Rollen mit den Tischen in Verbindung gebracht werden könnte, würde das der Interpretation von Stegemann entsprechen. Andererseits spricht aber die vermutete Lokalisierung der Tische im Obergeschoß eher gegen die 'Herstellungsthese' und für die These eines 'Scriptoriums', in die auch die gefundenen Tintenfässer integriert werden können.

Nichts spricht dagegen, daß gelegentliche Reparaturarbeiten an Rollen auch im Obergeschoß ausgeführt werden konnten.

P. Donceel-Voûte und R. Donceel sind dezidiert anderer Meinung. Durch die Ignorierung eines archäologisch entscheidenden Datums laufen ihrer Ansicht nach die vorgebrachten Interpretationen in die falsche Richtung.[4] Sie glauben, daß die Mörtelstücke zu einem einzigen Gesamtobjekt gehören. Die vermeintliche Bank ist die Basis eines Objektes, das nicht als Tisch, sondern als Liege zu interpretieren ist. Zur Begründung wird auf Skizzen verwiesen, die von den Fundgegenständen *in situ* gemacht wurden. Diese zeigen, daß die beiden Elemente ursprünglich verbunden waren. "De Vaux's draughtsman also made separate drawings of them, because they had come apart, but he indicated the point ("x") where they had joined with a written note: 'P [Tischelement] se raccorde à O [Bankelement]' = '"P" joins with "O"'."[5] Das bedeutet, daß das Objekt als Inventarstück eines *tricliniums* zu interpretieren ist, wie es im östlichen Mittelmeerraum in hellenistischer Zeit wohlbekannt ist. "*Triclinia* can be found, with their 'trottoir', which may rock-cut just as

---

[1] Ebd., S. 69f. [Einfügungen vom Autor. 1 Inch wurde mit 0,025 m umgerechnet].

[2] Bardtke, H., (1963), S. 292. Zu *basisiyot* vgl. de Vaux, R. (1973), S. 31.

[3] Vgl. Pedley, K. G., S. 33.

[4] Vgl. Donceel-Voûte, P., (1992), S. 61-84; Donceel-Voûte, P.; Donceel, R., (1994), S. 1-38.

[5] Ebd., S. 27. [Einfügungen vom Autor].

well as set into marble floors, all over the eastern Mediterranean from Eritria to Alexandria, Petra, Jericho or the Herodion near Bethlehem."[1] Auch der Brauch, den Speiseraum im Obergeschoß eines Hauses einzurichten, ist in der römischen Welt üblich gewesen. Das läßt sich nach den Donceels auch daran zeigen, daß schon das Wort für Essen, Tischgemeinschaft 'cena', als 'coenaculum' das gesamte Oberge-schoß bezeichnen konnte.[2]

In diese Interpretation fügt sich ihrer Meinung nach auch der Fundort der Tinten-fässer in loc. 30 ein. Die Gipsteile wurden, so das Argument, nicht auf dem Boden des Erdgeschosses gefunden, sondern 20-50 cm über dem Boden auf der eingestürz-ten Decke des Obergeschoß. Von den Tintenfässern wird dagegen ausgesagt, daß sie *auf* dem Boden gefunden wurden. "The inventory reads as follows: 'Inv. n⁰. 436; cylindrical inkwell; bronze; date of discovery 18/3/1953; locus 30; middle, *on the floor* = "sur le sol"'; and 'Inv. n⁰ KhQ.473: cylindrical inkwell, pottery; date of discovery 21/3/1953; locus 30, middle, *on the floor* = "sur le sol"'."[3]

Anhand der Grabungstagebücher können die Ausführungen der Donceels nicht überprüft werden, da nur locus und relative Einordnung innerhalb des locus erwähnt werden. Die veröffentlichten Abbildungen der Photos von loc. 30 erlauben immer-hin den Hinweis, daß die Aussage, '20-50 cm über dem Boden wurden die Gips-objekte entdeckt', relativiert werden kann. Eine Abbildung[4] zeigt eines der proble-matisierten Objekte nach links gekippt. Die linke Oberkante liegt zwar nicht auf dem Boden, wenn aber die Breite des Objektes als grober Maßstab benutzt wird - nach den Angaben der Donceels variiert die Breite der gefundenen Objekte zwi-schen 38 und 47 cm[5] - dann beträgt der Abstand zwischen Boden und Oberkante nur wenige Zentimeter. Das bedeutet, daß die Begründung für die unterschiedlichen Niveaus von Gipsobjekten und Tintenfässern an Gewicht verliert.[6]

Die von P. Donceel-Voûte zugeschriebene Funktion der Objekte kann stärkerer Kritik ausgesetzt werden: Wenn es der Fall ist, daß die Mörtelstücke ursprünglich verbunden waren, dann ist dieser Sachverhalt als 'Basissatz' anzuerkennen. Wie dieses Datum jedoch interpretiert wird, ist damit noch nicht entschieden. Zweifel er-geben sich an der vorgelegten Neuinterpretation durch die Abbildung (Fig. 61) eines maßstabgerechten Modells von Mensch und Bank/Tisch bei W. Clark.[7] Die Verjüngung nach unten provoziert die Frage, ob die Konstruktion geeignet ist, die

---

[1] Ebd., S. 29.

[2] Vgl. ebd., S. 30.

[3] Ebd., S. 31.

[4] Vgl., de Vaux, R., (1994), S. 59, Abbildung 110, 111, 114 u. 114.

[5] P. Donceel-Voûte gibt eine mittlere Breite von 40-41 cm an, wobei die Variationsbreite zwischen 38-47 cm schwankt. Vgl. (1992), S. 64. Leider wird im betreffenden Aufsatz in Fig. 12 (S. 83) kein Maßstab an-gegeben. Wird als Vergleichsmaßstab die Breite des Raumes benutzt (im Mittel 4 m), dann wurden die Liegen in Fig. 12 mit einer Breite von ca. 0,5 m eingezeichnet. Vgl. Clark, W., "The top surface is 38.5 cm (15 1/8 inches) wide, whereas the base is only 15.5 cm (6 1/8 inches) wide." (1963), S. 64f.

[6] Vgl. dazu VanderKam, J., The Dead Sea Scrolls Today, Grand Rapids 1994, S. 24-27.

[7] Vgl. Clark, W., (1963), Fig. 58 - Fig. 64.

Masse von einem oder zwei Menschen zu tragen und, was schwerer wiegt, ob eine Auflagebreite im Mittel von 40 cm die berechtigten Bedingungen erfüllen kann, damit nicht nur von einer Liege *gesprochen*, sondern das Objekt als Liege *benutzt* werden kann. Auf diesen Umstand zielen auch die Einwände von J.-B. Humbert und R. Reich.

Humbert: "La reconstition du dispositif stuqué par Mme Donceel est peut-être juste, mais pourquoi et comment voulez-vous qu'on se tienne sans confort, en position repliée sur une banquette large au mieux de 50 cm, pendant tout un repas? De plus, la 'banquette' bourrée de terre crue, et soutenue par une base qui se rétrécit jusqu'à n'avoir plus que 20 cm de largeur, n'avait aucune résistance au poids; lourd et fragile l'élément se serait vite effondré sous le poids d'un ou deux hommes."[1] Humbert sieht das Problem nicht in der Rekonstruktion der Gipsobjekte, sondern in der nur 50 cm breiten Auflagefläche und in der Verjüngung nach unten das Haupthindernis für die Interpretation der Gipsobjekte als *triclinium* durch Donceel-Voûte.

Ähnlich äußert sich R. Reich: "Although the furniture was restored from plaster fragments, enough links were found to show clearly that its average width is c. 50 cm. This is far too narrow for a sofa or bed of any kind, let alone for that of a *triclinium*."[2] Grundsätzlich lassen sich zwei *triclinium*-Formen unterscheiden. Der vorherrschende, im Haus benutzte Typ bestand aus einem hölzernen Rahmen und einer eingelegten Matratze. "The other typ is a bed permanently built of rubble, stone, bricks etc. and smoothly plastered on its exterior. This type is mainly installed in exterior *triclinia*, built in a courtyard or garden of a house, for use in hot summer days. Donceel-Voûte reffered to this type, but I believe that is an invalid comparison."[3] Reich vergleicht die Identifikation Donceel-Voûtes mit einem *triclinium*, das von E. Damati in einer mit Qumran zeitgleichen Villa in Khirbet el-Muraq, 7 km westlich von Hebron, freigelegt wurde. "At Kh. Muraq the stone-constructed beds are 1.80 m wide. They include also a narrow gutter which runs along the upper inner perimeter of the 'П'-shaped construction, probably to serve for the collection of the meal's refuse. ... Although second-floor *triclinia* are a possibility, it seems that stone-built installations were meant for outdoor use, located in courtyards and gardens as in the case of Kh. el-Muraq."[4]

R. Reich kommt zum folgerichtigen Urteil: "[I]t seems clear that the plastered furniture of Room 30 of Qumran was not reclinig beds, and the hall did not serve as a triclinium of the Hellenistic/Roman type. Until a convincing alternative suggestion will be presented, it seems preferable to return to the excavator's original proposal"[5].

---

[1] Humbert, J.-B., (1994), S. 177.

[2] Reich, R., A Note on the Function of Room 30 (the 'Scriptorium') at Khirbet Qumran, in: Journal of Jewish Studies 46 (1995), S. 157-160 (Diesen Literaturhinweis verdanke ich A. Schick).

[3] Ebd., S. 159.

[4] Ebd.

[5] Ebd., S. 160. [Veränderung vom Autor]. Vgl. dort auch die maßstäbliche Vergleichsskizze.

5.4.3.5 Differenzen zwischen Periode I und II

5.4.3.5.1 Die Keramik

J. Magness[1] versucht, das Keramikkorpus von Qumran, En Feschcha und den Höhlen unter Kategorien zu prüfen, die sowohl interne wie externe Prüfkategorien umfassen.

Die interne Untersuchung will unterschiedliche Relationen innerhalb des Keramikkorpus aufzeigen. Welche Geschirrteile herrschen vor? Welche Teile sind häufig zu finden? Welche Formen kommen selten vor? Welches Brennverfahren wird benutzt etc.?

Die externe Untersuchung interpretiert das Gesamtkorpus als Systemeinheit und versucht, mittels Vergleich mit exterritorialen Funden weitere aussagekräftige Charakteristika zu erschließen. Magness bezieht sich in ihrer Untersuchung auf die Veröffentlichungen von de Vaux und auf ihre Untersuchung von Qumran-Keramik "in the basement of the Rockefeller Museum."[2] "Most of the ceramic types found at the site of Qumran consist of cups, bowls, plates, cooking pots, jars, juglets, flasks, lids, and oil lamps. ... My impression from the published description and from personal observation is that most of the material found at Qumran was produced locally; although many of the types are morphologically similar to those from other Judean sites, the vessels I examined from the Jewish Quarter differ in fabric and surface treatment."[3]

Völlig singulär, nach gegenwärtigem Kenntnisstand nur auf Qumran und die Höhlen begrenzt, ist für Magness der Nachweis von sog. 'scroll jars'[4]. Obwohl eine Reihe von Sonderformen festgestellt werden können, stimmen sie in wesentlichen Charakteristika überein. Auf einer ringförmigen Basis befindet sich ein verlängerter zylindrischer Körper, an den sich eine Knickschulter anschließt, auf der ein kurzer vertikaler Hals aufliegt. Magness ist der Meinung, daß diese Krugform ursprünglich zum Zweck der Schriftrollenaufbewahrung entwickelt wurde, ohne allerdings auszuschließen, daß möglicherweise auch anderes Material in den Krügen deponiert wurde. "The short, wide neck would have made it possible to deposit and remove scrolls easily from the jars. ... The lids associated with the 'scroll jars', which usually have a shape of a carinated bowl with a ring base, are also rare at other site in Judea"[5]. Eine weitere Gefäßform, die nur in Qumran und zwar vor allem in dem für Periode Ib relevanten Stratum, gefunden wurde, wird von Magness als Schale oder

---

[1] Vgl. Magness, J., The Chronology of the Settlement at Qumran in the Herodian Period, in: Dead Sea Discoveries 2 (1995) 1, S. 58-65.

[2] Magness, J., (1994), S. 40.

[3] Ebd.

[4] Der frz. Terminus lautet *jarre*. In der dt. Übersetzung der Grabungstagebücher wird er mit Pithos wiedergegeben.

[5] Ebd., S. 41.

Becher bezeichnet. P. Lapp nennt die Gefäßform 'small deep bowls'[1]. Typisch für die Gefäßform ist ein nach außen gezogener Rand. Die meisten dieser Schalen sind mit weißlichem Schlicker, einem tongrundigen Überzug, behandelt.

"Among the types characteristic of the Qumran corpus are peculiar oil lamps of clearly Hellenistic inspiration (Lapp 1961: 196, Type 84). Since they occur only in Stratum Ib at the site, they should be assigned mainly to the late second to first centuries B.C.E. ... Examples also come from the caves ... However, as de Vaux noted, the Hellenistic parallels are mold-made, have decoration in relief, and are covered with a black slip or glaze. The Qumran lamps are wheel-made, plain, and unslipped, although the grey color of their clay may have been inspired by the black slip."[2]

Zur Frage, welche Keramikformen in Qumran gegenüber anderen Ausgrabungsstätten nicht vorkommen, bemerkt Magness, daß in Qumran so gut wie keine Importe registriert wurden. "There are no published examples of western terra sigillata, amphoras, or Roman mold-made lamps."[3] Noch überraschender aber für die Autorin ist das fast vollständige Fehlen von sog. Eastern Sigillata A Ware in Qumran: "It is much more common at sites throughout Palestine than western terra sigillata (see the discussion in Hayes 1985: 183-184; for examples from Jericho see Kelso and Baramki 1955: 24, Typ 1; form examples from Herodeion see Bar-Nathan 1981: 64.) Complete sets of Eastern Sigillata A dishes including plates, bowls, and jugs have been discovered in the Herodian houses in the Jewish Quarter ... No examples of Eastern Sigillata A have been published from Qumran, though, according to Dr. Humbert, a few fragments were recovered. The absence of rarity of this ware from the corpus at Qumran is much more suggestive than the absence of imports, as Eastern Sigillata A would have been cheaper and easier to obtain."[4]

Magness kommt zum Ergebnis, daß die Aussagen de Vauxs zur Keramik sachgerecht sind. Die Keramik Qumrans ist limitiert und gleichförmig. Die Objekte, die in den Höhlen gefunden wurden, sind in Form und Herstellung identisch zu denen in Qumran, aber in der Vielfalt noch eingeschränkter. Die Art der Herstellung spricht dafür, daß die Mehrheit der Gefäße in oder um Qumran hergestellt wurde. Eine lokale Herstellung kann auch für die Sondertypen wie die 'scroll jars' oder die Lampen unterstellt werden. Die Abwesenheit von Importen und die Kargheit von regio-

---

[1] Lapp, P., (1966), S. 175, Type 51.8.

[2] Magness, J., (1994), S. 41. Vgl. auch die Abbildungen bei de Vaux, R., (1956), S. 553, Fig. 1-4, (1954), S. 219, Fig. 16.

[3] Magness, J., (1994), S. 42. Vgl. dort die reichlichen Literaturangaben zu Fundorten von Importwaren. Zur Präsenz und Einordnung modelierter Lampen äußern sich auch P. Donceel-Voûte und R. Donceel: "we can already offer some interesting observations. For instance, the presence at Qumran of molded lamps, thought to have appeared here round the time of destruction of the Second Temple, is certain in levels that are neither destruction nor final levels." Donceel-Voûte, P.; Donceel, R., (1994), S. 7. Vgl. dazu auch de Vaux, R., (1954), S. 219-221, Fig. 2-15 u. Fig. 3-17.

[4] Magness, J., (1994), S. 42f. Von einigen wenigen Scherben Eastern Sigillata A Ware sprechen auch P. Donceel-Voûte und R. Donceel, (1994), S. 10: "A small quantity of fine wares constitutes a distinctive category and will be published separately. It consists of less than a dozen sherds (plus 4 from `Ain Feshkha) of eastern sigillata, 'black varnished' pottery and painted 'pseudo-Nabatean' ware."

naltypischen Formen sprichen für eine bewußte Isolationspolitik der Bewohner. Zwar wurden die in Judäa üblichen Keramikformen aufgenommen, auf eine Verzierung oder Bemalung wurde dagegen weitgehend verzichtet.

Die Tonwaren von Qumran, die zu Periode Ib gezählt werden können, sind in mehrfacher Hinsicht zu Periode II unterscheidbar. "That the Qumran potters did not share exactly the same ceramic traditions as other Judean potters is also suggested by the complete absence of 'cornucopia' lamps. Since the 'cornucopia' lamps are undecorated and wheelmade (like the Hellenistic lamps from Qumran), it is difficult to account for their absence. Their form, which recalls the Judean lamps of the Bronze and Iron Ages, may reflect the revival of an ancient ceramic tradition. Could it be that the Qumran potters did not share that same tradition, or were familiar with another? By stratum II, on the other hand, these differences disappeared, as indicated by the presence of 'Herodian' lamps, piriform unguentaria, and types of cups similar to those found at other sites in Judea (see for example Lapp 1961: 175, Type 52.1). Thus, the earliest pottery from Qumran includes a number of types rare or unattested elsewhere in Judea, suggesting that the potters were familiar with a somewhat different ceramic tradition. By stratum II, these differences had disappeared, and they seem to have adopted the common Judean ceramic forms."[1]

Volle Beachtung verdient auch Magness' Bemerkung, daß die klar erkennbaren Formunterschiede in der Keramik zwischen Periode Ib und II eine längere Entwicklungszeit benötigen. Dafür reichen ihrer Meinung nach die von ihr propagierte kurze Besiedlungspause von Chirbet Qumran zwischen Periode Ib und II von ca. 6-10 Jahren nicht aus: "Instead, much of the pottery illustrated by de Vaux as belonging to Period Ib does antedate 31 BCE. This includes, for example, the large store of pottery in the annex (loci 86, 89). On the other hand, much of the pottery from Period II comes from contexts associated with the destruction of the site by the Romans in 68 CE. Thus, there really is a substantial gap between many of the pottery types of Period Ib and II."[2] Einen Hinweis auf die Richtigkeit ihrer Datierung sieht Magness in dem Umstand, daß die Mehrheit der Forscher annimmt, daß mit der Verbreitung der herodianische Lampenform erst am Ende oder nach dem Tod Herodes' des Großen gerechnet werden kann. Und in der gefundenen Keramik, die Periode Ib zugesprochen wird, findet sich, so Magness, tatsächlich keine herodiani-

---

[1] Ebd., S. 46. Aus den Charakteristika der Keramik entwirft Magness folgendes Bild der Bewohner: "It suggests that the inhabitants practiced a deliberate and selective policy of isolation, manufacturing ceramic products to suit their own special needs and requirements. It is clear that they chose to manufacture and use undecorated pottery instaed of fine wars. The great number of plain, repetitive, indentical plates, cups, and bowls found at the site form a strong contrast with contemporary assemblages at other Judean sites, which are typlogically much richer and more varied. ... Finally, the composition of the assemblage from Stratum Ib suggest that the potters at Qumran may have come out of a somewhat different ceramic tradition than contemporary potters elsewhere in Judea." Ebd., S. 46f.

[2] Magness, J., (1995), S. 63f.

sche Lampenform.[1] Deshalb wird von ihr auch loc. 114, ein Tonwarenlager, eindeutig Periode II zugerechnet: "The assemblage includes three Herodian lamps, ... a type which did not appear until late in the reign of Herod or after his death."[2] "The pottery from locus 114 clearly dates to the last main occupational phase at Qumran, that is to the first century C.E."[3] Obwohl Magness sich dabei auf de Vaux[4] bezieht und legitim berufen kann, ist die Einordnung nach de Vaux falsch. De Vaux selbst revidierte seine Datierung des Tonwarenlagers von Periode II auf Ib: "By an error the store of pottery in loc. 114, [1956] p. 562 and fig. 4, has been attributed to Period II because it includes three 'Herodian' lamps. But these lamps are rougher in design than true 'Herodian' lamps and are earlier than these. The group as a whole belongs to Period Ib. Moreover, the locus was covered by Period II."[5] Auch die Keramikzuordnungen von P. Lapp leiden, ohne daß dafür Lapp verantwortlich gemacht werden kann, unter diesem Fehler und sind entsprechend zu korrigieren. Mit der Datierung von loc. 114 in Periode Ib ist z. B. bei Lapp zu zeigen, daß seine Einordung der Keramikgruppe 51.8 (Schalen mit nach außen gezogenem Rand) ohne Ausnahme Periode Ib zugeschrieben werden kann.[6]

5.4.3.5.2 Der Schatz in loc. 120

Der von de Vaux vermutete Beginn von Periode II liegt im Zeitraum von 9/8 v. bis 4 n. Chr. Argumentationshilfe für diese Angaben lieferten de Vaux die gefundenen Münzen in Graben A und der Schatz in loc. 120.[7]

J. Magness versucht zu zeigen, daß dieser Schatz tatsächlich als Datierungshilfe benutzt werden kann. Sie kommt durch die Datierung des Schatzes zum Ergebnis, daß die Zeit zwischen Aufgabe und Neubesiedlung der Qumransiedlung wesentlich

---

[1] Vgl. dazu Smith, R. H., The 'Herodian' lamp of Palestine. Types and Dates, in: Bertys 14/1 (1961), S. 53-65. "In summary ... we may offer the following approximate chronology for the major types of the Herodian lamp: Type 1 in exlusive use ca. 37 B.C.-A.D. 35. Transitional period ... A.D. 35-50. Type 2 in exlusive use ca. A.D. 50-135." Ebd., S. 65. Zur Einschränkung dieser Datierung vgl. die Lampenfunde in der sog. 'Herodian Residence'. "An interesting archaeological problem arose in connection with the more than twenty oil lamps found in this house. They are of several different well-known types from Hasmonean period and Herod's reign. Not even a single example of the classical, so-called 'Herodian' type of oil-lamp was found, however. ... On the basis of the finds from this house, ... it appears that the 'Herodian' lamps had not yet come into existence during Herod's reign, and were probably introduced only at the very end of the 1st century B. C. or slightly later." Avigad, N., (1984), S. 88.

[2] Magness, J., A Villa at Khirbet Qumran, in: Revue de Qumran 63 (1994), S. 397-419, S. 415. [wird zitiert: Magness (1994b)].

[3] Ebd.

[4] Vgl. de Vaux, R., (1956), S. 559, Fig. 14,

[5] De Vaux, R., (1973), S. 5, Anm. 1. [Einfügung vom Autor]. Vgl. ders., (1994), S. 327 (locus 114).

[6] Vgl. Lapp, P., (1961), S. 175, Type 51.8. vgl auch Type 52.2 Nr. F.

[7] H. Stegemann sieht keinen Schatz in loc. 120. "In der Literatur über die Qumran-Siedlung werden [die] ... für den Außenhandel bestimmten Maueröffnungen seltsamerweise nirgends erwähnt, die im Fußboden verwahrten Kassenbestände meist als vergessene Schatzverstecke beurteilt, was aber absurd ist." Ders., (1994), S. 65. [Einfügung vom Autor]. Vgl. dazu auch S. 206f. dieser Arbeit.

kürzer zu veranschlagen ist, als dies von de Vaux angenommen wird. Die von de Vaux angenommene Prägepause tyrischer Münzen zwischen 9/8 v. bis 1 v./1 n. Chr. kann nach Magness geschlossen werden.[1] Das bedeutet, daß das Fehlen von Münzen im Schatz bis 1 v./1 n. Chr. nicht als Indiz dafür genommen werden kann, daß der Schatz zwischen 9/8 v. und 1 v./1 n. Chr. deponiert wurde. Begründet behauptet werden kann deshalb nur, daß der Schatz auf jeden Fall nach 9/8 v. Chr. deponiert worden sein muß. Weiter wird von ihr angeführt, daß die Szenarien, die von de Vaux zur Schatzdeponierung vorgeschlagen wurden, nicht vollständig sind und besser erklärt werden können.

De Vaux hatte zwei Möglichkeiten angegeben: 1) Der Schatz wurde zwischen den beiden Siedlungsperioden versteckt oder 2) der Schatz wurde am Anfang der Neubesiedlung von Periode II vergraben.

Magness vertritt eine dritte These. Diese hat den Vorteil, daß die von de Vaux benötigte lange Siedlungspause abgekürzt werden kann. "De Vaux associated the hoard with the reoccupation of the site at the beginning of Period II. However, the context makes it clear that the hoard could equally be associated with Period Ib, and common sense suggests that this is the case."[2] Schätze, so Magness, werden gewöhnlich in unruhigen Zeiten bei unmittelbarer Gefahr vergraben. "It is reasonable to assume that the hoard at Qumran was buried because of some impending danger."[3]

Da die Basisdaten, die de Vaux lieferte, von Magness anerkannt werden, wird von ihr der Anfang von Periode II, mit de Vaux, auf etwa 4 v. Chr. datiert. Eine verkürzte Siedlungspause kann somit nur dann erreicht werden, wenn die Besiedlung über 31 v. Chr. hinaus für möglich gehalten wird. Und insofern ist es konsequent, wenn sie formuliert: "The site was not abandoned after the earthquake of 31 BCE."[4] Nach diesem Erdbeben wurde die Anlage wieder instandgesetzt, restauriert oder im Zerstörungszustand belassen. "The settlement of Period Ib then continued without apparent interruption until 9/8 BCE or some time thereafter. ... The fact that this hoard was buried, combined with the presence of a layer of ash, suggests that the

---

[1] "Tyrian tetradrachmas minted in 6/5 BCE, 5/4 BCE, and 4/3 BCE, are published in A. Burnett, M. Amandry, and P. P. Ripolles, *Roman Provincial Coinage, Volume I* (London: British Museum, 1992) 656 no. 4648; 724 nos. 4647A, 4647C. I am grateful to Professor Dan Barag of the Hebrew University of Jerusalem for bringing this information to my attention. Professor Barag has also informed me that there are three Tyrian tetradrachmas of the years 7/6 BCE, 4/3 BCE, 3/2 BCE, in a trade collection that he is publishing (forthcoming; numbers 6002, 6003, 6036 in the collection." Magness, J., (1995), S. 60. Übereinstimmend dazu Sharabani, M., (1980), S. 275 und Anm. 2. Dort heißt es: "The absence of coins from the years 8/7 BCE 1 BCE-1 CE (sic.) is not sufficient to determine the date of resettlement of Qumran. Since the minting of Tyre continued regularly, as we can see from other hoards. ...[Anmerkung 2] Cf. 'Isfia, where no gap had been noticed and the coins continue uninterrupted until 53 CE."

[2] Magness, J., (1995), S. 62.

[3] Ebd.

[4] Ebd.

fire which destroyed the settlement should be attributed to human agents rather than
to natural causes."[1]

Die Theorie von Magness fordert, daß der Schatz in der Endphase von Periode Ib
vergraben wurde. Daraus ergeben sich zwei vorläufige Fragen, je nachdem ob der
Schatzgräber ein Qumranbewohner oder ein Fremder war.

▸ 1) Warum vergräbt ein Qumranbewohner seinen Schatz in nicht-qumrantypischer
Keramik (zwei von drei kleinen Töpfen) bzw.

▸ 2) wie kann es möglich sein, daß ein Fremder in unruhiger Zeit in Qumran seinen
Schatz vergraben konnte?

Gleichgültig welche ad-hoc-Hypothesen zur Beantwortung dieser Fragen eingeführt
werden können, sie stellen nicht das Zentralproblem der Theorie dar. Das Zentralproblem der Theorie liegt im Widerspruch von Theorie und Daten. Wird Magness
zugestimmt, daß der Schatz zu Periode Ib gehört und in Zeiten unmittelbarer Gefahr
vergraben wurde, so muß er in den Boden von loc. 120 eingegraben werden. Das
bedeutet: Bei der Ausgrabung hätte der Schatz innerhalb des Stratums von Periode
Ib gefunden werden müssen, er hätte nicht, wie es jedoch der Fall war, *zwischen* Ib
und II gefunden werden dürfen, "beneath the level of Period II and above that of
Period Ib"[2]. Und selbst wenn von der recht ungewöhnlichen Annahme ausgegangen
wird, daß die kleinen Gefäße nicht vergraben, sondern auf den Boden von loc. 120
abgestellt wurden, dann würde die unmittelbar folgende Zerstörung der Anlage eine
Schicht produzieren, die immer noch zu Ib gezählt werden muß und die auf den
freien Plätzen durch eine dicke Aschenschicht repräsentiert wird.[3]

Magness Theorie muß noch ein Problem lösen. Die Zerstörung von Qumran
durch das Erdbeben im Jahr 31 v. Chr. wird von ihr akzeptiert. Gegen de Vaux wird
aber ihrer Meinung nach die Anlage unmittelbar nach diesem Ereignis nicht verlassen, sondern sie wird restauriert und weiterbewohnt. Daraus ergibt sich folgende
Schwierigkeit: De Vaux sagt zu den Auswirkungen des Erdbebens u. a.: "The north-
west corner of the secondary building was likewise damaged, and was in danger of
collapsing into the ravine immediately below it."[4] Bei der Wiederbesiedlung wurde
die gefährdete Stelle verstärkt. Dies geschah mittels der angeschwemmten Sedimentablagerungen. "It is this sediment that provided the foundation for a supporting

---

[1] Ebd, S. 62f.

[2] De Vaux, R., (1973), S. 34. "Dans le loc. 120 ... deux pots étaient enfouis entre le sol de la période I *b*
et celui de la période II." Ders., (1956), S. 567.

[3] Vgl. de Vaux, R., (1973), S. 21; Milik, J. T., (1963), S. 52. "Especially in the open areas to the north
and north-west, there is a thick layer of ashes beneath the level of the Phase II reconstruction".

[4] De Vaux, R., (1973), S. 20.

wall which was put up to strengthen the north-west corner during Period II."[1] Die Sedimentablagerungen stammen bei Magness aber aus der Zerstörung der Anlage aus dem Jahr 9/8 v. Chr. Wie können nun, so der logische Einwand, Sedimentablagerungen als Fundament einer Verstärkung dienen, die zum postulierten Zeitpunkt, 31 v. Chr., noch gar nicht vorhanden waren? Gerettet werden könnte die These von Magness nur, wenn ad-hoc eingeführt würde, daß der gefährdete Westbereich nach dem Erdbeben in seinem zerstörten Zustand belassen und erst in Periode II restauriert worden wäre.

Ähnliche Probleme ergeben sich auch für loc. 86 und loc. 89. Eindeutig wird von de Vaux gesagt, daß die Verstärkungsmauer um die südliche und östliche Mauer "were not based directly on the level which was in use in Period Ib."[2] Die Theorie von Magness muß hier eine Erklärung anbieten, wie es möglich sein kann, daß an einem Gebäude, das im Jahre 31 v. Chr. zerstört wurde und das nach Magness unmittelbar darauf restauriert wurde, eine Verstärkungsmauer von de Vaux zu finden ist, die *über* dem Niveau von Periode I errichtet wurde. Nach Magness müßte man dagegen erwarten, daß die Verstärkungsmauer *in* das Stratum der Periode Ib fällt.

Für die Probleme der unterschiedlichen Formen der Keramik in Periode Ib und II, die zeitliche Dauer der Besiedlungslücke und der Schatzdeponierung vermag die Theorie von de Vaux die archäologischen Daten kohärent und widerspruchsfrei einzuordnen. Im Gegensatz dazu stehen die Ausführungen von Magness, deren Theorie in Detailproblemen zwar interessante Lösungsansätze liefert, aber diese durch den Preis logischer Inkonsistenz erkauft.

---

[1] Ebd., S. 24; vgl. ders., (1956), S. 545. "Au-dessus de la couche de cendres de l'incendie dans le loc. 130 ..., ce sédiment a formé un dépôt qui a jusqu'à 75 cm d'èpaisseur à l'ouest et s'amincit vers l'est. Le renforcement qui consolida ensuite l'angle du bâtiment secondaire est fondé sur ce dépôt."

[2] De Vaux, R., (1973), S. 24; vgl. ders., (1956), S. 545.

5.5 Die Siedlungsperiode III

5.5.1 Interpretation der Ruinen

5.5.1.1 Instandsetzungen im Hauptgebäude

Die Zerstörung der Anlage von Qumran durch die Römer leitet eine weitere, wenn auch nur kurze Besiedlungsphase ein. "The destruction of Khirbet Qumran will therefore have been at the hands of Roman soldiers, whose arrow-heads have been found there as well as certain of coins which they had received in their pay, the coins of Caesarea (and of Dora nearby), where they were stationed in the course of the year A.D. 67/68."[1] De Vaux glaubt, daß diese Münzen nicht während des Kampfes verloren wurden. Sie befanden sich nicht in der Schicht, in der die Zerstörungen registriert wurden. "They were in the level of reconstruction, which implies that a small military post was left on the site."[2] Die Aussicht und die dadurch gegebenen Kontrollmöglichkeiten über weite Teile des Toten Meeres und der angrenzenden Küstenregionen machen einen Stützpunkt an diesem Ort plausibel. Umso mehr, da nach dem Fall von Jerusalem jüdische Aufständler immer noch die Festung Masada hielten, die etwa 45 km südlich von Qumran liegt und wahrscheinlich nicht vor 73 n. Chr fiel. "Moreover, Flavius Silva had committed a large army to the siege, and consequently needed to see that his lines of supply and contact were secure. Certainly in order to reach Masada there are easier routes than that which than leads by way of Khirbet Qumran and Ain Feshkha, but it is possible that apart from the land routes the Romans would also have made use of boats. They had already had experience of navigation on the lake in 68 when they used boats to pursue the Jews of the Perea who were trying to escape by sea. At all events the Romans would have had to patrol the sea and its shores right up to the end of the campaign. It is this that explains the new charakter which Khirbet Qumran acquires in Period III"[3]. Nur ein kleiner Teil der zerstörten Gebäude wurde benutzt und für diesen Zweck wieder instand gesetzt.

Im Zentralbereich wurden Schäden am Turm ausgebessert und dessen östliche Mauer verstärkt. Die Räume im Nordosten wurden leicht verändert. Dagegen können an einigen der südlich des Turmes gelegenen Räume, loc. 4, loc. 12, loc. 13 und loc. 30, bauliche Veränderungen festgestellt werden. Loc. 4 wurde in zwei unterschiedlich große Räume geteilt (loc. 149 und loc. 150). Der große Raum an der Ostseite, loc. 30, wurde dreifach unterteilt in loc. 15, loc. 16 und loc. 20. Die Westeingänge zu loc. 12 und loc. 13 wurden verschlossen und loc. 12 und loc. 13 zu einem

---

[1] De Vaux, R., (1973), S. 41; vgl. auch Laperrousaz, E.-M., (1976), S. 56-58; Davies, Ph. R., (1982), S 62f.; Callaway, Ph. R., (1986), S. 60-63; Bardtke, H., (1958), S. 71f.

[2] Vgl. de Vaux, R., (1973), S. 42.

[3] Ebd.

Raum zusammengelegt.[1] In dieser Region wurden bis auf zwei Münzen alle Münzen gefunden, die zur Periode III gezählt werden können.[2] "The Romans cleared out part of the debris encumbering the area which they used. That in the chambers on the north-eastern side was thrown outside the building and, as one would expect, the archaelogical evidence from this debris appears in inverse order, and the coins of Period Ib found there are above those of Period II. The debris cleared out of the rooms on the southern side was thrown into neighbouring cisterns. The debris covered the bottom of cistern 56, formed mounds at the north-west corner and against the eastern side of cistern 58 (Pl. XXIVa), filled the decantation basin at 83, and blocked the steps at the entrance of the large cistern, on the south-western side, loc. 85."[3]

Der südöstliche Teil des Hauptgebäudes wurde nicht mehr hergestellt. Insgesamt wurde die Verteidigungsfähigkeit der Anlage erhöht. Die Öffnungen im Süden wurden geschlossen, und ein Graben wurde entlang der Westmauer ausgehoben (durch loc. 128, loc. 107 und loc. 105). Jenseits des Grabens wurde der ganze westliche Teil der Anlage in seinem zerstörten Zustand belassen.

5.5.1.2 Das Wassersystem

Die Wasserversorgung mußte durch die Reparatur und Neuorganisation des Wasserleitungssystems, d. h. durch Aufschüttungen von Kanälen und Zisternen, gesichert werden. Die Römer benutzten nur die große Zisterne, loc. 71, im Osten der Anlage, die bei den Kämpfen vermutlich am wenigsten zerstört worden war. Das Kanalsystem wurde rigoros vereinfacht. Das große Zisterne im Südwesten, loc. 91, wurde mit Bauschutt und Erdreich aufgefüllt. Über die aufgefüllte Zisterne wurde ein neuer und einfach gebauter Kanal gezogen, der die Verbindung mit dem ursprünglichen Kanal, loc. 100, ermöglichte und südlich am ehemaligen Versammlungssaal bis zu loc. 72 entlanglief, wo das Wasser wieder in das alte Kanalbett eingeleitet wurde.

Die Gesamtkonzeption wurde von den Besatzern vollständig geändert. "It will be seen that all this constitutes a radical transformation. There are no longer any places of collective assembly or any workshops, and the potter's kiln now serves as a store for lime. For the needs of this small group there is only one bread oven set up above the ruins at the foot of the tower."[4] Neben den wenigen Münzen gibt es noch einige Fundstücke, die eine vorsichtige Deutung des Lebens von Periode III ermöglichen. Im Gegensatz zu den vorhergegenden Siedlungsperioden, in denen an Form und Quantität vielfältige Geschirrfunde möglich waren, ist Periode III durch einen ausgesprochenen Mangel an Geschirr gekennzeichnet. Die Geschirrformen, die Periode

[1] Vgl. dazu de Vaux, R. (1994), S. 48 und die daran anschließenden Abbildungen.

[2] Vgl. de Vaux, R., (1973), S. 42.

[3] Ebd., S. 43.

[4] Ebd.

II zugerechnet werden können, haben häufige Parallelen im 1. Jh. n. Chr., "but there is a market absence of the types which are peculiar to Khirbet Qumran itself. The potter's workshop had ceased to function and the ceramics of Period III bear witness to an essentially limited occupation following immediately upon Period II, but different in kind and only of brief duration."[1]

5.5.1.3 Die Münzfunde

Die ersten Münzfunde, die nach de Vaux eindeutig der Periode III zugerechnet werden können, sind 9 Münzen, die in Cäsarea unter der Herrschaft von Nero im Jahre 67/68 n. Chr. geprägt wurden, sowie 4 Münzen aus Dor, die aus dem selben Jahr stammen. Das sind schon fast die Hälfte aller gefundenen Münzen, die von de Vaux zu Periode III gerechnet werden.

Eine neronianische Münze enthält die Namen seiner Frau und dessen Tochter, Poppea und Claudia. Ferner wurde eine Silbermünze aus Antiochien aus der Regierungszeit Vespasians und Titus' aus dem Jahre 69/70 n. Chr., zwei Münzen aus Askalon aus dem Jahr 72/73 n. Chr. und neben einigen anderen Münzen noch eine Münze Agrippas II. aus dem Jahr 87 n. Chr gefunden. Diese Münze wurde außerhalb der Gebäude entdeckt, und ihre Zugehörigkeit zur Periode III bleibt für R. de Vaux zweifelhaft.[2] Zwar kann die Möglichkeit nicht ausgeschlossen werden, daß die römischen Besatzer so lange in Qumran blieben, doch sollte dann die Frage beantwortet werden können, warum zwischen 72 und 87 n. Chr. eine so große numismatische Lücke festgestellt werden kann.

Münzfunde, die nach de Vaux zu Periode III gezählt werden können:

Herrscher und Regierungszeit	de Vaux (1973)
Nero 54-68 n. Chr.	15 Münzen[3]
Antiochien unt. Vespasian/Titus 69/70 n. Chr.	1 Silbermünze[4]

---

[1] Ebd., S. 44.

[2] Das Grabungstagebuch listet für Agrippa II. nur eine Münze auf, Nr. 639, in loc. 7, westlich des Turmes. Vgl. de Vaux, R., (1994), S. 294 und vgl. grundsätzlich zu den Münzfunden Rohrhirsch, F.; Hofmeir, B., (1996), S. 119-131.

[3] Davon sind 9 Münzen 67/68 in Cäsarea, 4 Münzen 67/68 in Dor und 1 Münze wahrscheinlich vor 68 in Antiochien geprägt.

[4] In Antiochien geprägt, 72 n. Chr.

Ascalon
72/73 n. Chr.   2 Münzen

Judäa Capta   4 Münzen[1]

Agrippa II.
87 n. Chr.   1 Münze[2]

Pater de Vaux ist der Meinung, daß im Anschluß an den Fall von Masada die Römer Qumran aufgegeben haben. "Merely from the coins found at Qumran, therefore, it can be concluded with a certain degree of probability that following upon the fall of Masada in A.D. 73 the military outpost was suppressed."[3] "The abandoned buildings were used either as a hidding place or as a centre of resistance by the insurgents of the Second Jewish Revolt in A.D 132-5."[4]

Die Ruinen von Qumran wurden also nach de Vaux, entweder als Versteck oder als Zentrum der Aufrührer noch einmal benutzt. Kein Gebäude kann dieser Periode des Zweiten Aufstands eindeutig zugesprochen werden. Eventuell kann eine Mauer dieser Periode zugesprochen werden, die die Zisterne 58 abteilt und auf dem angehäuften Erdreich, das aus Periode III stammt, errichtet wurde. Ein paar Münzen, die die Aufständischen hinterließen, wurden gefunden. Eine dieser Münzen wurde an ganz isolierter Stelle in einer oberen Erdschicht des ehemaligen Hauptgebäudes gefunden. Im Erdgeschoß des Turmes, zu dem immer noch Zutritt möglich war, wurde das Unterteil einer dort vergrabenen Schüssel gefunden, die 10 Münzen enthielt: 5 Bronzemünzen, 1 Silberdenar des Zweiten Aufstands, ein Denar von Vespasian und drei Denare von Trajan. "Among these coins of the Second Revolt some belong to the second year while others are undated. If, as seems to have been demonstrated, these undated coins are the most recent in the sequence, the occupation of Khirbet Qumran belongs to the end of the war, and to that stage in it where the insurgents, hunted down by the Roman legions, sought refuge in the desert of Judaea, as we have learned from discoveries made in the caves of Murabba'at."[5]
Die ganz kurze Besetzung von Qumran gegen Ende des Krieges durch Aufständische, die dort Zuflucht vor der Verfolgung der Römer suchten, markiert das Ende

---

[1] Unsicheres Datum, Titus zugesprochen, möglicherweise um 72 n. Chr. "I said [in: de Vaux, R., (1959), S. 101, Anm. 2] that these coins must be later than the accession of Titus as emperor in A.D. 79. This is not certain. The coins of Judaea Capta struck in Palestine are undated, but coins of the same type in the name of Titus were struck at Rome from A.D. 72 onwards. The coins at Qumran could be equally old." De Vaux, R., (1973), S. 44, Anm. 3. [Einfügung vom Autor].

[2] Datiert 87 n. Chr., "but this [coin] was found outside the building and its attribution to Period III is doubtful." Ebd. [Einfügung vom Autor].

[3] Ebd.

[4] Ebd., S. 45.

[5] Ebd.

der Besiedlungsgeschichte von Khirbet Qumran. Die wenigen Münzen, die noch an der Oberfläche gefunden wurden, lassen sich vom 3. Jh. bis in die Türkische Periode verfolgen und datieren. Sie zeigen nicht mehr, so Pater de Vaux, als die vereinzelte Existenz von Wanderern, die an den Ruinen Rast gemacht haben.

Münzfunde, die nach de Vaux bis zum Zweiten Aufstand gezählt werden können:

Herrscher und Regierungszeit	de Vaux (1973)
Vespasian 69-79 n. Chr	1 Silberdenar
Trajan 98-117	3 Silberdenare
Zweiter Aufstand	5 Bronzemünzen 1 Silberdenar.

5.5.2 Datierung der Siedlungsperiode III

Mehrmals wurde schon die Problematik von Datierungsversuchen mittels Münzfunde erwähnt. So ist auch die zeitliche Einteilung von Periode III, welche die römische Besatzungsperiode bezeichnet und nach de Vaux mit dem Jahr 67/68 beginnt und mit dem Fall von Masada 73 n. Chr. endet, kritischen Anfragen ausgesetzt. "The neatness of the coin sequences ist perhaps to an extent fortuitous; and some scholars would like to maintain that it is also misleading; for instance, the transition from Jewish to Roman coinage does not necessarily mean a change of occupation from Jews to Romans, but entails only a change in the accessibility of certain coinage at Qumran. Nor, in fact, does the presence of coins dating from AD 67/8 at the beginning of the period III sequence prove that the Roman occupation began at this juncture; one might indeed expect some coins form previous years which would still be in circulation."[1] Davies gibt ferner zu bedenken, daß Soldaten ihren Sold sehr wahrscheinlich in neugeprägten Münzen ausbezahlt bekamen, und "although the coin evidence is not as conclusive as it may appear, it is sufficiently impressive to require concrete evidence, rather than speculation, to undermine its testimony."[2]

Diese Anfrage wurde vor Davies schon von G. R. Driver[3] an die Theorie de Vauxs gerichtet. In der Rechtfertigung seiner Schlüsse kommt de Vaux auf seine Unterscheidungskriterien von Periode II und III zu sprechen: "The last coins of Period II of Qumran are 83 coins of the year II of the revolt (A.D. 67-8) and five coins of the year III (68-9). The coins of Period III that can be exactly dated begin with coins of A.D. 67-8. It is obvious - and I have said this before -that the coins of Period II do not, *by themselves*, mean that this period began in A.D. 68. But since it is a fact that these coins are clearly confined to two superimposed archaeological strata"[4]. Daraus ergeben sich eine Reihe von Thesen, die durch folgende Begründungen von de Vaux abgesichert werden:

These 1:

> Behauptung: Zwei unterschiedliche Siedlungsperioden können festgestellt werden.
> Begründung: Das Ende von Periode II ist durch die gewaltsame Zerstörung der Gebäude gekennzeichnet. Periode III ist durch den partiellen Neuaufbau und einige wenigen, aber deutlichen Veränderungen gegenüber Periode II erkennbar.

---

[1] Davies, Ph. R., (1982), S. 62.
[2] Ebd.
[3] Vgl. Driver, G. R., (1965), S. 394-396.
[4] De Vaux, R., (1966), S. 103.

These 2:

> Behauptung: Ein Wechsel der Bewohner von Periode II auf III kann festgestellt werden.
> Begründung: Die Münzen von Periode II sind ohne Ausnahme jüdischen Ursprungs. Dagegen sind die Münzen von Periode III ausschließlich römischer Herkunft.

These 3:

> Behauptung: Die Bewohner der Anlage in Periode II waren Juden, deren Anlage im (Juni) des Jahre 68 n. Chr. durch die neuen römischen Bewohner der Periode III zerstört wurde.
> Begründung: Die letzten jüdischen Münzen des Jahres III "had been put into circulation in the spring of 68 and only five have been found at Qumran, compared to 83 of the year II. In June 68, as we learn from Josephus, the Roman troops who had been quartered in 67 at Caesarea, occupied Jericho ...; the Roman coins of Period III at Qumran dated 67-8, had been struck at Caesarea and at Dora, quite near Caesarea, and they represent more than half of all the coins of Period III. ... The combined evidence of archaeology and the texts could not provide a proof that is more absolute, nor a date that is more certain."[1]

Die Fixierung des Datums auf Juni 68 gelingt de Vaux nur durch die Zuhilfename einer Textinterpretation. Archäologisch kann auf einen Wechsel von Bewohnern geschlossen werden, der neben den baulichen Veränderungen auch durch Münzfunde in zwei unterschiedlichen Schichten begründet werden kann. Die Datierung der Münzen kann den Wechsel in den Zeitraum um 68 einordnen, jedoch mit den ganzen Unabwägbarkeiten, die Datierungsversuche mittels Münzfunden eigen sind.[2]

---

[1] Ebd.
[2] Vgl. auch Charlesworth, J. H., (1980), S. 228.

6 Was macht aus Gräbern einen Friedhof?

6.1 Die Ausgrabung von de Vaux

Östlich der Gebäudeanlage, durch einen etwa 50 m breiten und leeren Landstreifen von ihr getrennt, erstreckt sich ein großes Gräberfeld, das schon früh in der Literatur erwähnt wird. Der französische Forscher Guillaume Rey erzählt 1858 in einer Reisebeschreibung: "Nach zwanzig Minuten des Abstiegs kommen wir auf einem Punkt an, wo der Felsen vollkommen senkrecht ist. Wir wenden uns zur Linken, und um 11 Uhr 55 Minuten sind wir auf einem viel höheren Plateau als das Bett des Wadi. Dieses Plateau ist eine Art Terrasse, gebildet aus Kalksteintrümmern, die die Wasser von allen Seiten ausgewaschen haben. Auf diesem Plateau, fünf Minuten vor dem Steilabfall, sind einige Ruinen, bei welchen wir haltmachen, um zu frühstücken. Gleich danach gingen wir daran, das Plateau zu untersuchen. Es ist mit Tonscherben bestreut. Ein kleiner birket und verschiedene Mauerreste bilden diese Ruinen, denen die Araber den Namen Kharbet Ghoumran geben; ... Während ich den birket prüfe, machte mich Delbet aufmerksam, daß zu unserer Rechten eine Menge kleiner Steinhaufen waren, die alle das Aussehen von arabischen Gräbern hatten. Ich fragte den Scheich, der uns begleitete, und auf die Frage: Was ist das?, antwortete er mir, ohne zu zögern: Das sind Gräber! Eine Sache erregte uns vor allem, das ist die außerordentliche Regelmäßigkeit und die Methode, mit welcher diese Gräber angeordnet sind. Mohammed läßt mich dann weiter beobachten, daß diese Gräber sicher nicht muselmanisch oder christlich sind; denn entgegen dem allgemeinen Gebrauch haben sie ihre Achse von Norden nach Süden und nicht von Osten nach Westen. Sie sind noch an Zahl ungefähr achthundert, obgleich die Schluchten, die die Flanken der Terrasse benagen, viele von ihnen zerstört zu haben scheinen."[1]

Auch Pater de Vaux bemerkt in seinem Ausgrabungsbericht 100 Jahre später, daß die genaue Ausrichtung der Gräber auf dem Hauptfriedhof von Norden nach Süden völlig untypisch für alte palästinische Friedhöfe ist. Nur ein Grab ist westöstlich ausgerichtet. Die Gräber sind mit ovalen Steinansammlungen bedeckt. Meist befindet sich am Kopf oder Fuß des Grabes ein etwas größerer Stein.[2] Insgesamt konnte de Vaux über 1100 Gräber auf dem Friedhof oder den Friedhöfen registrieren. "It takes up all the rest of the plateau and the tombs are arranged in regular and closely

---

[1] Rey, G., zitiert nach Bardtke, H., (1958), S. 23. Die erste Erforschung eines Grabes wurde 1873 von Captain C. R. Condor, Captain H. H. Kitchener und Ch. Clermont-Ganneau durchgeführt. Vgl. dazu die Berichte von Condor, C. R. und Kitchener, H. H., 'The Survey of Western Palestine', Vol. III, Palestine Exploration Fund, London 1883, S. 210, und von Clermont-Ganneau, Ch., 'Archaeological Researches in Palestine', Vol. II, translated by Aubery Steweart, Palestine Exploration Fund, London 1889, S. 15f.

[2] Vgl. de Vaux, R., (1973), S. 46. Zur Erforschung von Gräbern im Nahen Osten vgl. Davies, J. J., Excavation of Burials, in: Drinkhard, J. F.; Mattingly, G. L.; Miller, J. M. (Hg.), Benchmarks in Time and Culture. An Introduction to Palestinian Archaeology, Atlanta 1988, S. 179-208, vgl. dazu auch Gersbach, E., Ausgrabung Heute. Methoden und Techniken der Feldgrabung, Darmstadt 1989, bes. Kap. 5.

ordered rows divided into three areas separated by alleys."[1] Es gibt Übereinstimmungen, die jedes Grab betreffen. Unter den angehäuften Steinen wurde ein rechteckiger Schacht ausgehoben, der durch die kieselartige Oberfläche bis in die festere
Mergelschicht des Plateaus getrieben wurde. Die Tiefe der untersuchten Gräber
schwankt zwischen 1,20 m und 2 m. "At the bottom of this cavity the loculus has
been dug, almost always sideways under the eastern wall of the cavity. This is
closed sometimes by mud bricks ... and sometimes by flat stones ..., the chinks
being filled in with earth"[2]. Die Skelette sind nach Norden ausgerichtet, d. h. die
Gebeine zeigen nach Norden, die Schädel befinden sich im Süden. Außer in einem
Fall, in dem zwei Skelette Seite an Seite lagen, konnten nur Einzelgräber registriert
werden. Der Leichnam wurde ausgestreckt und auf den Rücken gelegt, die gefalte-
ten Hände lagen auf dem Becken oder entlang des Körpers. Die Gräber (Abk. 'T'
für tomb bei de Vaux) T01-T11,[3] T12-T31 und T32-T37 sowie die Gräber eines
südlich, am Fuß der Mergelterrasse gelegenen kleinen Friedhofes T01-T04[4] wurden
aufgegraben und erforscht. Für die untersuchten Gräber im Hauptfriedhof finden
sich zu den Skeletten und Beigaben folgende Besonderheiten:[5]

T02	Skelett nach Süden ausgerichtet (Schädel im Norden).[6]
T03	loculus nach Westen orientiert.
T04	Ost-West-Ausrichtung, Schädel im Osten, Krugscherben, die re- stauriert einen beschädigten Pithos ergeben, zwischen Ziegelabdek- kungen des loculus.[7]
T07	Weibliches Skelett, keine Angaben zum Alter[8], kein loculus, die

---

[1] De Vaux, R., (1973), S. 46.

[2] Ebd.; vgl. ders., (1953), S. 95, 102f. (Skizze von Grabtypen); (1954), S. 207 und (1956), S. 569-572.

[3] Vgl. de Vaux, R., (1953), S. 95 u. 102f.

[4] Vgl. de Vaux, R., (1956), S. 569-572. Zu den Gräbern T12-T19 vgl. ders., (1954), S. 206f.

[5] Vgl. dazu grundsätzlich: de Vaux, R., (1953), S. 95 u. 102f.; (1956), S. 570-572; (1973), S. 45-48; (1994), S. 346-352 und Bardtke, H., (1958), S. 37-47.

[6] Zu Grab 1 (und Grab 2) können in den veröffentlichten Grabungstagebüchern keine weiteren Angaben gefunden werden. Die Hg. vermerken: "Les tombes 1 et 2 ont été fouillées en 1949. Les notes de fouilles n'ont pas été conservées." De Vaux, R., (1994), S. 346.

[7] Vgl. dazu die Beschreibung von de Vaux: "Haute jarre cylindrique, col étroit et haut, deux anses annu-laires sur l'épaule, base ronde (?). Terre gris-rose, très cuite". (1953), S. 96. und Pl. VIa (Photo). Datiert wird der Pithos in das 1 Jh. v. Chr., in Periode Ib. "Je ne lui connais qu'un parallèle exact: c'est une jarre trouvée dans le fouilles de la citadelle de Jérusalem, dans une couche du Ier siècle avant notre ère, an-térieure aux constructions d'Hérode le Grand." Ebd., S. 103, vgl. ders., (1956), S. 571, Anm. 2. Vgl. auch de Vaux, R., (1994), Tombe 4, S. 346.

[8] Vgl. de Vaux, R., (1953), S. 102f. Entgegen den ersten Aussagen von 1953, wo von mehreren weibli-chen Skeletten auf dem Hauptfriedhof gesprochen wurde, nahm de Vaux diese Behauptung wieder zurück (1956, S. 571 Anm. 3) und war nur noch T7 für ihn ein eindeutiges Frauengrab. "Dieses Grab hat aber de Vaux bereits 1953 als absonderlich und aus der Eigenart der übrigen Gräber heraustretend bezeichnet. Es liegt nahe am Westrand des Begräbnisplatzes, außerhalb der Fluchtlinie der anderen Gräber, und auch die Machart ist anders. Es handelt sich um ein einfaches rechteckiges Grab von nur 80 cm Tiefe ohne einen

(Fortsetzung...)

Leiche wurde auf die Sohle des Grabschachtes gelegt, außerhalb (westlich) der westlichsten Gräberreihe gelegen.

T10	Gesicht nach oben.
T12	Männliches Skelett, knapp unter 30 Jahre alt, Blickrichtung nach Osten.[1]
T13	Männliches Skelett, Alter unbestimmbar, Tonscherben - qumrantypisch: "Le loculus est fermé par des briques crues epais épaisses de 0,10 m, constituées de terre mêlée de nombreux tessons de poterie du type Qumrân."[2]
T14	Pithosscherbe in der Schachtauffüllung: "Dans le remplissage de la fosse, un grand tesson de jarre type Qumrân a été recueilli."[3]
T15	Wahrscheinlich männliches Skelett, etwa 16 Jahre alt, qumrantypischer Pithos in der Schachtauffüllung: "Dans le remplissage de la fosse, on récupère une jarre de type Qumrân, brisée dès l'antiquité."[4]
T16	Zwei männliche Skelette, eines etwa 30 Jahre alt, das andere 30-40 Jahre alt.[5]
T20	Männliches Skelett, über 30 Jahre alt, Schädel nach Osten gedreht.
T21	Männliches Skelett?, ca. 30-35 Jahre alt, Schädel leicht nach Osten gedreht.
T22	Männliches Skelett, zwischen 30 und 35 Jahre alt, Schädel nach Osten gedreht.
T23	Männliches Skelett, ca. 40-50 Jahre alt, mögl. Wiederbestattung, Pithosscherben in der Schachtauffüllung: "Dans le remplissage de la f osse, on recueille quelques tessons d'une panse de große jarre."[6] Loculus im Westen.

---

[8] (...Fortsetzung)
besonderen, nach rechts oder links in die Wand eingegrabenen Leichenort, auch ohne Ziegelabdeckung, die die Berührung der Leiche mit der Erde verhindern sollte." Bardtke, H., (1958), S. 38. Bei der letzten Beschreibung dieses Grabes von de Vaux (1973, S. 46f.) wird die Qualifizierung 'weibliches Skelett' wiederholt. Das Grabungstagebuch enthält keine Genusbestimmung. Nur das auffallend breite Becken wird erwähnt und die geringe Größe: "Nous avons enlevé le pelvis qui est très large! et le crâne. Le squelette ne mesure que 1,60 m ... Le squelette repose sur le dos, tête au sud, face droite, la main droite sur le pelvis et la main gauche sur la poitrine." De Vaux, R., (1994), Tombe 7, S. 347.
Wenn diese Angaben mit Abbildung Nr. 458 im Ausgrabungsband (S. 220, identisch mit de Vaux (1953), Abb. Vb, S. 108) verglichen werden und unterstellt wird, daß die Abbildungen nicht seitenverkehrt reproduziert sind, dagegen spricht auch die Grabskizze auf der selben Seite (de Vaux, R. (1994), S. 220), dann kann die entgegengesetzte Armstellung festgestellt werden. Auf der Abbildung ruht nämlich die rechte Hand auf der Brust und die linke Hand auf dem Becken.

[1] "[L]e face tournée vers l'est." De Vaux, R., (1994), S. 348. [Veränderung vom Autor].

[2] Ebd.

[3] Ebd.

[4] Ebd.

[5] Vgl. de Vaux, R., (1954), S. 207; (1994), Tombe 16, S. 348.

[6] Ebd., S. 350.

T24	Doppelgrab: männliche unvollständige Skelette, eines um die 25 Jahre alt, das andere ein Erwachsenenskelett mit unbestimmbarem Alter, 18-20 Jahre?, ein Skelett nach Süden das andere nach Norden ausgerichtet, eventuell Wiederbestattung.[1]
T25	Männliches Skelett, etwa 50 Jahre alt.
T26	Männliches Skelett, zwischen 30 und 40 Jahre alt, leichte Schädeldrehung nach Osten, eine unversehrte Lampe des 'herodianischen Typs', die zwischen 4-68 n. Chr. zu datieren ist, wurde im Schacht des Grabes gefunden.[2]
T27	Männliches Skelett, um die 30 Jahre alt: "Un fragment de jarre restait collé à une brique."[3]
T28	Männliches Skelett, ungefähr 22-23 Jahre alt, Schädeldrehung nach Osten.
T29	Männliches Skelett?, Schädeldrehung nach Osten, zwischen 30 und 40 Jahre alt?
T30	Männliches Skelett?, zwischen 30 und 35 Jahre alt: "Dans le remplissage, sur la banquette, on recueille trois gros tessons de jarres."[4]
T31	Männliches Skelett, zwischen 25 und 30 Jahre alt.

Nördlich vom Hauptfriedhof, einige Minuten von diesem entfernt, befindet sich nach Angaben von de Vaux[5] ein weiterer kleiner Friedhof mit 12 Gräbern, "die in einem Quartier angelegt worden sind.

Weitere Gräber befinden sich in der Umgebung des Quartiers, ohne diesem regelmäßig in der Lage zugeordnet zu sein."[6] "They are similar to those in the main cemetery."[7] Zwei Gräber, T9 (Tombe A) und T10[8] (Tombe B), wurden ausgewählt und untersucht. "L'une des tombes contenait une femme de 30 à 35 ans, l'autre était celle d'un homme de plus de 50 ans."[9]

---

[1] "Il s'agit sûrement d'une ré-inhumation. ... G. Kurth y a discerné les restes de deux individus: un mâle d'environ 18-20 ans et un autre d'environ 25 ans, mais plus petit que le premier." Ebd. Schachttiefe ca. 2 m, Loculustiefe ca. 2,50 m. Vgl. ebd., Ab. XL, (S. 225).

[2] Vgl. de Vaux, R. (1956), S. 571, Anm. 2. Dort heißt es zwar: "le remplissage de la T. 24 avait une lampe 'hérodienne' intacte de la période II." Aber in den veröffentlichten Grabungstagebüchern wird von einem Lampenfund in Grab 26 gesprochen: "Dans le remplissage on recueille une lampe du type de Qumrân, intacte. ... Objet de la tombe 26. 2662 (dans le remplissage): lampe." De Vaux, R., (1994), S. 350. Angenommen werden kann, daß die Angabe von 1956 in Anm. 2 auf einem Fehler beruht, der durch die vorherige Angabe von T4 (zu T24 anstatt T26) verursacht wurde.

[3] Ebd.

[4] Ebd., S. 351.

[5] Vgl. de Vaux, R., (1956), S. 569; (1973) S. 57f.

[6] Bardtke, H., (1958), S. 37.

[7] De Vaux, R., (1973), S. 58.

[8] Vgl. de Vaux, R., (1994), S. 347.

[9] De Vaux, R., (1956), S. 569.

Im Westen des Hauptfriedhofsareales wird von Vaux eine kleine Gruppe von drei Gräbern (T 17-19) besonders erwähnt. "These were marked by a circle of stones and, at the bottom of one trench, once more orientated from north to south but not quite in accordance with the usual form, there were found, under a covering of slabs or mud bricks, the remains of a wooden coffin in which the body had been laid in the dorsal position."[1]

T17	Reste eines Holzsarges, unbestimmbares Skelett, Steinkreis.
T18	Reste eines Holzsarges, männliches Skelett, etwa 30 Jahre alt: "Die Untersuchung von Grab 18 hat einwandfrei die Reste eines Holzsarges ergeben"[2], das Grab wird durch einen Steinkreis markiert.[3]
T19	Reste eines Holzsarges, männliches Skelett, Kopf im Norden, 30 oder 40 Jahre alt, Steinkreis.[4]

Die Gräber 17 und 19 waren zum Teil im Innern durch Nässe und Einsturz der steinernen Abdeckung, die sich über den Holzsärgen befand, zerstört. Eine steinerne Abdeckung konnte in allen drei Gräbern nachgewiesen werden.[5]

---

[1] De Vaux, R., (1973), S. 46; vgl. ders., (1956), S. 572 und (1954), S. 207.

[2] Bardtke, H., (1958), S. 40. "Le corps repose dans un cercueil de bois assez bien conservé sans traces de couvercle." De Vaux, R., (1994), Tombe 18, S. 349.

[3] "La tombe est marquée par un cercle de pierres de taille moyenne, de 2 à 3 m de diametre environ, avec une grande pierre levée au sud, haute de 0,73 m." Ebd.

[4] Vgl. ebd.

[5] Aus den nachgewiesenen Holzresten in T 17-19 und der braunen Erdschicht in T 32 und T 33 zieht de Vaux den Schluß, daß die Leichen von auswärts nach Qumran gebracht worden sind. Aber so naheliegend der Schluß auch ist, zwingend ist er für Bardtke nicht. "Die geringe Anzahl der Gräber, die bisher untersucht sind, verwehrt einen solchen Rückschluß. Eine andere Vermutung erscheint mir ebenso berechtigt, daß nämlich die Särge in einer Zeit verwendet wurden, als der Baumbestand jener Qumrangegend noch die Verwendung von Holz erlaubte ... Oder handelte es sich um Gräber besonders angesehener Mitglieder der Sekte? Die beiden Frauenleichen hatten - wenn auch armseligen - Schmuck bei sich. Bevorzugte Gräber hat es gegeben, obgleich es für Qumran nur in einem einzigen Fall bisher erwiesen ist. Das ist das Zadokgrab, das in den Kupferrollen aus Höhle 3Q erwähnt wird. ... Eine bevorzugte Lage wird man nur den drei Gräbern 17-19 zusprechen dürfen, weil sie ganz an der Westgrenze des Begräbnisplatzes 1 [dem Hauptfriedhof] liegen. Von den Grablagen 32 und 33 wird man das nicht sagen können, da sie in der Machart nicht so sorgfältig angelegt sind wie die anderen Gräber. Machte man vielleicht bei Frauen gelegentlich Ausnahmen von der sorgfältigen Bestattungsart? Das würde für die Vermutung von P. de Vaux sprechen. Alle diese Vermutungen werden sich erst dann prüfen lassen, wenn die Begräbnisplätze gründlicher untersucht sind." Bardtke, H., 1958, S. 41. [Einfügung vom Autor].

Der ganze Hauptfriedhof erstreckt sich über kleine Hügel bis zum Osten der Mergelterrasse. Dort ist die Lage der Gräber zueinander nicht mehr regelmäßig. Fast alle Gräber sind entgegen der Ausrichtung der Gräber im Hauptfriedhof ostwestlich ausgerichtet.

T11	Nord-Süd-Ausrichtung, unvollständiges Skelett[1], eventuell Wiederbestattung unter Kalkplatten, ohne loculus.
T32	Ost-West-Ausrichtung, braune Erdschicht - Holzsarg, Wiederbestattung, kein loculus, keine steinerne Abdeckung, weibliches Skelett, um die 30 Jahre alt, Schädel im Westen, nach Norden gedreht. Schmuck: Bronzering am Fingerknochen. "Bei einem Fuß lag eine Anzahl von farbigen Steinperlen, 19 Stück, die offensichtlich zu einer Halskette gehörten."[2]
T33	Ost-West-Ausrichtung, braune Erdschicht - Holzsarg, Wiederbestattung, kein loculus, keine steinerne Abdeckung, weibliches Skelett, knapp unterhalb 30 Jahre alt, zwei Ohrringe, Schädel im Westen, ein wenig nach Norden gedreht.
T34	Ost-West-Ausrichtung, wahrscheinlich weibliches Skelett, ungefähr 25 Jahre alt, Schädel im Westen, nach Norden gedreht, loculus in der Nordwand.
T35	Ost-West-Ausrichtung, erwachsenes Frauenskelett, zwischen 30 und 40 Jahre alt, Schädel im Westen, nach Norden oder Süden gedreht[3], loculus in der Südwand.
T36	Ost-West-Ausrichtung, Kinderskelett zwischen 6 und 7 Jahre alt, Schädel im Westen, loculus in der Südwand, nach Norden oder Süden gedreht.[4]
T37	Nord-Süd-Ausrichtung, Skelett unvollständig, Wiederbestattung?, keinen besonderen Leichenort, kein bestimmbares Geschlecht und Alter, Schädel im Norden.[5]

---

[1] "Unter zwei Kalkplatten waren die Gebeine geborgen; der Schädel lag im Süden des Grabes, wobei das Gesicht in die Erde gedrückt war, die Handknochen befanden sich im Hohlraum des Schädels; hinter ihm lagen die langen Knochen. Es fehlen Becken und Wirbelknochen." Ebd., S. 42, vgl. auch de Vaux, R., (1953), S. 103. Das Grab befindet sich auf dem mittleren der drei östlichen Ausläufer des Friedhofes. Vgl. ders., (1994), S. 214 u. 347.

[2] Bardtke, H., (1958), S. 40.

[3] Vgl. de Vaux, R., (1956), S. 570. Dort heißt es bei T. 35: "Tête à l'ouest, tournée vers le nord." Bei de Vaux (1994), S. 352 heißt es zum selben Grab: "La tête est à l'ouest, penchée vers le sud."

[4] Vgl. de Vaux, R., (1956), S. 570. Dort heißt es zu T. 36: "Tête à l'ouest, tournée vers le nord." Bei de Vaux (1994), S. 352 heißt es zum selben Grab: "La tête est à l'ouest et tournée vers le sud." Werden die Abbildungen von T. 35 und T. 36 auf S. 227 zur Entscheidungsfindung herangezogen, dann kann, wenn sich der Schädel tatsächlich im Westen befindet, auf eine Blickrichtung nach Süden geschlossen werden.

[5] Obwohl nach Angaben von de Vaux Alter und Geschlecht unbestimmbar sind, bestimmt Bardtke das Skelett als Frauenskelett: "In Grab 37 ... waren die Überreste einer weiblichen Leiche geborgen; Becken und Schenkelknochen lagen auf den anderen, unvollständigen Knochen." Bardtke, H., (1958), S. 42.

Ein weiterer Friedhof wird von de Vaux aufgeführt. Er liegt südlich (cimetière-sud) des Wadi Qumran, am Fuß der Mergelterrassen und umfaßt etwa dreißig unregelmäßig angeordnete Gräber, die "abweichend von den anderen Grablagen durch kleine, in unregelmäßigen Ovalen angeordnete Kieselsteinlagen an der Oberfläche markiert sind."[1]

T01	Keine eindeutige Ost-West-Ausrichtung, weibliches Skelett, ca. 30 Jahre alt, kein loculus, keine Abdeckung, das Skelett lag auf der linke Seite, den Schädel im Westen und nach Norden gedreht. Schmuck: gleicher Schmuck wie in T32. "Hier fand man 30 Perlen verschiedener Farbe bei den Wirbeln auf. Die Leiche hatte den Schmuck offenbar am Hals gehabt. Im gleichen Grab wurden zwei Ohrringe aufgehoben, über deren Form und Material bisher keine Auskunft gegeben worden ist."[2]
T02	Nord-Süd Ausrichtung, kein loculus, aber steinerne Abdeckung, Kinderskelett, ca. 6 Jahre alt, das Skelett lag auf der rechten Seite, den Schädel im Süden, nach Osten gedreht.
T03	Ost-West Ausrichtung, keine Abdeckung der Leiche, Kinderskelett, ca. 8 Jahre alt, das Skelett lag auf der rechten Seite, der Schädel im Westen, nach Süden gedreht.
T04	Keine eindeutige Ost-West-Ausrichtung, kein Leichenort, keine Abdeckung, Kinderskelett, ca. 8 bis 10 Jahre alt, das Skelett war nach Süden gewendet, der Kopf im Westen, nach Süden gedreht.

Aus den untersuchten Skeletten läßt sich der Schluß ziehen, daß die Männer und Frauen jung starben. Nur sehr wenige vollendeten ihr 40. Lebensjahr. "The indications as to sex and age are useful, but the small number of the tombs excavated does not permit us to draw any statistics from them which can validly be applied to the cemetery as a whole. ... Nevertheless, it is certain that these tombs -apart perhaps from those which are anomalous in type- are contemporaneous with the community settlement at Khirbet Qumran."[3]

Daß die Friedhofsanlage mit der Qumranruine in Beziehung gesehen werden darf, läßt sich nicht mit dem Verweis auf die unmittelbare Nähe zu den Ruinen begründen, aber die gefundenen Tonscherben in der Schachtauffüllung und in der Loculusabdichtung (T13, T14, T23, T27, T30), die in den Schlammziegeln eingesetzt oder mit Erde verbunden waren, signalisieren die Verbindung Gräber - Anlage. Die Tonscherben sind von gleicher Struktur wie die in den Ruinen von Qumran gefundenen Tonscherben. In drei Fällen ist der Zusammenhang signifikant: T4 enthielt Pithoischerben, aus denen ein beschädigter Pithos restauriert werden konnte, der in die

---

[1] Ebd., S. 37; vgl. dazu auch de Vaux, R., (1956), S. 571; (1973), S. 47.

[2] Bardtke, H., (1958), S. 40. Das ist, wenn die durchgesehene Literatur als Maßstab betrachtet wird, bis heute so geblieben.

[3] De Vaux, R., (1973), S. 47.

Periode Ib datiert werden kann. T15 enthielt einen qumrantypischen Pithos. Die vollständige 'herodianische' Lampe, die in T26 entdeckt wurde, datiert de Vaux in Periode II. Zur Pithosscherbe in T14 finden sich keine Datierungsaussagen.

Daß das Urteil de Vauxs den ganzen Hauptfriedhof umfaßt, ist subjektiv besehen verständlich, logisch gerechtfertigt ist es nicht. Das gibt auch de Vaux zu, der dafür die geringe Zahl der untersuchten Gräber verantwortlich macht. Die Zuordnung der Gräber zu den Ruinen von Qumran läßt sich nur durch die Gräber T4, T14, T15 und T26 sowie durch das von Steckoll geöffnete Grab QG.09 (siehe unten) nicht falsifizieren. Dringend geboten ist die Erforschung weiterer Gräber.

Zum gegenwärtigen Zeitpunkt gibt es keine Argumente, die einer Beziehung Ruinen - Gräber widersprechen.

6.2 Die Ausgrabung von S. H. Steckoll

Unter S. H. Steckoll wurden zwischen 1966 und 1967 10 weitere Gräber[1] (Abk. QG. für Qumran Grave) in Qumran geöffnet[2]. Generell zu den aufgegrabenen Gräbern bemerkt er: "All are individual shaft graves, oriented approximately on a north south axis with an air pocket built over the body sometimes with stones, in other cases with bricks."[3] Die Skelette lagen in einer Tiefe zwischen 1,65 und 2,50 m in einer Nische, die im Osten des Schachtbodens angelegt wurde. "In all ... cases the head was at the southern side of the grave, sometimes with plaster under it. In some cases the head was turned to face the east, in others looking straight upward."[4] Nur in einem Fall bildete der Schachtboden die Nische für den Körper. "About sixty of the graves, all on the southernmost spur of the cemetery, lie on an east-west axis and a grave excavated here (QG.10) showed that here the body rested in a niche on the southern side with the head to the west."[5] Kleine verbrannte Holzteilchen wurden in den meisten Gräbern gefunden "and in those where bricks had been used to form the air pocket over the body charred wood was found on top of these bricks while the lower parts of the bricks, when broken up, produced traces of unburnt organic material"[6]. Sogar ein Dattelkern wurde in einem Grab (QG.04) gefunden.[7] Das verbrannte Holz wurde als Holz vom Stamm einer Dattelpalme identifiziert.[8] Eine Altersbestimmung der Holzkohle aus QG.09 mittels C^{14}-Methode erbrachte ein Altersbestimmung von 120 n. Chr. plus/minus 210 Jahren. Das früheste Datum wäre 90 v., das späteste 330 n. Chr. "Forty pieces of pottery which had been found inside this grave, which can be dated between 20 and 60 AD, made it possible to reduce this wide margin."[9] Für Steckoll ist deshalb eindeutig erwiesen, daß der Friedhof von Qumran der Friedhof der Gemeinschaft ist, die die Rollen geschrieben und in den Höhlen deponiert hat. "It was thus clear that the large cemetery at Qumran was

---

[1] "Ten graves, at different places in the cemetery were opened." Steckoll, S. H., The Community of the Dead Sea Scrolls, in: Atti. Centro studi e documentazione sull'Italia romana, 5: Convegno Internazionale sui Medod, 1973-74, S. 199-244, S. 200.

[2] Vgl. Steckoll, S. H., (1967), S. 323-344; (1969), S. 33-44; (1973-74), S. 199-244.

[3] Ebd., S. 200.

[4] Ebd., S. 208.

[5] Ebd. S. 200 u. S. 208. Vgl. Skizze 'Fig.7', in der Steckoll die Lage des Friedhofes mit seinen Ausläufern angibt und diese mit I, II, III, IV benennt. QG.10 kann folglich in IV lokalisiert werden.

[6] Ebd., S. 208f.

[7] "[T]he date seed, ... was of a strain originating in Aram-Naharaim. ... I subsequently examined many thousands of date seeds which had been found at different excavations in Israel, from the Chalcolithic Period to the Crusaders ... and they were without exception of the smooth Egyptian varieties. The Qumran date seed is therefore unique, although too much significance should not be given to this." Ebd., S. 209. [Veränderung vom Autor].

[8] Vgl. ebd.

[9] Ebd., S. 211. Das ist die einzige Bemerkung von Steckoll über Keramikfunde bei den von ihm untersuchten Gräbern. Es fehlen Beschreibung, Klassifizierung und Abbildung der Funde.

indeed that of the Community of the Scrolls"[1]. Der Schluß, auf der Basis von Grab QG.09 eine Aussage zum gesamten Friedhof von Qumran zu machen, ist, gleich dem Schluß de Vauxs, logisch nicht haltbar. Beantwortet werden müßte von Steckoll auch die Frage, wo sich der Ort von Grab QG.09 befand. Dieser wird in den Veröffentlichungen nicht genannt, wie überhaupt die geographische Lage sämtlicher Gräber, die Steckoll untersuchte, bis auf zwei Ausnahmen (QG.02 und QG. 10), die indirekt erschlossen werden können, unbekannt bleibt.

Eine weitere Entdeckung in einigen von den geöffneten Gräbern ist bemerkenswert. Von den 10 von Steckoll untersuchten Gräbern enthielten 7 Gräber (QG. 03, 04, 05, 06, 09, 10 und 11) verbrannte Holzteile.[2] In vier dieser Gräber (QG. 03, 04, 06 und 10) konnten bei den untersuchten Knochen oberflächliche Brandspuren entdeckt werden, "traces of slight, superficial burning."[3]

Steckoll ist der Meinung, daß in allen Gräbern, in denen verbranntes Holz gefunden wurde, die Funde durch einen postulierten Beerdingungsritus erklärt werden können. "The position of the burnt bones indicated that the ceremonial fire was lit above the chest in QG. 03, QG. 04 and QG. 10 falling onto the right side in QG.03 and the left side of the chest in QG. 04 and QG. 10. The evidence of burnt bones in the grave QG.06 is more extensive and in this case the fire had burnt along the entire length of the grave. From this we can conclude that the Qumran Sectarians practised what we could call a form of purification or baptism by fire after death during the burial of the departed."[4] Ob die Erklärung von Steckoll zutrifft, darüber kann

---

[1] Ebd.

[2] Vgl. ebd., S. 213f.

[3] S. 214. "In no cases were there signs of any calcification. It would have been possible to find burning of the bones in the manner discovered, only if the fire had burnt inside the grave after the body was placed at the bottom of the shaft and before it was filled up with soil". Ebd. Die Brandstellen für die einzelnen Gräber und Knochen sind:
QG.03 "the traces of burning were on the acromion of the right scapula, the XII right rib and on the IV and V right metacarpal bones...
QG.04 a number of left ribs reveal traces of burning...
QG.06, where the remains of a women were found, traces of burning of bones were: Right fibula, on the shaft and epiphyses; right hallus; II right metatarsal; Right proximal phalanx hand; Right tibia, distal part; Left fibula, distal part; Left IV and V metatarsal and Right V metatarsal...
QG.10 the bones having traces of burning are: lateral side of the left scapula; lateral side of left clavicle; lateral side of left humerus; medial side of left ulna and the medial sides of the left carpal bones. It is noteworthy that there were no signs of any burning on the radius. It should be pointed out that the body in QG.03 had been covered with three bricks on the top of which small pieces of burnt wood was found. Small pieces of burnt wood were found on the upper parts of bricks which formed the air pockets over the bodies of QG.04 and QG.06. In the grave QG.10 the body had been coverd by three heavy stones, on the top of which small pieces of burnt wood were found. " Ebd., S. 214f.

[4] Ebd., S. 215. Parallelen mit diesem Befund sieht er in der Predigt des Johannes in Mt 3,11 und Lk 3,16, der auch von einer Taufe durch Wasser, durch Heiligen Geist und durch Feuer spricht. Ferner verweist er auf eine Aussage des Eusebius von Cäsarea: "He wrote that 'two of them were hearers (catechumens)' and that 'they were baptized at their deaths with the baptism of fire only." Ebd., S. 216. (Steckoll zitiert nach Eusebius. History of the Martyrs in Palestine, tr. form Syrac by William Cureton, London 1861.) Vgl. auch Eusebius, Kirchengeschiche, VI: 4,3. Nach Steckoll besitzen die heute noch existierenden Man-
(Fortsetzung...)

archäologisch keine Antwort gegeben werden. Ein kritisches Urteil über die Arbeit von Steckoll, wie sie auch bei de Vaux zu finden ist[1], muß differenzieren zwischen den archäologischen Daten, die Steckoll liefert, und den Erklärungen, die er zu diesen Daten anbietet. Die Feststellung von angebrannten Knochen durch Steckoll bleibt bedeutsam, gleichgültig wie sein Erklärungsversuch bewertet wird.

Für die von Steckoll untersuchten Gräber lassen sich folgende Besonderheiten anführen:

QG.01   Kein Grab.[2]

QG.02   Männliches Skelett, Skelettanomalien, 65 Jahre oder älter, Schädel nach Osten gedreht,[3] loculus mit 7 großen Steinen abgedeckt.

QG.03   Männliches, vollständiges Skelett, 65-75 Jahre oder älter, weitere Knochenteile eines Skeletts, ca. 40 Jahre, versteinerter Abdruck eines Korbgeflechtes im loculus[4], verbranntes Holz, Schädel nach

---

[4] (...Fortsetzung)
däer im Südirak das gleiche dreistufige Taufschema, und der Hauptprophet der Mandäer ist Johannes der Täufer. Vgl. Steckoll, S. H., (1973-74), S. 224-226.

[1] Vgl. de Vaux, R., (1973), S. 48.

[2] Es handelt sich um eine Kontrollgrabung von Steckoll. Das Friedhofsareal mit den Steinanhäufungen ist durchschnittlich 30 m von der östlichen Begrenzungsmauer der Anlage entfernt. Zwischen Anlage und Friedhof können Steinanhäufungen festgestellt werden, die oberflächlich besehen wie weitere Gräber aussehen. Laut Mishnah, so Steckoll, ist es streng verboten, eine Person näher als 50 cubit an einer Stätte der Lebenden zu begraben. 50 cubit entsprechen ca. 22,352 m. Steckoll untersuchte innerhalb dieser 22 m eine Steinansammlung 'Grab 1'. "The soundings at the spot G.01 showed that this was *not* a grave, and the digging was abandoned on reaching shale at a depth of 79 centimeters. This negative result is important insofar as it shows that the rule which prohibits burial at a distance less than fifty cubits from a city or building of dwelling, was *not* violated by the Qumran Community." Steckoll, S. H., (1968), S. 328.

[3] "We also excavated a grave at the spot marked 'G2' on the map ... and found that the form of burial follows the same pattern as in those graves previously excavated. A shaft-grave with a recess at the bottom, on the eastern face, for the body. We found a fully articulated skeleton, lying on its back with the head at the southern extremity of the grave. The head itself was turned to face towards the east. ... The head itself extended in the recess beyond the limits of the shaftgrave and the space under the head was carefully lined with plaster of lime, the mortar having been carefully smoothed under the place where the head would rest on burial." Ebd. S. 328 u. 329f. Die Gesamttiefe des Grabes beträgt ca. 1,85 m. Zur detaillierten medizinischen Beschreibung des Skeletts aus QG.02 vgl. Haas, N.; Nathan, H., Anthropological Survey on the human skeletal remains from Qumran, in: Revue de Qumran 23 (1968), S. 345-352. QG.02 kann neben QG.10 als einziges Grab eindeutig zugeordnet werden. Es befindet sich ca. 46 m östlich von loc. 64, dem großen Töpferofen. Vgl. Steckoll, S. H., (1968), S. 329. Die Anomalien an diesem Skelett werden häufig als Nachweis für einen Kampf um Qumran zwischen Bewohnern und Römern herangezogen. Regelmäßig wird dabei vergessen, daß die große Schädelwunde über dem linken Auge und der Bruch des rechten Schlüsselbeines von Verletzungen stammen, die lange vor dem Tod des betreffenden Individuums ausgeheilt waren. Vgl. Steckoll, S. H., (1973-74), S. 230f. ; Haas, N.; Nathan, H., (1968), S. 368.

[4] "In another grave, (QG.03) the air pocket was prepared by using a basket which, although it had disintegrated completely through the passage of time, left an imprint in the soil (plates 4-5, fig. 5). It was possible to determine that the original basket had been woven from palm leaves." Steckoll, S. H., (1973-74), S. 208.

Osten gedreht[1], oberflächliche Brandspuren an einzelnen Knochen.[2]

QG.04   Männliches Skelett, etwa 40 Jahre alt, oberflächliche Brandspuren an einzelnen Knochen, verbranntes Holz, Dattelpalmkern.[3]

QG.05   Männliches Skelett, Schädel leicht nach Osten dreht[4], 22 Jahre alt, verbranntes Holz.[5]

QG.06   Ein weibliches und ein Kleinkindskelett, 25 und 2 Jahre alt, verbranntes Holz, Schädel leicht nach Osten gedreht[6], oberflächliche Brandspuren an einzelnen Knochen.[7]

QG.07   Weibliches Skelett, 14-16 Jahre alt.[8]

QG.08   Weibliches Skelett, 23 Jahre alt.[9]

QG.09   Männliches Skelett, 65 Jahre alt, verbranntes Holz, Tonscherben (40 Teile).[10]

QG.10   Ost-West-Ausrichtung des Grabes, loculus im Süden, männliches Skelett, Schädel im Westen, 25-26 Jahre alt, oberflächliche Brandspuren an einzelnen Knochen, verbranntes Holz..[11]

QG.11   Verbranntes Holz.[12]

---

[1] Vgl. ebd., S. 207, Fig. 5.

[2] Vgl. ebd., S. 213f. Steckoll hält es für möglich, daß dieser Mann einer Gewalttat zum Opfer fiel. Vgl. ebd., S. 229-231. Einige Knochenteile harmonieren nicht mit dem Alter des Skeletts und weisen auf weitere Individuen. Vgl. auch S. 229. Gesamttiefe des Grabes: ca. 1,85 m. Zur Konstruktion des Grabes vgl. Fig. 5, S. 207.

[3] Vgl. ebd., S. 213f. und pl. 6, S. 203. Die Erklärung zur Abbildung lautet: "A calcined date seed of the Iraqi winged variety found in the grave QG.04."

[4] Vgl. ebd., S. 207, Fig. 4.

[5] Vgl. ebd., S. 213.

[6] Vgl. ebd., Seite 205, Fig. 2.

[7] "... who was buried in the same grave together with a baby aged two years." Steckoll, S. H., (1968), S. 335; vgl. ders., (1973-74), S. 213f.

[8] "In this grave thin plates of stone which had been taken from the cliff opposite the Qumran Settlement, were used to build the air pocket over the body. Adult, fresh water snails, Melanopsis praemorsa, were found imbedded in the stones ... We thus obtained incidental knowledge that there was sweet water the year round, summer and winter, at some undetermined time in the past, where today there is no fresh water at all, neither in summer nor winter." Ebd., S. 209f.

[9] Vgl. Steckoll, S. H., (1968), S. 335.

[10] Vgl. Steckoll, S. H., (1973-74), S. 211 u. 213.

[11] Vgl. ebd.: "The tomb QG.10 belongs to those few cases where the grave is on a East-West orientation". Steckoll, S. H., (1968), S. 335. Daraus kann geschlossen werden, daß sich das Grab auf dem südöstlichen Ausläufer des Friedhofes befindet, auf dem sich auch die Gräber T32-37 befinden, die von de Vaux untersucht wurden.

[12] Vgl. Steckoll, S. H., (1973-74), S. 213.

6.3 Die Ausgrabung von Bar-Adon

In Ergänzung ist eine Ausgrabung von Pessah Bar-Adon[1] zu erwähnen, die von ihm ca. 15 km südlich von Qumran, in En el-Ghuweir, durchgeführt wurde. Neben einer kleinen Anlage konnte ein Friedhof entdeckt werden.[2] Einige Gräber wurden von Beduinen zur Zeit der ersten Rollenfunde ausgeräumt. "It is worth mentioning that the Bedouin of the Judean Desert are expert in differentiating, according to the orientation of the tomb, between ancient graves and Bedouin burial sites of recent origin. Not far away to th south on a hill beyond a ravine there is a small Bedouin cemetery where the graves are always oriented east-west and the faces of the dead turned south, i.e., toward Mecca. This was not the case with the tombs we investigated on the northern hill, which all faced north-south except for Tomb 17, which resembled the rest of the tombs in its structure bus was oriented northwest-southeast. ... A striking exception was Tomb 15, which was oriented east-west."[3] Die Maße der Gräber betragen 1,8-2,0 m Länge, 0,5- 0,7 m Breite und 1,7-2,0 m Tiefe.[4] Im nördlichen Friedhof wurden die Überreste von 12 Männern und 6 Frauen gefunden. In den Gräbern am südlichen Hügel fand man die Überreste von einem Mann und einem etwa 7 Jahre alten Kind. "In the tombs oriented north-south, the dead were lying on their backs, their heads facing south. Near the skeletons was a thin layer of dust, probably the remains of burial shrouds that had disintegrated during the cen-turies. Most of the faces were turned upward, with only a few turned toward the east."[5] Das Lebensalter für die Männer wurde nach Untersuchungen von N. Haas auf 18-60/70 Jahre geschätzt, das der Frauen auf 18-34 Jahre. "It was also his opinion, based on the condition of the skeletal remains, that the state of health at En el-Ghuweir was decidedly poorer than that at Qumran."[6] In den Gräbern 4, 8, 14 und 18 wurden Krug- und Schalenscherben sowie ein vollständiger Krug gefunden.[7] Mit Hilfe dieser Tonfunde wurde eine Datierung des Friedhofes von En el-

---

[1] Bar-Adon, P., Another settlement of the Judean Desert Sec at En el-Ghuweir on the Shores of the Dead Sea, in: Bulletin of the American Shools of Oriental Research 227 (1977), S. 1-25.

[2] "On a hill strewn with small and medium stones about 800 m. north of the building at En el-Ghuweir, it was possible to distinguish stones arranged in rectangles or in rectangles with rounded ends that obviously had been hand worked." Ebd., S. 12.

[3] Ebd.

[4] Zu den verschiedenen Ausführungen der Gräber vgl. ebd., S. 18, fig. 19.

[5] Ebd., S. 16.

[6] Ebd.

[7] "In the ash above the rolling stones some potsherds were recovered, from which it was possible to re-construct four objects: a deep bowl ...; part of a storage jar ...; an almost complete storage jar from which only part of one side was missing ...; and a complete storage jar ... The bowl was resting on top of the rolling stones which lay on the head of the deceased. Fragments of storage jars were scattered away from these center of the stones southward. The vessels were broken when they were put into the tombs, and they seem to have been smashed deliberately. ... Of special interest are a Hebrew inscription in square characters near the handle on the shoulder of a jar from Tomb 18 ... and the remains of antother in-

(Fortsetzung...)

Ghuweir von Bar-Adon durchgeführt. "It is possible to date with certainty the four pieces of pottery found in the cemetery: they belong to the same period as the objects found in the large structure at En el-Ghuweir and at Qumran. The deep bowl ... is similar to those found in Stratum Ib at Qumran (Type 51B, D; Lapp 1961; 175) and in the structure at En el-Ghuweir (fig. 9:16). The storage jars resemble those found in Strata TrA [Graben A] (Ib) and II at Qumran (Type F, G 2:11; Lapp 1961: 147) and in the building (fig. 10:1, 12-13). All are form the period between 175 B.C.E and 70 C.E."[1] Nach Bar-Addon spricht nicht nur die Datierung der Keramik für eine enge Beziehung von En el-Ghuweir zu Qumran. "Also striking is the close resemblance between the tombs and the form of burial in the cemeteries at En el-Ghuweir and Qumran ...: the same form of enclosure, the same orientation of the grave (north-south), the same kind of pit (step and niche on the eastern side of a straight-sided pit), the same way of laying out the dead (the heads turned southward with a stone beneath or small stones alongside) and also the presence of female remains".[2] Bar-Adon zieht den Schluß, daß die sonstigen Funde, wie Münzen[3], Tonscherben und Keramikteile der kleinen Anlage, und die Gräber keine Zweifel lassen über die engen sozialen und religiösen Affinitäten der Gruppen von En el-Ghuweir und Qumran. "[O]ne can assert that the inhabitants of En el-Ghuweir and Qumran belonged to the same Judean Desert sect. On the basis of the small dimensions of the cemetery at En el-Ghuweir, it seems to me that the center of this sect was at Qumran."[4] Auch die Entdeckung von zwei Aschenschichten, die auf eine zweimalige Zerstörung der Anlage hinweisen können, verstärken die Parallelen zu Qumran.

---

[7] (...Fortsetzung)
scription near the bottom of the same vessel. The inscription on the shoulder consists of two rows written in black ink. The first row reads *Yhwhnn* (the name Yehohanan) followed by two letters which are unclear. ... However, the name Yehohanan itself is weighty evidence that the people buried in this cemetery were Jews." Ebd. S. 16f. [Einfügung vom Autor].

Grab 08 - storage jar	brownish red clay, gray core, nur ein Teil eines Pithos
Grab 14 - storage jar	light brown clay, red core, few white grits, fast vollständiger Pithos
Grab 18 - storage jar	reddish yellow clay, gray core, air bubbles, hebräische Schriftzeichen vollständiger Pithos
Grab 04 - bowl	reddisch gray clay, vollständige tiefe Schüssel. Vgl. ebd., S. 20.

[1] Ebd., S. 17. [Veränderung vom Autor].

[2] Ebd., S. 17. Zu den Charakteristika der Skelette bemerkt Bar-Adon: "Dr. Haas, who examined the skeletons at Qumran as well as those at En el-Ghuweir, came to the conclusion that these were people of the same type and that the colored stains on the skulls and bones were also identical in nature." Ebd.

[3] Vgl. dazu S. 8 und 18. Insgesamt wurden 7 Bronzemünzen gefunden: "The coins were identified as belonging to the time of Herod, Archelaus, and Agrippa I, i.e., from the period between 37 B.C.E. and 44 C.E. According to these limits, the settlement did not exist for long." Ebd., S. 18.

[4] Ebd., S. 20. [Veränderung vom Autor].

"It therefore is possible that the two layers of burned material at En el-Ghuweir parallel the double destruction of Qumran and En Feshkha."[1]
M. Broshi untersuchte, ob die Keramikfunde von Qumran und En el-Ghuweir am gleichen Ort hergestellt wurden. "The preliminary results are negative, i.e. it seems that there is no common source of the pottery found on these sites. This does not preclude the possibility that there was a religious or organizational affinity between the two communities, but if this were so it will have to be proved by other methods."[2]
P. Bar-Adon entdeckte südlich von En el-Ghuweir einen weiteren Friedhof. Der Friedhof in Hiam el-Sagha zählt 20 Gräber. Die Gräber sind in Richtung Nord-Nordost und Süd-Südwest gerichtet und werden von H. Eshel und Z. Greenhut als qumrantypischer Friedhof bezeichnet.[3] Zwei Gräber wurden geöffnet.[4] "The two individuals were buried in the same typical Essene orientation with legs to the north, head to the south. In both the face was directed eastward and the upper part of the body was turned right while the left hand was situated above the other."[5]

---

[1] Ebd., S. 18. "In Professor Mazar's opinion ..., the settlements of Period Ib at Qumran and En Feshkha, like that at En-gedi, were not destroyed during the great Judean earthquake of 31 B.C.E. as proposed by Father de Vaux ... He suggests instead a destruction during the years 40-37 B.C.E., at the time of the invasions of the Parthians and the war between Antigonus and Herod which ended in the fall of the Hasmonean Dynasty and the accession of Herod to the throne." Ebd, S. 19f.
Doch bleibt die Frage von de Vaux nach wie vor unbeantwortet, warum es für das Ende von Periode Ib in En Feschcha weder Brand- noch Zerstörungsspuren gibt. "On the other hand if the coin referred to above, from the third year of Herods's reign, does indeed belong to Period I, it is evidence of the fact that Feshkha was still being occupied in 37 B.C., at a time when, on the alternative hypothesis, Khirbet Qumran would already have been abandoned." De Vaux, R., (1973), S. 70.

[2] Broshi, M., (1992), S. 115.

[3] Vgl. Eshel, H.; Greenhut, Z., Hiam El-Sagha. A Cemetery of the Qumran Type. Judaean Desert, in: Revue Biblique 100 (1993), S. 252-259.

[4] Vgl. Reshef, D; Smith, P., Two Skeletal Remains from Hiam El-Sagha, in: Revue Biblique 100 (1993), S. 260-269.

[5] Ebd., S. 267. Bei den Skeletten handelte es sich um ein Kind (ca. 3-4 Jahre alt, Geschlecht nicht spezifizierbar), und um einen Mann, ca. 25 Jahre. Zu weiteren Charakteristika vgl. ebd., S. 262-267.

6.4 Erklärungsversuche zur Ausrichtung der Gräber

Die Begräbnisart, die darauf Wert legt, den Toten nicht mit dem Erdreich in Verbindung zu bringen, geht nach Bardtke auf einen parsistischen Brauch zurück.[1] "Was aber die Lage der Leichen im Grab, also die Orientierung des Grabes anbelangt, so muß sie wohl ein großes Symbol verkörpern. Der Blick der Leiche geht nach Norden, wenn der Kopf im Süden liegt. Im Norden ist aber der Weg der Sonne gedacht, wenn sie im Westen untergeht. Der Tote in der Nacht des Todes blickt auf die Sonne, die während der Nacht sich im Norden auf ihrer Wanderung befindet. Das würde etwa dem manichäischen Brauch entsprechen. ... Der Tote drückt dann durch seine Haltung im Grab eine Gebetsrichtung aus, die ihm in der Nacht des Todes zukommen würde. Wie stark diese Anschauung sich ausgewirkt hat, beweist bei einigen Gräbern die Tatsache, daß, wenn auch die Süd-Nord-Richtung nicht genau eingehalten wird, doch die Blickrichtung der Leiche nach Norden ging."[2]

Bardtke bewertet seine Interpretationen vorsichtig: "Freilich sind die eben geäußerten Gedanken nur ein Versuch, die Gräber von Qumran zu deuten."[3] 1963 verwies Bardtke auf K. M. Kenyon, die zu dieser Zeit in Jericho Gräber des qumranischen Typs entdeckt hatte, "ohne sich jedoch über Ausrichtung und Lage der Skelette zu äußern."[4] In einigen dieser Gräber wurde Keramik gefunden, die überraschende Parallelen zur Keramik in Qumran zeigt. "The Jericho tombs and other deposits in themselves provide no chronological evidence and, unfortunately, there are few well dated groups from other excavations. The best is undoubtedley that of Khirbet Qumran, where many parallels to the pottery from Jericho are to be found in Period II of Qumran. ... The closeness of the resemblance of the Jericho material to that from Qumran Period II, and to other groups dated to the 1st Century A.D. makes it probable that the area was used for burials, and for some occupation, during the life of Herodian Jericho, when the major structures so far investigated were laid out in the reign of Herod I or in the time of Herod Archelaus. The terminal date is probably that of the First Jewish Revolt, A.D. 67-70"[5].

Besonders erwähnt werden von Bennet einige bemalte Tonschalenfragmente: "Of interest is the similarity of the painted bowls from the Roman cistern, N.S. I (fig. 277.4-5), to some bowl fragments found at Khirbet Qumran (not yet published, but

---

[1] Vgl. Bardtke, H., (1963), S. 288, Anm. 1. "Videvdat 5, 11 (Wolff op. cit. 342): 'Wie groß sollen die Kammern für diesen Toten sein? Da sagte Ahura Mazda = (So groß), daß sie nicht an seinen mit dem Gesicht nach oben gerichteten Kopf anstoße, nicht vorn an die Füße, nicht seitwärts an die Hände, so ist die vorschriftsmäßige Kammer für diesen Toten'."

[2] Ebd., S. 288f.

[3] Ebd.

[4] Ebd., S. 289. Auch der von Mastermann entdeckte "Begräbnisplatz bei chirbet abu tabak sollte noch untersucht werden im Hinblick auf die Frage, ob die Qumranische Grabart tatsächlich vom Wesen und der Denkart der Qumrangruppe geprägt war oder ob es sich um einen damals allgemein verbreiteten Grabtypus der Armengräber handelte." Ebd.

[5] Benett, C., Tombs of the Roman Period, in: Kenyon, K. M., Excavation at Jericho. Volume Two. The Tombs excavated in 1955-8, London 1965, S. 516-545, S. 517 u. S. 518.

reproduced here by the courtesy of Père R. de Vaux, pl. XXVI.3 [S. 758]."[1] Zu den Gräbern wird von Kenyon an anderer Stelle angemerkt: "About eighteen were found in the area and excavated ... They consisted of a grave-shaped shaft, with along one side of the base an undercut recess in which the body was placed; ... In most cases, a line of mud-bricks formed a cover from the lip of the recess to the other side of the shaft ... The graves are all orientated east and west, and the skeletons uniformly lie with their heads to the west. Ordinarily they are neatly laid out in a supine position ... No offerings are placed in the graves, but they can be placed chronologically from their type. This is the type for which the name grave-arcosolium has been suggested in *Jericho II*, on the grounds that the bodies lie in niches parallel to the shaft, as they do to the chamber in an arcosolia tomb. A number of graves of this type were found in the cemetery area to the north, where they are dated to the first century A.D. It is also the type found in the cemetery associated with the monastery at Qumran, where they are similarly dated. At Qumran, however, the graves are orientated north and south."[2] Obwohl also Ähnlichkeiten in den Töpferwaren unverkennbar sind, bleibt die Nord-Süd Ausrichtung den Gräbern von Qumran und En-el Ghuweir eigen.

Es läßt sich daher nicht aufrechterhalten, was Bardtke in seiner letzten Veröffentlichung formulierte: "Denkt man an die beiden Gräber vom qumranischen Typ, die in Jericho von Frau Kenyon [Digging up Jericho, New York 1957, 264.] aufgedeckt worden sind, dann kann man auf den Gedanken kommen, dass diese Begräbnissitte nicht nur auf Qumran beschränkt war, sondern einen damals sicher weitverbreiteten Grabtypus darstellte"[3]. Zuzustimmen bleibt ihm in der Mahnung, jeglichem archäologischen Zusammenhang, der den Grabtypus als Argument für eine Beziehung zwischen Qumran und einer konkreten Religionsform benutzt, mit Zurückhaltung gegenüberzustehen.[4]

Sowenig also eine vorbehaltlose Parallelisierung des Gräbertypus von Qumran mit dem Jerichos möglich ist, sowenig können, nach Meinung von H. Eshel und Z. Greenhut, auch die von Kloner und Gatt freigelegten Gräber südlich von Jerusalem mit den Qumrangräbern parallelisiert werden.[5] Dagegen sind sie der Meinung, daß

---

[1] Ebd. [Einfügung vom Autor]. Es kann festgehalten werden, daß Funde aus Qumran nur in einem Ausgrabungsbericht von Jericho reproduziert sind. In welchem locus und in welcher Schicht die Schalenfragmente in Qumran gefunden wurde, wird nicht erwähnt.

[2] Kenyon, K. M., Excavations at Jericho. Volume Three. The Architecture and Stratigraphy of the Tell. Text, hg. von Thomas Holland, London 1981, S. 173f. Vgl. Hachlili, R., A Second Temple Period Jewish Necropolis in Jericho, in: Biblical Archeologist (1980) 4, S. 235-240.

[3] Bardkte, H., Einige Erwägungen zum Problem 'Qumran und Karaismus', in: Henoch 10 (1988) 3, S. 259-275, S. 274. [Einfügung vom Autor. Sie gibt die Anmerkung Nr. 10 auf S. 274 wieder].

[4] Vgl. ebd.

[5] Vgl. Kloner, A.; Gat, Y., Burial Caves in the Region of East Talpiyot, in: Atiqot 8 (1982) (hebrew. series), S. 76; vgl. auch Eshel, H.; Greenhut, Z., Hiam El-Sagha. A Cemetery of the Qumran type, Judaean Desert, in: Revue Biblique 100 (1993), S. 252-259. Durch die Ost-West-Ausrichtung eines Grabes sehen Eshel und Greenhut keine Grabtypen, die zu Qumran in Beziehung zu setzen sind. Vgl. ebd., S.

(Fortsetzung...)

die von ihnen untersuchten Gräber auf dem Friedhof von Hiam el-Sagha Charakteristika aufweisen, die neben En el-Ghuweihr nur bei den Gräbern in Qumran festzustellen sind. Als Ausrichtung der Gräber wird mit Nord-Nord/Ost und Süd-Süd/West angegeben. Die Autoren schließen nicht aus, daß es sich auch um alte Nomadengräber handeln könnte.[1] Mit H.-P. Kuhnen kann vermutet werden, "daß Senkgräber im judäischen Bergland vor Hadrian nicht recht Fuß faßten ... Sollte sich diese Tendenz bestätigen, könnte man bei aller Vorsicht davon ausgehen, daß Juden vor der Zerstörung des Tempels die Form des Senkgrabes mieden, die Sektenanhänger am Toten Meer [die Leute von Qumran] aber selbst mit der Wahl der Bestattungsform gegen die 'herrschende Gesellschaft' protestierten."[2]

Eine präzise Reihung und gleichförmige Nord-Süd-Ausrichtung läßt sich nach wie vor nur für die Gräber östlich der Anlage von Chirbet Qumran und in En el-Ghuweir feststellen, dort jedoch mit deutlichen größeren Reihungsvariationen.

Auch S. H. Steckoll versucht, die Ausrichtung der Gräber zu erklären. Auch er gesteht die Besonderheit der Qumrangräber ein: "This form of burial practised by the Qumran Community is different from that in vogue in Palestine during the Second Temple Period and reflects a more primitive culture or attitude towards the dead. ... Since the burial form practised from the second century B.C.E. to the first century A.D. at Leontopolis in Egypt beside the Temple of Onias was identical with that which was common usage in Palestine at that time, ... we have to look elsewhere, beyond the borders of Palestine and Leontopolis to find the origin of the Qumran Community, and the 'Land of Damascus' where they established themselves."[3]

Weil er den Ursprung der Sitte nicht erklären kann, führt er eine neue Fragestellung ein, die nicht überflüssig ist. Wenn es nicht möglich ist, den Ursprung einer Sitte festzustellen, ist es dann möglich, die Fortführung der Sitte zu verfolgen? Die Konkretisierung der Frage heißt dann: Wo läßt sich eine Nord-Süd-Ausrichtung von Gräbern in post-qumranischer Zeit feststellen? Steckoll ist der Meinung, daß dieser Nachweis möglich ist: "It is particularly significant that the peculiar form of burial adopted by the Qumran Sect is the same as that employed by the Mandaeans in burying their dead."[4] Steckoll kann für diese Theorie keine archäologischen Daten anführen, sondern beruft sich auf literarische Zeugnisse.[5] Er sieht in der Zusammen-

---

[5] (...Fortsetzung)
256.

[1] Vgl. ebd., S. 254-259; zur Ausrichtung vgl. S. 254. Zu den untersuchten Gräbern in Hiam El-Sagha vgl. auch Reshef, D.; Smith, P., (1993), S. 260-269.

[2] Kuhnen, H.-P., (1990), S. 268. [Einfügung vom Autor].

[3] Steckoll, S. H., (1968), S. 331f.

[4] Steckoll, S. H., (1973-74), S. 221.

[5] "Although extensive excavations were carried out at Nippur where Mandaean artifacts such as magic bowls were found in large numbers, identifiable Mandaean graves of antiquity were not found. ... We can, nevertheless, determine their way of burial from both their present funeral practices as well as by references to various aspects of their burial in their writings. Siouffi, who spent a great deal to time with the

(Fortsetzung...)

schau der 'Taufe durch Feuer' und in der Nord-Süd-Ausrichtung der Gräber eindeutige Verwandtschaften mit dem Mandäertum und in Johannes dem Täufer den Vermittler zwischen Qumran und Mandäertum. Die Ergebnisse der Vermessungen einzelner Gräber und Grabgruppen, die Steckoll angibt, liefern, seiner Meinung nach, eine weitere Fundierung seiner Thesen. Wie schon von de Vaux angeführt, ist die überwältigende Mehrzahl der Gräber nach Norden ausgerichtet. Allerdings nicht exakt nach Norden: "The overw-helming majority of the ... graves, on the main plateau as well as on Spur I, are oriented 23° E of N. ... It seems that after this burial on a direct North-South axis, the Sectarians after only a short stay at Qumran made a change in the orientation of their graves in order to have them aligned to the sunrise and the equinox so that they were at a right angle to sunrise at the winter solstice."[1] Das bedeutet, daß die von de Vaux und Steckoll festgestellte Drehung des Schädels nach Osten die Blickrichtung auf den Sonnenaufgangspunkt zur Wintersonnenwende lenken würde.

Bardtke hält einen Einfluß auf die Mandäer ebenfalls für möglich: "Dem zeitlichen und entwicklungsgeschichtlichen Ansatz zufolge könnte eine geistesgeschichtliche Einwirkung der Qumrangemeinde auch auf dieses werdende Mandäertum ... als möglich angesehen werden."[2] Bei der Gewichtung der Parallelen und Unterschiede kommt Bardkte zum Ergebnis, "daß die Essenersekte von Qumran tatsächlich eine beträchtliche Ausstrahlungskraft gehabt hat"[3], aber die speziellen Prägungen der "mönchischen Gemeinschaft und ihrer Organisation von diesen späteren

---

[5] (...Fortsetzung)
Mandaeans, described their graves as being oriented north-south with the head at the southern side of the shaft as is the case in Qumran. The John Book, 31, also refers to an air pocket in the Mandaean graves so that soil will not touch the body after burial, as also found in Qumran." Ebd., S. 221.

[1] Ebd. S. 222f. "We find that the line of burial forms a right angle with the direction of sunrise at the winter solstice, in considering a line of 23,5° E of N." Ebd. S. 223. Und selbst die Lage der Körper in den Gräbern findet eine Entsprechung bei den Mandäern. "One finds analogies in Mandaic texts to the Old Babylonian concepts that the gods reside in the stars and mountains of the north. Siouffi reports that in Mandaean burial, the reason for placing the head at the south is to enable the corpse to have the north polar star opposite him." Ebd. Bemerkenswert ist auch, ohne daß auf Texte rekurriert werden muß, daß in einigen Nord-Süd gerichteten Gräbern eine Schädeldrehung nach Osten feststellbar ist. Die 'Blickrichtung' weist somit auf den Sonnenaufgangspunkt zur Wintersonnenwende. Aus der Ausrichtung der Gräber versucht Steckoll, die Entstehungsgeschichte des Friedhofes zu erschließen. Er nimmt an, daß die ersten Beisetzungen an den jetzigen östlichen Ausläufern des Mergelplateaus vorgenommen wurden. Diese Ausläufer, von Nord nach Süd mit II, III und IV bezeichnet, sind am weitesten von der Ruine entfernt. Ausläufer IV enthält nur Gräber, die nach Westen ausgerichtet sind. II und III enthalten Gräber, die genau nach Norden ausgerichtet sind. Die Belegung des Friedhofes geschah also von Ost nach West, und schon sehr bald wurden die direkte Nordausrichtung der Gräber verändert.

[2] Bardtke, H., Zur Nachgeschichte der Qumrangemeinde, in: Theologische Versuche 7 (1976), S. 11-40, S. 15. "Auch Herbert Braun rechnet damit, daß die Mandäer als die Nachkommen der Essener von Qumran angesehen werden können". Ebd., S. 16.

[3] Ebd.

Gruppen eben nicht übernommen worden"[1] sind. Doch eher noch als bei den Mandäern sieht Bardtke Spuren qumrantypischer Nachwirkungen bei den Karäern.[2]

Gegen die Interpretation von Steckolls Mandäerinterpretation können die Ergebnisse einiger Gräber von de Vaux im kleinen, südlich des Wadi gelegene Gräberfeld von Qumran angeführt werden. Die darin enthaltenen Skelette waren nicht nach Norden ausgerichtet. Bardtke bietet dafür folgende Lösung an: "Für die kleineren Begräbnisplätze nördlich und südlich von chirbet Qumran ist die Möglichkeit zu erwägen, sie aus der Römerzeit herzuleiten."[3]

So passend die Erklärungen von Steckoll und Bardtke zu sein scheinen, so bleibt doch der grundsätzliche Vorbehalt bestehen, daß sie auf der Basis von Textinterpretationen archäologische Daten erklären wollen. Die Ablehnung der von Steckoll vorgelegten Fundinterpretation erlaubt nicht, die archäologischen Daten selbst zu ignorieren. Die Feststellungen Steckolls über die genaue Ausrichtung der Gräber verdienen ungeteilte Aufmerksamkeit.

---

[1] Ebd.

[2] Vgl. S. 31f. "Daß die Gestalt des Lehrers der Gerechtigkeit in einem Bußgebet der Karäer genannt wird, und zwar als eine eschatologische Figur, die das Herz der Väter zu den Kindern wenden möge, und eine Tradition bei Makrizi, daß die Karäer im Zeitalter des Alexander Jannäus sich abgespalten hätten vom Judentum, vorhanden ist, sind natürlich starke Beweisgründe, um die Annahme eines historischen Zusammenhangs zwischen beiden Gruppen, Qumran und Karäer, glaubhaft erscheinen zu lassen." Ebd. S. 32; vgl. ders., (1988).

[3] Bardtke, H., (1963), S. 288.

6.5 Der Friedhof oder die Friedhöfe von Qumran?

Während de Vaux von verschiedenen Friedhöfen spricht und M. Broshi[1] und R. Hachlili[2] sich dieser Interpretation anschließen, nimmt Steckoll an, daß es in Qumran nur *einen* zusammenhängenden Friedhof gab und lediglich die topographischen Besonderheiten den Anschein erzeugen, als seien es getrennte Begräbnisplätze gewesen: "In the course of my own excavations in the cemetery a map was prepared of the graveyard (fig.1) ... which shows that there is a single cemetery only which follows the natural topography eastwards from the Qumran building, with four prongs marked I, II, III, IV, at the eastern edge of the plateau covered by graves."[3] Eine Bemerkung von Rey (1857) ist geeignet, diese Vermutung zu unterstützen: "Sie [die Gräber] sind noch an Zahl ungefähr achthundert, obgleich die Schluchten, die die Flanken der Terrasse benagen, viele von ihnen zerstört zu haben scheinen."[4] Die Antwort auf die Frage, ob es in Qumran Friedhöfe oder nur einen Friedhof gab, hat Konsequenzen für das Verständnis der Anlage von Qumran. "The conception of a single unified cemetery as shown on the topographic map, is of cardinal importance for the understanding of the Qumran Community."[5] Aber implizit hat Steckoll diese Annahme schon erwiesen, als er auf dem von de Vaux genannten Hauptfriedhof, an dessen westlichen und östlichen Ausläufern, Skelette von Babys und Kindern identifizieren konnte.[6] Wenn es sich lediglich um einen Friedhof in Qumran handeln würde, könnte daraus gefolgert werden, daß Frauen, Kinder und Männer gemeinsam und ohne Unterschiede beerdigt wurden. Das würde bedeuten, daß der Schluß auf eine mönchsähnliche Gemeinde nicht mehr so leicht möglich ist. Allerdings kann mit Bardtke und Hachlili auch auf das Fehlen von Grabstrukturen aufmerksam gemacht werden, die gewöhnliche jüdische Familiengräber kennzeichnen.

---

[1] Vgl. Broshi, M., (1992), S. 112. Broshi hält es, über de Vaux hinausgehend, für möglich, in den östlichen Ausläufern des Hauptfriedhofes einen dritten, gesonderten Friedhof zu lokalisieren: "It is customary to refer to two secondary cemeteries, but the eastern extension of the main cemetery might be regarded as a third secondary cemetery. As in the other two cemeteries, the alignment of the graves is less orderly and the orientation of the burials is less consistent." Ebd., Anm. 26

[2] Hachlili, R.; Killebrew, A., Jewish Funery Customs During the Second Temple Period, in the Light of the Excavations at the Jericho Necropolis, in: Palestine Exploration Quarterly 115 (1983) 2, S. 109-139, bes. S. 126f. Hachlili, R., Burial Practices at Qumran, in: Revue de Qumran 62 (1993) 2, S. 247-264.

[3] Steckoll, S. H., (1969), S. 37; vgl. auch S. 44.

[4] Zitiert nach Bardtke, H., (1958), S. 23. [Einfügung vom Autor].

[5] Steckoll, S. H., (1969), S. 37.

[6] Vgl. Steckoll, S. H., (1968), S. 335. "Because of the discovery of skeletons of women, children and babies in what is known as the main Cemetery at Qumran, both at the Western and Eastern extrems of the graveyard, we are pleased to report on these finds in this note". Ebd. Oder: "In my own excavations, skeletons of women and children were found in all parts of the cemetery." Ders., (1973-74), S. 232. Leider bleibt Steckoll jede weitere Information darüber schuldig, wo welches Grab geöffnet wurde. Aber auch de Vaux verzichtete auf eine Beschreibung oder Skizze des Friedhofes mit der Kennzeichnung oder Lagebeschreibung der untersuchten Gräber. So heißt es z.B. bei de Vaux nur, daß 26 Gräber geöffnet wurden, 'selected from the different sectors' (1973), S. 46. Dieser Umstand wurde aber durch die Veröffentlichung der Grabungstagebücher endlich behoben. Vgl. de Vaux, R. (1994), S. 214.

Bis jetzt wurde kein Familiengrab gefunden, und bis auf wenige Ausnahmen herrschen Einzelgräber vor. "Bei der Hochschätzung der Familienbindungen im Judentum ist dieses gänzliche Fehlen solcher [Familiengräber] auf Qumran auffällig."[1] Das könnte nach Bardtke auf die Glaubensvorstellungen der Bewohner von Qumran zurückgehen. Jedes Mitglied der Glaubensgemeinschaft hatte sein eigenes Grab bekommen, und selbst Kinder scheinen davon nicht ausgenommen zu sein. Die Gräber wurden weder später geleert noch wiederbenutzt, was nicht unüblich war, sondern es wurden eher neue Begräbnisplätze angelegt, um, so Bardtke, den Toten ihre Individualität, und so darf ergänzt werden, ihre Unversehrtheit zu lassen. Dafür spricht auch die Bestattungsart. Es wurde vor allem darauf geachtet, daß der Leichnam nicht mit Erde in Berührung kam. "Desgleichen ist auffällig, daß jegliche Grabinschrift fehlt, wenigstens bisher nicht aufgefunden worden ist. Die Toten und ihre Gräber von Qumran sind streng anonym. Kein Name, kein Herkunftsort, kein Datum meldet etwas aus ihrem irdischen Leben. Wenn alles Irdische in der Anlage ihrer Bestattungsorte von diesen Toten abgestreift zu sein scheint, so tritt dies augenfällig in dem Fehlen fast aller Leichenbeigaben, selbst der Bekleidung, hervor. Offenbar bedarf nach der Anschauung der Sekte der Tote dieser Dinge nicht."[2]

Auch die Bestattungsart selbst ist bemerkenswert. Einfacher wäre es nach Bardtke gewesen, wenn die Toten in den zahlreichen und nahegelegenen Höhlen und Nischen der aufsteigenden Felsabhänge bestattet worden wären. Aber da es archäologische Indizien gibt, daß viele Höhlen in mittelbarer und unmittelbarer Umgebung von Qumran bewohnt waren, ist anzunehmen, daß eine Vermischung der Gebiete von Lebenden und Toten vielleicht nicht erwünscht war. "Andere Gesichtspunkte sind wohl entscheidend gewesen: Derartige Sandgräber waren schon in allen Zeiten und auch in der Zeit von Qumran für die Armen bestimmt, für Familien, die sich die Anlage einer Familiengruft nicht leisten konnten. Nun bezeichnen sich die Leute von Qumran an verschiedenen Stellen ihrer Sektenliteratur als die Armen. Und das persönliche Armutsideal haben sie auch gelebt."[3]

Die Geltungsansprüche durch Textinterpretation abzusichern, ist methodisch nicht zulässig, aber auch nicht notwendig. Die Interpretation der archäologischen Daten von Chirbet Qumran legitimiert den Schluß, daß die Struktur der Anlage auf eine Gemeinschaft ausgerichtet war, die unter Berücksichtigung der Knochendeponierungen innerhalb der Anlage hinreichend methodisch abgesichert als kultisch geprägte, d. h. 'religiöse Gemeinschaft' bezeichnet werden kann.

Wer die Gräber von Qumran als ein Teilmoment des Gesamtkomplexes von Chirbet Qumran interpretiert, und dies zu tun, ist methodisch gerechtfertigt, der wird feststellen, daß die Gräber bzw. die Friedhofsanlage in ihrer Bedeutung in der Qumranforschung unterschätzt werden. Dabei können die Gräber von Qumran vorhandene Interpretationen zu Qumran wirkungsvoll korrigieren. Das läßt sich z. B. an der

---

[1] Bardtke, H., (1958), S. 45. [Einfügung vom Autor]. Ähnlich Hachlili, R., (1993), S. 261: "It is also clear that the individual burials at Qumran are not family tombs".

[2] Bardtke, H., (1958), S. 45.

[3] Ebd.

Interpretation der Gesamtanlage von Steckoll 1967 (mit Vorbehalt 1973-74) zeigen, der in den Ruinen von Qumran einen 'Ersatztempel' zu erkennen glaubt, der signifikante Parallelen zum Tempel von Leontopolis aufweist.[1] Bei der Untersuchung der Gräber kommt er zu dem Schluß, daß die Gräber nicht mit jüdischen Gräbern in Beziehung gesetzt werden können. Trotzdem schreibt er: "The close paralles between Qumran and Leontopolis cannot be completely voided"[2]. Wenn nun tatsächlich in Qumran der Tempel von Leontopolis nachgebaut wurde, dann darf auch unterstellt werden, daß die gleiche religiöse Auffassung dahintersteht. Wird das nun zugegeben, dann wird Steckoll zur Erklärung einer Frage genötigt, die seine gesamte Interpretation von Qumran aushebeln kann. Diese lautet: Wenn die Menschen von Qumran jüdischen Glaubens waren und sich einen 'Ersatztempel' nach dem Vorbild von Leontopolis gebaut haben, wie ist es dann zu erklären, daß nach jetzigem Kenntnisstand nur in Qumran und nur in allernächster Umgebung eine Grabform dominiert, die in Gänze - und von Steckoll selbst zitiert - dem damaligen jüdischen Brauch widerspricht und nachweisbar in Leontopolis und in Palästina in dieser Zeit - 2 Jh. v. Chr - 1. Jh. n. Chr. - nicht vorkommt? Zu dieser Anfrage ist es nicht einmal nötig, die restlichen Gräber auszugraben. Es genügen dazu schon ihre äußeren Merkmale, vor allem aber ihre Nord-Süd-Ausrichtung.

Auf jeden Fall bleibt zu fordern, daß weitere Gräber in Qumran untersucht werden. Schon deshalb, um die Kritik von Z. J. Kapera gegen de Vaux zu prüfen: "Father R. de Vaux never tried to evaluate, in the proper sense of the word, his own excavations at the Qumran graveyard. In all his publications it is apparent the he used them instrumentally, to support some of his preconceptions. At the beginning he was interested to find out if the tombs might offer him any explanation for the ruins of Khirbet Qumran and the contents of Cave 1. Later, he looked for an argument to confirm his view that unmarried Essenes had been living in Qumran."[3] Die Kritik von Kapera läßt sich anhand der von de Vaux gemachten Schlußfolgerungen nur

---

[1] Vgl. Steckoll, S. H., (1967), S. 55-69.

[2] Steckoll, S. H., (1968), S. 332. Da Steckoll seine Parallelisierung vom Tempel von Leontopolis und vom 'Tempel' in Qumran nicht verwerfen will, ist er gezwungen, eine 'zweistufige' Qumranbewohnerschaft einzuführen. "The close paralles between Qumran and Leontopolis cannot be completely voided however, and since the tremendous importance which funeral pratices and custom played in the dailey lives of this as with other groups and communities, the particular burial form in the Qumran cemetery presupposes the inevitability of the conclusion that there were two distinct periods in the history of the Communities' settlements in Qumran. The first period would be of the original settlers who came from a place where the burial customs, which they brought with them, were practiced, different from that in use by the Jews in Palestine and Leontopolis at this time (from the second century B.C.E. to the first century A.D.). This implies that the place from whence they came could not have been anywhere in Palestine nor Leontopolis." Ebd.

[3] Kapera, Z. J., Some Remarks on the Qumran Cemetery, in: Wise, M. u. a. (Hg.), Methods of Investigation of the Dead Sea Scrolls and the Khirbet Qumran Site. Present Realities and Future Prospects, (Annals of the New York Academy of Sciences, Vol. 722), New York 1994a, S. 97-113, S. 99f.; vgl., ders., Chirbet Qumran no more a monastic settlement, in: The Qumran Chronicle 2 (1993) 2, S. 73-84. "It is easy to see that the main lines of Father R. de Vaux's inventions remain binding for members of the official team of publishers of the Dead Sea Scrolls to this day. The recent publications of M. Broshi and his public lecture at the Graz Colloquium are a typical example." Ebd., S. 80.

schwer nachvollziehen. Kaperas Versuch, der Interpretation von de Vaux mit den Angaben von Steckoll den Boden zu entziehen (Kinder- und Frauenskelette auf einem einzigen Friedhof sprechen eindeutig gegen eine Essenertheorie), muß schon daran scheitern, daß die Ergebnisse von Steckoll lediglich alternative Erklärungen darstellen, die keinen höheren Verbindlichkeitsgrad ausweisen als die Thesen de Vauxs. De Vaux unterscheidet hinreichend zwischen Fundbeschreibung und Funddeutung. Steckolls Behauptung von Frauen- und Kinderskeletten auf dem Hauptfriedhof kann ihm subjektiv geglaubt werden, doch die intersubjektiv notwendige Nachprüfung, welches von ihm geöffnete Grab auf dem 'Hauptfriedhof' Frauen- oder Kinderskelette enthielt, ist durch die fehlende Fundortangabe unmöglich.

Hachlili äußert sich indirekt zur Theorie von Kapera: "The cemetery will add to the refuting of the fortress and villa ideas. It is too huge and different in form and customs to have served a regular Jewish community. To the contrary, the Qumran cemetery reflects a distinctive out of the ordinary community, who purposely used different customs. If Qumran would have been a Jewish fortress or villa, the burial customs would have followed the Jerusalem-Jericho form of loculy-family tombs and their burial customs. These observations strenghten the thesis of those scholars who see the Qumran community as a Jewish separate sect, who used some Jewish customs but on the whole made their own divergent practices. ... It is possible to conclude that the Qumran site was used as a community center, to be visited on certain occaisons, with a few regular workers or guards staying at the site. The cemetery was used also as a community central burial place, where they came to bury their dead individually each in one grave, no family burial whatsoever."[1]

Ob jedoch gleich soweit gegangen werden muß, die ganze Anlage unter diesen einzigen Erklärungsaspekt eines zentralen Begräbnisplatzes mit den entsprechenden operativ notwendigen Einrichtungen zu stellen, darf meiner Meinung nach bezweifelt werden. Auch deshalb, weil wesentliche Systemteile (En Feschcha, die Höhlen mit ihren Funden, und Gebäudeteile der Zentralruine selbst) bei dieser Erklärung systematisch vernachlässigt werden.

Ähnlich wie Hachlili vermutet auch P. Bar-Adon, daß der Friedhof als Zentralfriedhof gedient hat, bei ihm allerdings für mehrere hasmonäische Befestigungsanlagen unter Johannes Hyrkan. "There is ... a network of small fortresses at strategic points, within visual range of one another ... The author holds that all these sites constitute a single complex, according to a well-planned royal scheme, with uniform architecture, in line with the strategic and economic requirements of each site. ... [T]he author ascribes these fortresses [u. a. Qumran Ia, En el-Ghuweir und En Gedi] to John Hyrcanus ... It would appear that member of the Judean Desert sect joined the settlement during or after the implementation of his plan; and Hyrcanus exploited their desire for a communal ascetic life. ... The absence of burials around

---

[1] Hachlili, R., (1993), S. 263. Loc. 77 könnte unter diesem Aspekt, so die Autorin, in Verbindung mit den Gräbern gesehen werden. In Anm. 41 heißt es: "Room 77 might have served as a triclinum for commemorative meals. The adjoining rooms 86, 89 with its stock of vessels might have been used as a storeroom for the impure vessels used at the funerary rites." Ebd., S. 262.

the fortresses would support Yadin's theory that the Qumran cemetery, with over 1,000 graves, was the central burial place for the entire region. Since all the graves there, without exception, are laid out on a north-south axis, it would seem that the fortress garrisons were also made up of sect members."[1] M. Broshi argumentiert gegen die Theorie mit dem Hinweis, daß sich die Essener und die hasmonäischen Könige nicht gerade freundlich gesonnen waren. Doch dies kann Broshi nur durch Textinterpretationen belegen.[2] Wenn man unterstellt, daß in den Nord-Süd ausgerichteten Qumrangräbern nur Sektenmitglieder begraben sind, dann müßten -so folgert Bad-Adon- auch die Soldaten der umliegenden Befestigungsanlagen (Khirbet el-Yahud und Rujm el-Bahr) Essener gewesen sein. Dabei stellt sich aber dann nicht mehr nur primär die Frage, ob Qumran archäologisch als Befestigungsanlage ausgewiesen werden kann,[3] sondern dann muß Bar-Adon auch die Frage positiv beantworten, ob in den genannten Befestigungsanlagen, archäologisch relevante Reste aufgewiesen werden können, die sich als Kennzeichen einer 'religiöse Gemeinschaft' interpretieren lassen.

L. B. Elder versucht zu zeigen, daß die Frauengräber in Qumran kein Zufall sind und sich darüber hinaus mit der Essenerthese verbinden lassen. "Both textual and archaeological data indicate that women were integral to Essene communities."[4] Neben Textindizien, die in diesem Zusammenhang vernachlässigt werden sollen, bezieht sich Elder auch auf die Gräber von Qumran. Sie vergleicht die Gesamtzahl der untersuchten Gräber mit der Zahl der Frauen- und Kinderskelette und kommt zu dem Ergebnis: "Evaluated in terms of percentages, over thirty percent of the excavated remains are women and children. With the exception of the western section, both male and femal remains have been discovered in each site."[5] Selbst wenn davon abgesehen wird, daß Kinderskelette zu den weiblichen Skeletten gezählt werden, ist von Elder die Frage, ob Friedhof oder Friedhöfe in Chirbet Qumran, schon entschieden, wenn sie die Prozentangabe 'über alles' als Argument für ihre These benutzt. Es bleibt zu wiederholen, was oben schon angemerkt wurde: Selbst wenn die unterschiedlichen Charakteristika der einzelnen Gräberfelder ignoriert werden, so können in keinem Fall die südlich des Wadis gelegenen Gräber zum Hauptfried-

---

[1] Bar-Adon, P., The Hasmonean Fortresses and the Status of Khirbet Qumran, in: The Israel Exploration Society (Hg.), Eretz-Israel. Archaeological, Historical and Geographical Studies, Vol. 15, Jerusalem 1981, S. 349-352, (Hebräisch), engl. summary S. 86, S. 86. [Einfügungen und Veränderung vom Autor].

[2] Vgl. Broshi, M., (1992), S. 112f.

[3] Gegen die Interpretation Qumrans als Befestigungsanlage vgl. S. 297, S. 308 und den ganzen Gliederungspunkt 9.4 'Qumran: Eine militärische Festung?' dieser Arbeit..

[4] Elder, L. B., The Women Question and Female Ascetics Among Essenes, in: Biblical Archaeologist 57 (1994) 4, S. 220-234, S. 222.

[5] Ebd., S. 224; vgl. auch S. 232.

hof hinzugezählt werden, und in den dort untersuchten Gräbern wurden nur Frauen- und Kinderskelette freigelegt.[1]

De Vaux bietet zu seiner Grabung eine Erklärung an, von der er subjektiv überzeugt ist. Diese Überzeugung muß von den Kritikern nicht übernommen werden. Von einer alternativen Hypothese muß aber erwartet werden können, daß sie mindestens das Erklärungspotential der 'alten' These enthält oder eine schon bestehende Erklärung erweitert bzw. die archäologischen Daten in einen neuen Hypothesenrahmen stellt. Probleme der 'alten' These können nicht stillschweigend ignoriert, sondern sollten einer Lösung nähergebracht werden. Auf die konkrete Ausgangsfrage bezogen - Ein oder mehrere Friedhöfe in Qumran? - ergibt dies für die Konkurrenzthesen, die in Qumran nur einen Friedhof akzeptieren, folgende Fragestellung: Wie erklären sie die südlichen, am Fuß des Wadi Qumrans gelegenen Gräber?[2]

Es bleiben, gleichgültig welche Position in der Frage Friedhof oder Friedhöfe eingenommen wird, ca. 1100 Gräber in einer Ordnung und Ausrichtung in Chirbet Qumran (mit En el-Ghuweir und Hiam el-Sagha), die für die damalige Zeit völlig untypisch sind.

---

[1] Wird die von de Vaux vorgenommene Einteilung unterstellt, dann sinkt der bedeutungsrelevante Anteil von Frauenskeletten von 30% bei Elder auf ca. 3,5% in bezug auf den Hauptfriedhof.
Z. J. Kapera, der ebenfalls nur einen Friedhof in Chirbet Qumran sieht, wertet die 30 % von Elder als Bestätigung seiner Einwände gegen einen Sektensitz bzw. Sektenfriedhof in Chirbet Qumran: "I can comment on the fact in a simple statement. We do not have any ascetics', monks' or sectarians' cemetery at Qumran. We have an ordinary cemetery of the period. ... Mrs. Bennet Elder and N. Golb are right in saying that Qumran was not 'a bastion of male celibacy and sanctity'. I would agree with Mrs. Bennet Elder and E. Schuller that 1QSa 1, 7-11 and 4Q502 might indicate 'women's full membership in the community.'" Kapera, Z. J., Recent Research on the Qumran Cemetery, in: The Qumran Chronicle 5 (1995) 2, S. 123-132, S. 130f. Also doch kein gewöhnlicher Friedhof? Auch die Zusammenfassung, 2 Seiten später, gibt keine eindeutige Antwort. "It is more and more probable that the cemetery is an ordinary cemetery of the period and area, albeit a sectarian one." Ebd., S. 132.
Auch Ph. R. Davies sieht sich bei aller Kritik an der 'Klostertheorie' gezwungen, dem Friedhof einen Sonderstatus einzuräumen. "In sum, then, it emerges that the archaeological evidence **taken by itself** does not give us the 'monastery' beloved of most Qumran scholars. There is no clear evidence of excessive lustration nor of a scriptorium, and no clearly religious artifacts. The one, but important, exception is the cemeteries, which suggest that a group having distinct religious beliefs was **among** those who occupied the site during the Greco-Roman period." Davies, Ph. R., Re-Asking some hard Questions about Qumran, in: Kapera, Z. J. (Hg.), Mogilany 1989. Paper on the Dead Sea Scrolls offered in memory of Jean Carmignac. Part I: General Research on the Dead Sea Scrolls. Qumran and the New Testament. The Present State of Qumranology, Kraków 1993, S. 37-49, S. 42. Abgesehen davon, daß es kein Argument gibt, den Friedhof von der Ruine zu trennen, sprechen die Knochenfunde in der Ruine für die Theorie, daß der Ort von Mitgliedern einer religiösen Gemeinschaft bewohnt wurde. Das schließt nicht aus, daß die Bewohner Landwirtschaft, Handwerk und Handel trieben (vgl. ebd., S. 40). Ein Gegensatz entsteht nur dann, wenn Archäologie und Textinterpretation vermischt werden.
[2] Zur geographischen Lage vgl. de Vaux, R., (1994), S. 214.

7 Rekonstruktion durch Interpretation.
Die Deutungen der Ruinen von En Feschcha

7.1 Mauer und Gebäude zwischen Qumran und En Feschcha

Weniger als 1 km südlich der Mergelterrasse, auf der sich die Ruinen von Qumran befinden, "it was just possible to discern the outlines of a building which we located by looking down upon it as if from an aeroplane, but actually from the heights of the cliffs overhanging it."[1] Seine Grundform war viereckig mit Ausmaßen von ca. 60 x 64 m. "Der umbaute Raum zeigt im Innern nur geringe Einbauten. Je ein Raum scheint an der Nordost- und an der Südostecke eingebaut gewesen zu sein. An der Westmauer sind eine Reihe von Räumen bzw. Kasematten angebaut. Vier dieser Räume hat der Ausgräber freilegen lassen."[2] "The archaeological stratum is very shallow, and very few objects were discovered. Some sherds of the type known from Qumran were collected on the surface, but these must be set aside since all objects which were in actual contact with the ancient floor levels are clearly Israelite. The plan is a larger and simpler version of that of the Israelite building at Chirbet Qumran. The ceramic material seems to be a little earlier, and a plate covered with continuous wheel burnish may be as early as the ninth century B.C. In view of the proximity of these two installations to one another it is unlikely that they were both in use at the same time. Probably the building in the plain was built first and occupied only for a short time before being replaced by the building the remains of which can be discerned beneath the ruins of Khirbet Qumran."[3] Die Scherben von Bechern und Schüsseln gehören nach de Vaux in das 9. Jh. v. Chr. Somit kann dieses nur kurz bewohnte Gebäude als ein Vorläufer der Qumranbesiedlung auf der Mergelterrasse interpretiert werden. Die in den Ruinen gefundenen Tonscherben, die in ihrer Form auch in Qumran nachweisbar sind, zeigen an, daß dieses Gebäude bzw. die Reste von ihm noch von den Qumranbewohnern benutzt wurden. Bardtke schließt weiter: "Wir sehen aus diesen Funden mit großer Deutlichkeit, daß die Sekte von Qumran offenbar die gesamte Küstenebene bis zur Feschcha-Quelle für ihre landwirtschaftlich-gärtnerischen Anlagen gebraucht hat, denn dieses Gebäude befindet sich schon etwa auf einem Drittel des Weges nach en feschcha."[4]

Auf der Ostseite des Gebäudes wurde der Anfang einer langen Mauer festgestellt, die wahrscheinlich schon vom französischen Forscher Guillaume Rey 1857 endeckt und später beschrieben wurde.[5] Pater de Vaux hat diese Mauer wiedergefunden

---

[1] De Vaux, R., (1973), S. 58.

[2] Bardtke, H., (1958), S. 79.

[3] De Vaux, R., (1973), S. 58f.; vgl. (1956), S. 575.

[4] Bardtke, H., (1958), S. 79.

[5] "Unterhalb des Steilabfalls [von Qumran] beginnt eine sumpfige Ebene, die sich ausdehnt bis zum Strand, von dem wir etwa einen Kilometer entfernt sind; der Morast aber trennt uns davon. Wir mar-

(Fortsetzung...)

bzw. bezieht entdeckte Mauerreste auf die Bemerkung von G. Rey.[1] Die Mauer verläuft von Norden nach Süden und läßt sich über 500 m weit verfolgen. Ihre Breite beträgt ca. 1 m.[2] "The whole structure is hardly more than one metre high, and could never have been much higher at any stage. Bounding an area which is irrigated by small springs, it constitutes the containing wall for the plantations extending between it and the shore. Although no object has been found by which its date could be determined, in effect only two possible periods can be in question in deciding when the area was occupied. The wall was probably build during the Israelite period and at the same time as the neighbouring building (or that on the plateau of Khirbet Qumran). Its construction resembles Israelite building work in four nearby areas: the dykes or containing walls associated with the Israelite installations from the Dead Sea shore to the south of Qumran, the settlements in the Buqei`a, those above the cliffs of Qumran, and certain installations in the Negeb belonging to the same period. The wall with which we are present concerned, however, certainly continued in use during the period when the community was living at Khirbet Qumran, and it was probably at this time that it was extended southwards as far as `Ain Feshkha."[3] Mauerreste mit derselben Nord-Süd-Ausrichtung, aber unterschiedlicher Bauweise, zeigen sich - ca. 200 m weit beobachtbar - wieder in unmittelbarer Nähe der Ruinen von En Feschcha, und zwar an der Südwesteinfriedung, an der Nordostecke eines postulierten Schuppens. Es wird nicht ausgeschlossen, daß sie das Ende der aus Qumran nach Süden verlaufenden Mauer ist. Sie markiert vermutlich die Grenze des Gebietes, das durch Quellen bewässert war.

L. M. Pákozdy[4] hatte vorgeschlagen, die Mauer als integralen Bestandteil einer Wasserleitung zu interpretieren. Das Votum von de Vaux: "There is no vestige of archaeological evidence for this, and it is ruled out by the level of the wall relative to the spring."[5] H. Bardtke sieht die ehemalige Mauer als Schutz der Garten- und Feldanlagen vor wilden Tieren. "Vielleicht hat sie auch mit dazu dienen sollen, das

---

[5] (...Fortsetzung)
schieren nach Süden und begegnen anfangs einigen unbestimmten Resten von Konstruktionen. Um 2 Uhr 10 Minuten überschreiten wird das Bett des Wadi Ghoumran [Qumran], und beinahe sogleich danach zeigt sich zu unserer Linken der Rest einer starken Mauer, die das feste Erdreich von dem Morast trennt, der sich unter großen, sehr dichtstehenden Schilfstengeln verbirgt. Am Ende von 20 Minuten hört diese Mauer auf oder, besser gesagt, verschwindet in dem Sumpf, der an dieser Seite Fortschritte gemacht zu haben scheint. Wir überschreiten darauf einen Strecke trockener Erde, die sich allmählich vom Berg her erstreckt. Eine neue Mauer zeigt sich zu unserer Linken, kurz bevor man zum Lager [En Feschcha] kommt; vielleicht ist es die Fortsetzung der ersten." Rey, G. M. E., Voyage dans le Haouran et aux bords de la Mer Morte exécuté pendant les années 1857 et 1858, Paris (ohne Jahr); zitiert nach Bardtke, H., (1958), S. 23. [Einfügungen vom Autor].

[1] Vgl. de Vaux, R. (1973), S. 83f.

[2] Vgl. de Vaux, R., (1956), S. 575; (1973), S. 59.

[3] Ebd.

[4] Vgl. Pákozdy, L. M., Der wirtschaftliche Hintergrund der Gemeinschaft von Qumran, in: Bardtke, H. (Hg.), Qumran-Probleme. Vorträge des Leipziger Symposions über Qumran-Probleme vom 9. bis 14. Oktober 1961, Berlin 1963, S. 269-291, bes. S. 276-279.

[5] De Vaux, R., (1973), S. 60.

Wasser der Winterregen, das vom Gebirge herabkam, von den Gartenanlagen abzuhalten, um ein Abgespültwerden der fruchtbaren Erdschicht zu verhindern."[1] Eine dritte, folgenreichere Überlegung bringt er noch in die Diskussion: "Die Mauer war Grenze und hatte juristische Bedeutung."[2] Nahe dieser Mauer, etwa in der Mitte der noch erhaltenen Mauerteile, wurde eine kleine quadratische Struktur mit Ausmaßen von 12 x 12 m freigelegt. "It has a door facing eastwards, and the inside is divided into three rooms. Platforms of masonry were built into the north-eastern and southeastern corners. ... The pottery, though scarce and much fragmented, is contemporaneous with that of the Khirbeh. ... This small building probably has some connection with one or other of the periods of community life at Khirbet Qumran, having been a watch-tower or a functional building relating to the agricultural work practised within the circumference of the long wall."[3]

---

[1] Bardkte, H., (1958), S. 79.

[2] Bardtke, H., (1960), Sp. 263. Bardtke schließt noch von anderen Details auf den Charakter der Mauer. Die Anlage von En Feschcha liegt ca. 50 m nördlich der Feschchaquelle entfernt. "Die Mauer des Südhofes, auch die ältere Ostmauer [vgl. de Vaux, R., (1959), S. 247.] haben ganz offensichtlich die Quelle nicht einbezogen, sondern sie freigelassen. Dicht nördlich der Quelle kommt ... die Paßstraße über den Feschchapaß in die Ebene herunter. Es scheint der Schluß berechtigt zu sein, daß die Qumrangemeinde die Aufgabe hatte, diese Quelle für die öffentliche Benutzung freizulassen und sie nicht mit Mauern oder sonstigen Bauanlagen zu umgeben. Die Beachtung des Wege- und Wasserrechtes dürfte aus diesen archäologischen Befunden deutlich sein. Mit aller Vorsicht darf daraus gefolgert werden, daß die Ansiedlung der Gruppe dort nicht 'wild' erfolgt war, sondern auf einer bestimmten Rechtsstellung der Ansiedlung beruhte, also eine behördliche Genehmigung vorhanden war, die bestimmte Rechtsauflagen einschloß." Ebd., Sp. 265; vgl. auch Anm. 12. [Einfügung vom Autor]. Auch aus diesem Grund hält er, wie schon behandelt, die These von der Aufgabe der Qumrananlage zwischen Periode Ib und II für wenig wahrscheinlich.

[3] De Vaux, R., (1973), S. 60. Bardtke glaubt, daß der erhöhte Boden durch landwirtschaftliche Zwecke bedingt war. "Vielleicht lagerte man hier Futtermittel oder anderes, das man hochlagern wollte, um es vor Bodenfeuchtigkeit zu schützen. ... Die etwa aus israelitischer Zeit noch vorgefundenen Bauanlagen müssen die Sekte offenbar nicht völlig genügt haben. Das darf als ein Zeichen gewertet werden, daß sich im Gegensatz zur Landwirtschaft der Salzmeerstadt die Sekte die Bodenausnützung bei weitem mehr hat angelegen sein lassen. Dieses Gebäude liegt also zwischen der Siedlungsterrasse und der Feschchaquelle und beweist, wie stark die Sekte von jener Küstenebene Besitz ergriffen und sie kultiviert hat. Sie sind somit keine flüchtigen halbnomadischen Siedler gewesen, sondern feste Anwohner, unter deren fleißigen Händen sich diese öde Gegend in eine fruchtbare Oase verwandelt hat. Das muß man sich gegenwärtig halten, wenn man die rechtlichen Besitzverhältnisse überdenkt. Die Kultivierungsarbeit der Sekte, die solche Bauwerke aufrichtete, ist auf lange Zeit geplant gewesen. Solche Kultivierungsarbeiten lohnen nur dann, wenn man sich auf langes Bleiben einrichtet." Bardtke, H., (1958), S. 80; vgl. ders. (1963), S. 290f. Eine unleserliche Münze wurde in der Ruine gefunden.

7.2 Die Siedlungsperiode II

7.2.1 Interpretation der Ruinen

"Just to the north of the spring of Feshkha, however, lies a more important installation. Its presence was recognized in 1956 from the few stones which were visible on the surface, for in recent times it had become completely silted over. It was excavated in 1958"[1]. Freigelegt wurden die Fundamente eines mittelgroßen Gebäudes, das im Südosten mit einer Umfriedung mit daran angegliedertem Schuppen, im Norden mit einem Hof, der Wasserbecken enthielt, ausgestattet war.

Das Hauptgebäude hatte eine rechteckige Grundform mit den Ausmaßen von ca. 24 x 18 m. Die zwei Zugänge zum Gebäude befanden sich im Osten. Ein Zugang, annähernd in der Mitte der Ostmauer, führte zu einer Art Vorraum (loc.f 11a)[2], der weiter in einen großen Innenhof (loc.f 4) des Gebäudes leitete. Der zweite Zugang, unmittelbar neben diesem, führte zu einem bepflasterten Durchgangsraum (loc.f 9), von dem aus der Raum loc.f 21, loc.f 22 und der Innenhof betreten werden konnten. "It is hardly possible to explain why these two doors should have been placed so close to one another except by presuming that the western end of the passage was originally closed so that it did not lead into the inner courtyard, since the central door already gave access to this. It can also be concluded that one of the entrances was designed for human use and the other for animals."[3]

Der große Innenhof war auf allen Seiten von Räumen umgeben. An der Ostseite, die Seite mit den zwei Eingängen, befanden sich in den Ecken jeweils Räume. "The first of these is one end of a store-room, 21-2"[4]. Der zweite Raum befindet sich in der Südostecke (loc.f 11b). Dieser wird diagonal von einer nach außen führenden Rinne durchschnitten. De Vaux nimmt an, daß die Rinne dazu gedient haben könnte, das Wasser aus dem Hofraum abfließen zu lassen. Aber: "It is impossible to determine the purpose of this room."[5] In diesem Raum wurden 32 kleine Münzen gefunden, mehr als in jedem anderen locus der Ruine.

Die Haupträume scheinen im Westteil der Anlage angelegt gewesen zu sein (loc.f 3 und loc.f 5). Noch heute ist nach de Vaux feststellbar, daß die Türöffnungen sehr fein verfugt waren. In loc.f 3 konnten noch Reste eines gepflasterten Fußbodens und zwei Wandaussparungen, wahrscheinlich für Becherablagen, in der östlichen Mauer nachgewiesen werden. Eine kleines, rechteckiges Kalksteinbecken, 6 Münzen, ein Krug und ein Tintenfaß wurden ebenfalls in diesem Raum gefunden. Bardtke ver-

---

[1] De Vaux, R., (1973), S. 60f; vgl. auch (1959), S. 225-255.

[2] Zur Unterscheidung der loci von Chirbet Qumran und En Feschcha werden die Locinummern von En Feschcha zusätzlich mit 'f' bezeichnet.

[3] De Vaux, R., (1973), S. 61.

[4] Ebd.

[5] Ebd.

mutet: "Das Tintenfaß scheint in Raum 11a entdeckt zu sein."[1] Das wird von de Vaux widerlegt. Auch das Tintenfaß wurde in loc. 3 gefunden. "Le loc.[f] 3 avait été fouillé en 1956. C'est de là que provient l'encrier de terre cuite signalé dans R[evue] B[iblique], LXIII, 1956, p. 576."[2] Diese Aussage wird durch das veröffentlichte Grabungstagebuch bestätigt: "En descendant dans le locus, on ramasse beaucoup de poterie très brisée mais cette fois caractéristique de Qumrân, dont un encrier. ... Objets du locus 3. AF 15: encrier de terre cuite."[3]

In Raum 5 befand sich eine ähnliche Wandaussparung wie in Raum 3. An der Ostseite des Raumes wurde auf dem Fußboden eine gefließte, halbkreisförmige Fläche entdeckt. Ebenfalls in Raum 5 wurden stark beschädigte Töpferwaren und 24 Münzen (14 Münzen) gefunden.[4]

"The whole of the north wing was taken up by a long room with a single doorway giving access to the paved passage. ... Locs.[f] 21, [loc.f] 22, and [loc.f] 22 bis, are divided from one another simply by low narrow walls, bench-like structures serving as divisions."[5] Eine große Menge Töpferwaren, die allesamt stark beschädigt waren, sowie einige Münzen konnten freigelegt werden. De Vaux nimmt an, daß der Raum der Lagerhaltung gedient hat. In der Nordwestecke des Innenhofes konnten die Reste eines kleines Raumes (loc.f 6) freigelegt werden. Die Südseite des Hofes wurde von zwei gepflasterten Räumen (loc.f 7, loc.f 10) abgeschlossen, die durch eine einfache Mauer voneinander getrennt waren. "[L]e mur qui sépare les loc.[f] 7 et [loc.f] 10 est probablement secondaire."[6] Auch diese Räume könnten als Lagerräume gedient haben. Es wurden Münzen und Keramikfragmente gefunden.[7] "A staircase situated in the south-east corner leads up to a terrace lying above the rooms on the south side and, ... extending over the large room on the north side. The rooms on the west were surmounted by an upper storey."[8] Indizien für ein zweites Stockwerk im Westen sind Mauersteine, die außerhalb des Gesamtgebäudes und in den Räumen loc.f 3 und loc.f 5 gefunden wurden. Darüber hinaus haben sich die Mauern an der Westseite in einer Höhe von 2 m erhalten. Im Schutt der beiden Westräume (loc.f 3, loc.f 5) konnten die Reste von Deckenfragmenten festgestellt werden, mit einer dazwischenliegenden Schicht, die Scherben enthielt.[9] "The fact that locs.[f] 3 and [loc.f] 5 had an upper storey consisting of more than one room

---

[1] Bardtke, H., (1960), Sp. 267, Anm. 25.

[2] De Vaux, R., (1959), S. 227. Anm. 1. [Einfügungen vom Autor].

[3] De Vaux, R., (1994), S. 353.

[4] Vgl. de Vaux, R., (1973), S. 61; ders., (1959), S. 227 mit Zahlenangabe '24 monnaies'. Im Grabungstagebuch, de Vaux, R., (1994), S. 355, werden 14 Münzen angegeben.

[5] De Vaux, R., (1973), S. 62. [Einfügungen vom Autor].

[6] De Vaux, R., (1959), S. 246. [Veränderung und Einfügungen vom Autor].

[7] "Il y avait beaucoup de tessons dans le loc.[f] 7 et les fragments de plusieurs vases de pierre, moins de tessons dans le loc. 10, et peu de monnaies dans les deux loci, 3 monnaies en tout." Ebd., S. 227. [Einfügung vom Autor].

[8] De Vaux, R., (1973), S. 62.

[9] Vgl. ebd.

accounts for a further feature, namely the large column standing in the western part of the courtyard, one metre of which has survived. It served to support a gangway between the two terraces in the north and south wings."[1]

Der einzige Aufgang in der Südostecke des Innenhofes führte zu diesem Übergang und gleichzeitig zu den Räumen oberhalb loc.f 3 und loc.f 5. Pater de Vaux folgert, daß die Räume im Westteil, sowohl im Erd- wie im Obergeschoß, und vielleicht auch der Raum in der Südwestecke des Gebäudes (loc.f 11b) als Wohn- oder Verwaltungsräume konzipiert waren. Der andere Teil des Gebäudes wurde vermutlich als Lagerraum gebraucht. "Clearly it is not a private dwelling, and is more suitable for the requirements of a community."[2]

7.2.2 Datierung der Siedlungsperiode II

Die Hauptbesiedlungszeit, die in die Zeit fällt, in der das Gebäude seine größte Ausdehnung hatte und in der auch das Obergeschoß eingebaut wurde, ist gleich mit der für die Qumrananlage rekonstruierte Periode II, die von ca. 6 v. Chr - 68 n. Chr datiert wird. "The main period of occupation, and that which has been described at greatest length, is Period II, and for this there is no room for doubt; it is contemporaneous with Period II of Khirbet Qumran."[3] Die Begründung erfolgt für de Vaux durch Keramik und Münzen: "It is true that there is a scarcity of jars, and that none of the cylindrical jars of Khirbet Qumran and the caves has been found here. But among the smaller vessels all the forms characteristic of the class are to be found: spherical juglets, ampullae, 'Herodian' lamps, plates with moulded rims, assymetrical flasks, and wide-mouthed pots .... The parallelism here has been confirmed and given an added precision from the evidence of the coins."[4] Die frühesten Münzexemplare, die zur Periode II gezählt werden können, sind Münzen des Herodes Archelaus, einer der Söhne Herodes' des Großen. Archelaus regierte von 4 v. Chr - 6 n. Chr. mit Erlaubnis der Römer über Judäa. Es folgen Münzen der darauffolgenden Prokuratoren und von Agrippa I., der von 37-44 n. Chr. regierte. Die letzte Münze in dieser Reihenfolge reicht in das zweite Jahr des 'Ersten Aufstands', 67/68 n. Chr.[5]

---

[1] Ebd. [Einfügungen vom Autor].

[2] Ebd.

[3] Ebd., S. 64.

[4] Ebd.

[5] Ingesamt wurden in En Feschcha 143 Münzen gefunden. 56 Münzen konnten entziffert werden. Vgl. de Vaux, R., (1959), S. 245.

Herrscher und Regierungszeit	de Vaux 1973[1]
Herodes Archelaus 4 v.-6 n. Chr.	4 Münzen
Prokuratoren	32 Münzen[2]
Münze aus Tyrus 36-37 n. Chr.	1 Münze
Herodes Agrippa I. 37/41-44 n. Chr.	45 Münzen
'Zweiter Aufstand' Jahr II, 67-68 n. Chr.	1 Münze

Neben den Töpferwaren und den Münzen ist als besonders Objekt eine ca. 0,71 m hohe Vase aus weichem Kalkstein zu erwähnen.[3] Auf dem oberen Teil der Vase, auf einer Fläche von ca. 4 x 5 cm, sind zwei Zeilen mit eingeritzten hebräischen Buchstaben zu erkennen. Die erste Zeile ist mit 'Im ersten Jahr ...' zu übersetzen, "but the second line, half of which is missing due to a break, still defies decipherment."[4] Periode II von En Feschcha korrespondiert völlig mit Periode II von Qumran. "The periods during which the two installations were respectively in use both fall within the same chronological limits."[5] "As we have seen, at Khirbet Qumran an outpost of Roman soldiers seems to have been installed in the ruins, remaining there for

---

[1] Vgl. dort S. 64. Zu den Münzfunden vgl. grundsätzlich Rohrhirsch, F.; Hofmeir, B., (1996), S. 119-131.

[2] "The earliest examples belonging to Period II are four coins of Herod Archelaus, and next in order come 32 coins of the Procurators and 45 of Agrippa I." De Vaux, R., (1973), S. 64.

[3] "Apart from the pottery and the coins, one of the most interesting objects found at this level is a large vase of soft limestone, ... which we were able to reconstruct from a great number of fragments. ... It was found shattered in the corner of loc.[f] 21, where it had fallen from the terrace at the time when the building was destroyed. Isolated fragments of similar vases have been recovered at Khirbet Qumran in almost every season of digging, and many others have already been found in the excavations of the Ophel at Jerusalem." Ebd., S. 64f. [Einfügung vom Autor]; vgl. ders., (1959), S. 244; dort sind die Maße präzisiert: "... haut de 0,71 m et large de 0,39 m à son sommet." Die Vase wird der herodianischen Periode zugesprochen. Vgl. die Abbildungen bei de Vaux, R., (1973), pl. XXXIVa und (1959) pl. XIa. Bei dem abgebildeten Objekt in Sussmann, A.; Peled, R., (1993), S. 106, dürfte es sich trotz der Bezeichnung 'large goblet' um dieses Gefäß handeln.

[4] De Vaux, R., (1973), S. 65. Eine vollständige Vase des gleichen Typs wurde 1970 in Jerusalem gefunden. Vgl. Avigad, N., Excavations in the Jewish Quarter of the Old City of Jerusalem, in: Israel Exploration Journal 20 (1970) 1-2, S. 6 und Abbildung 4 B. "More significant ... large, high-footed vases of excellent workmanship". Ebd., vgl. ders., (1984), S. 174-186, bes. S. 174, Abb. 196 'A stone jar of goblet form.'

[5] De Vaux, R., (1973), S. 64.

some years. Then, after it had been abandoned for some sixty years, the insurgents of the Second Revolt took refuge there. It might be tempting to look for a parallel development at Feshkha, and in fact there is one further point of convergence between the history of the two sites: the presence of three coins in the ruins of Feshkha shows that they too were put to use during the Second Revolt. Yet whereas at Khirbet Qumran a well-defined group of coins was found ranging in date from A.D. 67/68 to A.D. 72/73, and only a single isolated coin of Agrippa II, at Feshkha there is a hoard of seventeen coins of Agrippa II, as well as one coin of Domitian and one stray coin of Antoninus Pius. Thus there are discrepancies in the numismatic evidence, and it appears that Feshkha remained abandoned for some little time after the destruction of Period II. It is unlikely that the presence of the coin of Domitian and the small hoard of coins of Agrippa II can be explained by supposing that after A.D. 73 the military post at Khirbet Qumran was transferred to Feshkha, and it is more reasonable to accept that Roman soldiers were never stationed at Feshkha."[1]

---

[1] Ebd., S. 70f.; vgl. dazu auch die Münztabelle zu Periode III (siehe unten).

7.3 Die Siedlungsperiode I

7.3.1 Interpretation der Ruinen

An der Ruine läßt sich noch ein früheres Baustadium unterscheiden, das zeitlich unmittelbar vor dem beschriebenen Zustand anzusetzen ist und das durch eine Reihe von Veränderungen am Grundriß und den Mauerwänden erschlossen werden kann. "The description we have just given applies to the building in its best preserved state, and the one for which the archaeological evidence is most plentiful."[1] In der Nordwestecke des großen Innenhofes befindet sich ein Raum (loc.f 6), in dem zwei unterschiedlich hohe Bodenniveaus mit zwei unterschiedlich hohen Türschwellen, eine über der anderen, zu erkennen sind. Hier wurde vermutlich eine schon vorhandene Basis genutzt und auf dieser aufgebaut. "Again in the long room in the north wing we find two levels, for here also two floors can be distinguished, while the small dividing wall between locs.[f] 22 and [loc.f] 22 *bis* was built above a jar which had been buried during the first period. The pavement of the passage at [loc.f] 9 had been renewed. The staircase leading to the terraces is a later addition, since it blocks up an earlier doorway. At the earlier stage there was no staircase, and therefore no gangway across the courtyard either, nor any upper rooms on the western side."[2] Eine ehemalige Türöffnung wurde durch den später hinzugefügten Aufgang (bei loc.f 13) unbrauchbar. Im früheren Stadium war, da es keinen Aufgang gab, auch kein Obergeschoß bzw. Obergemach auf der Westseite zu erreichen.

Die zwei verschiedenen Bau- und Wohnperioden können nach de Vaux noch einmal differenziert werden. Es lassen sich aus dem Zustand der Ruine Schlüsse ziehen, die einen kurzen Zeitraum zwischen den beiden Wohnperioden erkennen lassen, in der das Gebäude nicht bewohnt war. Außerhalb der Nordmauer und gegenüber loc.f 5 und loc.f 21 finden sich Abfallhaufen mit Schutt und zerbrochenem Geschirr, "containing the same types of sherds as those found in the lower level of locs.[f] 21 and [loc.f] 22."[3] Die Abfallhaufen entstanden, als das Gebäude wieder zu Wohnzwecken hergerichtet werden sollte. Keine Anzeichen deuten darauf hin, daß das Ende der ersten Wohnperiode gewaltsam herbeigeführt wurde. "In contrast the second period ended with a fire, the traces of which are especially apparent in the long room on the north side, and from the fact that throughout the entire building ceilings and walls have fallen in."[4]

Ingesamt lassen sich drei verschiedene Bauperioden feststellen. Obwohl bei der allmählichen Verwehung der Anlage Erde und mit ihr viel Salz eindrang, Salz, das die Töpferwaren angriff und die Münzen oxidieren ließ, sind einige charakteristi-

---

[1] Ebd., S. 62.
[2] Ebd., S. 63. [Einfügungen vom Autor].
[3] Ebd. [Einfügungen vom Autor].
[4] Ebd.

sche Töpferformen erhalten und eine ausreichende Zahl von Münzen trotz Oxydation entzifferbar geblieben, die es de Vaux erlauben, Schlüsse zu ziehen.[1]

7.3.2 Datierung der Siedlungsperiode I

Periode I ist nach de Vaux sehr viel schwerer zu datieren, da archäologisch signifikante Hinweise nur spärlich vorhanden und lediglich indirekt zu erschließen sind. "So far as the inside of the building is concerned, all that can be attributed to it with any certainty are the following: a jar buried in the lower of the two floors of loc.[f] 6, some sherds from the same stratum, several jars sunk into the lower floor of locs.[f] 21 and [loc.f] 22, but sheared off below the neck, which is the distinguishing feature, some beakers, bowls, and plates, a lid, and a great quantity of sherds."[2]

An der Außenseite der Nordmauer konnten, wie schon erwähnt, Ansammlungen von Bauschutt und Gefäßscherben registriert werden; entstanden sind sie bei den Aufräumungsarbeiten im Gebäude zu Beginn von Periode II. "It has been possible to reconstruct some of the forms, and, like the pottery and sherds from the lower stratum of locs.[f] 21 and [loc.f] 22, they have their exact counterparts in Period Ib of Khirbet Qumran, especially for the forms which are absent from the pottery of Period II of Khirbet Qumran and Feshkha: flat plates (or lids) with chamfered rims, flared beakers with thin walls, and the reinforced necks of large jars"[3]. Die Parallelität der Perioden Ib und I von Qumran und En Feschcha kann an dem Fehlen von charakteristischen Töpferformen festgestellt werden, die in Periode II weder in Qumran noch in En Feschcha vorkommen.

Münzen, die zur Periode Ib gezählt werden können, sie vorhanden, aber nur sehr wenige sind entzifferbar. "A bronze coin of Ptolemy II (247-245 B.C.), recovered from the lower treshold of loc.[f] 6, must be considered an anomaly. It is at least one and a half centuries earlier than the other coins, and is not associated with any ceramic material of its own period. It must be concluded that this is a chance instance of a bronze piece having been kept over a long period for the value of its metal, and this one isolated piece cannot be used as evidence for determining the date at which Feshkha was first occupied."[4] 4 Münzen des Alexander Jannäus wurden entdeckt, davon eine aus dem untersten Stratum von loc.f 21. Eine Münze des Antigonus Mattathias wurde zusammen mit einer Münze der Hasmonäer gefunden. Eine Zuordnung zu einem bestimmten hasmonäischen Herrscher ist nach de Vaux

---

[1] Vgl. ebd., S. 64.

[2] Ebd., S. 65. [Einfügungen vom Autor].

[3] Ebd. [Einfügungen vom Autor].

[4] Ebd., S. 66. [Einfügung vom Autor]; vgl. auch Bardtke, H., (1960), S. 270; dort auch Anm. 38. Die Münze trägt folgende Beschriftung: "Droit: Tête de Zeus Ammon. Grènetis. Revers: Aigle aux ailes repliées debout à gauche sur un foudre, dans le champ à gauche une massue. Légende circulaire commencant en bas à gauche: ΠΤΟΛΕΜΑΙΟΥ ΒΑΖΙΛΕΩΣ." De Vaux, R., (1959), S. 249.

nicht möglich.[1] Gefunden wurden die Münzen auf der unteren Ebene von loc.f 6. Als wichtiger Fund wird von de Vaux eine Münze Herodes' des Großen bewertet. "Finally a coin of Herod, dated in the third year of his reign, has been recovered from loc.[f] 5, immediately above the level of the natural soil. It provides important evidence for determining the date when Period I ended. These coins of the third year of Herod were struck in 37 B.C., the beginning of Herod's effective rule, following upon his victory over Antigonus, but three years after his coronation by the senate in 40 B.C. On this showing the end of Period I falls after 37 B.C. Unfortunately in this particular room there is no very clear distinction between the two levels of occupation, and the ascription of this coin to Period I is only probable."[2]

Wie auch immer die Bedeutung des Münzfundeseinzuschätzen ist, ihre Einordnung durch de Vaux spricht für dessen Kenntnis und Berücksichtigung der Leistungsfähigkeit einer Fachwissenschaft. Er versäumt es nicht, auf die Problematik des Fundortes und die daraus folgenden Schwierigkeiten bei den Ableitungen von Schlüssen hinzuweisen und seine eigene Einordnung auf der Basis seines Wissenschaftsverständnisses mit lediglich 'wahrscheinlich' zu bezeichnen.

Herrscher u. Regierungszeit	R. de Vaux, 1973[3]
Ptolemäus II. 247-245 v. Chr.[4]	1 Bronzem.
Alexander Jannäus 103-76 v. Chr.	4 Münzen
Antigonus Mattathias 40-37 v. Chr.	1 Münze
Hasmonäer unsichere Zuordnung	1 Münze
Herodes d. Große, 40-4 v. Chr. Jahr 3 (37 v. Chr.)	1 Münze

[1] Vgl. de Vaux, R., (1973), S. 66.

[2] Ebd. An diesen Problemen, woher, aus welchem Stratum kommt der entsprechende Fund, zeigt sich die außergewöhnliche Bedeutung der Funddokumentation. Denn wo exakt die Münze gefunden wurde, ist durch die 'Zerstörungsarbeit' der Ausgräber nicht mehr kontrollierbar, d. h. eine intersubjektiv ausweisbare, allgemeingültige Überprüfbarkeit der Aussagen über Lage und Fundort von de Vaux kann nur durch de Vaux selbst, d. h. durch dessen Funddokumentation, korrigiert werden.

[3] Vgl. S. 66. Zu den Münfunden vgl. grundsätzlich Rohrhirsch, F.; Hofmeir, B., (1996), S. 119-131.

[4] Diese Regierungszeit wurde von de Vaux 1973 angegeben. 1959 wurde die Regierungszeit Ptolemäus' II. von 285-247 v. Chr. angeführt. Vgl. ders., (1959), S. 249.

"The fact remains that the coins which can be ascribed with certainty to Alexander Jannaeus and Antigonus Mattathias, as well as the entire ceramic material, do establish that Period I of Feshkha corresponds to Period Ib of Khirbet Qumran."[1] "The end of Period Ib at Khirbet Qumran was marked by a fire and an earthquake, and for a time, between Period Ib and II, the settlement was abandoned."[2] Für En Feschcha ist die Situation weit weniger klar. Als Datierungsindiz wird von de Vaux auf die Schutthaufen entlang der Nordmauer verwiesen, die nahelegen, daß das Gebäude gesäubert wurde, und de Vaux die Ableitung erlauben, daß auch En Feschcha vorübergehend, zwischen den Perioden I und II, verlassen war. Allerdings wurden weder Feuerspuren noch erdbebentypische Zerstörungen entdeckt. Die Feuerspuren bzw. Aschenschichten, die gefunden wurden, werden dem Ende von Periode II zugeschrieben. "The explanation may be that the earthquake which shook the buildings at Khirbet Qumran was not felt three kilometres away at Feshkha, in an area which has a different geological formation. But if Feshkha was a dependency belonging to the same community as Khirbet Qumran it would have been natural for this secondary establishment to have been abandoned at the same time as the main centre."[3] De Vaux nimmt hier noch einmal zu der Überlegung Stellung, ob die beiden feststellbaren Sachverhalte Aschenspuren und Bruchstellen an den Ruinen, die auf ein Feuer und auf ein Erdbeben schließen lassen, nicht getrennt besser erklärt werden könnten, anstatt beide Sachverhalte durch eine Kausalverbindung zu erklären.

Denkbar ist auch, daß das Feuer durch Feinde verursacht wurde, die die Anlage angriffen und zerstörten, bevor Herodes im Jahre 37 v. Chr. faktisch das Land regierte.[4] Die Auswirkungen des Erdbebens aus dem Jahr 31 v. Chr. würden dann lediglich die schon beschädigten oder zerstörten Gebäude einer schon verlassene Anlage treffen. "We have thought it more probable that the fire and the abandonment were consequences arising from the earthquake."[5] Die Überlegung, die de Vaux stützt, bezieht sich auf die Besiedlungsphasen von En Feschcha. Wenn Feinde tatsächlich Qumran zerstörten, so de Vaux, wäre es erstaunlich, wenn sie En Feschcha nicht ebenso zerstört hätten. Doch in En Feschcha konnten weder Feuer- noch Zerstörungsspuren für das Ende von Periode I festgestellt werden. Andererseits wurde aber eine Münze aus dem dritten Jahr (37 v. Chr.) der Regierungszeit Herodes' in En Feschcha entdeckt, die, wenn sie tatsächlich zur Periode I gezählt werden kann, darauf schließen läßt, daß En Feschcha zu einer Zeit bewohnt war, in der Qumran, laut Konkurrenzthese, schon zerstört und verlassen war.

---

[1] De Vaux, R., (1973), S. 66.

[2] Ebd., S. 69.

[3] Ebd.

[4] Vgl. dazu Milik, J. T., (1981), S. 58-120, S. 68f.; Laperrousaz, E. M., Remarques sur les circonstances qui ont entouré la destruction des bâtiments de Qumrân, in: Vetus Testamentum 7 (1957) 4, S. 337-349; ders., Note additionelle, in: Vetus Testamentum 8 (1958), S. 92-94.

[5] De Vaux, R., (1973), S. 69f.

7.4 Die Siedlungsperiode III

7.4.1 Interpretation der Ruinen

Noch eine dritte Bauphase kann archäologisch von den beiden anderen Perioden unterschieden werden. In ihr wurde nur ein kleiner Teil der Ruine wieder notdürftig bewohnbar gemacht. Im wesentlichen ist damit der Nordflügel des Gebäudes gemeint. Der Raum in loc.f 22bis wurde aufgegeben und auf die ehemalige Mauer zwischen loc.f 22 und loc.f 22bis wurde eine Trennmauer gesetzt, die den Schutt und die Trümmer zurückhalten sollte. Wahrscheinlich wurde sie eingefügt, weil der Raum durch die schwere Beschädigung in der Nordostecke nicht mehr zu reparieren war. Von der Nordmauer wurde nur der Westteil instandgesetzt. Eine weitere Mauer im Westen diente dazu, den Schutt von loc.f 21 und einen Teil von loc.f 22 zurückzuhalten. Zwischen diesen beiden Mauern entstand ein Raum, der über dem Bauschutt der ehemaligen Periode II angelegt war.

Von diesem etwas erhöhten Raum führte eine Verbindung zu einer niederen Kammer, die fast den ganzen Raum vom früheren loc.f 22 einnahm. Da die Schwelle des Eingangs des höher gelegenen Raumes 1,50 m höher als die Bodenhöhe der vorherigen Periode war, wurde eine Steinstiege angelegt, die hinunter zum Eingang (loc.f 9) führte.[1]

7.4.2 Datierung der Periode III

Die Datierung von Periode III ist sehr schwierig, weil nur wenige archäologisch relevante Daten zu Periode III gezählt werden können. Nur wenige Münzen stehen als Datierungshilfe zur Verfügung: "[O]ne coin struck at Antioch during Domitian's reign, A.D. 81-96, was found on the threshold of the new doorway which was pierced above loc.[f] 21. A hoard of eighteen bronze coins, stuck together by oxidization, was found lying on the top of the retaining wall built to the east of this locus, and the imprint of the bag in which they had been kept was preserved in the encrustation of the oxide. ... This hoard consists of seventeen coins of Agrippa II ranging in date from A.D. 78 to 95, and a bronze coin, much defaced, bearing two countermarks which have not been identified. Three coins from the Second Revolt of A.D. 132-5 were found above loc.[f] 21. Finally a very worn coin of Aelia Capitolina from the reign of Antoninus Pius, A.D. 138-61, had slid down between the

---

[1] "Access to the structure as a whole was through the doorway in the eastern facade, which had formerly led into this passage. To the south of the passage the rubble in loc.[f] 11 A and the corner of the courtyard was contained by blocking up the doorway between [loc.f] 11 A and [loc.f] 9, and also by means of a wall of poor construction running westwards from this point. The remainder of the building seems not to have been re-utilized." De Vaux, R., (1973), S. 64. [Einfügungen vom Autor]. Vgl. ders., (1959), S. 250-253.

stones of the wall on the top of which the coins of Agrippa II were found. It is an isolated example which must have been lost by a passer-by."[1]

Herrscher und Regierungszeit	de Vaux 1973[2]
Domitian 81-96 n. Chr.	1 Münze[3]
Agrippa II. 78-95 n. Chr.	17 Bronzem.[4]
'Zweiter Aufstand' 132-135 n. Chr.	3 Münzen
Aelia Capitolina, Antoninus Pius 138-161 n. Chr.	1 Münze

"A further object was discovered fairly near the top of the pile of debris filling loc. [f] 10. It is a weight of white limestone in the shape of a bulging cylinder ... and in the first edition of this book (pp 54-5) I assigned it to Period III. On one of its faces it bears the three letters LEB very clearly incised."[5]

---

[1] De Vaux, R., (1973), S. 67. [Veränderung und Einfügungen vom Autor].

[2] Vgl. ebd. Zu den Münzfunden vgl. grundsätzlich Rohrhirsch, F.; Hofmeir, B., (1996), S. 119-131.

[3] Diese Münze wurden in Antiochien geprägt.

[4] Insgesamt wurden 18 Bronzemünzen gefunden. 1 Münze konnte nicht identifiziert werden. Die restlichen 17 Münzen sind nach de Vaux eindeutig Agrippa II. zuzuordnen.

[5] De Vaux, R., (1973), S. 67 und pl. XXXV b, (1959), S. 252. [Einfügung vom Autor]. De Vaux diskutiert diesen Fund und bietet für ihn drei Erklärungsmöglichkeiten an:
1. Die Form der Buchstaben ist nach de Vaux charakteristisch für das 1. Jh. n. Chr. "I tentatively suggested that they should be read as a poor attempt at writing the letters LIB, an abbreviation of *libra* used in Latin inscriptions. This weight weighs 729 gr., which corresponds almost exactly to the Phoenician mina (with its theoretical weight of 727.5 gr.), as used in Palestine. Now the Talmud states that the pound is equivalent in weight to the mina. In translating Dioscorides Pliny renders μνα by *libra*, and the experts in metrication conclude that μνα should be equated with λιτρα, or *mina (mna)* with *libra*. As one of them tersely states, *mna libra Graeciae*. The difficulty is that Josephus contradicts the Talmud by explicitly asserting that the Jewish mina equals two and a half pounds, while the equivalence established by the Greek and Latin authors cannot be justified as it stands except as applied to the Attic mina and the Roman pound. Now the Attic mina weighed 436 gr., which is nowhere near the weight of the Feshkha piece." (1973), S. 67f.
2. Eine zweite Möglichkeit wäre, daß das Gewicht mit der Aufschrift LEB ein abgekürzes Datum enthält. "The first 'L' is the symbol of the 'year', known to Greek epigraphists. The 'E' has the numerical value of five. The final letter, 'B', could also have a numerical value, namely 2, and could serve to indicate that the weight is equivalent to two light minas of about 360 gr., a unit known to have been in
(Fortsetzung...)

Die Ereignisse in Periode III und ihr zugehöriges Ende sind nicht eindeutig zu bestimmen. Feststellen läßt sich nur, daß nach der Zerstörung von En Feschcha am Ende von Periode II ein kleiner Teil der Anlage wieder notdürftig und mit einfachsten Mitteln bewohnbar gemacht wurde. Pater de Vaux nahm ursprünglich an, daß auch in En Feschcha römische Soldaten einen Stützpunkt errichtet hätten[1], doch gab er diese These später auf, da die archäologischen Indizien für diese Annahme zu gering waren und die wenigen Münzen eine präzise Datierung nicht ermöglichen. "The coins of Domitian and Agrippa II may perhaps indicate that Feshkha was occupied to some small extent by an independent group at the end of the first century A.D., but we cannot altogether exclude the possibility that the coins were brought there by the rebels of A.D. 132-5, who left some of their own coins behind."[2] Dafür spricht auch die Fundlage der betreffenden Münzen. Ausdrücklich vermerkt de Vaux, daß die Münzen von Domitian und Agrippa II. auf gleichem Niveau gefunden wurden wie die Münzen, die zum 'Zweiten Aufstand' gezählt werden können. "In any case the positions in which they were found ... indicates that they were lost at some point later than the reconstruction of Period III. This excludes the possibility that they were left through forgetfulness by passers-by in the ruins of Period II."[3]

Wie immer man sich nach de Vaux auch entscheiden mag, als entscheidender Punkt bleibt festzuhalten, daß die beiden Hauptperioden von En Feschcha, Periode I und II, parallel zu den Hauptperioden in Chirbet Qumran sind, "and also that throughout the whole of this time the two sites were connected."[4] Die Bedeutung von En Feschcha in Relation zu Chirbet Qumran zeigt sich nach de Vaux in den nördlichen und südlichen Anbauten, die das Hauptgebäude umgeben.

---

[5] (...Fortsetzung)
use." Ebd., S. 68.
3. "A slightly different explanation has been suggested by certain recent discoveries. A weight of three (Attic) minas bears the inscription L ΛB BAC HP ..., 'Year 32 of King Herod (the Great) ...'. In a recent article B. Mazar describes six inscribed weights discovered in the course of his excavations near the wall of the Jerusalem temple. One of these weights (365 gr.) bears the inscription, LE BACI/ΛEΩC/-AΦP MNA, which Mazar reads as 'Year 5 of King A(ΓPIΠΠA) Φ(IΛOKAICA)P, one mina'. The title which, according to this theory, has been abridged in this manner also appears on the coins of Agrippa I, and the weight is equivalent to that of the light mina. Another weight (735.5 gr.) is inscribed 'LE BACI ΛEΩC'. Three weights are marked with the date alone, ΓE. They weigh 372.8 gr., 85.2 gr., and 643.6 gr. respectively, but the last-mentioned has been chipped. Finally a large weight of 2706.5 gr. is inscribed 'LEA', and the third letter here could stand for 'Agrippa'. In fact Mazar assigns all these weights to Agrippa I's reign, the fifth year of which corresponds to A.D. 41/42. If we take these as a basis for comparison, we might conclude that the B on the Feshkha weight could be an abbreviation of BACI-ΛEΩC. Such an abbreviation is, however, without precedent elsewhere. A further point that calls for explanation is why these official weights should differ so much among themselves, even though they were made under the same king and during the same year. The question remains open." Ebd., S. 68f.

[1] Vgl. dazu de Vaux, R., (1959), S. 251-253.

[2] De Vaux, R., (1973), S. 71.

[3] Ebd., Anm. 2.

[4] Ebd.

7.5 Zusätzliche Bauten in der Siedlungsperiode II

7.5.1 Das Gebäude im Südwesten

Im Südwesten des Hauptgebäudes befand sich eine quadratische Einfriedung, von der noch Mauerteile entdeckt werden konnten. Die Seitenlänge betrug ca. 40 m. "Formerly, however, the enclosure extended further east, though on this side the boundary wall has disappeared. The north wall was once attached to the south-west corner of the building, but the connecting piece is no longer there, probably because it was used to provide stones for the reconstruction of loc.[f] 20 at the time of the Byzantine settlement"[1]. An diese Mauer wurde ein Gebäude angebaut. An der Ostseite des Gebäudes wurde ein kleiner quadratischer Raum (loc.f 20) mit ca. 4 m Seitenlänge eingerichtet, nur wenige Meter von der Westecke des Zentralgebäudes entfernt. Eine Türöffnung war nach Osten gerichtet. Erwähnt wird von de Vaux, daß die Grundmauern von loc.f 20 direkt auf eine Pflasterung gesetzt sind, die sich nach Osten verlängert und sich auch in südliche Richtung ausdehnt. Das bedeutet, daß die Pflasterung zuerst und der Raum erst später gebaut wurde.[2] Die Südmauer von loc.f 20 verläuft parallel zur Nordmauer und enthält "a line of rectangular supports made of masonry."[3] Diese Stützen reichen bis zur Westmauer des Gebäudes und weisen Abstände zwischen 1,75 und 2,50 m auf. Die Träger waren noch in einer Höhe von 0,45 m erhalten. Der Ausgräber hat keine Zweifel, daß die Stützen Teil einer Dachkonstruktion waren. "However, it is clear that their purpose was to hold up the roof, the other edge of which rested on the containing wall."[4] Holzbalken könnten, von den Trägern abgestützt, eine parallele Linie zur Nordmauer gebildet und so eine Bedachung ermöglicht haben. Die Bodenfläche, die durch das Dach geschützt war, wurde in loc.f 17 mit kleinen Pflastersteinen gepflastert und in loc.f 18 mit größeren Pflastersteinen ausgelegt. Um die natürliche Schräge, die sich in diesem Gebiet von West nach Ost, von den Bergen zum Meer zieht, auszugleichen, wurde eine Brüstung, die loc.f 17 und loc.f 18 teilt, eingezogen. Die abfallende Bodenhöhe wurde bis zur Brüstung aufgefüllt, geebnet und gepflastet.[5] "The line of supports is continued in loc.[f] 19, which occupies the north-west corner of the enclosure, but here the floor is of beaten earth. On this floor a layer of ashes was found containing numerous sherds, whereas there were no ashes and very few sherds in locs.[f] 17 and [loc.f] 18."[6] "It has already been pointed out that the walls

---

[1] Ebd., S. 71f. [Einfügung vom Autor].

[2] "We traced this part of the pavement by means of an excavation trench." Ebd., S. 72.

[3] Ebd.

[4] Ebd.

[5] Vgl. de Vaux, R., (1959), pl. VII; (1973), pl. XXXVI a/b.

[6] Ebd., S. 72. [Einfügungen vom Autor]. Die Art der Anbindung von loc.f 19 und loc.f 18 konnte nicht mehr geklärt werden, da an der Verbindungsstelle ein moderner Weg gebaut wurde. "Although we excavated this, it had destroyed every vestige of ancient remains. It is certain that one of the masonry
(Fortsetzung...)

of loc.[f] 20 were based on a pavement which continued beyond and outside it. To provide a bed for the first masonry supports leading from this room to the west, a pavement of small stones was inserted, which has the appearance of being contemporaneous with the contai-ning wall, and which is extended southwards beyond the supports."[1]

Der Hauptteil des Gebäudes, das an der Südseite nahezu 30 m geöffnet war, scheint nicht Wohnzwecken gedient zu haben. Lediglich der West- und Ostraum des Gebäudes (loc.f 19 und loc.f 20) waren als Wohnmöglichkeit geeignet. In diesen Räumen wurden auch Tonscherben gefunden.

"But one peculiarity must be noticed: the supports of loc.17 are linked by a line of small stones which are higher than the level of the inside pavement, but gradually slope down on the outside towards the pavement there until they are flush with it."[2]

Daß die Trägerstümpfe in loc.f 17 mit einer gerinfügig erhöhten Steinreihe verbunden sind und nach Süden, d. h. vom Gebäude wegführend, in einer Schräge allmählich in die übrige Bepflasterung übergehen, erklärt de Vaux als Schutz gegen Regenwasser, das sich auf dem Erdboden gesammelt hat. Der Schluß legt sich nahe, daß in diesem Gebäude näßeempfindliche Güter bearbeitet und/oder gelagert wurden.

Wenn es eine Scheune war, so Pater de Vaux, dann könnte man, wenn man europäische Verhältnisse unterstellen würde, denken, daß vielleicht Heu und Stroh in diesem Schuppen gelagert wurden. "[B]ut no examples of barns of this kind have been found among the antiquities of Palestine, and the region of Qumran and Feshkha is far from being suitable for the growing of grass- or corncrops. Reeds grow abundantly and must have been turned to good account for basket-making, as they still are to this day, but nowadays the reeds are simply collected into little piles to dry, with stones placed on top of them."[3] Die Daten der Ausgrabung können nach de Vaux besser erklärt werden, wenn man die Ruinen als ehemalige Reifeanlage für Datteln interpretiert. Diese Erklärung berücksichtigt darüber hinaus die klimatischen Bedingungen der Region. "One possible hypothesis is that this shed was a drying-house for dates, or rather where the dates, having been picked before they were fully ripe, were spread out to ripen off."[4] Dagegen spricht aber die übliche Praxis, die die Datteln in der Sonne ausreifen läßt und nicht im Schatten. Doch jordanische Experten für Dattelanbau, die auf Einladung von de Vaux die Reste der

---

[6] (...Fortsetzung)
supports was uprooted in this way. It is not impossible that there was once a wall closing loc.[f] 19 to the east." Ebd. [Einfügung vom Autor]. Vgl. dazu auch de Vaux, R., (1959), Pl. IV.

[1] De Vaux, R., (1973), S. 72f. [Einfügung vom Autor].

[2] Ebd., S. 73.

[3] Ebd. [Veränderung vom Autor].

[4] Ebd.

Anlage besichtigten, waren überzeugt, daß die Anlage für diesen Zweck geeignet war.[1]

Das Nebengebäude bzw. seine Reste, die von Pater de Vaux ausgegraben wurden, gehören in seinem Vollausbau zur selben Siedlungsperiode, die für das Hauptgebäude mit Periode II bezeichnet wurde. Die Zerstörung des Hauptgebäudes, die abhängig sein dürfte von der Zerstörung Qumrans im Jahre 68 n. Chr., signalisiert auch den Zeitpunkt der Zerstörung des Nebengebäudes.

Zwar kann auch schon eine frühere Siedlungsperiode des Geländes, auf dem der Schuppen steht, unterschieden werden, die parallel zur Besiedlungsstufe I des Hauptgebäudes verläuft. Doch enthielt sie wahrscheinlich nur eine Einfriedung ohne Gebäude. Da in der Nähe Quellen sind, könnte es sich um eine Koppel für Herdentiere gehandelt haben. "The walls on the west and south of the enclosure have been cleared on both sides, and do not show any traces of masonry attached to them ... Nor are there any surface traces inside the enclosure indicative of a buried building. It seems therefore, that the enclosure was empty apart from the shed built against its north wall."[2]

Die Einfriedung wurde in Periode III nicht benutzt. Jedoch sehr viel später wurde loc.f 20 restauriert und bewohnbar gemacht. Zum Teil wurden zur Auskleidung der Innenmauern Pflastersteine des Erdbodens benutzt, möglicherweise diejenigen, die in loc.f 20 fehlen. Die Türschwelle wurde erhöht. "All the sherds associated with this work of restoration are Byzantine. To these may be added a lamp and juglet of the same period which were found together in a layer of silt against the north wall of the enclosure."[3]

7.5.2 Die Wasserbecken im Norden

Eine weitere Einfriedung in unmittelbarer Nachbarschaft zum Hauptgebäude liegt im Nordosten. Wieder beschreibt de Vaux den Vollausbau unter Periode II.

Die nördliche Einfriedung beginnt mit einer Mauer an der Nordwestecke des Hauptgebäudes und verläuft ca. 23 m in nordöstlicher Richtung. Nahezu im rechten Winkel schließt sich an sie nach Osten eine ca. 40 m lange Mauer an. Mit der Nord-

---

[1] Vgl. ebd.; vgl. auch (1959), S. 229f. Datteln, die für den menschlichen Verzehr bestimmt sind, sind haltbarer und leichter zu essen, wenn sie im Schatten ausgereift werden. Unterstützt wird diese Möglichkeit durch den Umstand, daß Dattelpalmen ein wenig Salzwasser vertragen und mit ihren langen und tiefgehenden Wurzeln in der Lage sind, auch tiefliegendes Grundwasser zu erreichen. Gleichzeitig benötigen sie zum Reifen ihrer Früchte große Hitze und viel Licht für ihre Blätter. Alle diese Bedingungen werden hervorragend im Dreieck En Feschcha - Totes Meer - Chirbet Qumran erfüllt, "This fits the only large-scale cultivation which seems possible in this area." De Vaux, R., (1973), S. 73. Neben den Hauptquellen in En Feschcha gibt es noch einige andere Quellen, die für Pflanzen leicht zu erreichen sind, da die Quellen sehr nahe der Erdoberfläche lokalisiert werden können. Die Balken aus Palmholz, Palmblätter und Datteln bzw. Dattelkerne, die in den Ruinen von Qumran entdeckt wurden, sprechen dafür, daß die Dattelpalmen und ihre Früchte auch schon damals in Nutzung waren. Dafür könnte man sich keinen besseren Platz suchen. Vgl. ebd., S. 74.

[2] Ebd., S. 74.

[3] Ebd., S. 75.

mauer des Hauptgebäudes ergibt sich dadurch eine große rechteckige Hofeinfriedung, die nur an einer Seite offen ist.

"A trench was opened in the centre of the area running from east to west, and although it was carried down to virgin soil, the only objects found were two ancient floors separated by 25 cm. of deposit."[1] Im westlichen Teil des Hofes konnten keine Spuren archäologisch relevanter Objekte entdeckt werden, im Gegenteil zum östlichen Bereich; dort fanden sich Wasserbecken, Wassergruben und verschiedene Zuleitungskanäle.

Der Hauptkanal beginnt bei loc.f 29. Dort wurde das Wasser durch die Einfriedungsmauer geleitet. "The water was led in from loc.[f] 29 and passed through the north wall of the enclosure by way of two openings separated by a dressed stone slab"[2]. Innerhalb der Einfriedung verlief der Wasserkanal in südwestlicher Richtung zu einem rechteckigen, etwa 0,80 m tiefen Wasserbecken. Ein Überfließen des Beckens wurde durch einen kleinen Überlaufkanal verhindert, der das überflüssige Wasser zum Toten Meer hin abfließen ließ.

Über zwei Kanäle kann das Wasser aus loc.f 23 weitertransportiert werden. Ein nicht ganz 3 m langer Kanal führte nach Süden und leitete Wasser zu einem größeren quadratischen Becken mit einer Seitenlänge von ca. 4 m. "The basin was a little more than one metre deep, and its floor and walls were coated with plaster, only parts of which have survived. On the bottom of the basin this plaster was covered by a white deposit, generally thinly spread, but piled up to a greater thickness in the east corner. In fact the basin slopes downwards slightly towards the east, and the mouth of a conduit leads out level with the bottom where it is at its deepest against the south-east wall."[3] Die Ausleitungsöffnung wurde durch einen Stein reguliert, in den man ein glattes rundes Loch eingemeißelte. Mit ihm konnte die Öffnung leicht geschlossen oder geöffnet werden, je nachdem, ob das Becken gefüllt oder geleert werden sollte. An der anderen Seite des Beckens verläuft die Ausleitung ein kleines Stück in einer Rinne und endet in einer rechteckigen Grube. Die Grube ist ca. 1,30 m tief und Teil von loc.f 25. Ein Abstieg in die Grube war durch eine einfache Steinkonstruktion möglich. Die Grube hatte einen Innenverputz aus Kalk, Sand und Kies, der sich an wenigen Stellen noch erhalten hat. "From the eastern corner a flight of three steps leads out on to the pavement surrounding the basins, and in this pavement a steeply sloping plaster-coated trough has been dug. The fact that it is certainly connected with the flight of steps shows that its function was to carry away the waste water drawn up from the pit."[4] Der kurze Kanal teilt sich vor der Einleitung in das Becken 24. Eine Verlängerung führt in südöstlicher Richtung um die zwei Seiten des Beckens herum und beendet seinen Lauf an der Südecke von loc.f 24. Hier verströmt sich das Wasser über

---

[1] De Vaux, R., (1973), S. 75.

[2] Ebd., S. 76. [Einfügungen vom Autor].

[3] Ebd.

[4] Ebd.; vgl. auch (1959), S. 230-233.

drei Stufen auf eine rechteckige Fläche mit einem sanft geneigten, gepflasterten Boden und von dort in die Grube von loc.f 27. Diese Grube ist größer und tiefer als die nur durch eine Mauer getrennte in loc.f 25. "So much water had infiltrated that it was not possible to empty it completely, but it was established that the masonry extended downwards at least 1.55 m. below the level of the pavement at the south corner. Fragments of plaster intermingled with the damp earth filling showed that it too had been coated with plaster."[1]

Der zweite Kanal, der von loc.f 23 wegführt, leitet Wasser direkt in ein rechteckiges Becken, das einen Länge von ca. 8 m und eine Breite von etwa 3,5 m aufweist. An der Stelle, an der das Wasser das Becken erreicht, läuft der Kanal, obwohl leicht erhöht, in flacher Erweiterung aus, "a deliberate device for ensuring that the water sank gently into the basin in a smooth unbroken flow. Our conclusions on this point are confirmed by the fact that a parapet runs along the inner wall of the basin a good metre below the mouth of the channel. In excavating this basin we were once more brought to a halt by the water which had infiltrated. The masonry extends downwards at least 0,75 m. below the existing water level, and there are traces of plaster."[2]

Inmitten der beiden Becken (loc.f 24 und loc.f 26) und des langen Kanals ist eine größere gepflasterte Fläche erkennbar, die mit großen Fließen ausgelegt ist. In einer flachen Senke innerhalb des Pflasters wurde ein intakter Krug gefunden. In südwestliche Richtung, auf etwas niedrigerem Niveau, setzt sich die Bepflasterung fort. Zur Bepflasterung wurden hier nur kleinere Steine benutzt.

Zwischen dem von loc.f 23 zu loc.f 26 verlaufenden Kanal und der nordöstlichen Einfriedungsmauer, die hier 2 bis 5 m entfernt verläuft, konnten zwei Höhenniveaus unterschieden werden. Obwohl ihre Differenz etwa 0,20 m beträgt, gehören sie nicht zu unterschiedlichen Perioden der Anlage. "The first is a floor of lime and is hard. The construction is contemporaneous with that of the channel and the basins. The upper floor had not been specially treated. It simply marks the point beyond which this space had not been put to any special use. On the second floor two oblong stones were found, roughly carved into the form of cylinders. ... They were certainly not intended for any building. They could not have rolled here from anywhere else."[3] Die Steine liegen an der Stelle, an der sie benutzt wurden. Ähnliche Steine wurden auf dem Beckenboden von loc.f 24 und auf dem Beckenboden von loc.f 26 gefunden. "Evidently they had been pushed there from the platform nearby."[4] Warum sie ins Wasser gestoßen wurden, läßt sich nur vermuten. Die entsprechende Situation könnte die Zerstörung der Anlage in Periode II gewesen sein.

---

[1] De Vaux, R., (1973), S. 77.
[2] Ebd.
[3] Ebd.
[4] Ebd., S. 78.

7.5.3 Welchem Zweck dienten die Wasserbecken?

7.5.3.1 Keine Reinigungs- oder Ritualbäder

Die Becken können nach de Vaux nicht der Wasserbevorratung gedient haben, d. h. sie waren keine Zisternen. Die Tiefe der Becken wäre dafür zu gering. Auch die Enge der beiden Gruben in loc.f 25 und in loc.f 27, im Anschluß an loc.f 24, sowie die Komplexität der ganzen noch feststellbaren Konstruktion sprechen dagegen. Auch die Benutzung als Ritual- oder Reinigungsbäder hält de Vaux für ausgeschlossen. "They are not baths. This is ruled out by the shape of the two pits and the absence of steps throughout."[1] De Vaux schließt deshalb auf einen technisch-handwerklichen Zweck: "This is an industrial installation in which water played a major part."[2]

Bevor aber der Frage nachgegangen werden kann, welche Tätigkeiten hier ausgeführt werden konnten, sollte, wenn unterstellt wird, daß hier tatsächlich Wasser und keine andere Flüssigkeit eine Rolle spielte, geklärt werden, woher das benötigte Wasser kam. Aus einer der noch existierenden Quellen kann es nicht stammen. Der Beginn des Wasserkanals bei loc.f 29 liegt über 5 m höher als die Quelle in En Feschcha. Und noch die nächsten, umliegenden kleineren Quellen liegen immer noch 3 m unter der Höhe des Kanalsystems. Da eine Verbindung der Gesamtanlage von En Feschcha mit Chirbet Qumran für de Vaux nahezu sicher ist, könnte auch in En Feschcha der Bau eines Aquädukts vermutet werden, der die Winterregen von den Bergen herableitete. Doch für ein Aquädukt finden sich keine Anhaltspunkte. Auch die Mauer zwischen Chirbet Qumran und En Feschcha zeigt keine Überreste, die eine solche Vorrichtung plausibel macht. "It will be remembered, however, that since ancient times the complex of subterranean streams has altered, and it still remains a possibility that there was once a spring higher up."[3] Zwischen dem Hauptgebäude und der Straße im Westen kann eine kleine Landsenke festgestellt werden, die die Lage einer solchen Quelle anzeigen könnte. "Originally the stream from it flowed southwards, and the bed which it had carved out can still be recognized under the north wall of the southern enclosure. At the centre of loc.[f] 17 the foundations of this wall consist of a heap of large stones blocking a ditch wich extended in a northerly direction."[4]

Das Wasser dieser vermuteten Quelle wurde beim Bau der südlichen Einfriedung umgeleitet und nach Osten, in Richtung loc.f 29, geführt. Zwischen En Feschcha und Chirbet Qumran gibt es Anzeichen auf einige versiegte Quellen, die auf etwas höherem Niveau entsprangen als die gegenwärtig existierenden Quellen. Das könnte auch bedeuten, daß das Wasser aus den höheren Quellen noch nicht den Salzgehalt

---

[1] Ebd.
[2] Ebd.
[3] Ebd.
[4] Ebd. [Einfügung vom Autor].

der heutigen Quellen hatte. Dieses Wasser wäre dann für Menschen, Tiere und
Pflanzen bekömmlicher gewesen. "We may recall the garden at Feshkha where the
monks of Marda used to cultivate vegetables."[1]

In Periode III wurde das Wassersystem nicht benutzt. Die Maueröffnung an loc.f
29 wurde verschlossen und das Wasser floß außerhalb der Mauer zum Toten Meer.

7.5.3.2 Ledergewinnung in En Feschcha?

Wenn nun auch nicht mit Gewißheit gesagt werden kann, woher das benötige Wasser kam, ob von den Bergen mittels Wasserleitung oder durch damals existierende
Quellen, so ist die Schlußfolgerung nicht von der Hand zu weisen, daß zum Zeitpunkt des Baubeginns das benötigte Wasser in ausreichender Menge vorhanden
war. Niemand käme auf die Idee, eine derart komplizierte Anlage zu planen und zu
bauen, wenn die Wasserfrage nicht positiv gelöst wäre. Die Umwandlung von Tier-
häuten zu Leder erfordert häufiges Waschen, Spülen und eine oftmalige Wiederho-
lung der Arbeitsgänge über eine längere Zeit. Dafür wird viel Wasser gebraucht.
Die getrockneten Tierhäute müssen im ersten Arbeitsgang gereinigt und erweicht
werden. Dazu werden sie in fließendes Wasser getaucht oder in stehendes Wasser,
das in regelmäßigen Abständen erneuert wird. De Vaux ist der Ansicht, daß das
Wasserbecken loc.f 23 dafür geeignet gewesen sein könnte.[2] Durch eine geschickte
Dosierung des Wasserzu- und -abflusses konnte ein konstanter Wasserstrom erzeugt
werden.

Als nächster Arbeitsgang erfolgt die sogenannte Epilation der Haut. Damit ist die
Entfernung der Haare und die Gewinnung der 'Blöße' gemeint. Die Tierhaut besteht
aus drei Schichten, von denen nur die mittlere zum Gerben benutzt wird. Als
`Blöße' wird die von Oberhaut und Unterhautgewebe befreite Haut bezeichnet. Bei
der Enthaarung werden die Häute in kalkhaltiges Wasser getaucht, dann wird
allmählich die Kalkkonzentration gesteigert. Becken 24, in dem auch Kalkablage-
rungen festgestellt wurden, wäre dazu geeignet. Das Becken konnte vom Boden aus
geleert werden, und die benutzte Kalklösung wurde in die angrenzende Grube in
loc.f 25 abgelassen. Dort konnte sie für weitere Waschvorgänge gelagert und wie-
derverwendet werden. Wurde sie nicht mehr gebraucht, konnte sie mit Eimern über
die treppenartige Flucht und von dort in einer nach Süden führenden Rinne weg-
gespült werden. "The paved surface round the edge of Basin 24 could have been
used to stretch the hides, and the large cylindrical stones would have been 'horses'
used in the process of scraping off the hair and flesh. The jar which was found laid,
but not fixed, in the hollow space in the flagged area near Tank 23 could have contained some necessary ingredient for the actual work, or alternatively it could have

---

[1] Ebd., S. 79.
[2] Vgl. ebd., S. 79.

been used to store drinking water for the workmen, since they could not drink the water from the basins where the hides were steeped."[1]
Der eigentliche Gerbungsprozeß, bei dem das Kollagen der Tierhaut mit dem Gerbmittel chemisch reagiert, folgt anschließend. Gerbmittel können Baumrinden, z. B. Eichenrinde, sein, aber auch Galläpfel, Urin, Taubenmist oder Alaun.[2] Die Grube in loc.f 25, an der Südecke von Becken 24, scheint dafür geeignet. Dafür spricht auch der besondere Wasserzulauf. "The large basin at loc.[f] 26 could have been used for rinsing the hides, but this purpose could have been equally well served by the tank at loc.[f] 23."[3] Die Häute wurden, durch Baumrinden getrennt, in Lagen gegerbt. Der Erfolg des Gerbeprozeßes war von einem gesicherten, gleichmäßigen Wasserzufluß abhängig. Dadurch war es möglich, die Häute gleichmäßig zu imprägnieren. Die Trocknung mit verbundener Dehnung konnte anschließend wieder auf der Pflasterung durchgeführt werden.

Einwände gegen die Gerbthese

Wird unterstellt, daß das Wassersystem tatsächlich zur Ledergewinnung bestimmt war, müssen zwei Besonderheiten der Anlage erklärt werden, die dem Zweck einer Ledergewinnung widersprechen.

1. De Vaux macht darauf aufmerksam, daß sowohl in alten antiken Gerbereien als auch in modernen, in denen die traditionellen Verfahren angewendet werden, die Enthaarungs- und Gerbergruben klein und zahlreich sind. Das ermöglicht eine gleichzeitige Behandlung von mehreren Häuten, die sich in jeweils verschiedenen Bearbeitungsstadien befinden.[4]

2. Proben wurden aus Becken, Gruben und Kanälen entnommen und von verschiedenen Instituten analysiert. Die Analysen des Government Laboratory of Amman, des Department of Leather Industries of the University of Leeds und des London Institute of Archaeology stimmen darin überein, daß die weißen Absetzungen in Becken 24 hauptsächlich aus Calziumkarbonat bestehen. Eine

---

[1] Ebd., S. 80.

[2] Vgl. dazu Gansser, A., The early history of tanning, in: CIBA-Review 81 (1950), S. 2938-2962.

[3] De Vaux, R., (1973), S. 80. [Einfügung vom Autor].

[4] Vgl. Gansser, A., (1950), bes. Abbildung S. 2943. Zur Form der Gruben ebd., S. 2946, Sp.2. "Early tanning pits, and those used in the East to this day, were usually round ...; the Arabs on the other hand frequently made square pits for liming and tanning".
Gansser äußert sich innerhalb seines Artikels auch zur 'Minneral Tannage', S. 2952-2953. Dort beschreibt er auch die Mummifizierung von Leichen: "For the preservation of the mummies the Egyptians used bitumen and salts form their soda lakes and the Dead Sea. Mummification is, of course, no tanning process, but the result of more or less careful pickling, combined with aromatic herbs. ... The ancient Oriental bottle-tanning process therefore resembles somewhat this method of preserving dead bodies. The bitumen, which presumably was obtained from Judea, i.e. the Dead Sea, was largely responsible for the preservative action." Ebd., S. 2953, Sp. 1f.

Substanz, die die Theorie der Ledergewinnung unterstützt. Der Gehalt an Calziumkarbonat anderer Proben war ebenfalls bedeutend. Auch Sand konnte festgestellt werden. Doch: "All this could be explained by the dissolving of the plaster coating, and the same explanation would also apply to Basin 24."[1] Es wurden keine Spuren von Tannin entdeckt. "Thus, in order to maintain our hypothesis, we would have to conclude that in these pits, penetrated as they have been by water and silt over a period of nearly two thousand years, every remnant of tannin has been oxidized and has disappeared."[2] Jordanische Experten, die die Anlage prüften und vom negativen Befund wußten, hielten es trotzdem für möglich, daß hier Tierhäute behandelt wurden.[3]

Dagegen betrachteten es die Experten der Universität von Leeds als nahezu sicher, daß die Anlage nicht zu Gerbezwecken benutzt wurde. "In every case, however, the extracts gave no indication of tannin by the standard tests ... Thus taking these findings in conjuction with the other evidence which gave no indication of animal hairs, organic material, etc., it seems reasonably certain that the Ain Feschkha installation was *not* used for the preparation of skins and hence scroll materials."[4] Obwohl Poole und Reed eine Gerberei in En Feschcha nicht für wahrscheinlich halten, sieht D. Burton, Leiter des 'Department of Leather Industries' der Universität Leeds, in einem Brief an de Vaux die Gerbthese am besten geeignet, die Funde sinnvoll einzuordnen. "Thus chemically we conclude there are no grounds for believing that Ain Feshkha is where the skins were processed. Any identification of the installation as a tannery, we feel, would have to rest on the siting (near a perénnial spring and well removed from Khirbet Qumran) and on certain features such as the cobbled pavement and stone 'beams'."[5]

Das Hauptproblem der Hypothese, das Fehlen von Tannin, könnte durch die Annahme gelöst werden, daß die Anlage nicht zur Lederherstellung sondern zur Herstellung von Pergament gedient hätte.[6] Doch auch diese These müßte das Problem

---

[1] De Vaux, R., (1973), S. 81. Vgl. auch Poole, J. B.; Reed, R., The 'tannery' of Ain Feshkha, in: Palestine Exploration Quarterly (1961), S. 114-123; Zeuner, F. E., (1960), S. 27-36.

[2] De Vaux, R., (1973), S. 81.

[3] Vgl. ebd., und (1959), S. 235-237. "Il reste que deux spécialistes qui ont visité les fouilles, Mr. Halilović, expert en tannerie des Nations Unies en mission en Jordanie et Mr. H. M. Pharaon, expert du Gouvernement Jordanien, ont exprimé nettement l'avis que l'installation pouvait s'interpréter comme une tannerie." S. 235.

[4] Poole, J.; Reed, R., (1961), S. 121.

[5] Burton, D., Brief vom 30. April 1959 an Roland de Vaux, zit. nach de Vaux, R., (1959), S. 255.

[6] "In fact the technical difference between parchment and leather is that the former consists of untanned hide that has been dried, stretched on a frame, and pared thin with a scraping-knife." De Vaux, R., (1973), S. 82. Doch bevor die Tierhaut diesen Prozeduren unterzogen wurde, durch die sie beschreibbar wird, wurde sie dem gleichen Prozeß unterzogen wie bei der Ledergewinnung: wiederholtes Waschen, Kalkbäder und Enthaarung der Häute. "These are precisely the processes for which the installations at
(Fortsetzung...)

klären, daß F. E. Zeuner vom London Institute of Archaeology stellt, wenn er darauf aufmerksam macht, daß in allen verfügbaren Proben nur minimale Konzentrationen organischer Verbindungen nachweisbar sind.[1] Gleichzeitig wird von ihm das Fehlen jeglicher Haarspuren konstatiert. "No traces of hair was found, which is usually abundant in tanning trenches."[2] Zeuner schlägt deshalb eine andere Bestimmung der Anlage vor: "In the writer's opinion the suggestion that they [die Wasserbecken] were used for raising fish for the table has much in its favour."[3]

7.5.3.3 Fischzucht in En Feschcha?

Die Zucht von Fischen könnte einen Beitrag zum Lebensunterhalt der Bewohner der Qumransiedlung darstellen. Dieser Zweck würde zufriedenstellend die Zirkulation des Wasserlaufes erklären und auch den Abfluß am Grund von Becken 24, durch den das ganze Becken geleert werden konnte. Durch diese kleine Röhre konnten die größeren Fische nicht entkommen, während die kleineren durch den Ausfluß in die Grube von loc.f 25 gelangten und dort leicht gesammelt werden konnten. De Vaux: "A 'fish farm' of this kind is not impossible. ... However, this is not a very satisfactory way of accounting for the basins at Feshkha. For rearing fish it was unnecessary to coat the basins with plaster, and it would have been better not to do so, but to allow for the growth of the aquatic plants and insect life on which the fish could feed."[4] Darauf könnte geantwortet werden, daß die Bepflasterung als Schutz gegen eindringendes salzhaltiges Sickerwasser nötig war.

Gegen eine Fischzucht spricht aber die geringe Größe der Becken. Ein wirkungsvoller Beitrag zur Lebensmittelsicherung ist unter diesen Bedingungen nur schwer vorstellbar. Es könnte jedoch noch mit der Möglichkeit gerechnet werden, daß nur zu besonderen Mahlzeiten bei besonderen Anlässen Fisch Verwendung fand oder

---

[6] (...Fortsetzung)
Feshkha seem most suitable: the tank of running water, Basin 24, with its deposit of lime, the flagged pavement, and the cylindrical stones." Ebd.

[1] Entnahmen von Proben in En Feschcha:

Sample:				Ergebnis:		
	1a.	Becken 26, obere Lage			1a.	0,072 %
	1b.	Becken 26, untere Lage			1b.	0,028 %
	5.	Becken 24, Beckenboden			5.	0,038 %
	2.	Sump (Grube) in loc.f 27 oben			2.	0,004 %
	4.	Sump (Grube) in loc.f 27,			4.	0,018 %
		Ablagerung v. Boden				
	3.	Sump (Grube) in loc.f 25			3.	0,012 %
	6.	Wasserkanal zu loc.f 27			6.	0,740 %

"The values are extraordinarily low, and it is clear that the sediments cannot be derived from the preparation of organic materials." Zeuner, F. E., S. 34.

[2] Ebd., S. 35.

[3] Ebd., S. 35f. [Einfügung vom Autor].

[4] De Vaux, R., (1973), S. 82f.

Fisch nur zu Handelszwecken gezogen wurde. Werden diese Möglichkeiten mit dem archäologischen Daten, d. h mit dem Analyse der Ablagerungen, konfrontiert, so bleibt festzustellen, daß nicht nur Haarspuren, sondern auch keine Schuppen oder Gräten in den Proben nachweisbar sind. Auch unter den vergrabenen Tierknochen[1] befanden sich keine Fischgräten. "If fish life had continued in them for any length of time some organic residue should have remained in them, and this is just as true of the rearing of fish as it is of the preparation of hides. Finally the hypothesis either fails to explain, or explains in an unsatisfactory manner, certain features, those in fact which constitute the distinctive characteristics of this installation: the pits in the two small paved rooms, the flagged surface, the cylindrical stones, and the complex water system, which suggest that the basins were designed for more than one purpose."[2] Zu Recht erwartet de Vaux von einer Konkurrenzthese *B* (Fisch), die die Überreste der nördlichen Installation von En Feschcha besser erklären will als die von ihm entwickelte These *A* (Häute), daß die Konkurrenzthese *B*, wenn sie mit dem gleichen Mangel wie *A* zu kämpfen hat, dem Fehlen jeglicher typenspezifischer Spuren die Einzelcharakteristika der Anlage mindestens ebenso kohärent und widerspruchsfrei einbinden kann, wie das These *A* zu leisten vermag.

Das bedeutet nicht, daß die Anlage 'tatsächlich und in Wirklichkeit' zu Gerbezwecken benutzt wurde, aber die Erklärungsthese *A* kann hier, im konkreten Fall, von Konkurrenzthese *B* nicht widerlegt werden. Das heißt, die Interpretation der Anlage durch These *A* ist und bleibt 'unsicher', sie zeigt sich jedoch gegenüber These *B* erklärungsstärker. Konsequent fährt de Vaux fort: "Thus, while the interpretation remains uncertain, the conclusion is established that this installation was planned for some industrial use. The minute detail in which it has been described here may seem excessive, but our intention has been to enable the reader either to evaluate the two solutions which have so far been proposed, or to discover a better one for himself."[3] Die berechtigte Bevorzugung von These *A* gilt jedoch nur gegenüber These *B*. Wird eine neue Erklärungsmöglichkeit (These *C*) eingeführt, die ebenfalls die Einzelphänomene kohärent interpretiert und die darüber hinaus mit dem Ergebnissen der Laboruntersuchungen widerspruchsfrei in Beziehung gesetzt werden kann, wäre der neuen These *C* der Vorzug einzuräumen. Diese neue These *C* wäre gehaltvoller, weil sie gegenüber den 'alten' Konkurrenzthesen erklärungsstärker und damit leichter falsifizierbar ist. Sie ist deshalb leichter falsifizierbar, weil sie sich auf mehr empirische Phänomene bezieht als Konkurrenzthese A, von der die Laborergebnisse ignoriert werden.[4]

Die von H. Bardtke vorgeschlagene Lösung, daß die Becken auch zur "Flachs-

---

[1] Vgl. dazu S. 140 dieser Arbeit.

[2] Ebd., S. 83.

[3] Ebd.

[4] Sehr gut läßt sich bei der Diskussion der möglichen Zwecke der Anlage zeigen, daß die von de Vaux vorausgesetzte Grundannahme, 'die Anlage diente handwerklich-industriellen Zwecken', von keiner Konkurrenzthese kritisiert wird.

wässerung oder für das Waschen der Wolle nach der Schafschur gedient haben"[1], muß ebenfalls mit dem Manko leben, daß keine spezifischen Spuren nachweisbar sind. "We have considered that the installation was used for the retting of flax, for linen was definitely used by the Qumran community. Indeed, the pits shown some resemblance to retting pits in a Beni-Hassan tomb painting ... But here again this hypothesis seems rather unlikely since no plant remains have yet been identified."[2] Zuzustimmen bleibt Ph. R. Davies der zur Zuordnungsproblematik bemerkt: "De Vaux concluded after a good deal of cogitation that it most probably served as a tannery where leather was cured. Of all the guesses, this one remains perhaps the least improbable."[3]

---

[1] Bardtke, H., (1960), Sp. 268.
[2] Poole, J.; Reed, R., (1961), S. 122.
[3] Davies, Ph. R., (1982), S. 68.

8 Führen Wege aus den Höhlen nach Qumran?

8.1 Die Funde in den Höhlen

8.1.1 Die Funde in den Felshöhlen[1]

Aufgrund der ersten Höhlenentdeckung (1947) und der darin enthaltenen Texte und Textfragmente wurde 1952/55/56 eine systematische Untersuchung von Höhlen in unmittelbarer und näherer Umgebung von Qumran durchgeführt. "An exploration was made of the holes, caves, and crevices with which the cliffs are everywhere honeycombed. Of the soundings taken 230 proved barren, but 40 of these cavities contained pottery and other objects. These remains range in date from the Chalcolithic to the Arab period, but 26 of the sites explored yielded pottery which was identical with that of the first cave of Khirbet Qumran."[2]

In der folgenden Aufzählung werden nur die Höhlen erwähnt, die vom Ausgräber durch die Funde auf Qumran bezogen werden. Vermerkt wird auch, ob die entsprechende Höhle von den Ausgräbern als 'Wohnhöhle' interpretiert wird. Höhlen, die Texte enthielten, werden von den Ausgräbern mit dem Buchstaben 'Q' und fortlaufender Zählung bezeichnet.[3]

Höhle 1   1 Pithos, 1 Deckel, wahrscheinliche Wohnhöhle[4].

Höhle 2   3 Pithoi.

Höhle 3   4 oder 5 Pithoi, 4 Deckel, 1 Becher, 1 Topf, 1 Bronzering, 2 Feuer-
               steinplättchen.

Höhle 7   1 Pithos, 1 Deckel.

---

[1] Erwähnt werden hier vor allem die Höhlen, in denen Schriftrollen oder Fragment von Schriftrollen gefunden wurden. Vgl. zur Erforschung der Höhlen allgemein: De Vaux, R., (1953), S. 540-561. Vgl. dazu auch Baillet, M.; Milik, J. T.; de Vaux, R., Discoveries in the Judaean Desert of Jordan. III. Texte. Les Petites Grottes de Qumran. Exploration de la falaise. Les grottes 2Q, 3Q, 5Q, 6Q, 7Q à 10Q. Le rouleau de cuivre. Oxford 1962. (Abk. DJD III).

[2] De Vaux, R., (1973), S. 51.

[3] Eine detaillierte Übersicht findet sich in DJD III, S. 3-47 und in Laperrousaz, E.-M., (1976), S. 155-175. Zum Teil veränderte Inventarlisten finden sich bei de Vaux, R. (1994), S. 343-346.

[4] Wenn vom Ausgräber die Beurteilung der Wohnmöglichkeit in einer Höhle angegeben wird, dann wird sein Urteil 'Possibilité d'habitat: Qui' mit 'wahrscheinlich', seine Beurteilung 'probable' mit 'möglich' übersetzt. Alle anderen Beurteilungsstufen werden vernachlässigt.

Höhle 8=3Q   In dieser Höhle wurden neben 35 Pithoi, 26 Deckel, 2Kannen und 1 Lampe auch Rollenfragmente gefunden[1].

Höhle 9   1 Kännchen, 1 Lampe.

Höhle 10   2 Pithoi, mögliche Wohnhöhle.

Höhle 12   5 Pithoi, 4 Deckel, 1 Becher, Palmfasermatte (62 x 80 cm)[2].

Höhle 14=1Q   4 Lampen, "two ... Hellenistic types, and two lamps of the Roman period."[3], 52 Pithoi, 50 Deckel, 3 Schälchen, 1 Topf und 1 Kännchen.

Die Höhle wurde 1952 noch einmal untersucht, obwohl sie schon 1947 von Beduinen entdeckt und 1949 von Wissenschaftlern ausgewertet worden war.[4] Neben den von den Beduinen entdeckten Rollen und den Rollenfragmenten[5], die die Ausgräber selbst entdeckten, fanden sich noch Stoffreste, Holzteile, Olivenkerne, Dattelkerne, Palmfasern, zwei Teile eines hölzernen Kamms, "decorated with four straight lines, pierced with a round hole, and with remains of a handle on top"[6], Phylakterien und Phylakterienbehältnisse sowie eine große Zahl zerbrochener Töpferwaren.

Die Töpferwaren enthalten einige von den charakteristischen zylindrischen Pithoi, die ca. 0,65 m hoch sind und einen Durchmesser von 0,20 m haben, ferner Deckel, Schüsseln, eine Schale, ein Kännchen, zwei Lampen, die mit einer hellenistischen Formgebung übereinstimmen, und zwei Lampen der römischen Periode.[7] "All the ceramic materials has its exact counterparts at Khirbet Qumran and the differences between the lamps indicate that examples from two distinct periods of the Khirbeh, Ib and II, are represented here. None of the pieces is either earlier or later than the period of the communal occupation of the Khirbeh."[8]

---

[1] Zu den Rollenfunden und der 'Kupferrolle' vgl. DJD III S. 94-104, 201-302; vgl. auch de Vaux, R., (1953), S. 555-558, Stegemann, H., (1994), S. 99-108.

[2] Vgl. DJD III, S. 8.

[3] De Vaux, R., (1973), S. 49.

[4] Vgl. Barthélemy, D.; Milik, J. T., Discoveries in the Judaean Desert, I, Qumran Cave 1. Oxford 1955, Reprinted 1964, Oxford 1964. Part I, The Archaeological Findes, S. 3-40 u. bes. II. La Poterie, S. 8-17.

[5] Zu den Texten vgl. DJD I, S. 43-155.

[6] Harding, L., in: DJD I, S. 7. Vgl. pl. 1, Nr. 4, ebd.

[7] Vgl de Vaux, R., (1973), S. 49. Vgl. seine ausführliche Beschreibung der Keramik in DJD I, S. 8-17 und dort die Abbildungen Pl. II u. III.

[8] De Vaux, R., (1973), S. 49f.

Eine besondere Erwähnung verdienen die in Höhle 1 gefundenen Stoffreste. 77 Stoffteile wurde registriert. Die Leinenstücke wurden zur Verwahrung von Schriftrollen angefertigt. Eine Schriftrolle war, als sie gefunden wurde, noch mit einem Leinenstück umhüllt: "Very few objects were found ... apart from the linen; tne scroll, or part of scroll, was found still in its linen wrapper, stuck together to the neck of a jar (pl. I. 8-10). No. 8 shows the package still adhering to the jar neck: in 9 it is removed and turned over to show the cloth doubled and folded over: 10 shows the wrapping opened to reveal the black mass of what was once a scroll."[1]
An einer Rolle aus Höhle 1 konnten noch Fäden der Leinenumhüllung festgestellt werden. Die ursprünglichen Maße der Gewebeteile kann nur geschätzt werden; vermutlich betragen sie 0,60 m x 0,60 m und etwa 0,30 m x 0,30 m. Relativ leicht lassen sich drei unterschiedliche Leinen- und Webqualitäten feststellen:

1. Die erste Qualitätsgruppe enthält Stoffreste mit blauen Linien.
2. Die zweite Qualitätsgruppe enthält keine Verzierung, aber vereinzelt Fransen.
3. Die dritte Qualitätsgruppe diente zur Krugabdeckung und bestand aus grobem Stoff.

Die Teile, die zur ersten Gruppe gehören, wurden besonders aufmerksam und fein gewebt. Die zweite Gruppe ist von ähnlich guter Qualität, aber nicht ganz so fein gewebt. Die dritte Gruppe war roh und grob gewebt. Die Kanten der Stoffteile sind bei allen drei Gruppen mit einem einfach oder doppelten Flachsfaden gesäumt. Dieser ist entweder blau oder farblos. Die Qualität variiert beträchtlich, Reparaturen sind selten feststellbar. Die einzige Verzierung der Textilien sind eingewebte blaugefärbte Leinenfäden. Die Färbung wurde durch Indigo erreicht. 22 von den registrierten Fundstücken sind von besonderer Art in ihrer 'Verzierung'. Sie enthalten drei ineinander gesetzte Rechtecke, die nach außen hin quadratisch

---

[1] Harding, G. L., I. Introductory, The Discovery, The Excavation, Minor Finds, in: DJD I, S. 3-7, S. 7. Hier bietet sich die Gelegenheit, dem Vorwurf Del Medicos zu begegnen, der in seinem Buch 'L'Enigme des manuscrits de la Mer Morte, Paris 1957' die Behauptung aufstellte, daß die schwarzen Stellen der Rollen von einer rituellen Verbrennung stammen, gemäß dem rabbinischen Brauch, eine Handschrift teilweise oder symbolisch anzubrennen, ehe sie in eine Genizah kommt. (Vgl. dazu auch Burrows, M., Mehr Klarheit über die Schriftrollen. Neue Rollen und neue Deutungen nebst Übersetzung wichtiger jüngst entdeckter Texte, München 1958, S. 13). De Vaux bestritt diese Auffassung: "[L]es marques noires qu'il remarque sur les photographies sont le résultat d'une décomposition de la peau soumise à l'humidité." (De Vaux, R., (1959), S. 93. [Veränderung vom Autor]). Zum gleichen Ergebnis kommt H. J. Plenderleith: "... the black substance was, in fact, the ultimate decomposition product of the animal membrane, in other words, a form from glue." Plenderleith, H. J., Technical Note on Unwrapping of Dead Sea Scroll Fragments, in: DJD I, S. 39-40, S. 40.

werden.[1] "The decoration is simple enough, but an examination presents a most intriguing weaving problem"[2]. Um dieses Muster zu erreichen - es ist nicht gestickt -, ist ein webtechnisch enormer Aufwand zu betreiben. Dann ist aber zu fragen: Welche Funktion hat das Muster? Was stellt es dar? Eine Lösung des Rätsels bietet Y. Yadin in seinem Buch über die Tempelrolle[3] an, die wahrscheinlich in Höhle 11Q gefunden wurde und durch abenteuerlichste Umstände in seine Hände kam. In der Tempelrolle ist von einem neuen Tempel die Rede, der in Jerusalem erbaut werden soll. Die Rolle enthält genaue Anweisungen zum Bau des Tempels.

Yadin hat aus diesen Angaben eine Rekonstruktion des Tempels versucht, und diese Rekonstruktion kann mit dem Muster der Leinenstücke in Beziehung gebracht werden. Wird das Muster der Leinenstücke als schematischer Grundriß eines Gebäudes interpretiert, so gleicht dieser genau dem Grundriß des von Yadin rekonstruierten Tempels.[4]

Eine Radicarbondatierung von O. R. Sellers erbrachte als vermutliche Entstehungszeit des Stoffes das Datum 33 n. Chr. mit einer Streuung von plus/minus 200 Jahren.[5]

Höhle 15   2 Pithoi, 1 Schale, 1 Feuersteinplättchen, Holzteile.

Höhle 17   4 Pithoi, 1 Deckel, mehrere Schalen, 1 Topf, 1 Kännchen, 1 Lampe, "Cinq poteaux de bois, dont deux fourchus"[6].

---

[1] Vgl. dazu die Abbildung in DJD, Band 1, S. 27.

[2] Crowfoot, G. M., in: DJD I, S. 27.

[3] Die Bezeichnung Tempelrolle ist eine Deutung der Rolle durch Yadin. Da die Rollen selbst keinen Namen haben, werden sie von den Herausgebern nach dem Thema benannt, das sie enthalten.

[4] Vgl. Yadin, Y., Die Tempelrolle. Die verborgene Thora vom Toten Meer, München u. Hamburg 1985.

[5] Vgl. Sellers, O. R., Radiocarbon Dating of Cloth from the `Ain Feshkha Cave, in: Bulletin of the American Schools of Oriental Research 123 (1951), S. 24-26. Vgl. Weinstein, J. M., Radiocarbon Dating, in: Drinkhard, J. F.; Mattingly, G. L.; Miller, J. M. (Hg.), Benchmarks in Time and Culture. An Introduction to Palestinian Archaeology, Atlanta 1988, S. 235-259. Obwohl die Radiocarbondatierung von Sellers in die 'Frühzeit' der Radiocarbonuntersuchungen zu datieren ist, bleiben die Ergebnisse vergleichsweise gut, wenn die damaligen Methoden angesetzt werden. "The sample was processed with the laboratory tag C-576 in the Institute for Nuclear Studies at the University of Chicago and was published in 1951 ... The ^{14}C determination, 1917 +- 200 B.P., which translated into A.D. 33+-200 on the 5568-year half-life and has a calibrated range of 175 B.C.-A.D. 245, is reasonable good when one considers that it was obtained by the solid-carbon method." Weinstein, J. M., (1988), S. 242. Vgl. dazu auch Crowfoot, G. M., DJD I, S. 27. Zu Radiocarbondatierungen von Schriftrollenfragmenten aus Qumran vgl. Bonani, G., u. a., Radiocarbon Dating of the Dead Sea Scrolls, in: Atiqot (1991) 20, S. 27-32; Erickson, J., UA confirms Dead Sea Scrolls predate Christianity, in: Arizona Daily Star 12.04.95 (Quelle: http://packrat.aml.arizona.edu/deadsea.html).

[6] DJD I, S. 9. Vgl. dort und S. 16f. Bardtke liefert eine Deutung der Holzteile: "Einen sehr bezeichnenden Fund ergab die Besiedlungsstelle 17. Diese ist eine an beiden Enden offene Felsspalte, zum Wohnen nicht

(Fortsetzung...)

Höhle 18	4 Pithoi.
Höhle 19=2Q	8 Pithoi, 1 Deckel, 3 Schalen, Rollenfragmente[1].
Höhle 21	4 Pithoi.
Höhle 22	1 Pithos.
Höhle 26=6Q	1 Pithos, 1 Schale, Rollenfragmente[2].
Höhle 27	1 große Schale und weitere Tonscherben (vermutl. Eisenzeit, Fe II = 8. - 7. Jh. v. Chr.), wahrscheinliche Wohnhöhle[3].
Höhle 28	4 Pithoi, 2 Deckel.
Höhle 29	13 Pithoi, 17 Deckel, 1 tiefer Teller, 1 Lampe.
Höhle 30	1 Pithos.
Höhle 31	2 Pithoi, 3 Schalen, wahrscheinliche Wohnhöhle.
Höhle 32	3 Pithoi, 1 Deckel, wahrscheinliche Wohnhöhle.
Höhle 34	1 Topf, wahrscheinliche Wohnhöhle[4].
Höhle 37	1 Schale, 1 Becher, wahrscheinliche Wohnhöhle.
Höhle 39	10 Pithoi, 9 Deckel, 1 große Schale, wahrscheinliche Wohnhöhle [1 Pithos mit Deckel und 1 Lampe (vermutl. Eisenzeit, Fe II)].

---

[6] (...Fortsetzung)
geeignet, wohl aber zur Aufbewahrung des lebensnotwendigen Inventars. Unter diesem - vorwiegend Geschirr - fanden sich mehrere große gabelförmige Holzstücke, die Pater de Vaux als Zeltpflöcke gedeutet hat. Das läßt bei der Unbewohnbarkeit der Felsstätte darauf schließen, daß die einstigen Siedler in Zelten vor dieser Felsspalte gewohnt haben. Natürlich kann man den Holzstücken nicht ansehen, aus welcher Zeit sie stammen. Da sie aber zusammen mit Geschirresten in einer Ecke, also in einem Versteck, das überdies noch durch dicke Steine geschützt war, gefunden wurden, läßt sich mit größter Wahrscheinlichkeit behaupten, daß Geschirr und Holzpflöcke aus gleicher Zeit stammen und gleichzeitig in Gebrauch waren." Bardtke, H., (1958), S. 31.

[1] Vgl. de Vaux, R., (1953), S. 553-555; DJD III, S. 48-93.

[2] Vgl. ebd., S. 10, 26 und S. 105-141.

[3] Wurde zur relevanten Qumranzeit nicht benutzt. Vgl. de Vaux, R., (1973), S. XV, Nr. XL.

[4] In DJD III, S. 11 wird diese Höhle als mögliche Wohnhöhle betrachtet. Im Gegensatz dazu de Vaux, R. (1973), S. XV, Nr. XL.

Höhle 40   1 Pithos, wahrscheinliche Wohnhöhle.

Höhle 11Q   Südlich von Höhle 8=3Q gelegen, Rollenfragmente: "This cave had
              been inhabited in the Chalcolithic period, in Iron Age II, and finally
              at the same period as Khirbet Qumran, as the pottery found there
              (but rare elsewhere) attests."[1].

8.1.2 Die Funde in den Höhlen der Kalksteinterrassen

"In contrast with the caves in the cliffs, all those in the marl terrace without exception were unquestionably chambers which had been artificially hollowed out, showing clear signs of having been the work of human hands."[2] Obwohl es nur sehr wenige Höhle sind, kommt ihnen besondere Bedeutung zu, da sie in unmittelbarer
Nähe zur Ruine von Qumran lokalisiert werden konnten (Höhle 4Q, 5Q und 10Q)[3]
oder, wie bei den Höhlen 7-9Q, an der Flanke der Mergelterrasse angelegt sind, auf
dem die Ruine steht..

Höhle 4Q   mehrere Pithoi[4], mehrere Deckel, mehrere Schalen, 1 Topf, 2
              kleinere Krüge, 1 Krüglein, 1 Lampe[5], zahlreiche (10.000-
              20.000) Rollenfragmente und Phylakterien.

Höhle 5Q   einige Tonscherben, Rollenfragmente[6].

Höhle 7Q[7]   4 Pithoi[8], 2 Deckel, 2 große Schalen, 1 kleines Krüglein, 1 hoher
              Becher, 1 Lampe "de type 'hérodien', caractéristique de la pério-

---

[1] De Vaux, R., (1973), S. 51, (1956), S. 573f. Vgl. auch Yadin, Y., (1985).

[2] De Vaux, R., (1973), S. 53.

[3] Luftlinienentfernung im ungünstigsten Fall ca. 150 m. Vgl. de Vaux, R., (1994), S. 4.

[4] In einem Fall konnten Krugscherben entdeckt werden, auf denen hebräische Buchstaben aufgemalt waren. Vgl. dazu und zur Höhle 4Q insgesamt: Discoveries in the Judaean Desert, VI, Qumran Grotte 4, II,
Oxford 1977, S. 15-17 und Pl. IIIb. (Abk. DJD VI/II); vgl. auch Stegemann, H., (1994), S. 108f.

[5] Vgl. ebd., S. 17.

[6] Vgl. DJD III, S. 167-197. "Very close to Cave 4 we then discovered Cave 5, which no one had previously recognized, and which contained fragments from more than fifteen manuscripts buried under a barren deposit more than one metre in depth." De Vaux, R., (1973), S. 96, vgl. auch DJD III, S. 26 und
Stegemann, H., (1994), S. 110.

[7] Vgl. dazu allgemein de Vaux, R., (1956), S. 572-573; DJD III, S. 27-31; Stegemann, H., (1994), S.
110f.

[8] Auf einem Krug wurden hebräische Schriftzeichen entdeckt, die als 'roma' gelesen werden können.

de II"[1], wahrscheinliche Wohnhöhle, Rollenfragmente[2].

Höhle 8Q   4 Pithoi, 4 Deckel, 1 Schale, 1 Teller, 1 Lampe, Reste von 2 Phy-
lakterienbehältnissen und den darin enthaltenen Schriften, "[u]n
morceau de semelle de sandale, une datte avec sa peau, une figue,
plusieurs noyaux de dattes, un noyau d'olive. Beaucop de fines
lanières et des languettes de cuir. Restes d'étoffe et de ficelles."[3],
mögliche Wohnhöhle, Rollenfragmente[4].

Höhle 9Q   einige Scherben, die qumrantypische Form aufweisen, mögliche
Wohnhöhle, Rollenfragmente[5].

Höhle 10Q   einige qumrantypische Tonscherben, 1 Ostracon[6], 1 Lampe, mögliche Wohnhöhle[7].

---

[1] DJD III, S. 30.

[2] Vgl., DJD III, S. 142-146. Die 1955 entdeckten Höhlen 7-10 befinden sich an den Flanken der Mergelterrasse. "Up to that point no one had suspected their existence. Although they had almost entirely eroded
away and fallen into ravine they still contained some further fragments of writing on skin and papyrus."
De Vaux, R., (1973), S. 96. Zur Frage, ob sich unter den ausschließlich griechisch geschriebenen Fragmenten aus Höhle 7Q Texte aus dem Neuen Testament verbergen, vgl. Mayer, B. (Hg.), Christen und
Christliches in Qumran?, (Eichstätter Studien, NF Bd. 32), Regensburg 1992. Zur Frage, ob ein Fragment
aus der Höhle 7Q einen Text aus dem Markusevangelium enthält, vgl. Rohrhirsch, F., Markus in Qumran? Eine Auseinandersetzung mit den Argumenten für und gegen das Fragment 7Q5 mit Hilfe des methodischen Fallibilismusprinzips, Wuppertal 1990; Thiede, C. P.; d'Ancona, M., Der Jesus-Papyrus,
München 1996, S. 55-76.

[3] DJD III, S. 31. [Veränderung vom Autor].

[4] Vgl. ebd., S. 147-162.

[5] Vgl. ebd., S. 163.

[6] Vgl. ebd., S. 164.

[7] Vgl. ebd., S. 31; vgl. auch Stegemann, H., (1994), S. 113.

8.2 Die Zuordnung der Höhlen zur Anlage von Qumran

"We have seen that in most of the caves and hollows in the cliffs which had been put to human use pottery has survived belonging to the same types as at Khirbet Qumran. Moreover, in most cases it belongs exclusively to this general class. As for the chambers hollowed out of the marl, all of these contained pottery only of this same kind."[1] Über 30 Höhlen in den Felsen und an der Mergelterrasse waren zur gleichen Zeit in Gebrauch. "This period coincides exactly with Periods Ib and II of Khirbet Qumran, as is proved from the fact that the ceramic types are identical"[2]. In einigen Höhlen wurde Keramik aus beiden Perioden gefunden, und bei keiner Höhle reicht der Befund aus, um zu behaupten, daß sie nur in Periode Ib in Gebrauch war. Die Formen, die am häufigsten nachweisbar waren, sind die zylinderförmigen Pithoi, Deckel und Schalen, die in beiden Perioden nachgewiesen werden können. Der überwiegende Teil des Materials gehört mit großer Wahrscheinlichkeit zur Periode II. "The absolute dates are supplied by the excavation of the Khirbeh, and here Period Ib extends from the last third of the second century B.C. to A.D. 31 (sic.), while Period II extends from the last few years before the Christian era to A.D. 68."[3]

Aber der Gebrauch der Höhlen ist für de Vaux nicht nur mit der Kategorie der Zeitlichkeit, hier der Gleichzeitigkeit, zu charakterisieren, sondern er sieht die Verbindung in einer wechselseitigen Kausalität, die wiederum die Gleichzeitigkeit der beiden Objekte erklärbar macht. De Vaux spricht von einer 'organischen Verbindung'[4]. "The fact that it begins and ends at the same points in time as the communal occupation of the Khirbeh is significant in itself. But more than this, Khirbet Qumran lies at the centre of the area throughout which the caves are scattered, while the caves in the cliffs are grouped most closely in the vicinity of Khirbet Qumran, and none of the caves in the terrace lies more than a hundred metres from the ruins. The pottery from the caves is identical with that of the Khirbeh. The same pastes have been used and the same forms recur here, particularly in the case of the many cylindrical jars, which, apart from a single exception, are not found outside the area of Qumran."[5] Selbst in Masada, wo zahlreiche Keramikformen des 1. Jh.s n. Chr. entdeckt wurden, konnten keine aus den Höhlen bekannte zylinderförmigen Pithosformen registriert werden.

---

[1] De Vaux, R., (1973), S. 53f.

[2] Ebd., S. 54.

[3] Ebd.

[4] Vgl. ebd.

[5] Ebd. S. 54f. De Vaux bezieht sich auf einen Grabfund in Quailba (Transjordanien). Die Funde vom Friedhof von En el-Ghuweir gehören folglich nach de Vaux noch zur 'area of Qumran'. Zu En el-Ghuweir schreibt de Vaux: "The pottery types, or at least some of them, have their counterparts at Qumran. ... At the same time, however, it should be noticed that the pottery forms most characteristic of Period Ib at Khirbet Qumran are missing here, and, furthermore, that there are no coins earlier than Herod the Great, and none of the last Procurators or of the Jewish Revolt." Ebd. S. 89.

Wird unterstellt, daß die Höhlen, der Friedhof und die Ruinen zusammenghörten, dann kann daraus eine Erklärung für die Konzeption der Anlage abgeleitet werden: "We have said that most of the buildings were used for community activities. They comprise assembly-rooms, workshops, and store-rooms, but include very few rooms which would have been suitable as living quartiers. To one side of them extends the great cemetery comprising more than a thousand tombs which are contemporaneous with the occupation of the buildings and the utilization of the caves."[1] Durch das augenfällige Mißverhältnis zwischen der Zahl der Gräber und der Zahl der Menschen, die in dem Gebäude Wohnraum finden konnten, drängt sich der Schluß auf, daß die Mehrzahl der Bewohner außerhalb der Anlage wohnte, und da bieten sich neben Zelten auch die Höhlen an.

"The question arises, therefore, of whether the caves were used for this purpose, but not all of them are equally suitable for habitation. All the chambers hollowed out in the marl terrace give the impression of having been designed as dwelling-places, and the objects found in them, vases for domestic use, date-stones, scraps of leather, rags, ropes, and a mat, prove that they were in fact inhabited."[2] Bei den Felshöhlen ist die Variationsbreite größer. "Il y a des grottes largement ouvertes et hautes de plafond, qui servent encore occasionnellement aux bergers et à leurs troupeaux, n°s 1, 10, 27, 31, 37, ou des grottes que des éboulements ont obstruées mais qui étaient jadis habitables, n°s 39, 40. D'autres grottes, tout en étant relativement grandes, sont si basses, ou si étroites, ou si inégales qu'il est doutex qu'on s'y soit jamais logé, n°s 4, 8 (= 3Q), 18, 19 (=2Q), 32, et déjà la première grotte aux manuscrits, ici n° 14. Il paraît impossible que le reste des gisements - et c'est le plus grand nombre - corresponde à des habitats: ce sont de très petites grottes, n°s 3, 7, 22, 26 (= 6Q), 28, 29, ou des crevasses, n°s 9, 17, ou de simples anfractuosités, n°s 15, 21, 30, ou un abri sous roc très bas, n° 12, ou un amas de poterie sous des blocs écroulés, n° 2."[3] Doch in allen Höhlentypen, nicht nur in den zu Wohnzwecken geeigneten, wurde gleichartige Keramik gefunden. Wiederum sind Pithoi mit ihren Deckeln am häufigsten zu beobachten. "But in addition there are vases for everyday domestic use as well as pots, jugs, juglets, and lamps."[4] Daraus schließt de Vaux, daß einige Gruppenmitglieder in den künstlich angelegten Höhlen der Mergelterrasse gewohnt haben, wenige auch in den Höhlen der Felsabhänge und manche in Zelten und Hütten.

Die Felsspalten und Höhlen konnten dabei als Lagerräume für Habseligkeiten genutzt werden. "This is no mere hypothesis. Five wooden posts, two of them forked at the end, were found hidden in a crevice, together with fragments from four jars, severals bowls, a lid, a pot, a juglet, and a lamp. These were the supporting posts of

---

[1] Ebd., S. 56.

[2] Ebd.

[3] De Vaux, R., DJD III, S. 33. Vgl. dazu folgende Bemerkung von de Vaux zu den untersuchten Höhlen: "Nos. 4, 5, 6, 11, 13, 16, 20, 23, 24, 25, 27, 33, 34, 35, 36, 38 seem not to have been utilized by the community of Qumran." Ders., (1973), S. XV, Nr. XL.

[4] De Vaux, R., (1973), S. 57.

a hut or tent together with the entire household equipment it had contained."[1]
Die Ergebnisse einer von M. Broshi und H. Eshel Ende 1995/Anfang 1996 durchgeführten Erkundung des Qumranplateaus entsprechen der Theorie de Vauxs. Die Archäologen konnten auf den Pfaden, die von der Ruine zu den Höhlen 1, 2, 3 und 11 führen, antike Benutzungsspuren entdecken. Sie fanden 60 Nägel von Sandalen, Münzen und Teile von zerbrochenen Töpfen; H. Eshel: "People might argue that this is a modern trail ... but the coins are from the first century CE. And the nails from the broken sandals are from then too. The pottery we have is similar to what was found inside the monastery which has been dated to 31 BCE. We found coins as late as 67 CE. So I think this area was occupied during this period of time."[2]
Eshel und Broshi entdeckten im Südwesten der Anlage 8 künstlich errichtete Höhlen im Mergelplateau. Drei ebenso durch Menschenhand geschaffene Höhlen im Norden zeigten "signs of habitation, including pottery vessels ["bowls, cups, cooking pots and storage jars"[3]] and coins. ... the excavators also uncovered a broad cirle of stones which they belive had secured a tent in antiquity. Coins and pottery were found here as well."[4] Eshel fügt hinzu: "We found oil lamps in every cave."[5]

Wenn also vorausgesetzt wird, und de Vaux hat diese Voraussetzung plausibel ausgewiesen, daß die Höhlen und die Anlage von Qumran zusammengehören, dann kann, wie eben angeführt, eine Reihe von Erklärungen angeboten werden, die sowohl die Höhlen wie auch die Charakteristika der Anlage widerspruchsfrei in Beziehung setzen.

Die Pithoi in den Höhlen und die Lampe und Pithoiteile in den Gräbern sind kein unwiderlegbares Argument für die Annahme de Vauxs, doch erlauben die Tonwarenfunde, die Arbeitshypothese de Vauxs positiv auszuweisen. Wer die Interpretationen in Frage stellt, kann im besten Fall eine Alternativerklärung bieten, die genauso viel oder wenig endgültig die Wahrheit sicherstellt wie die Ausführungen von de Vaux. Darüber hinaus wird eine Konkurrenztheorie vor die Aufgabe gestellt, die Zuordnung und die jeweiligen archäologischen Daten aus den drei archäologischen Objektbereichen Höhlen, Ruine und Gräber mindestens ebenso widerspruchsfrei zu interpretieren, wie es die Theorie von de Vaux zu leisten vermag.

---

[1] Ebd. Gemeint ist Höhle 17.

[2] Rabinovich, A., New evidence nails down Qumran theory, in: The Jerusalem Post vom 05.04.1996, Zitiert nach: (Quelle: Orion Center for the Study of the Dead Sea Scrolls, http: //unixware.mscc.huji. ac. il/~orion /pub/pub.html, S. 8-10, S. 9.).

[3] Shanks, H., BARlines, So far no cigar, in: Biblical Archaeology Review 22 (1996) 2, S. 10f., S. 10. [Einfügung vom Autor].

[4] Rabinovich, A., (05. 04. 96), S. 9.

[5] Ebd., S. 10.

9 Qumran: Vieles wird 'gewußt', weniges begründet

9.1 Qumran: Sitz einer religösen Gemeinschaft (der Essener)?

Die Diskussion der konkurrierenden Vorschläge zu Qumran wird unter folgenden Prämissen durchgeführt:

1. Referenzpunkt einer Interpretation in Chirbet Qumran ist die Ruine selbst.

2. Chirbet Qumran, Gräber, materielle Höhlenfunde und die Ruinen von En Feschcha werden als jeweilige in sich differenzierte Teilsysteme eines Gesamtsystems interpretiert und in Beziehung zueinander gesetzt. Die Schriftrollen und Fragmente werden als archäologische Objekte eingestuft. Von einer Interpretation der Texte wird methodisch abgesehen. Für die Vorstellung und Diskussion der vorgestellten Konkurrenzvorschläge bedeutet dies, daß grundsätzlich zu prüfen ist:

   a. ob als Referenzpunkt der Interpretation die Interpretation der Ruine(n) selbst benutzt wird oder ob Textinterpretationen als Auslegungsmaßstab benutzt werden,

   b. ob die Teilsysteme ausreichend integriert und gewürdigt sind.
   Welche Begründungen werden bei einer Vernachlässigung angeführt?

Die Alternativentwürfe werden nicht vollständig expliziert. Den Schwerpunkt bilden die Argumente, die sich aus den archäologischen Daten der Ausgrabungen von de Vaux und anderen beziehen lassen.

Bei de Vaux lassen sich zwei Stufen innerhalb seiner Interpretation unterscheiden. Die erste Stufe verdankt sich primär der Interpretation der Ruinen auf der Mergelterrasse und der Ruinen bei En Feschcha. Er findet in diesem Gebiet zwischen Chirbet Qumran und En Feschcha Spuren mehrerer Besiedlungsphasen. Die bedeutendste Besiedlungsphase liegt zwischen der zweiten Hälfte des 2. Jh. v. Chr. und dem Jahr 68 n. Chr., "and it left its traces in the caves of the cliffs and the marl terrace, in the buildings at Qumran and Feshkha. The people who dwelled in the caves and in the huts near the cliffs assembled at Qumran to engage in their communal activities. They worked in the workshops of Qumran or on the farm at Feshkha, and after their death they were buried in one of the two cemeteries."[1] De Vaux bezeichnet die Anwohner als Mitglieder einer voll durchorganisierten 'highly organized'[2] religiö-

---

[1] De Vaux, R., (1978), S. 985.
[2] Ebd.

sen Gemeinschaft. In Auseinandersetzung mit G. R. Driver[1] kann die archäologisch ausgerichtete Argumentationslinie de Vauxs weiter verfolgt werden. "The organized plan of the buildings, the common store-rooms, common workshops, common kitchen, the common assembly-room and refectory and the common cemetery are signs of a *community*; the very elaborate system of water-supply and the orderly disposition of the large cemetery are signs of a *disciplined community*; the special religious rites which are manifested by the burial customs and by the deposits of animals' bones are signs of a *religious community*."[2] Auch in seiner letzten Stellungnahme hält de Vaux seine These von der religiös geprägten Gemeinschaft aufrecht. "The special method of burial, the large assembly hall that also served as a collective dining room, and the remains of meals that were so meticulously interred, all indicate that this community had a religious character and practiced its own peculiar rites and ceremonies."[3] De Vaux spricht nie von einem Kloster. Der von Driver erhobene Vorwurf läßt sich in den Schriften von de Vaux nicht nachweisen.[4]

In der zweiten Stufe der Interpretation werden von de Vaux die Schriftrollen, die nicht in Qumran, aber in unmittelbarer Nähe gefunden wurden, zur Identifizierung der Bewohner von Qumran herangezogen. "The archaeological evidence proves that the scrolls belonged to the religious community that occupied the caves and the buildings at Qumran."[5] Die Berechtigung nimmt sich de Vaux aus der unmittelbaren Nähe von Höhle 4 und Höhle 5, die nur einen 'Steinwurf' von den Ruinen entfernt entdeckt wurden. "Caves 7-10 are on the terrace itself on which the ruins stand: is this of no significance? ... That certain manuscripts had been deposited in certain jars may indeed have been accidental, but it rests with Driver to prove this. Meanwhile, it is certain that the jars of the caves are contemporary with the jars of the buildings, and it is reasonable to admit that the date of the destruction of the buildings is also the date of the abandonment of the caves and the depositing of the scrolls. ... It is true that the comparison of the handwriting of the scrolls with that of the ostraca (and there are also inscriptions painted on the jars and the amount of evidence is greater that Driver imagines) is not decisive; but it must be remembered that the caves also yielded short inscriptions on jars and an ostracon on which the

---

[1] Vgl. Driver, G. R., (1965). Zur Kritik an Driver vgl. neben de Vaux, R., (1966) auch Bardtke, H., (1968), S. 97-119.

[2] De Vaux, R., (1966), S. 99. *Kennzeichnung vom Autor*. Vgl. dazu auch S. 95 dieser Arbeit. Methodisch analog geht M. L. Morvan bei der Bestimmung der Ruine und ihrer ehemaligen Bewohner vor. Zuerst wird auf der Basis des archäologischen Materials eine Bestimmung von Chirbet Qumran zu geben versucht; erst danach wird mit Hilfe von Textinterpretation der Versuch unternommen, diese Bewohner weiter zu bestimmen. Vgl. Morvan, M. L., Qumran. The Site and its Function, in: Scripture Bulletin 25 (1995) 2, S 44-54 und ders., Qumran. The Community, in: Scripture Bulletin 26 (1996) 1, S. 20-33. "'Religious Community Settlement' seems to be the most likely descprition of the site." Ebd., S. 20.

[3] De Vaux, R., (1978), S. 985.

[4] Vgl. de Vaux, R., (1966), S. 99. Vgl. auch S. 104 dieser Arbeit.

[5] De Vaux, R., (1978), S. 986.

handwriting is identical with that of the inscriptions in the buildings"[1]. Damit hat de Vaux die Verbindung Schriften und Höhle nicht 'bewiesen', im Sinne einer endgültigen ein-für-alle-mal feststehenden Tatsache, aber seine Arbeitshypothese ist mit Daten vereinbar, die er durch archälogische Methoden gewonnen hat.

Mit der Legitimierung der These: 'Die Rollen und Fragmente stehen in Verbindung zu Chirbet Qumran' ist für de Vaux jedoch noch keine methodisch hinreichende Begründung gegeben, die eine wechselseitige Beweisbarkeit archäologischer Thesen durch Textinterpretationen ermöglichen könnte.

De Vaux teilt die Rollen in zwei Gruppen. Die erste Gruppe hat es mit den empirischen Aktivitäten der Gemeinschaft zu tun. "These scrolls represent the remains of their library, which contained works describing the organization of the community and the laws that governed its members."[2] Die zweite Gruppe umschreibt de Vaux folgendermaßen: "Some of the scrolls contain allusions to the history of this sect, which had detached itself from the official Judaism of Jerusalem in order to lead a separate existence in the desert, absorbed in prayer and labor while awaiting the Messiah."[3] Aus dem Verständnis, das de Vaux seinem archäologischen Methoden unterlegt, ist es konsequent, wenn er bemerkt: "The archaeological discoveries cannot be expected to provide a decisive answer. They merely lend credence to the hypothesis that a community flourished on the shore of the Dead Sea from the second half of the second century B.C. until A.D. 68, and that the events described in the manuscripts occurred at Qumran during this period."[4]

Alles was archäologische Forschung hier zu leisten vermag, ist, daß sie eine Hypothese (diese verdankt sich archäologischer Forschung, Methodik und Interpretation) anbieten kann, die mit einer Hypothese der Exegese (die historische Konsequenz zeigt) in Beziehung gesetzt werden kann.[5] Die durch unterschiedliche Methoden gewonnenen Ergebnisse beider Fachwissenschaften werden bei de Vaux jedoch nicht zu gegenseitigen Beweisbarkeitsbemühungen mißbraucht. Das läßt sich zum Teil am Urteil de Vauxs zur Essenerthese zeigen. "The religious affiliation of the community has also been the subject of controversy. Most scholars, however, con-

---

[1] De Vaux, R., (1966), S. 100.

[2] De Vaux, R., (1978), S. 986.

[3] Ebd.

[4] Ebd.

[5] Die festgestellte Bedeutung der Reinigunsriten innerhalb bestimmter Qumrantexte kann erst dann archäologisch relevant werden, wenn der betreffende Exeget der Texte die Reinigungsriten als 'reale' Reinigungsriten interpretiert. Erst dann ist eine Anfrage an die Archäologie überhaupt sinnvoll. Denn reale Reinigungsriten benötigen einen bestimmten Ort in einer bestimmten Zeit und entsprechende operationale Baulichkeiten. Und nur diese haben die Chance - wenn sie sich als Ruinen überleben und entdeckt wurden -, archäologisches Objekt zu werden. Die in Qumran festgestellte Zahl der Wasserbecken und die aus ihnen abgeleitete Interpretation als Ritualbäder können und dürfen in Beziehung gesetzt werden. Einen völligen Fehlschluß würde der Forscher begehen, der als Textinterpret annehmen würde, daß die exegetische Interpretation durch einen archäologischen Beweis gelungen wäre, oder der Archäologe, der die Bäder durch einen exegetischen Beweis einer bestimmten Glaubensgruppe zuschreiben will.

sider the community to have been in some way connected with the Essenes."[1] Bleibt de Vaux seiner Konzeption treu, die er in seiner Sicht der Leistungsfähigkeit der Archäologie aufgezeigt hatte - "Archaeology does not confirm the text, which is what it is, it can only confirm the interpretation which we give it."[2] -, so ist der erste Teil seines Schlußes zur 'Essenerfrage' konsequent: "This is not contradicted by the archaeological evidence, ..."[3] Das bedeutet: Wer aus den Quellen Charakteristika der Essener erschließt und diese historisch interpretiert, der kann im Bezugsrahmen eines kritisch-rationalen Wissenschaftsbildes zeigen, daß die Anlage von Qumran, mit einem bestimmten, der Interpretation verdankten Essenerbild in Beziehung gesetzt werden kann. Als Ergebnis dieser versuchten Beziehung kann formuliert werden: *Wenn* Chirbet Qumran als Esseneranlage interpretiert wird, sprechen die Interpretation der archäologischen Daten dieser Prämisse nicht dagegen.

Den zweiten Teil des Satzes von de Vaux, "...which indeed provides corroboration"[4], verdankt sich nicht mehr archäologischen Daten, sondern ist nur möglich auf Grund einer bestimmten Interpretation der Essenerquellen: bei de Vaux das Bild der Quellen der Essener durch Plinius. "Pliny relates that the Essenes lived in isolation among palm trees in a region west of the Dead Sea - at a safe distance from its pestilential salt water. To the south is the region of En-Gedi. There is only one site which correspond to this description between En-Gedi and the northern end of the Dead Sea: the Qumran plateau. There is only one region where palm trees can grow in quantity and where it is certain they did grow in ancient times: the region between Khirbet Qumran and Feshkha. The Essenes of Pliny, then, were the religious community of Qumran-Feshkha."[5]

---

[1] Ebd.

[2] De Vaux, R., (1970), S. 78.

[3] De Vaux, R., (1978), S. 986.

[4] Ebd.

[5] Ebd. R. Bergmeier kommt in einer Analyse der Essener-Berichte des Flavius Josephus 'Die Essener-Berichte des Flavius Josephus. Quellenstudien zu den Essenertexten im Werk des Jüdischen Historiographen, Kampen 1993' zu folgendem Ergebnis: "Die Essener-Referate des Josephus beruhen, wie sich gezeigt hat, primär, wenn nicht fast ausschließlich, auf Quellengut, dürfen also nicht wie authentische Berichte eines Zeitzeugen, geschweige denn eines Insiders gelesen werden ... In der historischen Grundfrage, wie die Essener der klassischen antiken Texte mit der Gemeinde von Qumran zusammenhängen, genauer: wie sich Übereinstimmungen auf der einen und Differenzen auf der anderen Seite erklären, führt meine Untersuchung zu dem Ergebnis: Die klassischen Essenertexte schöpfen aus Quellen mit je eigener literarischer Intention, und ebendiese Intentionen erklären die Divergenzen zu den authentischen Zeugnissen der Qumrangemeinde." S. 114. Eine dieser Quellen wird von Bergmeier als 'pythagoraisierende' Quelle benannt, aus der vielleicht auch Plinius für die Skizzierung seiner Essener geschöpft hat. Vgl. ebd., S. 115. Sie schildert die Essener als eine Art Kongregation jüdischer Asketen, die am Zentrum eines Heiligtums, dessen Gründer sie waren, ein gemeinsames Leben führten wie ein pythagoreischer Orden. Vgl. ebd. "Wahrscheinlich stand diese Fiktion im Dienst einer Auffassung, die Phythagoras zum Schüler der Juden und Thraker machte". Ebd. Aber: "Pythagoreische Fiktion hebt historisch zutreffende Information nicht auf, vielmehr weist sich gerade diese Quelle durch erstaunlich gute und detaillierte Kentnisse über die Qumrangemeinde aus." Ebd., S. 116. Wie unterscheidet nun der Ausleger und Kritiker einer Quelle zwischen Fiktion und historisch zu-

(Fortsetzung...)

Kritik an der Interpretation.

Die Argumente, die de Vaux für seine Interpretationen der Ruinen von Qumran anführt, wurden hinreichend expliziert und kritisiert. Als Resümee darf formuliert werden, daß de Vaux - wie jeder andere Wissenschaftler auch - erkenntnisleitende und methodische Prämissen in seine Deutungsarbeit einfließen läßt. Den Schwerpunkt bilden Versuche zur Bestimmung einer relativen und absoluten Chronologie. Im Rahmen seiner methodischen Prämissen, die im ersten Teil der Arbeit diskutiert wurden, entwirft er einen Grundrahmen, der auf der Basis archäologischer Daten zu folgendem Ergebnis führt: Die Ruinen von Qumran waren Sitz einer religiösen Gemeinschaft.

Zur Falsifizierung seiner Theorie ist es notwendig, auf der Basis archäologischer Methodologie und Argumentation Konkurrenztheorien zu entwerfen, die, unter dem Maßstab einer kritisch-rationalen Wissenschaftstheorie, den archäologischen Daten besser gerecht werden. So widersprechen z.B. die Daten, die Landwirtschaft, Handwerk und Handel in Chirbet Qumran belegen, nicht den Daten, die legitim von einer religiösen Gemeinschaft in Chirbet Qumran sprechen. Wer dies als widersprüchliche Interpretation bewertet, muß sich zu allererst genötigt fühlen, seine Defintionskriterien einer 'religiösen Gemeinschaft' zu überprüfen.

Die Applikation der Ergebnisse der Exegese der Rollentexte und/oder der Interpretation von Texten antiker Geschichtsschreiber auf die Qumrangemeinschaft, d. h. diese mit den Essenern gleichzusetzen, kann de Vaux archäologisch nicht leisten. Sein fachwissenschaftliches Methodenverständnis erlaubt ihm nicht, diese prinzipielle Schranke zu überspringen. Insofern kann de Vaux seine Identifizierung der Gemeinschaft von Qumran mit den Essenern nicht mit fachwissenschaftlich nachprüfbaren Geltungsbegründungen absichern. Sie verdankt sich der Interpretation der Rollentexte und Geschichtstexte und dem Postulat, daß sich diese Interpretationen auf die Gemeinschaft von Qumran beziehen, d. h. die Qualifizierung der 'religiösen Gemeinschaft von Qumran' zu einer 'Gemeinschaft der Essener in Qumran' verdankt sich einem von C. Frevel genannten Kooperationsmodell von Biblischer Archäologie und Textwissenschaft und damit der Basisprämisse der 'einen' Wirklichkeit.[1]

---

[5] (...Fortsetzung)

treffender Information, wenn er seine Behauptung begründen will? "So scheint die pythagoraisierende Essener-Quelle tatsächlich eine klosterähnliche Gemeinschaft vor Augen gehabt zu haben, die dem historischen Zentrum der Qumrangemeinde korrespondiert." Der Argumentationsgang für die Begründung der Behauptung führt dann (gerade umgekehrt wie bei de Vaux) vom Text - in dem die Behauptung 'historisch zutreffende Kenntnisse über die Qumrangemeinde' vom Forscher herausgelesen wird - zu den Interpretationen archäologischer Forschung, die der Interpretation des Exegeten empirisch 'korrespondieren' soll. Wenn 'korrespondieren' mit 'entsprechen' übersetzt werden darf, dann geht Bergmeier zu Recht davon aus, daß ein Beweis der Textinterpretation durch die Archäologie nicht möglich ist, aber durch einen Rekurs auf die postulierte 'eine' Wirklichkeit 'Entsprechungen' zwischen Exegese und Archäologie möglich sind, die aber fachwissenschaftlich nicht entscheidbar sind. Vgl. dazu auch S. 87 dieser Arbeit.

[1] Vgl. dazu S. 85 dieser Arbeit.

9.2 Qumran: Feinledergerberei der Essener?

H. Stegemann versucht in seiner Deutung die Teilsysteme von Qumran, die Ruine Chirbet Qumran, En Feschcha, die Gräber und die Höhlenfunde, zu integrieren. Im Gegensatz zu de Vaux, der von den Daten der Archäologie ausgeht, geht Stegemann von seinen Interpretationen der gefundenen Schriftrollen und Fragmente aus. Diese werden benutzt, um die Deutungen von de Vaux zu präzisieren und zu korrigieren. Auch Stegemann ist der Meinung, daß Qumran Sitz einer religösen Gemeinschaft war. Stegemann ist bemüht, die zweifelsfreie Verbindung zwischen Ruinen und Texten herzustellen, und dies geschieht mit archäologischen Belegen: mit den Rollenfunden in den qumrantypischen Töpferwaren[1] und der Entdeckung von zwei Brennöfen in Qumran.

Kritik an der Interpretation.

Die vorgetragenen Argumente Stegemanns, die Ruinen von Qumran als Siedlungsplatz der Essener zu interpretieren, wurden an anderen Stellen hinreichend expliziert.[2] Die Anfragen an dieser Stelle beziehen sich auf die methodischen Aspekte seiner Interpretation.

Wenn Stegemann archäologische Argumente, d. h. Interpretationen archäologischer Daten, zum Garanten seiner Konzeption macht, muß er die Leistungsfähigkeit der Fachwissenschaft Biblische Archäologie akzeptieren. Wer durch die Interpretation archäologischer Daten zu dem Urteil kommt: "Deshalb kann überhaupt kein Zweifel daran bestehen, daß alle diese Fundstätten [der Schriftrollen] auf das engste mit der Besiedlung Qumrans von etwa 100 v. Chr. bis zum Jahre 68 n. Chr. verbunden sind."[3], der kann bzw. sollte nicht mit Interpretationen aus den Schriftrollen, die durch die Methoden der Archäologie 'gesichert' werden, an anderer Stelle *gegen* archäologische Interpretationen argumentieren.

Bei dem Versuch, das Alter der Rollen und Fragmente festzulegen, kann festgestellt werden, daß Stegemann zu Ergebnissen kommt, die schwer zu widerlegen sind, aber bei ihm in den Rang von nicht zu diskutierbaren Sachverhalten gestellt werden.[4] Daß die Datierung von 10 Handschriften mittels einer Radiocarbonuntersuchung in der Tendenz den Datierungsversuchen der Paläographen entspricht,

---

[1] Vgl. Stegemann, H., The Qumran Essenes - Local Members of the Main Jewish Union in Late Second Tempel Times in: Barrera, J. T.; Montaner, L. V. (Hg.), The Madrid Qumran Congress. Proceedings of the International Congress on the Dead Sea Scrolls Madrid 18-21 March 1991, Vol I u. II, Leiden u. a. 1992, S. 83-166, S. 86.

[2] Vgl. S. 135, 163, 168-175, 181f. u. 212-216 dieser Arbeit.

[3] Stegemann, H., (1994), S. 15. [Einfügung vom Autor].

[4] Hängt das auch mit der Ausgangsfrage zusammen: "Wie läßt sich einwandfrei entscheiden, wer in diesem Fall recht hat?" Ebd., S. 20.

kann nicht als Beweis für die Sicherheit der Datierung aller Schriftrollen betrachtet werden. Der Einwand Stegemanns entkräftet dieses Problem nicht: "Jede gegenteilige Behauptung entbehrt jeglicher wissenschaftlicher Grundlage."[1]

Nachdem die absolute Zuverlässigkeit des Ausgangspunktes (die unumstößliche Integrität der Schriftrollen) gesichert ist, werden die Ruinen mit den Texten gedeutet. Dargestellt wird dies exemplarisch an der Frage, ob es in unmittelbarer Umgebung von Qumran Wohnhöhlen für die Mitglieder der Anlage gegeben hat. "Die übliche, aber durch keinerlei archäologische Nachweise gesicherte Annahme, die Qumran-Siedler hätten im wesentlichen in Zelten und Hütten der weiteren Umgebung, besonders im näheren Umfeld der Schriftrollen-Fundhöhlen gehaust, ist völlig überflüssig und sachlich unzutreffend."[2] Verwiesen wird auf Luftbildaufnahmen und deren negativen Befund. Nun kann dies zutreffen, aber ist die Benutzungsdauer in Rechnung gestellt worden? Ob ein Trampelpfad zu einer Oase von Tieren und Menschen über Jahrhunderte benutzt wird oder vielleicht nur einige Jahrzehnte in Gebrauch war, muß ebenso berüchsichtig werden, wie die vielen Höhlen, die von de Vaux registriert wurden, die keine Texte, aber trotzdem qumrantypische Keramik enthielten. Werden darüber hinaus geologisch vergleichbare Strukturen bewertet?[3]

Damit soll noch nicht das Gegenteil der These Stegemanns behauptet werden. Aber es zeigt sich, daß die Theorie von Stegemann bis zu dieser Stelle fachwissenschaftlicher Kritik ausgesetzt werden kann

Doch der alles entscheidende Beweis für die Richtigkeit der Behauptung wird durch die Interpretation der Texte geliefert. "Die tatsächlichen Wohnmöglichkeiten für die in Qumran lebenden Essener waren eng begrenzt. ... Eine ihrer strikt einzuhaltenden Sabbatvorschriften sieht aber vor, daß niemand am Sabbat eine Wegstrecke von mehr als 1000 Ellen - das sind knapp 500 Meter - weit aus 'seiner Stadt' hinausgehen darf (CD X, 21). ... *Auf die Verhältnisse in Qumran angewendet*, war 'die Stadt' der hier Lebenden identisch mit dem nach außen hin durch Mauerwerk fest abgegrenzten Bereich der Gebäude der eigentlichen Siedlung. Behausungen in deren Umgebung konnten nicht als integrativer Bestandteil dieser 'Stadt' gelten. Das bedeutet aber, daß kein Mitglied der in Qumran lebenden Essener weiter als knapp 500 Meter von dieser Siedlung entfernt wohnen konnte; sonst hätte er diese Sabbatbestimmung notwendigerweise verletzt, worauf eine hohe Strafe stand. Damit entfallen die allermeisten der 26 von Qumran-Bewohnern im Laufe der Zeit genutzten Felshöhlen im mindestens 200 Meter entfernten Gebirgsabhang als Wohnstätten. ... Die Schriftrollen-Fundhöhlen 1Q, 2Q, 3Q und 11Q

---

[1] Ebd., S. 22.

[2] Ebd., S. 76.

[3] Vgl. vorheriges Kapitel und dort bes. Höhle 17. Stegemann gibt seine Quelle nicht an. Möglicherweise bezieht er sich auf die Thesen von J. Patrich. Vgl. ders., Khirbet Qumran in Light of New Archaeological Explorations in the Qumran Cave, in: Wise, M. O., Golb, N. u. a. (Hg.), (1994), S. 73-95. Vgl. dazu auch Kapera, Z. J., (1993), S. 74f.

liegen sogar 1,1 bis 2,3 Kilometer von Qumran entfernt.[1] Die über den Umkreis von knapp 500 Metern hinausgehende, auch zweifelsfrei nachgewiesene Inanspruchnahme von Höhlen für die verschiedensten Zwecke dürfte - abgesehen von den Schriftrollenverstecken - im wesentlichen auf die gelegentliche Benutzung durch Kleinviehhirten der Essener zurückzuführen sein, die ihre Herden entlang des am ehesten noch begrünten Gebirgsabhangs weideten. Das durfte man am Sabbat sogar doppelt so weit, in einem Bereich bis zu fast 1000 Metern Entfernung von der 'Stadt' (CD XI,5-6)."[2] In Einzelfällen und nur in geringer Zahl können die künstlich errichteten Mergelhöhlen und einige wenige Felshöhlen als zeitlich begrenzte Wohnungen gedient haben.[3]

Die Tragweite eines Wechsel in der Argumentationsmethodik zeigt sich hier in folgender Konsequenz: Die von Stegemann durchgeführte historisierende Interpretation eines Textes und die daraus gezogenen Schlüsse sind durch archäologische Daten überhaupt nicht mehr in Frage zu stellen. Die These von Stegemann ist völlig immun gegenüber archäologischen Funden. Funde innerhalb der 500 -1000 m-Grenze bestätigen die These. Funde außerhalb dieses Umkreises werden als Ausnahmen oder mit Kleinviehhirten erklärt, und damit bestätigen auch diese Funde die These. Stimmige Anhaltspunkte für eine archäologische Entsprechung der aus den Texten abgeleiteten These von Stegemann hätten sich dann ergeben, wenn man tatsächlich nur oder überwiegend in diesem Radius qumrantypische Keramik gefunden hätte. Dann hätten sich, vorsichtig formuliert, von der Archäologie keine Widersprüche gegen die Textdeutung von Stegemann ergeben. Die Interpretation von Qumran als Essenersitz aufgrund der historisierenden Interpretierten von CD XI kann durch Erfahrung, darunter sind archäologische Daten zu verstehen, nicht widerlegt werden.

Nachdem schon auf den fehlenden Nachweis hingewiesen wurde, der den Zweck der Anlage als Feinledergerberei[4] belegen sollte, soll noch die Begräbnissitte mit dem von Stegemanns Theorie zugrunde gelegten Essenerbild abgeglichen werden, und zwar bei beiden Interpretationen, die Stegemann zu Qumran anbietet: 1) Qumran als Studienzentrum und 2) Qumran als Feinledergerberei.

1.   "The Essenes' Qumran settlement was founded towards the end of the second century BCE, perhaps after the Teacher died. The rooms erected there, and the rich library from the Qumran caves, clearly demonstrate the special pur-

---

[1] Zu den zahlreichen Funden auf den Pfaden zu diesen Höhlen vgl. S. 297 dieser Arbeit.

[2] Stegemann, H., (1994), S. 72f. *Kennzeichnung vom Autor.*

[3] Vgl. ebd, S. 74f.

[4] Vgl. S. 169-175 dieser Arbeit. Der methodisch schwerwiegendste Einwand gegnüber der Gerbtheorie liegt im damit verbundenen Postulat einer neuartigen Gerbetechnik in Chirbet Qumran. Kein archäologisches Datum liefert eine hinreichende Begrüdung für diese Ansicht. Eine ähnliche Argumentationsstruktur benutzt N. Golb zu seiner Begründung von Festungsmauern in Chirbet Qumran. Vgl. S. 321, Anmerkung 1 dieser Arbeit.

pose of this settlement. It was a study centre for all members, whereever the usually lived. Full members could come there to meditate on the Scriptures and other accepted books. New members could come there to learn what they needed to pass the different stages of admission, trained there by learned priests and by experienced overseers. ... The Essenes may have chosen this distant site for one of their study centres because of its quietness, a desirable condition for spiritual concentration. ... Usually members came there for some months, or even for some years, sometimes with their family, mostly alone. After finishing their meditations, or learning, the returned to their homes, except for those who died there, or spent the rest of their lives in meditation, or teaching."[1]

2.   Die zweite Interpretation von 1994[2], in der Qumran als Schriftrollenmanufaktur gedeutet wurde, wurde mit ihren archäologischen Komponenten in dieser Arbeit ausführlich gewürdigt.

In beiden Interpretationen wird unterstellt, daß nicht nur in Qumran, sondern verstreut im ganzen Land Essener lebten.[3] Wenn dem aber so ist, benötigen beide Interpretationen eine Erklärung für den in Qumran festgestellten völlig singulären Bestattungsbrauch. Entweder waren dann die Essener in Qumran zumindest in dieser Hinsicht eine Sekte in der Sekte oder Qumran war ausschließlicher Sitz der Essener.

Die archäologisch fundierte Theorie, daß Qumran Sitz einer religiösen Gemeinschaft war, ist mit beiden Interpretationen Stegemanns vereinbar.

Unter Ausklammerung der nicht akzeptablen Gültigkeitsabsicherung durch Texte wird die Deutung der Ruinen als Industrieanlage der Essener vielen, aber nicht allen Daten gerecht.[4] Die Industrietheorie vermag nicht, die von ihr eingeführte Hypothese eines neuen Gerbeverfahrens hinreichend zu begründen. Die festgestellten Knochendepots werden von ihr nicht erklärt, sondern ignoriert.

In wissenschaftsmethodischer Hinsicht ist die Industrietheorie durch klare und eindeutige Sachverhaltsbehauptungen gekennzeichnet, für die die Notwendigkeit von Begründungen einschränkungslos anerkannt wird. Sie ist wissenschaftlich, d. h. 'entscheidbar', formuliert. Sie unterscheidet sich wohltuend von Konzeptionen, die mehrere, gleich mögliche Varianten innerhalb ihrer Konzeption zulassen und bei kritischen Anfragen zu einer Variante auf die Alternative verweisen.

---

[1] Stegemann, H., (1992), S. 161f.

[2] Vgl. Stegemann, H., (1994), bes. S. 77-82.

[3] Vgl. ders., (1992), S. 162-155; (1994), S. 81.

[4] Die 'Studienplatztheorie' ist bis auf die Knochenfunde mit allen von de Vaux gelieferten archäologischen Daten vereinbar.

9.3 Qumran: Kultanlage der Essener in einer hasmonäischen Villa?

J.-B. Humbert versucht in zwei Aufsätzen[1] darzulegen, daß die Theorie von de Vaux zwar grundsätzlich übernommen werden kann, aber sowohl die zeitliche Ausdehnung wie auch die Funktion der Anlage neu bestimmt werden sollte. Chirbet Qumran ist nicht als bewohntes Gemeinschaftszentrum, sondern als Kultanlage der Essener zu interpretieren, die in einer ehemaligen Villa errichtet wurde, die aus der Hasmonäerzeit stammt. "Rien ne permet d'affirmer que Qumran fut au IIe siècle ou au Ier siècle av. J.-C., une fondation essénienne."[2] Am Ende des 2. Jh.s v. Chr. wurde die Villa erbaut, die in Relation zur Festung Hyrcania zu sehen ist. Der Baustil mit den Elementen einer Säulenhalle entspricht dem damaligen Geschmack, der der ganzen Region seine architektonische Einheit verleiht.[3] Für die Interpretation sprechen auch die Münzfunde. Mehr als die Hälfte der leserlichen Münzen vom Fundort zeigen eine hasmonäische Prägung. Die Essener jedoch verabscheuten die hasmonäischen Bräuche und, so Humbert, wahrscheinlich auch ihre Münzen. Auch aus diesem Grund ist es sinnvoller, diese Münzen Nicht-Essenern zuzuschreiben.[4]

Humbert sieht für Qumran zwei Zerstörungsmöglichkeiten: 57 und 31 v. Chr. Nach der zweiten Zerstörung, 31 v. Chr., hält er es für möglich, daß die Anlage von den Essenern übernommen, ausgebaut und modifiziert wurde.[5] Auf der Basis der hasmonäischen Villa vollzieht sich eine mehrphasige, essenische Umgestaltung. Nicht mehr als 10-15 Menschen wohnten ständig in Qumran. "A côté des espaces cultuels, des piscines, des ateliers, etc., il ne reste que peu de place pour le logement des hommes. Une dizaine ou une quinzaine de personnes au mieux, peuvent habiter Qumrân."[6] Es gibt keine Anzeichen, daß die Bewohner in Zelten oder Höhlen wohnten.

Der Opfer- und Kultplatz mit Altar befand sich zuerst im Norden. Humbert erkennt die Reste des Altars unter loc. 138. Das Bad und die ganze nördliche Kanalanlage wurden erst an dieser Stelle gebaut, als sich der Kult nach Süden, in loc. 77 und loc. 86, verschoben hatte. Die Knochenfunde in den nördlichen loci sind Indiz für die Opferungen im Norden, die Knochenfunde im Süden Indiz für die Verschiebung des Kultes nach Süden. Loc. 77 war nie 'normaler' Gemeinschaftsraum, dagegen spricht die Armut an Geschirrformen in loc. 89. "Le centaines de vases empilés

---

[1] Humbert, J.-B., beide (1994).

[2] Ebd., S. 175.

[3] Vgl. ebd., S. 173f.

[4] Vgl. ebd., S. 174f. "Il est plus rational d'attribuer la plupart des monnaies asmonéennes aux habitants de la résidence avant la venue des Esséniens." S. 175.

[5] Vgl. Humbert, J.-B., (1994) S. 167f. "Nous savons par ailleurs que Jéricho et la mer Morte excitaient la convoitise d'Hérode qui, d'après Josèphe, réussit à les conquérir en 31 av. J.-C. La forteresse de l'Hyrcania, à nouveau détruite à cette occasion, fut convertie en prison hérodienne de haute sécurité. Qumrân cessa probablement à ce moment-là, d'être dans la dépendance de la forteresse et l'installtion put changer de destination." Ebd.

[6] Ebd., S. 175. 10-15 Personen werden auf S. 176 genannt.

dans le *locus* 89 ... en trois types différents, deux bols et une coupelle, ne sont certainement pas une vaisselle adaptée à la table."[1] Loc. 77 und loc. 89 sind Kulträu-
me, die von de Vaux als Pfeilerreste eingestuften Objekte sind Altäre. "Bref! les
piliers ne sont pas des piliers. Ils sont des autels."[2]

Aus vier Niveaus entwickelt Humbert folgende Chronologie, die von ihm mit der
Chronologie de Vauxs in Beziehung gesetzt wird.[3]

De Vaux	Humbert
Eisenzeit	Niveau 1
Periode Ia - (100 v Chr.)	Niveau 2 hasmonäische Zeit
gewaltsame Zerstörung 57 oder 31 v. Chr.	
Periode Ib - (31 v. Chr) (Aufgabe)	Niveau 3 a) - Einrichtung einer Kultstätte im Norden
Periode IIa	- der Opferhof - das westliche Gebäude
?	b) - Verlagerung der Kultstätte nach Süden - Aufgabe des Opferhofes - Bau des Aquädukts
Periode IIb	- der Opfersaal - die Zisterne 71, Umfassungs- mauer der Esplanade (später)

---

[1] Ebd., S. 176.

[2] Ebd., S. 199.

[3] Die Tabelle ist bis auf die Übersetzung ohne Veränderung aus Humbert, J.-P., (1994), S. 211 übernommen. Auffällig ist, daß Humbert de Vaux zwei neue Perioden, IIa und IIb, unterstellt. Im allgemeinen ist
bei de Vaux immer von Periode II ohne weitere Differenzierung die Rede.
IIa und IIb finden sich bei Laperrousaz, nicht aber bei de Vaux. Die Erwähnung einer Periode IIb ist,
unter Ausschluß der Annahme eines Druckfehlers bei de Vaux (1994), S. 293, loc. 4, völlig singulär.

?	c) - Aufgabe des wesentlichen Kultes - das westl. Gebäude wird Lager - der Opfersaal wird aufgegeben
gewaltsame Zerstörung 68 n. Chr.	
Periode III - nach 68 n. Chr.	Niveau 4 - Siedlungsphase nach den Auf- ständen

Kritik an der Interpretation.

Humbert übernimmt von de Vaux nicht nur die archäologische Interpretation, die besagt, daß eine religiöse Gemeinschaft in Qumran residierte, sondern setzt in seiner Interpretation voraus, daß es eine Anlage der Essener war. "La question de savoir à quel moment les Esséniens s'installent à Qumrân n'est pas facile à résou-dre."[1] Die Frage, zu welchem Moment sich die Essener in Qumran ansiedelten, kann mit archäologischen Methoden überhaupt nicht beantwortet werden. Die Frage kann nur gestellt werden, weil die fachwissenschaftlich notwendige Trennung von Textwissenschaft und Biblischer Archäologie nicht beachtet wird. Die höchst pro-blematische Synthese aus archäologischer Interpretation und Textinterpretation wird von Humbert als Ausgangspunkt einer Interpretation von Qumran benutzt, das sich nach Humbert aus einer hasmonäischen Villa zum Kultzentrum der Essener entwickelte.

"How does the settlement at Qumran compare with the Hasmonean and Herodian palaces, the mansoons in the Jewish Quarter, and Hilkiah's palace? In terms of lay-out and design, the settlement at Qumran has none of the features characteristic of the Hasmonean and Herodian palaces."[2] Ein Vergleich mit hasmonäischen und he-rodianischen Stätten zeigt darüber hinaus, daß im Wassersystem von Qumran ein entscheidendes Merkmal fehlt. "At Qumran, there are no clearly identifiable bath-houses or built-up bathtubs; only cisterns and pools, some of which may have been used for bathing."[3] Das überzeugendste Gegenargument gegen eine Villentheorie sieht Magness im Fehlen jeglicher Innendekoration. Die wenigen Trommeln, Basen und Kapitelle bestätigen, ihrer Meinung nach, die Ausnahme von der Regel. Zu Recht entgegnet sie Humberts Parallelen von Qumran mit einer Villa, daß diese mit

---

[1] Humbert, J.-B., (1994), S. 180.

[2] Magness, J., (1994), S. 409f.

[3] Ebd., S. 411.

dem Preis der Vernachlässigung archäologischer Daten erkauft werden. "[M]uch of this similarity is artificially created by his reconstruction of a triclinium with two columns *in antis* on the southern side of the site's Period Ia courtyard ... As Humbert himself has admitted, this reconstruction is totally hypothetical: 'nous avons arbitrairement restitué les colonnes dans l'angle sud-ouest de la cour'."[1] Auch H.-P. Kuhnen sieht in der Anlage von Qumran keine Villa, sondern ein landwirtschaftliches Anwesen.[2] Werden darüber hinaus die Unterschiede zwischen Qumran und den entsprechenden Ausgrabungsstätten bewertet, dann verstärkt sich das negative Urteil. "The character of the pottery from Qumran also argues against its identification as a villa ... the ceramic assemblage from Qumran contrasts sharply with those from contemporary Judaean sites. ... The repertoire of types represented at Qumran is limited, repetative, and plain. The absence or rarity of both imported and local fine ware types from the Qumran corpus is suggestive of a deliberate and selective policy of isolation on the part of the inhabitants. ... They apparently preferred to manufacture and use their own ceramic products, many of which are which are morphologically similar to types found elsewhere in Judaea, but without decoration."[3]

Wie erwähnt, sieht sich Humbert in seiner Meinung, loc. 77 eher als rituellen Ort denn als einen Speisesaal zu bestimmen, durch die wenigen Keramikformen in loc. 89 bestätigt. Loc. 111 oder loc. 121 scheinen ihm besser als Speiseraum geeignet, denn in loc. 114 wurde vollständiges Tafelgeschirr gefunden, d. h. Krüge, Becher, Schalen und vor allem 40 Teller. "Quarante assiettes n'obligent pas à quarante couverts."[4] Wenn die Anwesenheit von Tellern, Krügen, Bechern und Schalen die Kriterien für vollständiges Tafelgeschirr sind, dann muß er sich fragen lassen, wie er den Grabungstagebucheintrag von de Vaux zu loc. 89 wertet. "22-3-1954. Toute la pièce est pleine de poterie: au moins un millier de pièces groupées par catégories et empilées: à l'est les bols [709 Stück], près du pilier les assiettes [204 Stück], à l'ouest les jattes [37 Stück], jarres [21 Stück] et cruches [9 Stück]."[5] Humbert interpretiert diese Teller (assiettes) in loc. 89 nun als Schälchen (coupelles), die die

---

[1] Ebd., S. 415. [Veränderung vom Autor].

[2] Vgl. Kuhnen, H.-P., (1990), S. 65. "Gemeint sind annähernd rechteckige Gebäudekomplexe von etwa 40 x 20 m, mit starken Außenmauern und ein bis zwei schlichten, meist winkligen Innenhöfen, um die sich die verschiedenen Räume gruppierten, darunter solche mit Ölpressen oder Keltern, ferner Beckenanlagen, Zisternen und lange korridorartige Magazine. ... Charkteristisch für diese Gebäude, deren Wohntrakt bisweilen einen starken Turm einschloß, war weiterhin die isolierte Lage abseits größerer Ortschaften, gerne auf flachen Kuppen inmitten der Anbauflächen." Ebd., S. 64. Vgl. dazu auch S. 124 dieser Arbeit.

[3] Magness, J., (1994), S. 413. Zu den üblichen Lebensmittelbehältnissen gehörten Amphoren, in denen flüssige Mittelmeererzeugnisse importiert wurden. Diese sind belegt für Masada, Jericho, Herodion, Chirbet Mazin und Jerusalem (Jewish Quarter). Kein einziges Importexemplar ist dagegen für Qumran belegt. Das Gleiche gilt für sog. 'Eastern Sigillata A' Ware. Vgl. dazu auch Magness, A., (1994), S. 39-50.

[4] Ebd., S. 177.

[5] De Vaux, R., (1994), S. 320, [Einfügungen vom Autor]. Darüber hinaus werden für loc. 89 noch insgesamt 82 Becher aufgeführt. Humbert bezeichnet diesen loc. in der Regel als loc. 86, manchmal auch als loc. 89. (Vgl. Humbert, J.-B., (1994), S. 176).

Größe einer Teeuntertasse haben. "La petite taille des coupelles s'explique alors beaucoup mieux que pour un repas, fût-il sacré. Les gobelets étaient pour les liquides, et les bols éventuellement pour des fruits. Les autels étaient ceux des offrandes du culte juif traditionnel. On offrait des grains, de l'eau, du vin, les prémices des fruits et des récoltes."[1] Die Veränderung der Teller zu Schälchen verläuft zwar gegen die gesamte Qumranforschung, doch ist das kein wissenschaftsrelevanter Einwand gegen Humberts These. Die angebotenen Argumente, die Humbert für seine Neuklassifizierung angibt, halten jedoch einer Prüfung nicht stand.[2]

Ausgangspunkt für Humbert sind die 40 'echten' Teller in loc. 114. Wenn nun unterstellt wird, daß de Vaux in seinen Profilzeichnungen[3] korrekte Maßstäbe angegeben hat, dann haben 8 von diesen 40 Tellern einen Durchmesser von 6 cm an der Standfläche und einen oberen Durchmesser von 17 cm, 30 Teller haben einen Durchmesser von 5 cm an der Standfläche und einen oberen Durchmesser von ca. 12-13 cm. Die zwei Varianten in loc. 89, die von de Vaux als Teller, von Humbert als Teeuntertasse bezeichnet werden, zeigen eine Standfläche von 4 cm und 4,5 cm. Ihre maximalen Durchmesser betragen 13 und 16 cm. Die 'Teeuntertassen' sind also mindestens so groß wie die überwiegende Mehrzahl der 'Teller'.[4] Die unterschiedlich vorgenommenen Klassifizierungen der Objekte aufgrund eines Größenkriteriums sind demnach hinfällig.

Die im östlichen Teil vorgefundenen quadratischen Stümpfe des von Humbert als Opfersaal interpretierten loc. 77 werden von ihm als Altäre bestimmt. Von de Vaux wurden die Objekte als Pfeilerüberreste eingestuft. Schon in einer Auseinandersetzung mit M. Del Medico[5], der die Pfeilerfunktion der Stümpfe ebenfalls kritisierte, verteidigte de Vaux die Pfeilerhypothese: "Les piles de la salle 77 ... et celles du loc. 86/89 sont conservées à des hauteurs variables, selon les effets de la destruction; elles sont certainement des supports de la toiture."[6]

J. Magness zeigt in einem mit reicher Innenausstattung versehenen *triclinium* einer Villa der herodianischen Epoche die Pfeilerposition auf, die sich wie in loc. 77 im letzten Drittel des Raumes befindet.[7] Unabhängig davon, ob die Altäre widerlegbar sind, ist nach J.-B.Humberts eigenem Verständnis seine Kulttheorie entschei-

---

[1] Ebd., S. 201.

[2] Vgl. Humbert, J.-B., (1994), S. 198.

[3] Vgl. de Vaux, R., (1956) S. 559, Fig. 5, Nr. 2576 u. Fig. 7, Nr. 2577.

[4] Vgl. ebd., S. 555, Fig. 6 u. 7, Nr. 1591. Der Ausstellungskatalog der Library of Congress gibt für die Teller, Inv.Nr. KHQ 1591, einen Durchmesser von 13,6-16,4 cm an. Vgl. Sussmann, A.; Peled, R. (Hg.), Scrolls from the Dead Sea. An exhibition of scrolls and archaeological artifacts from the collections of the Israel Antiquities Authority, Washington 1993, S. 96.

[5] Vgl. Del Medico, H. E., Le Mythe des Esséniens. Des Origines à la Fin du Moyen âge, Paris 1958.

[6] De Vaux, R., (1959), S. 108; vgl. dazu auch Riesner, R., (1995), S. 1782.

[7] Magness, J., (1994), S. 408f. Die Abbildungen im Ausgrabungsband zeigen keine Ost-West-Sicht. Da Humbert maßgeblich an der Zusammenstellung des Ausgrabungsbandes mitwirkte, ist es unverständlich, warum keine Abbildungen ausgewählt wurden, die die Pfeiler näher oder aus anderer Richtung zeigen.

dend mit einer Tierknochendeponierung im Norden und Süden der Anlage verknüpft.

Zuerst wurde im Nordbereich der Kult eingeführt. Rings um den Kultplatz, loc. 138, lassen sich Knochenfunde nachweisen. "La fouille du *locus* 130 a montré un sensemble de dépôts bien groupés ... Dans le secteur nord, d'autres dépôts ont été repérés. Une dizaine de dépôts, dans le *locus* 132 sont en pronlogement vers l'ouest de ceux du *locus* 130. Les *loci* 136 et 137 en ont fourni quelques-uns. Une concentration de terre cendreuse, de tessons et de dépôts a été reconnue dans l'angle nordouest du *locus* 135."[1]

Nach Humbert wurden folglich in loc. 130, loc. 132, loc. 135, loc. 136 und loc. 137 Knochenfunde nachgewiesen. Für die Knochenlager in den loci 132-135 kann Humbert die gesamte Qumranforschung als Beleg heranziehen. Doch für die loci 136 und 137 ist weder eine Erwähnung von Knochenfunden in de Vauxs Grabungstagebuch (1994) noch in seinen anderen Veröffentlichungen nachweisbar.[2]

Das gleiche Phänomen kann bei der postulierten Verlagerung des Kultes im Süden beobachtet werden. "Dans le secteur au sud de la ruine, sur ce que les fouilleurs ont appelé l'esplanade, de nmobreux dépôts ont été trouvés, plutôt contre les murs de l'établissement, dans les *loci* 92, 90, 98, 73, 80"[3]. An anderer Stelle heißt es: "Les dépôts ont été repérés dans les loci 90, 93, 98, c'est-à-dire le long du mur extérieur des *loci* 77 et 86, et dans les *loci* 73, 80, 60 et 44; ajoutons aussi un dépôt dans le *locus* 92."[4] Auch hier wäre wieder die Eingrabung der Knochen um den Kultplatz (loc. 77 und loc. 86) feststellbar, wenn Knochen in den loci 90, 93 und 98 gefunden worden wären. Von de Vaux werden weder 1956 noch 1973 und auch nicht 1994 Knochenfunde in diesen loci erwähnt.[5]

Knochenfunde nach Humbert, die bei de Vaux nicht nachweisbar sind:

Knochenfunde nach Humbert	Knochenfunde nach de Vaux (1994, 1973 und früher)
loc. 44	Nicht nachweisbar.
loc. 60	Nicht nachweisbar.[6]

---

[1] Humbert, J.-B., (1994), S. 187.

[2] Auch bei H. Bardkte (bes. 1963) und E.-M. Laperrousaz (1976) finden sich keine Hinweise.

[3] Humbert, J.-B., (1994), S. 188.

[4] Ebd., S. 205.

[5] Vgl. dazu auch S. 138-141 dieser Arbeit.

[6] In loc. 65 wurden Schafsknochen mit Pithoi- und Schalenscherben der Periode I gefunden. Vgl. de Vaux (1994).

loc. 90	Nicht nachweisbar.
loc. 93	Nicht nachweisbar.
loc. 98	Nicht nachweisbar.
loc. 136	Nicht nachweisbar.
loc. 137	Nicht nachweisbar.

Im Forschungsdiskurs mit J.-B. Humbert werden von ihm zwei über de Vaux hinausgehende Begründungen angegeben: mündliche Quellen und Augenschein. "Nous avons demandé à ceux qui étaient présents pedant la fouille et qu se souviennent. Ils répètent 'il y en avait partout. On ne pouvait creuser sans en trouver, en particulier sur ce que nous avions fouillé de la terrasse'. Il ressort qu'il y en avait tellement qu'ils ont cessé de les noter."[1] Ferner war Humbert während einer Grabung 1993 zweimal vor Ort. "J'ai vu moi-même des dépôts dans les loci 90, 44, etc."[2] Vor allem, so informiert Humbert weiter, wurden Knochenlager auf der Esplanade im Süden gefunden.[3]

Das Problem dieser Daten Humberts liegt nun nicht in der subjektiven Glaubwürdigkeit gegenüber dem betreffenden Forscher, sondern in der Modalität der Einführung der Daten in den Forschungsdiskurs und ihrer gleichzeitigen Verknüpfung in eine Argumentationsstrategie.
    Unter dem wissenschaftsrelevanten Kriterium einer intersubjektiven Nachprüfbarkeit wäre eine Trennung von 'Einführung von Daten' und 'Argumentation mit diesen Daten' zu bevorzugen. Denn damit die Daten in einer Argumentationsstrategie entsprechend gewürdigt werden können, ist, im konkreten Fall, nicht nur der Fundort von Bedeutung, sondern auch die Daten, die die Knochenfunde selbst beschreiben und deren Fundkontext berücksichtigen.

▸ Von welchem Tier sind die Knochen? Welchen Zustand zeigten sie bei ihrer Entdeckung (Brandspuren etc.)?

▸ Wurden die Knochen in Verbindung mit Keramik gefunden? Ist das der Fall,

---

[1] Fax von J.-B. Humbert an den Autor, 15.03.1996.

[2] Ebd.

[3] Vgl. Fax von J.-B. Humbert an den Autor, 20.04.1996. Original: "... surtout sur l'esplanade au sud de l'établissement."

dann ist nach den Gefäßtypen und den Gefäßformen zu fragen. Mit diesen Daten ist es möglich, die Knochen einer bestimmten Siedlungsperiode zuzuordnen.

▸ Die Lage der Knochenfunde ist von großer Bedeutung. Weil die Stratigraphie in den loci, in denen de Vaux keine Knochen erwähnt hat, durch seine Ausgrabung nachhaltig verändert wurde, ist besonders zu prüfen, aus welchem Niveau die neuen Funde stammen. Bei den Knochenfunden südlich des loc. 77 (loc. 90, loc. 93 und loc. 98) und zahlreichen anderen Fundplätzen potenziert sich das Stratigraphieproblem wegen einer Ausgrabung von J. M. Allegro, der in zahlreichen loci Sondierungsrabungen vorgenommen hatte.[1]

Die von Humbert genannten Daten zu den neuen Knochenfunden beschränken sich auf den Fundort. Diese Daten sind auf jeden Fall zu berücksichtigen. Nachhaltig untermauern können jedoch die neuen Knochenfunde Humberts Theorie nur, wenn weitere Daten zur Verfügung stehen, die die Funde näher charakterisieren (siehe oben), denn die bisherigen Daten der neuen Knochenloci sind auch problemlos mit der 'alten' Theorie de Vauxs vereinbar. Nicht mit de Vauxs Theorie, aber mit Humberts Theorie der Kultausübung - zuerst im Norden, dann in Süden - wäre eine Fundsituation erklärbar, die im Norden überwiegend Knochen mit Keramik der Periode Ib (bei Humbert: Niveau 3a[2]), im Süden überwiegend Knochen mit Keramik der Periode II (bei Humbert 3b) registrieren würde. Da aber für diese Frage dem Forschungsdiskurs keine neuen Daten zur Verfügung stehen, muß vorläufig mit den verfügbaren Daten entschieden werden.

Und hier zeigt sich die Theorie einer Kultausübung im Norden und anschließend im Süden als problematisch, wenn die Verteilung der Knochendepots in Hinsicht auf ihre Datierung geprüft wird. Nach der Datierung der Keramik, die die Knochen bedeckte oder in ihnen lagerte, sind die größeren Knochendepots (loc. 130 und loc. 80) dadurch gekennzeichnet, daß sie in beiden Perioden, Ib und II, benutzt wurden.

Die mit Knochen vermischte Keramik im südlichen und äußersten Prüfgraben, am Rand der Esplanade im Süden, und die Keramik mit den Knochen in loc. 92 werden von de Vaux in Periode Ib datiert; also in eine Zeit, in der nach Humbert im nördlichen Bereich der Opferkult ausgeübt wurde. Ebenso wurden in loc. 132 Depots entdeckt, deren Scherben Periode II zugeordnet werden können, einer Periode, in der der Kult nach Humbert vermutlich schon im Süden der Anlage ausgeübt wurde.

---

[1] Vgl. Donceel, R.; Donceel-Voûte, P., (1994), S. 20, Anm. 73. Dort heißt es: "[T]he campaign for which Prof. J. M. Allegro managed to get a permit for the Jordanien authorities, concerned a whole series of soundings, which were undertaken, in loci situated in the whole peripheral area of the site: 57 and 58, 75, 77, 107 and 108, 110, 112, 114 to 119, 126 to 130, 132 to 138, 140 to 142." [Veränderung vom Autor]. Obwohl diese Grabung von J. M. Allegro schon 1960 durchgeführt wurde, ist bis zum gegenwärtigen Zeitpunkt kein Grabungsbericht vorgelegt worden. Die Allegro-Materialien sollen jedoch noch 1996 bei E. J. Brill veröffentlicht werden. Vgl. dazu Küchler, M., Zum Projekt, in: Rohrhirsch, F.; Hofmeir, B., (1996), S. V-VI.

[2] Vgl. S. 308 dieser Arbeit.

Gegen eine Neudatierung der Besiedlungsphase führt J. Magness Argumente an, die die Theorie von Humbert in Widersprüche verwickeln sollen. Unwidersprochen wird die Keramik aus loc. 89 von de Vaux in die Periode Ib datiert. Mit dem Erdbeben von 31 v. Chr. endet nach de Vaux Periode Ib. Die Keramik muß also vor diesem Zeitpunkt hergestellt worden sein. Das bringt nach Magness die Theorie von Humbert in Verlegenheit, die davon ausgeht, daß die Essener erst 31 v. Chr. nach Qumran kamen und die Gefäße für den Kult im südlichen Bereich gebraucht wurden. "How then could these vessels have been used for cultic purposes by the Essenes at a time when the site supposedly functioned as a non-sectarian agricultural settlement?"[1] Humbert kann dieser kritischen Anfrage entgehen. Er braucht nicht zu widersprichen, daß die Keramik in Periode Ib datiert werden kann. Aber damit wird nur eine relative Chronologie zugegeben. Ob Periode Ib um 30 v. Chr. endet (de Vaux) oder um 30 v. Chr erst beginnt (Humbert), ist offen. Der Einwand von Magness ist nur wirksam, wenn die Chronologie de Vauxs als Maßstab anerkannt wird. Dieser Maßstab steht hier zur Diskussion, er kann daher nicht von Magness als Argument gegen Humbert eingesetzt werden.

Gleichwohl sind theorieimmanente Widersprüche festzustellen. Von Humbert wird nicht widersprochen, daß die Keramik in loc. 89 zur Periode Ib, zur ersten essenischen Phase gezählt werden kann. Diese Keramik wird zu kultischen Zwecken im Südteil der Anlage benutzt. Der Kult im Südteil ist erst nach der Aufgabe des Kultes im Norden und dem Einbau der Wasserversorgung angesetzt; d. h. auch im fortgeschrittenen Stadium des essenischen Ausbaus wird mit Keramik der Form Ib geopfert. Humberts Theorie muß also erklären, ob die über 1000 Geschirrteile von loc. 89 schon im Nordkult benutzt wurden und wo ihr Lager zu denken ist.[2]

In seine Auswirkungen völlig ignoriert werden von Humberts Theorie die Spuren eines Erdbebens. Mit de Vaux stimmt er überein, daß es im Jahr 31 v. Chr. ein Erdbeben gegeben haben kann. Doch zu Recht sagt er: "Rien n'oblige non plus à dater la cassure de la citerne *loci* 48-49 del l'année 31."[3] Nichts zwingt dazu, den Bruch der Zisterne mit dem Jahr 31 zu verbinden, wenn dazu ein Argument vorgebracht wird, das mindestens genauso plausibel diesen Bruch erklären kann. Doch die Bruchlinie ist nicht nur auf loc. 48 und loc. 49 begrenzt, sondern sie durchzieht in nordsüdlicher Richtung den ganzen östlichen Anlagenbereich. Ebenso lassen sich Verwerfungsspuren, die einem Erdbeben zugeordnet werden können, im Westteil der Anlage feststellen.

Unter Maßgabe der Theorie Humberts müssen die Beckenbrüche relativ spät eingetreten sein. Loc. 48 und loc. 49 sind Bauten, die für den Kult im Süden errichtet

---

[1] Magness, J., (1994), S. 414.

[2] Dann müßte nur noch erklärt werden, wie Knochenfunde, die mit Keramik der Periode II vermischt waren, im Nordteil der Anlage, in loc. 130 und loc. 132, mit dieser Theorie vereinbar sind.

[3] Humbert, J.-B., (1994), S. 210.

worden sind.[1] In diese Zeit gehört auch das Aquädukt. Durch den Bruch der Becken wurden beide schwer beschädigt. Sie wurden jedoch nicht instandgesetzt, sondern vom Hauptwassersystem abgetrennt. Für die Kultausübung im Süden, falls es ihn zu dieser Zeit noch gegeben hat, scheint die Zerstörung der Becken keine Auswirkungen gehabt zu haben; vielleicht befand sich der Kult schon in einer Phase des Niedergangs.[2] Auf der anderen Seite kann festgestellt werden, daß die Becken, loc. 48 und loc. 49, ursächlich mit dem Aquädukt zusammenhängen. Durch das Aquädukt wurde wiederum die teilweise 0,75 m dicke Sedimentschicht in loc. 130 verursacht, auf[3] der in der nordwestlichen Ecke von loc. 120 aufwendige Verstärkungsarbeiten durchgeführt wurden zu einer Zeit, in der nach Humbert der Kult schon nach Süden verlagert worden war.

Kritisch befragt werden kann Humberts Theorie noch aus anderer Richtung: Wird einmal mit Humbert unterstellt, daß Chirbet Qumran ca. 50 Jahre lang als nicht-essenische, hasmonäische Villa mit Beziehung zur Hyrkania fungiert hat, dann ist der archäologische Sachverhalt feststellbar, daß aus dieser Zeit keine Keramik vorhanden ist.[4] Darauf könnte man noch antworten, daß durch die Zerstörung der Anlage und spätestens durch die neuen Bewohner, die Essener, von denen hasmonäische Sitten vollständig abgelehnt wurden[5], alle Spuren der verachteten Vorgänger beseitigt wurden und damit auch deren Keramik. Wird so argumentiert, dann fangen die Probleme erst an. Denn dann muß diese Theorie die Erklärung liefern, wie es dazu kommen konnte, daß in Qumran, dem Tempelersatz der Essener, zahlreiche hasmonäische Münzen gefunden wurden, ohne daß die Essener diese Münzen nicht sogleich von ihrem heiligen Platz entfernt hätten. Diese Frage kann noch verschärft werden: Selbst wenn akzeptiert würde, daß die hasmonäischen Münzen unter den Zerstörungsschichten nicht entdeckt worden wären und die Essener auf dem Schutt aufgebaut hätten, muß die Theorie von Humbert erklären, wie es dann möglich sein konnte, daß in den neuerbauten Räumen, z. B. loc. 77, neben einigen anderen Münzen auch Münzen des Alexander Jannäus und Judas Aristobulos gefunden werden konnten. Eine Münze von Alexander Jannäus wurde in loc. 111 entdeckt. Doch auch an den Plätzen, in denen die Essener die Reste ihrer Tieropfer vergruben, finden sich Münzen. In loc. 130 gab es neben den Pithoischerben mit Knochen einen

---

[1] Vgl. ebd., S. 197, Fig. 5.

[2] Vgl. ebd., S. 210.

[3] De Vaux sagt zu den Auswirkungen des Erdbebens u. a.: "The north-west corner of the secondary building was likewise damaged, and was in danger of collapsing into the ravine immediately below it." De Vaux, R., (1973), S. 20. Bei der Wiederbesiedlung wurde die gefährdete Stelle verstärkt. Die geschah mittels der angeschwemmten Sedimentablagerungen. "It is this sediment that provided the foundation for a supporting wall which was put up to strengthen the north-west corner during Period II." Ebd., S. 24; vgl. ders., (1956), S. 545. "Au-dessus de la couche de cendres de l'incendie dans le loc. 130 ..., ce sédiment a formé un dépôt qui a jusqu'à 75 cm d'épaisseur à l'ouest et s'amincit vers l'est. Le renforcement qui consolida ensuite l'angle du bâtiment secondaire est fondé sur ce dépôt."

[4] Vgl. dazu S. 221-224 dieser Arbeit.

[5] Vgl. Humbert, J.-B., (1994), S. 174f.

Pithos mit 6 Münzen des Alexander Jannäus. Für loc. 132 findet sich bei de Vaux folgender Eintrag: "14-3-1955. On ouvre une tranchée est-ouest, qui laisse apparaî-tre deux groupes de poterie avex os, l'un important, sur le sol vierge, avec deux monnaies n° 2425 et 2426."[1] 2426 ist möglicherweise eine Münze Hyrkans II. und 2425 eine Münze von Alexander Jannäus.

---

[1] De Vaux, R., (1994), loc. 132, S. 335. Zu den vorhergehenden Münzangaben vgl. entsprechend.

9.4 Qumran: Eine militärische Festung?

N. Golb[1] vertritt neben G. R. Driver[2] u. a. die These, daß die Ruinen von Qumran Überreste einer Festung darstellen. H. Stegemann bringt die Theorie Golbs 'auf den Punkt': "Qumran sei nie von Essenern bewohnt worden, sondern stets ein Militärstützpunkt gewesen, bis zur Zerstörung durch die Römer unter dem Oberbefehl in Jerusalem herrschender jüdischer Instanzen. Die Schriftrollen hätten mit diesem Militärstützpunkt gar nichts zu tun. Sie stammen aus den Bibliotheken des Tempels sowie reicher jüdischer Privatleute in Jerusalem und seien während des 66 n. Chr. begonnenen Aufstandes gegen die Römer in den abgelegenen Höhlen der Wüste Juda in Sicherheit gebracht worden."[3]

Schon vor der Ausgrabung, so betont Golb, wurde die Plattform, auf der die Ruinen stehen, als geeigneter Standort für eine Burg gesehen.[4] Noch schwerer wiegt, daß de Vaux selbst zugibt, in der Anlage Spuren eines Kampfes gefunden zu haben. Gekämpft werden kann nur da, wo Widerstand sich formiert, und Widerstand zeigt sich an den Gebäuden. "Père de Vaux entdeckte ... einen Turm mit ausnehmend dicken Mauern"[5]. Auch das ausgeklügelte Wassersystem wertet Golb als Indiz für eine Befestigungsanlage, das die Verteidiger über Monate hindurch mit Wasser versorgen konnte. Aus dem Wasserspeichervolumen wird von ihm errechnet, daß ca. 750 Menschen acht Monate lang damit leben konnten.[6] Diese Zahl stimmt in etwa auch mit der Zahl der Soldaten überein, die Herodes in Masada für seinen Feldzug nach Arabien aufstellen ließ, ebenso mit der Zahl der Truppen in der Festung Herodium.[7] "Es erscheint naheliegend, daß die Truppenstärke der jüdischen Rebellenarmeen, die während des Ersten Aufstands die Festungen in der judäischen Wüste verteidigten, für jede Festung etwa neunhundert bis tausend Männer betrug, aber nicht mehr. Die eintausendzweihundert Gräber auf dem Friedhof von Qumran sind mit dieser Schätzung durchaus vereinbar. Während der Belagerung Qumrans, die mit der Eroberung der Festung durch die römischen Streitkräfte endete, waren innerhalb ihrer Mauern wahrscheinlich weitaus mehr Menschen versammelt - Aufständische mit ihren Familien -, als man mit den vorhandenen Wasservorräten über

---

[1] Vgl. Golb, N., Who Hid the Dead Sea Scrolls, in: Biblical Archaeologist 48 (1985) 2, S. 68-82; ders., Khirbet Qumran and the Manuscripts of the Judaean Wilderness. Observations on the Logic of their Investigation, in: Journal of the Near Eastern Studies 49 (1990), S. 103-114; ders., Die Entdeckungen in der Wüste Juda - neue Erklärungsversuche, in: Bauer, J. B.; Fink, J.; Galter, H. D. (Hg.), Qumran. Ein Symposion, (Grazer Theologische Studien, Bd. 15), Graz 1993, S. 87-116; ders. Qumran. Wer schrieb die Schriftrollen vom Toten Meer?, Hamburg 1994.

[2] Vgl. Driver, G. R., The Judean Scrolls. The Problem and a Solution, Oxford 1965; ders., Myths of Qumran, in: Annual of Leeds University Oriental Society VI (1966), S. 23-48, bes. S. 23-40; ders., Mythology of Qumran, in: Jewish Quarterly Review, 61 (1970-71), S. 241-281, bes. S. 241-250.

[3] Stegemann, H, (1994), S. 94.

[4] Vgl. Golb, N., (1993), S. 90; (1994), S. 19.

[5] Ebd.

[6] Vgl. Golb, N., (1994), S. 25f. u. 39f.

[7] Vgl. ebd.

die volle Zeitspanne von acht Monaten Trockenzeit versorgen konnte."[1] Golb sieht in einem Text bei F. M. Cross einen Beleg für die Schwere der Auseinandersetzung von Qumranaufständischen mit den Römern. Bei Cross heißt es: "Während des Aufstandes wurden die Gemeinschaftsgebäude von Qumran mit Waffengewalt zerstört. Die Wände aus Periode II sind durchlöchert; die Ruinen der Gebäude versanken nach einem Großfeuer unter Schichten von Asche."[2] Bei Golb heißt dieses Zitat: "'Die Mauern waren unterminiert (und) die Gebäude Ruinen (...), begraben unter Schichten von Asche, die von einem Großbrand stammten'"[3]. 'Mined-through' wird von Golb als 'unterminieren' verstanden. In der deutschen Ausgabe, die sich auf die zweite Auflage des Werkes von F. M. Cross bezieht, wird 'mined-through' mit 'durchlöchern' übersetzt.[4]

"Das Unterminieren von Mauern durch Unterhöhlung ihrer Fundamente war natürlich eine klassische Technik antiker Militärstrategen bei der Belagerung feindlicher Festungen, die nicht auf andere Weise eingenommen werden konnten. Diese Tunnel wurden durch Holzbalken abgestützt, und wenn die grabenden Truppen ihre Arbeit beendet hatten, setzte man die Stützbalken in Brand, was zum Einbruch der Mauern führte, die die Belagerten schützten."[5] "Dächer brannten ab und Mauern und Decken stürzten durch den schweren Angriff ein."[6]

Aus der kurzen Beschreibung von Cross vom Kampf der Römer gegen die Verteidiger von Qumran zieht Golb folgendes Urteil: "Die Beschreibung bezeugt samt den Überresten der Gebäude selbst, daß die die Festung verteidigenden Juden diese auch bewohnten; daß die Römer sie in einer Art und Weise, die an die in dem ersten Aufstand angewendete Taktik erinnert, angriffen, daß es ein wilder, schwerer Kampf war und daß die Römer Chirbet Qumran erst nach langwierigen Versuchen einnehmen konnten."[7] Es muß Golb überlassen bleiben, was er als 'wild' oder 'schwer' bezeichnet, aber ein Turm, so H. Shanks, impliziert nicht notwendig eine

---

[1] Ebd., S. 40f.

[2] Cross, F. M., (1967), S. 70. (Das Buch von Cross wurde von Klaus Bannach und Christoph Burchard übersetzt).

[3] Golb, N., (1994), S. 25. Golb bezieht sich auf die Ausgabe von 1958 (S. 45) des Buches von Cross.

[4] Vgl. Cross, F. M., The Ancient Library of Qumran and Modern Biblical Studies, revised edition, Garden City, New York 1961, S. 61; vgl. ders., (1995), S. 60. Auf S. 62 Anm. 2 heißt es: There is some likelihood that the Essenes, at least in part, put up resistance. Certainly someone resisted the Romans, using Qumrân as a bastion. ... Finally, had they abandoned Qumrân completely, prior to the imminent threat of Roman troops, they no doubt would have removed their MSS with them."

[5] Golb, N., (1994), S. 25. Neben der Unterminierung setzten die Römer auch auf traditionelle Zerstörungstaktiken. "Der Schutt barg die Überreste des zweiten Stockwerks des Gebäudes, das mitsamt der Decke und der Einrichtung eingestürzt war, als die Römer *die Mauern durchbrachen* und die Siedlung eroberten." Ebd. S. 46.

[6] Golb, N., (1993), S. 90.

[7] Ebd., S. 90f.

militärische Anlage.[1] "Archaeologically speaking, the site is not built like a fortress. True, it apparently had a tower, but a tower does not automatically mean a military fortress. Even farmhouses sometimes had towers in ancient times. Isolated monasteries were often built like fortresses to protect against desert marauders; towers to forewarn of approaching danger were common."[2] Ein zweites Argument, das von Shanks angeführt wird, lautet: Die Außenmauern der Anlage sind nicht dicker als die Innenmauern der Anlage. So ist z. B. die Mauer an der Ostseite von loc. 4 ca. 1 m, die Mauer entlang der Ostseite der Anlage jedoch nur maximal 0,8 m breit.[3] Subjektiv erscheint daher eine 'Untergrabung' der Außenmauern völlig unnötig. Dagegen Golb: "Der Gebäudekomplex war von einer Befestigungsmauer umgeben - eben der, die von den Römern während der Belagerung unterminiert wurde. Heute sind nur noch Reste dieser Mauer erhalten, im Grunde nur noch einige von ihrem 'Füllwerk', das aus Schotter, Steinen und Mörtel bestand; auf diese Weise wurden im Mittelalter und in der Antike Mauern aus behauenen Steinen bei monumentalen Bauwerken verstärkt, um ihnen mehr Volumen und Festigkeit zu geben. Von den Kalksteinplatten, die ursprünglich die Außen- und Innenfassaden der Qumranmauern bedeckten, sind nur einige Fragmente erhalten; die besten Beispiele findet man am Wehrturm, wo sie durch die umgebende Rampe aus Steinblöcken geschützt waren (s. Abb. 2b, S. 30)[4]. Offenbar bestanden die Außenwände des gesamten Turms

---

[1] Vgl. Shanks, H., The Qumran Settlement. Monastery, Villa or Fortress?, in: Biblical Archaeology Review 19 (1993) 3, S. 62-65.

[2] Ebd., S. 63. Vgl. dazu auch Mazar, A., Iron Age I and II Towers at Giloh and the Israelite Settlement, in: Israel Exploration Journal 40 (1990) 2-3, S. 77-101.

[3] Vgl. de Vaux, R., (1994), S. 48 u. 168; vgl. dazu auch die Einordnung der Festungstheorie von M. Broshi. "Dies ist eine unmögliche Interpretation, zumal der Ort selbst strategisch ohne Bedeutung ist und die schwachen dünnen Mauern des Komplexes - sie sind kaum stärker als 60-70 Zentimeter! - unmöglich einem militärischen Bau zugehören konnten." Broshi, M., (1993), S. 65. Ähnlich urteilte schon H. Bardtke (1968), S. 116: "Die Siedlung in Qumran ist keine Festung gewesen, ist nie eine Festung gewesen. Es müssen elende Stümper gewesen sein, die diese Anlage als eine Festung gelten lassen wollten. Von allen Seiten war sie leicht zu nehmen. Die Mauern waren nicht ernstzunehmen, der Turm auch mit seinen Böschungsmauern bestenfalls eine letzte Zuflucht, auf die sich einige Insassen zurückziehen könnten, um Angreifer mit Steinwürfen zu vertreiben. Ich habe in meinem zweiten Band Parallelbeispiele beigebracht. Die Siedlung war nach allen Seiten offen, konnte von Süden ebenso wie von Norden erstürmt werden, von Westen ebenso wie von Osten. Gräber und 60 m hohe Mergelhügel boten keine nennenswerten Hindernisse. Wenn Zeloten dort sich ansässig machten, dann haben sie sich wie die friedlichsten Pazifisten dort verhalten. Und selbst wenn sie dort einen Stützpunkt gehabt hätten, so daß sie Masada und Qumran als Endpunkte eines von ihnen beherrschten Geländes in Besitz hatten, so muß demgegenüber gesagt werden, daß Qumran dann lediglich Stützpunkt-, Magazincharakter gehabt haben konnte, nie aber den Wert eines befestigten und abwehrfähigen Forts. Nur militärische Stümper und Phantasten konnte da einen fortifikatorischen Wert in diesen Gebäuden erblicken." Ähnlich skeptisch beurteilt J. VanderKam die Festungstheorie, vgl. ders., (1994), S. 23f. und S. 95-98. Vgl. dazu auch S. 120 dieser Arbeit.

[4] Die Kalksteinplatten sind als äußerer und innerer Konstruktionsteil einer Mauer zu sehen, wie es am Turm noch festgestellt werden kann. Als Beleg wird von Golb auf das Photo (S. 30) in seinem Buch verwiesen. Wenn unterstellt wird, daß die abgebildete Photographie mit Blickrichtung Norden aufgenommen wurde, sind dann die abgebildeten Kalksteinplatten nicht eher als Eingang, 'als Türlaibung' zu loc. 12 zu interpretieren? Auch der Eingang zu loc. 13, an derselben Mauer, 2 m weiter südlich, ist ähnlich konstruiert. Vgl. dazu die Photos in de Vaux, R. (1994), Nr. 98-100, S. 55.

und der Befestigungsmauern aus solchen massiven Kalksteinplatten; ohne sie hätten die Mauern tatsächlich nicht stehen können. Nachdem Qumran aufgegeben worden war, wurden die wertvollen Kalksteinplatten jedoch offensichtlich von den Einwohnern der Region abgetragen und für andere Zwecke benutzt, wie es bei antiken Monumenten so oft der Fall war."[1] Qumran wird von Golb insgesamt als integraler Bestandteil eines ringförmig angelegten Verteidigungssystems angesehen, das sich bis zur Ostseite des Toten Meeres ausdehnte. Qumran als ein Glied des Verteidigungssystems diente dazu, "Angriffe gegen die Hauptstadt und den inneren Teil Judäas abzuwehren, und fungierte darüber hinaus in Kriegs- und Friedenszeiten als Fort zur Überwachung des Handelsweges, auf dem Salz, Balsam, Asphalt und Zucker aus der Region des Toten Meeres nach Jerusalem gebracht wurden."[2]

Es muß noch einmal erwähnt werden, daß die Darstellung der Positionen und deren Kritik sich auf die archäologischen Argumente beziehen. Die Infragestellung der Qumran-Essener-Theorie beginnt bei Golb zu Recht an der Basis, an den Ausgrabungen von Chirbet Qumran. Wenn es archäologisch keinen Hinweis auf eine religiösen Gemeinschaft gibt, dann ist die These von Essenern in Qumran nicht zu halten. Auch die Stützungsversuche durch Textinterpretationen helfen dann nicht mehr. Der Zweck der archäologischen Kritik bei Golb liegt nicht in dieser selbst, sondern sein Zentralanliegen ist es zu zeigen, daß die in den Höhlen gefundenen Schriftrollen und Fragmente aus Jerusalem stammen und nicht von den Essenern. Wenn gezeigt werden kann, daß Qumran eine Festung war, und gleichzeitig unterstellt wird, daß die Essener friedliebend waren, wie konnten dann "Mitglieder der essenischen Sekte einen Ort bewohnt haben, der, wie die Ausgrabungen *beweisen*, ein militärischer Stützpunkt war?"[3] Golb sieht im Friedhof von Qumran die Möglichkeit, die Identifikation der Qumransiedlung mit den Essenern weiter in Frage zu stellen, und gleichzeitig verstärkt der Friedhof, neben dem Turm und den Wasseranlagen, die Wahrscheinlichkeit der Festungsthese. Golb räumt zwar ein, daß die Ergebnisse der Gräberöffnung die Essener-These nicht widerlegen, aber die Wahrscheinlichkeit der These beträchtlich reduzieren.[4] Im Gegensatz dazu gewinnt nach Golb die Festungstheorie unter Berücksichtigung des Friedhofes Evidenz.

---

[1] Golb, N., (1994), S. 59f. Hier ist der auf logische Stringenz bedachte Autor massiv seinen eigenen erkenntnisleitenden Interessen erlegen. Weil denn Qumran eine Festung sein sollte, muß es auch entsprechende Mauern haben. Da die tatsächlich ausgegrabenen Mauern diesen Festungscharakter nicht belegen, wird postuliert, daß die wesentlichen Teile der Festungsmauern abgebaut wurden.

[2] Ebd., S. 62. So auch A. Drori und Y. Magen: "The Hasmoneans ... established a line of fortresses ... in the middle of this extensive Hasmonean system, you have Qumran." Rabinovich, A., (1994), S. 9 u. 12. Vgl. jedoch die Einwände gegen die Theorie einer Handelsroute bei R. Riesner, (1995), S. 1781.

[3] Golb, N., (1994), S. 32. *Kennzeichnung vom Autor.* Trotz vieler Verweise im Vorwort um die Probleme der Geschichtswissenschaften wird von Golb zwar zu Recht auf den Thesencharakter der Begründungen der Gegner hingewiesen, die eigenen Begründungen dagegen mit dem Siegel der *Beweisbarkeit* ausgezeichnet. Z. B. 'Der unmittelbare Nachweis militärischer Aktivitäten...', S. 47. "Aus Untersuchungen des Qumrangeländes, die nicht durch vorgefaßte Urteile auf der Basis literarischer Texte beeinträchtigt waren, ging klar hervor..." Ebd., S. 59.

[4] Vgl. ebd., S. 36.

▸ 1) Die vorher dargelegte Truppenstärke plus Familienmitglieder entspricht in etwa der Gräberanzahl.

▸ 2) "Die Gräber weisen jedoch keine wie auch immer geartete geologische Schichtung auf; sie befinden sich alle auf derselben horizontalen Ebene, sind in regulären, ziemlich gleichmäßigen Reihen angeordnet und in einheitlichem Stil mit Steinen bedeckt - alles Faktoren, die zeigen, daß sie zur gleichen Zeit angelegt wurden."[1]

▸ 3) "Die Gräber desselben Typus, die man überall in der judäischen Wüste findet, können sehr wohl die Spuren des stetigen Vormarsches der römischen Truppen in Richtung Masada sein."[2]

▸ 4) Von Kapera und Steckoll entlehnt sind festgestellte Knochenbrüche und verbrannte Knochen bei einer Anzahl von Skeletten. "Dies waren weitere Hinweise auf einen Militärfriedhof, der nach einer Schlacht - aufgrund der pragmatischen Notwendigkeit einer schnellen Bestattung - in unmittelbarer Nähe der verteidigten Stellung angelegt worden war."[3] In Auseinandersetzung mit der Publikation von O. Betz und R. Riesner[4] kommt Golb erneut auf den Friedhof zu sprechen. Neben den bereits erwähnten Besonderheiten wie gebrochenen und verbrannten Knochen, das Fehlen von Gliedmaßen und die Hinweise auf einen frühzeitigen Tod wird von ihm ein weiterer Sachverhalt besonders erwähnt:

▸ 5) "In den zweiundfünfzig freigelegten Gräbern wurde außer den Skeletten überhaupt nichts gefunden - weder Waffen noch andere Dinge -, was nur auf eines schließen läßt, nämlich daß diejenigen, die die Bestattung vornahmen, in Eile und ohne Zeremoniell handelten."[5]

Kritik an der Interpretation.

Golb nimmt zu Recht an, daß die Gräber zur Anlage gehören. Bei ihm stützt die Interpretation des Teilsytems Friedhof die Gesamtinterpretation.

Wenn nun der Nachweis möglich ist, daß die Interpretation des Teilsystems Friedhof von ihm nicht sachgemäß - den archäologischen Daten gemäß - durchgeführt wurde, dann muß auch die Gesamtdeutung neu überdacht werden.

---

[1] Ebd., S. 54.

[2] Ebd., S. 55. Dieser Meinung sind auch A. Drori und Y. Magen: "The neat rows of graves in the cemetery ... might be explained ... as burial of the fallen after the battle". Rabinovich, A., (1994), S. 12.

[3] Golb, N., (1994), S. 55.

[4] Vgl. Betz, O.; Riesner, R., Jesus, Qumran und der Vatikan. Klarstellungen, Freiburg u. a. [5]1995, bes. S. 69-74.

[5] Golb, N., (1994), S. 380.

▸ Zu 1) Wenn in Qumran jüdische Aufständische gelebt haben, dann stimmt die Zahl der Gräber in etwa mit der Zahl der Individuen überein. Hätten einige Juden überlebt und die Römer um Erlaubnis gebeten, die Gefallenen zu begraben, warum hätten sie gegen ihren eigenen Brauch, in Kenntnis der bis jetzt freigelegten Gräber, Einzelgräber angelegt? Hätten dagegen die Römer die Gefallenen in aller Eile begraben, warum wurden dann aufwendige Einzelgräber ausgehoben?

▸ Zu 2) Zur geologischen Schichtung: Bei der Essener-Hypothese müßten die ältesten Gräber maximal 200 Jahre alt sein. Wenn nach Steckoll die drei östlichen Ausläufer des Hauptfriedhofes ursprünglich miteinander verbunden waren und an dieser Ostseite des Friedhofes mit den Bestattungen begonnen wurde, dann ist zu fragen, ob die ältesten Gräber überhaupt noch vorhanden sind. "It appears that the first burials of the Sectarians were on the spurs II, III and IV, farthest away from their main building."[1]

▸ Zu 3) Golb gibt keine Nachweise an, die diese Behauptung stützen. Unten werden Argumente angeführt, die seine Behauptung stark relativieren.

▸ Zu 4) Zu den verbrannten Knochen: Steckoll spricht in diesem Artikel ausdrücklich nicht von verbrannten Knochen, sondern von angebrannten Knochen. Steckoll sieht die regional begrenzten Brandstellen im Zusammenhang mit einem Beerdigungsritus.[2]

Zu den Anomalien der Skelette: Hier bekommt Golb Unterstützung von Z. J. Kapera[3]. Für die Interpretation eines Militärfriedhofes von Golb sprechen nach

---

[1] Steckoll, S. H., (1973-74), S. 222. Mit Spur II, III und IV sind die östlichen Ausläufer des Friedhofes gemeint. Spur II bezeichnet den nördlichsten der östlichen Ausläufer des Hauptfriedhofes, Spur III den mittleren und Spur IV den südlichsten der östlichen Ausläufer. Vgl. auch die Skizze von Steckoll auf S. 224 und de Vaux, R., (1994), S. 214.

[2] Vgl. S. 252-256 dieser Arbeit.

[3] Vgl. Kapera, Z. J., (1993) 2, S. 73-84.
"1. Are the tombs in Qumran graveyard Jewish burials? The answer is yes." Ebd., S. 81. Schon diese Behauptung wäre eine Begründung wert. Steckoll, einer der Gewährsmänner von Kapera ist ganz anderer Meinung: "Every detail in the burial form found in the Qumran cemetery is different from all other Jewish funeral practices. Jews had never buried their dead in this way as done at Qumran, not during the First Temple Period and not during the time when the Community of Scrolls were settled in Qumran." Steckoll, S. H., (1973-74), S. 210.
"2. Are they tombs of a specific religious group? The answer is: it looks like that, because they are atypical.
3. Are they a post-battle cemetery? Yes, at least in part as the evidence of the massacred people ... is obvious. At least ten per cent of the Qumran craves opened so far of this kind. Some tombs are certainly connected with the period of the Jewish Revolt. But how many? It seems impossible to reach final conclusions about the cemetery now. The number of tombs opened so far is small, less than five per cent of the total number. However, even in this small percentage of graves, female graves (sometimes with children) and graves of children are quite frequent. This fact seriously damages the Essenes hypothesis of Father R. de Vaux. Also the low age of the skeletons ... is surprising if we recall Josephus' remarks of Josephus about the long lives of the Essenes." Kapera, Z. J., (1993), S. 81f. Hier scheint Kapera nur die exami-

(Fortsetzung...)

Kapera freigelegte Skelette, an denen Anomalien feststellbar sind, die durch den Einfluß von Gewalt erklärt werden können. Daß diese Gewalt organisiert war, also *nur* durch kriegerischen Auseinandersetzung erklärbar ist, scheint überhaupt keine Frage zu sein. Kapera bezieht sich auf die Ausgrabungen von Steckoll[1] und Haas/Nathan[2]. Zur feststellbaren Schädelwunde aus QG.02 wird aber in beiden Veröffentlichungen ausdrücklich vermerkt, daß diese lange vor dem Tod der betreffenden Person ausgeheilt war.[3] Die Knochenfunde aus QG.03 erlauben, ein vollständiges Skelett und mehrere nicht dazugehörige Knochenteile zu unterscheiden, die unterschiedlichen Individuen zugesprochen werden können. Auch diese werden als Gewaltopfer interpretiert. Demnach besteht für Kapera kein Zweifel, daß die genannten Gräber 'post-battle tombs' sind und folglich Golb recht hat. Dazu ist zu bemerken: Wer aus den archäologisch feststellbaren Skelettanomalien Gewaltopfer macht und diese unmittelbar als Kriegsopfer bestimmt, ohne auch nur im Ansatz mit der Möglichkeit anderer Erklärungen zu rechnen, der bezeugt ein Verständnis von Wissenschaft, in dem Leistungsfähigkeit und Grenzen der benutzten Fachwissenschaft noch kein Problem ist.

▸ Zu 5) Daß in den Gräbern keine Beigaben - weder Waffen noch andere Objekte - gefunden wurden, ist nicht richtig. Unterstellt wird in der Behauptung, daß die Interpretation des Begriffes Grab auch den Grabschacht einschließt. In Grab 4 wurden in der Loculusabdeckung qumrantypische Krugscherben der Periode Ib entdeckt. In Grab 14 wurde im Füllmaterial eine qumrantypische Scherbe gefunden. In Grab 26 wurde im Füllmaterial eine intakte Lampe gefunden.[4] In Grab 32, einem Frauengrab, wurden ein bronzener Ring am Fingerknochen und 19 farbige Steinperlen entdeckt. In den Gräbern des im Wadi gelegenen Friedhofs wurden in einem Frauengrab (Grab 1) 2 Ohrringe und 30 Perlen in verschieden farbige Perlen freigelegt. Daneben wurden in einer Reihe von Gräbern Holzspuren entdeckt, die als Sargreste interpretiert werden können.[5]

Zusammenfassung der Kritik: Die von Golb angeführten Argumente, die Gräber von Chirbet Qumran als typische Militärgräber einzustufen, vermögen seine Festungstheorie nicht zu halten. Nicht nur weil die festgestellten positiven Charakteri-

---

[3] (...Fortsetzung)
nierten Gräber von de Vaux zu berücksichtigen. Bei 5 Ausgrabungen von Steckoll wurden zwei Skelette auf 65 Jahre oder älter geschätzt (QG.02, QG.03).

[1] Vgl. Steckoll, S. H., (1973-74), S. 229-232.

[2] Vgl. Haas, N.; Nathan, H., (1968), S. 345-352.

[3] Vgl. Steckoll, S. H., (1968), S. 334, (1973-74), S. 230; Haas, N.; Nathan, H., (1968), S. 345.

[4] Vgl. de Vaux, R. (1956), S. 571, Anm. 2. Dort heißt es zwar: "le remplissage de la T. 24 avait une lampe 'hérodienne' intacte de la période II.", aber in den veröffentlichten Grabungstagebüchern ist von einem Lampenfund in Grab 26 die Rede. "Dans le remplissage on recueille une lampe du type de Qumrân, intacte. ... Objet de la tombe 26. 2662 (*dans le remplissage*): lampe." De Vaux, R. (1994), S. 350.

[5] Zu den Grabbeigaben vgl. S. 236-242 dieser Arbeit.

stika dazu nicht ausreichen, sondern weil Golbs Theorie eine Reihe von Besonderheiten der Gräber überhaupt nicht registriert. Von seiner Theorie muß für folgende Daten eine Erklärung angeboten werden:

- ▸ 1) Wenn Qumran tatsächlich ein Militärfriedhof ist, wie kann die bei den Einzelgräbern festgestellte durchschnittliche Tiefe von 1,5-2 m erklärt werden?

- ▸ 2) Wie kann die Lage der Skelette, Schädel im Süden, Gebeine im Norden erklärt werden?

- ▸ 3) Wie kann der Sachverhalt erklärt werden, daß Nord-Süd-gerichtete Gräber immer im Osten ihren loculus haben?

- ▸ 4) Wie kann bei den Ost-West-gerichteten Gräber die Schädeldrehung nach Norden erklärt werden?

- ▸ 5) Wie wird bei vielen Gräbern die festgestellte aufwendige Loculusabdeckung erklärt?

- ▸ 6) Wie kann bei Nord-Süd-gerichteten Gräbern die von Steckoll[1] festgestellte Ausrichtung, im Mittel nach 23 Grad Nord-Nordost, erklärt werden? Der Erklärungsbedarf verstärkt sich, wenn dazu bedacht wird, daß die öfters von Steckoll und de Vaux übereinstimmend bemerkte Schädeldrehung nach Osten dann genau in Richtung des Sonnenaufgangs zur Wintersonnenwende weist.

Die genannten Besonderheiten werden durch die Annahme, daß der Friedhof der Friedhof einer religiösen Gemeinschaft war, zwar nicht automatisch einer Lösung zugeführt oder besser erklärt, aber durch die Basisannahme einer religiösen Gemeinschaft werden die genannte Eigenheiten der Gräber überhaupt erst zu einem Problem, im Gegensatz zur These von Golb, die die Besonderheiten der Gräber nicht einmal zur Kenntnis nimmt.

Die These de Vauxs von mehreren Friedhöfen wird nicht widerlegt, indem sie ignoriert wird. Die am Fuße der Mergelterrassen gefundenen Gräber signalisieren eindeutig einen nicht zum Hauptfriedhof gehörenden Gräberverband. Die dort examinierten Gräber enthielten nur Frauen- und Kinderskelette.

Eine weitere kritische Anfrage an Golb soll angesprochen werden, weil an ihr die Bedeutung logischer Schlußfolgerungen und die Gefahr der Vermischung von archäologischer Interpretation und exegetischer Interpretation von archäologischen Daten verdeutlicht werden kann.

Auf die Frage der Zuordnung von Qumran und Essenern besteht die Behauptung von Golb aus zwei Komponenten: A) Qumran war kein Platz der Essener. B) Qum

---

[1] Vgl., Steckoll, S. H., (1973-74), S. 222-223. Vgl. dazu auch S. 253f. dieser Arbeit.

ran war nicht einmal der Sitz einer Sekte, sondern einer bewaffneten jüdischen Truppe.[1] Um die Behauptungen von Golb auf ihre logische Stichhaltigkeit zu prüfen ist die zweistufige Deutung von de Vaux in Erinnerung zu bringen. Auf der ersten Stufe interpretiert er aus den archäologischen Indizien Qumran als Ort einer 'religiösen Gemeinschaft'[2] und auf der zweiten Stufe interpretiert er mit Hilfe eines Pliniustextes die 'religiöse Gemeinschaft' als die 'Gemeinschaft der Essener'. Golb benutzt als Maßstab seiner Kritik[3] die Texte von Plinius, Philo und Josephus. Die darin beschriebenen Eigentümlichkeiten der Essener werden als historische Aussagen interpretiert, und mit diesen konfrontiert Golb die Interpretationen der archäologischen Funde von de Vaux. Die archäologischen Funde weisen aber auf einen 'befestigten Ort hin, an dem Männer und Frauen lebten', und insofern - so Golb - kann 1) Qumran kein Essenersitz sein, darüber hinaus ist 2) "auch kein Beweis für eine Sekte in Qumran gegeben"[4].

1.   Die erste Behauptung: 'Qumran ist kein Essenersitz' kann nur mit der unausgesprochenen Prämisse akzeptiert werden, daß die Aussagen über die Essener, die bei Josephus, Philo und Plinius gefunden werden können, als historische Aussagen[5] interpretiert werden. Werden die archäologischen Funde mit dem aus den Texten gewonnenen Bild der Essener konfrontiert, dann ist es möglich - vorausgesetzt eine Beziehung von Exegese und Archäologie wird unterstellt -, zu dem von Golb vorgestellten Ergebnis zu kommen: Qumran paßt deshalb nicht zur Essenerthese, weil die Archäologen Reste fanden, "die auf

---

[1] Vgl. Golb, N., (1993), S. 94. "[E]inerseits besteht die Auffassung, daß eine Sekte in Chirbet Qumran lebte und andererseits wird behauptet, daß eine Sekte die Rollen verfaßte, wobei nicht genau zu definieren ist, ob diese nun in Qumran wohnte oder nicht. Bezüglich der ersten Meinung ist anzumerken, daß aufgrund der archäologischen Funde in Qumran klar wurde, daß weder Plinius Beschreibungen über die Essener noch die von Philo und Josephus wirklich adäquat mit den Funden selbst übereinstimmen. Die Archäologen fanden nämlich Reste, die auf eine Kriegssituation in einem befestigten Ort hinweisen, in dem sowohl Männer als auch Frauen lebten. Auf der Basis dieser archäologischen Forschungsergebnisse hätte die Wissenschaftler anerkennen müssen, daß es nicht nur keinen Hinweis auf Essener, die in Qumran gelebt haben sollten, gab, sondern daß auch kein Beweis für eine Sekte in Qumran gegeben ist -aber sie taten es nicht. Ich spreche hier nur über vollkommen logische Schlußfolgerungen in dieser Situation und verteidige damit auch das Recht sowie die Pflicht von Wissenschaftlern, sich logischer Prinzipien im Sinne und zum Zweck der Erkenntnisgewinnung zu bedienen. Die Archäologen fanden in Chirbet Qumran ganz einfach keine einzige Schriftrolle, nicht einmal ein Fragment einer Rolle. Gemäß ihren Erkenntnissen lebte dort eine Truppe bewaffneter jüdischer Krieger, die den Ort verteidigen mußten, den jüdischen Glauben vertraten und die von den Römern um 69 oder 70 n. Chr. besiegt wurden; ... Die archäologischen Zeugnisse rechtfertigen die Bezeichnung des Ortes als Wohnort einer 'Sekte', wie dies von der Israelischen Altertumsbehörde getan wird, also nicht; man könnte im besten Falle von einem Wohnort einer bewaffneten jüdischen Truppe sprechen, die für militärische Operationen in den Tagen der ersten Revolte eingesetzt war." Ebd., S. 94f. [Veränderung vom Autor].

[2] Der Terminus 'religiöse Gemeinschaft' wird mit der Bezeichnung 'Sekte' bedeutungsgleich gesetzt.

[3] Vgl. Golb, N., (1994), S. 21-23, 28, 32-34.

[4] Ebd., S. 95.

[5] Hier einmal davon abgesehen, daß sich die Aussagen über die Essener bei den drei Autoren zum Teil widersprechen.

eine Kriegssituation in einem befestigten Ort hinweisen, in dem sowohl Männer als auch Frauen lebten."[1] Wäre hier Golb seiner Methode treu geblieben, dann hätte er in den Texten, die ihm zum Maßstab dienen, die unterschiedlichen Aussagen zur soziologischen Struktur der Essener ernst nehmen und die Anwesenheit von Frauen und Männern nicht als positives Argument für die Nichtvorhandenheit von Essenern werten können (vgl. Josephus, Bellum 2, 8, 13). In seiner neuesten Veröffentlichung nimmt Golb dieses Argument wieder auf und räumt ein, daß die Essener-These dadurch nicht endgültig widerlegt werden kann.[2]

2. Die zweite Behauptung von Golb innerhalb seiner Ausführungen dreht die Logik-Spirale noch eine Drehung weiter. Weil die archäologischen Fakten auf eine Kriegssituation in einem befestigten Ort hinweisen, 'in dem sowohl Männer als auch Frauen wohnten', kommt er auf der Basis dieser archäologischen Forschungsergebnisse[3] zum Schluß, daß die Wissenschaftler hätten anerkennen müssen, "daß es nicht nur keinen Hinweis auf Essener, die in Qumran gelebt haben sollten, gab, sondern *daß auch kein Beweis für eine Sekte in Qumran gegeben ist*"[4]. Wenn der Bedeutungsgehalt des Wortes 'Sekte' so definiert wird, daß sie durch den Ausschluß von Kriegssituationen an einem befestigten Ort und durch Gleichgeschlechtlichkeit bestimmt ist, dann ist die Behauptung von Golb stimmig, aber auch trivial. Ob Qumran Ort einer Sekte war, läßt sich archäologisch überhaupt nicht beweisen und deshalb auch nicht widerlegen. Bestenfalls, und diese Annahme wird von de Vaux plausibel ausgewiesen, sind archäologische Daten als materiale Phänomene einer spezifisch religiös-geistigen Überzeugung interpretierbar. Das ist die Stärke der Deutungen von de Vaux, daß er sich des prinzipiellen Hiatus bewußt ist von archäologischem Objekt und der Erklärung dieses Objekts.

Die Identifizierung der Anlage mit einem Militärstützpunkt durch Golb bezieht ihre anfängliche Plausibilität aus dem parallelen empirischen Niederschlag zweier geistig weit entfernter, aber in ihrer Sozialstruktur ähnlicher Gebilde: zweckgerichteter, hierarchisch organisierter Gemeinschaften. Die von de Vaux genannten archäologischen Indizien, die ihm erlauben, von einer *Gemeinschaft* zu reden, kann auch Golb für sich in Anspruch nehmen (Lagerräumen, Werkstätten, Speiseraum, Friedhof). Auch die Qualifikationskriterien (Wassersystem, Anordnung des Friedhofes), die de Vaux berechtigen, von einer *straff durchorganisierten Gemeinschaft* zu reden, kann noch, aber schon mit Abstrichen, Golb in Anspruch nehmen. Doch wo de Vaux Rechtfertigungen für das Sprechen von einer *religiösen Gemeinschaft* liefert

---

[1] Ebd.
[2] Vgl. Golb, N., (1994), S. 36.
[3] Vgl. Golb, N., (1993), S. 95.
[4] Ebd. *Kennzeichnung vom Autor.*

("the special religious rites which are manifested by the burial customs and by the deposits of animals' bones"[1]), da besitzt die These Golbs nicht einmal mehr Problembewußtsein. An den Gräbern wurde diese Behauptung ausgewiesen. Die unter Tellern und in Töpfen vergrabenen Tierknochen, die innerhalb der Ruinen gefunden wurden, werden von Golb nicht mehr erwähnt.[2]

---

[1] De Vaux, R., (1966), S. 99. *Kennzeichnung vom Autor.* A. Drori und Y. Magen erklären, daß die Knochenfunde nichts mit den Essenern zu tun haben: "'The Essenes were vegetarians, according to Josephus,' says Magen. 'We found that the bones date from the earlier stage of settlement which would mean that the meat was not eaten by the Essenes after all.'" Rabinovich, A., (1994), S. 12. Die Knochenfunde gehören also laut der Theorie von Magen und Drori zur ersten - Hasmonäischen - Periode der Besiedlung, die bis zum Jahre 40/37 v. Chr zu datieren ist. In der kurz darauf folgenden zweiten Siedlungsperiode wird von Herodes Chirbet Qumran den Essenern zur Verfügung gestellt. Doch selbst wenn die die neuen Knochenfunde (vgl. auch S. 313f. dieser Arbeit) unwidersprochen in die Hasmonäische Periode datiert werden, bilden die Knochen- und die damit verbundenen Keramikdatierungen R. de Vauxs ein schwer zu integrierendes Problem für diese Theorie.

[2] Vgl. Golb, N., (1993) u. (1994).

9.5 Qumran: Raststätte, Warenlager und Zollplatz für Reisende?

A. D. Crown und L. Cansdale sehen in den Ruinen von Qumran die Reste einer ehemaligen Raststätte mit angegliedertem Warenlager für Reisende.[1] "Our own conclusion is that all ... suggestions as to the nature of the settlement at Qumran - an isolated religious community, a winter villa or a military fortress - are wrong. Qumran was, we believe we can show, a commercial entrepot and a resting stop for travelers."[2] Die Unmöglichkeit eines Essenischen Stützpunkts in Qumran wird von Crown und Cansdale durch die ihrer Meinung nach korrekte Interpretation der stark beanspruchten Plinius-Stelle aufgewiesen.[3] Anschließend werden acht essenische Kriterien[4] aus historischen Texten mit den qumrantypischen Charakteristika in Beziehung gesetzt. Die aufgewiesenen Widersprüche zeigen den Autoren, daß Qumran nicht von Essenern bewohnt war.

Daß bei diesem Vergleich der Maßstab, an dem sich die Argumente bzw. die archäologischen Daten messen lassen müssen, Textinterpretationen verschiedener Autoren sind, ist schon deshalb bemerkenswert, weil dieser Maßstab nirgendwo gerechtfertigt wird; er wird selbstverständlich vorausgesetzt.

So wird z. B. die Friedliebigkeit der Essener mit einem Zitat aus der Historia Palestina 6.7 des Epidorus belegt. Als qumrantypische, diesem Zitat widersprechende Charakterisierung wird eine Stelle aus der Tempelrolle 11QT 62.6-9 zitiert und auf 'archaeological evidence' verwiesen. "Partial destruction of the fortified tower. Suggests that Qumran residents fiercely resisted attack."[5] Der zölibatäre Zug der Essener wird durch Plinius' Naturgeschichte 5.15.73 gesichert. Die Heiratsanweisungen der Qumranbewohner werden durch 11QT 63.11-15 festgestellt und mit der Archäologie abgesichert. "Women's and children's skeletons in the Qumran cemeteries."[6]

Bestritten wird ferner eine landwirtschaftliche Betätigung in Qumran: "Qumran residents did not farm nearby lands"[7], die aber, von Philo belegt, typisch essenisch sei: "'There are farmers among them, experts in the art of sowing and cultivating plants, shepherds leading every sort of flock, and beekeepers' Philo, Apologia pro

---

[1] Vgl. Crown, A. D.; Cansdale, L., Qumran. Was It an Essene Settlement?, in: Biblical Archaeology Review 20 (1994) 5, S. 24-35 u. 73-77.

[2] Ebd., S. 26.

[3] Zur Auseinandersetzung um die Interpretation vgl. de Vaux, R. (1973), S. 134f.; dort auch weitere Literatur. Vgl. ferner: Laperrousaz, E.-M., (1976), S. 229; Milik, J. T., (1981), S. 73; Davies, Ph. R., (1982), S. 72; Yadin, Y., (1985), S. 258f.

[4] 1) friedfertig, 2) zölibatär, 3) gegen Sklaverei, 4) verachten Wohlstand, 5) Eidverweigerung, 6) kein Privatbesitz, 7) sind landwirtschaftlich tätig, 8) leben isoliert. Vgl. Crown, A. D.; Cansdale, L., (1994), S. 30f.

[5] Ebd., S. 30.

[6] Ebd.

[7] Ebd.

Judaeis 8."[1] Die große Anzahl an Münzen sowohl in Chirbet Qumran wie in En Feschcha sowie die eleganten Glaswaren, die in beträchtlicher Menge gefunden wurden, sprechen ebenfalls gegen eine essenische Siedlung.

In dieser Hinsicht stimmen A. Crown und L. Cansdale mit R. Donceel und P. Donceel-Voûte überein. "[T]he number and variety of coins and several other clues suggest that this 'open site' not only received but most probably also produced and exchanged something of true commercial value ... In addition to these, marked weights and stone seals are also evidence of not only domestic but truly economic and commercial activity."[2] Das gilt in besonderer Weise für die Glasfunde. Diese werden von den Donceels in Zusammenhang mit einer Balsam- und Parfümindustrie gesehen.[3] "Moreover there are traces of a local glass production, in the shape of small to medium sized lumps of light green glas which look like nothing but raw material."[4] Insgesamt wurden 71 Glasobjekte (darunter Becher, Schalen, Perlen, Flaschen, Ampullen und Flakons) entdeckt, wobei nur an 16 Objekte Inventarnummern vergeben wurden.[5] "We were surprised to find ourselves identifiying, among the non-inventoried items, several samples of mold-blown glass, the details and quality of which can be related to those of famous workshops on the southern Phoenician coast. ... Besides, the typology indicates imports from Italy with bottle shapes and a type of surface ornamentation that match the local glass of Herculaneum, near Pompei".[6] Teile des Glasinventars wurden in den USA, Schweden, Belgien und Deutschland untersucht.[7] "[A] series of (fragments of) 89 different glass objects, such as bottles, pearls, goblets and cups, found at Qumran, Jordan, dating from ca. 100 a.c. was studied ... [T]he original glass of all fragments consists of natron-based glass (Na = major kation) as is the case for most glass which dates

---

[1] Ebd.; vgl. dort auch S. 32f.

[2] Donceel, R; Donceel-Voûte, P., (1994), S. 9 u. S. 12. [Veränderung vom Autor].

[3] Vgl. ebd., S. 26f. Vgl. dazu Patrich, J.; Arubas, B., A Juglet containing Balsam Oil (?) from a Cave near Qumran, in: Israel Exploration Journal 39 (1989) 1-2, S. 43-59.

[4] Donceel, R; Donceel-Voûte, P., (1994), S. 8.

[5] Vgl. ebd., S. 7 und Donceel, R., (1992), S. 562.

[6] Donceel, R; Donceel-Voûte, P., (1994), S. 7.

[7] "En novembre 1988, quelque 150 fragments de verre provenant du site de Khirbet Qumrân ont été confiés pour étude et restauration, à l'I.R.P.A., l'Institut royal du Patrimoine artistique (Bruxelles)." Fontaine, Ch., Etude et Restauration des Verres, in: Archeologia (1994) 298, S. 28-29, S. 28. Die Sichtung der Glasbruchstücke ergab laut Fontaine 89 unterschiedliche Gefäße. Oft mußte die Bestimmung der Form von einem einzigen Bruckstück ausgehend erfolgen. Schon durch die Form stellen die Glasfunde eine beachtliche Mustersammlung der im Laufe des 1. Jh. n. Chr. gebräuchlichen Glasherstellungstechniken dar: von der Verarbeitung mittels eines Tonmodells für die Perlen über den Guß und das teilweise oder vollständige Blasen in einer Gußform bis hin zum freien Blasen mit dem Rohr. Die Dekormotive sind vielfältig und lassen ebenfalls auf eine große technische Bandbreite schließen. In Qumran können die Dekormotive in drei Gruppen klassifiziert werden: die Gußdekors, die freien Dekors im noch weichen Glas und die Dekors auf erkaltetem Glas. Bei letzteren muß auf das Vorhandensein einiger Gußgläser hingewiesen werden, wie sie, so Fontaine, für die sog. 'syrische' Luxusproduktion typisch sind. Vgl. ebd., S. 29.

back from Ancient times."[1] Die Homogenität des Materials bei einer größeren Gruppe von 64 Objekten legitimiert die Autoren zum Schluß: "that either these artifacts were made on site or were purchased in large quantities elsewhere. In any case, this appears to support the view that Qumran was center of the perfume industry in the Midlle east during Ancient times."[2] Da aber für Qumran keine Glashütte[3] nachgewiesen ist, einzelne Glasobjekte durch außergwöhnliche Kunstfertigkeit auffallen, ist die Annahme derzeit vorzuziehen, daß die Objekte eingeführt wurden. Dafür spricht auch ein Satz aus der Zusammenfassung der genannten Untersuchung: "Bulk analysis of the unaffected regions of the glass shows that the glas has similar properties (overall composition, durability, rate of corrosion) to that of Roman glass objects found at other sites in Europe and indicates that at Qumran large quantities of of glass receptacles were being used, possibly in the Perfume industry that have been based there."[4] Leider verzichtet der Artikel auf eine Objektindentifizierung und eine entsprechende Ergebniszuordnung. Die Klassenbildung in eine 'größere Gruppe' und eine 'kleinere Gruppe' vermag dieses Manko nicht zu kompensieren.

Interessant wäre auch, der Frage nachzugehen, warum die Anwesenheit von Glas bei den Autoren eine so nachdrückliche Befürwortung einer Parfümindustrie in Chirbet Qumran hervorruft. Nichts berechtigt nämlich die Autoren, wenn sie die Daten ihrer Untersuchungen zum Maßstab ihrer Urteile machen aus der Analyse des Glases auf seine Funktion in Chirbet Qumran zu schließen.

Was an anderer Stelle gesagt wurde, kann hier wiederholt werden: Die Einführung von Daten und die Argumentation mit ihnen sollte getrennt werden.[5] Der Nachweis von Glasobjekten mit homogenen Eigenschaften kann weder als Nachweis einer Parfümproduktion noch als Argument gegen Chirbet Qumran als Sitz einer religiösen Gemeinschaft gewertet werden.

Anders wird die Frage, ob Chirbet Qumran Sitz einer religiösen Gemeinschaft bzw., die Frage verengt, ob Chirbet Qumran Sitz der Essener war, von A. Crown und L. Cansdale beantwortet. Denn ihrer Meinung nach werden bei allen bisherigen Erklärungen zur Bedeutung von Chirbet Qumran die antiken Handelsrouten, d. h. die

---

[1] Janssens, K.; Aerts, A.; Vincze, L.; Adams, F.; Yang, C.; Utui, R.; Malmqvist, K.; Jones, K.W.; Radtke, M.; Garbe, S.; Lechtenberg, F.; Knöchel, A.; Wouters, H., Corrosion phenomena in electron, proton and synchrotron X-ray microprobe analysis of Roman glass from Qumran, Jordan, in: Nuclear Instruments and Methods in Physics Research B (1996) 109/110, S. 690-695, S. 690 u. S. 691. [Veränderungen vom Autor]. Frau Jaiser - Max-Planck-Institute, Bibliothek Büsnau/Stuttgart - danke ich für ihre außergewöhnliche Hilfsbereitschaft bei der Beschaffung dieses Artikels.

[2] Ebd., S. 693. [Veränderung vom Autor].

[3] Zu einer Glasproduktion in Jerusalem vgl. Avigad, N., (1984), S. 186-192; vgl. dort auch die Literaturangaben auf S. 264.

[4] Janssens, K. u. v. a., (1996), S. 695.

[5] Vgl. dazu auch S. 313f. dieser Arbeit. Es bleibt nur zu hoffen, daß die restlichen Qumran-Bände mit Nachdruck bearbeitet werden, damit die verfügbaren Daten allgemein zugänglich und damit überprüfbar werden.

Schiffbarkeit des Toten Meeres, völlig vernachlässigt. Neben der Abkürzungsmöglichkeit gegenüber dem Landweg ermöglicht der überdurchschnittliche Salzgehalt des Wassers eine höhere Auslastbarkeit der Schiffe.[1] Eine direkte Verbindung zwischen Qumran und Jerusalem unterstützt ebenfalls diese These.[2] Die Autoren ziehen daraus folgenden Schluß: Wenn es wahr ist, was sie postulieren und vermuten, dann müßten sich in den Ruinen von Qumran Hinweise finden lassen, die diese Vermutung bestätigen. Diese Hinweise finden sie auch: die exponierte Lage der Ruinen, die Art des Zuganges, der verstärke Turm, die großen Gasträume, wenige Wohnräume, ausgedehnte und spezialisierte Handwerksräume, mehrere Speiseräume (loc. 30 für die Vornehmen, loc. 77 für gewöhnliche Reisende), "[a]ll in all, the evidence indicates that Qumran was not an Essene settlement but a customs post, entrepôt for goods and a resting stop for travelers crossing the Salt Sea."[3]

Kritik an der Interpretation.

Die Kritik an dieser Interpretation verzichtet auf eine Diskussion der unterschiedlichen Bewertungen zu den einzelnen Räumen von Chirbet Qumran. Die Anfragen versuchen lediglich zu prüfen, wie die vorgestellte Interpretation mit archäologischen Daten umgeht. Die Theorie wird also auf ihr Erklärungs- und Integrationspotential geprüft.

1.   Wie werden die gefundenen Rollen und Rollenfragmente erklärt? Auch die Autoren fühlen sich zur Antwort auf diese Frage genötigt. "What was the relationship of the scrolls to the settlement?"[4] Die Rollen wurden nach Meinung der Autoren entweder als Notmaßnahme oder zur Lagerung nach Qumran, auf jeden Fall "from elsewhere"[5], herbeigeschafft. Nur logisch wäre es, so die Autoren, wenn die Rollen in ihrer Originalhülle transportiert und erst in Qumran mit Tonkrügen zusätzlich geschützt worden wären. "This would explain the findings of similar pottery shapes in both the caves and at the settlements of

---

[1] Vgl. Crown, A. D; Cansdale, L., (1994), S. 32. "For 37 to miles (depending on its water level), it fills part of the Rift Valley and cuts the crosscountry routes from the Mediteranean coast to Jordan and Arabia at the critical node where Jerusalem stood. Traffic either had to skirt the Dead Sea or use a 'shortcut' - the surface of the sea itself." Ebd., S. 33.

[2] Vgl. ebd. Haupthandelsgut neben Weihrauch und Myrrhe war Salz. Der Salzhandel wurde von den Herrschern mit einer Steuer belegt. "Qumran was probably an important toll and tax collection point for the salt trade, and the route from Qumran to Jerusalem may have been known as the *Ma'ale Hamelach*, the Salt Ascent (route), or the Salt Road. ... In sum, the Dead Sea valley was part of an important trade route and also an important source for the production of salt, balsam, perfume and asphalt." Ebd.

[3] Ebd., S. 74. [Veränderung vom Autor].

[4] Ebd.

[5] Ebd.

Qumran and Ein Feshkha."[1] In diesem Gebiet Rollen und Gegenstände zu deponieren, folgt einer alten Tradition. "Some of the Qumran scrolls could have been placed in the caves as *genizah* ... [a]nother possibility, of course, is that the scrolls were hidden at a time when the Roman conquest of Jerusalem was imminent."[2]

Von den Autoren müßte bei unterstellter Annahme dieser Interpretation erklärt werden, warum für die Deponierung der Rollen in besonderer Weise gerade die künstlich angelegten, von Menschenhand geschaffenen Höhlen bevorzugt wurden, noch dazu in unmittelbarster Nähe zum 'Gasthaus in Qumran' (4Q, 5Q 7-9Q), am belebtesten Ort der ganzen Gegend.

2. Schwierig stellt sich auch die Einordnung der eingegrabenen Tierknochen in die vorgebrachte Theorie dar, noch dazu, wenn die Interpretation der Keramik den Schluß erlaubt, daß sich dieser Brauch über zwei Siedlungsperioden (Ib/II) ausgedehnt hat.

3. Die größten Erklärungsnotstände nicht nur für diese Interpretation ergeben sich aus einem weiteren archäologischen Datum, das zwar oft von den Forschern zur Abweisung von Konkurrenztheorien gebraucht aber nie in seiner ganzen Konsequenz bedacht wird. Die Rede ist von den Gräbern des Friedhofes in Qumran. Eine Interpretation der Gräber wird von der diskutierten Theorie nicht geleistet. Die Gräber werden nicht einmal als Interpretationsproblem erkannt. Werden die Gräber als Teilsystem des Gesamtsystems Qumran gesehen, und diese Prämisse wurde hinreichend durch die Funde in den Gräbern und der Nähe des Friedhofes zur Anlage aufgewiesen, dann stellen sich der 'Herbergstheorie' folgende Probleme: Entweder sie vermag Argumente anzugeben, die einsichtig machen, warum der Friedhof nicht als Teilsystem gewertet werden kann, oder die Theorie liefert eine Erklärung, die die Charakteristika der Gräber hinreichend integriert. Beides ist nicht der Fall.

Die Beurteilung der Gräber falsifiziert die 'Herbergstheorie'. Die deduktive Ableitung der Gasthaustheorie auf mögliche dort stattfindende Sterbefälle ist mit den vorfindbaren Charakteristika der untersuchten Gräber nicht vereinbar. Von den Autoren wird die Lebensdauer des Handelsplatzes nicht angegeben. Bei einer Dauer von 100 Jahren wären durchschnittlich jedes Jahr 10-12 Todesopfer zu beklagen, die nicht nur dort begraben worden sind, sondern es wäre auch eine beeindruckende Kontinuität festzustellen, mit der das wechselnde Personal der Herberge immer wieder dieselben, für jüdische Verhältnisse völlig untypischen Bestattungsmerkmale benutzte. Die Ablehnung dieser Theorie kann neben der Ignorierung verfügbarer archäologischer Daten auch durch ihre größere Wahrscheinlichkeit ausgewiesen werden. Sie ist empirisch schwer widerlegbar, weil sie fast nichts verbietet.

---

[1] Ebd.

[2] Ebd., S. 75. [Veränderung vom Autor].

Anstatt eines Nachworts:
Die Wissenschaft braucht eine Theorie

In dieser Arbeit wurde der Nachweis erbracht, daß Methodologien zur Geltungsüberprüfung innerhalb einer Fachwissenschaft durch die Reflexion auf wissenschaftstheoretische Grundlagen 'gewinnen' können.

K. Fischer vertritt eine gegenteilige Position.[1] "Brauchen die Wissenschaften die
Wissenschaftstheorie zu ihrem Erfolg? Die Frage ist klar gestellt - ebenso klar fällt
die Antwort aus: *Nein, sie brauchen sie nicht!*"[2] "Oder ist es nicht vielmehr so, daß
Wissenschaft am besten gedeiht, wenn sie sich nicht um Wissenschafts- und Erkenntnistheorie kümmert?"[3] In der Praxis zeigt sich nämlich, daß die konkrete
Wissenschaft ihrer Theorie immer schon voraus ist. "Die Methode der Wissenschaft
- die *wissenschaftliche Vernunft* - ist *verkörpert in ihrer Praxis* und nirgendwo
sonst."[4] "Der Grundsatz *science knows best* stellt in Rechnung, daß es unter der
Voraussetzung eines intakten Marktes keine der Wissenschaft vorgelagerte oder
übergeordnete Instanz geben kann, die ihren Ergebnissen Vernünftigkeit zu- oder
abzusprechen vermag. *Es gibt keine Wissenschaft, die sicherer ist als Wissenschaft.*"[5]

Die Wissenschaften brauchen nach Fischer Lösungen für konkrete methodische
Probleme und keine Aufklärung über Fragen wie: Was ist das Ziel einer Wissenschaft? oder: Wie ist die ideale Struktur einer wissenschaftlichen Erklärung?

Die Struktur der vorgetragenen Kritik an der Wissenschaftstheorie in nicht neu. Sie
basiert im wesentlichen auf einer Transponierung der Diskussion der Begründungs-
problematik ethischer Normen in der Praktischen Philosophie. Wenn in der gegenwärtigen Normenbegründungsdiskussion eine philosophische Letztbegründung ethischer Normen nicht schon für vollkommen unmöglich gehalten wird, so wird doch
mindestens auf die Nutzlosigkeit dieser Bemühung verwiesen.[6] Theoretische Nor-
mierungsversuche, wie gehandelt werden soll - so die Standardargumentation -,
werden durch den Verweis auf die *moralische Praxis* wenn nicht widerlegt, so doch
in ihrer Bedeutungslosigkeit aufgezeigt. Im realen Leben stellt sich eben nicht die
Frage, was aus einer Handlung eine gute Handlung macht oder was das Ziel einer
Handlung ist etc., sondern es werden praktikable Vorschläge für eine konkrete Situation erwartet. Wie gehandelt werden soll, wird durch die Notwendigkeit der
Praxis bestimmt.

---

[1] Vgl. Fischer, K., Braucht die Wissenschaft eine Theorie?, in: Journal for General Philosophy of Science
26 (1995) 2, S. 227-257.

[2] Ebd., S. 249.

[3] Ebd., S. 246.

[4] Ebd., S. 248.

[5] Ebd., S. 249.

[6] Vgl. S. 30 dieser Arbeit.

Diese Analogie zwischen der angenommenen Nutzlosigkeit oder auch Anmaßung von moralischer Praxis und philosophisch ethischer Normbegründung einerseits und herrschender Wissenschaftspraxis und normativen Vorgaben der Wissenschaftstheorie andererseits ist keine zufällige, denn die Wissenschaftstheorie bildet die 'Ethik' der Fachwissensschaften im Sinne einer normativen Theoriereflexion über gesollte Praxis.[1]

Die Sorge, daß die Wissenschaftstheorie vorgeben will, welche konkrete Methodologie die jeweilige Fachwissenschaft benutzen soll, ist unbegründet. Die Wissenschaftstheorie gibt auch nicht vor, was in den einzelnen Fachwissenschaften richtig und falsch ist, was erlaubte und nicht erlaubte Forschungsobjekte sind. Die Wissenschaftstheorie diskutiert jedoch mit aller zugestandenen Fallibilität die für Fischer überflüssige Frage, was das Ziel der Wissenschaft ist, wie Wissenschaft strukturiert sein, soll, und diese Diskussion ist auch aus der Sicht des Fachwissenschaftlers relevant für 'seine' Fachwissenschaft.[2]

Fischer hat solange mit seiner Meinung recht, daß die konkrete Wissenschaft keine Wissenschaftstheorie braucht, solange es einen 'intakten Markt' gibt und solange 'Erfolg' als Existenzmaßstab für Wissenschaft gelten soll. Schwierig wird es nur dann, wenn geklärt werden muß - meistens in Krisen -, was denn als Erfolg verstanden werden soll, oder - in der Ethik -, wie ich handeln soll, falls ich mein Handeln nach einem Maßstab ausrichte, der sich nicht aus der moralischen Praxis ableiten läßt. Dann ist eben entscheidend, was - gleichwohl abstrakt formuliert - das Gute ist; und es ist zugegebenermaßen eine schwere Aufgabe, dieses vormals abstrakt, hochformalisierte Gute in ethisch verantwortliche Praxis (meine Praxis) umzusetzen. Wer aber glaubt, durch Rekurs auf Praxis auf eine theoretisch Reflexion - was soll getan werden - verzichten zu können, der übernimmt immer schon einen theoretischen Maßstab, der lautet: Die Praxis ist der normative Maßstab.

Daß aus einem empirisch Vorhandenen, nur weil es ist, keine normative Verbindlichkeit entspringen sollte, zeigt sich schon daran, daß sich mit dieser 'Begründung' jegliche und sich auch widersprechende Normen legitimieren lassen können.

Ob es Wissenschaftstheoretiker geben muß, darf trotz ihrer empirischen Nachweisbarkeit offenbleiben. Weil aber nun einmal Menschen Wissenschaft betreiben, sind die Fragen unvermeidbar, welchem Sinn und Zweck Wissenschaft unterstellt wird, welche Entscheidugsmethoden bei konkurrierenden Geltungsansprüchen benutzt werden sollen, welche Ergebnisse als 'objektiv' bezeichnet werden sollen, welche

---

[1] Vgl. Bucher, A. J., (1988), S. 185ff.; Apel, K.-O., (1990), S. 36ff.

[2] Vgl. dazu Eccles, J., Wahrheit und Wirklichkeit, 1975, S. 143ff.; ders., Wie das Selbst sein Gehirn steuert, München u. Zürich 1996, S. 11; Lazarsfeld, P. F., Wissenschaftslogik und empirische Sozialforschung, in: Topisch, E. (Hg.), Logik der Sozialwissenschaften, Köln u. Berlin 1971, S. 37-49, bes. S. 37; Friedrichs, J., Methoden empirischer Sozialforschung, Opladen [14]1990, bes. Kapitel 2 unter der Überschrift 'Wissenschaftstheoretische Bedingungen empirischer Sozialforschung', darin vor allem S. 51 u. S. 69-73.

Fachwissenschaften Forschungsgelder bekommen sollen, was als Erfolg der Wissenschaft zählen soll usw.

Diese Fragen beantworten sich nicht von selbst und sie lassen sich auch nicht durch den Rekurs auf die Praxis beantworten. Für die Beantwortung dieser Fragen ist es erforderlich, über die fachwissenschaftlichen Zäune hinauszublicken.

Die Fachwissenschaftler, die nicht nur der Ansicht sind, Wissenschaftstheorie sei unnötig, sondern sich auch in ihrer Forschungspraxis entsprechend verhalten, wurden schon von G. Bateson im Einleitungszitat beurteilt. "Diejenigen, die überhaupt keine Vorstellung davon haben, daß es möglich ist zu irren, können nichts lernen außer 'Know-how'."[1] Der Fachwissenschaftler, der wissenschaftstheoretische Fragestellungen berücksichtigt, wird über Leistungsfähigkeit und Grenzen seiner Fachwissenschaft und der in ihr benutzten Methodologie besser informiert sein. Er wird weniger in Versuchung geführt werden, methodisch nicht haltbaren Verallgemeinerungen nachzugeben.

---

[1] Bateson, G., (1982) S. 35. Vgl. dazu auch S. 3 dieser Arbeit.

Literaturverzeichnis

I. Philosophie / Wissenschaftstheorie

Acham, Karl, Grundlagenprobleme der Geschichtswissenschaft, in: Thiel, Manfred (Hg.), (1974), S. 3-76.

Albert, Hans, Traktat über kritische Vernunft. 5., verbesserte und erweiterte Auflage, Tübingen ⁵1991.

Alt, Jürgen A., Religion, Theologie und Ethik aus der Sicht des Kritischen Rationalismus. Einige Thesen, in: Sievering, Ulrich O. (Hg), (1988), S. 211-223.

Andersson, Gunnar, Das Problem der Wahrheitsähnlichkeit, in: ders.; Radnitzky, G. (Hg.), Fortschritt und Rationalität der Wissenschaft, Tübingen 1980, S. 287-308.

Andersson, Gunnar, Sind Falsifikationismus und Fallibilismus vereinbar?, in: Radnitzky, G.; ders. (Hg.), Voraussetzungen und Grenzen der Wissenschaft, Tübingen 1981, S. 255-276.

Andersson, Gunnar, Kritik und Wissenschaftsgeschichte. Kuhns, Lakatos' und Feyerabends Kritik des Kritischen Rationalismus, (Die Einheit der Gesellschaftswissenschaften, Bd. 54), Tübingen 1988.

Andersson, Gunnar, Die wissenschaftsgeschichtliche Kritik des Falsifikationismus, in: Salamun, K., (1989), S. 95-108.

Apel, Karl-Otto, Das Apriori der Kommunikationsgemeinschaft und die Grundlagen der Ethik, in: ders., Transformation der Philosophie, Bd. 2, Das Apriori der Kommunikationsgemeinschaft, Frankfurt am Main 1976, S. 358-435.

Baumgartner, Hans Michael, Humanities und Sciences. Ein Beitrag der Philosophie zum Thema Philosophie und Wissenschaft, in: Oelmüller, W. (Hg.), Philosophie und Wissenschaft, Paderborn 1988, S. 33-39.

Bar-Hillel, Y., Popper's Theory of Corroboration, in: Schilpp, P. A. (Hg.), (1974), S. 332-348.

Bateson, Gregory, Geist und Natur. Eine notwendige Einheit, Frankfurt am Main 1982.

Bayertz, Kurt, Wissenschaft als historischer Prozeß. Die antipositivistische Wende in der Wissenschaftstheorie, München 1980.

Bucher, Alexius J., Warum sollen wir gut sein? Zur Möglichkeit einer vernünftigen Letztbegründung sittlicher Normen, (Eichstätter Hochschulreden; 44), München 1984.

Bucher, Alexius J., Ethik - eine Hinführung, Bonn 1988.

Bucher, Alexius J., Grenzen der Diskursethik - Ethik zwischen methodischem Solipsismus und dialogischer Intersubjektivität, in: Fornet-Betancourt, R. (Hg.), Ethik und Befreiung. Dokumentation der Tagung. Philosophie der Befreiung. Begründung von Ethik in Deutschland und Lateinamerika, Aachen 1990, S. 41-58.

Bucher, Alexius J., 'Das Weltkind in der Mitten'. Vom theologischen Interesse an der Philosophie, in: Müller, Gisela (Hg.), (1995), S. 55-74.

Diederich, Werner (Hg.), Theorien der Wissenschaftsgeschichte. Beiträge zur diachronen Wissenschaftstheorie, Frankfurt am Main 1974.

Dray, William, Laws and Explanation in History, Oxford 1957.

Eidlin, Fred, Poppers ethischer und metaphysischer Kognitivismus, in: Salamun, K. (Hg.), (1989), S. 157-176.

Eccles, John C., Wahrheit und Wirklichkeit, Berlin 1975.

Eccles, John C., Wie das Selbst sein Gehirn steuert, München u. Zürich 1996.

Feyerabend, Paul F., Wider den Methodenzwang, Frankfurt am Main ²1983.

Fischer, Klaus, Braucht die Wissenschaft eine Theorie?, in: Journal for General Philosophy of Science 26 (1995) 2, S. 227-257.

Friedrichs, J., Methoden empirischer Sozialforschung, Opladen [14]1990.

Funke, Gerhard, Von der Einheit durch Begründung und vom 'Primat der Praktischen Vernunft', in: Gloy, K. (Hg.), Einheit als Grundfrage des Philosophierens, Darmstadt 1985, S. 287-305..

Funke, Gerhard, Homo Nonnescius, in: Heintel, E. (Hg.), Der philosophische Begriff des Menschen, Wien 1994, S. 33-57.

Grondin, Jean, Die Hermeneutik als die Konsequenz des kritischen Rationalismus, in: Philosophia 32 (1995), S. 183-191.

Grünbaum, Adolf, Popper und der Induktivismus, in: Radnitzky, G.; Andersson, G. (Hg.), (1980), S. 129-156.

Harig, G. (Hg.), Lehre, Forschung, Praxis, (FS der Karl-Marx-Universität), Leipzig 1963.

Heidegger, Martin, Sein und Zeit, (Gesamtausgabe. I. Veröffentlichte Schriften 1914-1970, Band 2), Frankfurt am Main 1977.

Heidegger, Martin, Grundbegriffe der Metaphysik. Welt - Endlichkeit - Einsamkeit, (Gesamtausgabe. Bd. 29/30, II. Abteilung: Vorlesungen 1923-1944), Frankfurt am Main 1983.

Hempel, Carl Gustav, Aspects of Scientific Explanation and other Essays in the Philosophy of Science, New York 1965.

Hempel, Carl Gustav, Philosophy of Natural Science, Englewood Cliffs 1966.

Hempel, Carl Gustav, Philosophie der Naturwissenschaften, München 1974.

Hempel, Carl Gustav, Aspekte wissenschaftlicher Erklärung, Berlin u. New York 1977.

Honnefelder, Ludger (Hg.), Die Einheit des Menschen. Zur Grundfrage der philosophischen Anthropologie, Paderborn u. a. 1994.

Howson, Colin, Die Methodologie in nichtempirischen Disziplinen, in: Radnitzky, G.; Andersson, G. (Hg.), (1981), S., 361-372.

Hübner, Kurt, Wie irrational sind Mythen und Götter, in: Duerr, H. P., Der Wissenschaftler und das Irrationale, 2 Bd., Frankfurt am Main 1981, S. 11-36, S. 35.

Hübner, Kurt, Kritik der wissenschaftlichen Vernunft, 3. verb. Aufl., Freiburg u. München [3]1986.

Hübner, Kurt, Die Wahrheit des Mythos, München 1985.

Jakowljewitsch, Dragan, Die Frage nach dem methodologischen Dualismus der Natur- und Sozialwissenschaften und der Standpunkt kritischer Rationalisten, in: Salamun, K. (Hg.), (1989), S. 109-124.

Kaiser, Philipp, Vom Sinn der Geschichte, in: Dickerhof, H. (Hg.), Festgabe. Heinz Hürten zum 60. Geburtstag, Frankfurt am Main u. a. 1988, S. 23-38.

Kant, Immanuel, Kants gesammelte Schriften. Handschriftlicher Nachlaß, (hg. von der Königlich Preußischen Akademie der Wissenschaften, Band XV, 1. Abteilung), Berlin u. Leipzig 1923.

Kockelmanns, Joseph, Überlegungen zur Lakatosschen Methodologie der wissenschaftlichen Forschungsprogramme, in: Radnitzky, G.; Andersson, G. (Hg.), Voraussetzungen und Grenzen der Wissenschaft, Tübingen 1981, S. 319-338, S. 322.

Kuhlmann, Wolfgang, Reflexive Letztbegründung. Untersuchungen zur Transzendentalpragmatik, Freiburg u. München 1985.

Kuhlmann, Wolfgang, Reflexive Letztbegründung. Zur These von der Unhintergehbarkeit der Argumentationssituation, in: Zeitschrift für philosophische Forschung 35 (1981), S. 3-26.

Kuhlmann, Wolfgang, Reflexive Letztbegründung versus radikaler Fallibilismus, in: Zeitschrift für allgemeine Wissenschaftstheorie 16 (1985), S. 357-374.

Kuhn, Thomas S., Die Struktur wissenschaftlicher Revolutionen, Frankfurt am Main [2]1976.

Kutschera, Franz von, Grundfragen der Erkenntnistheorie, Berlin u. New York 1981.

Lakatos, Imre, Falsifikation und die Methodologie wissenschaftlicher Forschungsprogramme, in: ders.; Musgrave, A. (Hg.), Kritik und Erkenntnisfortschritt, Braunschweig 1974, S. 89-189;

Lakatos, Imre, Die Geschichte der Wissenschaft und ihre rationalen Rekonstruktionen, in: Diederich, W. (Hg.), (1974), S. 55-119.

Lakatos, Imre; Musgrave, Alan (Hg.), Kritik und Erkenntnisfortschritt. Abhandlungen des Internationalen Kolloquiums über die Philosophie der Wissenschaft, London 1965, Band 4, (Wissenschaftstheorie. Wissenschaft und Philosophie, Bd. 9), (autorisierte Übersetzung aus dem Englischen), Braunschweig 1974.

Lakatos, Imre, Popper on Demarcation and Induction, in: Schilpp, P. A. (Hg.), (1974), S. 241-273. [wird zitiert 1974a].

Lakatos, Imre, Die Methodologie der wissenschaftlichen Forschungsprogramme, Braunschweig 1982.

Lazarsfeld, Paul F., Wissenschaftslogik und empirisch Sozialforschung, in: Topitsch, E. (Hg.), Logik der Sozialwissenschaften, Köln und Berlin 1971, S. 37-49.

Lenk, Hans, Zwischen Wissenschaftstheorie und Sozialwissenschaft, Frankfurt am Main 1986.

Leser, Norbert; Seifert, Josef; Plitzner, Klaus (Hg.), Die Gedankenwelt Sir Karl Poppers. Kritischer Rationalismus im Dialog, Heidelberg 1991.

Mittelstraß, Jürgen (Hg.), Enzyklopädie Philosphie und Wissenschaftstheorie, 2 Bd., Mannheim, Wien und Zürich 1980 u. 1984.

Müller, Gisela (Hg.), Das kritische Geschäft der Vernunft. Symposion zu Ehren von Gerhard Funke, Bonn 1995.

Musgrave, Alan E., The Objectivism of Poppers's Epistemology, in: Schilpp, P. A. (1974), S. 560-596.

Musgrave, Alan E., Stützung durch Daten, Falsifikation, Heuristik und Anarchismus, in: Radnitzky, G.; Andersson, G. (Hg), (1980), S. 199-220.

Oelmüller, Willi (Hg.), Philosophie und Wissenschaft, (Kolloquien zur Gegenwartsphilosophie, Bd. 11), Paderborn 1988.

Pannenberg, Wolfhart, Wissenschaftstheorie und Theologie, Frankfurt am Main 1973.

Peukert, Helmut, Wissenschaftstheorie. Handlungstheorie. Fundamentale Theologie. Analysen zu Ansatz und Status theologischer Theoriebildung, Düsseldorf 1976.

Popper, Karl, Conjectures and Refutations. The Growth of Scientific Knowledge, (Fourth revised edition), London 1972.

Popper, Karl, Die Normalwissenschaft und ihrer Gefahren, in: Lakatos, I.; Musgrave, A. (Hg.), Kritik und Erkenntnisfortschritt, Braunschweig 1974, S. 51-57.

Popper, Karl, Replies to my Critics, in: Schilpp, P. A. (Hg.), The Philosophy of Karl Popper, (The Library of Living Philosophers, Vol. XIV), Book 2, La Salle 1974, S. 961-1197. [wird zitiert 1974a].

Popper, Karl, Ausgangspunkte. Meine intellektuelle Entwicklung, Hamburg [2]1982.

Popper, Karl, Realism and the Aim of Science, (From the Postscript to the Logic of Scientific Discovery. Edited by W. W. Bartley, III), Totowa 1983.

Popper, Karl, Objektive Erkenntnis. Ein evolutionärer Entwurf, Hamburg 1993.

Popper, Karl, Logik der Forschung, (Zehnte verbesserte und vermehrte Auflage), Tübingen [10]1994.

Popper, Karl, Die beiden Grundprobleme der Erkenntnistheorie, hg. von Troels Eggers Hansen. Aufgrund von Manuskripten aus den Jahren 1930-1933, 2. verbesserte Auflage, Tübingen ²1994. [wird zitiert als '1994a'].

Popper, Karl, Vermutungen und Widerlegungen. Das Wachstum der wissenschaftlichen Erkenntnis, Teilband I, Vermutungen, Tübingen 1994. [wird zitiert als '1994b'].

Popper, Karl, Alles Leben ist Problemlösen. Über Erkenntnis, Geschichte und Politik, München, Zürich ³1995.

Popper, Karl, Auf der Suche nach einer besseren Welt. Vorträge und Aufsätze aus dreißig Jahren, (8. durchgesehene Auflage), München, Zürich, ⁸1995. [wird zitiert als '1995a'].

Putnam, Hilary, The 'Corroboration' of Theories, in: Schilpp, P. A. (Hg.), (1974), S. 221-240.

Radnitzky, Gerard; Andersson, Gunnar (Hg.), Fortschritt und Rationalität der Wissenschaft, (Einheit d. Gesellschaftswissenschaften, Bd. 24),Tübingen 1980.

Radnitzky, Gerard, Theorienbegründung oder begründete Theorienpräferenz, in: ders.; Andersson, G. (Hg.), Voraussetzungen und Grenzen der Wissenschaft, Tübingen 1980, S. 317-370.

Radnitzky, Gerard; Andersson, Gunnar (Hg.), Voraussetzungen und Grenzen der Wissenschaft, (Einheit d. Gesellschaftswissenschaften, Bd. 25), Tübingen 1981.

Radnitzky, Gerard, Wertfreiheitsthese: Wissenschaft, Ethik und Politik, in: ders.; Andersson, G. (1981), S. 47-126.

Radnitzky, Gerard, Art. Wissenschaftlichkeit, in: ders.; Seiffert, H. (Hg.) Handlexikon der Wissenschaftstheorie, München 1992, S. 399-405, S. 399.

Ritter, Joachim (Hg.), Historisches Wörterbuch der Philosophie, 8 Bde., Darmstadt 1971-1992.

Rohrhirsch, Ferdinand, Letztbegründung und Transzendentalpragmatik. Eine Kritik an der Kommunikationsgemeinschaft als normbegründender Instanz bei Karl-Otto Apel, (Studien zur Bewußtseinsphilosophie, Bd. 19), Bonn 1993.

Rott, Hans, Zur Wissenschaftsphilosophie von Imre Lakatos, in: Philosophia Naturalis 31 (1994) 1, S. 25-62.

Salamun, Kurt, Karl R. Popper und die Philosophie des Kritischen Rationalismus. Zum 85. Geburtstag von Karl R. Popper, Amsterdam und Atlanta 1989.

Schilpp, Paul A. (Hg.), The Philosophy of Karl Popper, (The Library of Living Philosophers, Vol. XIV), Book 1 and Book 2, La Salle 1974.

Schwemmer, Oswald (Hg.), Vernunft, Handlung und Erfahrung. Über die Grundlagen und Ziele der Wissenschaften, München 1981.

Schwemmer, Oswald, Die Philosophie und die Wissenschaften. Zur Kritik einer Abgrenzung, Frankfurt am Main 1990.

Seifert, Josef, Objektivismus in der Wissenschaft. Kritische Überlegungen zu Karl Poppers Wissenschafts-, Erkenntnis- und Wahrheitstheorie, in: Leser, N. u. a. (Hg.), (1991), S. 31-82.

Seiffert, Helmut; Radnitzky, Gerard (Hg.), Handlexikon der Wissenschaftstheorie, München 1992.

Seiffert, Helmut, Das Verhältnis von Philosophie und Wissenschaftstheorie, in: ders.; Radnitzky, G. (Hg.), (1992), S. 1-4.

Settle, Tom, Induction and Probability Unfused, in: Schilpp, P. A. (Hg.), (1974), S. 697-749.

Sievering, Ulrich O. (Hg.), Kritischer Rationalismus heute, (Arnoldshainer Texte - Band 54), Frankfurt am Main 1988.

Smith, Barry, Grundlegung eines fallibilistischen Apriorismus, in: Leser, N. u. a. (Hg.), (1991), S. 393-411.

Speck, Josef (Hg.), Handbuch wissenschaftstheoretischer Begriffe, 3 Bände, Göttingen 1980.

Spinner, Helmut, Der Wandel der Wissensordnung und die neue Aufgabe der Philosophie im Informationszeitalter, in: Oelmüller, W. (Hg.), (1988), S. 61-78.

Stegmüller, Wolfgang, Probleme und Resultate der Wissenschaftstheorie und analytischen Philosophie, Bd. 1. Wissenschaftliche Erklärung und Begründung. Berlin u. a. 1969, Bd. 2. Theorie und Erfahrung, Halbbd. 2. Theorienstrukturen und Theorien-dynamik, Berlin u. a. 1973.

Stegmüller, Wolfgang, Theoriendynamik und logisches Verständnis, in: Diederich, W. (Hg.), (1974), S. 167-209.

Stegmüller, Wolfgang, Hauptströmungen der Gegenwartsphilosophie. Eine kritische Einführung, 2 Bände, 6. Aufl., 1976 u. 1979.

Stegmüller, Wolfgang, Neue Wege der Wissenschaftsphilosophie, Berlin u. a. 1980.

Stegmüller, Wolfgang, Eine kombinierte Analyse der Theoriendynamik. Verbesserungen der historischen Deutung des Theorienwandels mit Hilfe mengentheoretischer Strukturen, in: Radnitzky, G.; Andersson, G. (Hg.), (1981), S. 277-317.

Suchla, Peter, Religiöse Gewißheit contra wissenschaftliche Fallibilität? Der erkenntnis-theoretische Status christlicher Glaubensaussagen und Aussagen christlicher Theologie in kritisch-rationaler Prüfung, in: Sievering, U. O. (Hg.), (1988), S. 224-240.

Teichner, Wilhelm, Rekonstruktion oder Reproduktion des Grundes. Die Begründung der Philosophie als Wissenschaft durch Kant und Reinhold, Bonn 1976.

Thiel, Manfred (Hg.), Enzyklopädie der Geisteswissenschaftlichen Arbeitsmethoden, 10. Lieferung: Methoden der Geschichtswissenschaft und der Archäologie, München u. Wien 1974.

Toulmin, Stephen, Voraussicht und Verstehen. Ein Versuch über die Ziele der Wissenschaft, Frankfurt am Main 1981.

Vollmer, Gerhard, Kann unser Wissen zugleich vorläufig und objektiv sein? Zur Erkenntnistheorie des Kritischen Rationalismus, in: Sievering, U. O. (Hg.), (1988), S. 39-62.

Vollmer, Gerhard, Wissenschaftstheorie im Einsatz. Beiträge zu einer selbstkritischen Wissenschaftsphilosophie, Stuttgart 1993.

Vollmer, Gerhard, Auf der Suche nach der Ordnung. Beiträge zu einem naturalistischen Welt- und Menschenbild, Stuttgart 1995.

Watkins, J. W. N., Die Bewährung und das Problem des Gehaltvergleichs, in: Radnitzky, G.; Andersson, G. (Hg.), (1980), S. 393-437.

Weinheimer, Heinz, Rationalität und Begründung. Das Grundlagenproblem in der Philosophie Karl Poppers, Bonn 1986.

II. Archäologie / Biblische Archäologie / Bibelwissenschaft / Theologie

Albright, William F., The Archaeology of Palestine and the Bible, Baltimore 1935.

Albright, William F., Archaeology and the Religion of Israel, Baltimore [3]1956.

Albright, William F., History. Archaeology and Christian Humanism, London 1964.

Albright, William F., The Impact of Archaeology on Biblical Research, in: Freedmann, D. N.; Greenfield, J. (Hg.), (1969), S. 1-14.

Albright, William F., Schwerpunktheft: Celebrating and Examining W. F. Albright, in: Biblical Archaeologist 56 (1993) 1.

Amitai, Janet (Hg.), Biblical Archaeology Today. Proceedings of the International Congress on Biblical Archaeology. Jerusalem, April 1984, Jerusalem 1985.

Amandry, M.; Ripolles, P. P., Roman Provincial Coinage, Volume I, London 1992.

Andreae, Bernard (Hg.), Archäologie und Gesellschaft. Forschung und Öffentliches Interesse, Stuttgart, Frankfurt am Main 1981.

Barker, Philip, Techniques of Archaeological Excavation, London [2]1982.

Berg, Horst Klaus, Ein Wort wie Feuer. Wege lebendiger Bibelauslegung, München u. Stuttgart 1991, S. 41-93.

Berger, Klaus, Exegese des Neuen Testaments, Heidelberg 1977.

Binford, Lewis R., Archaeology as Anthropology, in: American Antiquitiy 28 (1962), S. 217-225.

Binford, Lewis R.; Binford S. R. (Hg.), New Perspectives in Archaeology, Chicago 1968.

Binford, Lewis R., Archaelogical perspectives, in: Binford, S. R., Binford L. R. (Hg.), (1968), S. 5-32.

Binford, Lewis, R., A Consideration of Archaeological Research Design, in: Leone, M., P. (Hg.), (1972), S. 158-177.

Binford, Lewis, R., Die Vorzeit war ganz anders. Methoden und Ergebnisse der Archäologie, (In pursuit of the past, aus dem Amerikanischen übers. von J. Rehork), München 1984.

Binford, Lewis, R. Debating Archaeology, San Diego und London 1989.

Biran, Avraham; Aviram, Joseph (Hg.), Biblical Archaeology Today, 1990. Proceedings of the Second International Congress on Biblical Archaeology. Jerusalem, June-Juli 1990, Jerusalem 1993.

Boraas, Roger S., Publication of Archaeological Reports, in: Drinkhard, Joel F. u. a. (Hg.), (1988), S. 325-333.

Brandfon, Frederic R., Archaeology and the Biblical Text, in: Biblical Archaeology Review 14 (1988) 1, S. 54-59.

Bunimovitz, Shlomo, How Mute Stones Speak. Interpreting What We Dig Up, in: Biblical Archaeology Review 21 (1995) 2, S. 58-100.

Buschor, Ernst, Begriff und Methode der Archäologie, in: Otto, W. (Hg.), Handbuch der Archäologie. Im Rahmen des Handbuchs der Altertumswissenschaft. VI. 1. Text, München 1939, S. 3-10.

Butzer, Karl, W., Toward an Integrated, Contextual Approach in Archaeology. A Personal View, in: Journal of Archaeological Science (1978) 5, S. 191-193.

Chapman, Rupert L., Excavation Techniques and Recording System. A Theoretical Study, in: Palestine Exploration Quarterly 118 (1986), S. 5-26.

Charlesworth, James H.; Weaver, Walter W. (Hg.), What has Archaeology to do with Faith?, Philadelphia 1992.

Clarke, David, Archaeology. The Loss of Innocence, in: Antiquity XLVII (1973), S. 6-18.

Cohn, Leopold (Hg.), Philo. Die Werke in dt. Übersetzung, Berlin 1962-1964.

Conrad, Diethelm, Biblische Archäologie heute, in: Verkündigung und Forschung 40 (1995) 1, S. 51-74.

Cross, Frank M., Biblical Archaeology Today. The Biblical Aspect, in: Israel Exploration Society (Hg.), Biblical Archaeology Today. Proceedings of the International Congress on Biblical Archaeology. Jerusalem 1984, Jerusalem 1985, S. 9-15.

Crüsemann, Frank, Alttestamentliche Exegese und Archäologie. Erwägungen angesichts des gegenwärtigen Methodenstreits in der Archäologie Palästinas, in: Zeitschrift für die Alttestamentliche Wissenschaft 91 (1979), S. 177-193.

Daniel, Glyn, Geschichte der Archäologie, (Deutsch von Joachim Rehork), Bergisch Gladbach 1982.

Davis, Thomas W., Faith and Archaeology. A Brief History to the Present, in: Biblical Archaeology Review (1993) 2, S. 54-59.

Dever, William G., Archaeology and Biblical Studies. Retrospects and Prospects, Evanston 1974.

Dever, William G.; Lance, Darrel H., A Manual of Field Excavation. Handbook for Field Archaeologists, New York 1976.

Dever, William G., Biblical Theology and Biblical Archaeology. An Appreciation of G. Ernest Wright, in: Harvard Theological Review 73 (1980) 1-2, S. 1-15.

Dever, William G., Archeological Method in Israel. A Continuing Revolution, in: Biblical Archeologist 43 (1980) 4, S. 41-48.

Dever, William G., The Impact of the 'New Archaelogy' on Syro-Palestinian Archaeology, in: Bulletin of the American Schools of Oriental Research 242 (1981) 1, S. 15-30.

Dever, William G., Retrospects and Prospects in Biblical and Syro-Palestinian Archeology, in: Biblical Archeologist 45 (1982) 2, S. 103-107.

Dever, William G., Syro-Palestinian and Biblical Archaeology, in: Knight, D. A., u. a. (Hg.), (1985), S. 31-74.

Dever, William G., Impact of the 'New Archaeology', in: Drinkhard, Joel F. u. a. (Hg.), (1988), S. 337-352.

Dever, William G., Archaeology and the Bible. Understanding their special Relationship, in: Biblical Archaeology Review 16 (1990) 3, S. 52-58.

Dever, William G., Biblical Archaeology. Death and Rebirth, in: Biran, Avraham, Aviram, Joseph (Hg.), (1993), S. 706-722.

Dever, William G., What Remains of the House that Albright built?, in: Biblical Archaelogist 56 (1993) 1, S. 25-35.

Dever, William G., The Death of a Discipline, in: Biblical Archaeology Review 21 (1995) 5, S. 50-55 u. S. 70.

Dever, William G., "Will the Real Israel Please Stand Up?" Part II. Archaeology and the Religions of Ancient Israel, in: Bulletin of the American Schools of Oriental Research (1995) Nr. 298, S. 37-58

Diedrich, Friedrich, Wissenschaftliche Exegese oder tiefenpsychologische Deutung der Bibel, in: Gläßer, A. (Hg.), (1993), S. 175-196.

Dothan, Moshe, Terminology for the Archaeology of the Biblical Periods, in: Amitai, J. (Hg.), (1985), S. 136-141.

Drinkhard, Joel F.; Mattingly, Gerald L.; Miller Maxwell J. (Hg.), Benchmarks in Time and Culture. An Introduction to Palestinian Archaeology, (Festschrift f. Joseph A. Callaway), Atlanta 1988.

Dyson, Stephen L., A Classical Archaeologist's Response to the 'New Archaeology', in: Bulletin of the American Schools of Oriental Research 242 (1981) 1, S. 7-14.

Dyson, Stephen L., From New to New Age Archaeology. Archaeological Theory and Classical Archaeology - A 1990s Perspektive, in: American Journal of Archaeology 97 (1993), S.195-206.

Eakins, Kenneth J., The Futur of 'Biblical Archaeology' in: Drinkhard, Joel F. u. a. (Hg.), (1988), S. 441-454.

Fohrer, Georg; Hoffmann, H. W.; Huber, F. u. a., Exegese des Alten Testaments. Einführung in die Methodik, 5. durchgesehene Auflage, Heidelberg, Wiesbaden ⁵1989.

Franken, H. J., The Problem of Identification in Biblical Archaeology, in: Palestine Exploration Quarterly 108 (1976), S. 3-11.

Freedmann, David N.; Greenfield, Jonas C. (Hg.), New Directions in Biblical Archaeology, New York 1969.

Fritz, John M., Archaeologcial Systems for Indirect Observation of the Past, in: Leone, P. M. (Hg.), (1972), S. 135-157.

Fritz, Volkmar, Art. Bibelwissenschaft I/1, in: Theologische Realenzyklopädie, hg. v. G. Krause u. G. Müller, Bd. 6, Tübingen 1980, S. 340-345.

Fritz, Volkmar, Kultur und Geschichte Palästinas. Aufgaben der Biblischen Archäologie, in: Universitas 38 (1983), S. 933-941.

Fritz, Volkmar, Einführung in die Biblische Archäologie, Darmstadt 1985.

Fritz, Volkmar, Art. Archäologie. Biblische Archäologie, in: Görg, Manfred; Lang, Bernhard (Hg.), Neues Bibel-Lexikon, Bd. 1, Zürich 1991, Sp. 154-160.

Galling, Kurt, Art. Biblische Archäologie, in: Die Religion in Geschichte und Gegenwart, Bd. 1, Tübingen ³1957, Sp. 582-585.

Galling, Kurt (Hg.), Biblisches Reallexikon, (Handbuch zum Alten Testament, Reihe 1;1), 2. neugestaltete Auflage, Tübingen ²1977.

Gersbach, Egon, Ausgrabung heute. Methoden und Techniken der Feldgrabung, Darmstadt 1989.

Gläßer, Alfred (Hg.), Veritati et Vitae. 150 Jahre Theologische Fakultät Eichstätt (Fest schrift im Auftrag der Theologischen Fakultät der Katholischen Universität Eichstätt), Eichstätter Studien, NF Bd. XXXIII, Regensburg 1993.

Haag, Herbert, Art. Biblische Archäologie, in: Lexikon für Theologie und Kirche, begr. v. M. Buchberger, Bd. II, Freiburg 1958, Sp. 419.

Himmelmann, Nikolaus, Utopische Vergangenheit. Archäologie und moderne Kultur, Berlin 1976.

Hodder, Ian, Theory and Practice in Archaeology, London New York 1992.

Hodder, Ian, Reading the past. Current approaches to interpretation in archaeolo gy, Cambridge ²1991.

Hoppe, Leslie, J., What are they saying about biblical archaeology? New York 1984.

Huesmann, John E., Archaeology and Early Israel. The Scene Today, in: The Catholic Biblical Quarterly 37 (1975) 1, S. 1-16.

Hyatt, James Ph. (Hg.), The Bible in Modern Scholarship, Nashville 1965.

Israel Exploration Society (Hg.), Biblical Archaeology Today. Proceedings of the International Congress on Biblical Archaeology. Jerusalem 1984, Jerusalem 1985.

Johnston, J. O. D., The Problems of Radiocarbon Dating, in: Palestine Exploration Quarterly 105 (1973) 2, S. 13-26.

Josephus, Flavius, Geschichte des Judäischen Krieges, übers. v. H. Clementz auf der Textbasis der editio maior hg. v. B. Niese, Berlin 1892-1895, Leipzig 1990.

Keel, Othmar; Küchler, Max, Orte und Landschaften der Bibel, Bd. 2, Der Süden, Zürich, Köln, Göttingen 1982, S. 455-471.

Keel, Othmar, Küchler, Max; Uehlinger, Christoph, Orte und Landschaften der Bibel. Bd. 1. Geographisch-geschichtliche Landeskunde, Zürich, Köln, Göttingen 1984.

Keller, Werner, Und die Bibel hat doch recht, Düsseldorf 1956.

Kenyon, Kathleen M., Excavations at Jericho. Volume Two. The Tombs excavated in 1955-1958, London 1965.

Kenyon, Kathleen M., Die Bibel im Licht der Archäologie, (The Bible in recent Archaeology, aus d. Engl. übers. von Ursula Schierse), Düsseldorf 1980.

Kenyon, Kathleen M., Excavations at Jericho. Volume Three. The Architecture and Stratigraphy of the Tell. Text, hg. von Holland, Thomas A., London 1981.

King, Philip J., The Contribution of Archaeology to Biblical Studies, in: The Catholic Biblical Quarterly 45 (1983) 1, S. 1-16.

Klaiber, Walter, Archäologie und Neues Testament, in: Zeitschrift für die Neutestamentliche Wissenschaft 72 (1981), S. 195-215.

Kloner, Amos; Gat, Y., Burial Caves in the Region of East Talpiyot, in: Atiqot 8 (1982) (hebrew. series), S. 76.

Knight, D. A., u. a. (Hg.), The Hebrews bible and its Modern Interpreters, Chico 1985.

Kuhnen, Hans-Peter, Palästina in griechisch-römischer Zeit, (Handbuch der Archäologie. Vorderasien II, Band 2), München 1990.

Lance, Darrel H., American Biblical Archaeology in Perspective, in: Biblical Archeologist 45 (1982) 2, S. 97-101.

Leone, Mark P. (Hg), Contemporary Archaeology. A Guide to Theorie and Contributions, London u. Amsterdam 1972.

Maier, Gerhard (Hg.), Lexikon zur Bibel. Hg. v. Franz Rienecker, Wuppertal u. Zürich 1994.

Maier, Franz Georg, Neue Wege in die alte Welt. Methoden der modernen Archäologie, Hamburg 1977.

Mayer, Bernhard, Beobachtungen zur Zeitangabe εν εκεινη τη ημερᾳ in Mk 2,20, in: Studien zur Neuen Testament und seiner Umwelt 20 (1995), S. 5-21.

Mazar, Benjamin, Biblical Archaeology Today. The Historical Aspect, in: Israel Exploration Society (Hg.), (1985), S. 16-20.

McKenzie, John L. (Hg.), The Bible in current catholic thought, New York 1962.

McRay, John, Excavation of Low-Level Settlement Sites, in: Drinkhard, Joel F. u. a. (Hg.), (1988), S. 169-177.

Menzel, Heinz, Antike Lampen. Im Römisch-Germanischen Zentralmuseum zu Mainz, Katalog 15, Korrigierter und erweiterter fotomechanischer Nachdruck, Mainz 1969.

Meyers, Eric M., The Bible and Archaeology, in: Biblical Archaeologist 47 (1984) 1, S. 36-40.

Meyers, Eric M., Identifying Religious and Ethnic Groups through Archaeology, in: Biran, Avrahan; Aviram, Joseph (Hg.), (1993), S. 738-745.

Meyshan, J., The Coins of the Herodian Dynasty. The Dating and Meaning of Ancient Jewish Coins and Symbols, Jerusalem 1958.

Michel, Otto; Bauernfeind, Otto (Hg.), Flavius Jsoephus, De Bello Judaico - Der Jüdische Krieg, Griechisch - Deutsch, 4. Bd., München 1959-1969.

Millard, Alan R., Bibel und Archäologie. Kann die Archäologie die geschichtliche Wahrheit der Bibel beweisen?, Giessen, Basel 1980.

Miller, Maxwell J., Approaches to the Bible. Through History and Archeology. Biblical History as a Discipline, in: Biblical Archeologist 45 (1982) 4, S. 211-216.

Moorey, Roger, A Century of Biblical Archaeology, Cambridge 1991.

Moyer, James C.; Matthews, Victor H., The Use and Abuse of Archaeology in Current Bible Handbooks, in: Biblical Archaeologist 48 (1985) 3, S. 149-158.

Müller-Karpe, Hermann (Hg.), Allgemeine und Vergleichende Archäologie als Forschungsgegenstand, (AVA-Kolloquien, Bd. 1), München 1981.

Müller-Wiener, Wolfgang, Archäologische Ausgrabungsmethodik, in: Thiel, Manfred (Hg.), (1974), S. 253-287.

Murphy-O'Connor, J., Qumran, Chirbet, in: The Anchor Bible Dictionary, (Hg. v. D. N Freedmann), Vol. 5, O-Sh, New York u.a. 1992, S. 590-594.

Niemeyer, Hans Georg, Einführung in die Archäologie, 2., korrigierte und ergänzte Auflage, Darmstadt 1978.

Noort, Ed, Biblisch-archäologische Hermeneutik und alttestamentliche Exegese. Rede uitgesproken bij de aanvaarding van het ambt van hoogleraar aan de Theologische Hogeschool te Kampen op vrijdag 12 oktober 1979, Kampen 1979.

Noth, Martin, Grundsätzliches zur geschichtlichen Deutung archäologischer Befunde auf dem Boden Palästinas, in: Palästinajahrbuch 34 (1938), S. 7-22, [Abdruck in: Wolff, H. W. (1971)].

Noth, Martin, Hat die Bibel doch recht?, in: (Festschrift für Günter Dehn), Neukirchen 1957, S. 7-22, [Abdruck in Wolf, H. W., (1971)].

Noth, Martin, Der Beitrag der Archäologie zur Geschichte Israels, in: Vetus Testamentum, Supplements 7 (1960), S. 262-282. [Abdruck in Wolf, H. W., (1971)].

Oberforcher, Robert, Bibel und Archäologie. Ein Literaturbericht, in: Zeitschrift für Katholische Theologie 101 (1979) 2, S. 208-222.

Oesch, Josef M., Die fundamentalistische Versuchung im Spannungsfeld von Bibel und Archäologie, in: Bibel und Kirche 43 (1988), S. 119-122.

Otto, Walter (Hg.), Handbuch der Archäologie. Im Rahmen des Handbuchs der Alterumswissenschaft, VI. 1. Text, München 1939.

Philo von Alexandrien, Die Werke in deutscher Übersetzung, hg. v. L. Cohn; T. Wendland; S. Reiter; H, Leisegang, 7 Bände 1896-1930, Berlin 1962.

Plinius Secundus, Gaius, Naturalis historia, hg. v. L. v. Ian; C. Mayhoff, 5 Bd. Leipzig 1892-1909, Neudruck Stuttgart ^{2}1967-1987.

Perdue, Leo G.; Johnson, Gary L.; Toombs, Lawrence, E. (Hg.), Archaeology and Biblical Interpretation, (Essays in Memory of D. Glenn Rose), Atlanta 1987.

Rainey, Anson F., Historical Geography - The Link Between Historical and Archeological Interpretation, in: Biblical Archeologist 45 (1982) 4, S. 217-223.

Rose, Glenn Davis, The Bible and Archaeology. The State of the Art, in: Perdue, Leo G.; Johnson, Gary L.; Toombs, Lawrence, E. (Hg.), (1987), S. 53-64.

Sabloff, Jremy A., When the Rhetoric Fades. A Brief Appraisal of Intellectual Trends in American Archaeology During the Past Two Decades, in: Bulletin of the American Schools of Oriental Research 242 (1981) 1, S. 1-7.

Sanders, James A. (Hg.), Near Eeastern Archaeology in the Twentieth Century. Essays in Honor of Nelson Glueck, New York 1970.

Sauer, James A., Prospects for Archeology in Jordan and Syria, in: Biblical Archeologist 45 (1982) 2, S. 73-84.

Sauer, James A., Syro-Palestinian Archeology, History, and Biblical Studies, in: Biblical Archeologist 45 (1982) 4, S. 201-209.

Schmid, Hans Heinrich, Die Steine und das Wort. Fug und Unfug biblischer Archäologie, Zürich 1975.

Schwank, Benedikt, Wenn Steine zu reden beginne. Archäologie zum Verständnis des Neuen Testaments, in: Bibel und Kirche 50 (1995) 1-2, S. 40-47.

Shanks, Hershel, Archaelogy's Dirt Secret, in: Biblical Archaelogy Review 20 (1994) 5, S. 63f. u. 79.

Shanks, Hershel, Dever's 'Sermon of the Mound', in: Biblical Archaeology Review 13 (1987) 2, S. 54-57.

Shanks, Michael; Tilley, Christopher, Re-Constructing archaeology, Cambridge 1987.

Strange, James F., New Developements in Greco Roman Archaeology, in: Biblical Archeologist 45 (1982) 2, S. 85-88.

Silbermann, Neil Asher, Searching for Jesus, in: Archaeology (1994) 6, S. 30-40.

Urbach, Ephraim E., The Search of the Past, in: Israel Exploration Society (Hg.), (1985), S. 21-27.

Toombs, Lawrence E., The Development of Palestinian Archeology as a Discipline, in: Biblical Archeologist 45 (1982) 2, S. 89-91.

Toombs, Lawrence, E., A Perspcetive on the New Archaeology, in: Perdue, Leo G.; Johnson, Gary L.; Toombs, Lawrence, E. (Hg.), (1987), S. 41-52.

Trigger, Bruce G., A history of archaeological thought, Cambridge 1989.

Vaux, Roland de, On Right and Wrong Uses of Archaeology, in: Sanders, J. A. (Hg.), (1970), S. 64-80.

Watson, Patty Jo, LeBlanc, Steven A., Redman, Charles L., Explanation in Archeology. An Explicitly Scientific Approach, New York und London 1971.

Watson, Patty Jo, LeBlanc, Steven A., Redman, Charles L., Archeological Explanation. The Scientific Method in Archeology, New York 1984.

Weippert, Helga, Palästina in vorhellenistischer Zeit, (Handbuch der Archäologie, Vorderasien II, Band 1), München 1988.

Wenning, Robert, Art. Biblische Archäologie, in: Lexikon für Theologie und Kirche, begr. v. M. Buchbergerg, hg. v. W. Kasper, Bd. 1, Freiburg u. a. 1994, Sp. 941-943.

Wolff, Hans Walter (Hg.), Martin Noth. Aufsätze zur biblischen Landes- und Altertumskunde. Band 1. Archäologische, exegetische und topographische Untersuchungen zur Geschichte Israels, Neukirchen-Vluyn 1971.

Wright, Ernest G., The Present State of Biblical Archaeology, in: Willoughby, H.R. (Hg.), (1947)

Wright, Ernest G., Biblische Archäologie, Göttingen 1958.

Wright, Ernest G., What Archaeology Can and Cannot Do, in: The Biblical Archaeologist 34 (1971) 3, S. 70-76.

Wright, Ernest G., The 'New' Archaeology, in: The Biblical Archaeologist 38 (1975) 3-4, S. 104-115.

Yadin, Yigael, Biblical Archaeology Today. The Archaeological Aspect, in: Israel Exploration Society (Hg.), (1985), S. 21-27.

III. Qumran

Adamthwaite, Murray, The Miqveh in Intertestamental Judaism. A Background to Early Christianity?, in: Burried History 28 (1992), S. 40-50.

Allegro, John M., The Dead Sea Scrolls, Harmondsworth 1956.

Allegro, John M., Die Botschaft vom Toten Meer. Das Geheimnis der Schriftrollen, Frankfurt am Main 1957.

Amiran, D. H. Kallner-, A Revised Earthquake-Catalogue of Palestine - 1, in: Israel Exploration Journal 1 (1950/51) 4, S. 223-246.

Amiran, D. H. Kallner-, A Revised Earthquake-Catalogue of Palestine, in: Israel Exploration Journal 2 (1952) 1, S. 48-65.

Amiran, D. H. Kallner-; Arieh, E.; Turcotte, E., Earthquakes in Israel and Adjacent Areas. Macroseismic Observations since 100 B.C.E., in: Israel Exploration Journal 44 (1994) 3-4, S. 260-305.

Amit, D.; Ilan, D., The Aqueduct of Kumran, in: Amit, D. u. a. (Hg.), The Aqueducts of Ancient Palestine, Jerusalem 1989, S. 283-288, (hebräisch).

Amusin, Joseph D., Qumran Parallel to Pliny the Elder's account of the Essenes, in: The Qumran Chronicle 2 (1993) 2, S. 113-116.

Ariel, Donald T., A Survey of Coin Find in Jerusalem, in: Liber Annus 32 (1982) S. 273-326.

Ariel, Donald T., Hoard of Coins, in: Scrolls from the Dead Sea. An Exhibition of Scrolls and Archaeological Artifacts from the Collections of the Israel Antiquity Authoriy, hg. v. Ayala Sussmann u. Ruth Peled, Washington 1993, S. 86-89. [ISBN. 0-8076-1333-9]

Avigad, Nahman, Excavations in the Jewish Quarter of the Old City of Jerusalem, in: Israel Exploration Journal 20 (1970) 1-2, S. 6 und Abbildung 4 B

Avigad, Nahman, Discovering Jerusalem, (original Hebrew edition printed in Jerusalem 1980), Oxford 1984.

Avi-Yonah, Michael, The Developement of the Roman Road System in Palestine, in: Israel Exploration Journal 1 (1950/51) 4, S. 54-60.

Aviram, Joseph; Foerster, Gideon; Netzer, Ehud (Hg.), Masada IV. The Yigael Yadin Excavations 1963-1965. Final Reports, Jerusalem 1994.

Baillet, M.; Milik, J.T.; Vaux, R. de. (Hg.), Discoveries in the Judaean Desert of Jordan. III. Les 'Petites Grottes' de Qumran, Textes, Oxford 1962 [abgekürzt 'DJD III'].

Bar-Adon, Pessah, Another Settlement of the Judean Desert Sect at `En el-Ghuweir on the Shores of the Dead Sea, in: Bulletin of the American Schools of Oriental Research 227 (1977), S. 1-25.

Bar-Adon, Pessah, The Hasmonean Fortresses and the Status of Chirbet Qumran, in: Eretz-Israel. Archaeological, Historical and Geographical Studies 15 (1981), S. 349-352 (Engl. Summary S. 86.).

Bar-Nathan, R., Pottery and stone vessels of the Herodeion period, in: Netzer, E., Greater Herodion, Qedem 13, Jerusalem 1981, S. 54-70.

Bardtke, Hans, Die Handschriftenfunde am Toten Meer. Die Sekte von Qumran, Berlin 1958, ²1961 [zitiert wird grundsätzlich aus der 1. Auflage, da die 2. Auflage text- und seitenidentisch ist].

Bardtke, Hans, Der gegenwärtige Stand der Erforschung der in Palästina neu gefundenen hebräischen Handschriften. 42. Zwischen chirbet Qumran und en feschcha, in: Theologische Literaturzeitung 35 (1960) Nr. 4, Sp. 263-274.

Bardtke, Hans, Der gegenwärtige Stand der Erforschung der in Palästina neu gefundenen hebräischen Handschriften. 46. Qumran-Probleme im Licht einiger neuerer Veröffentlichungen, in: Theologische Literaturzeitung 37 (1962) Nr. 11, Sp. 813-826.

Bardtke, Hans, Die Tierknochenfunde auf chirbet Qumran, in: Harig, G. (Hg.), (1963), S. 328-349.

Bardtke, Hans, Qumran und seine Funde, in: Theologische Rundschau (NF) 29 (1963) 1/2, S. 261-292.

Bardtke, Hans, Qumran und seine Probleme, in: Theologische Rundschau (NF) 33 (1968) 1, S. 97- 119.

Bardtke, Hans, Qumran-Probleme in der Sicht einiger neuerer Publikationen, in:Theologische Literaturzeitung 95 (1970) 1, Sp. 1-20.

Bardtke, Hans, Zur Nachgeschichte der Qumrangemeinde, in: Theologische Versuche 7 (1976), S. 11-40.

Bardtke, Hans, Einige Erwägungen zum Problem 'Qumran und Karaismus', in: Henoch 10 (1988) 3, S. 259-275.

Barrera, Julio Trebolle; Montaner, Luis Vegas (Hg.), The Madrid Qumran Congress. Proceedings of the International Congress on the Dead Sea Scrolls Madrid 18-21 March 1991, Vol. I u. II, Leiden u. a. 1992.

Barthélemy, D.; Milik, J. T., Discoveries in the Judaean Desert. 1. Qumran Cave 1, First Published 1955, Reprinted 1964, Oxford 1964. [wird abgekürtzt 'DJD I'].

Bauer, Johannes B.; Fink, Josef; Galter, Hannes D. (Hg.), Qumran. Ein Symposion, (Grazer Theologische Studien, Bd. 15), Graz 1993.

Baumgarten, A. I., Crisis in the scrolley. A dying consensus, in: Judaism 44 (1995) 4, S. 399-413.

Benett, Crystal M., Tombs of the Roman Period, in: Kenyon, K. M., Excavation at Jericho. Volume Two. The Tombs excavated in 1955-58, London 1965, S. 516-545.

Bergmeier, Roland, Die Essener-Berichte des Flavius Josephus. Quellenstudien zu den Essenertexten im Werk des jüdischen Historiographen, Kampen 1993

Betz, Otto; Riesner, Reiner, Jesus. Qumran und der Vatikan. Klarstellungen, Freiburg u. a. ⁵1995.

Bonani, G.; Broshi, M.; Carmi, I.; Ivy, S.; Strugnell, J.; Wölfli, W.; Radiocarbon Dating of the Dead Sea Scrolls, in: 'Atiqot 20 (1991), S. 27-32.

Bronner, Ethan, Biblical treasure hunt: Archaeologists begin search of newly found caves near site of Dead Sea Scrolls, in: The Boston Globe 18.12.1995 (Quelle: http://www.jcn18.com/news/GLOBE59.HTM).

Broshi, Magen, (Hg.), Between Hermon and Sinai, Memorial to Amnon, Jerusalem 1977, (Hebräisch).

Broshi, Magen, The Archeology of Qumran - A Reconsideration, in: Dimant, D., Rappaport U. (Hg.), The Dead Sea Scrolls. Forty Years of Research, Jerusalem 1992, S. 103-115.

Broshi, Magen, Qumran - die archäologische Erforschung. Ein Überblick, in: Bauer, J. B.; Fink, J.; Galter H. D. (Hg.), (1993), S. 63-72.

Brooke, George J., The Temple Scroll and the Archaeology of Qumran, `Ain Feshkha and Masada, in: Revue de Qumran 49-52 (1988) 1-4, S. 225-237.

Burchard, Christoph, Bibliographie zu den Handschriften vom Toten Meer, (Beihefte zur Zeitschrift für die Alttestamentliche Wissenschaft, 76), Berlin 1957.

Burchard, Christoph, Bibliographie zu den Handschriften vom Toten Meer II. Nr. 1557-4459, (Beihefte zur Zeitschrift für die Alttestamentliche Wissenschaft, 89), Berlin 1965.

Burnett, A.; Amandry, M.; Ripolles, P. P., Roman Provincial Coinage, Volume I, London 1992.

Burrows, Millar, Die Schriftrollen vom Toten Meer. (Aus dem Amerikanischen übertragen von Friedrich Cornelius), München 1956.

Burrows, Millar, Mehr Klarheit über die Schriftrollen. (Aus dem Amerikanischen Übertragen von Friedrich Cornelius), München 1958.

Callaway, Phillip R., The History of the Qumran Community. An Investigation of the Problem, Ann Arbor 1987.

Callaway, Phillip R., The History of the Qumran Community. An Investigation, in: Folia Orientalia XXV (1988), S. 143-150.

Cansdale, Lena, The Identity of Qumran in the Old Testament Period Re-examined, in: The Qumran Chronicle 2 (1993) 2, S. 117-125.

Charlesworth, James H., The origin and subsequent history of the authors of the Dead Sea Scrolls. Four transitional phases among the Qumran Essenes, in: Revue de Qumran 38 (1980), S. 213-233.

Clark, Kenneth W., The Posture of the Ancient Scribe, in: The Biblical Archaeologist 26 (1963) 2, S. 63-72.

Cross, Frank M.; Milik, J. T., Explorations in the Judaean Buqe-ah, in: Bulletin of the American Schools of Oriental Research 142 (1956) 2, S. 5-17.

Cross, Frank M., Die antike Bibliothek von Qumran und die moderne Biblische Wissenschaft. Ein zusammenfassender Überblick über die Handschriften vom Toten Meer und ihre einstigen Besitzer, übers. v. Klaus Bannach u. Christoph Burchard, (Neukirchener Studienbücher, Bd. 5), Neukirchen-Vluyn 1967.

Cross, Frank M., The Ancient Library of Qumran, 3rd revised and extended edition, Minneapolis ³1995.

Crowfoot, Grace M., The Linen Textiles, in: Barthelemy, H. J.; Milik, J. T., (1964), S. 18-38, [= DJD I].

Crown, Alan D., Cansdale, Lena, Was It an Essene Settlement?, in: Biblical Archaelogy Review 20 (1994) 5, S. 24-35 u. 73-77.

Damati, E., Hilkiah's Palace, in: Broshi, M. (Hg.), Between Hermon and Sinai, Memorial to Amnon, Jerusalem 1977, S. 93-113 (Hebräisch).

Davies, Philip R., Qumran, Guilford 1982.

Davies, Philip R., How not to Do Archaeology. The Story of Qumran, in: Biblical Archaeologist 51 (1988) 4, S. 203-207.

Davies, Philip R., Re-Asking Some Hard Questions About Qumran, in: Kapera, Z. J. (Hg.), (1993a), S. 37-49.

Davies, Philip R., The Qumran Affair 1947-1993, in: The Qumran Chronicle 5 (1995) 2, S. 133-142.

Davies, Philip R., Sects and Scrolls. Essays on Qumran and Related Topics, (South Florida Studies in the History of Judaism, Nr. 134), Atlanta 1996.

Davis, John J., Excavation of Burials, in: Drinkhard, Joel F. u.a. (Hg.) Benchmarks in Time and Culture. An Introduction to Palestinian Archaeology, (Festschrift f. Joseph A. Callaway), Atlanta 1988, S. 179-208.

Dexinger, Ferdinand, 45 Jahre Qumran. Ein Symposion in Graz, in: The Qumran Chronicle 2 (1993) 2, S. 85-90.

Donceel, Robert, Reprise des Travaux de Publication des Fouilles au Chirbet Qumran, in: Revue Biblique 99 (1992) 3, S. 557-573.

Donceel-Voute, Pauline, 'Coenaculum' - La Salle à l'Etage du Locus 30 à Chirbet Qumran sur la Mer Morte, in: Gyselen, Rika (Hg.), Banquets d'Orient, (Res Orientales, Vol. IV), Leuven 1992, S. 61-84.

Donceel-Voute, Pauline, Les Ruines De Qumran Réinterprétées, in: Archeologia 298 (1994), S. 24-35.

Donceel-Voute, Pauline; Donceel, Robert, The Archaeology of Chirbet Qumran, in: Wise, Michael u.a. (Hg.), (1994), S. 51-72.

Driver, G. R., The Judaean Scrolls, Oxford 1965.

Driver, G. R., Myths of Qumran, in: Annual of Leeds University Oriental Society 6 (1966), S. 23-48.

Driver, G. R., Mythologie of Qumran, in: Jewish Quarterly Review, 61 (1970-71), S. 241-281.

Eckschmitt, Werner, (Ugarit - Qumran - Nag Hammadi. Die großen Schriftfunde zur Bibel, (Kulturgeschichte der Antiken Welt. Sonderband), Mainz 1993.

Elder, Linda Bennet, The Women Question and Female Ascetics Among Essenes, in: Biblical Archaeologist 57 (1994) 5, S. 220-234

Erickson, Jim, UA confirms Dead Sea Scrolls predate Christianity, in: The Arizona Daily Star 12.04.1995 (Quelle: http://packrat.aml.arizona.edu/deadsea.html).

Eshel, Hanan; Greenhut, Zvi, Hiam El-Sagha. A Cemetery of the Qumran Type, Judaean Desert, in: Revue Biblique 100 (1993), S. 252-259.

Eshel, Hanan, A Note on Joshua 15:61-62 and the Identification of the City of Salt, in: Israel Exploration Journal 45 (1995) 1, S. 37-40.

Evenarai, M.; Shanan, L.; Tadmor, N., The Negev. The Challenge of a Desert, Cambridge 1971.

Fabry, Heinz-Josef, Chirbet Qumran - ein Stiefkind der Archäologie, in: Bibel und Kirche 48 (1993) 1, S. 31-34.

Fabry, Heinz-Josef, Qumran - Judentum - Urchristentum. Fragen und Klärungen, in: Heilen 14 (1994) 3-4, S. 72-95.

Fabry, Heinz-Josef; Lange, Armin; Lichtenberger, Hermann (Hg.), Qumranstudien. Vorträge und Beiträge der Teilnehmer des Qumranseminars auf dem internationalen Treffen der Society of Biblical Literature, Münster, 25.-26. Juli 1993, Göttingen 1996.

Farmer, William R., The Economic Basis of the Qumran Community, in: Theologische Zeitschrift 11 (1955) 4, S. 295-308.

Farmer, William R., A Postscript to 'The Economic Basis of the Qumran Community', in: Theologische Zeitschrift 12 (1956) 1, S. 56-58.

Fischer, Thomas, Another Hellenizing Coin of Alexander Jannaeus?, in: Israel Exploration Journal 34 (1984), S. 47f.

Fontaine, Chantal, Etude et Restauration des Verres, in: Archeologia 298 (1994), S. 28-29.

Gansser, A., The early history of tanning, in: CIBA-Review 81 (1950), S. 2938-2962.

Garbrecht, Günther, Die Wasserversogung geschichtlicher Wüstenfestungen am Jordantal, in: Antike Welt 20 (1989) 2, S. 3-20.

Garbrecht, Günther; Peleg, Yehuda, The Water Supply of the Desert Fortresses in the Jordan Valley, in: Biblical Archaeologist 57 (1994) 3, S. 161-170.

Golb, Norman, Who Hid the Dead Sea Scrolls, in: Biblical Archaeologist 48 (1985) 2, S. 68-82.

Golb, Norman, Chirbet Qumran and the Manuscripts of the Judaean Wilderness. Observations on the Logic of their Investigation, in: Journal of the Near Eastern Studies 49 (1990), S. 103-114.

Golb, Norman, Die Entdeckungen in der Wüste Juda - neue Erklärungsversuche, in: Bauer, J. B., Fink, J., Galter, H. D. (Hg.), (1993), S. 87-116.

Golb, Norman, Hypothesis of Jerusalem Origin of DSS - Synopsis, in: Kapera, Z. J. (Hg.), (1993a), S. 53-57.

Golb, Norman, Qumran. Wer schrieb die Schriftrollen vom Toten Meer, Hamburg 1994.

Golb, Norman, Chirbet Qumran and the Manuscript Finds of the Judaean Wilderness, in: Wise, Michael u.a. (Hg.), (1994), S. 51-72. [= 1994a].

Golb, Norman, Misleading Assertions, in: The Jerusalem Post, 05. 05. 1995. Quelle und Vorlage: http://www.elibrary.com/cgi-bin/hhweb/hhfetch?38672355x0 y817:Q00 05:D001, 2 Seiten.

Goodman, Martin, A Note on the Qumran Sectarians, the Essenes and Josephus, in: Journal of Jewish Studies 46 (1995) 1-2, S. 161-166.

Goranson, Stephen, Qumran Update. Radiocarbon Dating the Dead Sea Scrolls, in: Biblical Archaeologist 54 (1991) 3, S. 172.

Goranson, Stephen, Further Qumran Archaeology Publications in Progress, in: Biblical Archaeologist 54 (1991) 2, S. 110f.

Goranson, Stephen, An Inkwell from Qumran, in: Michmanim 6 (1992), S. 37-40.

Goranson, Stephen, Qumran - The Evidence of the Inkwells, in: Biblical Archaeology Review 19 (1993) 6, S. 67.

Goranson, Stephen, Not Many Inkwells at Qumran, in: Biblical Archaeology Review 20 (1994) 3, S. 76f.

Goranson, Stephen, A Hub of Scribal Activity?, in: Biblical Archaeology Review 20 (1994) 5, S. 36-39.

Greenhut, Z. The City of Salt, Biblical Archaeology Review 19 (1993) 4, S. 33-43.

Grözinger, Karl Erich u.a. (Hg.), Qumran, (Wege der Forschung, Band 410), Darmstadt 1981.

Haas, Nicu; Nathan, Hilel, Anthropological survey on the human skeletal remains from Qumran, in: Revue de Qumran 23 (1968), S. 345-352.

Hachlili, Rachel, A Second Temple Period Jewish Necropolis in Jerioch, in: Biblical Archaeologist 43 (1980) 4, S. 235-240.

Hachlili, Rachel; Killebrew, A., Jewish Funerary Customs during the Second Temple Period, in the Light of the Excavations at the Jericho Necropolis, in: Palestine Exploration Quarterly 115 (1983) 2, S. 109-139.

Hachlili, Rachel, Burial Practices at Qumran, in: Revue de Qumran 62 (1993) 2, S. 247-264.

Hachmann, Rolf (Hg.), Vademecum der Grabung Kamid-el-Loz, (Saarbrücker Beiträge zur Altertumskunde, Bd. 5), Bonn 1969.

Haiman, Mordechai, The Iron Age II Sites of the Western Negev Highlands, in: Israel Exploration Journal 44 (1994) 1-2, S. 36-61.

Harding, Gerald Lankester, Chirbet Qumran and Wady Muraba'at. Fresh Light on the Dead Sea Scrolls and New Manuscript Discoveries in Jordan, in: Palestine Exploration Quarterly 84 (1952) 2, S. 104-109.

Harding, Gerald Lankester, Introductory, The Discovery, The Excavation, Minor Finds, in: Barthelemy, H. J.; Milik, J. T., (1964), S. 3-7, [= DJD I].

Hayes, J. W., Hellenistic to Byzantine Fine Wares and Derivatives in the Jerusalem Corpus, in: Tushingham, A. D., Excavations in Jerusalem 1961-1967, Toronto 1985, S. 179-194.

Hendin, David, Guide to Ancient Jewish Coins, New York 1976.

Humbert, Jean-Baptiste, Chirbet Qumran. Un site de énigmatique, in: Le Monde de la Bible 86 (1994), S. 12-21.

Humbert, Jean-Baptiste, Liminaire, in: De Vaux, R., (1994), S. IX-XI.

Humbert, Jean-Baptiste, L'espace sacré à Qumran. Propositions pour l'archéologie, in: Revue Biblique (1994) 2, S. 161-214.

Humbert, Jean-Baptiste, Chambon, Alain au nom de l'École biblique et archéologique française de Jérusalem, Fouilles de Chirbet Qumrân et de Aïn Feshkha I: Album de photographies. Repertoire du fonds photographique. Synthèse des notes de chantier du Père Roland de Vaux OP (Novum Testamentum et Orbis Antiquus. Series Archaeoligca 1), Editiones Universitaires, Fribourg u. Göttingen 1994. [wird zitiert als 'De Vaux, R., (1994)'].

Humbert, Jean-Baptiste, 2 Faxmitteilungen an den Autor vom 15.03.1996 und 20.04.1996.

Janssens, K.; Aerts, A.; Vincze, L.; Adams, F.; Yang, C.; Uti, R.; Malmqvist, K.; Jones, K.W.; Radtke, M.; Garbe, S.; Lechtenberg, F.; Knöchel, A.; Wouters, H.; Corrosion phenomena in electron, proton and synchrotron X-ray microprobe analysis of Roman glass from Qumran, Jordan, in: Nuclear Instruments and Methods in Physics Research B (1996) 109/110, S. 690-695.

Kahle, Paul, Zehn Jahre Entdeckungen in der Wüste Juda, in: Theologische Literaturzeitung 82 (1957) 9, Sp. 641-650.

Kanael, Baruch, Some Observations on the Chronology of Chirbet Qumran (hebräisch), in: Erez-Israel V (1958), S. 167.

Kanael, Baruch, Ancient Jewish Coins and their Historical Importance, in: The Biblical Archaeologist 26 (1963) 2, S. 38-62.

Kapera, Zdzislaw Jan, Chirbet Qumran no more a monastic settlement, in: The Qumran Chronicle 2 (1993) 2, S. 73-84.

Kapera, Zdzislaw Jan (Hg.), Mogilany 1989. Papers on the Dead Sea Scrolls offered in memory of Jean Carmignac. Part I. General Research on the Dead Sea Scrolls. The Present State of Qumranology. Qumran and the New Testament, (Qumranica Mogilanensia 3), Krakow 1993a.

Kapera, Zdzislaw Jan, Some Remarks on the Qumran Cemetery, in: Wise, Michael u.a. (Hg.), (1994), S. 97-113.

Kapera, Zdzislaw Jan, Recent Research of the Qumran Cemetery, in: The Qumran Chronicle 5 (1995) 2, S. 123-132.

Kaplan, J., The Excavation of an Ancient Cemetery Near Tel Baruch, in: Bulletin of the Israel Exploration Society 18 (1954), S. 163-167.

Kaplan, J., Chronique archéologique. Tell-Aviv - Jaffa, in: Revue Biblique, LXV (1958), S. 411-414

Karcz, Iaakov; Kafri, Uri, Evaluation of Supposed Archaeoseismic Damage in Israel, in: Journal of Archaeological Science 5 (1978) 3 , S. 237-253.

Kelso, James L., The Archaeology of Qumran, in: Journal of Biblical Literature 74 (1955), S. 140-146.

Kelso, James L.; Baramki, D. C., Excavations at New Testament Jericho and Chirbet en-Nitla, (Annual of the American School of Oriental Research), New Haven 1955.

Knibb, Michael A., The Qumran Community, (Cambridge commentaries on writings of the Jewish and Christian world 200 BC to AD 200; v. 2), Cambridge 1987.

Laperrousaz, Ernst-Marie, Remarques sur les circonstances qui ont entouré la destruction des bâtiments de Qumrân, in: Vetus Testamentum 7 (1957), S. 337-349.

Laperrousaz, Ernst-Marie, Note additionelle, in: Vetus Testamentum 8 (1958), S. 92-94.

Laperrousaz, Ernst-Marie, Le problème de l'origine des manuscrits découverts près de la mer Morte, à propos d'un livre recent in: Numen VII (1960) 1, S. 26-76.

Laperrousaz, Ernst-Marie, und ders., Étude de quelques problémes concernant l'archéolo gie et les manuscrits de la mer Morete, à propos d'un livre récent, in: Semitica XII (1962), S. 67-104.

Laperrousaz, Ernst-Marie, Qoumran. L'établissement Essenien des bords de la Mer Morte. Histoire et archéologie du site, Paris 1976.

Laperrousaz, Ernst-Marie, A propos de dépots d'ossements d'animaux trouvés a Qoumran, in: Revue de Qumran 36 (1978), S. 569-573.

Laperrousaz, Ernst-Marie, Qumran, in: Dictionnaire de la Bible. Supplement. Bd. 9 (Posaunes - Refuge), Paris 1979, Sp. 737-798.

Laperrousaz, Ernst-Marie, Problémes d'histoire et d'archéologie Qoumraniennes. A propos d'un souhait de précisions, in: Revue de Qumran 38 (1980), S. 269-291.

Laperrousaz, Ernst-Marie (Hg.), Archélologie Art et Histoire de la Palestine. Colloque du Centaire de la Section des Sciences Religieuses École Pratique des Hautes Études Septembre 1986, Paris 1988.

Laperrousaz, Ernst-Marie, L'Etablissement de Qumran près de la Mer Morte. Fortresse ou Couvent?, in: Eretz-Israel 20 (1989), S. 118-123.

Lapp, Paul W., Palestinian Ceramic Chronology. 200 B. C. - A. D. 70, New Haven 1961.

La Sor, William Sanford, Discovering What Jewish Miqva'ot Can Tell Us About Christian Baptism, in: Biblical Archaeology Review 13 (1987) 1, S. 52-59.

Lattke, Michael, Rezension: Garcia Martinez, F.; Trebolle, B., - Los hombres de Qumran, in: Bibliotheca Orientalis 53 (1996) 1-2, S. 178-180.

Levine, Lee I., Archaeological Discoveries from the Greco-Roman Era, in: Shanks, H.; Mazar, B. (Hg.), Recent Archaeology in the Land of Israel, Washington 1981, S. 75-87.

Lynn, Thomas C., Dating Papyrus Manuscripts by the AMS Carbon-14 Method, in: Biblical Archaeologist 51 (1988) 3, S. 141f

L.-Duhaime, Jean, Remarques sur les dépots d'ossements d'animaux a Qumran, in: Revue de Qumran 34 (1977), S. 245-251.

Magness, Jodi, The Community in Qumran in Light of its Pottery, in: Wise, Michael; Golb, Norman u. a. (Hg.), (1994), S. 39-50.

Magness, Jodi, A Villa at Chirbet Qumran?, in: Revue de Qumran 63 (1994) 3, S. 397-419.

Magness, Jodi, The Chronology of the Settlement at Qumran in the Herodian Period, in: Dead Sea Discoveries 2 (1995) 1, S. 58-65.

Mastermann, E. W. G., Notes on some ruins and a rock-cut aqueduct in the Wady Kumran, in: Palestine Exploration Fund, (1903-1904), S. 264-267.

Mayer, Bernhard (Hg.), Christen und Christliches in Qumran?, (Eichstätter Studien NF 32), Regensburg 1992,

Mazar, Amihai, Iron Age I and II Towers at Giloh and the Israelite Settlement, in: Israel Exploration Journal 40 (1990) 2-3, S. 77-101.

Meshorer, Ya`akov, The Beginning of the Hasmonean Coinage, in: Israel Exploration Journal 34 (1974), S. 59-61.

Meshorer, Ya`akov, Ancient Jewish Coinage. Volume I: Persian Period through Hasmonaeans, New York 1982.

Meshorer, Ya`akov, Ancient Jewish Coinage. Volume II: Herod the Great through Bar Cochba, New York 1982.

Metzger, Bruce M., The Furniture in the Scriptorium at Qumran, in: Revue de Qumran 1 (1958-1959), S. 509-515.

Milik, Joseph T., Ten Years of Discovery in the Wilderness of Judaea, (Studies in Biblical Theology, 26), London ²1963.

Milik, Joseph T., Die Geschichte der Essener, in: Grözinger, K. E. u. a. (Hg.), Qumran, Darmstadt 1981, S. 58-120.

Morvan, Michael Le, Qumran. The Site and its Function, in: Scripture Bulletin 25 (1995) 2, S. 44-54.

Morvan, Michael Le, Qumran. The Community, in: Scripture Bulletin 26 (1996) 1, S. 20-33

Netzer, Ehud, The Winter Palaces of the Judaean Kings at Jericho at the End of the Second Temple Period, in: Bulletin of the American Schools of Oriental Re- search 228 (1977), S. 1-15.

Netzer, Ehud, Ancient Ritual Baths (Miqvaot) in Jericho, in: The Jerusalem Cathedra 2 (1982), S. 106-119.

Netzer, Ehud, (in collaboration with Gadi Kopel and David Stacey), Water Channels and a Royal Estate from the Late Hellenistic Period in the Western Plains of Jericho, in: Mitteilungen des Leichtweiß-Institut für Wasserbau der Universität Braunschweig 82 (1984), S. 1-12, Fig. 1-15.

Netzer, Ehud, The Swimming Pools of the Hasmonean Period at Jericho, in: Mitteilungen des Leichtweiß-Institut für Wasserbau der Universität Braunschweig 89 (1986), S. 1-12, Fig. 1-15.

Netzer, Ehud, The Hasmonean Palaces in Eretz-Israel, in: Biran, A., Aviram, J., (Hg.), (1993), S. 126-136.

North, Robert, The Qumran Reservoirs, in: McKenzie, John L. (Hg.), The Bible in Current Catholic Thought, New York 1962, S. 100-132.

North, Robert, P. W. Lapp, Palestinian Ceramic Chronology 200 B.C.-A.D. 70, in: The Catholic Biblical Quarterly 24 (1962) 3, S. 309-313.

Ofer, A., The Identification of the Cities of the Desert, in: Nineteenth Archaeological Conference in Israel, 25-26 March 1993, Jerusalem (ohne Jahr), S. 43f.

Patrich, Joseph; Arubas, B., A Juglet containing Balsam Oil(?) from a Cave near Qumran, in: Israel Exploration Journal 39 (1989) 1-2, S. 43-59.

Patrich, Joseph, Chirbet Qumran in Light of New Archaeological Explorations in the Qumran Cave, in: Wise, Michael O., Golb, N. u. a. (Hg.), (1994), S. 73-95.

Pedley, Katharine G., The Library at Qumran, in: Revue de Qumran 5 (1959), S. 21-41.

Picard, L., Geological Researches in the Judean Desert. (with an Introduction by J. W. Gregory), Jerusalem 1931.

Pixner, Bargil, Art., Sechacha, in: Das Große Bibellexikon, Bd. 3, Wuppertal u. Gießen ²1990, S. 1418.

Pixner, Bargil, Wege des Messias und Stätten der Urkirche. Jesus und das Judenchristentum im Licht neuerer archäologischer Erkenntnisse, (hg. von Rainer Ries ner), Gießen u. Basel 1991.

Pixner, Bargil,Archäologische Beobachtungen zum Jerusalemer Essener-Viertel und zur Urgemeinde, in: Mayer, B. (Hg.), (1992), S. 89-114.

Plenderleith, H. J., Technical Note on Unwrapping of Dead Sea Scroll Fragments, in: Barthelemy, H. J.; Milik, J. T., (1964), S. 39-40, S. 39. [= DJD I].

Poole, J. B.; Reed, R., The 'Tannery' of `Ain Feshkha, in: Palestine Exploration Quarterly 93 (1961) 2, S. 114-123.

Porath, Yosef, Lime Plaster in Aqueducts. A New Chronological Indikator, in: Mitteilungen des Leichtweiss-Institut für Wasserbau der Technischen Universität Braunschweig 82 (1984), S. 1-16.

Rabinovich, Abraham, Operation Scroll: The Jerusalem Post International Edition, Week ending May 21, 1994, S. 9, 12 u.14.

Rabinovich, Abraham, The Battle of Qumran (cont.). Rezension zu N. Golbs 'Who wrote the Dead Sea Scrolls?', in: The Jerusalem Post, 31. 03. 1995. Quelle und Vorlage: http://www.elibrary.com/cgi-bin/hhweb/hhfetch?38672355x0y817:Q003:D0002, 4 Seiten.

Rabinovich, Abraham, The Dead Sea Scrolls dating game, in: The Jerusalem Post, 20. 04. 1995. Quelle und Vorlage: http://www.elibrary.com/cgi-bin/hhweb/hhfetch?387 55959x0y356:Q0001:D004, 2 Seiten.

Rabinovich, Abraham, Residental quarter found in a Qumran dig, in: The Jerusalem Post, 05. 01. 1996. Quelle und Vorlage: http://www.elibrary.com/cgi-bin/hhweb/ hhfe tch?38672355x0y817:Q0001:D014, 1 Seite.

Rabinovich, Abraham, New Ostraka Found at Qumran. Qumran Yields Ancient Text, in: The Jerusalem Post, 23. 02. 1996. Quelle und Vorlage: http://unixware.mscc.hu ji/ ~orion /pub/pub/pub.html (new publications of Dead Sea Scrolls), 1 Seite.

Rabinovich, Abraham, New evidence nails down Qumran theory, in: The Jerusalem Post, 05.04. 1996. Quelle und Vorlage: http://unixware.mscc.huji.ac.il/~orion/pub /pub. html, (new publications of Dead Sea Scrolls), 3 Seiten.

Reich, Ronny, Domestic Water Installations in Jerusalem of the Second Temple (= Early Roman) Period, in: Mitteilungen des Leichtweiß-Institut für Wasserbau der Universität Braunschweig 82 (1984), S. 137-147, 10-13.

Reich, Ronny, The Hot Bath-House (balneum), the Miqweh and the Jewish Community in the Second Temple Period, in: Journal of Jewish Studies 39 (1988) 1, S. 102-107.

Reich, Ronny, The Great Mikveh Debate, in: Biblical Archaeology Review 19 (1993) 2, S. 52f.

Reich, Ronny, A Note on the Function of Room 30 (the 'Scriptorium') at Khirbet Qumran, in: Journal of Jewish Studies 46 (1995) 1-2, S. 157-160

Reshef, Dan; Smith, Patricia, Two Skeletal Remains from Hiam El-Sagha, in: Revue Biblique 100 (1993), S. 260-269.

Riesner, Rainer, Das Jerusalemer Essenerviertel und die Urgemeinde. Josephus, Bellum Judaicum V 145; 11QMiqdasch 46,13-16; Apostelgeschichte 1-6 und die Archäologie, in: Haase, W.; Temporini, H. (Hg.), Aufstieg und Niedergang der Römischen Welt (ANRW), Teil II: Principat, Band 26.2, Berlin u. New York 1995, S. 1175-1922.

Riesner, Rainer, Qumran. Güterliste gefunden, in: Idea Spektrum (1996) 11, S. 24.

Rodley, G. A., An Assessment of the Radiocarbon Dating of the Dead Sea Scrolls, in: Radiocarbon 35 (1993) 2, S. 335-338.

Rohrhirsch, Ferdinand, Markus in Qumran? Eine Auseinandersetzung mit den Argumenten für und gegen das Fragment 7Q5 mit Hilfe des methodischen Fallibilismusprinzips, Wuppertal 1990.

Roth, Cecil, Were the Qumran Sectarians Essenes? A Re-Examination of some Evidendences, in: The Journal of Theological Studies 10 (1959), S. 87-93

Roth, Cecil, Did Vespasian Capture Qumran?, in: Palestine Exploration Quarterly 91 (1959), S. 122-129.

Roth, Cecil, Why the Qumran Sect cannot have been Essenes, in: Revue de Qumran 3 (1959), S. 417-422.

Rowley, H. H., Die Geschichte der Qumransekte, in: Grözinger, K. E. u. a. (Hg.), Qumran, Darmstadt 1981, S. 23-57.

Ruderman, Abraham, The Qumran Settlement. Scriptorium, Villa or Fortress, in: Scriptorium 23 (1995) 2, S. 131-132.

Safrai, Ze'ev, The Economy of Roman Palestine, London und New York 1994.

Sanders, James A., History and Archeology of the Qumran Community, in: Bulletin of the American School of Oriental Research 231 (1978), S. 79f.

Schäfer, Peter, Geschichte der Juden in der Antike. Die Juden Palästinas von Alexander dem Großen bis zur arabischen Eroberung, Stuttgart 1983.

Schalit, Abraham, König Herodes. Der Mann und sein Werk, Berlin 1969.

Schiffman, Lawrence H. (Hg.), Archaeology and history in the Dead Sea Scrolls. The New York University Conference in Memory of Yigael Yadin, (Journal for the Study of the Pseudepigrapha Supplement Series 8, JSOT/ASOR Monographs 2), Sheffield 1990.

Schubert, Kurt, Die Gemeinde vom Toten Meer. Ihre Entstehung und ihre Lehren, München 1958.

Schubert, Kurt; Maier, Johann, Die Qumran-Essener, 3. unv. Auflage, München und Basel ³1992.

Schulz, Siegfried, Chirbet kumran, en feschcha und die buke'a. Zugleich ein archälogischer Beitrag zum Felsenaquädukt und zur Straße durch das wadi kumran, in: Zeitschrift des Deutschen Palästina-Vereins 76 (1960), S. 50-71, mit sieben Bildtafeln nach S. 192.

Schwank, Benedikt, Gab es zur Zeit der öffentlichen Tätigkeit Jesu Qumran-Essener in Jerusalem?, in : Mayer B. (Hg.), (1992), S. 115-130.

Shanks, Hershel, The Qumran Settlement. Monastery, Villa or Fortress?, in: Biblical Archaeology Review 19 (1993) 3, S. 62-65.

Shanks, Hershel, Blood on the Floor at New York Dead Sea Scroll Conference, in: Biblical Archaeology Review 19 (1993b), 2, S. 63-68.

Shanks, Hershel, BARlines. So far no cigar, in: Biblical Archaeology Review 22 (1996) 2, S. 10f.

Sharabani, Marcia, Monnaies de Qumrân au Musée Rockefeller de Jérusalem, in: Revue Biblique 87 (1980),S. 274-284.

Shiloh, Yiagael, Underground Water Systems in Eretz-Israel in the Iron Age, in: Perdue, Leo G.; Johnson, Gary L.; Toombs, Lawrence, E. (Hg.), Archaeology and Biblical Interpretation, (Essays in Memory of D. Glenn Rose), Atlanta 1987, S. 203-244.

Silbermann, Neil, Asher, Searching for Jesus, in: Archaeology 47 (1994) 6, S. 30-40.

Smith, Robert H., The Household Lamps of Palestine in Intertestamental Times, in: The Biblical Archaeologist 27 (1964) 4, S. 101-124.

Smith, Robert, H., The Household Lamps of Palestine in New Testament Times, in: The Biblical Archaeologist 29 (1966) 1, S. 2-27.

Smith, Robert H., The 'Herodion' Lamp of Palestine. Types and Dates, in: Bertys 14 (1969) 1, S. 53-65.

Stager, Lawrence E., Farming in the Judean Desert during the Iron Age, in: Bulletin of the American School of Oriental Research 221 (1976), S. 145-158.

Stanley, Susan, New Texts from Qumran, in: Archaeology 49 (1996) 3, Newsbriefs, (Quelle: http://www.he.net/~archaeol/9605/newsbriefs/qumran.html).

Steckoll, Solomon H., The Qumran Sect in Relation to the Temple of Leontopolis, in: Revue de Qumran 21 (1967), S. 55-69.

Steckoll, Solomon H., Preliminary Excavation Report. In the Qumran Cemetery, in: Revue de Qumran 23 (1968), S. 323-344.

Steckoll, Solomon H., Investigations of the Inks used in Writing the Dead Sea Scrolls, in: Nature 220 (1968a), S. 91-92.

Steckoll, Solomon H., Marginal notes on the Qumran excavation, in: Revue de Qumran 25 (1969), S. 33-44.

Steckoll, Solomon H., The Community of the Dead Sea Scrolls, in: Atti. Centro studi e documentzione sull'Italia romana, 5: (1973-74), S. 199-244.

Stegemann, Hartmut, The Qumran Essenes - Local Members of the Main Jewish Union in Late Second Tempel Times in: Barrera, Julio Trebolle; Montaner, Luis Vegas (Hg.), (1992), S. 83-166.

Stegemann, Hartmut, Die Essener, Qumran, Johannes der Täufer und Jesus. Ein Sachbuch, Freiburg u. a. (Erste Auflage 1993), 4., überarbeitete Auflage ⁴1994.

Strobel, August, Die Wasseranlagen der Hirbet Qumran. Versuch einer Deutung, in: Zeitschrift des Deutschen Palästina-Vereins 88 (1972), S. 55-86.

Strobel, August, Rezension zu de Vaux, R., 'Archaeology and the Dead Sea Scrolls', in: Zeitschrift des Deutschen Palästina-Vereins 91 (1975), S. 98-104.

Teicher, J. L., The Dead Sea Scrolls - Documents of the Jewish-Christian Sect of Ebionites, in: The Journal of Jewish Studies 2 (1951) 2, S. 67-99

Tsafrir, Yoram, The Desert Fortresses of Judaea in the Second Temple Period, in: The Jerusalem Cathedra 2 (1982), S. 120-145.

VanderKam, James C., Rezension zu E.-M., Laperrousaz, 'Qoumran', in: Journal of Biblical Literature 97 (1978), S. 310f.

VanderKam, James C., The Dead Sea Scrolls Today, Grand Rapids 1994.

Vaux, Roland de, Post-Scriptum. La Cachette des Manuscrits Hébreux, in: Revue Biblique 56 (1949), S. 234-237.

Vaux, Roland de, La Grotte des Manuscrits Hébreux, in: Revue Biblique 56 (1949) 4, S. 586-609.

Vaux, Roland de, Fouille au Chirbet Qumran. Rapport Préliminaire, in: Revue Biblique 60 (1953) 1, S. 83-106.

Vaux, Roland de, Exploration de la Région de Qumran, Rapport Préliminaire, in: Revue Biblique 60 (1953) 4, S. 540-561

Vaux, Roland de, Fouilles au Chirbet Qumran. Rapport Préliminaire sur la Deuxiéme Campagne, in: Revue Biblique 61 (1954), S. 206-236.

Vaux, Roland de, Chirbet Qumran. Chronique Archéologique, in: Revue Biblique 61 (1954), S. 567-568.

Vaux, Roland de, Fouilles de Chirbet Qumran. Rapport Préliminaire sur les 3ᵉ, 4ᵉ et 5ᵉ Campagnes, in: Revue Biblique 63 (1956) 4, S. 533-577.

Vaux, Roland de, The Excavations at Tell El-Far'ah and the Site of Ancient Tirzah, in: Palestine Exploration Quarterly 88 (1956), S. 125-140 [wird zitiert 1956a].

Vaux, Roland de, Ain Feshkha. Communication du P. de Vaux, in: Revue Biblique 65 (1958) 3, S. 406-408.

Vaux, Roland de, Une hachette essénienne?, in: Vetus Testamentum IX (1959) 4, S. 399-407.

Vaux, Roland de, Les manuscrits de Qumran et l'archéologie, in: Revue Biblique 66 (1959), S. 87-110.

Vaux, Roland de, Fouilles de Feshkha. Rapport préliminaire, in: Revue Biblique 66 (1959), S. 225-255, Pl. I-XII, 3 fig.

Vaux, Roland de, Baillet, M., Milik, J. T. (Hg.), Discoveries in the Judaean Desert of Jordan. III. Les 'Petites Grottes' de Qumran, Textes, Oxford 1962 [abgekürzt 'DJD III'].

Vaux, Roland de, La Potterie, in: Barthelemy, H. J.; Milik, J. T., (1964), S. 8-17, [= DJDI].

Vaux, Roland de, The Hebrew Patriarchs and History, in: Theology Digest 12 (1964) 4, S. 227-240.

Vaux, Roland de, Method in the Study of Early Hebrew History, in: Hyatt, James Ph. (Hg.), (1965), S. 15-30.

Vaux, Roland de, Essénies ou Zélotes? A propos d'un livre recent, in: Revue Biblique 73 (1966), S. 212-235.

Vaux, Roland de, Essenes or Zealots?, in: New Testament Studies 13 (1966), S. 89-104.

Vaux, Roland de, Post-scriptum - Le temple d'Onias en Egypte par M. Delcor, in: Revue Biblique 75 (1968) 2, S. 204f.

Vaux, Roland de, Archaeology and the Dead Sea Scrolls, (The Schweich Lectures of the British Academy. Published in French 1961; reissued with revisions in an English translation in 1972 and reprinted 1977), Oxford 1973.

Vaux, Roland de, Qumran, Chirbet-Ein Feshkha, in: Avi-Yonah, M., Stern, E. (Hg.), Encyclopedia of Archaeological Excavations in the Holy Land, Vol. 4, Englewood Cliffs 1978, S. 978-986.

Vaux, Roland, (1994) = Humbert, Jean-Baptiste, Chambon, Alain au nom de l'École biblique et archéologique française de Jérusalem, Fouilles de Chirbet Qumrân et de Aïn Feshkha. I: Album de photographies. Repertoire du fonds photographique. Synthèse des notes de chantier du Père Roland de Vaux OP (Novum Testamentum et Orbis Antiquus. Series Archaeologica 1), Editiones Universitaires, Fribourg u. Göttingen 1994.

Weinstein, James M., Radiocarbon Dating, in: Drinkhard, Joel F. u.a. (Hg.) (1988), S. 235-259.

Wilson, Edmund, Die Schriftrollen vom Toten Meer, München [3]1956.

Wise, Michael O.; Golb, Norman; Collins, John J.; Pardee, Dennis G. (Hg.), Methods of Investigation of the Dead Sea Scrolls and the Chirbet Qumran Site. Present Realites and Future Prospects, (Annals of the New York Akademiy of Sciences, Vol. 722), New York 1994.

Wood, Bryant G., To Dip or Sprinkle? The Qumran Cisterns in Perspective, in: Bulletin of the American Schools of Oriental Research 256 (1984), S. 45-60.

Woude van der, Adam S., Fünfzehn Jahre Qumranforschung (1974-1988). IV. Ursprung und Geschichte der Qumrangemeinde, in: Theologische Rundschau 57 (1992) 3, S. 225-253.

Yadin, Yigael, Masada. Der letzte Kampf um die Festung des Herodes, (Übersetzung aus dem Englischen nach dem Text der 3. Auflage, März 1967 Eva und Arne Eggebrecht), Hamburg [4]1972.

Yadin, Yigael, Art. Masada, in: Avi-Yonah, M.; Stern, E. (Hg.), Encyclopedia of Archaeological Excavation in the Holy Land, Vol. III, English Edition, Jerusalem 1977, S. 793-816.

Yadin, Yigael, Die Tempelrolle. Die verborgene Thora vom Toten Meer, (aus dem Englischen übertragen von Eva Eggebrecht), München u. Hamburg 1985.

Yon, Marguerite, Dictionnaire Illustre Multilingue de la Ceramique du Proche Orient Ancien, (Collection de la Maison de L'Oriente Mediterraneen Nr. 10, Serie Archeologique, 7), Paris 1981.

Zeuner, F. E., Notes on Qumran, in: Palestine Exploration Quarterly 92 (1960) 1, S. 27-36.

IV. Sonstige Literatur

Ariès, Philippe, Die Geschichte des Todes, München 1982.

Braumann, Franz, Qumran. Tal der Geheimnisse. Eine Erzählung um die Schriftrollenfunde vom Toten Meer, Jugendbuch, Würzburg 1964.

Brod, Max (Hg.), Franz Kafka. Der Prozeß, Frankfurt am Main 1950.

Duerr, Hans Peter, Der Mythos vom Zivilistationsprozeß, Bde. 1-3, Frankfurt am Main 1988-1993.

Elias, Norbert, Über die Einsamkeit der Sterbenden in unseren Tagen, Frankfurt am Main 1982.

Joyce, James, Ulysses. Werke, Frankfurter Ausgabe, Bde. 3.1, 3.2, (Übersetzt von Hans Wollschläger), Frankfurt am Main 1975.

Kafka, Franz, Der Prozeß. [Vgl. Brod Max und Pasley Malcolm].

Ohler, Norbert, Sterben und Tod im Mittelalter, München 1993.

Pasley, Malcolm (Hg.), Franz Kafka. Schriften Tagebücher Briefe. Kritische Ausgabe, (Bd. 1, Der Proceß. Roman in der Fassung der Handschrift; Bd. 2, Der Proceß. Apparatband), Frankfurt am Main 1990.

Namen

Loci, Höhlen und Gräber

Höhlen

Gräber

R. de Vaux:

S. H. Steckoll:

P. Bar-Adon:

Sachen

Fremdsprachliche Ausdrücke werden unter ihren deutschen Bezeichnungen aufgeführt, z. B. 'assiette' unter 'Teller' oder 'autel' unter 'Altar'.

Korrekturen und Ergänzungen
zu NTOA SA 1A:

Roland de Vaux, Die Ausgrabungen von Qumran und En Feschcha. Die Grabungstagebücher. Deutsche Übersetzung und Informationsaufbereitung durch Ferdinand Rohrhirsch und Bettina Hofmeir, Novum Testamentum et Orbis Antiquus / Series Archaeologica 1A, Fribourg und Göttingen 1996.

Die Gelegenheit, relevante Korrekturen und Ergänzungen mitteilen zu können, soll nicht ungenutzt verstreichen. Druckfehler, die den Sinn der Texte unverändert lassen, werden nicht angeführt (Ausnahme: 1. Korrektur).

Korrekturen:
- ► S. 1 / Vorbemerkungen / Gesamt- u. Detailp. / ändern: 548 in 538.
- ► S. 6 / Abbildung 5 / Siedlungp. Ib. / loc. 16 ist zu ändern in loc. 6., und der nicht korrekte Maßstab ist zu streichen.
- ► S. 26 / Die Bezeichnung von Plan 25 ist zu ändern in: "Die Magazine im Westen des Nebengebäudes (bes. loci 111 ...)".
- ► S. 63 / Locus 86 / 18.3.1954 / 1. Absatz / Zeile 13 ist zu ändern in: "Schwelle, die, abgesehen von ihrem westlichen Teil, vergipst ist."
- ► S. 82 / Locus 150 / Zeile 1 ist zu ändern in: "... Periode III, der ...".
- ► S. 97 / En Feschcha / Locus 5 / 4.2.1958 / 2. Absatz / Satz 2 ist zu ändern in: "In der Mitte war ein zylinderförmiges Stück Kalkstein auf die schwarze Schicht gefallen, ...".
- ► S. 100 / Locus 14 / Datum 11.12.1958: ist zu ändern in: 11.2.1958.
- ► S. 110 / Das Israelitische Gebäude / letzter Absatz / Zeile 6 ist zu ändern in: "... die kleinen Festungen der Buqei'a ...".
- ► S. 110 / Besichtigung von Chirbet Mazen / 2. Absatz / Zeile 4 ist zu ändern in: "... keinen Namen hat: wadi Zarb er-Rayan (?).".
- ► S. 178 / Visualisierte Häufigkeitsverteilungen / Münzen - Erster Aufstand: Fundlocus ist nicht loc. 28 (im Turm) sondern loc. 29.
- ► S. 184 / Visualisierte Häufigkeitsverteilungen /Lampenfunde: In loc. 28 wurde keine Lampe registriert (vgl. ebd., S. 144).

Ergänzungen:
- ► S. 92 / Grab 22 / 21.2.1956 / Maßangabe ist zu ergänzen mit '[sic.]': "0,44 bzw. 0,42 x 39 [sic.] x 0,07-0,09 m".
- ► S. 106 / Locus 29 / 18.2.1958 / Datumsangabe ist zu ergänzen mit '[sic.]': "18.2. [sic.] 1958".
- ► Im 'Gräberindex - Hauptfriedhof', S. 116 ist bei 'Grab 7', in der Spalte 'Bemerkung' das Wort 'Frau' bzw. 'Frauengrab' in Kursivschrift nachzutragen (vgl. ebd., Anm.1).

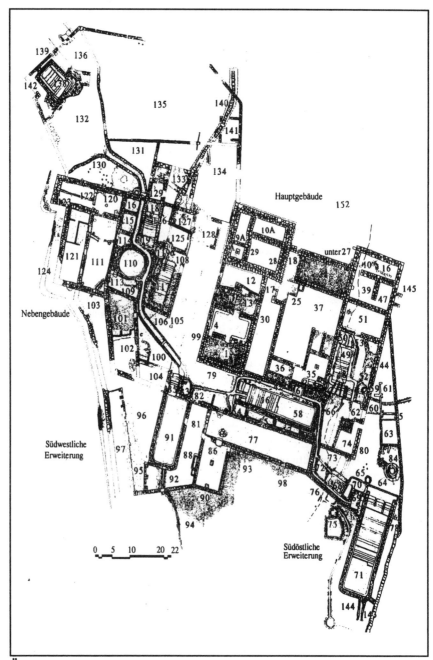

Übersicht 1: Lociübersicht für Chirbet Qumran in Periode Ib.
[Alle Pläne sind unmaßstäblich und teilweise (x, y) nicht-proportional vergrößert.]

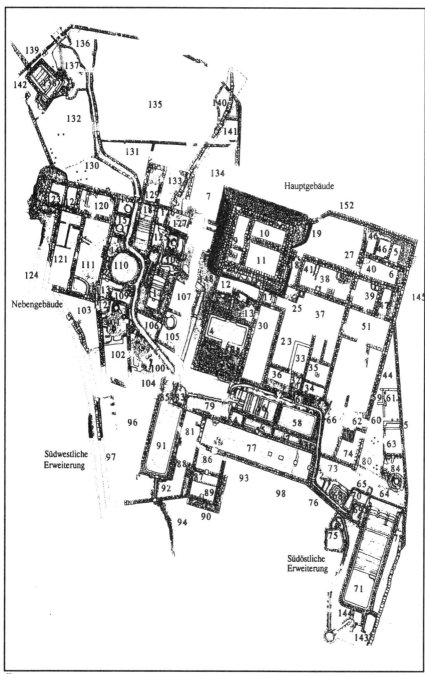

Übersicht 2: Lociübersicht für Chirbet Qumran in Periode II.

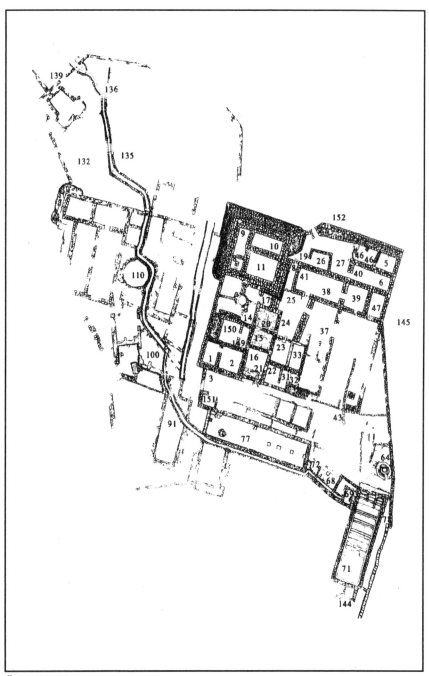

Übersicht 3: Lociübersicht für Chirbet Qumran in Periode III.

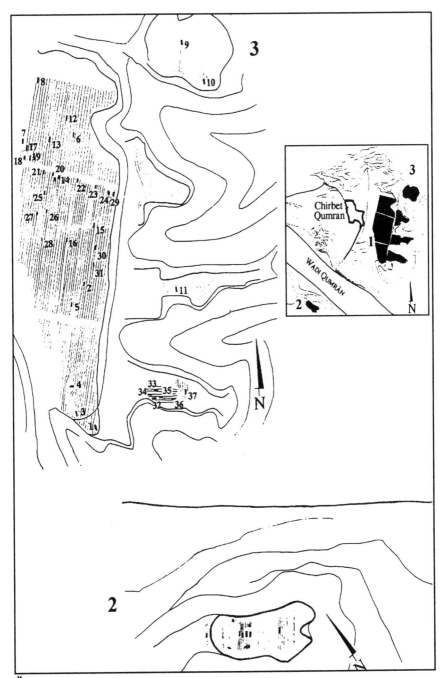

Übersicht 4: Die Friedhöfe von Chirbet Qumran.

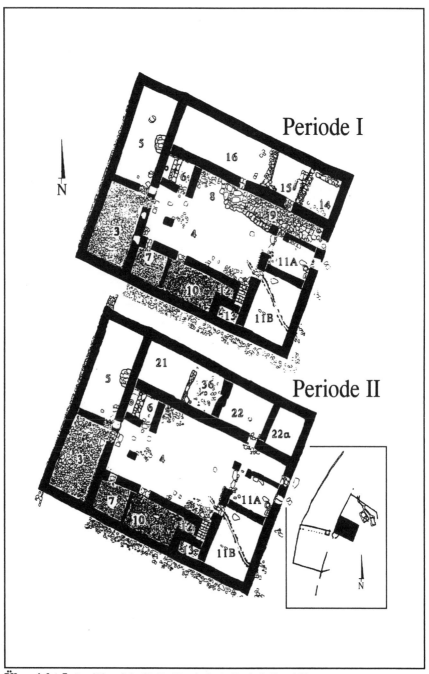

Übersicht 5: Lociübersicht für En Feschcha in Periode I und II.

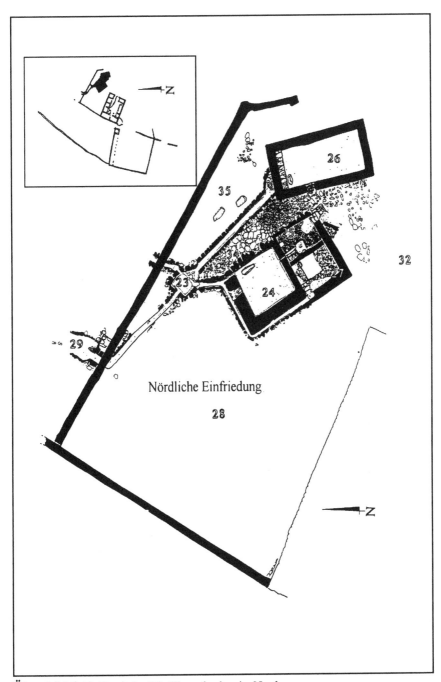

Übersicht 6: En Feschcha. Die Wasserbecken im Norden.

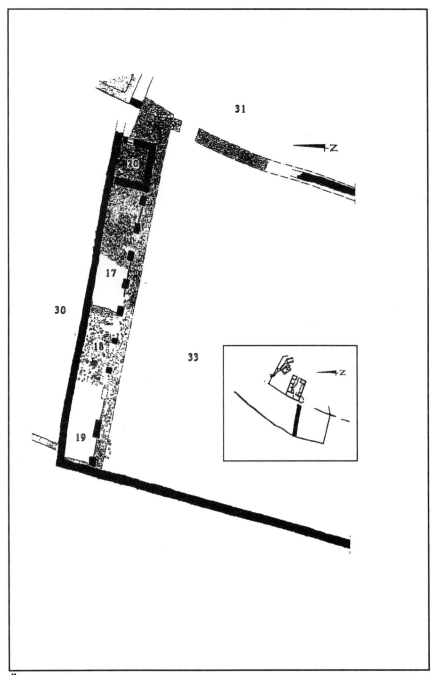

Übersicht 7: En Feschcha. Das Gebäude im Südwesten.

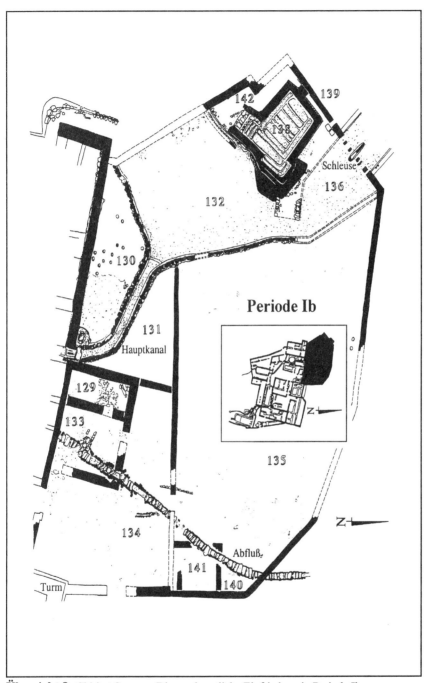

Übersicht 8: Chirbet Qumran. Die nordwestliche Einfriedung in Periode Ib.

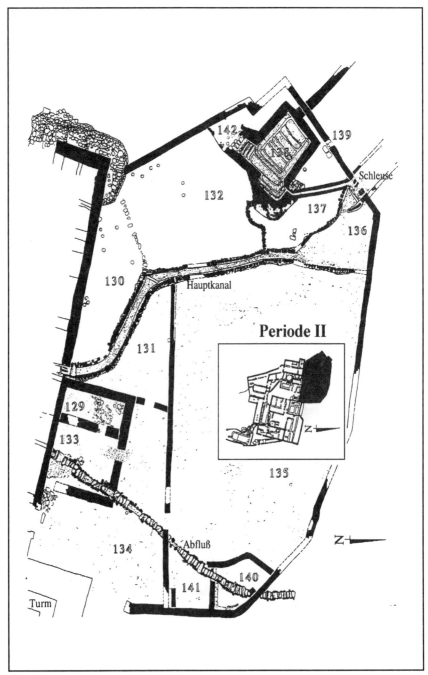

Übersicht 9: Chirbet Qumran. Die nordwestliche Einfriedung in Periode II.

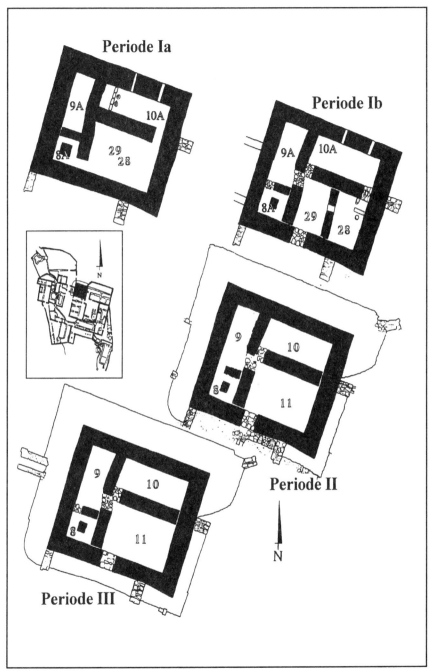

Übersicht 10: Chirbet Qumran. Der Turm.

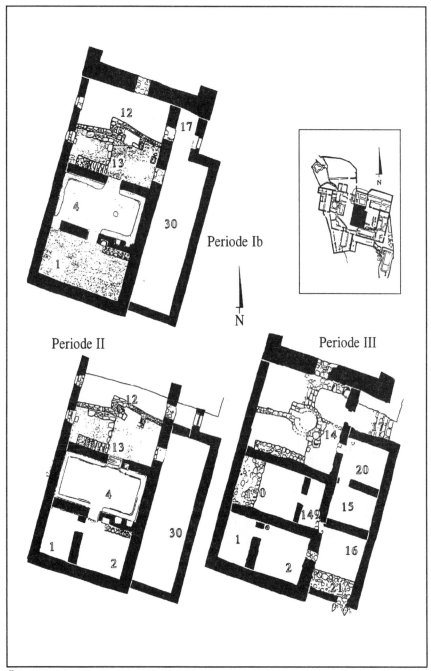

Übersicht 11: Chirbet Qumran. Der südwestliche Teil des Hauptgebäudes.

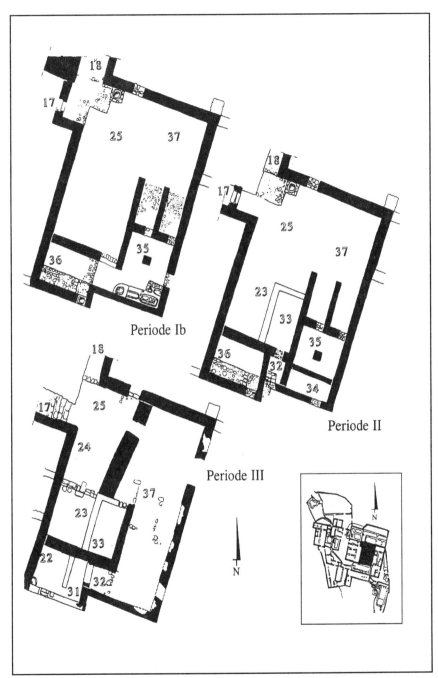

Periode Ib

Periode II

Periode III

Übersicht 12: Chirbet Qumran. Der Hof im Hauptgebäude.

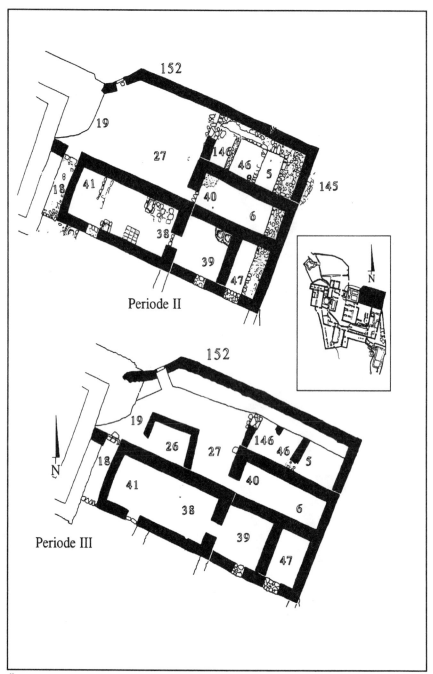

Übersicht 13: Chirbet Qumran. Der nordöstliche Teil des Hauptgebäudes.

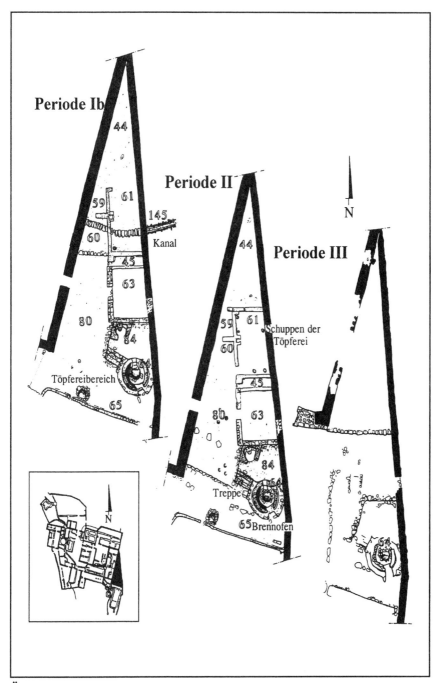

Übersicht 14: Chirbet Qumran. Die Töpferei im Osten der Anlage.

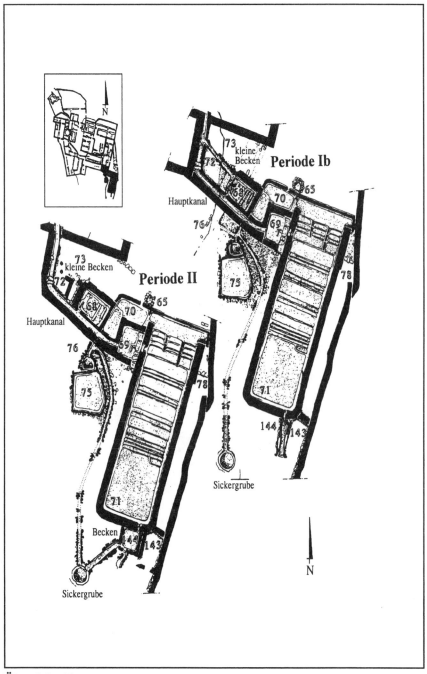

Übersicht 15: Chirbet Qumran. Die Becken im Südosten der Anlage.

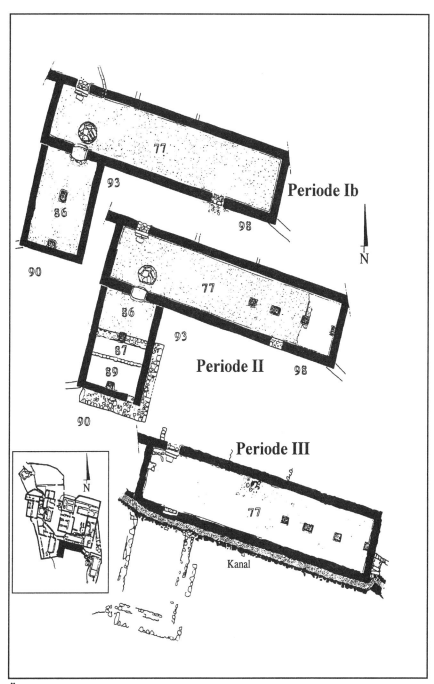

Übersicht 16: Chirbet Qumran. Der große Saal mit südlichem Anbau.

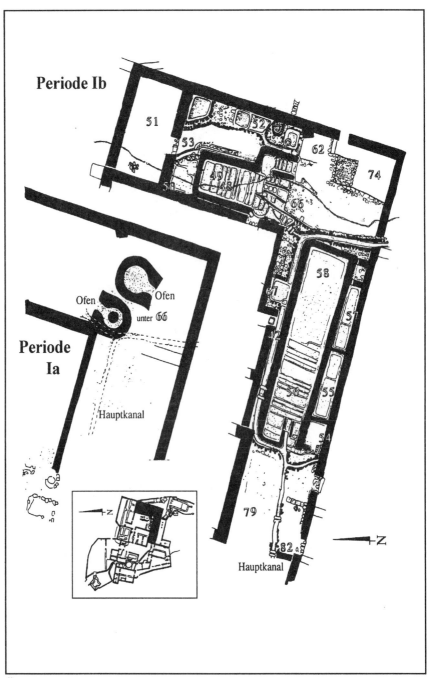

Übersicht 17: Chirbet Qumran. Der südöstliche Teil des Hauptgebäudes.

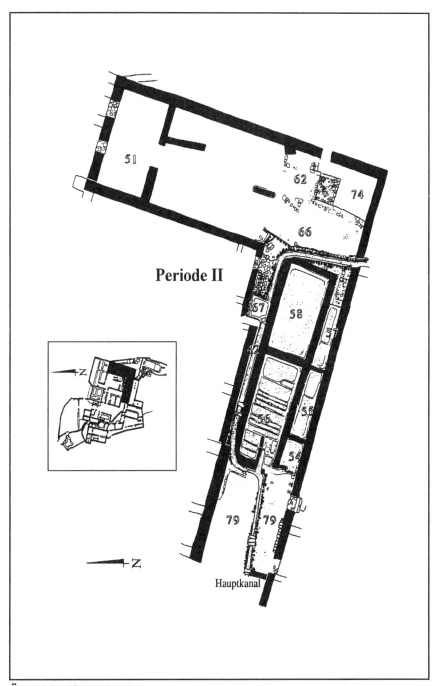

Übersicht 18: Chirbet Qumran. Der südöstliche Teil des Hauptgebäudes.

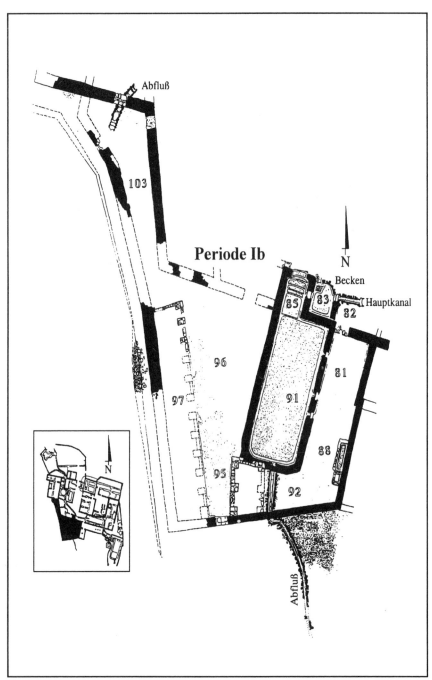

Übersicht 19: Chirbet Qumran. Die Anlage im Südwesten.

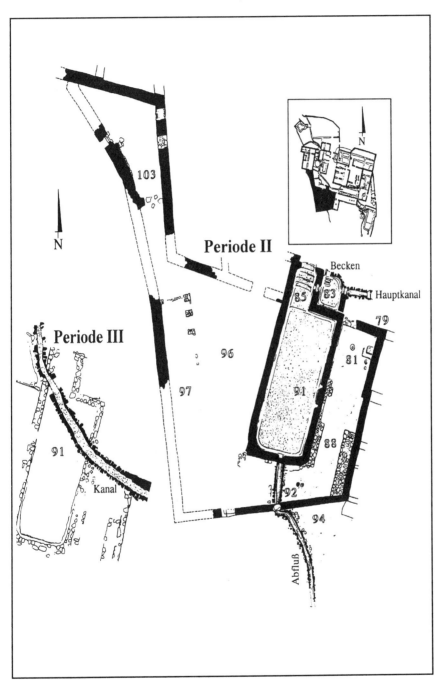

Übersicht 20: Chirbet Qumran. Die Anlage im Südwesten.

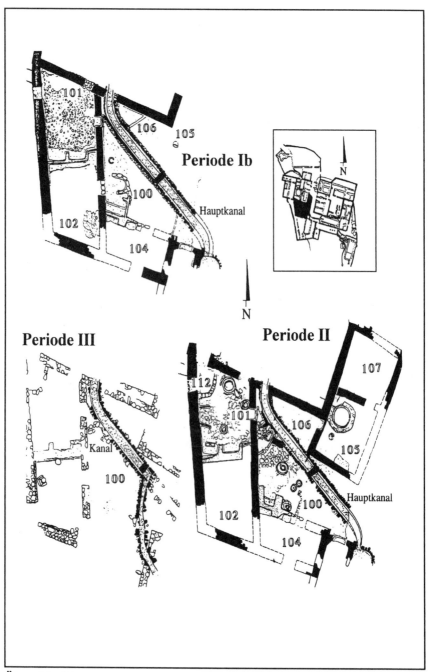

Übersicht 21: Chirbet Qumran. Der Mühlenplatz südlich des Nebengebäudes.

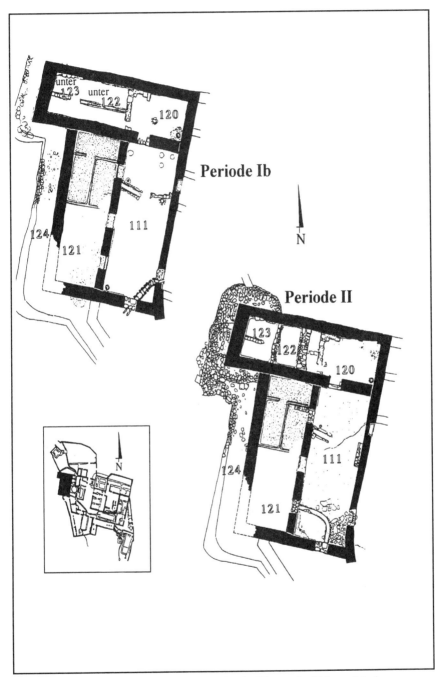

Übersicht 22: Chirbet Qumran. Die Magazine im Westen des Nebengebäudes.

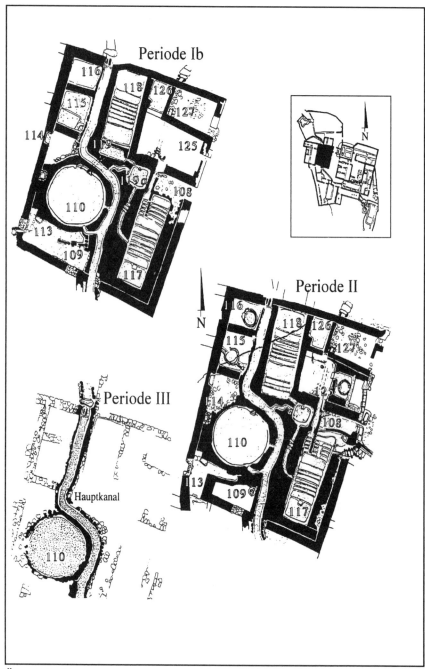

Übersicht 23: Chirbet Qumran. Die Werkstätten und Reservoirs des Nebengebäudes.

Zum vorliegenden Buch

F. Rohrhirsch untersucht in seiner philosophischen Habilitationsarbeit die Argumen-
tationsstrategien, mit denen die Geltungsansprüche von Theorien in der Biblischen
Archäologie abgesichert werden. Dies geschieht auf der Basis einer von Karl Popper
entwickelten, kritisch-rationalen Wissenschaftstheorie und in Auseinandersetzung
mit gegenwärtig praktizierter Methodologie einer Fachwissenschaft. Die theoretisch-
methodologische Reflexion und die von Rohrhirsch vorgeschlagenen Korrekturen für
eine Biblische Archäologie werden dann exemplarisch auf den Gesamtbefund der
Ausgrabungen von Chirbet Qumran und En Feschcha angewendet.

Die von Roland de Vaux vorgebrachte klassische Interpretation Qumrans als Zentrum
einer religiösen Gemeinschaft wird in ihren Fakten und Argumenten dargestellt und
auf ihre Geltungsbegründungen hin überprüft. Ebenso werden alle weiteren, seither
entwickelten Gegenpositionen mit der in der Arbeit entwickelten Methodologie auf
ihren argumentativen Wert hin kritisch untersucht: Qumran als Palast, als Villa, als
Festung, als industrielle Anlage, als landwirtschaftliches Zentrum oder Wegstation.
Die Interpretation von Roland de Vaux stellt sich – bei aller Kritik – als die kohärenteste
Deutung der archäologischen Fakten heraus.

ISBN 3-7278-1076-9 (Universitätsverlag)
ISBN 3-525-53934-7 (Vandenhoeck & Ruprecht)

Bd. 1   MAX KÜCHLER, Schweigen, Schmuck und Schleier. Drei neutestamentliche Vorschriften zur Verdrängung der Frauen auf dem Hintergrund einer frauenfeindlichen Exegese des Alten Testaments im antiken Judentum. XXII+542 Seiten, 1 Abb. 1986. [vergriffen]

Bd. 2   MOSHE WEINFELD, The Organizational Pattern and the Penal Code of the Qumran Sect. A Comparison with Guilds and Religious Associations of the Hellenistic-Roman Period. 104 Seiten. 1986.

Bd. 3   ROBERT WENNING, Die Nabatäer – Denkmäler und Geschichte. Eine Bestandesaufnahme des archäologischen Befundes. 360 Seiten, 50 Abb., 19 Karten. 1986. [vergriffen]

Bd. 4   RITA EGGER, Josephus Flavius und die Samaritaner. Eine terminologische Untersuchung zur Identitätsklärung der Samaritaner. 4+416 Seiten. 1986.

Bd. 5   EUGEN RUCKSTUHL, Die literarische Einheit des Johannesevangeliums. Der gegenwärtige Stand der einschlägigen Forschungen. Mit einem Vorwort von Martin Hengel. XXX+334 Seiten. 1987.

Bd. 6   MAX KÜCHLER/CHRISTOPH UEHLINGER (Hrsg.), Jerusalem. Texte – Bilder – Steine. Im Namen von Mitgliedern und Freunden des Biblischen Instituts der Universität Freiburg Schweiz herausgegeben... zum 100. Geburtstag von Hildi + Othmar Keel-Leu. 238 S., 62 Abb.; 4 Taf.; 2 Farbbilder. 1987.

Bd. 7   DIETER ZELLER (Hrsg.), Menschwerdung Gottes – Vergöttlichung von Menschen. 8+228 Seiten, 9 Abb., 1988.

Bd. 8   GERD THEISSEN, Lokalkolorit und Zeitgeschichte in den Evangelien. Ein Beitrag zur Geschichte der synoptischen Tradition. 10+338 Seiten. 1989.

Bd. 9   TAKASHI ONUKI, Gnosis und Stoa. Eine Untersuchung zum Apokryphon des Johannes. X+198 Seiten. 1989.

Bd. 10   DAVID TROBISCH, Die Entstehung der Paulusbriefsammlung. Studien zu den Anfängen christlicher Publizistik. 10+166 Seiten. 1989.

Bd. 11   HELMUT SCHWIER, Tempel und Tempelzerstörung. Untersuchungen zu den theologischen und ideologischen Faktoren im ersten jüdisch-römischen Krieg (66–74 n. Chr.). XII+432 Seiten. 1989.

Bd. 12   DANIEL KOSCH, Die eschatologische Tora des Menschensohnes Untersuchungen zur Rezeption der Stellung Jesu zur Tora in Q. 514 Seiten. 1989.

Bd. 13   JEROME MURPHY-O'CONNOR, O.P., The Ecole Biblique and the New Testament: A Century of Scholarship (1890–1990). With a Contribution by Justin Taylor, S.M. VIII + 210 Seiten. 1990.

Bd. 14   PIETER W. VAN DER HORST, Essays on the Jewish World of Early Christianity. 260 Seiten. 1990.

Bd. 15   CATHERINE HEZSER, Lohnmetaphorik und Arbeitswelt in Mt 20, 1–16. Das Gleichnis von den Arbeitern im Weinberg im Rahmen rabbinischer Lohngleichnisse. 346 Seiten. 1990.

Bd. 16   IRENE TAATZ, Frühjüdische Briefe. Die paulinischen Briefe im Rahmen der offiziellen religiösen Briefe des Frühjudentums. 132 Seiten. 1991.

Bd. 17   EUGEN RUCKSTUHL/PETER DSCHULNIGG, Stilkritik und Verfasserfrage im Johannesevangelium. Die Johanneischen Sprachmerkmale auf dem Hintergrund des Neuen Testaments und des zeitgenössischen hellenistischen Schrifttums. 284 Seiten. 1991.

Bd. 18   PETRA VON GEMÜNDEN, Vegetationsmetaphorik im Neuen Testament und seiner Umwelt. Eine Bildfelduntersuchung. 558 Seiten. 1993.

Bd. 19   MICHAEL LATTKE, Hymnus. Materialien zu einer Geschichte der antiken Hymnologie. XIV + 510 Seiten. 1991.

Bd. 20   MAJELLA FRANZMANN, The Odes of Solomon. An Analysis of the Poetical Structure and Form. XXVIII + 460 Seiten. 1991.

Bd. 21   LARRY P. HOGAN, Healing in the Second Temple Period. 356 Seiten. 1992.

Bd. 22   KUN-CHUN WONG, Interkulturelle Theologie und multikulturelle Gemeinde im Matthäusevangelium. Zum Verhältnis von Juden- und Heidenchristen im ersten Evangelium. 236 Seiten. 1992.

Bd. 23   JOHANNES THOMAS, Der jüdische Phokylides. Formgeschichtliche, Zugänge zu Pseudo-Phokylides und Vergleich mit der neutestamentlichen Paränese XVIII + 538 Seiten. 1992.

Bd. 24   EBERHARD FAUST, Pax Christi et Pax Caesaris. Religionsgeschichtliche, traditionsgeschichtliche und sozialgeschichtliche Studien zum Epheserbrief. 536 Seiten. 1993.

Bd. 25   ANDREAS FELDTKELLER, Identitätssuche des syrischen Urchristentums. Mission, Inkulturation und Pluralität im ältesten Heidenchristentum. 284 Seiten. 1993.

Bd. 26   THEA VOGT, Angst und Identität im Markusevangelium. Ein textpsychologi-
          scher und sozialgeschichtlicher Beitrag. 288 Seiten. 1993.

Bd. 27   ANDREAS KESSLER/THOMAS RICKLIN/GREGOR WURST (Hrsg.), Peregrina
          Curiositas. Eine Reise durch den orbis antiquus. Zu Ehren von Dirk Van Damme.
          X + 322 Seilen. 1994.

Bd. 28   HELMUT MÖDRITZER, Stigma und Charisma im Neuen Testament und seiner
          Umwelt. Zur Soziologie des Urchristentums. 344 Seiten. 1994.

Bd. 29   HANS-JOSEF KLAUCK, Alte Welt und neuer Glaube. Beiträge zur Religionsge-
          schichte, Forschungsgeschichte und Theologie des Neuen Testaments. 320 Seiten.
          1994.

Bd. 30   JARL E. FOSSUM, The Image of the invisible God. Essays on the influence of
          Jewish Mysticism on Early Christology. X–190 Seiten. 1995.

Bd. 31   DAVID TROBISCH, Die Endredaktion des Neuen Testamentes. Eine Untersu-
          chung zur Entstehung der christlichen Bibel. IV–192 Seiten. 1996.

Bd. 32   FERDINAND ROHRHIRSCH, Wissenschaftstheorie und Qumran. Die Geltungs-
          begründungen von Aussagen in der Biblischen Archäologie am Beispiel von
          Chirbet Qumran und En Feschcha. XII–416 Seiten. 1996.

UNIVERSITÄTSVERLAG FREIBURG SCHWEIZ
VANDENHOECK & RUPRECHT GÖTTINGEN

ORBIS BIBLICUS ET ORIENTALIS (eine Auswahl)

UNIVERSITÄTSVERLAG FREIBURG SCHWEIZ
VANDENHOECK & RUFRECHT GÖTTINGEN

DATE DUE

			Printed in USA